Deutschland in 30 Jahren

textzeichen.de

E u G e P Röthlein und Karlowski GbRmbH

Deutschland in 30 Jahren

textzeichen.de

EuGeP Röthlein und Karlowski GbRmbH

Taschenbuch Best.Nr. 08-5
Deutsche Erstausgabe 2004

herausgegeben von
EuGeP Röthlein und Karlowski GbRmbH

Die Deutsche Bibliothek – CIP Einheitstitelaufnahme
Ein Titelsatz für diese Publikation ist bei der Deutschen Bibliothek erhältlich.

Lektorat
Sandra Karlowski
Anette Schmitz-Millrath

Umschlag
Layout und Entwurf: Vincent Kneffel

Gedruckt auf säurefreiem Papier aus chlorfrei gebleichtem Zellstoff

ISBN 3-933570-08-5

Inhalt

Vorwort

In Zeiten grundsätzlicher Veränderungen, in denen über die Patentierbarkeit des Lebens und deren ethische Bewertung ebenso ernsthaft und fundiert diskutiert wird wie über Nanomaschinen und Paralleluniversen (Brane), in denen Konzerne generell Verfahren patentiert sehen wollen und über die Hälfte aller HIV-Infizierten unter 24 Jahre alt ist, in denen über 1% der Erwachsenen mit AIDS infiziert ist und die Entstehung einer Pandemie in nicht allzu ferner Zukunft für gesichert gehalten, in denen der globale Temperaturanstieg und das Abschmelzen der Arktis als nachgewiesen menschenverursacht angesehen wird, in solchen Zeiten müssen sich die Menschen einstellen auf neue, völlig anders geartete Anforderungen, mit denen es umzugehen gilt.

Um ein dermaßen breites Spektrum an Herausforderungen, das sich in einer solchen Aufzählung sicherlich nur sehr lückenhaft widerspiegelt, konfrontieren zu können, bedarf es visionärer Ideen und Entwürfe, die nach dem Befinden Vieler den Verantwortlichen oft zu fehlen scheinen, hingegen durchaus in der einen oder anderen Form bei vielen Menschen vorhanden sind.

Diese Visionen und Vorstellungen vermitteln in ihrer Darstellung mannigfaltige, interessante, oft bedrückende oder überraschende Eindrücke der Empfindungen der Betroffenen, teilweise auch deutlich unter Einbeziehung der Vergangenheit.

Die in diesem Buch vorliegenden derartigen Schilderungen zeugen beeindruckend von dieser Vielfalt und den unterschiedlichsten dabei hervortretenden Emotionen.

Sie schlagen sich in Bildern nieder, die sicherlich geeignet sind, den einen oder anderen Leser aufzuwühlen, wobei dieser immer im Hinterkopf behalten sollte, dass der Autor hierbei völlig legitim seine Befindlichkeit zum Ausdruck kommen lässt.

In diesem Sinne waren die Herausgeber bemüht, durch die Auswahl der Geschichten ein breites Spektrum von Visionen und Stimmungsbildern zum jetzigen Zeitpunkt zu zeichnen, ohne allzuviel Rücksicht auf die eigene Meinung zu nehmen.

Das Teutonikum

Christian Pohlenz

Remsky glaubte an eine Art Vergiftung. Auch wenn er körperlich keine Symptome mit letztgültiger Sicherheit feststellen konnte, keimte der Verdacht in ihm, dass irgendetwas nicht stimmte. Kurzum, es ging ihm schlecht, und die zunehmende Gewissheit, dass die merkwürdigen Empfindungen unmöglich körperlich sein konnten, machte es ihm langsam unerträglich. Es musste ihm allerdings noch viel schlechter gehen, bis er endlich einen Arzt aufsuchte. Den Richtigen. Einen fürs Köpfchen, wie er sich nach nächtelangem Ringen eingestand: Dr. Andrej Reithnagel, Psychiater.

Als er schließlich vor Dr. Reithnagel saß, ihm dabei zusah, wie dieser ungeduldig die Füllerkappe auf- und zuschraubte und dabei auch noch lächelte, als wisse er bereits alles, da ging es Remsky nicht nur schlecht, sondern er fühlte sich darüber hinaus vollständig entblößt. Er wollte jedoch nicht gleich mit der Tür ins Haus fallen und fing mit seiner Krankengeschichte moderat an: „Meine langjährige Freundin Sina und ich, wir wollen heiraten", sagte er gleichzeitig zweifelnd, ob er weit genug ausgeholt hatte.

„Herzlichen Glückwunsch. Jedoch, Sie leiden unter sexuellen Verstimmungen, nehme ich an?"

„Sina stammt aus Israel", sagte Remsky und rutschte auf dem Stuhl hin und her. „Sie können sich vorstellen, ihre Familie ist nicht gerade begeistert darüber, dass sie ausgerechnet einen Deutschen heiraten will. Wissen Sie, in ihrer Familie gab es damals viele ... Ist einiges vorgefallen."

„Ah", sagte Reithnagel, schraubte die Kappe wieder fest und lehnte sich zurück, „es drücken Sie also Schuldgefühle?"

„Meine Familie ist sauber, wenn Sie das meinen. Obwohl *jede* Familie in Deutschland seltsamerweise sauber ist, wenn's drauf ankommt. Aber Sinas Verwandte, insbesondere Onkel Hiram – immer diese lauernden Blicke und dieses anklagende Schweigen beim Abendessen, grausam. Ich fühle mich, na ja, reichlich unerwünscht."

„Verstehe", sagte Reithnagel und zog routiniert die Kappe vom Füller, „dabei soll ich Ihnen nun helfen?"

„Das ist noch nicht alles, Doktor", sagte Remsky zögerlich, „außerdem leide ich unter Visionen."

Reithnagel schob sich einen Notizblock zurecht, als habe er einen Befehl zum Diktat erhalten. „Visionen, Wahrnehmungsstörungen gibt es vielfältige. Welcher Art sind Ihre, Herr Remsky?"

So elend wie in diesem Augenblick hatte er sich noch nie gefühlt. „Herr Doktor, ich habe Visionen von Deutschland."

Viel lieber hätte Remsky eine veritable Schizophrenie gebeichtet, oder seinetwegen eine vorübergehende Impotenz in Verbindung mit äußeren Hämorrhoiden. Wer hatte schon immer wiederkehrende Visionen, die exakt dreißig Jahre in der Zukunft liegen?

Reithnagel lächelte beschwichtigend. „Was glauben Sie, wer alles Visionen von seinem Vaterland hat."

„Ich bin kein Politiker."

„Schreiben Sie diese Träume auf, Herr Remsky, und kommen Sie dann wieder. Ich habe eine Vermutung. Weiß Ihre Frau davon?"

„Lange werde ich es kaum noch verbergen können. O Gott, was wird ihr Onkel Hiram zu mir sagen, schon wieder ein Deutscher, der groß von seinem Land träumt ..."

Sina hatte ein Recht zu erfahren, was ihn bedrückte, befand Remsky. Je eher, desto besser. Bereits nach zwei Nächten schickte er die ersten Aufzeichnungen seinem Arzt.

Sehr geehrter Dr. Reithnagel,

beiliegend meine ersten Notizen in chronologischer Reihenfolge, besser gesagt, in dem von mir wahrgenommenen Zeitfluss. Mögen Sie daraus schlau werden.

30.08.2035

Beim Frühstück wieder Streit mit Sina, da ich meinen Job bei Meixner AG endgültig aufgeben will.

„Du darfst nicht alles hinwerfen in der heutigen Zeit."

„Du hast Recht. Ich darf nicht, ich muss. Ewig Vorarbeiter bei Meixner für dieses Scheißprodukt, ich bin fertig."

„Jobwechsel? Wohin denn? Leon, das ist lange, lange vorbei, träumst du?"

„Sina, ich kann keine Gartenzwerge mehr sehen. Qualitätssicherung für rotbezipfelte Gnome. Aus, vorbei."

31.08.2035

Mit pelziger Zunge aufgewacht. F.A.Z. gelesen. Israel beendet demnächst den 2005 eingeführten Zehn-Stufenplan zum Palästina-Problem und zündet nächste Woche über Ramallah die letzte Neutronenbombe. Scharon, damals vor der UNO, vor Einführung des Zehn-Stufenplans: „Westbank, Golan ... Zuletzt Ramallah. Eine saubere Lösung. Außerdem spart es Wiederaufbaukosten." Ein soziologisches Paradoxon, das seit einigen Jahren zu beobachten ist: Viele Siedler, vom lauernden Tod nun erlöst, wanderten ab. Shlomo K., Ex-Kibbuznik auf den Golan-Höhen: „Das Leben ist jetzt wie Suppe ohne Salz, unseren Einsatz für Israel haben wir unser ganzes Leben lang erbracht. Jetzt wandern wir aus nach New York, ich brauche Action." Aufgrund des neuen Diasporismus schrumpfte Israel seither auf ein Siebtel seiner ursprünglichen Bevölkerungszahl zusammen. „Es ist einsam hier draußen", so ein übrig gebliebener Siedler, „überall gähnen verlassene Häuser in die Täler hinab. Da hilft auch das staatliche Programm ‚Renaturierung' nicht." Nach den ersten Emigrationen war begonnen worden, die so trostlos verlassenen Siedlungsgebiete für die Daheimgebliebenen mit Gartenzwergen der deutschen Firma Meixner AG zu besiedeln. Millionen rotbezipfelter Zwerge tummeln sich seitdem auf der Westbank, lächeln von den Golan-Höhen herab.

01.09.2035
Heute Übelkeit vorgetäuscht und blaugemacht. Wieder Streit mit Sina.

„Sie werden dich feuern, Leon. Mensch, die Konjunktur zieht an, Ramallah wird bereinigt, in der Woche darauf hat Meixner einen Auftragseingang von mindestens zwanzig Millionen Zwergen."

„Dann ist der Zehn-Stufenplan umgesetzt, und danach?"

„Reiß dich zusammen. Willst du zu den 45 Millionen Arbeitslosen gehören?"

Mit übersäuertem Magen fuhr Remsky zu Dr. Reithnagel, um mit ihm die ersten Eindrücke seiner zukunftsweisenden Aufzeichnungen zu besprechen.

„Ahh, Zwerge, aufschlussreich, sehr aufschlussreich. Machen Sie unbeirrt weiter", sagte Dr. Reithnagel während er fieberhaft Fachbücher durchblätterte, „ja, machen Sie mit den Aufzeichnungen *unbedingt* weiter."

Was bliebe Remsky anderes übrig? „Doktor, können Sie bereits abschätzen, was es sein könnte?" fragte er gefasst.

Reithnagels Gesichtsausdruck wuchs zu etwas väterlich Freudianischem. „Wie mir scheint, haben Sie gegenüber Ihrer israelischen Familie Schuldgefühle, gespeist aus Ihrer nationalen Identität heraus. In Ihren Visionen verschwurbeln Sie alles zu einem deutschen Ausfluss, verdichten es gewissermaßen zu einer Art teutonischer Dissoziationsstörung."

„Da ist noch was, Doktor, ich lebe richtig in dieser fiktionalen Welt, schaffe immer schwerer den Rücksprung in die Realität. Was, wenn ich eines Tages nicht mehr ..."

Reithnagel stutze. „Tatsächlich? Großer Gott, darauf habe ich immer gehofft", rief er, und seine Augen begannen feucht zu schimmern. „Herr Leonard Remsky, ich werde Sie exklusiv behandeln. Wissen Sie, mein Leben lang wurschtelte ich mich durch halbseidene Forschungsaufträge. Und jetzt: Ihre Befindlichkeiten und mein Wissen – zusammen rollen wir den Laden auf, uns beiden könnte wissenschaftlicher Ruhm und etwas Taschengeld außerordentlich gut tun", sagte er und begann, vor ihm auf die Knie zu sinken. „Bitte", sagte er den Kopf in Remskys Schoß legend, „seien Sie mein Cege Jung, um Himmels willen, lassen Sie mich Ihr Spiritus Rector sein."

02.09.2035
Ausgelaugt von Meixner nach Hause gekommen.

„Sie wollen Kurzarbeit einführen", sagte ich erschöpft zu Sina.

„Ausgerechnet", sagte sie. Und dann: „Besser als in Polen putzen gehen."

Im ZDF lief eine neue Folge der zeitgeschichtlichen Dokumentation *Köpfe des Millenniums*, heute: Der Reformator. Zum zwanzigsten Todestag des ehemaligen Gesundheitsministers Horst Seehofer. Bei Antritt seiner zweiten Amtszeit, nachdem er die amtierende Gesundheitsministerin Ulla Schmidt zuerst aus seinem Bett, dann aus dem Amt drängelte, nagelte er die bis heute gültige Gesundheitsreform an die Pforte des Bundestags. Bestehend aus einer einzigen These: „Du bist solange gesund, bis du stirbst!" Daraufhin wurden sämtliche Krankenkassen aufgelöst, und das Bestattungswesen erlebte eine epochale Blüte.

Ein Blick in die F.A.Z. Seitdem sie nur noch wöchentlich erschien, war das journalistische Niveau sichtlich gesunken. Mir schauderte, als ich den Leitartikel las:

DEUTSCHE SCHRUBBEN WARSCHAUER PORNOKABINEN

Der neue Höchststand der Jahrzehnte andauernden Beschäf-
tigungslosigkeit treibt die Deutschen endlich aus der Lethargie.
Ein Warschauer Sexkinobetreiber transportiert billige Hilfskräfte
direkt von den Arbeitsämtern ins wirtschaftsstarke Polen. Piotr
K.: „Deitsche extraprima putz! Sauber, pinktlich – und jammern
nur auf deitsch. Vielleicht hol ich mir noch einen fir daheim."
Trotz der enormen polnischen Dienstleistungsnachfrage und der
israelischen Nachfrage nach deutschem Low-Tec, rechnet die
Bundesagentur im nächsten Monat mit einem weiteren Anstieg
der Arbeitslosigkeit. „Was willsch mache", so Ludger B. aus
Stuttgart fatalistisch, „Kehraus dahoim oder Pollackewichs weg-
schrubbe – au scho wurscht. Irgendwann müsset mir Deutsche
halt mal Dienschtsleischter werde."

In mir stieg das Gefühl hoch, hier nicht herzugehören, ein
Gefühl, hier und gleichzeitig dort zu Hause zu sein. Doch wo
zum Teufel war dort? Auf der Seite weiter unten:

DEUTSCHE NATIONALHYMNE AUSGESETZT

Gemäß der Concour Hymnique, dem ungeschriebenen Re-
gelwerk für Nationalhymnen, soll nach Macht- oder gravierenden Mentalitätswechseln die Nationalhymne ausgetauscht werden. Bundestag und Bundesrat wurden sich vergangene Nacht
einig, die Hymne mit sofortiger Wirkung auszusetzen. „Von
Mentalität kann weiß Gott keine Rede mehr sein", so ein erschöpfter MdB am Morgen. Eine den Gegebenheiten angepasste
Hymne soll in den kommenden drei Jahren sorgfältig nach sym-
phonischen und lyrischen Gesichtspunkten komponiert werden.
Als einzig formulierter Qualitätsanspruch an den Text gilt bis
dato das Tabu folgender Wörter: Vaterland, tapfer, streben, Volk
und Held. Zwischenzeitlich anfallende internationale Ereignisse,
die ein Abspielen der Hymne erfordern, wie Länderspiele und
Staatsempfänge, werden übergangsweise mit einem einminüti-
gen Sirenenton (Entwarnung) unterlegt.

Als ich die Zeitung zuschlagen wollte, fiel mein Blick auf eine
kleine Anzeige: *Identitätsprobleme? Renommierter Wissenschaft-*

ler hilft sofort. Dr. Andrej Reithnagel, Institut für Teutoiatrie (Deutschheilkunde). Alle Kreditkarten.

Der Name dümpelte wie eine blasse Kindheitserinnerung in meinem Kopf, woher kannte ich ihn? Ich wusste nur, wenn mir jemand helfen konnte, dann dieser Reithnagel.

„Ich muss noch mal weg", sagte ich zu Sina.

„Ist was passiert?"

Mit düsterer Stimme sagte ich: „Es geht um Deutschland."

Mein Mercedes sprang wieder nicht an, einen Mazda konnte ich mir seit Jahren schon nicht mehr leisten. Ich nahm ein Taxi zum Arabellahaus. Der Fahrer justierte einen Sender mit Nachrichten. „ ... Günter Grass' Nachlass wird endlich dem Volksvermögen zugeführt. Der vor zwanzig Jahren verstorbene Literaturnobelpreisträger, der sich vor seinem Tod mit der SPD heftig überwarf, vermachte seinen finanziellen und literarischen Nachlass der DVU. Das seitdem auf Sperrkonten eingefrorene Vermögen wird nach langjährigem Prozess in die Staatskasse transferiert. Für den literarischen Nachlass indes kommt jede Rettung zu spät. ‚Danziger Trilogie, Krebsgang – was für ein prima Sonnwendfeuer', so ein Führer der Wiking-Jugend."

Im Foyer des Arabellahauses wuchs eine Menschentraube. Wie ich hören konnte alles Italiener. Neben der Rezeption verkündete eine Tafel: Raum Watzmann: Jahresversammlung ehemaliger Pizzerienkellner e.V.. Im Aufzug fand ich endlich das Institutsschild von Dr. Reithnagel. Durch die sich schließende Fahrstuhltür zwängte sich ein Mann. Er war mindestens neunzig, eingedorrt drahtig wie ein Zwetschgenmännchen und hielt ein Manuskript in den Händen. An seinem Hemdkragen wackelte ein nachlässig befestigtes Namensschild: Pippo di Fausto, capo di tutti capo camerieri. Ich fragte: „Auch in den Zwölften?"

Er blickte abschätzig auf das Praxisschild, sagte dann empört: „Nein, bin gesund."

„Na, seien Sie froh", sagte ich knapp.

„Froh? Genau das ist euer Problem. O, Ihr Deutsse, immer selbstgemachte Probleme, immer." Er schüttelte den Kopf. „Wo iss gutte, alte Sseit gebliebe? Bin damals mit Swanssig nach Münche gekomme. Aus Brindisi. Kenne Sie Brindisi?" fragte er, seinen Zeigefinger vor meinem Gesicht schwengelnd. Ich nickte.

„Dann habe gearbeitet fast sechzig Jahr in Ssellingstrasse bei älteste Italiener in Deutssland, Osteria Italiana, wo sogar Adolf Hitler damals seine Minestrone gesslürft hat. Kenne Sie die Osteria?" Ich nickte.

„Aber heutsutage, o, da gibt's nur noch Pizza Hut in Deutssland." Er stellte sich auf die Zehenspitzen, das Manuskript wie ein Neugeborenes behutsam an die Brust gedrückt und buchstabierte mir akzentfrei ins Gesicht: „K-u-l-t-u-r-v-e-r-f-a-l-l." Ich nickte.

Mit leerem Blick in die Vergangenheit sagte er: „O, wo gutte alte Sseit hin? Wo sleimige Italokellner serviere saubere deutse Mann Pizza und Vino und ficke nachher in der Küche heimlich zu dritt seine Frau." Während er seine ledrige Hand zur Faust ballte, fügte er hinzu: „Mit cazzo hart wie die Lira! Verdammt gutte, alte Sseit."

Beschwichtigend klopfte er aufs Manuskript, wie einem Hund auf die Flanke. „Alles Kulturaustausch. Steht hier in meine Rede. Der erste Italiener kam in die Fünfssiger Jahr, dann gab's die erste Pizzeria. Wir habe geimpft die Deutsse mit Kultur in Esse, Trinke, Stil, ja überhaupt Umgang mit Fraue und alles drumherum. Dann ab die Sechssiger habe die Deutsse regelmäßig besucht Italia – und im Austausch habt Ihr gemacht die Lira hart wie meine cazzo! O, gutte, alte Sseit ..."

Der Fahrstuhl hielt. „Ich muss jetzt", sagte ich. Er hielt mich zurück.

„Wir habe zivilisiert diese Land, habe gemacht die Leute lebensfreundlicher. Bella figura, o wie lang hat's gedauert, fast keiner trägt mehr Tennissocke oder frisst Saumage. No, richtige menefreghistas werdet Ihr nie, nie werde, aber so langsam, ganz langsam lebt Ihr das Lebe als Opera – und nimmer als Problemfilm." Es lösten sich einige Blätter des Manuskripts und segelten zu Boden. „Wem", fragte er und hinderte mich mit mafiosem Griff weiterhin am Aussteigen, „wem habt Ihr das zu verdanke, eh? O Ihr Deutsse, noch bevor Ihr Ossis und Wessis, alte und neue Rechtsreibung zu unterscheide lernt, was beherrscht Ihr da als erstes? - mit zusammegekniffene Arsbacke durch die Welt zu laufe."

„Ich muss wirklich, Ciao", sagte ich und riss mich los.

„*Wem*?" rief er mir in den Rücken. Ich drehte mich um.

„Hier", sagte er, hielt das Manuskript empor, fuhr mit dem Finger den Titel entlang und formulierte, während ihm eine Träne über den Nasenrücken rann, lautlos mit: *Was passiert wäre, wenn nie jemals ein italienischer Kellner deutschen Boden besiedelt hätte.*

„Könne Sie mir sage", rief er und kämpfte gegen die Fahrstuhltüren, „was dann passiert wär? Wenn dieser erste Italiener gejammert hätt ‚Wetter kalt, Leute kalt - Snauze voll!' Wenn keine Kultur in Deutschland gewachse wär, eh?" Manuskriptblätter flatterten aus der Kabine in den Gang hinaus, die zahnlosen Kiefer des Aufzugs drohten den kleinen, alten Mann zu verschlingen. „Ich kann's sage", rief er mit glänzenden Wangen, „Steinezeit! In Deutsland regiere heute noch Missionarsstellung!" Schmatzend schlossen sich die Türen. Aus dem Fahrstuhlschacht schallte es dumpf: „Che cazzo – Missionarsstellung! Aiaiaiiii..."

Ich fühlte eine Träne über meine Wange rollen, während ich den Gang hinunterging zu Dr. Reithnagels Institut für Teutoiatrie.

Ein schlohweißer, kuratorisch aussehender Mann öffnete die Türe. „Ja, wie kann ich ..." Er musste sich einhalten. „Remsky? Jessas Remsky, all die Jahre, all die Jahre." Prüfend blickte er mich an, als ich nicht reagierte. „Sie erinnern sich doch an mich?"

„Irgendwie ... Ein wenig ..."

„Setzen Sie sich. Gütiger, es ist über dreißig Jahre her. Junge-junge, haben Sie in der Gefriertruhe geschlafen, Sie sehen genau-so aus wie damals, als Sie in meine Praxis kamen? Ich bat Sie ü-ber Ihre Befindlichkeitsstörungen forschen zu dürfen. Na, klingelt's jetzt? Dann sah ich Sie nie wieder. Trotzdem – Ihnen habe ich alles zu verdanken." Schnaubend ließ er sich in den Ses-sel fallen. „Über Ihre Art Störung habe ich Abhandlungen ver-fasst. Eine davon wurde ein psychiatrischer Bestseller." Wie ein Zwanzigjähriger federte er aus seinem Sessel, holte ein broschier-tes, bereits abgegriffenes Werk aus dem Regal. „Mein Durch-bruch, als es in der American Psychiatric Association veröffent-licht wurde", sagte er und reichte es stolz, „ich habe es nur Ihnen zu verdanken, Remsky." Auf dem Umschlag las ich:

Dr. Andrej Reithnagel, Teutoiatrie: Zwischen Selbsthass und Sozialneid. Klinischer Masochismus. Eine Ausdifferenzierung. Der steinige Weg zur Deutschheilkunde.

„Wie ich bald verstand, als Sie damals verschwunden waren, bedeuteten Ihre Schuldgefühle und Ihr deutscher Selbsthass ei-nen verinnerlichten, wenn auch nicht unbedingt bewussten Wi-derwillen gegen die eigenen erkennbaren Gruppenmerkmale, der entweder in quasipathologischen Bemühungen gipfelt, diese auszulöschen, oder in bösartigen Verunglimpfungen derer, die das aus Mangel an Bewusstsein nicht einmal versuchen. Und wie ich herausfinden musste, leidet das ganze Land darunter. Wo haben Sie überhaupt all die Jahre gesteckt, Remsky? Und sagen Sie jetzt nicht: in der Gefriertruhe."

„Ich weiß nicht mal richtig, wo ich jetzt bin, Wirklichkeit o-der Fiktion."

„Aber darauf kommt es gar nicht an. Entscheidend ist, wie Sie's empfinden, Fiktion heißt nicht Fiktion, weil sie Ereignisse erfindet, sondern weil sie Bewusstsein erfindet."

„Ach, Wirklichkeit, Fiktion, die einzige Tatsache ist, wie es scheint, dass es mir immer noch schlecht geht."

„Mittlerweile ist Ihr Krankheitsbild erforscht, mein Lieber, wir stellen Sie wieder auf die Gleise", sagte er und zog eine Tablettenpackung aus der Schublade.

„Ist das ein Medikament dagegen?"

„Seit zehn Jahren gibt es pharmazeutische Hilfe gegen diese Art Beschwerden. Abermillionen in diesem Land leiden darunter, aber es ist extrem teuer. Seit der letzten Gesundheitsreform quasi unbezahlbar. Herr Remsky, Sie haben mich bewahrt vor einem grauen Berufsalltag, bestehend aus alkoholisiert nölenden Schicksen, ausgebrannten Führungskräften und, die hartnäckigst Depressiven, in den Osten versetzte Wessis." Er erhob sich, reichte mir die Tablettenpackung und sagte feierlich: „Nehmen Sie was Stärkendes, es ist ein Teutonikum."

„Was enthält es?"

Er lachte schelmisch. „Na, das Übliche, Bindemittel und dann die pharmakologisch wirksamen Stoffe. Unter anderem geraspelte Berliner Mauer, etwas vom Tonträger des Vico Torriani Schlagers ,Siebenmal in der Woche' in der Potenz C100, eine Suspension von essentiellen Stellen aus dem Originalmanuskript von Carl Zuckmayers Deutschlandbericht, zwei, drei Spermatozoen des in den Neunzigern unsterblich berühmten italienischen Pornostars Rocco Siffredi, eine Tinktur aus bei Vollmond geernteten, metapherngetränkten Schnauzbarthaaren von Peter Sloterdijk, ein Ratatouille aus Dahrendorfs Demokratie in Deutschland und Luhmanns Systemtheorie, et cetera, et cetera. Sie verstehen nun, warum es exorbitant teuer ist?"

Ich starrte ihn an. „Verändert es die Persönlichkeit?"

„Die eigenen Stärken stärken", dozierte er vor der Bücherwand hin und her spazierend, „und die eigenen Schwächen schwächen, das war jahrzehntelang das Credo aller küchenpsychologischen Ratgeber. Erfolg verspricht in Ihrem Fall mithilfe des Teutonikums jedoch ausschließlich ein belletristischer Ansatz: Die Stärken schwächen und die Schwächen stärken. Sie werden schlicht unzickiger, steigen kurzerhand um auf mediterrane Kost; Erwerbsarbeit klettert auf Ihrer Werteskala lässig auf die unterste Sprosse hinab, Sie laden allabendlich Freunde ein – ohne Ihnen nahe treten zu wollen: möglicherweise pflegen Sie dann überhaupt erst Freundschaften –, wenn Ihr Nachbar im Lotto gewinnt oder sich einen Ferrari kauft, vergießen Sie für ihn aufrichtige Tränen konkurrenzloser Anteilnahme; Selbstzweifel, Schwermut und Reformscheue, also nahezu alle Symptome des gemeinhin als *german disease* bekannten Syndroms dörren ein, Sie lieben die schönen Künste, anspruchsvolle Literatur *und* das pralle Leben; Ihre Geschlechtsteile wachsen endlich auf europäisches Normmaß heran, und mit dieser neugewonnenen, ethnokompatiblen Bestückung botanisieren Sie penisneidlos durch sämtliche Schlafzimmer im *Haus Europa*, Sie unterstehen sich, unterhalb einer Geschwindigkeit von 180 km/h auf die linke Spur zu ziehen und finden Gartenzwerge geradezu lächerlich. Kurz gesagt – ecce homo – alles unleugbare Belege zarter Menschwerdung."

„Das kann es tatsächlich?"

„Es hat kaum Nebenwirkungen."

„Kaum?"

„Ausschließlich positive. Die Haupttodesursachen in Deutschland wie Herzkreislauferkrankungen und Krebs fallen statistisch betrachtet nach unten durch, stattdessen ..."

„Stattdessen?"

„Stattdessen, mein Lieber, werden Sie auf eine statistisch angenehmere und ureuropäische Art und Weise in die Grube fahren: durch die Hand eines gehörnten Ehemanns. Aber, hey – was für ein ehrenvoller Tod!"

„Sie machen sich ..."

„Keineswegs, erst neulich, auf einem europäischen Symposium, durfte ich einem bahnbrechenden Vortrag lauschen: *Was passiert wäre, wenn nie jemals ein italienischer Kellner deutschen Boden besiedelt hätte.* Tja, mein Lieber, dann würde heute noch ..."

„Schon gut, schon gut!"

„Nehmen Sie dreimal täglich eine Gel-Kapsel vor den Nachrichten, niemals mehr als drei. Die ersten Tage können sich bedingt durch kathartische Reaktionen die Symptome noch verschlimmern. Aber dann Remsky, dann haben wir's überstanden."

Auf der Rückfahrt fand ich im Taxi eine Zeitung. Die Schlagzeile: Deutschland und Israel endlich ausgesöhnt. Schnell eine dieser Tabletten aus der Tasche gefischt, eingeworfen und weitergelesen:

Bei den Feierlichkeiten anlässlich der neuen Gartenzwerglieferung der Meixner AG für Ramallah bekräftigten Vertreter der israelischen Regierung, Israel und Deutschland seien nun vollends ausgesöhnt. „Ich habe jahrzehntelang in Deutschland gelebt und bin zeitlebens misstrauisch geblieben, doch ein Volk", sagte der israelische Ministerpräsident Maxim Biller, beugte sich hinab und küsste einem Gartenzwerg auf die Zipfelmütze, „ein Volk, das seine Persönlichkeit in solch knuffige Golems zu gießen vermag, kann nicht von Grund auf böse sein." Die Feierlichkeiten zogen sich weit in den Schabbath hinein.

Taskforce „Deutschland" gescheitert

Nach fünf Jahren Laufzeit wurde das Projekt Taskforce Deutschland gestern im Bundestag für gescheitert erklärt. Nicht Politiker, sondern Wirtschafts- und Medienvertreter, überhaupt erfolgreiche Leute mit einem gerüttelten Maß Volkspsychologie sollten für einen mentalen Aufschwung sorgen. Anfangs war das Gremium, bestehend aus ehemaligen Ich-AG-Vorständen mit Freigängerstatus, führenden Bordelliers und rumänischen Hütchenspielern unter der Schirmherrschaft des emeritierten Medienkritikers Harald Schmidt durchaus erfolgreich. Doch die Vorabinvestitionen der ersten Amtshandlung waren enorm. In jeder deutschen Stadt mit mehr als 50.000 Einwohnern wurde nach Jerusalemer Vorbild eine Klagemauer errichtet. Bereits damals warnten Kritiker wie der anerkannte Sachverständige für deutsche Befindlichkeiten Dr. Reithnagel: „Probleme kann man nicht einfach abheulen, das lindert fatalerweise nur kurzfristig, vor allem, wenn das Gejammere und Meta-Gejammere von den Medien getragen wird." Tatsächlich konnte eine wirksame Stützung des DAX nur über wenige Monate hinweg nachgewiesen werden.

„Glaubst du wirklich", fragte Sina später, „dieser Psychoonkel kann dir helfen?"

„Wenn nicht er, *wer* dann? Du musst zugeben, er hat über Deutschland mehr zutage gebracht als irgendein anderer seit Harald Schmidt", erwiderte ich und reichte ihr als Bestätigung ein Exemplar von Reithnagels Bestseller. „Er hat dem Land ein Thermometer in den Arsch gesteckt. Reithnagels Deutschland."

Anlässlich eines Psychiatriekongresses in Wien (Schwerpunkt: Über Teutoiatrie zur Austriatrie?) titelte das österreichische Nachrichtenmagazin Profil höhnisch „Reithnagel, dieser Piefke, ist ein Windhund – und macht Deutschland hint' wund".

Vor dem Schlafengehen schluckte ich vorsichtshalber fünf Tabletten.

03.09.2035

Aufgewacht durch einen Schrei. Als ich in den Flur kam, kniete Sina auf dem Boden, hielt die Zeitung in der Hand und schluchzte.

„Sieh doch!" rief sie.

„Heute ist Mittwoch, die F.A.Z. kommt doch nur donnerstags, wie einst die ZEIT."

„Sie bringen es auch im Radio. Mein Gott, es ist furchtbar, Leon, lies!" sagte sie und hielt mir die Zeitung vors Gesicht.

REPUBLIKSAUFLÖSUNG
Deutschland mental, finanziell und identitätsmäßig am Ende.

In einer geheimen Konferenz am Berliner Wannsee beschlossen die ehemaligen Schutzmächte ein Abkommen zur Aufhebung von Deutschlands Republikstatus. Am 3. Oktober dieses Jahres wird mit einem letzten Staatsakt die Aufhebungsurkunde ratifiziert.

Auslöser waren die zuletzt katastrophalen finanziellen aber auch mentalen Defizite eines ganzen Volkes. In französischen und englischen Diplomatenkreisen spricht man hinter vorgehaltener Hand schon seit geraumer Zeit von *politischer und ethischer Verwahrlosung.* Das Scheitern der Taskforce Deutschland und die jahrelang brachliegende Landwirtschaft drängten schließlich zum Handeln. Ab dem 3. Oktober gelten die Grenzen der ehemaligen Besatzungszonen. Die Präambel zur Erweiterung des Vier-Mächte-Abkommens wird in den folgenden Wochen überarbeitet. Als Novum beansprucht Italien den Status einer fünften Schutzmacht und gleichzeitig die Region München und Voralpenland. Die staatsrechtliche Anspruchsgrundlage hierfür gründen die Italiener auf dem mittlerweile völkerrechtlich anerkannten soziologischen Traktat *Was passiert wäre, wenn nie jemals ein italienischer Kellner deutschen Boden besiedelt hätte.*

Von der Dringlichkeit des Fünf-Mächte-Abkommens waren alle Teilnehmer der Wannseekonferenz überzeugt. Ungeachtet allem, was Deutschland der Welt angetan hat, verlautbarte ein Teilnehmer, sei es dennoch ein Gebot der Menschlichkeit, einen deutschen Genosuizid zu verhindern. Dabei sei Eile geboten, fügte er hinzu, denn der Firnis der Zivilisation werde in Deutschland zusehends dünner.

Letzte Hoffnung sehen die fünf Schutzmächte in einer Tugend, die bei vielen Auslandsdeutschen beobachtet wurde: vollkommene Assimilation. Während Emigranten anderer Länder jeweils Teile ihrer Tradition gewissenhaft und einkänglich mit den Traditionen des Gastlandes pflegen, tarnen sich immigrierte Deutsche nahezu unauffindbar hinter der Maske der Assimilation. Nicht selten ist schwerste seelische Erschütterung und hartnäckige Verleumdung der ehemaligen Identität die Folge, wenn nach Jahrzehnten die Mimikry auffliegt. Diese erstaunliche Anpassungstugend wollen sich die Schutzmächte nun zu Nutze machen und setzten auf eine reibungslose Einfügung der Deutschen in die jeweilige Zielkultur. Mehr als berechtigten Mut schürt hierbei das bei New York Wochenendbesuchern nach der Rückkehr inflationär auftretende How-do-I-say-in-german?-Symptom. „Wir reden hier nicht einfach so von Integration", beschied ein Konferenzmitglied, „wir verlangen pünktliche, gewissenhaft preußische Assimilation." Dies sei Vorraussetzung für die Übernahme der enormen finanziellen und kulturellen Belastungen der jeweiligen Zielkultur. Weiterhin sehen viele ausländische Beobachter darin die neue deutsche Rolle, einige sogar die neue deutsche Identität: Europa voranzutreiben durch Selbstabschaffung im europäischen Projekt. „Sehen wir es so", sagte der 111jährige Peter Scholl-Latour (jüngste Veröffentlichung *Der Tod der Hopfenfelder*), mittlerweile Ehrenmitglied des französischen Parlaments, „sogar nach Verlust des zweiten Weltkriegs und besonders nach Verlust der Mauer konnte Westdeutschlands eklig-elitäre Haltung ungehindert rezidivieren. Wirtschaftliche Stärke verführte allzu schnell zu kultureller Großspurigkeit, bis weit in die Neunziger hinein galten die zugegebenermaßen mitfinanzierten Staaten der europäischen Union kaum als gutnachbarliche Partnerstaaten, sondern aus deutscher Sicht bestenfalls als Mitesser. Nehmen Sie heutzutage ein beliebiges europäisches Land von Litauen bis Portugal mit all seinen administrativen Schwierigkeiten, bankrottösen Wirtschaften, politischen Skandälchen, innenpolitischen Brandherden, gesellschaftlichen Schwulitäten – und seien wir jetzt grundaufrichtig: So nah wie in diesem tragischen Moment, so menschlich nah ist Deutschland Europa noch nie gekommen."

Jede Schutznation war ohne Zögern bereit, sich diese Rettungsaktion eines ganzen Volkes aufzubürden. „Es ist uns ein Ehren- und Freundschaftsdienst, Deutschland in seiner schwersten Stunde mit ganzem Herzen beizustehen", verkündeten die Teilnehmer einhellig.

Israel verhängte für den 3. Oktober Staatstrauer.

Die F.A.Z. besitzt das Vorabdrucksrecht des Fünf-Mächte-Abkommens.

Ein Hinweis in eigener Sache: Dies ist die letzte Ausgabe der Frankfurter Allgemeinen Zeitung. Die Herausgeber möchten sich bei ihrer Leserschaft für die jahrzehntelange Treue und kritischen, immer fundierten Kommentare bedanken. Die wirtschaftliche Lage erlaubt es uns nicht, das seit der Einführung der wöchentlichen Erscheinungsform ohnehin gesunkene journalistische Niveau aufrecht zu erhalten. Zudem wird mit Einführung des Fünf-Mächte-Abkommens der Gebrauch der deutschen Sprache untersagt. Mit dem Abdruck der Schlusspräambel möchten wir uns hiermit von unserer hochgeschätzten Leserschaft verabschieden. Ein kleiner Trost: Ihre über die Jahre und Jahrzehnte hinweg liebgewonnen Redakteure und Autoren können Sie in Publikationen Ihrer jeweiligen Zielkultur wiederfinden, bei Il Mondo, Le Monde, Daily Telegraph, sowie alle unsere Volontäre bei der Wochenzeitschrift „Methusalem" des Gerontologischen Instituts der Frank Schirrmacher Stiftung „Daheim geht's nimmer, auswärts immer". Die Redaktion wünscht Ihnen in diesen schweren und ungewissen Zeiten viel Glück, Durchhaltevermögen und eine große Portion gesunder politischer Intuition für die Zukunft. Bitte bleiben Sie stark!

Nachfolgend die Schlußpräambel des Fünf-Mächte-Abkommens:

Stichtag der Staatsauflösung ist der 3. Oktober 2035. Es gelten ab diesem Tag die ehemaligen Grenzen der Besatzungszonen. Eine Reinstallation von Schutzwällen, Mauern, Selbstschussanlagen darf frühestens nach vier Jahren erfolgen. Ex-Deutsche haben sich nach besten Kräften ihrer jeweiligen Zielkultur anzupassen. Gegenbesuche über Besatzungsgrenzen hinweg sind höchstens für einen Zeitraum von vier Jahren möglich.

Zehn Jahre nach Inkrafttreten dieses Abkommens werden alle Ex-Deutschen einem nach Dr. Reithnagel entwickelten Assimilationstest unterzogen. Assimilanten, die diesen Test bestehen, bekommen einen Reisepass ihrer Zielkultur ausgehändigt und dürfen Grenzen passieren. Deutsche, die aus sprachlichen oder kulturellen Gründen nicht bestehen oder der Tümelei überführt werden, bekommen eine Identitätskarte mit dem Sichtvermerk „staatenlos und renitent" und werden des jeweiligen Gastlandes verwiesen.

Die Teilnehmer der Konferenz hoffen im Namen aller Erdenbürger, aufrechten und zugleich schmerzenden Herzens, auf ein humanes Gelingen dieses ethnisch mehr als gewagten Abkommens. Stehe Gott uns bei.

Einigkeit und Recht und Freiheit.

Unterzeichnet: Vertreter der fünf Schutzmächte, Vertreter der Bundesrepublik Deutschland.

His Royal Highness, Ernst August von Hannover, King of England	Yannick Noah, Président de France
Sua Maestà, il Presidente d'Italia, Dott. Rocco Siffredi	Arnold Schwarzenegger, President of the United States of America
Dr. Vitali and Dr. Vladimir Klitchko, Representing the Twin Presidentship of Ukraine and Russia	gegengezeichnet: Kanzlerin der Bundesrepublik Deutschland in Auflösung, Dr. Guidana Westerwelle

Sina ließ sich in meine Arme fallen, wir sanken schluchzend auf die Knie.

„Lass uns nach Italien abhauen", sagte ich, „lass uns gehen, bevor es zu spät ist."

Vor dem Schlafengehen nahm ich die restlichen 25 Tabletten alle auf einmal.

„Wann landen wir?" fragte Sina.

„In knapp eineinhalb Stunden", sagte Remsky und blickte aus dem Fenster, während Sina ihm den Nacken kraulte.

„Ich bin froh, dass du wieder gesund bist." Nach einer Weile: „War ganz schön knapp."

„Es ist überstanden", erwiderte er und begann, in sein Notizbuch zu schreiben.

„Eine Lebensmittelvergiftung ist nicht ohne. Wie kommst du ausgerechnet auf Saumagen?"

Remsky zuckte mit den Schultern.

„Gott sei Dank gibt's so was in Rom nicht. So *herrliche* Sachen werden wir dort essen", sagte sie. Plötzlich blickte sie ihn ernst an. „Verdammt knapp war das auf der Intensivstation, du hast phantasiert, immer wieder nach einem Doktor Reiternagel oder so verlangt. Nichts davon weißt du mehr, wie schrecklich."

Remsky deutete Richtung Fenster. „Da, die Alpen, endlich verlassen wir Deutschland. Unheimlich", sagte er und blickte auf die weißbezipfelten Berge, „keine Erinnerungen und doch das Gefühl, mordsmäßig was erlebt zu haben. Saumagenvergiftung wünsche ich wirklich niemandem."

„Wir wollten doch ursprünglich Onkel Hiram in Tel Aviv besuchen, nach deiner Genesung plötzlich Italien?"

„Sina, ich kann's nicht erklären. Es ist nur so, dass ich mich dort irgendwie ... na – sicher fühle."

Sie blickte nachdenklich aus dem Fenster. „Und was schreibst du da in dein Notizbuch?"

„Ach, nur Ideen. Für ein Stück oder einen Essay, weiß noch nicht."

„Oh, hat es schon einen Titel?"

„Hm, ich glaube, ich nenne es *Was passiert wäre, wenn nie jemals ein italienischer Kellner deutschen Boden besiedelt hätte.*"

„Was für ein komischer Titel", sagte sie und schob ihre Hand unter sein Hemd. „Soso, und was wäre dann passiert?"

Er verstaute das Notizbuch und beugte sich zu ihrem Ohr: „Das führe ich dir nachher im Hotel vor", sagte er grinsend. „Aber ich fürchte, allzu lange hättest du keinen Spaß damit!"

„Hauptsache gesund", erwiderte sie und schmiegte sich an seine Schulter, „nicht auszudenken wenn du nach der kommenden Gesundheitsreform krank geworden wärst. Hätte niemand bezahlen können, wirklich niemand."

„Schon wieder eine?"

„Und was für eine! Nur ein einziger Paragraph. Aber jetzt ist Urlaub!"

„Da schau", sagte Remsky plötzlich, „dort unten sollten wir uns ein Häuschen zulegen."

Die Alpen lagen hinter ihnen. Eine weite Fläche mit Obstplantagen und sattgrünen Feldern tat sich auf, und würde man das Fenster öffnen können, zöge ganz bestimmt der Geruch von Basilikum und Thymian herein.

Einmal Thüringen und kein Zurück

Jessica Jäger-Köhler

Dr. Gernot Stiller, Leiter der erfolgreichen WEBB-Agentur, die die Wiedereingliederung für Bundesbürger zur Aufgabe hat, wusch sich sorgfältig die Hände, trocknete jeden einzelnen Finger am Handtuch ab. Dr. Stiller betrachtete mit Besitzerstolz die glatten Handrücken, deren Hautoberfläche durch intensive Schälkuren und dank eines kleinen operativen Eingriffs wie vor zehn Jahren aussah: frisch, glatt und zupackend. Gott sei Dank waren die ersten stark hervortretenden Sehnen noch einmal unter die Hautoberfläche zurückgedrängt worden. Er ging zurück zu seinem Schreibtisch. Gefällig sah er sich um. Das Telefon klingelte. Gernot Stiller ging um den Tisch herum und nahm den Hörer ab.

„Stiller. Ja, guten Tag, Herr Stößel, wie geht es Ihnen denn? Wunderbar! Das freut mich. Und Ihrer Frau? Ach, Sie macht gerade ein Body-Updating? Wie praktisch. In Bad Reichenhall, ... hm ... Ich habe von meiner Sekretärin gehört, dass Sie Informationen über unsere Wiedereingliederungsagentur für Bundesbürger für eine Hintergrundgeschichte haben wollen. Womit kann ich Ihnen denn behilflich sein?" Er setzte sich hin. „Über den Rückgang der Obdachlosenzahlen ... Geschichte über die erfolgreiche Wiedereingliederung heimstattloser Bundesbürger in unserem schönen Thüringen seit 2025. Sie wissen doch, dass wir heute von Eingliederungsklienten oder schwach gestellten Bürgern und Bürgerinnen sprechen. Ja, ja, ich weiß, dass dies alles dasselbe ist, aber wie heißt es so schön: Sprache prägt das Bewusstsein und manipuliert die Massen. Gut, die Restzahlen von heute – Stand 23. September 2034: 298 432 Eingliederungsklienten in der gesamten Bundesrepublik, ja, da ist auch der neue untere Mittelstand dabei, der es mal wieder nicht geschafft hat.

2025 hatten wir bundesweit 9 Millionen Anwärter auf einen Wiedereingliederungsplatz ... ja, einschließlich der ostdeutschen Zahlen. Es musste etwas geschehen, wir sahen da einen großen Behandlungsbedarf. Praktisch jeder Zweite war im Osten ein Wiedereingliederungsfall, und vergessen wir nicht die zunehmenden Zahlen hier bei uns im Westen. Wir konnten die Leute nicht mehr verstecken. Man fiel praktisch über sie, an jeder Haustür. Erst haben wir Jahre gebraucht, um das Problem mit der Hundescheiße zu lösen, dann ... Ja, ja, im Osten war das nicht so schlimm, da fuhr ja eh keiner mehr hin, trotz der schönen Autobahnen, aber hier bei uns nahm das Problem mit den Kindern zu. Das rüttelte das öffentliche Bewusstsein so richtig wach. Die Kinder unserer schwach gestellten Klientel sahen immer so verhungert aus. Unsere westdeutschen Wähler wollten so etwas nicht mehr sehen. Kann ich ihnen nicht verdenken ... Als Ergebnis einer gesundheitsbewussten Ernährung darstellen, meinen Sie? Nee, die ausgemergelten Gesichter schlugen einem morgens auf den Magen. Sogar mir ging es ab und an nahe, das drückte doch irgendwie die Stimmung, konnte einem den ganzen Tag versauen ... Da haben Sie vollkommen Recht, natürlich hätte sich das Problem mit dem Müll, pardon, mit den schwach gestellten Bundesbürgern bei der Menge irgendwann von alleine gelöst. Thüringen war ein Glücksfall: Die alten Bergwerke im Rhön-Werra-Tal, die boten sich bestens zur Unterbringung an. ... Ruhrgebiet? ... ne, ne, aus den Augen, aus dem Sinn.

Und dann mussten wir ja auch an die besonderen Bedürfnisse unserer schwach gestellten, ein wenig orientierungslosen Klienten denken. Behutsame Schritte waren erforderlich, um unsere Klientel zum Mitmachen zu bewegen. ... Verbringen Sie mal Jahre auf der Straße. Keine Verantwortung, keine Beschränkung der individuellen Lebensform, aufstehen, wann man will, seinen Kopf zur Ruhe betten, wo man gerade ist, essen, wo und was man möchte. Und vor allen Dingen: keine Steuern! Das ist Romantik, ach, was sag' ich, Freiheit ist das, mein Lieber, absolute

Freiheit, das hat geradezu etwas Spirituelles. Da kann man richtig neidisch werden, deshalb wollten die doch erst mal überhaupt keine Hilfe ... Sie wollen mich zitieren? Nein, lassen Sie das mal, das ist, war, meine ich, meine private Meinung. Bei uns in der WEBB-Agentur gingen die Meinungen da sehr auseinander. Wo war ich stehen geblieben? ... Ja, ich weiß, bis auf die Kinder. Aber das ist doch immer so: Die nachfolgenden Generationen müssen die Fehler der Eltern ausbügeln. Können Sie sich noch an die Zeit erinnern, als die *Bürger-Paten-Initiative* lief? *Jedem Bundesbürger seinen Obdachlosen* hieß es so einprägsam in der Presse. Die Engagierten kamen mit dem Müllproduzieren, -sortieren und -verteilen gar nicht mehr hinterher ... Ja, das entlastete damals ganz gehörig die Städte und die Umwelt selbstverständlich auch ... Natürlich hätte sich das Müllproblem mit den Jahren auch von selbst ergeben, aber solange konnten wir nicht mehr warten, die Zahlen stiegen. Denken Sie an den Mittelstand, der ab 2017 langsam, aber sehr massiv auf die Straße drängte. Erst hatten unsere Wähler die Belastung mit ihrem Familienrentner, den wir bei ihnen einquartiert hatten ... Wann das war? Lassen Sie mich mal überlegen ... Das war die *Rent-A-Rentner-Kampagne*, wir haben schon recht früh damit angefangen: 2014. Dann kamen die schwach gestellten Bürger und Bürgerinnen dazu, das wurde für das Gros der Familien zuviel ... Wie wir unsere Klientel motiviert haben, wollen Sie wissen? Praktisch indirekt, wenn Sie es genau wissen wollen. Wir brauchten uns um die direkte Zielgruppe gar nicht zu kümmern, wir sprachen deren Versorger an. Und damit die Bürger und Bürgerinnen nicht das Gefühl hatten, sie seien mit dem Problem allein gelassen worden, entschlossen wir uns zu einer groß angelegten Reinigungskampagne unserer deutschen Heimat. Wir setzten die Stadtreinigung in den Brennpunkten ein, na, Sie wissen schon, die Wasserfahrzeuge mit den starken Wasserdüsen, die die Bürgersteige reinigen. Das ging ganz schnell. Versetzen Sie sich mal in die Lage unserer schwach gestellten Bürger und Bürgerinnen: Sie machen es sich mit der Familie in der Garageneinfahrt so richtig bequem und kuschelig. Dann kommt das Reinigungsfahrzeug zu einer unmöglichen Stunde, möglichst, wenn alle schlafen. Ein extra verstärkter Wasserstrahl nimmt Ihre Lieben aufs Korn, und prompt sitzen Sie in einer riesigen Pfütze. Was glauben Sie wohl, wie lange Sie das durchhalten würden, zwei- oder dreimal jede Nacht? ... Eben, das war fast unerträglich. Und zusätzlich schickten wir vermehrt städtische Ordnungs- und Reinigungskräfte mit Hunden nachts in die Anlagen, um die Parkbänke freizuhalten, zu reinigen oder neu zu streichen, die Mülleimer jede zweite Stunde zu leeren. Ja, da gab es immer was zu tun. Belebte auch den Arbeitsmarkt, diese Aktion. Letztendlich funktionierte die Etablierung des neuen Denkens ganz wie von selbst. Wie immer bei massiver Werbung. Erinnern Sie sich noch an die idyllischen Bilder vom Thüringer Wald mit der Überschrift: *Neue Heimat*? ... Ach, Sie erinnern sich nicht, Sie sind zu jung. Nun, wir boten paradiesische Alternativen: herrliche weite Landschaften in Thüringen, unberührte Wälder, leere Städte, bereit, wieder Bewohner aufzunehmen, ein besseres selbstbestimmtes Dasein ohne Rheuma und Arthritis, genug Essen für die Kinder und die Möglichkeit, wieder ein vollwertiges Mitglied unserer Gesellschaft zu werden. Damit kriegen Sie die Wähler immer. Sie fühlten sich befreit, und – unter uns gesagt – wir wussten auch nicht mehr, wie wir das Engagement für die Versorgung der schwach gestellten Bürger noch weiter wach halten sollten. Die Wähler atmeten auf, sage ich Ihnen. Hatte ich es schon erwähnt? Unsere Bürger und Bürgerinnen mussten ja schon für ihren Rentner sorgen, pro Kind einer. Die Erlösung war unsere *Neue Heimat*, sage ich Ihnen. Da half auch das ganze Protestieren und Argumentieren der schwach gestellten Bürger und Bürgerinnen nicht mehr. Wie sollten unsere mündigen Bürger und Bürgerinnen auch verstehen, dass die schwach gestellten Mitbürger sich nicht helfen lassen wollten, wenn der Staat mit solch einem Angebot lockte. Da hielt doch der Sozialstaat wieder Einzug! Die Beheimateten nahmen ihre schwach gestellten Mitbürger und Bürgerinnen nicht ernst, als diese sich gegen die Reintegration wehrten und von Deportation und Selektion sprachen. Und das, obwohl die Regierung ihnen ein ganzes Bundesland zur Verfügung stellte, inklusive guter Luft ohne Autos, absolut schadstofffrei. Bestes Klima für die Kleinen. Das war doch die Chance zur Reintegration ... Was? Ja, ich komme bei dem Projekt immer ins Schwärmen ... Wie? Ein Problem mit der Unterbringung? ... Hatten wir nicht. Wir standen zu Beginn des Projektes vor der Frage der Behausung. Das war der entscheidende Punkt in der ganzen Diskussion. Das schöne verlassene Thüringen war geradezu ideal. So viele ungenutzte Bergwerke, kilometerlange Stollen, bestens in Schuss gehalten seit dem Mauerfall. Was will man mehr? Und dann das gute Klima in den stillgelegten Stollen, fast wie Höhlenklima, hilft auch sehr bei dem typischen Straßenkatarrh. Da wurden die angegriffenen Bronchien ganz schnell wieder auf Vordermann gebracht. Es hustet sich dann gleich schon viel lockerer ... Ja, billig ist das auch, bei so vielen Klienten: 9 Millionen bei einer Einwohnerzahl von insgesamt 51 Millionen Bürger und Bürgerinnen. Die Bergwerke sind also die erste Station, damit der Kulturschock nicht zu groß ist. Wir versuchen, Rücksicht auf die alten Lebensgewohnheiten unserer Klienten zu nehmen. Leben Sie mal so lange mit der Familie auf der Straße, und plötzlich müssen Sie sich in einem Heim zurechtfinden und alles mit Fremden teilen, die sanitären Anlagen, die Betten, die Zimmer. Das ist eine absolute Ausnahmesituation ... Unzumutbar ... Da gebe ich Ihnen vollkommen recht ... Seelische Unterstützung? Was das betrifft, zählen wir auf die Mithilfe eines Trupps von ausgezeichneten Therapeuten. Morgens helfen sie beim Aufstehen, stehen mit Tat zur Seite, wenn es um die Körperreinigung geht ... Na, am Anfang sträuben sich die Neuen schon ein bisschen beim Gemeinschaftsduschen, aber die neuerliche Schamentwicklung gehört mit zum Programm. Wir mussten das öffentliche Urinieren unterbinden. Und das Gruppenzuge-

hörigkeitsgefühl wird ganz nebenbei auch gestärkt: Erst wenn
der Letzte rasiert ist, dürfen sie den Duschraum verlassen. Sich
in der Gruppe bewähren, sich gegenseitig beim Rasieren helfen;
das ist Teamwork in Reinkultur, ganz nebenbei vermittelt beim
Duschen ... Der Einzelne ist nichts, die Gruppe alles ... Was sagen Sie, wie viel? Um die dreihundert passen in einen Duschsaal
... Wo war ich stehen geblieben? Ach so, ja: Dann folgt das
Frühstück in der Gruppe. Das kostet Zeit. Leider lassen die Wagen mit den eingesammelten Essensresten häufig auf sich warten. Wir haben da noch ein Problem mit dem Zusteller. Und
Disziplinprobleme bei der Essensverteilung treten in den ersten
Wochen bei den Neuzugängen gehäuft auf. Sie können sich
nicht vorstellen, wie lange es braucht, um die in eine Reihe zu
kriegen. Wir sprechen hier vom einfachen Schlangestehen, von
nichts anderem. Immer wollen alle zuerst auf die Lastwagen. A-
ber unser Therapeutenteam beweist da eine Engelsgeduld. Wir
haben mit den dressierten Hunden gute Erfolge erzielt. Aber wir
müssen die Grundwerte von Gehorsam, Disziplin und Selbstbe-
herrschung vermitteln. Anders läuft es nicht. Da müssen wir
gemeinsam durch. Und wenn unsere Klienten erst einmal begriffen haben, dass regelmäßiges Essen auf den Tisch kommt, dann
geht vieles von allein ... Ja, natürlich bekommen sie gratis Essen.
... Wie, zwei Mahlzeiten am Tag? Wie kommen Sie denn darauf?
Ein Kollege hat Ihnen das erzählt? Wir versuchen möglichst jeden Tag eine Mahlzeit anzubieten. Wir sind doch keine Unmen-
schen. Aber wir wissen doch beide, dass zuviel staatliche Unterstützung die Selbstachtung des Individuums restlos untergräbt.
Und schließlich und endlich leben wir nicht in einem Sozialstaat.
Natürlich gibt es bei uns in Thüringen auch das Lohn-
Leistungsprinzip ... Wie bitte? Bestrafung? Erst füttern, und
wenn sie nicht brav sind, Essen wegnehmen ... So würde ich das
nicht ausdrücken. Eher sehen wir vom WEBB-Team es als die
alltägliche, geteilte Sorge um die Befriedigung eines Grundbe-
dürfnisses ... Ob das klappt? Ja, was denken Sie denn! ... Sie wol-

len mich zitieren ... Nein, damit habe ich kein Problem. Und nun wollen Sie Informationen zur Rentabilität des gesamten Projekts ... Ich verstehe ... Wie sich das rechnet? ... Ja ... Nein, wir haben keine großen Kosten. Unsere gesamte Umweltentlastungsindustrie liegt im Osten. Die Neuankömmlinge verbringen erst einige Zeit im Umweltentlastungsteam, zwecks Einkleidung und Errichtung eines eigenen Hausstands. Sie kümmern sich um die fachgerechte Verwertung der bürgerlichen Wohlstandsreste. ... Was da so anfällt? Rohstoffwiederaufarbeitung eben; biologische Restverwertung, für den eigenen Gebrauch, dann Holz, Plastik, Windeln, Glas etc. ... In der zweiten Integrationsstufe dürfen sie im Stoff- und Schuhverwertungsteam für den Vertrieb im Ausland arbeiten ... In der letzten Stufe lernen sie wieder mit einem festen Dach über dem Kopf zu leben, indem sie erst die maroden städtischen Bauten wieder in Stand setzen ... Womit? ... Natürlich mit dem erarbeiteten Material der Rohstoffwiederaufarbeitung ... Ja, da schließt sich der Kreis. Feine Sache, nicht wahr. Die letzte Stufe der Reintegration ist dann der Einzug in die eigene, überdachte Wohnung und der Antritt bei einer festen Arbeitsstelle ... Selbstverständlich gibt es Lohn: einen Euro ... Ja, die Integration ist dann vollendet ... Ihre Aufgaben: Thüringer Würste stopfen und Weihnachtsschmuck blasen ... Die traditionellen Wirtschaftszweige sind doch langsam, aber sicher ab der Jahrtausendwende wegen der Volksabwanderung den Bach runter gegangen. Erstklassiger Importschlager heute, die Würste ... Zahlen wollen Sie haben? Die Unterlagen kann Ihnen meine Sekretärin zusenden ... Sie haben jetzt alles, was Sie brauchen ... Ich verstehe. Nun gut, dann bedanke ich mich ganz herzlich für Ihre Aufmerksamkeit, und wenn noch Unklarheiten entstehen sollten, können Sie mich jederzeit gerne ansprechen." Dr. Gernot Stiller legte den Hörer auf.

Deutschland
und seine Fruchtzwerge

Karlheinz Wedl

Es ist schon zweiundzwanzig Uhr, als Horst Tuning an diesem Abend nach Hause kommt. Er nimmt sein Headset, ein Kombigerät von Brille mit integriertem GPS-System mit Digital-Sprechfunk, ab.

„Computer einschalten", flüstert er, und eine Leinwand gleitet von der Zimmerdecke herab. „Hallo Horst, schön, dass du wieder zu Hause bist!" begrüßt ihn sein Hauscomputer.

„Irgendwelche Anrufe, Emails, Besonderheiten?" fragt er.

Nach einer kurzen Pause laufen Zahlenkolonnen über die Leinwand, mehrere kleine Bildschirmfenster werden wie von Geisterhand geöffnet und geschlossen. Dann meldet der Computer: „Es liegen zurzeit keine neuen Nachrichten vor, du befindest dich im Wohnzimmer, Horst!"

„Danke, du Scherzbolzen, bleib auf Stand-by!"

„Habe soeben deine Blutwerte kontrolliert, Horst. Schlage dir deshalb für das Abendessen die Grün-Weiße vor!"

„Also gut", sagt Tuning gelangweilt. Eine Klappe neben dem Tisch öffnet sich, und eine grün-weiße Pille kullert in seine Hand. Mit einem Schluck Wasser spült er die Pille hinunter. Horst hat zu Abend gegessen.

Horst Tuning – ich nenne ihn ab jetzt Horst – ist vierundzwanzig Jahre alt und ledig. Er wohnt in einer Stadt in Deutschland. Seine wöchentliche Arbeitszeit wurde von der Regierung, die jetzt, im Jahre 2034, *Die Stimme* heißt, auf fünfundsechzig Wochenstunden festgesetzt. Die Angehörigen der *Stimme* werden nicht mehr vom Volk gewählt, wie in früheren Zeiten, sondern sind von Geburt an für sie bestimmt. Nach jeder Niederkunft ermittelt ein Großrechner den GV (Gesellschaftlicher

Verwendungsfaktor) des Neugeborenen. Nur Kinder, für die der Faktor Null ermittelt wurde, werden später Politiker. Sofort, nachdem sie das Licht der Welt erblickt haben, werden die *Nullen* – so nennt sie das Klinikpersonal im Jargon – auf eine kleine Insel gebracht, deren Name niemandem bekannt ist. Man lässt den *Nullen* zwar keine Schulbildung angedeihen, aber gehegt und gepflegt werden sie auf das Fürsorglichste, denn sie sind für höchste politische Aufgaben im Lande vorgesehen. Auf dieser Insel der Ruhe und des Friedens leben die Auserwählten wie in einem Ghetto zusammen und warten dort darauf, dass die *Stimme* sie ruft. Nicht aus Furcht, sie könnten aus dem Ghetto entführt werden, und auch nicht aus Angst vor möglichen Lösegeldforderungen, sperrt man die Politikelite auf ihrer Insel ein. Nein, vielmehr befürchtet man, sie könnten sich vorzeitig unkontrolliert unters Volk mischen. Wie lange der politische Nachwuchs auf der Insel auf seinen späteren Einsatz wartet, ist schwer vorauszusagen. Dies kann oft Jahrzehnte dauern, manchmal aber ereilt der Ruf die Eleven schon sehr früh. Infolge des plötzlichen Todes zweier Finanzminister, wenige Jahre hintereinander – beide starben an akuter Blinddarmentzündung – kam es, dass zurzeit ein erst vierzehnjähriger Junge aus dem Politikerghetto der Insel den Job des Finanzministers übernehmen musste.

Aber, zurück zu Horst. Als *Leistungsverweigerer*, das sind Menschen, die keine eigenen Kinder haben, ist Horst zusätzlich mit hohen Strafsteuern, einer höheren Sozialabgabe, einem Risikozuschlag, und einer um fünfzehn Prozent höheren Monatsmiete belastet. Wie alle Bewohner dieser Stadt in der VI (Vereinigung Intelligenter Länder) so hat auch Horst keinen bestimmten Beruf erlernt. Nein, diese Zeiten sind schon lange vorbei! Was der Mensch früher einmal lernen und wissen musste, erledigen für ihn heute die Computer und Roboter.

Arbeitgeber dieser Kleinstadt mit mehr als fünf Millionen Einwohnern sind zwei Großkonzerne. Sie steuern alles: Die industrielle Fertigung, den Wohnungsmarkt – jede Familie mit einem Kind hat einen gesetzlich verankerten Wohnraumanspruch von fünfunddreißig Quadratmetern –, die gesundheitliche Grundversorgung, und natürlich auch – wie schon in früheren Zeiten – die Politik.

„Piep, piep", ertönt es, und Horst schaut zur Leinwand.

„Du hast eine Email erhalten", meldet der Computer.

Um der Kinderknappheit Herr zu werden, hat sich *Die Stimme* einiges einfallen lassen. Man wollte wieder weg von dem altmodischen Klonen – dieser Typ Einheitsmensch erwies sich als besonders *störanfällig*, wie es die Genetiker nannten – und man setzt jetzt wieder auf die herkömmliche Zeugungsmethode.

Über einen Computer werden jeden Monat per Zufallsprinzip landesweit mehrere tausend der männlichen und weiblichen Leistungsverweigerer ausgesucht. Die weiblichen Kandidatinnen erhalten einen MoN-Katalog (Mann ohne Nachwuchs) und die männlichen Leistungsverweigerer einen FoN-Katalog (Frau ohne Nachwuchs) per Email zugesandt. Bei der Auswahl spielen im Übrigen das Alter der jeweiligen FoN, respektive des MoN, und die Tatsache, ob sie/er verheiratet ist oder nicht, keine Rolle. Eine fünfundfünzigjährige FoN zum Beispiel alleine ihres Alters wegen abzulehnen wäre undenkbar für einen MoN und hätte die so genannte *Zwangszuweisung* zur Folge. Und jeder Leistungsverweigerer weiß: Noch viel Ältere finden sich zuhauf in den Katalogen. Noch eine Besonderheit im ganzen Procedere hat man sich einfallen lassen: Der Wunsch einer FoN, also ihre *freiwillige* Auswahl eines Kandidaten aus der aktuellen oder inaktuellen MoN-Liste (Mann-ohne-Nachwuchs-Liste), macht eine bereits laufende Kandidatinnenauswahl eines männlichen Leistungsverweigerers aus einer FoN-Liste, ungültig.

Horst wird oft angeschrieben – vom Zentralcomputer fast genauso häufig wie von weiblichen Leistungsverweigerinnen – weil er ein Kandidat mit hohem GV (Gesellschaftlicher Vermehrungsfaktor) ist. *Zweimal positiv* steht in seiner Datei. Wenn er noch einen Auftrag erfolgreich erledigt, das weiß Horst, werden ihm von der *Stimme* fünfzehn Prozent seiner Steuern erlassen und seine Monatsmiete reduziert sich um zehn Prozent.

Weil Horst auf die erste Ankündigung der eingetroffenen Email zwischenzeitlich noch nicht reagiert hat, meldet sich der Computer ein weiteres Mal:

„Hallo, Horst, ein FoN-Katalog ist eingetroffen!"

Horst ist sich im Klaren, was ihn bei einem solchen Katalog alles erwarten kann. Bei der Auswahl der Kandidatinnen sind deshalb sein Sachverstand und seine Schnelligkeit gefragt. Noch heute erinnert sich Horst mit leichtem Unbehagen an seinen letzten Auftritt im Kopularium, dem dafür eigens geschaffenen Zentrum. Eine Fünfundfünfzigjährige hatten sie ihm damals zugeteilt.

Aber rüstig war sie, die Erna, und feurig, denkt Horst und schmunzelt. Als der Überwachungscomputer im Kopularium damals nach einer dreiviertel Stunde *Erfolgreich* meldete, riss ihn Erna erneut zurück auf die Liege und warf sich nochmals auf ihn. Horst wischt sich den Schweiß von der Stirn und ruft verzweifelt: „Email öffnen!"

„Viel Glück, Horst, ha, ha, ha!" wünscht ihm sein Hauscomputer.

„Nicht schlecht", denkt Horst, als er die Auswahl der zwölf Damen betrachtet. Eine *muss* er auswählen, das weiß er, sonst erhält er wieder eine Zwangszuweisung. Seinem Freund hatten sie neulich eine Fünfundsechzigjährige zugewiesen, denn mögliche Geburten sind bei Frauen dieses Alters längst keine Seltenheit mehr. Horst entscheidet sich für eine Siebzehnjährige, ein hübsches Mädchen mit langen, braunen Haaren und einer schönen Figur. Wenn sie nur nicht alle so ausgemergelt und blass aussähen! So denkt Horst und spricht dann in das Mikrofon:

„Ich entscheide mich für die Nummer 11-33222-1!"

„Wollen Sie noch weitere Daten über die Kandidatin erhalten?" fragt ihn der Computer.

Horst kennt sich gut aus auf diesem Gebiet und weiß, dass die *-1* hinter der Registrierungsnummer für *ersten Kontakt* steht.

„Nein, danke, das genügt", sagt er.

„Sie haben sich für Lore entschieden", bestätigt der Computer.

„Viel Glück und Ende mit Login *Kopu-Börse*", meldet der Computer. In den nächsten Tagen wird sich dann das Rechenzentrum erneut bei Horst melden und ihm den Termin bekannt geben, zu dem er sich im Kopularium einzufinden hat.

„Gefällt mir, die Kleine, Horst!"

„Halt dich da raus und zeig mir lieber, was morgen alles ansteht", schnauzt Horst seinen Computer an. Auf der Leinwand erscheinen seine Arbeitseinsätze für den morgigen Tag:

„Sieht sehr eng aus, Horst. Die haben dich wieder ins *Müllodrom* gesteckt. Das ist hart!" Die Anzeige auf der Leinwand erscheint:

05:30 Uhr bis 11:30 Uhr – ZAVA-Leitstand.

„Und auch noch im Leitstand! Da muss ich bis ganz oben rauf!" jammert Horst.

Die Städte haben unter den Altlasten ihrer Vorgängergenerationen zu leiden. In Horsts Stadt türmen sich die Müllberge schon bis zu einer Höhe von fast achtzehnhundert Metern. Im Umkreis von zwanzig Kilometern um die ZAVA (Zentrale Abfall Verwaltungs Anlage) – vom Volk liebevoll *Müllodrom* genannt – ist alles zur Hochsicherheitszone erklärt worden. Ab Kilometer fünfzehn haben nur noch Arbeiter in speziellen Schutzanzügen und Atemmasken Zutritt.

„Wen die Götter lieben, den lassen sie jung sterben", lästert der Computer.

„Streiche alle trostvollen Weisheiten von deiner Festplatte! Sofort!" schreit Horst.

„Schon gut, wird erledigt", bestätigt der Computer und während: „Löschvorgang läuft" auf der Leinwand aufleuchtet, deklamiert noch einmal der Hauscomputer:

„Quem dei diligunt, adulescens moritur."

„Mach jetzt weiter mit dem morgigen Tag", befiehlt Horst, und nach einer Weile erscheint auf der Leinwand:

Ab 12:30 Uhr ZOZ – Chirurgie-Maschinenleitstand. Operation, Patient Nr.: 233-233332-2

Horst weiß, dass es sich bei dieser Operation nur um eine Blinddarmoperation handeln kann, denn morgen ist Dienstag, und an diesem Tag finden – überall in der VI – nur Blinddarmoperationen in den ZOZ (Zentrales Operatives Zentrum) statt. *Die Stimme* hat es endlich geschafft, das gesamte gesundheitliche Versorgungskonzept auf neue Beine zu stellen. Vorbei sind längst die Zeiten, zu denen Krankenhäuser nicht ausgelastet oder gar überfüllt waren. Die Abrechungsmodalitäten wurden rationalisiert. Jeder Patient ist Selbstzahler und abgerechnet wird bereits vor der Operation. Dass eine gute medizinische Grundversorgung nur im Gleichschritt mit einer qualifizierten Ausbildung der Mediziner gewährleistet werden kann war das erklärte Ziel der neuen Gesundheitsreformen. Die Ausbildung der Ärzte wurde deshalb erheblich gestrafft, neueste Erkenntnisse der Didaktik flossen ein in die Lehrpläne an den Instituten. An diesem Beruf Interessierte können jetzt ihre fachlichen Befähigungen in einem Fernlehrgang erwerben. Universitäten wurden im Laufe der Jahre viel zu kostspielig und die Ausbildung dauerte zu lange. Horst hat bei einem einjährigen Lehrgang seine Befähigung als *Facharzt für Chirurgie* erworben. Spezialisten wie er programmieren den OP-Roboter, messen die Patienten ein und sagen der Maschine, an welcher Stelle am Körper sie mit der Operation beginnen soll.

„Schade, keine Fernoperation", seufzt Horst. „Ich muss ins ZOZ!"

„Nun ja", denkt Horst, „der morgige Tag ist gar nicht mal so schlecht, hätte noch viel schlimmer kommen können." Etwas erleichterter jetzt und auch ein wenig höflicher, befiehlt er deshalb seinem Hauscomputer: „Alle Programme beenden, Wohnung auf höchste Sicherheitsstufe bringen, bitte."

„Wird erledigt, Horst. Wünsche produktiven Schlaf!"

Horst nickt und geht zu Bett.

Horst und sein Partner, Samuel Kronwinkel, der verantwortliche Leiter des heutigen Operationsteams – Doktortitel wurden längst abgeschafft – stehen in der Umkleidekabine des ZOZ. Horst schält sich aus seiner dunkelblauen OP-Hose und lässt sich müde auf die Bank fallen.

„Ist mir gleich aufgefallen, dein bleiches Gesicht. Was war denn nur los heute, Horst? Du erschienst mir so geistesabwesend?" fragt Samuel Kronwinkel.

„Stell du dich mal sechs Stunden auf das Müllodrom, dann weißt du, was du getan hast!"

„Hm, ja, das stimmt", gibt Kronwinkel zu. „War auch schon einmal dort!"

„Das erklärt dann auch dein blasses Gesicht."

Kronwinkel steht auf und sieht durch die große Glasfront hinaus zum noch immer hell erleuchteten OP. Er beobachtet, wie zwei OP-Assistenten mit dem Schwenkarm des OP-Roboters kämpfen. Einer sitzt auf ihm und reitet ihn wie ein Cowboy beim Rodeo. Immer wieder saust er – mit einem Arm geschickt rudernd das Gleichgewicht haltend – knapp am anderen vorbei. Man hört das Zischen des Skalpells, wie es die Luft schneidet. Endlich gelingt es den Beiden, den Arm wieder in seiner Verankerung zu befestigen. Kronwinkel nimmt wieder auf der Bank neben Horst Platz und klopft ihm auf die Schenkel.

„War ja wirklich Rettung in letzter Minute. Schnelligkeit ist eben alles im OP", sagt er und lacht.

„War eben doch ein Fehler vom ZOZ, sich für die billigere, japanische Variante eines OP-Roboters zu entscheiden, wo sie doch auf die deutlich bessere und bewährte KLIEMSENS-Operationstechnik hätten zurückgreifen können. Das neueste Modell SKALPOMED II von KLIEMSENS fragt sogar vom Patienten – noch während sich der in der Narkose befindet – dessen Bankdaten ab und holt von ihm gleich die Zustimmung für den Bankeinzug ein.

„Ja, ich weiß", sagt Horst. „Wirklich ein hervorragendes Gerät!"

„Im Übrigen: Auf die Gefahren beim Einsatz japanischer OP-Roboter wurde auch schon mehrfach in Kongressen hingewiesen", erinnert sich Kronwinkel.

„Klar, die Japaner sind im Durchschnitt viel kleiner als wir. Da führen dann immer wieder Unstimmigkeiten in den Maßtabellen zu Fehlern beim Einmessen der Patienten", fährt er fort.

Horst nickt zustimmend. „Ja, ich weiß. Aber ich habe doch auch dieses Mal wieder: *Fußsohle plus Höhe 45* zur Tabelle addiert", beteuert er, schlägt mit der Faust auf die Bank und blickt zu Boden.

„Trotzdem: kühner Satz hin zum Arm des OP-Roboters, von dir, Horst! So wie früher einmal diese Weitspringer, oder wie die hießen", lobt und beruhigt Kronwinkel seinen Partner. Kurz denkt er nach und fährt dann fort: „Wie sagten sie doch immer im Fernlehrgang, Horst?" Horst antwortet nicht und sieht stattdessen, erkennbar geistesabwesend, zum OP-Raum hinaus.

Kronwinkel schließt die Augen, und man sieht ihm an, wie angestrengt er jetzt nachdenkt. Kurz überlegt er, dann sagt er: „Das korrekte Einmessen des Patienten ist die halbe Operation, sagten sie doch immer, Horst, weißt du noch?"

Horst schlägt die Augen nieder.

„Mach dir nichts daraus, Horst. Hauptsache, seinen kranken Blinddarm ist er los!" Horst schaut zu seinem Partner auf und wiegt den Kopf.

„Ist ja nichts passiert, alles noch dran am Patienten. Die beiden winzigen Schnitte am Hals werden wir in unserem Operationsbericht wieder einmal unter *Einmessschnitte* vermerken. Alles klar, Horst?" sagt Kronwinkel und zwinkert seinem OP-Partner zu. „Hätte noch viel schlimmer kommen können, Horst!

Stell dir vor, dem Mann wäre im Laufe der Woche der Blinddarm geplatzt? Sagen wir, am Donnerstag? Was wäre dann gewesen?"

„Pech für ihn", sagt Horst, jetzt schon wieder zuversichtlicher.

„Donnerstag: Herzoperationen, Blinddärme erst wieder am nächsten Dienstag, du hast Recht, Samuel."

„Siehst du, Horst, genauso ist das! Im Übrigen: Dank unserer Fortschritte auf dem Gebiet der Prothetik können wir heute jedes Teil am und im Körper des Menschen gefahr- und schmerzlos ersetzen." Horst nickt und lacht.

„Böse Zungen behaupten sogar, wir Chirurgen hätten den rapiden Fortschritt auf dem Gebiet der Prothetik erst richtig möglich gemacht", sagt er.

Horst und Kronwinkel verabschieden sich.

„Mach's gut, Horst. Vielleicht sehen wir uns bald wieder. Hast du heute noch zu tun?"

Horst setzt sein Headset auf. Erst lauscht er angestrengt, dann nickt er bestätigend mit dem Kopf.

„Verstanden", quittiert er letztendlich. „Verdammt, muss heute noch ins Kopularium!"

„Passen doch irgendwie gut zusammen, deine Aufträge heute", sagt Kronwinkel und schmunzelt.

„Nur, dass es für *den* Auftrag noch keinen Computer gibt", kontert Horst und macht dabei ein bitteres Gesicht.

„Wieder über fünfzig?" fragt Kronwinkel und zwinkert Horst zu.

„Nein, siebzehn: Ein *Strich-1-Fall*!"

„Pech gehabt, Horst! Erster Kontakt!" sagt Kronwinkel fachkundig, bläst die Backen auf und lässt langsam die Luft aus ihnen entweichen.

Dann trennen sich die beiden, und Horst hat sich entschlossen, den Weg zum Kopularium – der Termin dort ist erst in zwei

Stunden, und er hat noch genügend Zeit – zu Fuß zurückzulegen.

Horst hat Hunger, und er hält vor einem *Dropser* – das sind Automaten, die mit Mahlzeiten bestückt sind – an, und drückt auf *Tagesmenü*. Eine Computerstimme ertönt: „Wir empfehlen Ihnen heute besonders: *Vita-Stark*, die Pille, die dem Mann alles gibt, damit er alles geben kann. Horst sieht zur Uhr. „Wollen Sie, dass ich Ihre Blut- und Eiweißwerte überprüfe? Dann legen sie Ihren Zeigefinger bitte auf die *Check*-Taste." Der angebotene Check seiner Eiweißwerte lässt Horst kurz ins Grübeln geraten. Dann drückt er aber doch die *Nein*-Taste und gleich darauf die Menütaste für die Vita-Stark-Pille. Sie kullert in eine Schale. Horst schluckt die Pille und gibt danach seine Bankdaten am Terminal des Pillenautomaten ein. Dann schaut er – ganz in Gedanken – zum Himmel.

Hell leuchtendes Laserlicht, das sich am Horizont schnell zu einer haushohen Leinwand formiert, hat jetzt Horsts Aufmerksamkeit erregt. Auf der Laser-Leinwand erscheinen *Die Bilder der Woche* – ein Rückblick auf ihre bedeutendsten Ereignisse. Ein Raunen geht durch die staunenden Passanten, als sich plötzlich der Innenminister zu Wort meldet und von drastischeren Einschränkungen in der Auswanderungspolitik spricht, die künftig seine Behörde zu ergreifen gedenkt.

„Jeder eingehende Auswanderungsantrag von VI-Bürgern in die Staaten Schwarzafrikas wird ab jetzt auf das Genaueste überprüft. Nur so können wir die Flut der in letzter Zeit gestellten Gesuche eindämmen", beginnt der Minister seine Rede.

Horst schluckt und denkt an seinen Antrag, den er vor circa drei Monaten gestellt hat. Aufgebrachte Rufe und schrille Pfiffe ertönen. Horst wendet sich ab von den *Bildern der Woche* und geht weiter.

Die VI (Vereinigung Intelligenter Länder) sind für Zuwanderer aus Staaten, wie etwa dem Kongo, Äthiopien, dem Senegal, oder Ghana, schon lange nicht mehr interessant. Viel zu viel würden diese Menschen an sozialer Sicherheit und Lebensqualität einbüßen, gingen sie in eines der VI-Länder. Das ist Horst klar, und er ärgert sich sehr über seine damalige Unentschlossenheit. Vor genau fünf Jahren nämlich war es, da genehmigte ein seniler Innenminister seines Landes alle Auswanderungsanträge. Der Minister glaubte, alle Ausreisewilligen kehrten bald reumütig wieder zurück. Horst hatte damals zu lange gezögert.

Zwischenzeitlich ist Horst vor dem Kopularium angelangt, das ein Greis mit Krückstock gerade verlässt. Mühsam quält sich der Alte durch die große Schwingtür am Haupteingang ins Freie und humpelt dann schwerfällig die Stufen zur Straße hinunter. Der alte Mann lächelt.

Noch Zeit, denkt Horst, und geht ein Stück weiter in Richtung des ehemaligen Stadtparks, der heute den Fahrgästen der Magnetschwebebahn als Parkplatz dient. Bald steht er vor einem dieser neumodischen VI-Flitzer, das sind mit Solarenergie angetriebene Zwei-Mann-Fahrzeuge. Halblaut fasst er die technischen Daten des Gefährts zusammen: „Höchstgeschwindigkeit: Fast dreihundertfünfzig Stundenkilometer; Reichweite: Siebenhundert Kilometer; Maximale Flughöhe: Zweitausend Meter; Preis ab Werk Wolfsburg: Zwanzigtausend VEURO." Horst schluckt. Dass er sich so ein Fahrzeug wohl nie würde leisten können, das weiß er zu genau. Er geht langsam weiter. Plötzlich erscheint eine Nachricht auf dem Display seines Headsets: *Terminverschiebung Kopularium* steht da, kurz und bündig. Horst will die Verbindung zum Großrechner im Kopu-Center herstellen, da meldet sich der Computer: „Termin findet schon in circa fünf Minuten statt. Ende mit Kopu-Center."

„In fünf Minuten, was soll das nun wieder? Die spinnen", denkt Horst und schlägt schnell den Weg in Richtung Kopularium ein.

Er hört das vertraute leise Brummen eines VI-Flitzers und schaut nach oben. Da sieht er schon die grün blinkenden Positionslichter des Gefährts, und er greift schnell nach seiner Kappe, die ihm vom Kopf zu fliegen droht, als der VI-Flitzer in einer engen Steilkurve wenige Meter über ihn hinweggleitet. Circa fünfzig Schritte von ihm entfernt landet das kleine Luftfahrzeug. Die kuppelartige Dachluke des Flitzers öffnet sich wie von Geisterhand, und ein zartes Händchen winkt heraus. Horst tritt näher an das gelandete Fahrzeug heran und ist starr vor Erstaunen. Im VI-Flitzer sitzt eine junge Frau. Ihr leuchtendes blondes Haar wallt ihr weit über die Schultern, als sie ihren Integralhelm abnimmt, und zwei stahlblaue Augen strahlen Horst an.

„Hallo, junger Mann! Wollen Sie mir nicht dabei behilflich sein, mich von dieser Technik hier zu befreien?" fragt sie, deutet auf das Cockpit ihres Flitzers und reicht Horst die Hand. Die junge Frau steigt aus, und Horst glaubt, sie enden nie mehr, diese schönen langen Beine, die zu verhüllen ein ultra-knapper Minirock erst gar nicht versucht. Horst ist fasziniert von der hübschen Blondine. Ihr brauner Teint kontrastiert gut ihr strohblondes Haar. Nichts an der Schönen erinnert den Leistungsverweigerer Horst Tuning an all die anderen ausgemergelten und blassen Gestalten.

„Wir sind verabredet, Horst", sagt sie und schwingt ihr Haar peitschenartig nach hinten.

„Ja, aber, dann sind Sie, bist du", stottert Horst.

Die Blondine lacht.

„Nein ich bin nicht 11-33222-1, bin nicht Lore!"

„Glück gehabt", denkt Horst, und ein angenehmes Gefühl von Wärme durchzieht seinen ganzen Körper.

„Ich bin Claudia", sagt sie und gibt ihm die Hand.

„Aber, mir war doch Lore zugeteilt", stottert Horst.

„Ja, ich weiß", sagt Claudia und lacht. „Aber ich war schneller. Ich habe mich freiwillig gemeldet, habe mir dich ausgesucht."

Dann erzählt sie Horst, dass sie Beamtin sei und im *Zentrum für Außerplanmäßige Aufgaben* arbeite.

„Heißt das, du selbst bist gar keine Leistungsverweigerin?" fragt Horst erstaunt.

„Genau so ist es", antwortet Claudia, und als sie merkt, dass Horst noch ungläubiger schaut, fährt sie fort:

„Weißt du, wir Beamte müssen keine Leistung bringen, von uns wird das nicht verlangt. Das war doch schon immer so!" Horst glaubt, ein wenig Wehmut aus Claudias Stimme herauszuhören. Er denkt angestrengt nach, während er wie gebannt auf Claudias vollen roten Mund starrt. Wo hat er das Wort *Beamte* schon einmal gehört? Sehr, sehr lange ist das her. Jetzt erinnert er sich wieder.

„Beamte waren doch die, die früher, ganz früher einmal, immer in allen Behörden saßen, nicht wahr?" fragt er.

„Genau, das waren sie", antwortet Claudia.

„Aber die Beamten und ihre Behörden wurden doch bei der großen Verwaltungsreform vor ungefähr dreißig Jahren abgeschafft?" fragt Horst.

„Stimmt", antwortet Claudia. „Alle Behörden, bis auf unsere. Uns hat man vergessen", sagt sie. Sie lacht. „Wer meinst du, hat die anderen Behörden aufgelöst, vor dreißig Jahren, Horst?" Noch bevor ihr Horst darauf antworten kann, prustet sie laut los: „Wiiiiir, unsere Behörde!"

„Erzähl mir noch etwas über euer *Zentrum für Außerplanmäßige Aufgaben*", bittet Horst.

Sie gehen weiter, und Claudia erzählt. Immer wieder bleiben sie stehen und schütteln sich vor Lachen.

„Du bist oft auf Dienstreisen? Sogar bis in den Kongo, mehrere Wochen lang?" fragt Horst erstaunt. Claudia wird wieder ernst.

„Ja, natürlich! In der Zwischenzeit nämlich hat die Staatsverwaltung dort einen sehr hohen Standard erreicht. Von denen können wir eine Menge lernen! Gerade auf den Gebieten der Sozialfürsorge und Familienpolitik haben sie uns schon lange überholt."

Horst nickt verständig.

„Wir taktieren natürlich sehr vorsichtig und unter höchster Geheimhaltung. Forschungsaufträge des Sozial- und Familienministers, verstehst du, Horst?"

„Meinst, du, du könntest mich in eurer Behörde unterbringen?"

„Ganz bestimmt, Horst, lass mich nur machen!"

Sie fassen sich bei den Händen, und die letzten Meter zum Kopularium laufen sie fast. Jetzt sind sie schon am Haupteingang angelangt. Auch Leistungsverweigerer haben einmal Glück, denkt Horst. Die letzten Meter bis hin zum Empfangstresen hat er noch nie so schnell zurückgelegt. Horst reicht dem Pförtner seine Registrierungskarte, auf der noch immer Lores Daten vermerkt sind, und zwinkert Claudia zu.

„Horst Tuning, mit Kandidatin 11-33222-1", sagt der Pförtner und betont dabei lange das *Strich-Eins* in der Registriernummer.

„Kabine 09, VI. Stock!" meldet der Pförtner.

„Komm Lore", fordert Horst Claudia auf, und lachend verschwinden beide im Aufzug.

Herr Kaiser von der Bank

Harald Stangor

Erst am letzten Tag der Bedenkzeit, die mir das Ordnungsgemäß
Ernannte Puppenparlament eingeräumt hatte, entschloss ich
mich tatsächlich und nicht eben leichten Herzens dazu, die Wahl
des Ausschusses anzunehmen und Kaiser der Vereinigten Republiken Zentralniedersachsens, Sektion 112, zu werden. Ich nahm
ferner an, dass mich die Verantwortung um den Schlaf bringen
würde, aber tatsächlich erwachte ich am Tag meiner Krönung
frisch und ausgeruht auf einer kaum frequentierten Parkbank
und hatte zudem, wie mich das Grunzen der Gifhorner Bahn-
hofsuhr belehrte, mehrere Minuten Zeit zur Körperpflege, dem
Ankleiden und der Berufung meiner Höflinge. Da ich durch den
Versuch, das rechte Hosenbein umgekrempelt über den linken
Arm zu ziehen, einige Augenblicke verlor, musste ich am Ende
zwar zwei Regierungsmitglieder sehr notgedrungen auswählen,
so dass der gegenwärtige Alkoholminister unerhört grünstichig,
der Nikotinminister hingegen gelbsüchtig aussieht; auf Farbfotos
der Regierung macht dies allerdings einen durchaus pittoresken
Eindruck. Im Großen und Ganzen war es ein guter Vormittag.
Noch vor dem zweiten Frühstück, das ich mit der Königin des
Tages einnehmen würde, war ich Herrscher über die Heide und
Verwalter eines erschreckenden Mangels an Bergen. Ich würde
vorsichtshalber einen Bergminister ernennen müssen, nur zur
Sicherheit; das Kaiserdasein ist auch kein reines Zuckerschle-
cken. Andererseits war es mit gewissen Privilegien verbunden
(man musste sich etwa nur jeden zweiten Tag waschen, und
niemand durfte unverschämte Bemerkungen über den kaiserli-
chen Körpergeruch machen), und man erwarb schon ab drei
Monaten Amtszeit ohne Putsch ein Anrecht auf eine stattliche
Pension, vorbehaltlich vorzeitiger Hinrichtung. Nun gut, streng

genommen war es keine Pension, sondern eher eine Jugendherberge, aber die Kaiser der Vereinigten Republiken Zentralniedersachsens pflegten ohnehin nicht lang genug zu amtieren, respektive zu leben, um in den Genuss eines wie auch immer gearteten Danachs zu kommen. Mein persönlicher Verdacht war ja, dass sich jemand bewusst Idioten aussuchte, die nach außen hin das Land regieren sollten, um desto ungestörter seine eigenen Ziele zu verfolgen, etwa die Zerstückelung der Königreiche in Fürstentümer und die darauf folgende Zergliederung derselben in handtuchgroße Egozentren, die es jedem einzelnen Untertan ermöglichten, stolzer Kapitän in der eigenen Badewanne und Herrscher über den größten Teil seines Resthirns zu sein. Glücklicherweise entfiel mir der Gedanke im selben Moment wieder, als ich an die Macht kam und in die erste königliche Bevorzugung biss. Zwar hatte ich zunächst Sorge, meine angestammte Parkbank verlassen zu müssen, doch ließ man sie mir und stattete sie nur mit einem mannshohen Spiegel aus, der überraschenderweise immer, wenn ich hineinsah, mich zeigte; andererseits war ich ja auch der Kaiser. Jeder meiner Höflinge hatte einen eigenen Spiegel, der allerdings deutlich kleiner war, was mich betraf. Ein Naseweiser, der kurz darauf seinen Posten und den anliegenden Kopf verlor, versuchte die bevorzugte Größe meines Spiegels mit mangelnder Distanz zu erklären, mit Perspektive und allerlei weiterem technischen Larifari, das nur vom Wichtigen ablenkt, das ich in meinem Spiegel klar erkennen konnte, als wäre er ein Monitor der Weisheit: Der Nörgler langweilt nur, wenn man sich einmal zum Amüsement entschlossen hat. Hätte er sich einfach seinen Spiegel angesehen, auch wenn er deutlich kleiner war als meiner, so würde er heute noch leben und tun, was auch immer er tun würde, wenn er nicht nörgelte. Der Punkt ist doch: Nichts ist demokratischer als eine Welt, in der es nur Könige gibt. Jeder regiert sein Reich, so schlecht er es eben kann, und ist sich selbst ein gar folgsames Volk; schon in den frühen Jahren des 21. Jahrhunderts war ja ordnungsgemäß jeder vom Individuum zu einer Gruppe geworden, ich war eine Arbeitsgemeinschaft, die nur aus mir bestand, und als es auch beim besten Willen keine Arbeit mehr gab und ich, hilflos gefördert, zum Niemand zu werden drohte, der der Welt auf Taschen liegen würde, ließ man mich mit der Ernennung zum Kaiser meiner Parkparzelle auf die Bank umziehen und ein Leben in Saus und Braus beginnen, mit wechselnden Kaiserinnen, die meinetwegen andere Kaiser neben mir haben sollten. Bestimmte Dinge benutze ich eh nicht zweimal, und warum sollte es mir besser ergehen, nur weil ich Kaiser war? Eine Unke, mit der ich manchmal spreche, weil mir meine Mutter, Kaiserin für eine Nacht, unter Seufzen den Froschkönig vorzulesen pflegte, als ich noch eine ganz kleine Kröte war, behauptet, die wackre neue Welt blende ein wenig, wenn man sie von innen betrachte, aber dazu äußere ich mich nicht. Kaiser müssen nicht an Dinge glauben, die ihre Throne erschüttern könnten – wir stehen, liegen darüber, und solange ich noch die Bank unter mir habe und die Zeitung von gestern darüber, die mich zum Herrscher ernennt, werde ich dieses Land bis zum Äußersten verteidigen. Notfalls sogar unter Aufbietung all meiner Bequemlichkeit – ich kann eine Bank so besetzen, dass kein Stück Welt mehr daneben passt. In diesem Sinne ist das Glas immer halbvoll. Und dass hier jeden Morgen eine neue Flasche von dem süßen Zeug steht, trägt sicher auf irgendeine geheimnisvolle Art dazu bei.

Im Gesundheitsdienst

Andreas Flögel

„Los, Aufmachen! Gesundheitsdienst." Die Worte wurden von pochenden Schlägen gegen die Tür begleitet.

Kehrmann war immer wieder überrascht, wenn Gesundheitsassistent Freike sich vom Eifer so mitreißen ließ. Er selbst hätte wohl nach dem ersten Klingeln noch etwas länger gewartet, vielleicht sogar ein zweites Mal geläutet. Aber Freike zeigte die Ungeduld der Jugend. Und Kehrmann wusste, dass sein Assistent solche Auftritte genoss.

Auch Kehrmann hatte am Anfang seiner Dienstzeit die Außeneinsätze besonders geschätzt. Inzwischen war er einige Jahre dabei, und seine Ernennung zum G.I., also zum Gesundheitsinspektor mit allen Vollmachten des Gesundheitsdienstes, lag auch schon längere Zeit zurück. Doch bald würden sich ihm neue Möglichkeiten bieten. Er musste lächeln, als er daran dachte, dass seine bevorstehende Beförderung zum Bezirksleiter für den einen oder anderen seiner Kollegen schwer zu schlucken war. Vor allem natürlich für G.I. Wartner, der sich selbst Hoffnungen auf diese Position gemacht hatte. Allerdings bezweifelte Kehrmann, dass irgendein anderer sich so um die Durchsetzung der gesunden Lebensführung verdient gemacht hatte.

Aus der Wohnung waren nun ein undeutliches Murmeln und schlurfende Schritte zu vernehmen. Die Tür öffnete sich einen kleinen Spalt, gerade genug, dass Freike sie vollends aufstoßen konnte.

Die alte Frau war total überrumpelt.

Freike hielt ihr seinen Ausweis vor die Nase.

„Gesundheitsdienst. Dies ist Gesundheitsinspektor Kehrmann, und ich bin Gesundheitsassistent Freike. Sie sind Berta Sommerfeld?"

Die Frau zuckte erschrocken zurück, als ihr der Ausweis so vor die Nase gehalten wurde. Dann nahm sie den Kopf noch weiter zurück und kniff die Augen zusammen.

„Ich hab' meine Brille nicht auf. Ich muss sie erst holen."

Freike ließ nicht locker.

„Ob Sie Berta Sommerfeld sind, werden Sie doch auch ohne Brille wissen."

„Ja, natürlich. Was wollen Sie von mir? Sind Sie von der Polizei?"

Freike lächelte höhnisch.

„Das hätten Sie wohl gern."

Kehrmann war klar, dass er jetzt einschreiten musste. Freike würde sonst in seinem Eifer über das Ziel hinausschießen.

„Wir sind vom Gesundheitsdienst. Sie wissen doch, unser aller Ziel ist die Verbesserung der Volksgesundheit. Und das erreichen wir, indem wir auf die Einhaltung der gesunden Lebensführung achten."

Er lächelte die Frau an, legte ihr die Hand auf die Schulter und führte sie behutsam zu einem Stuhl, während er weiter auf sie einredete.

„Sehen Sie, Frau Sommerfeld, uns ist aufgefallen, dass Sie bei der Gesundheitskasse deutlich mehr Kosten verursachen, als für eine Person Ihres Alters und Ihrer Einstufung vorgesehen ist."

Erschrocken hob die alte Frau eine Hand zum Mund.

„Oh, ich bin der Krankenkasse zu teuer?"

Sofort fiel Freike ihr ins Wort. „Sie meinen *Gesundheitskasse*! Solche negativ beladenen Begriffe wurden doch schon vor Jahren abgeschafft."

Bei diesen Worten schien die Frau auf ihrem Platz noch weiter in sich zusammenzusinken. Kehrmann war klar, dass sie hier leichtes Spiel hatten. Die Partie war schon so gut wie gewonnen. Auch Freike musste das bemerkt haben, doch er spulte weiter das ganze Programm ab und hatte mit der Durchsuchung der Schränke begonnen.

„Nun, wir werden mit Ihnen zusammen Ihren Gesundheitsstatus durchgehen. Wir wollen Ihnen helfen, die Ursachen für Abweichungen von einer gesunden Lebensführung zu finden und zu beseitigen. Sicher werden wir eine für alle Parteien befriedigende Lösung finden."

Kehrmann war froh, dass Freikes Eifer ihm erlaubte, sich zurückzuhalten. So konnten sich seine Gedanken ganz auf Nadine und ihre gemeinsame Zukunft richten. Er konnte sein Glück kaum fassen. Nicht nur, dass sie eine attraktive und, wie er seit gestern Nacht wusste, leidenschaftliche Frau war. Nein, die Tatsache, dass sie ebenfalls im Gesundheitsdienst war, erleichterte so vieles. So konnten sie beide sicher sein, dass der andere die Vorgaben der gesunden Lebensführung beachtete. Nadine war einfach die Frau für ihn. Vielleicht würden sie eines Tages sogar ihre Kompatibilität prüfen lassen und eine Fortpflanzungserlaubnis beantragen.

„Chef, sehen Sie mal, was ich hier habe."

Triumphierend hielt Freike etwas hoch, bei dem es sich eindeutig um ein Fotoalbum handeln musste. Bei Leuten ihres Alters fand man so etwas regelmäßig. Bei jüngeren Leuten musste man hoffen, beim Absuchen der Festplatte ihres Hausrechners etwas zutage zu fördern.

Freike hatte das Album aufgeschlagen. Auf den ersten Seiten fanden sich die Bilder eines kleinen, pummeligen Kindes.

„Das sind doch Sie, Frau Sommerfeld. Sie hatten also Übergewicht."

Freike machte sich gar nicht die Mühe, den Triumph in seiner Stimme zu verbergen.

„Aber das sind doch uralte Aufnahmen. Die müssen jetzt bald sechzig Jahre alt sein. Damals war ich doch noch keine zehn. Das können Sie doch nicht …"

Beruhigend hatte Kehrmann ihr wieder die Hand auf die Schulter gelegt.

„Machen Sie sich keine Sorgen, Frau Sommerfeld. So ein einzelner Vorfall hat keine großen Auswirkungen. Vorausgesetzt es bleibt bei dem einzelnen Vorfall."

„Hier, schau'n Sie mal, Chef. Hochzeitsbilder."

Freike zeigte auf ein Bild mit einer mehrstöckigen Hochzeitstorte, die von einem kleinen Figurenpärchen gekrönt wurde.

„Oh, das sieht nett aus." Interessiert beugte sich Kehrmann vor. „So hoch. War bestimmt nicht einfach, die so hinzukriegen. Ich nehme mal an, die Stabilität war nur mit Buttercreme zu erreichen?"

„Ja, mein Onkel hatte sie extra zu unserer Hochzeit gemacht. Er war Konditor, müssen Sie wissen."

Freike nahm den Ball wieder auf.

„Buttercreme, bei Ihrem Problem mit Übergewicht. Und reden Sie sich nicht raus, dass Sie auf Ihrer Hochzeit noch zu jung waren, um das einzusehen."

„Aber ich war doch gar nicht mehr pummelig. Sehen Sie doch mal hier."

Berta blätterte auf die nächste Seite. Auf dem Bild sah man sie, wie sie vor fünfzig Jahren ausgesehen hatte. Sie war eine ausgesprochen gut aussehende Braut, die sich an die Schulter ihres Bräutigams schmiegte. Kehrmann überlegte, dass Nadine bei ihrer Hochzeit wohl eine ebenso schöne Braut abgeben würde.

Wie ein Raubvogel, der sich auf seine Beute stürzt, schoss die Hand von Freike vor und deutete auf das Bild daneben.

„Was seh' ich da, Ihr Mann war Raucher?"

„Nun, damals war das ganz normal. Rauchen war noch nicht verboten."

„Aber das ist doch klar, Frau Sommerfeld."

Kehrmann lächelte verständnisvoll.

„Und sicher haben Sie sich dann später, als bekannt wurde, wie schädlich Rauchen – auch Passivrauchen – ist, im Interesse einer gesunden Lebensführung von Ihrem Mann getrennt."

„Aber was denken Sie. Nach so vielen Jahren, da kann man doch nicht einfach …"

Die alte Frau brach in Tränen aus.

Kehrmann sah auf.

„Freike, holen Sie Frau Sommerfeld ein Glas Wasser."

Dienstfertig verschwand Freike in der Küche.

Es verging nur ein kurzer Augenblick, dann hörte Kehrmann ihn rufen.

„Chef, kommen Sie, das müssen Sie gesehen haben."

„Aber was ist denn mit der Küche?" Voller Sorge war Berta aufgesprungen und folgte dem vorauseilenden Kehrmann. Freike stand mit vor Stolz geschwellter Brust neben einem kleinen Blumenkasten. Er erinnerte stark an einen Hund, der etwas apportiert hatte und jetzt auf die Belohnung durch sein Herrchen wartete.

Im Blumentopf wuchsen Schnittlauch und Petersilie. An Schnittresten konnte man deutlich erkennen, dass ein Teil davon geerntet worden war.

„Frau Sommerfeld, das hätte ich wirklich nicht erwartet."

Kehrmann legte nun etwas mehr Schärfe in seine Stimme.

„Hier können wir nun wirklich nicht die Augen verschließen. Unkontrollierter Anbau von Lebensmitteln. Und deren Verzehr. Zusammen mit den vielen anderen Verstößen, die wir aufgedeckt haben, da bleibt uns nur festzustellen, dass Sie sich in keiner Weise an die Vorgaben der gesunden Lebensführung halten. Wir empfehlen deshalb mit Nachdruck Ihren freiwilligen Austritt aus der Gesundheitskasse."

Freike hatte schon das vorbereitete Formular hervorgeholt und legte es auf den Küchentisch. Kehrmann legte einen Stift dazu.

„Aber das geht doch nicht. Meine Medikamente, die Arztrechnung. Wer soll die dann zahlen?"

Fahrig und mit zitternden Händen schob Berta sich eine Strähne aus dem Gesicht.

„Ich muss meinen Sohn anrufen. Er wird wissen, was zu tun ist."

„Nun, Frau Sommerfeld, natürlich können Sie Ihren Sohn anrufen und sich mit ihm besprechen. Schließlich ist das keine einfache Entscheidung, die Sie hier treffen sollen. Und ich betone noch einmal, dass dies alles auf freiwilliger Basis passiert."

Kehrmann griff nach dem Stift, der immer noch unberührt auf dem Tisch lag.

„Ich muss Ihnen aber leider sagen, dass wir, wenn wir jetzt in unsere Dienststelle zurückkehren, einen Bericht über die ganze Sache verfassen müssen. Und es besteht dann natürlich die Gefahr, dass aufgrund der Dinge, die uns aufgefallen sind, die Gesundheitskasse auch alle bisher geleisteten Zahlungen von Ihnen zurückfordern wird. Schließlich haben Sie sich einige bedeutende Verstöße gegen die gesunde Lebensführung zuschulden kommen lassen. Wenn Sie dagegen sofort Ihren Austritt erklären, können wir uns den Bericht sparen und Sie haben in dieser Richtung nichts zu befürchten."

Er hielt Berta den Stift hin. Als sie ihn nahm und sich über das Formular beugte, zwinkerte er Freike kurz zu, dann dachte er wieder an Nadine.

„Chef, Sie sollen zum Regionalleiter ins Büro kommen."

Freike grinste und auch Kehrmann konnte sich ein Lächeln nicht verkneifen. Es konnte nur um die Beförderung gehen. Kehrmann hatte zwar gedacht, dass es mindestens noch ein oder zwei Wochen dauern würde. Doch wenn es schon jetzt so weit war, umso besser.

Als er das Büro betrat, stand Nadine vor dem Schreibtisch und war in ein Gespräch mit dem Regionalleiter vertieft.

„Nadine, was machst du denn hier?" Kehrmann war sich nicht sicher, ob er eher überrascht oder erfreut war, Nadine hier zu sehen.

Diese drehte sich um. Ihr Gesicht zeigte nicht die geringste Freundlichkeit. „Unterlassen Sie diese Vertraulichkeiten, G.I. Kehrmann. Wenn Sie schon das Wort an mich richten, dann sprechen Sie mich gefälligst als G.I. Zimmer an."

Noch während er versuchte zu verstehen, was sie gerade gesagt hatte, wandte sie sich wieder an den Regionalleiter. „Ich glaube, es ist besser, wenn Sie mit ihm reden."

Der Regionalleiter hatte sich erhoben und ging um den Schreibtisch herum. „Kehrmann, G.I. Zimmer ist aus der Abteilung für innere Angelegenheiten. Sie hat mich gerade über Ihr beispielloses Fehlverhalten informiert. Ich kann nur sagen, ich bin zutiefst enttäuscht von Ihnen."

Kehrmann versuchte etwas zu sagen, doch es gelang ihm nicht, die Worte für einen Satz zu finden. Er hatte das Gefühl, keine Luft mehr zu bekommen und konnte sich einfach nicht konzentrieren.

„Nach Aussage von G.I. Zimmer ist sie einem Hinweis von Kollegen nachgegangen. Deshalb hat sie vor einigen Tagen ein anscheinend zufälliges Zusammentreffen mit Ihnen arrangiert und sich auch ein paar Mal mit Ihnen verabredet. Im Verlauf des gestrigen Abends kam es dann auch zu Geschlechtsverkehr.

Wie G.I. Zimmer mir berichtet hat, haben Sie es unverantwortlicherweise versäumt, sich von ihr vorher einen aktuellen, beglaubigten Gesundheitsstatus geben zu lassen. Schlimmer noch, Sie haben auf ihren Wunsch hin auch auf jeden Schutz während des Aktes verzichtet. Dies ist ein Verhalten, das insbesondere für einen G.I. unverzeihlich ist.

G.I. Zimmer hat natürlich nur ihre Pflicht getan, und dabei im Rahmen ihrer Ermittlungen in aufopfernder Weise ihre eigene Gesundheit aufs Spiel gesetzt. Sie dagegen haben gegen alle Regeln der gesunden Lebensführung verstoßen."

Endlich gelang es Kehrmann, einen Satz zu formulieren.

„Aber ich wusste doch, dass sie eine Kollegin war. Da kam es mir gar nicht in den Sinn, dass eine Gefahr für die gesunde Lebensführung bestehen konnte."

„Mann, Kehrmann, jemand, der sich das nicht vorstellen kann, eignet sich nun wirklich nicht zum Bezirksleiter des Gesundheitsdienstes. Damit ist klar, dass ich G.I. Wartner befördern werde. Bei Ihnen muss ich mir noch überlegen, welche disziplinarischen Schritte einzuleiten sind. Vielleicht sollten Sie sich Ihrerseits überlegen, ob Sie nicht besser freiwillig aus dem Gesundheitsdienst ausscheiden. Das würde uns allen eine Menge Arbeit ersparen."

Als Kehrmann das Büro verlassen hatte, musste er sich gegen die Wand lehnen. Er atmete hastig, konnte den Druck auf seiner Brust kaum unter Kontrolle halten.

Kurz darauf kam Nadine aus dem Büro. Sie ignorierte ihn und ließ ihren Blick über das Großraumbüro wandern. Es war nur ein kurzer Moment, dann setzte sie ihren Weg zum Ausgang fort.

Doch Kehrmann war sich sicher, dass sie G.I. Wartner zugezwinkert hatte.

Der Mundharmonikaspieler

Karsten Mekelburg

Männer lieben Frauen mehr als Frauen Männer.
Männer sind einfach dazu erzogen, Frauen zu lieben.
Und deshalb werden wir Frauen den Kampf gewinnen.
(Die Große Mutter, XII. Feministinnenkongress, 2031)

„Neu hier? Merke ich sofort. Freiwillig gemeldet oder gezogen? So, so, eingezogen, direkt nach dem Studium. Was will man auch schon erwarten im dritten Kriegsjahr. Die schicken immer jüngeres Kanonenfutter an die Front. Peters! Genug gepennt! Heben Sie Ihren fetten Arsch da hoch, aber dalli! Sie übernehmen den Abschnitt am Haus. Und kümmern Sie sich ein bisschen um Muschkin, wenn Zeit dazu bleibt. Und jetzt raus und Laufschritt zu Ihrem Abschnitt, wenn ich bitten darf!"

Sie bahnten sich den Weg an Munitionskisten und am Lazarett vorbei, einem rohen Holzverschlag, an dessen Seite gerade neue Gräber ausgehoben wurden, um die Toten der heftigen Kämpfe des Nachmittags aufzunehmen. Der Einstieg in das Grabenlabyrinth war einfach zu finden, hier weit hinter der Front war der Weg noch mustergültig zu begehen. Als sie nach vorne kamen, wurde er zunehmend schlechter. Sie kletterten über Bretter und zerfetzte Verschalungen, wühlten sich durch tiefen, zähen Schlamm, der sich am Grabenboden gesammelt hatte und der jeden Schritt mühsam werden ließ. Dass sie ganz vorn angekommen waren, merkten sie, als Soldaten in den Gräben standen und mit abwesendem Blick vor sich hin stierten. Einige erwachten aus ihrer Verlorenheit und fanden freundliche Worte zum Gruß für sie. Das letzte Stück war durch Granatbeschuss zusammengebrochen. Auf allen vieren robbten sie in ihre Stellung, Gewehrgarben pfiffen über sie hinweg. Als es zu dämmern begann, waren sie durchgeschwitzt und hechelnd endlich auf ihrem Posten angekommen.

„So etwas Grobes! Keiner hat ihr was getan! Warum kommandiert die uns so herum? Meint die, was Besseres zu sein? Nur weil sie hier den Kommandeur mimt?"

„Nach einer Woche wirst du sie lieben, sie ist in Ordnung. Wie eine Mutter ist die zu uns! Brot und Speck kauft die für uns beim Bauern. Ohne sie wären wir alle schon glatt verhungert. Du hast einen komischen Namen, Muschkin!"

„Du kannst Alice zu mir sagen."

„Oh, Alice, wie die *Große Mutter*!"

„Ja, meine Mutter ist eine leidenschaftliche Anhängerin der *Bewegung*. Sie war eine der Ersten, die mit den Männern kurzen Prozess gemacht haben. Mein Vater war ein Säufer, weißt du. Ein lustiger Kerl, aber versoffen und haltlos. Er war gleich bei den ersten Deportationen dabei. Sie muss ihn gehasst haben."

„Und dir? Fehlt er dir?"

„Nein, ich kann mich auch kaum noch an ihn erinnern. Als ich ein kleines Mädchen war, hat er immer mit mir im Garten gespielt. Aber das ist schon ewig her."

„Sag Esther zu mir und versuch jetzt zu schlafen. Ab Mitternacht übernimmst du die Wache. Ich wecke dich dann auf."

„Wo soll ich denn hier schlafen?"

„Leg dich einfach in den Graben. Das machen hier alle so."

„In den Dreck und in die Nässe? Da kann kein Mensch schlafen!"

„Wirst dich schon noch dran gewöhnen. Komfortabler wird es nicht. Und in drei Wochen werden wir ersetzt. Dann geht es in die Etappe. Das letzte Mal waren wir in Colmar, gutbürgerlich untergebracht. Großes Haus, richtige Betten, fast wie im Frieden."

Der Mond beleuchtete das Schlachtfeld. Rechts von ihnen, vielleicht einhundert Meter entfernt, standen die Reste eines Hauses. Die Kämpfe am Nachmittag mussten sehr heftig gewesen sein. Aus dem Dach schlugen noch Flammen, eine Seitenwand war eingefallen. Links vom Haus hatte man über den Grabenrand einen freien Blick auf Stacheldrahtverhaue, gesprengte Trassen und einige zerschossene Weiden. Hin und wieder war das Krachen von Gewehrfeuer und das Tuckern schwerer Maschinengewehre zu hören.

„Esther, mir ist kalt hier. Ich kann nicht schlafen. Wofür wird dieser Krieg überhaupt geführt?"

„Sei still und schlaf! Für solche Fragen sind andere schon für immer verschwunden."

„Esther, warum vertraust du mir nicht?" Lange herrschte Schweigen zwischen den beiden. Esther schaute Alice prüfend ins Gesicht.

„Was weißt du von Marat, Robespiere und Napoleon?"

„Die Namen habe ich noch nie gehört! Waren das berühmte Kämpferinnen?"

„Es waren Männer. Revolutionäre, die Geschichte geschrieben haben."

„Aber Esther, es gibt keine Geschichte vor der *Großen Revolution*. Vor dem Anbruch unseres Jahrhunderts, dem *Jahrhundert der Frauen*, gab es nur patriarchale, machtbasierte Strukturen, die nie funktioniert haben, weil ihnen die weibliche Harmonie fehlte."

„Das habt ihr in der Schule gelernt, nicht?"

„Ja, und meine Mutter hat es mir gesagt. Woher weißt du das alles so genau?"

„Ich war vor der Revolution Geschichtslehrerin. Habe Kindern die Lehren aus der Vergangenheit nahe gebracht. Dass jede Revolution mit Terror, Diktatur und Krieg endet. Dass man Revolutionen gewinnt, mit nichts als Versprechen, die man nicht halten kann. Dass Revolutionen zwingend in Terror münden, um die enttäuschten Massen zu bändigen. Dass es Krieg geben muss, um die Leute davon abzuhalten, zu fordern, was die Revolution ihnen versprochen hat."

„Na, nicht jede Revolution ist so. Unsere jedenfalls nicht! Nach unserer hat die *Große Mutter* ja für das Glück aller Frauen gesorgt. Nie wieder Unterdrückung. Recht und Freiheit für alle."

„Neues Unrecht an die Stelle von altem zu setzen, erzeugt noch lange kein Recht, aber das wirst du erst später verstehen."

„Esther, warum müssen nur wir Frauen hier kämpfen? Ich meine, könnte man nicht ein paar Männer aus der Deportation holen und sie hier einsetzen. Das wäre doch nur gerecht!"

Esther erinnerte sich noch an die Deportationen, an die langen Reihen der Elenden, die man mit Gewehrkolben und Bajonetten aus den Städten getrieben hatte. Noch Tage nach der Deportation hatte man versteckte Männer in Frauenkleidern aus den Kellern und von den Dachböden geholt und einfach an die Wand gestellt. Ihr war es nur zu klar, was mit den Deportierten geschehen war.

„Wir werden wohl selbst kämpfen müssen. Die Deportierten sind so weit weg, dass keiner zurückkommen wird. Das ist unser Krieg, und wir müssen ihn zu Ende bringen."

Esther sah mitleidig auf die junge Soldatin. Die Uniform hatte sich gelockert, der Helm war verrutscht, so dass man das blonde Haar sehen konnte. Sie war noch so jung. Esther traten die Tränen in die Augen.

„Schlaf jetzt endlich! Wir können morgen weiter erzählen!"

Sie musste für kurze Zeit in einen unruhigen Schlaf gefallen sein. Mitten in der Nacht wurde sie geweckt. Sie war hundemüde und fühlte sich noch gar nicht richtig zum Schlafen gekommen.

„Steh endlich auf! Du bist dran!"

„Lass mich schlafen, ich bin noch so müde!"

„Hoch jetzt. Du bist dran!"

Sie hasste Esther in diesem Moment. Sie hatte sie sicher viel zu früh geweckt. Als sie verstohlen auf die Uhr blickte, sah sie, dass es bereits zwei Uhr war. Esther hatte sie ganze zwei Stunden länger schlafen lassen. Das würde sie ihr nie vergessen! Müde legte Esther ihr Sturmgepäck an die Grabenwand, setzte sich auf den Boden und schlief sofort ein. Von nun an hielt Alice allein Wache.

Nebel zog über die Wiesen und verdeckte die Stacheldraht-barrieren. Das Gewehrfeuer hatte aufgehört. Alle Geräusche wurden endlos weit durch die Stille getragen. Manchmal, wenn der Wind von vorn kam, konnte man aus den gegenüberliegen-den Gräben den Klang einer Mundharmonika hören. Einige Lie-der kamen ihr fremd vor, aber seltsam, einige waren ihr seit ihrer frühesten Jugend vertraut. Ganz offensichtlich spielte da drüben jemand deutsche Lieder.

Um vier Uhr kam der Feldwebel durch den Graben gekro-chen. „Wecken Sie Peters, aber dalli, wenn ich bitten darf!"

Esther wachte genauso schnell auf, wie sie eingeschlafen war.

„Heute Morgen in einer halben Stunde ist Angriff befohlen. Sie beiden übernehmen die Sicherung der Truppe. Sie schnap-pen sich das MG und geben uns Rückendeckung beim Angriff. Ihre Stellung ist dort am Haus vorbei, auf dem kleinen Hügel. Alles verstanden?"

„Heute wird gekämpft?" fragte voller Freude Muschkin. So spannend hatte sie sich das Leben als Soldat nicht vorgestellt. Nach drei Monaten Ausbildung mit sinnlosem Drill und nutzlo-ser Warterei, unangenehmen Gehorsamsübungen und schweren körperlichen Anstrengungen war das die erste richtige Aufgabe als Soldat. Erst einen Tag hier, und schon durfte sie die Truppe sichern. Das Herz klopfte ihr vor Stolz.

„Muschkin, hier wird jeden Tag gekämpft. Sie sind an der Front. Und noch einen Rat, speziell für Sie: Sehen Sie sich vor, das ist hier alles Ernst und keine Ausbildung mehr. Passen Sie einfach auf, was Peters macht!"

„Aber Frau Feldwebel, es sind doch nur Männer! Gewaltbe-reite Bestien, wie die *Große Mutter* immer sagt."

Der Feldwebel warf einen fragenden Blick auf Peters. Kaum merklich schüttelte sie den Kopf.

„Alles goldrichtig, was die *Große Mutter* sagt, ohne jeden Zweifel. Aber ein paar von denen da drüben schießen auch nicht schlecht. Vom Spähtrupp heute Nacht ist keine Einzige zurückgekommen. Drei meiner erfahrensten Mädchen, einfach weg. Also Muschkin, unterschätzen Sie die nicht! Schießen Sie schneller und besser. Ich will Sie heute Abend wieder hier stehen sehen und nicht da draußen irgendwo liegen. So, hier sind Kekse und ein Stück Schokolade für jeden. Mehr habe ich nicht für euch. Das Essen ist mal wieder nicht durchgekommen. Und jetzt die Kochgeschirre her!"

Sorgsam hielten sie die Kochgeschirre vor, in die aus einer langen Flasche eine durchsichtige Flüssigkeit eingekippt wurde.

„Mirabellenschnaps!"

Muschkin war erschrocken aufgefahren.

„Aber die *Große Mutter* hat Alkohol doch streng verboten. Patriarchal. Konterrevolutionär!"

Der Feldwebel sah sie belustigt an.

„Muschkin, wenn Ihnen die *Große Mutter* gegen die Angst hilft, dann geben Sie Peters das Zeug! Die scheißt sich jedes Mal in die Hosen. Der scheint es jedenfalls zu helfen. So, ich muss weiter!"

„Du hast Angst? Vor Männern?" Allein die Frage kam ihr albern vor. In den Lehrbüchern in der Schule hatte sie Bilder dieser Jammergestalten gesehen. Da war keiner drunter gewesen, vor dem man Angst haben musste. Lächerlich sahen sie aus. Und furchtbar dreckig. Vor so etwas Angst haben? Muschkin musste lachen.

„Alice, ja, ich habe Angst. Habe wohl zu viele da draußen sterben gesehen. Aber glaub es mir: Heute Abend wirst du auch Angst haben. Trink das Zeug aus. Wir müssen los, um pünktlich in unserer Stellung zu sein."

Muschkin probierte einen Schluck. Gar nicht übel. Schön süß. Brannte in den Adern wie flüssiges Blei. Schnell war der

Rest getrunken. Die *Große Mutter* mochte in allem Recht haben, aber das hier schien sie wohl nicht genau zu kennen.

Sie hatten das schwere Gerät gerade rechtzeitig in die neue Stellung gebracht und sich notdürftig verbarrikadiert, als der Sturm losbrach. Man sah Gestalten aus der Erde auftauchen und auf den Gegner zurennen. Sie nahmen den gegnerischen Graben unter Feuer, um die eigenen Truppen zu schützen. Einzelne MG-Nester, die anfingen zu schießen, konnten sie sofort ausschalten. Die Stellung auf dem Hügel war äußerst geschickt gewählt, da man größere Teile der feindlichen Verteidigung problemlos einsehen und beschießen konnte. Ungemütlich wurde es, als sie mit Artillerie beharkt wurden. Die ersten Einschläge lagen kurz unterhalb des Hügels. Erdklumpen spritzten durch die Gegend. Der Geruch von heißem Ammoniak machte sich breit. Die nächste Salve lag deutlich näher hinter ihnen und überschüttete sie mit heißer Erde und Explosionsqualm.

„Raus hier! Sie schießen sich ein! Sofort raus hier, und lauf übers Feld zur alten Stellung. Mit der nächsten Salve radieren sie uns aus! Lauf!"

„Aber das Gewehr?"

„Das holen wir uns, wenn es übrig bleibt."

Sie rannten, so schnell es das Gelände zuließ. Sie übersprangen Stacheldrahtverhaue und halb verschüttete Gräben. Aus den Augenwinkeln sah sie die nächste Salve auf dem Hügel einschlagen und das schwere MG durch die Luft wirbeln. Das Letzte, was sie mitbekam, war eine gewaltige heiße Druckwelle, die sie von hinten erfasste und durch die Luft schleuderte. Dann wurde es dunkel.

„Oh, unser Maulwurf wacht wieder auf. Erfolgreich gegraben, da unten in dem Bergwerk?" Als sie langsam wieder zu sich kam, sah sie den Feldwebel über ihr knien. Ihr Körper war noch mit Erde und Rasenstücken bedeckt, ihr Mund war voll mit Lehm. Sie glaubte, ersticken zu müssen. „Hier, trinken Sie das, damit Sie wieder zu sich kommen!" Der Schluck Wasser aus der

Feldflasche spülte den Lehm aus ihrem Mund und weckte die Lebensgeister. Der Schädel brummte ihr, als hätte jemand mit ihr geboxt. In den Ohren hatte sie ein gellendes Pfeifen.

„Esther? Wo ist Esther?"

„Nun, Peters hatte wohl etwas weniger Glück als Sie. Kommen Sie mal hoch und stellen sich hier an den Grabenrand!" Sie taumelte an den Rand, um ein unmenschliches Brüllen zu hören.

„Sehen Sie den Granattrichter hinter der kleinen Senke da? Ja? Da muss sie liegen. Brüllt sich schon seit Stunden die Seele aus dem Leib. Wenn Sie wieder beieinander sind, krabbeln Sie mal hin."

„Nein!"

„Was denn? Was denn? Unser mutiges Küken ist flügge geworden und hat es auf einmal mit der Angst bekommen. Sind doch bloß Männer, wenn ich an Ihre Worte erinnern darf! Muschkin, ich befehle es Ihnen nicht, weil ich es Ihnen nicht befehlen kann. Ich bitte Sie nur um den Gefallen. Und ich hoffe, dass mir jemand denselben Gefallen tut, wenn es mich einmal so erwischt. Kommen Sie, nehmen Sie einen Schluck Mirabellenschnaps! Bloß nicht schüchtern! Wollen Sie es tun? Sie werden es schon schaffen! Peters hätte sicher genau dasselbe für Sie getan."

Muschkin hörte das viehische Gebrüll und nickte kaum merklich mit dem Kopf.

„Muschkin, Sie können stolz auf sich sein! Sehen Sie die kleine Rinne da hinten? Wenn Sie es bis dahin geschafft haben, dann kommen Sie ohne weitere Probleme in den Trichter. Wie Sie bis zur Rinne kommen, kann ich Ihnen auch nicht sagen. Hier, nehmen Sie meine Pistole. Verlieren Sie die nicht!"

„Was soll ich denn mit der Pistole?"

„Ja, was macht man wohl mit so einer Pistole? Erlösen Sie Peters!"

„Ich soll sie ... erschießen?" Muschkin war vollkommen fassungslos. „Ich könnte sie doch zurückbringen?"

„Muschkin, keine zehn Meter, und Sie sind beide hin. Wie wollen Sie denn eine Schwerverletzte unter Beschuss und bestem Büchsenlicht hierher bringen? Soll ich mit dem Taxi vorfahren lassen? Tun Sie das Wenige, was wir jetzt noch für Peters tun können, selbst das ist schwer genug! So, jetzt nehmen Sie noch einen kräftigen Schluck, und dann versuchen Sie Ihr Glück!"

Als sie aus dem Graben kletterte, schlug ihr kräftiges Gewehrfeuer entgegen. Tief presste sie sich in die kalte Erde und schob sich in winzigen Bewegungen vorwärts auf die schützende Rinne zu. In der Grundausbildung hatte sie es als üble Schikane empfunden, durch Pfützen zu robben, jetzt war jeder Umweg zu viel und jede Pfütze egal. Ein Mädchen schien sich im Stacheldraht festzuhalten und sah sie mit starren Augen an. Warum sprach sie nicht mit ihr? Als sie näher gekommen war, sah sie, dass der hintere Teil durch eine Granate sauber abgetrennt worden war. Schnell wandte sie den Kopf ab, um das grauenvolle Bild zu verdrängen. Sie ließ sich in die Rinne rutschen und war erst einmal vor weiterem Beschuss sicher. Um Esther zu finden, brauchte sie nur dem Gebrüll zu folgen.

Das Bild, das sie erwartete, als sie in den Trichter kroch, zog ihr den Magen zusammen. Der Explosionsdruck hatte Esthers rechtes Bein zur Seite gerissen, der Oberschenkel war voller Blut und Knochensplitter, der Knochen war gebrochen und lag frei. Das ganze Bein stand in abnormer Stellung vom Körper ab.

Sie wollte sich gerade um Esther kümmern, als oben die Hölle losbrach. Blendgranaten und Scheinwerfer machten die Nacht zum Tag. Man hörte Granaten einschlagen, aber viel weiter vorn, wohl in ihren eigenen Graben. Man hörte das Tuckern von Maschinengewehren und das Peitschen von Gewehrsalven. Von überall erschall Gebrüll aus rauen Kehlen. Sie war mitten in einen Gegenangriff geraten. Über sich hörte sie Schritte und heftige Explosionen, als jemand in den Trichter sprang.

Sie ergriff ihr Messer und stach damit auf den Fremden ein. Mit einer schnellen Drehung riss der sein Gewehr hoch und schlug ihr das Messer aus der Hand. Der Gewehrkolben krachte an ihren Kopf und ließ sie vor Schmerz taumeln. Doch, wie sie es in der Ausbildung gelernt hatte, war sie sofort wieder kampfbereit. Der Fremde ging mit dem Bajonett auf sie los. Sie tauchte unter das Gewehr, ergriff es mit einer Hand und hebelte es mit einem kräftigen Schlag weg. Ein Tritt mit dem Fuß schmetterte den Fremden an die Trichterwand. Sie sah gerade noch, wie er heftig aufschlug, sich aber mit einer Nackenrolle sofort wieder hoch hechtete und auf sie losging.

„Na, mein schönes Fräulein? Wieder wach geworden? Wir hatten ja bereits das fragwürdige Vergnügen, Bekanntschaft zu schließen." Alice blieb der Mund offen stehen.

„Du sprichst ja Deutsch!"

„Und selbstverständlich auch Französisch, das Letzte lieber. Ich bin Elsässer! Für die Franzosen sind wir natürlich Deutsche, für die Deutschen Franzosen. Das ist ein uraltes Elsässer Privileg: Unbequem zwischen allen Stühlen zu sitzen und noch Witze drüber zu machen."

Verwundert sah sie den Fremden an. Den Bildern im Schulbuch glich er wenig. Ein schlankes Bürschlein mit wachen Augen, die Witz und Güte ausstrahlten.

„Du hättest mich töten müssen! Wir sind im Krieg! Das ist deine Pflicht!"

„Bah! Ihr Deutschen seid grenzenlos langweilig! Krieg! Pflicht! Humorloses Pack. Deshalb werdet ihr auch verlieren!"

Wer hier gewinnen würde, war ihr klar. Die gesamte Welt hatte sich der *Bewegung* angeschlossen. Die paar Länder, die es nicht freiwillig taten und in veralteten, patriarchalen Machstrukturen verharrten, würden bald fallen. Sie grinste, um nicht laut über die Äußerung lachen zu müssen. Als sie zu Esther sah, bemerkte sie, dass das gebrochene Bein kunstfertig verbunden und ihre Freundin in einen tiefen Schlaf gesunken war.

„Was hast du mit Esther gemacht?"

„Nun, verbunden, Wunden gesäubert, geschient, was man halt so macht. Ich habe mir mal erlaubt, dir deine Schmerzspritze abzunehmen und sie deiner Freundin zu geben. Sie braucht sie dringender als du. Für ein paar Stunden wird das den Schmerz betäuben."

„Du hast an mir herumgefummelt, als ich da gelegen habe?"

„Aber sicher, die edle Dame. War aber gar nicht so schrecklich unangenehm, brauchst dir also keine Sorgen zu machen!" sagte er mit einem breiten Grinsen auf dem Gesicht.

„Das ist einfach unverschämt!"

„Das, wertes Fräulein, ist Elsässer Humor. Original und noch in der Herstellerverpackung. Nicht sehr schön, gewiss, aber doch weltweit einmalig!"

„Was machen wir jetzt?"

„Zweite Runden Boxen, mir ist gerade kalt. Oder einfach warten. 80% des verdammten Krieges bestehen aus Warterei."

„Und die restlichen 20%?"

„Sterben und Wein trinken. Magst du einen Schluck Pinot Noir?"

„Pinot Noir? Ist das wie Mirabellenschnaps?"

„Oh, die Dame sind Feinschmecker mit hohen Ansprüchen."

Sie nahm einen tiefen Schluck aus seiner Feldflasche. Es schmeckte gut, eine Mischung aus fruchtig und kräftig. Und es machte erst einmal warm.

„Wie sieht es denn da oben aus?"

„Die ruhmreiche, französische Armee hat einen Angriff unternommen, das hast du ja noch mitgekriegt, weil es mich hier reingeschneit hat. Der Angriff wurde von der ruhmreichen, deutschen Armee zurückgeschlagen. Danach hatten wir noch einen deutschen Angriff, der aber auch zurückgeschlagen wurde. Ich würde sagen: Unentschieden für heute, mit der besseren künstlerischen Note für Frankreich. Wir befinden uns im Niemandsland, und unsere großartigen Nationen haben Mars ausreichend geopfert für diesen frühen Morgen. Weiterer Bedarf an militärischen Lorbeeren scheint im Moment auf keiner Seite zu bestehen." Sie musste lachen.

„Warum gehen wir dann nicht einfach zurück?" Wortlos nahm er ihren Helm, band ihn an einer Holzlatte fest und hielt ihn aus dem Trichter. Sofort peitschten Schüsse durch die Stille.

„Selbstschussanlagen! Die Franzosen-Schweine setzen Selbstschussanlagen ein! Die *Große Mutter* hat diese Waffen geächtet!"

Der Helm wurde eingezogen und wies hinten drei und vorne zwei Einschüsse auf. „Eh bien, Madame, haben vollkommen Recht. Drei Schüsse Franzosen-Schweine, zwei Schüsse Boche-Cochon. Wir dürfen voller Stolz eine leichte, französische Überlegenheit konstatieren."

Wieder musste sie lachen. „Was machen wir denn nun?"

„Was machen wir nun? Wir werden jetzt die größte Tugend des Soldaten liebevoll und aufopfernd pflegen, wir werden warten! In einer Stunde sind die Batterien von den Biestern leer, dann können wir aus dem Mauseloch hier raus." Er holte seine Mundharmonika und spielte. Er war es also gewesen, den sie heute Nacht gehört hatte.

„Die Loreley, ein deutsches Lied von Heinrich Heine. Kennst du das?"

Es hätte sich gelohnt, über diese Anmaßung zu spotten. Natürlich kannte sie das Lied, kilometerweit war sie danach marschiert. Aber der Wunsch, alles als Verdienst der Männer darzustellen, war im höchsten Maße lächerlich und zeigte das niedrigen Wesen dieses Geschlechtes. Nach einem Gedicht von Emilie Heine, stand bei ihr im Liederbuch. Überhaupt sah sie es als eine sehr arrogante Annahme an, dass ausgerechnet ein Mann soviel Sensibilität und Feingefühl besitzen sollte, um diese Verse zu formulieren. Allein der Gedanke, dass dieses romantische Gedicht von einem Mann geschrieben sein sollte, war offensichtlich idiotisch.

Im Morgengrauen schleppten sie Esther zu zweit zu den nahen französischen Linien. Ein Lazarett nahm sie auf. Eine Ärztin flößte Alice Vertrauen ein, so dass sie ihre Freundin mit einem guten Gefühl dort zurückließ. Wie die sich auf die Seite der Männer schlagen konnte, war ihr zwar fraglich, aber sie würde eine Frau natürlich nie für ihre Entscheidung kritisieren. Den Grundsatz der *Bewegung*, dass Frauen immer Recht hatten, würde sie niemals anzweifeln. Vielleicht hatte die Medizinerin noch nichts von den hehren Idealen der *Großen Mutter* gehört, denkbar war so etwas.

„Brot, Münster, Wein, die Dame? Ich habe sogar etwas Mirabellenschnaps besorgt."

„Oh, wie aufmerksam!" Sie hatte seit einem Tag nur einen Keks gegessen und schlang mit knurrendem Magen alles in sich hinein, was Germain für sie besorgt hatte.

„Du wirst dich entscheiden müssen, ob du zurückkehrst zu deinen Leuten."

„Ich bin nicht deine Gefangene? Ich kann einfach so zurückgehen, wenn ich das möchte?"

„Du bist frei, wenn du es willst, und kannst hingehen, wohin es dir passt. Kaum jemand hat dich bislang gesehen. Offiziell bist du also noch gar nicht gefangen."

Sie nahm die Pistole aus ihrem Kampfanzug.

Ende 1: „Bitte, mich gefangen zu nehmen, und erhoffe milde Behandlung", sagte sie kauend.

„Milde Behandlung abgelehnt! Es gibt nur Wasser und Brot ... und Münster und Pinot Noir und Mirabellenschnaps", hörte man ihn lachend antworten.

Ende 2: Er war gerade dabei, zwei Gläser mit Wein zu füllen. Zwei Schüsse trafen ihn ins Genick und ließen ihn zusammenbrechen wie einen nassen Sack.

„Männer! Die werden es nie begreifen! Diese arroganten, dreckigen Schweine!" hörte man sie verächtlich murmeln, als sie die Waffe wieder einsteckte und sich zu den eigenen Linien aufmachte. Sie war stolz. Sie hatte sich als wahre Frau erwiesen, als Kämpferin für den endgültigen Sieg ihres Geschlechtes. Hart und unbestechlich, der eigenen Sache ergeben, wie man es ihr seit der frühesten Jugend beigebracht hatte. Diesem Toten würden weitere folgen. Männer, die sich der einzig gerechten Sache der Frau immer noch in den Weg stellten. Männer, die verhinderten, dass sich Frauen entfalten konnten. Männer, die allein durch ihr Bild das Aussehen der Städte dieser Welt schändeten. Sie wusste, dass sie einer ruhmreichen Zukunft entgegen schreiten würde. Einer Welt, in der alle geknechteten Frauen glücklich und zufrieden sein würden. Dieser Planet würde allein den Frauen gehören. Also vorwärts, einer ruhmreichen Zukunft entgegen! Auf zum weiteren Kampf für Lob und Preis der *Großen Mutter*, für das Glück und das Recht aller geknechteten Frauen überall auf dieser Welt!

Das Handysyndrom

Marlies Aurig

„Bist du schon wieder zurück aus der Stadt?" Mit dieser Frage empfing mich unser Professor, als ich durch die Tür trat, die sich mit einem leisen *Flop* automatisch hinter mir schloss. „Lilli, ist alles in Ordnung?" Er klang jetzt besorgt und trat aus seinem Labor.

„Nichts ist in Ordnung", gab ich ihm zur Antwort. „Absolut gar nichts mehr."

Er winkte mich in sein Zimmer und bot mir von dem Wein an, den er einem Händler vor drei Monaten abgekauft hatte. Der Professor und ich opferten uns damals als Versuchskaninchen, der Weinhändler hatte nicht sehr vertrauenerweckend ausgesehen. Nach ein paar Gläsern, die übrigens vorzüglich schmeckten, gestand er mir, dass er die vollständige Sammlung der *Olsenbande* besaß. Er hatte die Filme auf alten DVDs entdeckt und sich die Mühe gemacht, sie auf virtuelle Lasertopps zu devibrieren.

„Ich kann mich bei den alten Filmen richtig gut entspannen. Außerdem sagt mir dieser Humor mehr zu als das, was man heutzutage zu sehen bekommt." Am nächsten Morgen war es ihm ein bisschen peinlich, dass er mir das erzählt hatte. „War es wirklich so schlimm?" Die Stimme des Professors klang mitfühlend. Er wies mir den alten, abgeschabten Ledersessel zu. Es war die bequemste Sitzgelegenheit und nur seine engsten Mitarbeiter durften auf dem *guten Stück* Platz nehmen. „Was hast du herausgefunden?" fragte er mich.

„Es war furchtbar. Wir haben uns hier in den Laboratorien und dem angrenzenden Wohntrakt eingeschlossen, ohne zu merken, was draußen vor sich geht. Ich meine, was wirklich los ist. Wir betreiben hier zwar Sozialstudien, aber alle Informationen liefern uns die führenden Handyhersteller. Was nicht in ihr

Konzept passt, wird unterschlagen. Alle Kinder haben einen ge-
krümmten Arm. Die Fehlstellung des Ellenbogens ist nicht mehr
aufzuhalten. Das ist nicht nur in Berlin eine Tatsache, sondern in
ganz Deutschland, und in den anderen westlichen Ländern
wahrscheinlich genauso. Sie sehen aus wie kleine Erwachsene,
nur, dass sie noch kein Handy in der Hand halten, zumindest,
solange sie noch nicht in die Schule gehen. Das Schlimmste aber
ist, dass man aus der Verkrüppelung der Kinder keine Konse-
quenzen zieht. Die Leute laufen immer noch vierundzwanzig
Stunden am Tag mit dem Handy am Ohr herum. Es ist der
reinste Horror, wenn man von Menschen umgeben ist, die laut
sprechen, aber nicht miteinander, sondern nur mit Leuten aus
dem Handy, die wiederum so ein Ding in der Hand halten müssen, um mit denen zu reden. Dabei laufen alle hektisch durch die
Stadt. Niemand verabredet sich mehr mit Freunden, die meisten
besitzen schon den Nachfolger, das Kotelvi (Kommunikationste-
levision), mit dem man sich täuschend echt gegenüberzustehen
glaubt. Durch die immersive Telepräsenz treffen sich alle nur
noch in einem virtuellen Raum und haben das trügerische Gefühl, beisammen zu sein. Die Restaurants und Straßencafés sind
geschlossen, sie haben keine Kundschaft mehr. Ich habe mich
mit einem Inhaber unterhalten. Es war richtig unheimlich, wie
wir von den Vorbeigehenden misstrauisch beäugt wurden, weil
wir uns beim Sprechen gegenüber standen. Auf dem Heimweg
hielt ich mir dann eine Hand ans Ohr, um nicht aufzufallen."

„Es ist nun einmal so, dass die Familien, die kein Handy oder
Kotelvi benutzen, als minderwertige Personen angesehen wer-
den. Dass es ich dabei um Menschen handelt, die sich schon lan-
ge über die Auswirkungen Sorgen machen, spielt dabei keine
Rolle. Jetzt haben wir die befürchtete Änderung in der DNS des
Menschen. Die Natur passt sich den gegebenen Umständen an.
Hast du eine Zeitung mitgebracht, in der etwas über die Fusion
aller Kotelvi-Hersteller steht?" fragte der Professor.

Ich zog die Zeitung, datiert auf den 20. August 2034, aus meiner Tasche und hielt ihm die erste Seite entgegen. Die war nur dem Zusammenschluss aller Handy- und Kotelvi-Hersteller gewidmet und der neuen Schirmherrschaft. *Gesellschaftliche Operation für Tele Tinese*. Ein Gebäudekomplex war abgebildet, es befand sich im Zentrum von Berlin, und auf dem Dach stand in riesigen Leuchtbuchstaben die Abkürzung G.O.T.T. für jeden weit sichtbar. „Sie sind größenwahnsinnig, sie halten sich für Gott."

„Sie sind Gott, Lilli. Seit dieser Fusion kann sie nichts mehr aufhalten." Irgendwann im Laufe der nächsten Tage, ich glaube es war ein Donnerstag, sah ich einen Vertreter von G.O.T.T. unseren Berg herauf gebraust kommen. Ich wusste nur deshalb so genau, um wen es sich bei dem Besuch handelte, weil sein Auto-Torpedo völlig mit Reklame zugepflastert war. Ohne Rücksicht fuhr er dieses Ding mit voller Leistung und wäre beim Halten fast mit der Nase in unserem Fliederbusch gelandet.

Als der Mann ausstieg, lief er eilends nach vorn und besah sich die Kratzer, die der Busch seinem Gefährt, sicher ein Dienstwagen, zugefügt hatte. Ich wusste nicht, was der Mann von uns wollte, aber dieses Missgeschick schien mir kein guter Anfang für eine geschäftliche Verhandlung zu sein. Unser Forschungsprojekt wurde bis jetzt von einem Handyanbieter finanziert, obwohl unsere Ergebnisse nicht gerade schmeichelhaft für die Branche waren. Aber damit hatten sie uns etwas unter Kontrolle. Durch die Fusion würde sich einiges ändern. Der Besucher sah sich mit einem genervten Ausdruck auf seinem kleinen Schweinsgesicht um – ich hatte vielleicht Vorurteile, aber er erinnerte mich wirklich an ein rosa Schweinchen – und ging dann in Richtung Eingang. Er hatte so einen sportlichen Dressanzug an, wie sie in der Branche üblich sind. Je nach Verantwortungsbereich und wie hoch man in der Hierarchie stand, waren die Anzüge in Farben unterteilt. Der hier trug einen Pinkfarbenen, welcher über dem Bauch leicht spannte, und gehörte somit zur

Geschäftsleitung. Das war auch so eine schrullige Idee der Branche, den Status mittels Farben jedem kund zu tun. Solch einen hohen Besuch hatten wir bisher noch nie gehabt. Man war nicht sonderlich interessiert an unseren sozialen und psychologischen Studien. Über seiner Schulter trug Schweinchen eine schwere Tasche, und da der Mann nicht besonders groß war, hatte er den Schulterriemen sehr kurz eingestellt. Das hatte zur Folge, das der Gurt unter seine Jacke gerutscht war und das letzte Stück wie ein Schweineschwänzchen hinten hervor lugte und bei jedem seiner Schritte mit wippte. Jetzt war es mit meiner Beherrschung vorbei, und ich musste laut lachen, gerade in dem Moment, als der Mann die Fassade hoch sah und unsere Blicke sich trafen. Er schien nicht gerade ein mit Humor gesegneter Mensch zu sein. Ich wusste noch nicht, dass ich an diesem Tag für lange Zeit das letzte Mal herzhaft gelacht hatte. Nachdem der Besucher wieder abgefahren war, rief der Professor alle Mitarbeiter ins Konferenzzimmer.

„Ich habe eine schlechte Nachricht", sagte er mit bedeutungsvollem Gesicht. So einen ernsten Ausdruck hatte ich bisher selten an ihm bemerkt. „Mit dem heutigen Datum existiert unser Forschungsteam nicht mehr. Auf dem Tisch liegen meine und eure Entlassungen."

Alle sahen sich irritiert an, und es setzte ein protestierendes Gemurmel ein. „Das können die doch nicht einfach mit uns machen. Wir haben unseren Forschungsauftrag von der Europäischen Regierung!" rief jemand.

„Die Regierung gibt es nicht mehr. Die *Gesellschaftliche Operation für Tele Tinese* hat die Regierung eingekauft. Ohne das Geld von ihnen, sind sie sowieso machtlos." Der Professor griff resigniert nach den Kündigungen und begann sie auszuteilen.

Ich nahm meine als Letzte in Empfang. „Was wirst du jetzt tun?" fragte ich ihn.

„Ich werde in den Untergrund gehen."

Bestürzt sah ich unseren Professor an. Das konnte er unmöglich ernst meinen. Doch mein Verstand sagte mir, dass er heute wohl kaum zum Scherzen aufgelegt war. „Zu den finsteren Gestalten? Das sind Mutanten, denen bedeutet ein Menschenleben nichts. Dort ist es schlimmer als in der Hölle!"

„Wie war doch dein Kommentar, als ich dich vor ein paar Tagen in die Stadt geschickt hatte? Du hast gesagt, dort wäre ebenfalls die Hölle."

Ich sah ihn verdutzt an. Genau dort musste ich jetzt wieder hin. Ich besaß eine kleine Wohnung *Unter den Linden*. Aber meine Freunde waren alle hier und in ein paar Stunden würden auch sie fort sein.

Drei Tage hielt ich mich bereits in meiner Wohnung auf, doch ich konnte immer noch nicht begreifen, was geschehen war. Den ersten Tag verbrachte ich damit, meinen kleinen Haushaltsrobotdiener zu reparieren, um ihn dann das volle Programm absolvieren zu lassen und meine Wohnung auf Vordermann zu bringen. Trotzdem fühlte ich mich nicht wohl. Als ich meine hochauflösende Bildschirmwand einschaltete, sah ich einen Bericht über einen Mann, dem man einen Chip einpflanzte und danach eine Brille mit polarisierenden Gläsern aufsetzte. Der Kommentator erzählte, dass dies seine Augen in Fenster verwandle und ihm den Blick auf andere Menschen freigebe, die auch so einen Mikrochip hätten. Das, so ereiferte sich der Reporter, sei der Nachfolger des Kotelvi. Niemand müsse mehr seine Hand am Ohr halten, und die Entwicklung einiger missgebildeter Kinder wäre somit gestoppt. Der Mann lebte in einer Traumwelt, wenn er von einigen wenigen Missbildungen sprach. Seit ich wieder in der Stadt wohnte, sah ich nur solche Kinder. Seine Ausführungen fesselten wieder meine Aufmerksamkeit, als er erzählte, dass die Leute sich mit Hilfe des Chips und der Brille in einem virtuellen Raum treffen, dort richtigen Augenkontakt haben und wenn sie wollten, miteinander tanzen konnten. Ähnlich dem Kotelvi, nur dass dieser Prototyp mit Hilfe eines immersiven, also fern eintauchenden, dreidimensionalen Videoskops gesteuert wurde. Weitere Forschungsvorhaben, so der Berichterstatter, sei der Bau eines vierdimensionalen Telecubicles. Einer so genannten Fernsehkammer, die ...

Mit einem kurzen Händeklatschen brachte ich ihn zum Schweigen, und gleich darauf erlosch auch der Bildschirm. Jetzt war mir klar, weshalb sie unser Forschungsprojekt gestoppt hatten. Niemals hätten wir dem zugestimmt. Keiner konnte vorhersagen, welche Auswirkungen das auf die Psyche haben würde. Am Abend lief bereits ein Werbespot für diesen *kleinen Eingriff* und die dazugehörige Brille. Ich sah nur noch Menschen als Gefangene in einem virtuellen Raum durch die Straßen laufen. Oder waren die Städte dann ausgestorben? Niemand musste mehr nach draußen, sogar seine Arbeit konnte man von zuhause aus erledigen. Eine leere, kalte Welt erstand vor meinen inneren Augen. Wieso sah das niemand? Waren denn wirklich alle so verdummt? Natürlich konnte es keiner mehr sehen. Wenn sich die DNS des Menschen schon geändert hatte, wie mussten sich die Impulse dann erst auf das Gehirn auswirken? Ich überlegte gerade, ob man uns, den verschwindend kleinen Teil der Menschen, die noch nicht unter dem Handysyndrom litten, einfach so in Ruhe lassen würde, als mein Telegong ansprang und an meiner Tür ein Bildschirm sichtbar wurde, der Besuch ankündigte. Drüben auf der anderen Straßenseite erkannte ich *rosa Schweinchen*. Er lief direkt auf mein Haus zu. Kurz danach ertönte mein eigenhändig einprogrammiertes Klangspiel, und es kam mir durch den Gebrauch dieses Maskulinum irgendwie entweiht vor. Wahrscheinlich würde ich es löschen, doch der Entschluss geriet durch die sich überschlagenden Ereignisse in Vergessenheit, und letztendlich war das Klangspiel meine geringste Sorge.

„Lilli Bäcker, bitte öffnen Sie mir. Ich habe ein bedeutsames Schriftstück zu überbringen."

Etwas Schriftliches im Zeitalter der virtuellen Cyberwelt, das musste wirklich etwas enorm Wichtiges sein, zumindest für rosa Schweinchen und seine Mitstreiter.

Schnaufend übergab er mir an der Tür die Benachrichtigung. Es war eine Einladung von seinem obersten Boss in seinen Tempel. Wer konnte schon von sich behaupten, dass er von G.O.T.T. höchstpersönlich eingeladen wurde? „Bitte seien Sie pünktlich." Mit diesen ermahnenden Worten verschwand rosa Schweinchen wieder und hinterließ bei mir ein mulmiges Gefühl in der Magengegend.

Als ich am nächsten Morgen pünktlich in die Eingangshalle trat, sah ich zuerst einmal genau das, was ich erwartet hatte. Eine hohe, weit auslaufende Halle und eine in Chrom und Stahl blinkende Empfangstheke, von der aus mir eine junge Frau entgegen sah.

„Sind Sie Lilli Bäcker?" Ich bejahte und die Frau deutete auf einen Fahrstuhl.„Fahren Sie in den zehnten Stock hinauf. Dort werden Sie erwartet."

Als ich zum Fahrstuhl lief, klickten meine Absätze viel zu laut auf dem metallenen Fußboden, und die Tür im Fahrstuhl schloss sich mit einem Geräusch, das mich an den Beuteschrei eines Löwen erinnerte. Doch nun war es zu spät, der Lift – ein viel zu banales Wort für dieses Hightech-Gerät – setzte sich in Bewegung. Schneller als gedacht öffnete sich die Tür, und der Aufzug entließ mich zehn Stockwerke höher, diesmal ohne Beuteschrei. Oder wusste er, dass ihm seine Beute sicher war? Ich versuchte, meine paranoiden Gedanken zu verbannen, als sich auf dem Flur eine Tür öffnete und ein Mann mir entgegen eilte. Ein Typ in einem gelben Anzug, dessen Farbe so hell strahlte, dass ich unwillkürlich die Augen zusammenkniff. Dann stockte mir der Atem. Nur einer durfte solch ein leuchtendes Gelb tragen. Was konnte G.O.T.T. nur von mir wollen?

„Hallo, Lilli. Willkommen in der Zukunft."

„Du?" Würde ich sagen, dass ich verblüfft war, so wäre das die Untertreibung des Jahrhunderts. Aber es war seine Stimme, und als er näher kam, erkannte ich ihn. „Professor? Was machst du ... Sie denn hier?"

„Wir können ruhig bei dem du bleiben. Ich möchte dich hier haben. Du bist klug und ich weiß, dass du nicht in den Untergrund gehen wirst. Deine Angst davor war echt. Ich hoffe, du kannst mir verzeihen, aber eure Gruppe und vor allen Dingen euer ehemaliger Teamchef waren mir vor zwei Jahren so suspekt erschienen, dass ich mich nur auf mich selbst verlassen wollte. Wer kann besser alles überprüfen als ein Vorgesetzter? Seit ich aber an der Spitze einer weltumspannenden Firma stehe, wirst du einsehen, dass ich keine weitere Zeit für Spitzeldienste hatte. Also löste ich den Laden kurzerhand auf."

Ich sah ihn fassungslos an. Nie hatte ich Verdacht geschöpft, wir alle hatten ihm bedingungslos vertraut. „Was ist mit den anderen?"

„Ich muss zugeben, ein paar sind mir entwischt. Die sind noch am gleichen Tag zu den Mutanten abgehauen. Aber einige ..., komm her und sieh selbst." Er öffnete eine Tür und führte mich in einen Raum, wo riesige Displays standen. „Das hier, meine liebe Lilli, sind intelligente Systeme. Die Zukunft der Virtual Reality besteht darin, reale statt virtuelle Umgebungen einzufangen. Komm her und setz das da auf." Der Professor warf mir einen Helm zu. Mir blieb nichts weiter übrig, als ihn aufzusetzen, damit er nicht misstrauisch wurde. Ahnungslos war ich in die Höhle des Löwen marschiert. Ich hätte im Fahrstuhl auf meine Intuition hören sollen. „Mit den Displays kannst du live an einer Safari in Afrika teilnehmen oder durch die Straßen von New York spazieren. Aber jetzt werde ich erst einmal deine Neugier stillen."

Ohne Vorwarnung befand ich mich plötzlich in einer Wüste. Es war die Sahara, ich wusste es einfach. Unter meinem Helm liefen mir die Schweißtropfen ins Gesicht. He, ich hatte ja gar keinen Helm mehr auf! Meine Haut rötete sich bereits, und der heiße Wind wirbelte mir den Sand in die Kleidung. Als ich mich umsah, erkannte ich nichts weiter außer Sand und nochmals Sand, so weit das Auge reichte. Zur Abschirmung gegen die Sonne hielt ich meine Hand über die Augen. Noch weit entfernt kamen fünf Leute auf mich zu. In den letzten Jahren hatte ich jeden Tag mit ihnen gearbeitet. Rene und Lydia waren zwei meiner besten Freunde. Eigentlich hatte ich mich schon gewundert, weshalb sie sich nicht bei mir meldeten. Die Fünf schleppten sich nur mühsam dahin. Kurz bevor sie bei mir ankamen, fand ich mich in unserem klimatisierten Raum wieder.

„Ich habe sie im wahrsten Sinne des Wortes in die Wüste geschickt. Ich hoffe doch sehr, dass du nicht ebenso uneinsichtig bist."

Plötzlich hasste ich diesen Mann, dessen Humor ich einst so bewundert hatte. „Ich glaube, ich muss das alles erst einmal verdauen. Gib mir ein paar Tage Bedenkzeit." Früher hatte ich bei ihm immer einen Stein im Brett gehabt, und darauf hoffte ich jetzt wieder. Hier drin, in seinem Medientempel, wäre ich ihm hilflos ausgeliefert.

„Lass dir nicht zu lange Zeit. Ich erwarte dich morgen früh. Dann zeige ich dir deine neue Aufgabe." Er brachte mich zum Fahrstuhl und entließ mich gnädig.

Ich wollte nichts wie raus hier. Ich schaffte es gerade noch, aus der Anlage heraus in eine Seitenstraße zu laufen. Dann konnte ich einfach nicht mehr, und ich schrie meine ganze Empörung heraus, so laut ich konnte. Es war mir egal, wie die Leute mich anstarrten und verängstigt an mir vorbei huschten. Vielleicht hielten sie mich sogar für das Opfer eines neuen Handysyndroms. Der Professor war mein Freund gewesen, einer, dem ich vorurteilslos vertraut hatte. Ich wollte ihm sogar in den Untergrund folgen. *Für* ihn hätte ich es getan, und nun musste ich es wahrscheinlich *wegen* ihm wagen. Eingesperrt in seinen Tempel, die Wüste oder die Mutanten, ich konnte wählen. Der Eingang befand sich in einem längst geschlossenen Kino. Von hier aus führte ein Gang in die Dunkelheit. Ich wurde erwartet und musste alle virtuellen Geräte abgeben. Zur Sicherheit, erklärte mir ein Mann, der furchtbar viele Haare im Gesicht hatte. Ich glaube, früher nannte man so etwas Bart. Außer seinem seltsamen Haarwuchs sah er für einen Mutanten ganz normal aus. Ich kam immer mehr zu der Überzeugung, dass die Mutanten nicht jene Menschen im Untergrund waren, zu denen ich jetzt unterwegs war, sondern jene Leute, deren Gehirne durch den ständigen Gebrauch der Handys und des Kotelvis bereits geschädigt waren. Doch die Verursacher allen Übels saßen in ihrem Medientempel und heckten schon die neuesten Horrorvisionen einer Hightech Welt aus. Bevor mein Begleiter den Eingang sicherte, sah ich mich noch einmal um.

„Wenn wir irgendwann einmal wieder heraufkommen, wird es dann noch eine normale Welt geben oder wird dann nur noch eine virtuelle existieren?" fragte ich ihn. „Wenn ein Raum geschlossen und dunkel ist, und man öffnet die Tür, dann spielt es keine Rolle, wie lange die Tür geschlossen war", gab er mir zur Antwort.

Brot-und-Spiele-AG

Silke Schuck

Sie sind früher gerne in den Zoo gegangen?

„Mama, ich will nicht mehr. Ich will nach Hause. Weshalb sind wir hier? Hier ist es kalt und dunkel."

Sonntagnachmittag mit Frau und Kind? Um ein paar Elefanten bei der Balz zu sehen, ein paar Hirsche, die sich gegenseitig die Geweihe in die muskulösen Körper rammen, kleine Seehunde, die Sie mit Ballspielen erfreuen, oder um fetten Schweinen zuzuschauen, die sabbernd Maismatsch schaufeln?

„Mama, was sollen wir denn noch hier drin? Anne war hier letzte Woche, und sie hat gesagt, es sei ganz fürchterlich gewesen."

Dann werden Sie begeistert sein von unserem Programm. Immer einmalig und immer neu. Die Brot-und-Spiele-AG freut sich, Ihnen präsentieren zu dürfen:

„Sei still. Lächle in die Kamera. Wir müssen nicht hier sein, wir dürfen es. Alle dürfen es. Es ist wie Steuer zahlen. Frag nicht. Jammer nicht und denk am Besten gar nicht. Und tu nichts, das amüsiert, dann sind wir bald wieder zu Hause."

DAS DEUTSCHE VOLK *in einer Parodie seiner selbst: Schamlos, exhibitionistisch, unverhüllt. ‚Die Hölle', Regie führt ‚der Konsum', in den Nebenrollen faules Stroh, faule Ausreden, fade Sonntage, fadenscheinige Vorwände, durchsichtige Menschen hinter Glas, gläserne Umstände und 20 000 Kameras.*

„Mama, ich kann nicht mehr. Ich habe Hunger. Solchen Hunger. Wir sind schon so lange hier."

„Diese Woche gibt es nichts zu essen. Nächste wieder, wenn die Neuen kommen und wir gehen – hoffentlich. Das macht es spannender."

Wöchentlich wechselnde Protagonisten. 24 Stunden Unterhaltung. Was einst nur Fernsehsendung in begrenztem Rahmen war, ist nun nahezu universale Beobachtung in allen Lebenslagen. Zu sehen für Sie von Ihnen an jeder Straßenecke und in Schaufenstern und U-Bahn-Schächten, Bus und Auto. Alles, was Sie tun müssen, ist, Ihre Fingerkuppe auf den Monitor zu legen. Wir buchen dann den Preis von Ihrem Konto ab. Auch die Augen kräftig aufzureißen ist genug. Ihre Iris lässt uns Sie erkennen. Wir senden auf allen Kanälen.

„Mama, mir ist so kalt und heiß. Was ist mit dem Baby. Weshalb ist es blau. Und da der Mann ... und die Frau. Weshalb schreit sie? Er soll da runter gehen. Die Luft ätzt. Mama, ich habe Angst."

„Hör auf zu weinen. Manche schaffen es und manche nicht. Weine nicht. Gib ihnen nichts zu sehen. Nichts, was sie spannend finden. Dann sind wir bald wieder daheim."

Bei uns wird der Zuschauer, der Staatsbürger, aktiv miteinbezogen! Sie selbst dürfen entscheiden, welcher der Bürger ‚Die Hölle' mit den Kameras verlassen darf und welcher bleiben wird, und – wir setzen noch einen drauf: Jeder Bürger dieses Landes kann an ‚Die Hölle' teilhaben, säuberlich der Reihe nach. Einer nach dem anderen. Auch Sie! Jeder hat einmal in seinem Leben die Ehre, das Volk zu unterhalten. Selbstredend können Sie sich gegen den erschwinglichen Betrag von zwei Billionen TV-Mark frei kaufen. Aber wir wollen alle dienen und keine Verräter sein. Dienen unserem guten Staat, der Unterhaltung, ohne die wir verloren wären, und huldigen dem Erfinder der Kamera!

„Mama, ich fürchte mich. Die Ratten und die Menschen auf dem Boden."

„Die schlafen nur. Schlafen für die Mitmenschen, die arbeiten und abends ihre Unterhaltung brauchen."

„Sie schlafen für die Menschen?"

„Sie schlafen für ‚Die Hölle'."

Und was das Allerbeste ist, das letzte Ti-Vi-Tüpfelchen, die Spitze des Goldberges sozusagen: Während Sie sich an ‚Die Hölle' ergötzen, über das Verhalten des homo insapiens richten, beobachten wir Sie, beobachten Sie doppelt: Beobachten, wie Menschen sich verhalten, die beobachten, und Menschen, die beobachtet werden. Achten auf die Achtung vor der Obrigkeit und all das – halten Sie sich fest – zu Ihrer Sicherheit, zu Ihrem Wohl. Denn die Menschheit ist so unberechenbar geworden, Terror, Terroristen, Flugzeuge, Sie wissen schon. Doch wir schützen die Menschheit vor sich selbst, Sie vor der Menschheit und den Menschen vor Ihnen. Denn wenn wir wissen, was der Mensch in jedem Augenblick des Lebens, jeder Lebenslage tun wird, wir quasi berechnen, ja vorausplanen, entscheiden können, was er tut, ist die Welt nicht mehr gefährlich, nicht? Und der klitzekleine Preis, den Sie dafür bezahlen müssen, ist etwas Unabhängigkeit, ein wenig freien Willen und ein kleines Stück Privatsphäre. Ist das nicht fantastisch?

„Mama, ich kann nicht mehr. Anne, die Masern, das Kind, mir ist so heiß und kalt, das Stroh, Mama, die Ratten und das Stroh. Hunger und kalt, Mama ich ..."

Und sollten wir Sie immer noch nicht überzeugt haben, so schauen Sie doch einfach mal herein bei uns. Ins Programm, in den Geldtresor oder ‚Die Hölle' selbst. Hier gibt es alles Denkbare und Undenkbare. Krankheit, Liebeleien, Hungersnöte, Epidemien, junge, alte Höllengänger, dicke, magersüchtige, strickende Hundertjährige und kleine Hunde neben Nagetieren und – die Römer haben's vorgemacht und wir es uns zu eigen – sogar den Tod gibt's live. Wir freuen uns auf Sie. Schmoren Sie schön. Ihr Brot-und-Spiele-AG-Team.

„Sei still und mach es nicht so lang Kind. Hörst du. Tu mir den Gefallen und stirb leise. Sonst gefällst du ihnen noch, und Mama muss auch hier bleiben. Versuch, dir dabei nicht in die Hosen zu machen. Es stinkt hier schon genug. Jetzt mach die Augen zu und schlaf, schlaf leise, schlaf für die Allgemeinheit!"

Alles wird besser

Verena Wolf

„Es lebt!" Diese Worte wurden in 121 Sprachen übersetzt, in den 34 Weltzeitzonen in alle Kanäle gespült und lösten hysterischen Jubel aus. Eine Welle euphorischer Erleichterung brandete einmal um den Planeten und erfasste jeden. Ich war keine Ausnahme. Sogar mein Mann Tim, der nie aus der Fassung geriet, ergriff meine Hand, umklammerte sie, während er wie hypnotisiert den Bildern folgte. Der Arzt hielt im Close-up das Baby in die Luft, und es schrie, weinte laut in die Kamera, und die Mediziner lachten und fielen sich in die Arme, während sich unser aller Schicksal drehte. Tim schaute mich an, und ich erschrak: Er weinte. Freudentränen. „Judith, weißt du was das bedeutet?" Seine Hand legte sich vorsichtig auf meinem Bauch, und ich glaubte zu spüren, wie das neue Wesen in mir auf die Berührung reagierte, als wisse es, dass es nicht länger verdammt war. Es war plötzlich über uns hereingebrochen. Keine apokalyptischen Vorzeichen, wie es uns die Religionen prophezeit hatten. Und es geschah überall. Die Kinder wurden geboren und waren still, friedlich, tot, auf allen Kontinenten, in allen Kulturen. Jede Geburt endete mit einem Trauertuch und leeren, verzweifelten Menschen. Schnell gab es einen Namen für diesen Alptraum: Säuglingssekundentod, abgekürzt SST. Den Namen hatte man schnell, aber das war auch alles. Ratlosigkeit. Es waren kerngesunde Kinder, so weit Scans, Blutwerte und Fruchtwasseruntersuchungen dies beweisen konnten, normal entwickelt – bis zum Moment der Geburt. Doch geborgen werden konnten nur leere Körper, ohne Atem, ohne Leben. Man versuchte alles: Kaiserschnitt, unter Hypnose, Vollnarkose, vergessene Traditionen wie Wassergeburten und Schamanenbeschwörungen wurden wieder belebt, aber die Kinder blieben unbeeindruckt tot.

Die Welt schrie nach Hilfe. Die Hilfe blieb aus. Wissenschaftler, Priester und Ärzte zuckten hilflos die Schultern. Es könne ein Gendefekt sein oder ein Virus, die Forschungsmaschinerie rollte an. Es gab die üblichen Verdächtigen: Chemieindustrie, Gentechnik, Militär. Umweltaktivisten, Ernährungswissenschaftler und Esoteriker. Jeder hatte eine Theorie, aber mehr auch nicht. Die Linken beschuldigten die Rechten und die neue Regierung die alte. Milliarden an Geldern wurden in die Aufklärung des Phänomens gepumpt, schon allein weil man wusste, wer als Erster ein Heilmittel oder eine Therapie fände würde nicht nur als Retter der Menschheit dastehen, sondern auch ein Vermögen verdienen. Deutschland hoffte – wie jeder Staat oder Staatenbund –, mit einer Heilung der Säuglinge gleich auch die Vormachtstellung in der Welt zu gewinnen. In spektakulärer Geschwindigkeit wurden Zusatzstoffe verboten, Schadstoffemissionen gedrückt und Richtlinien erlassen, doch das Ergebnis war niederschmetternd. Die Kinder starben unvermindert weiter. Alle. Dann kam das Serum. Erst als Gerücht in den Medien, dann in vagen Andeutungen in Fachzeitschriften. Die Spekulationen im Internet überschlugen sich. Bis an jenem Tag 7,1 Milliarden Menschen vor den Fernsehern saßen und mit eigenen Augen den Beweis sahen, dass die Menschheit gerettet war. Seit drei Jahren der erste lebende Säugling, das Ende der kleinen Särge und verzweifelten Trauerfeiern, der verbarrikadierten Kindergärten. Wir waren Zeugen, wie eine Injektionsnadel in den Arm des winzigen toten Säuglings gestochen wurde, neunzehn atem- und hoffnungslose Sekunden, in denen das Kind regungslos war und dann die erste Bewegung, der Schrei des Kindes und der triumphierende Blick des Arztes in die Kamera: „Es lebt." Und die kleine Victoria blieb am Leben, und ein neues Zeitalter der Hoffnung brach an, mit ihr als Pionier. Das Leben hatte gesiegt. Die Geburt unseres Sohnes war fünf Monate und drei Tage später. Er war gestorben wie alle Neugeborenen, aber dank der Spritze erblickte er vierzehn Sekunden später lautstark schreiend und heftig blinzelnd das Licht der Welt. Und so nannten wir ihn Hikaru, japanisch für *Licht*. Kein Kind auf der Erde wurde lebendig geboren. Sie alle waren Spritzenkinder, ein Wort der Medien, das bald in aller Munde war. Es klang brutal, aber so empfanden wir es nicht. Bald wurde die zweite Schöpfung durch die Spritze zu einem Teil des Geburtsrituals wie das Durchtrennen der Nabelschnur, das Reinigen des Kindes und die Übergabe an die Mutter. Viele Eltern fragten nach der Serumsspritze in einem der 20 x 10 Zentimeter großen Plexiglaskästchen. Oft stand Tim verträumt lächelnd davor, wenn Hikaru in seiner Wiege schlief. Das Serum versagte nie. Über die genaue Wirkungsweise wussten wir sehr wenig. Forschungsgeheimnisse. Ich glaube fast, auch die Wissenschaftler konnten es nicht bis ins Detail erklären. Sie hatten das Mittel erfunden, es half, wen interessierten die Ursachen. Neuneinhalb Jahre gab es nur Spritzenkinder, die Spritze tat ihr Wunder verlässlich jedes Mal, und die neu gegründete Firma Medical SST Foundation machte Milliardenumsätze. Ich gönnte ihnen jeden Cent, sie hatten Leben geschaffen, Tote zum Leben erweckt. Wir waren so dankbar. Ich las damals die üblichen Ratgeber für junge Eltern, doch Hikaru wurde älter und zu unserer Erleichterung stellten wir fest, dass die Bücher maßlos übertrieben. So schwierig war das alles nicht. Wir erlebten nie Trotzphasen oder Wutanfälle bei unserem Sohn. Er war als Kleinkind ruhig, dabei aber verständig und aufmerksam. Keine voll geschmierten Tapeten oder Tische. Er malte fast nie – keine Strichmännchen, nie bunte Bilder mit singenden Blumen oder sechsbeinigen Kühen. Als die kleine Tochter unserer Nachbarin, geboren kurz vor der Katastrophe, Hikaru stolz eines ihrer Wachsmalstiftwerke zeigte, eine lachende Sonne mit bewimperten Augen und rotem breiten Mund, zeigte er verwirrt darauf und sagte: „Aber die hat doch kein Gesicht." „Doch", sagte die Kleine heftig nickend. „Siehst du doch. Das ist die Sonne!" Hikaru zog die Augenbrauen hoch. „Die Sonne ist ein brennender Gasball. Die hat kein Gesicht!" Das Mädchen nahm ihm trotzig

ihr Bild weg. „Hat sie wohl. Du bist blöd!" Unser Sohn blickte sie
an, und etwas wie Spott war in seinen Augen, als er sagte: „Eine
Sonne mit Gesicht. *Das* ist blöd." Im Kindergarten verstand sich
Hikaru mit den anderen Kindern ausgezeichnet, es herrschte eine friedliche, freundliche Atmosphäre. Ich hatte mir Kindergärten immer weit lauter vorgestellt. Keiner tobte, keiner raufte,
ausgezeichnet erzogene Kinder, die sich respektierten, genau wie
später, als er in die Schule ging. Hikaru las Sachbücher über Di-
nosaurier, die Erde, den Weltraum. Tim liebte wie ich Musik,
aber leider hatte unser Sohn keinerlei Interesse daran. Er hörte
keine CDs, schwärmte für keine Band, ging zwei Jahre zum Kla-
vierunterricht, aber übte nie und sagte mit zehn, er wolle lieber
wie seine Klassenkameraden in den Schachclub. Wir wollten ihn
zu nichts zwingen, und es gab ja auch keinen Grund zur Sorge.
Er brachte oft Freunde mit nach Hause, alles sehr höfliche Spritzenkinder. Irgendwie hatte ich manchmal den Eindruck, sie wären die besseren Erwachsenen, wenn ich verstohlen ins Kinder-
zimmer schaute und sie sich dort einträchtig über Gleichungen
beugten, versunken Schach spielten oder sich leise unterhielten.
Früh äußerten sie sich darüber, was sie später werden wollten,
und es waren alles sehr durchdachte Ideen für knapp Elfjährige:
Ingenieur, Wirtschaftsprüfer, Mathematiker. Ich selbst hatte
zwar auch Mathematik studiert und es nie bereut, aber als Kind
war ich überzeugt davon, Tierpflegerin im Zoo wäre meine Bestimmung. Klassenkameraden wollten Zirkusdirektor oder Ar-
chäologe werden und meine beste Freundin schlicht und einfach
Filmstar. Wenn ich sie später traf – sie war eine erfolgreiche
Produktmanagerin – lachten wir oft schallend darüber, aber ich
hatte den Eindruck, ich müsste mich schämen, würde ich meinem Sohn von meinen Kindheitsträumen erzählen. Seine Pubertät kam verstohlen und zahm. Er vernachlässigte nie die Schule
wegen Alkohols oder Mädchen, fing nicht an zu rauchen oder
blieb nachts lange weg. Keine Probleme, bis er dreizehn war. Mir
fiel auf, dass in unserem Hinterhof immer mal wieder fremde

Fahrräder standen, und ich sah vom Fenster aus, wie mehrmals andere Jugendliche Hikaru Geld gaben und eins der Räder vom Hof schoben. Ich stellte ihn zur Rede, und mit empörender Gelassenheit erklärte er mir, mit geklauten Rädern könne man gutes Geld machen. Was mein Problem sei. Ich konnte es nicht fassen, machte ihm Vorhaltungen, sagte, ich sei fassungslos, enttäuscht, verletzt, ob wir ihm nicht alles geboten hätten? Er schaute mich aus seinen ruhigen braunen Augen an und erklärte, er verstehe nicht, was ich hätte, ich solle mich nicht so echauffieren. *Echauffieren* aus dem Mund eines Dreizehnjährigen! Das Risiko, dass ihm jemand etwas nachweisen könne, wäre minimal und wenn schon, er wäre ja nicht strafmündig und dementsprechend wäre das Risiko auf Strafe gleich null, eine simple Risiko-Nutzen Abwägung. Ich war kurz sprachlos, dann hielt ich ihm eine lange Rede über Moral, richtig und falsch und er nickte. Verständnislos. Ein Jahr später sprach ich das Thema wieder an. „Mama, die Fahrradsache ist längst zu Ende, da ich jetzt strafmündig bin, beschloss ich, es lieber sein zu lassen." Ich lächelte gläsern. Mein einziger Gedanke war, wie seltsam er doch war, er und all seine Freunde. „Es lebt." Als dieser Satz nach Jahren wieder voller Erstaunen aus dem Mund einer Hebamme kam, blieb er zunächst wesentlich unbeachteter als beim ersten Mal, das Ereignis war jedoch mindestens ebenso bedeutsam. Der kleine Neugeborene lebte, *bevor* ihm die Spritze gegeben wurde und blieb beharrlich am Leben, während der Arzt nervös mit der überflüssigen Spritze bereit stand. Es ging vorbei: Was immer auch die Ursache für SST gewesen war, der Effekt wurde schwächer. Neun Jahre nach dem ersten Einsatz der Spritze wurden immer öfter Kinder geboren, die höchstens noch einen leichten Klaps auf den Hintern brauchten, um zu schreien. Bald musste nur noch die Hälfte der Kinder mit der Spritze wieder belebt werden. Es geschahen Unfälle: Schwachen Babies, die fälschlicherweise für SST-Babies gehalten wurden, gab man übereilt die Spritze. Was dann geschah war Grauen erweckend. Die Babies schrien, als würden sie lebendig verbrennen, wanden sich in Krämpfen und starben. Für im Durchschnitt endlose 25 Sekunden. Dann kam wieder Leben in die kleinen Körper, und sie erwachten als *normale* Spritzenkinder. Zwölf Jahre nach dem ersten Einsatz der Spritze wurde sie überflüssig. Sie ruhte zwar weiter jederzeit einsatz- und griffbereit in jedem Kreißsaal, zum Einsatz kam sie nicht. Spritzen wanderten in Ausstellungen und medizinische Museen. Die Spritzen-Dekade war Teil der menschlichen Geschichte geworden. Hikaru lebte sein Leben, Tim und ich unseres. Er erzählte wenig, und wenn wir fragten, antwortete er – höflich und sachlich. Wir hatten uns zwar an den ruhigen Mitbewohner gewöhnt, aber es war nie wirklich zu dieser engen Beziehung gekommen, die ich mir gewünscht hatte. Nur einmal fragte unser Sohn etwas so ungewohnt emotional, dass es mir im Gedächtnis blieb. Hikaru hockte vor dem Internet, blickte auf und fragte: „Warum ist das Rechtssystem so falsch aufgebaut?" Tim blickte von seiner Zeitung auf. Selten sah ich es so klar, wie er dabei leicht seine Schultern hochzog, als wäre er sich bewusst, dass jedes seiner Worte seziert würde, und darum kämpfte, sich keine Blöße zu geben. Wirkte ich unserem Kind gegenüber genauso nervös befangen? „Was meinst du?" „Der Mensch ist ein rationales Wesen. Bei jeder Handlung wägt er Nutzen und Kosten ab. Bei legalem und illegalem Verhalten. Nur bei illegalem Verhalten gibt es noch das Risiko der Entdeckung und der Bestrafung, die dann folgt. Aber in unserem Rechtssystem folgt das keinen logischen Regeln, das Gleichgewicht wird nicht gehalten." Wir schauten wohl sehr verwirrt und er fuhr fort: „Nutzen, Aufwand, Risiko, Strafe. Überwiegt der Nutzen den Aufwand, das Risiko und die Strafe, wird ein Verbrechen begangen. Simpel. Nehmt einen Banküberfall: Der Nutzen bei Erfolg ist mittelgroß, sagen wir 1 Million Euro in kleinen Scheinen? Aber das Risiko ist immens groß, da 98% der Bankräuber gefasst werden, man bräuchte hier noch nicht einmal eine hohe Strafe. Andere Taten, Wirtschaftsverbrechen,

Fahrraddiebstähle ...“, er blickte mich kurz verstohlen an, „hier sind die Risiken minimal, also müsste die Strafe immens sein, um das Gleichgewicht zu halten. *Das* wäre logisch.“ Ich sagte vorsichtig: „Aber der Mensch ist nicht so!“ Ich wollte wieder beginnen, Richtig und Falsch zu erläutern, über Moral zu reden, aber er blickte mir gerade in die Augen, und ich verstummte. Solche absoluten Begriffe hatten in seiner Logik keinen Platz. Tim schaute ihn nachdenklich an, und ich spürte seine Verwirrung. „Willst du Jurist werden, mein Junge?“ Hikaru lächelte: „Ich denke schon.“ Später, als Hikaru mit seinen Freunden ausging, öffnete Tim eine zweite Rotweinflasche, füllte unsere Gläser und meinte zu mir: „Er ist erst fünfzehn. Er ändert mit Sicherheit noch tausendmal seinen Berufswunsch.“ Unsere Blicke trafen sich, und wir stießen an. Zehn Jahre später stießen wir auf die Eröffnung der Kanzlei unseres Sohnes an. Im perfekt sitzenden Anzug stand er da und hielt eine kurze Rede. Seine Freundin Beate, ein Jahr jünger, einen halben Kopf kleiner und bereits eine geachtete Chirurgin, stand neben ihm und lächelte geschmackvoll. Hikarus ehemalige Kindergartenfreunde waren ebenfalls dort. Sie hatten die Universität in Rekordzeit glänzend absolviert, intelligent und zielstrebig ihre Karrieren vorangetrieben, sich gegenseitig unterstützt und in ihren jungen Jahren bereits ausgezeichnete Fähigkeiten als Wirtschaftsprüfer, Politiker und Ingenieure bewiesen. Luftschlösser, Fußball oder halbgare Diskussionen in verrauchten WG-Küchen hatten nie eine Rolle in ihrem Leben gespielt, Versager gab es nicht in ihrer Mitte. Sie kleideten sich gut und verdienten noch viel besser. Eine Generation ohne Beispiel. Weltweit blitzte das gleiche erfolgreiche Lächeln der Millionen aufstrebenden Spritzenkinder auf, präsent in den Medien, der Politik, in Wirtschaft und Wissenschaft. Wir gratulierten unserem Sohn. Er sagte: „Beate und ich werden heiraten.“ Wir nickten nur, was sollten wir sagen? Ist es gut überlegt? Seid ihr nicht zu jung, willst du dir nicht erst die Hörner abstoßen? Liebt ihr euch wirklich? All diese Fragen schienen lächerlich angesichts dieser perfekten Menschen. Beate wurde schwanger, und ich freute mich so sehr, denn das Kind würde anders sein, lebendig, wild, unberechenbar, kein Kind der Spritze. Es gab keine Spritzenkinder mehr. Nirgendwo, fast nirgendwo. In Vietnam hatte eine seltsame Partei durchgesetzt, dass alle Kinder wieder bei Geburt die Spritze bekamen, als Vorsichtsmaßnahme hieß es. Wie absurd. In der EU war es illegal, die Spritze ohne Notwendigkeit einzusetzen. In den Nachrichten hörte ich zwar, dass auch in Virginia die ehemaligen Spritzenkinder, die dort die meisten Spitzenpolitiker stellten, einen ähnlichen Vorschlag ins Parlament tragen wollten, aber dieser Wahnsinn würde ja nie durchkommen. Dann war es so weit. Ich war Großmutter, es war unfassbar. Zärtlich strich ich zum ersten Mal dem kleinen Wesen, meiner schlafenden Enkelin, über das Gesicht und hielt sie vorsichtig im Arm. Ich dachte, was ich der Kleinen alles zeigen würde, welche Lieder ich ihr vorspielen würde, welche lustigen Bilder sie malen würde. Dann öffnete sie die Augen und schaute mich an, seltsam klug und ungewöhnlich für ein Baby. Ich räusperte mich: „Wenn ich es nicht besser wüsste, würde ich denken, es ist ein Spritzenkind." Hikaru schmunzelte, nahm seine schöne Frau in den Arm und sagte zu mir: „Was macht dich so sicher, dass es keins ist?" Schwindel erfasste mich: „Aber das ist nicht erlaubt!" Hikaru lachte, seine Frau stimmte ein: „Mutter, sei nicht so naiv. Man findet immer Mittel und Wege." Ich sah in seine intelligenten Augen und wusste, dass er wie immer Recht hatte. Ich habe sie nicht mehr besucht. Und ich höre keine Nachrichten mehr.

Die Beiwohnerin

Thomas Hoeth

„Du bist ein eitler Sack, denkst nur an dein eigenes Fortkommen. An genau solchen Männern geht die Welt zu Grunde." Die Faltenkränze um ihre Augen schienen dabei rhythmisch aufzuleuchten. Ich meine, ich hatte nicht erwartet, dass sie uns gegenüber dankbar war. Aber, dass sie wenigstens nicht immer sagte, was sie dachte. „Halt deine blöde Klappe", zischte ich. Darauf sie: „Deine Frau wird dich irgendwann verlassen." Ich ließ die Spaghetti wieder von der Gabel gleiten. Meine beiden Töchter kicherten. „Und die Kinder, die Katzen und die Fische wird sie auch mitnehmen." Das war der Moment, in dem es mich vom Stuhl riss und ich zu schreien anfing. Ich glaube, ich endete mit so was wie: „Kann sein, aber dann bist du schon lange tot." Ihr Gesundheitsmesser, ein kleines Implantat am Handgelenk, fing wie wild an zu leuchten, ihr Puls raste. Danach trübten sich Susannes Faltenkränze ein, sie stand auf und flatterte in ihr Zimmer.

Es ging nie friedlich zu bei uns. Auch nicht, als wir noch eine ganz normale Familie waren. Mit meiner Frau Petra und unseren Töchtern Sandrine und Eve war es immer so, als ob wir gerade in stürmische See geraten wären. Entwarnung gab es nie. Für meine Familie war das normal. Doch als Susanne zu uns kam, wurde mein Leben zu einer Katastrophe.

Sie stand mit so einem rüstigen Mitsiebziger vor der Tür. „Frohsinn, Herbert Frohsinn, von der *Partei für Würdiges Altern*." Susanne, oder besser, die emeritierte Professorin Dr. Susanne Serow, schaute durch mich und die Tür durch und hinten wieder zum Haus hinaus. „Und Tschüss", sagten ihre Augen. „Frau Serow wurde Ihnen zugeteilt." Und nachdem ich nichts sagte: „Sie wurden doch schriftlich benachrichtigt?"

Bei der letzten Bundestagswahl war das eingetreten, was alle Menschen unter 50 befürchtet hatten. Die PWA, die Partei für Würdiges Altern, hatte die Wahl gewonnen. Immerhin stellten die über 60jährigen inzwischen ein Drittel der Bevölkerung. Die erste Tat der PWA war die Schließung aller Altersheime: Menschenunwürdig, hieß es. „Sie haben doch unser Schreiben bekommen?"

„Ja, klar."

„Frau Professor Serow ist Internistin, ich meine, sie war es." Pro Person 25 Quadratmeter. Wer mehr hat, bekam einen Beiwohner. So war das neue Gesetz. Mit 150 Quadratmetern und nur vier Personen hätte es noch schlimmer für uns kommen können. „Dürfen wir mal Frau Serows Zimmer sehen?" Ich hörte mich *nein* sagen, korrigierte aber gleich zu einem *ja*. Bis dato war das mein Arbeitszimmer, 20 Quadratmeter, wunderbarer Blick über Stuttgart, ein Ort der Harmonie. Sie stand in der Zimmertür, schaute sich um: „Muffig, es riecht muffig."

Hoffnung keimte auf. Ich sagte zu Frohsinn: „Sie findet sicher was Besseres."

„Nein, Frau Serow möchte in der Nähe ihrer früheren Wirkungsstätte, dem Katharinenhospital, leben."

Gut, da war sie, Umtausch ausgeschlossen. Susanne Serow stellte ihre beiden Koffer ab, strich ihren Nadelstreifenanzug glatt, prüfte mit einer flüchtigen Bewegung ihren silbernen Haarknoten und riss die rechte Augenbraue nach oben. „Ist noch was?"

„Nein."

Und Frohsinn musste auch gleich weiter: „Alle zwei, drei Monate schaut mal jemand vom Landesältestenrat vorbei, ob alles in Ordnung ist."

Susanne war 76 als sie zu uns kam. Sie hatte ihr Leben lang operiert, Geschwüre und Tumore entfernt, gegen den Krebs gekämpft. Keine Zeit für Männer, immer nur Arbeit. Und nun? Sie konnte nicht mehr gut laufen, kämpfte mit Arthrose, war viel zu dünn, hatte ab und zu ein paar Aussetzer und hellgrüne Augen.

Den OP-Koffer mit Diagnose-Computer wollte ich ihr gleich abnehmen. War doch irgendwie unheimlich: eine alte Frau, mit einer kompletten Operationsausrüstung. Doch sie hatte den Koffer gleich an ihr Bett gekettet. Bei unserem ersten gemeinsamen Abendessen sagte sie nur: „Guten Appetit." Sie beobachtete die ganze Zeit unseren Kater Tom. „Er hat einen Tumor. Schluckbeschwerden."

„Frau Serow", sagte ich.

„Sagen Sie Susanne. Wir müssen uns ja wohl jetzt näher kommen."

„Susanne, unsere Katzen sind kerngesund. Tom wird jetzt auch nicht krank, weil wir nun eine", ich betonte das Wort *ehemalige*, „Ärztin bei uns haben."

Als ich am Abend Tom vermisste und Ari, Katze Nummer zwei, aufgeregt um meine Beine pflügte, klopfte ich bei Susanne. Mir blieb die Luft weg. Susanne im OP-Kittel mit Mundschutz, vor ihr auf dem Tisch Tom: betäubt, mit aufgeschnittenem Hals, voller Blut und Instrumenten, blinkendes Messgerät. „Was ist das?"

„Gleich", flüsterte sie.

„Oh Gott."

Und sie darauf: „Der rettet ihn nicht, das mache ich." Dann hielt sie mir ein kastaniengroßes Stück Fleisch entgegen. „Da ist er. Noch ein paar Wochen, und Tom wäre erstickt. Und jetzt raus, beim Zunähen muss ich mich konzentrieren, du weißt, ich bin alt."

Mir war schwindelig, und der Schweiß lief mir von der Stirn, als ich im Wohnzimmer ankam. Was los sei, wollte Petra wissen, doch das wusste ich selbst nicht so genau.

Meine Eltern waren kurz nach meiner Geburt bei einem Autounfall gestorben. Ich wurde adoptiert. Petras Eltern arbeiteten beide noch und wohnten weit weg in Kiel. Alte Menschen, klar, die gab es immer mehr, und auch wir würden ja irgendwann alt werden. Aber das war so weit weg. Auch ich schaute eher zurück, in eine faltenfreie Zeit oder vor, zu unseren Kindern. Und dann Susanne, gesellschaftlich verordnete Auseinandersetzung mit dem Altern, dem Ende, dem schleichenden Tod. Da war der Körper, okay, alles ging langsamer, alles tat weh. Und da war der Kopf. Gedächtnisverlust. In ein paar Tagen, am 16. August 2034, wurde sie 80 Jahre alt.

Meine Töchter mochten sie. Susanne half ihnen bei den Hausaufgaben und spielte mit ihnen Notaufnahme. Dr. Sandrine und Dr. Eve waren ihre besten Assistenzärztinnen. Sie sezierten Vögel und Käfer, die sie im Garten fanden. Auch zu Petra hatte sie einen Zugang gefunden. Ich war es, der am Ende in dieser Welt störte, abends nach der Arbeit einbrach und morgens wieder flüchtete. Beim Abendessen standen Susannes Faltenkränze immer öfter in Flammen. Die grünen Augen hatten dann einen Blauanteil, als ob der OP-Kittel, den sie als Hausmantel verwendete, abgefärbt hätte. Manchmal brüllte sie einfach los. Wer ich denn sei. Was ich mir einbilden würde, bloß weil ich die paar Kröten für den Haushalt ranschaffen würde. Sie hätte früher das Dreifache von mir verdient und bestimmt nicht solche Wellen gemacht.

Jetzt hatte sie mich da, wo ich nie hin wollte: „Dass deine blöden XXL-Windeln schon 300 West-Euro pro Monat schlucken, dass ist dir scheißegal, oder? Hättest mal was beiseite legen sollen, Frau Professor, dann müsste ich dich jetzt nicht mit den paar Kröten durchfüttern."

Ihre Augen warfen Flammen, der ganze Körper zitterte, so dass ich fast ein bisschen Angst bekam. Dann stand sie auf, kam langsam auf mich zu und knallte mir eine.

Und ich: „Raus! In dein Zimmer."

Und sie: „Einfühlsame Pädagogik, wie bei deinen Töchtern."

Dass die staatliche Rente im letzten Jahr komplett abgeschafft wurde, war für uns ein harter Schlag. Susanne hatte in den letzten Berufsjahren ihre zwei Lebensversicherungen komplett den *Ärzten ohne Grenzen* gespendet, war praktisch blank. Das Senioren-Beiwohngeld betrug damals läppische 500 West-Euro. Immer noch besser als in der osteuropäischen Wirtschaftszone, wo sie nur 200 Ost-Euro bekamen. Da gingen seit Wochen wieder Millionen Beiwohner auf die Straße. Susanne sagte dann immer: „Richtig so, die haben alle ihr Leben lang gearbeitet. Oder wollt Ihr uns alle erschießen?"

Es war absurd. Von einem Tag auf den anderen hatten wir ein schwieriges, drittes Kind, eine liebevolle Großmutter, eine hochintelligente aber völlig wahnsinnige Emanze im Haus. Ja, manchmal hatte ich mir gewünscht, dass sie bald ein natürlicher Tod ereilte. Aber was hätte es genützt, bei unserer Quadratmeterzahl?

Nachts wachte ich manchmal auf und hatte Angst, dass sie sich in unser Schlafzimmer schleichen würde. Wer weiß, vielleicht hatte sie beschlossen, dass ich auch einen Tumor hatte. Als sie mich einmal abends nicht ins Haus lassen wollte – angeblich hatte sie mich nicht erkannt und hielt mich für einen Mann von der Gebühreneinzugszentrale – hatte ich es satt. Ich rief bei der *Partei für Würdiges Altern* an und wollte den Beiwohnbeauftragten Frohsinn sprechen. Der sei gestorben. Viel zu früh, schon mit 69, Darmkrebs. Seine Nachfolgerin, Frau Mayerl, sagte: „Wenn Sie die zurückgeben, kriegen Sie zwei andere."

Tja, irgendwie war die Rechnung nicht aufgegangen. Die beiden kleinen Volksparteien SPD und CDU hatten zwar 2014 noch die Lebensarbeitszeit für Frauen und Männer auf 70 Jahre angehoben. Doch die Hoffnung, dass die Lebenserwartung dadurch gebremst werden könnte, hatte sich nicht erfüllt. Im Gegenteil. Die Arbeit hielt die Menschen aktiv. Und die Gerüchte, dass man im Altersheim kaum das erste Jahr überlebte, machten vielen Alten Angst. Die ehemaligen Volksparteien versanken in der Bedeutungslosigkeit.

Gerade hatte sich der Rat der Hochbetagten auf Landesebene gebildet. Susanne war natürlich dabei. Eintrittsalter: 75 Jahre. Motto: Wir können alles, außer sterben.

Politisch aktiv werden? Was gegen die Herrschaft der Silberlocken tun? Im jugendlichen Alter von 43 Jahren? Daran gedacht hatte ich immer wieder. Aber das hatte kaum Sinn. Nur die Grünen ließen noch Parteimitglieder unter 60 zu. Als Koalitionspartner der PWA waren sie zwar mit in der Regierung. Doch die konnten höchstens durchsetzen, dass die Inkontinenz-Windeln aus biologisch abbaubarem Material waren. Immerhin, denn der Verbrauch stieg rasant an.

Einmal überraschte ich Susanne in ihrem Zimmer. Sie schob schnell ein paar Fotos zusammen und hielt sie in der Hand.

„Ich dachte du hättest keine Verwandten?"

„Hab ich auch nicht. Jedenfalls keine, die am Leben sind."

Wahrscheinlich haben sie es einfach nicht mir dir ausgehalten, dachte ich. Zeigte aber auf die Fotos: „Lass mal sehen."

Ihre Hände verkrampften sich und dazwischen wackelten ein paar vergilbte Farbfotos. Puristisches Styling aus dem Jahr 1990. „Das ist mein Sohn. Ich hatte einen Sohn."

„Was ist mit ihm?"

Sie zögerte: „Ich hatte einen Sohn, aber keinen Mann." Ich brauchte einen Moment, bis ich verstanden hatte. „Du hast ihn weggegeben, zur Adoption?"

„Ich stand kurz vor der Habilitation."

„Ja und?"

„Der Vater war ein italienischer Kellner, Sizilianer. Eine nächtliche Bekanntschaft. Ich habe ihn nie wieder gesehen."

Plötzlich hörte ich ein Schreien. Eve, meine jüngere Tochter. Ich rannte die Treppen runter. Eve saß auf ihrem Bett, mit ihrem Lieblingsteddy in der Hand und weinte. „Aufgeschnitten, er ist aufgeschnitten", heulte sie.

Ich drückte sie, versprach ihr einen neuen Teddy. Natürlich konnte sie das nicht trösten. Immer öfter machte Susanne jetzt

Dinge, von denen sie nachher nichts mehr wusste. Mit meinem Verständnis war ich jetzt am Ende. Ich rannte die Treppen wieder hoch, riss das Fenster auf und schmiss ihren Arztkoffer raus.

Daraufhin fing auch Susanne an zu weinen. Als ich wieder runter kam, fragte mich meine Frau: „Fandest du das jetzt gut?"

Was sollte das nun? Wenn man sich aufregt, regt man sich auf! Was hat das mit Vernunft zu tun? Ich ging fluchend in den Garten und befreite unsere Erdbeeren von Susannes Seziermessern. Als ich mit dem Zeugs gerade zur Mülltonne gehen wollte, schneite die Mayerl von der PWA rein.

„Guten Tag. Beiwohner-Überprüfung. Wie geht es Frau Professor Serow?"

„Täglich besser", sagte ich, um etwas zu sagen.

„Was machen Sie denn da mit dem Arztkoffer?"

„Wegwerfen, sie will ihn nicht mehr. Das alte Ding."

„Kann ich Frau Serow mal sprechen?"

Genau darauf hatte ich jetzt gewartet. Eine PWA-Kontrolle, unangekündigt. „Sie ist alt, manchmal nicht mehr ganz bei sich."

Und die Mayerl: „Alter ist ein Privileg, dass sollten Sie nie vergessen."

„Soll ich sie wecken?"

„Nein, ist schon gut." In dem Augenblick stieß Susanne einen grellen Schrei aus. Die Mayerl schaute mich an, schob mich beiseite und rannte die Treppen hoch. Und ich machte mich schon mal daran, die Instrumente aus der Mülltonne zu pulen.

Von da an kam jeden Tag eine Pflegekraft zu uns. Stanka, aus der osteuropäischen Wirtschaftszone. Eine Stunde 85 West-Euro.

An Susannes 80. Geburtstag feierten wir ein kleines Fest: Kuchen, Kerzen. Eve schenkte ihr einen Stoff-Teddy von einem Pharma-Konzern. Gewissermaßen zur Versöhnung. Den konnte man aufmachen, sogar ein paar Organe rauskramen. Auch der Rat der Hochbetagten sandte Blumen. Die PWA schickte eine Karte, das Beiwohngeld sei um 50 Euro erhöht worden.

„Ich habe noch einen Wunsch", sagte Susanne spitzbübisch. „Radfahren, ich will noch einmal Rad fahren."

Ich sagte: „Nein."

Darauf die Kinder: „Sie hat keinen Helm."

Darauf ich: „Meinen kriegt sie nicht."

Susanne: „Dann fahre ich ohne."

Als wir in Formation den Killesberg runter donnerten, war mir nicht ganz wohl, aber, ich muss zugeben, es machte wirklich Spaß. „Schneller, schneller", rief Susanne und versuchte, mich zu überholen. Ihr Fahrradcomputer stieß bereits bedrohliche Warnzeichen aus. Ich wollte sie nicht vorbeilassen, hatte Angst, dass sie noch mehr auf die Tube drücken würde. Doch dann setzte sie an, mich zu überholen. Unten vom Berg kam ein Auto, sie riss den Lenker wieder nach rechts, wir knallten zusammen und stürzten. „Doppelter Oberschenkelhalsbruch, dazu eine Hirnblutung", erklärte der Arzt, als er aus dem OP kam. „Sie wird's nicht schaffen."

Und einen Tag später der Anruf: „Herr Tobias Tassen? Ihre Mutter ist vor wenigen Minuten verschieden. Mein Beileid."

„Danke, aber sie ist nicht …"

Die Mayerl kam noch einmal vorbei, um Susannes Sachen zu holen. Beim Sichten der Unterlagen fanden wir die Geburtsurkunde ihres Sohnes. Tobias Serow, geboren am 31. September 1960.

Ich weiß nicht, ob es Zufall war oder ob sie es gewusst hatte. Oder, ob sie es erst irgendwann in den vier Jahren bei uns gemerkt hatte. Ich habe mich oft gefragt, ob ich sie anders behandelt hätte, wenn ich es gewusst hätte. Aber was soll's, ungefähr so wäre es wohl auch gewesen, wenn sie als meine Mutter bei uns gelebt hätte.

„Nächste Woche bringe ich Ihnen unseren PWA-Ehrenvorsitzenden Herrn Wannmeier, er ist schon 83 und war Lehrer", sagte die Mayerl, als sie mir die Hand schüttelte.

Willkommen in Gottbewahre

Stella Eva Henrich

Scheiße, jetzt habe ich meine Sauerstoffflasche im Club vergessen. Das Ding war teuer. Ich bin träge. Während ich überlege, ob ich noch mal zurückgehe, bekomme ich einen Hustenreiz. Keine Frage, ich kehre um. Gehe die Straße nun mit raschen Schritten geradeaus zurück und nehme die dritte Straße links. *Abgrundsdorf* steht auf dem Straßenschild. Ja, hier bin ich absolut richtig. Die Straße führt direkt zu meinem Ziel. Der Husten wird stärker. Ich erinnere mich in diesem Moment an die Worte meines ehemaligen persönlichen Lebensberaters, dass mittlerweile innerhalb von nur einem halben Jahr regelmäßig rund 88 Menschen an einer Sauerstoffvergiftung sterben. Die meisten von ihnen konnten sich von ihren paar Tagelöhnerkröten keine neuen Flaschen mit dem Stoff an der Tanke abfüllen lassen. Und dann geht einem eben irgendwann die Luft aus. Mit Todesfolge.

Ja heutzutage ist Sauerstoff ein knappes Gut. Ich verstehe nicht, wie es überhaupt jemals so weit kommen konnte. Mein Lifestyleberater hat mir zwar in den letzten Jahren hin und wieder davon erzählt, dass immer mehr Wald auf der Welt abgeholzt wird, aber wer könnte denn diese Folgen ahnen. Er meinte, immer mehr Menschen bevölkern die Erde, und damit würden immer mehr schädliche Gase in die Luft ausgestoßen. Der Mensch vergiftet sich also inzwischen selbst mit seinen eigenen Ausdünstungen. Ich finde diesen Gedanken interessant. Möchte aber nicht länger darüber nachdenken. Gruselig die Vorstellung, ich könnte an einer Kohlendioxidvergiftung jämmerlich zu Grunde gehen.

Jetzt bin ich froh, umgekehrt zu sein. Obwohl ich den Weg nach Hause sicher noch locker geschafft hätte. Aber wer weiß, ob meine O_2-Flasche morgen noch da gewesen wäre. Denn vertrauen kannst du niemandem mehr. Die Menschen sind sich fremd geworden.

Meine Tochter zum Beispiel erhält heute, im Jahre 2030, Unterricht im Fach „Liebe". Klingt gut, nicht wahr? Aber als ich so alt war wie meine Tochter, nämlich 12 Jahre, da wussten wir noch ungefähr, was darunter zu verstehen ist. Wir fühlten es. Meine Tochter fühlt nichts mehr. Es ist vergleichbar mit manchem asiatischen Pianisten, der versucht, Beethoven zu spielen. Er spielt die Partitur virtuos, aber er spürt die Musik nicht. Meine Tochter hat auch keine Gefühle, wenn sie über Liebe spricht. Ich bin darüber nicht entsetzt, die Zeiten sind eben anders. Es wäre schrecklich für sie, wenn sie in dieser kalten Welt von heute echte Emotionen hätte. Ich wünsche es ihr nicht.

Ich bin im Club angekommen. Rasch gehe ich zu meiner Kabine. Ich sehe meine Flasche bereits von weitem. Ich nehme eine Brise und atme tief durch. Ich habe den Eindruck, dass sich meine Haut dabei aufhellt. Es könnte natürlich auch eine Selbsttäuschung sein. Denn inzwischen vertraue ich meiner eigenen Wahrnehmung nicht mehr so richtig. Dies war auch einer der Gründe, warum ich diesem Club beigetreten bin. Irgendwann stand mal ein Vertreter vor meiner Haustür und sagte: „Willkommen in Gottbewahre!" Er sei vom *Club staatsfreier Raum.* Damals war ich gerade mit meinem Kind von der Stadt raus in die Provinz gezogen. Denn in meiner Stadt lässt es sich für mich nicht mehr leben. Überall wird der Bürger kontrolliert. Kleine Kameras überwachen die Straßen. Mein damaliger Lebensberater in der Stadt hatte mir verraten, dass es inzwischen sogar Gesichtserkennungsprogramme gibt, mit denen ein einzelnes Gesicht aus der Menschenmasse zu erkennen ist. Die Daten laufen in einem Videokontrollzentrum des Staates zusammen. Dort werden dann ganze Bewegungsdiagramme jedes einzelnen Bürgers erstellt. Nachdem ich dies nun wusste, fühlte ich mich ständig verfolgt. Ich bekam regelmäßig Panikattacken, sobald ich mich auf den Straßen in meiner Stadt bewegte. Also begann ich, meine Wahrnehmung selbst zu manipulieren. Ich stellte mir damals vor, die Hauptrolle in einem großen Spielfilm zu spielen. Und jedes Mal, wenn mich wieder eine Kamera ins Visier genommen hatte, tat ich so, als bekäme ich es nicht mit und machte die verrücktesten Sachen auf der Straße. Ich knutschte fremde Menschen ab, ich ging an Bekannten vorbei, so, als würde ich sie nicht kennen, ich kaufte Dinge, die ich im Leben nicht brauchen würde, und ich lachte laut und viel auf offener Straße, so dass man glauben konnte, ich sei total verrückt und durchgeknallt. Ich beeinflusste mit diesem Rollenspiel meine eigene Wahrnehmung. Ich gab Menschen und Dingen eine Bedeutung, die sie in Wirklichkeit nicht hatten. Irgendwann fand ich sogar Gefallen an diesem Spiel, doch es wurde mir auf Dauer zu anstrengend, ständig auf der Bühne zu stehen. Also zog ich mit meiner Tochter aufs Land.

Der gut aussehende Mann hier vom *Club staatsfreier Raum* war mir sofort sympathisch. Außerdem wollte ich in der Provinz nicht vereinsamen. Auch ich möchte einer Gruppe angehören. Einer Gemeinschaft. Und wenn dieser Club Individualisten wie mich aufnimmt, trete ich gern dieser Freakshow bei. Also schnupperte ich rein in diese Art Zwangsgesellschaft und freute mich, dass es hier zumindest keine Kameras gibt. Vor ein paar Wochen wurde ich offizielles Clubmitglied in Gottbewahre.

Mit dem Mann treffe ich mich seitdem einmal die Woche. Den Kontakt zu meinem bisherigen Lebensberater musste ich abbrechen. Das war Bedingung, um Mitglied werden zu können. Nach dem Grund fragte ich nicht. Ich konnte es mir ja schon denken. Ich sollte die Kontakte zu meinem bisherigen Leben alle aufgeben, um ein neues, besseres beginnen zu können. Meine eigene Erklärung leuchtete mir hinreichend ein. Wenn ich mich mit dem Mann heute treffe, sprechen wir sehr viel miteinander. Er ist so etwas wie ein offenes Ohr für mich und ich für ihn natürlich auch. In der Stadt rennen die Menschen stattdessen massenweise zum Psychiater und geben eine Menge Geld für diese anonymen Fließbandgespräche aus. Diese einsamen Massen haben eben niemanden mehr, mit dem sie sich über ihre persönlichen Probleme unterhalten können. Keine Freunde, keine intakte Familie oder sonst einen Menschen, der an ihnen persönlich interessiert ist. Also muss der Seelenklempner ran. Diese einsamen, mitunter zynischen Seelen wissen allerdings nicht – so der Mann vom Club – dass diese Psychodoktoren in den Städten in Wirklichkeit Gedankendetektive sind. Sie melden alle Auffälligkeiten und Abseitigkeiten direkt an eine Schaltzentrale. Ich lebe beruhigter, seitdem ich dies weiß. Denn irgendwie hatte ich in meiner Stadt permanent das Gefühl, von Zombies umgeben zu sein, die sich zu nichts und niemanden mehr verbunden fühlen und ihre Mitmenschen zu zerstören versuchen. Ich erinnere mich an das Eis der Endzeit in den Augen dieser Selbstmördergemeinschaft. Glücklicherweise hat sie die Schaltzentrale der Seelenklempner jetzt unter Kontrolle.

Ich mache mich auf den Rückweg nach Hause, ziehe mein Plastikkärtchen durch den Scanner am Ausgang des Clubs. Der Piepton erteilt mir das Freizeichen. Ich darf gehen. Ich schnüffele noch mal an meiner Sauerstoffflasche bevor ich auf die Straße hinaustrete. Ich freue mich, gleich wieder daheim zu sein. In meinen keimfreien vier Wänden. Sicher ist meine Tochter bereits zuhause und hat ein paar nahrhafte Pillen für den Abend für uns in der Cyberapotheke besorgt. Die nehmen wir nun regelmäßig, seitdem wir auf dem Lande leben. Sonst kämen wir mit dem Lebensmittelangebot der Provinz nicht über die Runden. Die meisten Leute hier sind Selbstversorger. Einkaufsmärkte hat die Landbevölkerung weitgehend abgeschafft, seitdem nur noch diese künstlichen Genprodukte verkauft werden. Ich besuche daher seit kurzem einen Agrarkurs im Club. Dort erlerne ich die wesentlichen Anbauverfahren für Gemüse und Obst. Einen Backkurs will ich in der kommenden Woche beginnen. Schließlich brauchen meine Tochter und ich auch mal wieder gesunde und feste Nahrung zwischen den Zähnen.

Sarah sitzt vor dem Computer, als ich in den Raum komme. „Hi, Schatz", begrüße ich meine Tochter. Sie reagiert nicht.

Erst sehr viel später herzt sie mich mit ihrem typischen „Hi Mum, wie geht´s?". Es ist keine Frage, es klingt eher wie eine belanglose Floskel. Ich antworte nicht. Sie geht in die Küche. „*Ich habe die Pillen mitgebracht*", ruft sie. „Brüll nicht so", rufe ich zurück. Ruhe. Sie bringt mir meine Pillen. „Diese Dinger sind einfach fantastisch, Mum. Noch nie habe ich mir soviel problemlos merken können. Das sind echte Wunderpillen. Wer verschreibt dir die nur!" Ihre Stimme klingt wirklich begeistert. Sie sieht mich nun ein bisschen ehrfürchtig an. Ich schweige geheimnisvoll. „Komm sag schon, Mum, woher kriegst du die Scheine für das Teufelszeug", will sie wissen. „Frag nicht soviel, schluck sie lieber", sage ich und schiebe ihr eine meiner Pillen in den Mund. „Wow, ich bekomme heute noch eine mehr als sonst. Mum, du bist die Beste", lobt mich meine Tochter. Ich bin jetzt ein wenig gerührt. Ein warmes Gefühl durchstreift seit langer Zeit einmal wieder meine Körper. Ich streichele die Hand meiner Tochter. „Lass das", brüllt sie mich an. Sie hat ihre Augen vor Entsetzen weit aufgerissen. Ich habe das schon lange nicht mehr getan: meine Tochter berühren. Aber mir war eben kurz danach. „Warum tust du das", brüllt sie mich verzweifelt erneut an. „Warum?" Ich schäme mich für meine plötzliche Gefühlsregung und entschuldige mich bei Sarah. „Ist okay, Mum. Aber tue das nie wieder, hörst du!" Es klingt nach einem Befehl, nicht nach einer Bitte. „Ich werde mich daran halten", versichere ich meinem Kind.

Um das Thema rasch zu wechseln, frage ich sie, ob sie ihre Sauerstoffflasche für morgen bereits aufgeladen hat. Sie verneint. Sie hat nach der Schule nur die Pillen besorgt und bislang nichts anderes gemacht als am Computer gesessen. Eigentlich wäre es jetzt an der Zeit, mit ihr einen Streit zu beginnen. Aber eine Auseinandersetzung am Abend reicht, beschließe ich. Morgen ist schließlich auch noch ein Tag in Gottbewahre.

Trümmerfrauen

Dagrun Hintze

1

Es tut mir leid. Ich weiß nicht, wie das passieren konnte. Es gibt keine Entschuldigung für so etwas, das muss bestraft werden. Das ist mir klar. Sie wollen, dass ich erzähle. Gut, es war eine Kriegsheirat. Mein Mann war zwanzig und hatte ein Rückenleiden, aber als alles zu Ende ging, da haben sie ihn trotzdem noch an die Ostfront geschickt. Ich kannte ihn nicht besonders gut vorher, ich war schon zweiundzwanzig und die Männer knapp wegen des Krieges, meine Mutter sagte immer, siehst du, du bleibst sitzen, und das wollte ich auf keinen Fall, ich hatte doch nichts gelernt. Und dann war da der junge Soldat, und ich glaube, dass er Angst hatte vor dem Sterben fürs Vaterland, wir sind uns auf der Straße begegnet, er guckte mich an und lud mich zum Tee ein, und noch am gleichen Abend hielt er bei meiner Mutter um meine Hand an, die war vielleicht platt. Mein Vater war da schon tot, gefallen im Blitzkrieg in Frankreich, er hatte versprochen, mir ein Kleid aus Paris mitzubringen, das hat er nicht geschafft. Die Hochzeit ging dann sehr schnell, Standesamt und Kirche, ein großes Fest konnten wir uns natürlich nicht leisten, ich hatte mir ein Kleid genäht aus den Gardinen, die vor meinem Fenster hingen, schneeweiß waren die nicht mehr, aber es ging noch grad so, und wir gingen Torte essen mit den Eltern, und meine Mutter schlief in der Nacht bei einer Tante, damit wir ungestört sein konnten. Er musste am nächsten Morgen ja fort nach Russland. Ich wusste nicht, was mich in der Hochzeitsnacht erwarten würde, es war schrecklich, ehrlich gesagt, und mein Mann weinte danach die ganze Zeit, weil er nicht sterben wollte, und ich kannte ihn ja kaum und sagte immer nur, du musst das tun für Deutschland, und da weinte er nur noch schlimmer. Ich war fast froh, als es Morgen wurde, wir gingen zum Bahnhof, und ich winkte dem Zug hinterher wie die anderen Frauen auch. Er schrieb mir dann Briefe aus Russland, so schöne Briefe über meine Augen und mein Haar, ich glaube, da verliebte ich mich richtig in ihn, und zwei Monate später wusste ich, dass ich schwanger war, und mir kam das so vor, als hätten mir die Briefe das Kind gemacht, nicht diese schreckliche Hochzeitsnacht. Als die Tochter geboren wurde, hatten die Briefe aufgehört, und man konnte mir keine Information geben, ob mein Mann gefallen war oder ob die Russen ihn gefangen genommen hatten. Dann war der Krieg plötzlich zu Ende und alle sagten, dass die Deutschen Verbrecher seien wegen der Geschichte mit den Juden. Der Hunger war schrecklich, das Kind weinte dauernd und überall die Trümmer in den Straßen und all die Toten, unser Haus war wie durch ein Wunder stehen geblieben, und es wurden zwei Familien bei uns einquartiert, die ausgebombt worden waren, das war ziemlich eng mit zwölf Personen in diesem kleinen Haus, und die hatten alle nichts zu essen. Ich war eine von den Trümmerfrauen, wie man sie später genannt hat, mit einem alten Rock über der langen Hose und einem Kopftuch wegen des Staubs, meine Tochter hielt sich immer an der Schubkarre fest, und manchmal ließ ich sie auch auf die Steine schlagen. Wir hatten einen Hammer und eine Axt, und ich habe sogar eine Wand wieder fertig gemauert, das kann man sich heute gar nicht vorstellen. Die Wand hatte ein riesiges Loch, und wir Frauen mischten Mörtel zusammen, und dann habe ich das Loch zugemauert, das hat zwei Wochen gedauert, aber die Wand war tatsächlich wieder heil. Wir alle waren immer hungrig und müde, und wir wussten nicht, was mit unseren Männern passiert war und wie das alles überhaupt weitergehen sollte, aber, auch wenn das jetzt merkwürdig klingt, das war eine gute Zeit. All diese Frauen auf den Straßen mit den kleinen Kindern, und wir bauten unser Land wieder auf mit unseren eigenen Händen. Ich kann nicht sagen, wie stolz ich war, als diese Mauer kein Loch mehr hatte. Wir redeten die ganze Zeit miteinander, wir lachten auch, und ich erfuhr von den älteren Frauen alles über Männer und wie das so ist mit dem Kinderbekommen, das waren richtige Freundinnen, ich habe später nie mehr solche Freundinnen gehabt wie damals zwischen den Trümmern. Und ich hatte später auch nie mehr das Gefühl, etwas so Richtiges zu tun wie diesen Wiederaufbau. Dann kamen ja auch die Männer zurück, aus der Gefangenschaft, und die Frauen verschwanden von den Straßen, die mussten jetzt ja wieder für ihre Familien sorgen, und die Männer machten dann den richtigen Wiederaufbau, ich meine, wir waren einfach losgezogen und hatten Löcher wieder zugemauert, aber die Männer machten das anders, mit Bauunternehmen zum Beispiel, und das ging natürlich viel schneller, und die Mauern wurden auch wieder ganz gerade, nicht so wie bei uns. Mein Mann kam an dem Tag zurück, als die Tochter eingeschult wurde, plötzlich stand er vor unserer Tür, ich habe ihn kaum erkannt nach den ganzen Jahren, er hatte sein linkes Bein im Krieg gelassen und diese Narben im Gesicht, er muss Fürchterliches erlebt haben, aber wir haben nie darüber gesprochen. Ich umarmte ihn und versuchte, unser Kind aus der Zimmerecke zu kriegen, in der es sich versteckt hatte, ich erklärte, dass der Mann jetzt bei uns bleiben würde, und dann kochte ich ihm einen Kaffee. Die ersten Wochen waren sehr schwierig, ich hatte mich so an meinen Tagesablauf gewöhnt, und jetzt war da mein Mann, und der lag die ersten Wochen nur im Bett und starrte die Wand an, und ich konnte doch da nicht zu meinen Freundinnen gehen und mit denen lachen. Eines Tages stand er auf und badete und rasierte sich, und dann sagte er, ich gehe jetzt Geld verdienen, wir werden bald auf einen grünen Zweig kommen, ich habe mein Bein verloren aber nicht meinen Kopf, und alles ging ganz schnell, auch er gründete ein Bauunternehmen, keine Ahnung, wie er das fertig gekriegt hat, wir hatten ja überhaupt kein Geld, aber er hatte wohl noch ganz gute Verbindungen von früher. Na ja, und dann das Wirtschaftswunder. Sie wissen ja, wir hatten jeden Tag mehr Geld wegen der ganzen kaputten Häuser, die wieder aufgebaut werden mussten, und viel gutes Essen und schöne Kleider und neue Möbel. Sie können sich nicht vorstellen, wie ausgehungert wir waren. Und ein Auto bekamen wir, einen Volkswagen, und damit fuhren wir in den Schulferien zu dritt nach Paris, die Tochter sollte doch was sehen von der Welt. Wir fuhren zu dritt nach Paris mit unserem Auto, und die Franzosen waren noch nicht besonders gut auf die Deutschen zu sprechen, mein Mann wurde sehr wütend deswegen, aber mir hat das nichts ausgemacht, wir spazierten auf den Boulevards und alles um uns herum sprach Französisch, und das klang so schön, dass ich vor lauter Glück geweint habe. Mein Mann sagte, ich sollte mich zusammenreißen. Er wollte mir unbedingt Kleider kaufen, das war zu der Zeit sehr chic, wenn Frauen französische Mode trugen, und er wollte natürlich, dass ich genauso viel hermachte wie die Frauen seiner Kollegen, aber ich wollte kein Kleid, das lag vermutlich an der Geschichte mit meinem Vater. Das war jedenfalls unsere erste Reise, und obwohl wir uns später viel angeguckt haben von der Welt, fand ich das nie selbstverständlich, in fremde Länder zu fahren. Zuhause hatten wir es sehr schön, ich war zuständig für die Einrichtung der Zimmer, ich hatte da immer freie Hand, und mein Mann war sehr stolz, wenn unser Besuch meinen Geschmack lobte. Wir hatten viel Besuch, das war wichtig in der Zeit, es machte ziemlich viel Arbeit, sich immer was Neues auszudenken an Essen und Dekoration, aber ich hatte ja sonst nicht viel zu tun, die Tochter war sehr pflegeleicht, wenn man das so sagen kann, gut in der Schule und ohne Verrücktheiten im Kopf wie so viele andere Teenager. Ich war beschäftigt und froh, keinen Hunger mehr zu haben und wieder zu wissen, wie es weitergeht, Geld gibt schon Sicherheit. Bei diesen Festen bei uns zu Hause war es immer so, dass nach dem Essen die Männer im Wohnzimmer sitzen blieben, um über Geschäftliches zu sprechen, und die Frauen gingen in die Küche zum Abwaschen, aber eigentlich um

Sherry zu trinken und Zigaretten zu rauchen. Wenn wir ein bisschen beschwippst waren, dann war das fast so wie früher zwischen den Trümmern, wir tratschten und kicherten, und
manchmal machten wir uns auch über unsere Männer lustig.
Mein Mann sagte immer, was sabbelt Ihr bloß die ganze Zeit, er
redete nur, wenn es um ernste Dinge ging, um seine Geschäfte
oder um Politik. Wenn wir allein waren, las er meistens Zeitung
oder sah die Nachrichten, aber jeden Freitag brachte er mir Blumen mit nach Hause. Nein, eine gute Ehe war das wohl nicht,
zumindest nicht so, wie man das heute versteht, die jungen Leute
haben ja so große Ansprüche an Partnerschaft, ich kann mir
nicht vorstellen, dass sie damit glücklich werden, es gibt da etwas
zwischen Männern und Frauen, das geht einfach nicht. Vielleicht war alles aber auch einfach nur meine Schuld, das kann
sein, ja. Im Bett war nichts mehr zwischen meinem Mann und
mir, das war auch im Krieg geblieben, und, ehrlich gesagt, war
ich ganz froh darüber, ich weiß nicht, wie irgendeine Frau daran
Spaß haben kann. In der Küche erzählten die anderen manchmal
davon, eine von ihnen hatte sogar eine Spardose auf dem Nacht-
tisch, in die steckte ihr Mann danach jedes Mal fünf Mark. Und
wenn genug Geld zusammen war, kaufte sie sich ein neues Kleid,
also ich hätte mich nicht gut gefühlt dabei. Mit fünfzehn kam die
Tochter in ein Internat in der Schweiz, das machte man so mit
den Kindern aus guten Familien, mir ist das schwer gefallen, sie
so weit weg zu geben, und ich war dann oft sehr einsam zu Hause, ohne sie. Mein Mann bekam in der Zeit Schwierigkeiten mit
seiner Beinprothese, der Stumpf entzündete sich dauernd, und er
wurde oft sehr unwirsch, aber er wollte nicht über seine Schmerzen reden, wahrscheinlich hätte er das für Schwäche gehalten.
Ich weiß bis heute nicht, wie er sein Bein verloren hat, ich meine,
ist das nicht verrückt? Ja, und dann kam dieser Tag, ein Sonntag,
am Abend vorher hatten wir Gäste gehabt, und mein Mann las
die Zeitung, wir wollten ins Konzert gehen abends, ich hatte mir
schon ein Kleid rausgelegt, und es war Zeit, das Mittagessen vor-

zubereiten. Ich ging in den Keller, um Kartoffeln hoch zu holen, und, es war der reine Zufall, plötzlich entdeckte ich im Regal über der Kartoffelkiste diese alte Axt, ich hatte sie aufgehoben, damals, als Erinnerung an unseren Wiederaufbau, und ich ließ die Kartoffeln da, wo sie waren, nahm die Axt mit nach oben und schlug meinem Mann den Schädel ein. Er hat gar nichts mitbekommen, so vertieft war er in seine Zeitung, und dann war er gleich tot, und ich habe die Polizei gerufen. So war das. Es tut mir leid. Ich weiß nicht, wie das passieren konnte. Es gibt keine Entschuldigung für so etwas, und ich akzeptiere jede Bestrafung. Nur bitte, verschonen Sie meine Tochter mit den Einzelheiten. Sie ist noch immer in der Schweiz und macht im nächsten Monat ihr Abitur, und ich flehe Sie an, lassen Sie nicht zu, dass auch noch ihr Leben zerstört wird.

2

Nach dem Unfall war ich schon mal ein paar Wochen auf einer psychiatrischen Station, die haben mir Medikamente gegeben, mich ruhig gestellt, bis ich wieder einigermaßen allein klargekommen bin. Ich musste ja schließlich für meine Kleine sorgen, die war für die Zeit in einer Pflegefamilie, und dann kam auch ständig die Polizei. Die wollten wissen, ob das nicht vielleicht doch kein Unfall gewesen wäre, aber irgendwann haben sie mir dann geglaubt und die Ermittlungen eingestellt. Ehrlich gesagt halte ich nicht besonders viel von der Psychiatrie, meine Mutter hat bis zu ihrem Tod in einer geschlossenen Anstalt gesessen, Persönlichkeitsstörung haben die bei ihr diagnostiziert, aber das stimmte nicht, glaube ich. Sie hat meinem Vater eines Sonntagmittags eine Axt über den Schädel gezogen, einfach so, ich habe das erst später erfahren. Als das passierte, machte ich gerade mein Abitur auf diesem versnobten Schweizer Internat für höhere Töchter, mein Gott, hab' ich das gehasst da, und meine Mutter hatte darum gebeten, mir die Einzelheiten bis nach der Prüfung zu verschweigen, das haben sie tatsächlich getan. Nichtmal zur Beerdigung bin ich angereist, ich meine, ich habe meinen

Vater wirklich gehasst, das war das einzig Gute an dem beknack-
ten Internat, dass ich ihn nicht mehr sehen musste, diesen wi-
derlichen alten Nazi, verkrüppelt an Körper und Seele, wahrscheinlich kann ich das, was meine Mutter gemacht hat, besser
verstehen als sie selbst. Eine Persönlichkeitsstörung war das
nicht und auch nicht mit Medikamenten zu behandeln. Mein
Vater hatte eine Beinprothese, können Sie sich vorstellen, wie
eklig das für ein Kind ist, manchmal rief er mich ins Schlafzimmer, wenn meine Mutter noch im Bad war, da hatte er die Pro-
these abgeschnallt und verlangte von mir, dass ich seinen Stumpf
streichelte. Er bekam mit Sicherheit keinen mehr hoch, meine
Mutter hat mal angedeutet, dass nichts mehr lief zwischen ihnen,
im Krieg impotent geworden, wahrscheinlich, und dieses perver-
se Stumpfstreicheln war vermutlich sein Ersatz. Ich träume heute
noch manchmal davon. Meine Mutter habe ich in der Klinik
nicht oft besucht, viel besser als er war sie auch nicht, völlig un-
emanzipiert, sie hat sich irgendwann nur noch für Geld und Sta-
tussymbole interessiert, und ich glaube, vom Tausendjährigen
Deutschen Reich hat sie immer noch genauso geträumt wie mein
Vater. Als ich aus der Schweiz zurückkam, war er also tot und sie
eingesperrt, und ich bin nach Berlin gezogen, natürlich war
selbst bis ins Internat durchgedrungen, was da los war, politisch,
und ich habe angefangen, Publizistik zu studieren, und auch sehr
schnell Kontakt bekommen zur Szene. Das war eine gute Zeit da
am Anfang, all die jungen Leute, die aufräumen wollten mit dem
ganzen Nazidreck, um eine bessere Gesellschaft zu bauen. Sie
können sich nicht vorstellen, wie wütend wir waren, überall saßen die alten SS-Schergen und hatten Macht und Geld und wollten uns erziehen, und es war so schwer, denen zu schaden, die
haben sich totgelacht über unsere Manifeste und Demos und
Diskussionen und Flugblätter, klar wird man da irgendwann mi-
litant, das waren die doch lange vor uns, ich meine, ich war dabei, als Benno erschossen wurde. An der Uni lernte ich Leute
von den Revolutionären Zellen kennen, da habe ich dann mitge-

arbeitet, ja, und wir haben Geld besorgt und Waffen und Autobomben gebastelt und Attentate geplant, aber das fällt hoffentlich unter Ihre ärztliche Schweigepflicht. Drogen genommen haben wir selbstverständlich auch, und irgendwann wurde uns
Frauen dort das ganze Mackergehabe zu blöd, jeder hielt sich auf
einmal für einen kleinen Andreas Baader, unerträglich, und
dann haben wir die Rote Zora gegründet, weil wir nicht nur Ka-
pitalisten und Nazis ausrotten wollten, sondern auch Frauen-
feinde. Eine Zeit lang lebte ich in einer Frauen-
Wohngemeinschaft, ich schrieb vor allem Artikel für so radikal-
feministische Blätter und organisierte Aktionen, öffentliche BH-
Verbrennungen, Nacktauftritte bei offiziellen Anlässen, heute
mag das lächerlich erscheinen, aber das war wichtig, sonst wäre
das nie was geworden mit dem neuen Frauenbild. Natürlich habe ich auch mit Frauen geschlafen, eigentlich konnte man ja
nicht mit dem Feind ins Bett gehen, aber ich war keine wirkliche
Lesbe, und als ich einmal beim Vögeln mit einem Typen in der
Frauen-WG erwischt wurde, musste ich ausziehen. Ich habe
dann bei dem Typen gewohnt, der lebte in einer Art Kommune,
und ich konnte da sofort mit einziehen, das waren so Leute, die
standen auf Drogen und Musik und freie Liebe, aber überhaupt
nicht auf Gewalt. Mir war das plötzlich viel sympathischer als
der militante Lesben-Kram vorher, wahrscheinlich fing da schon
die Bequemlichkeit an. Ich mochte den Typen sehr gern, und ich
mochte auch die anderen Männer in der Wohngemeinschaft,
mit denen habe ich genauso oft Sex gehabt wie mit meinem
Freund, das war die Zeit damals, wir mussten experimentieren,
wir wollten doch auf keinen Fall so werden wie unsere Eltern.
Dann war ich plötzlich schwanger, ich hatte die Pille nicht vertragen und nicht richtig aufgepasst, und es gab vier mögliche Väter, das war ein bisschen viel, und mein Freund sagte, er hätte
sowieso keinen Bock mehr auf diese Lebensform, irgendwann
wollte er Familie haben, warum also nicht jetzt, wir suchten uns
eine eigene Wohnung und heirateten noch während der

Schwangerschaft. Er war sich sicher, dass das Kind von ihm war, warum auch immer. Und dann haben wir da so gelebt und zu Ende studiert, mit Politik hatten wir nicht mehr viel zu tun, es wurde ja auch alles so unglaublich gewalttätig. Wir haben uns um unsere Tochter gekümmert und versucht, sie zu einem freien Menschen zu erziehen, der selbst entscheiden kann, was für ihn gut ist. Und irgendwann ist mir die Decke auf den Kopf gefallen. Ich hatte da schon einen Job bei einer Berliner Zeitung, ich war völlig fertig von der Arbeit und stand in der Küche und kochte für uns drei, und auf einmal dachte ich, jetzt bist du so wie deine Mutter. Ich habe meine Jacke genommen und bin einfach raus gegangen, auf der Straße habe ich dann eine Schaufensterscheibe eingeschlagen, in der so Luxusunterwäsche für Frauen auslag, das kam mir dann aber doch lächerlich vor, gemessen an den Sachen, die ich früher gemacht hatte. Also bin ich gerannt, bis ich vor der Wohnung von einem Redakteur aus der Zeitung stand, von dem ich wusste, dass er scharf auf mich war, ich habe geklingelt, und wir haben die ganze Nacht gevögelt und Joints geraucht. Morgens bin ich dann zurück in unsere Wohnung, es ging mir richtig gut, und ich dachte, so was müsste okay sein, ich meine, wir hatten das doch gewollt, freie Liebe und so weiter. Mein Mann saß am Küchentisch, ich habe ihm sofort erzählt, was ich gemacht hatte, und er ist auf mich los und hat auf mich eingeprügelt. Es war furchtbar. Das Kind schrie, er schrie und schlug auf mich ein, man hat als Frau einfach keine Chance gegen einen wütenden Mann, aber ich musste mich doch wehren, wer weiß, was er mit mir angestellt hätte. Ich habe ihn mit aller Kraft geschubst, und er ist gefallen und liegen geblieben. Er war nicht mehr ansprechbar. Ich habe den Notarzt gerufen, und die haben ihn dann mitgenommen. Nach zwei Tagen ist er im Krankenhaus gestorben, schwere Schädelverletzungen, weil er so unglücklich auf dem Steinboden aufgeschlagen ist. Ich stand unter Schock. Deswegen der Psychiatrie-Aufenthalt. Danach sind meine Tochter und ich weggezogen aus Berlin, haben neu angefan-

gen in einer kleinen Stadt im Westen, ich konnte bei der Lokal-
zeitung arbeiten, und sie ist dort erwachsen geworden. Mit
Männern habe ich nichts mehr angefangen, es gab zwar einige
Angebote, aber das, was passiert ist, war einfach zu schlimm.
Wie es mit dem Feminismus heute steht, weiß ich nicht, ich bin
wirklich die Letzte, die sich äußern sollte zu dem Verhältnis zwischen Männern und Frauen. Ich war jahrelang in Therapie und
habe sehr viel verstanden, auch über meine Beziehung zu meinen Eltern und was das alles mit mir gemacht hat, diese wilde
Zeit. Zu lösen ist das natürlich nicht mehr, man kann nur damit
leben lernen, mit dem ganzen Schrecklichen und der Schuld.
Wir hatten es gut zu zweit, ich habe versucht, meiner Tochter
eine Freundin zu sein. Sie hat diese Geschichte verarbeiten können, als sie alt genug war, habe ich ihr die ganze Wahrheit gesagt
und ihr die Entscheidung überlassen, ob sie weiterhin mit mir
leben möchte. Sie wollte und hat mir verziehen. Sie ist wirklich
zu dem freien Menschen geworden, den wir uns gewünscht hatten. Trotzdem bin ich ausgerastet, als sie mir eröffnet hat, dass
sie nach Berlin gehen will. Ich habe völlig die Kontrolle verloren
und gesagt, dass ich ihr das verbiete. Sie hat geschrien, dass sie
dort keine Männer umbringen wird, und dann ist sie gegangen,
zu einer Freundin, nehme ich an. Ich war die ganze Nacht allein
und habe geweint, und ich habe diese Schlaftabletten zu Hause,
weil ich oft Probleme habe mit dem Einschlafen, die Vergangenheit holt mich dann ein, und ich habe die alle genommen. Es tut
mir leid, und ich bin froh, dass sie mich noch rechtzeitig gefunden hat, aber ich denke auch, ich muss jetzt erst einmal hier bleiben.

3

Ich habe wirklich nicht den geringsten Bock darauf, diesem Idioten auch noch Unterhalt zu zahlen, ich meine, dass ich für meine
Tochter aufkomme, ist ja wohl selbstverständlich, auch wenn
man als Frau eigentlich Schmerzensgeld verlangen müsste für
die verdammte Schwangerschaft und dieses fürchterliche Gebä-

ren, und für die Schwangerschaftsstreifen, die eingerissene
Schamlippe und das kaputte Bindegewebe sowieso. Er wollte das
Kind. Und er wollte auch heiraten. Am liebsten wäre es mir, Sie
würden dafür plädieren, diese blödsinnige Ehe zu annullieren,
geistige Unzurechnungsfähigkeit auf meiner Seite oder so was,
hat ja auch nur drei Jahre gehalten. Dabei kann mein Göttergatte
noch froh sein, wenn ich Ihnen erzählen würde, was die Frauen
in meiner Familie sonst so mit ihren Ehemännern angestellt haben, Sie würden richtig Angst bekommen. Na ja, egal. Wir haben
uns in Berlin kennen gelernt, ich habe da Wirtschaftswissen-
schaften studiert, und er war Lehrer. Pädagoge. Ich hätte es wirklich besser wissen sollen. Er hatte diesen Job gewählt, weil er unbedingt Familie wollte und Zeit dafür. Da gab es keinen Ehrgeiz
und keine beruflichen Ziele, der wünschte sich nichts weiter als
ein angenehmes, harmonisches Leben mit ganz vielen Kindern.
Und ich dachte, das wäre vielleicht ganz praktisch, ich meine,
Karriere zu machen und einen Mann zu haben, der einem den
Rücken freihält, meine Mutter war in ihrer Jugend eine Hardco-
re-Feministin, und das waren wohl ihre Gene, ich hielt das für
ein irre fortschrittliches Modell des Zusammenlebens. Ist es
nicht. Ich habe ein Unternehmen gegründet, und als ich gerade
Unternehmerin des Jahres geworden war, bin ich schwanger geworden, trotz Pille. Ich habe mich überhaupt nicht gefreut. Er
schon. Er hat gejubelt und sofort angeboten, dass er den Erzie-
hungsurlaub nimmt, die vollen drei Jahre. Ich habe natürlich viel
mehr Geld verdient als er mit seinem lächerlichen Lehrergehalt.
Trotzdem wollte ich abtreiben. Aber er hat mir nächtelang mit
so esoterischer Kacke in den Ohren gelegen, dass das eine Sünde
gegen den Kosmos und Selbstzerstörung sei, der sollte mal eine
Geburt erleben, dann wüsste er, was Selbstzerstörung ist, und
dass ich doch schon genug Katastrophen in meiner Familienge-
schichte hätte und nicht noch eine eigene dazu produzieren sollte. Letzteres hat mich dann wohl überzeugt. Drei Wochen nach
der Geburt war ich wieder in meiner Firma, die Angestellten ha-

ben geklatscht, als ich ins Büro kam. Gestillt habe ich nicht, ich
wollte kein halbes Jahr zu Hause bleiben, ich wäre wahnsinnig
geworden zwischen den dreckigen Windeln und dem kreischenden Säugling, und heutzutage ist diese Fertignahrung so gut,
man kann mir nicht erzählen, dass das irgendeinem Baby schaden würde, an der Flasche zu saugen und nicht an der Titte, Entschuldigung. Ich bin einfach sauer. Ich meine, was bildet der sich
eigentlich ein, mich auf Unterhalt zu verklagen, das ist doch
wohl ein Witz. Drei Jahre lang habe ich dem die Miete bezahlt
und das Auto und sein Kind und seine Klamotten und seine
scheiß Esoterik-Ratgeber, und er ist doch längst verbeamtet,
dann soll er halt wieder arbeiten gehen, das würde ihm und der
Kleinen nur gut tun, und für eine Person reicht sein Geld ja
wohl. Es ist eh zum Kotzen, dass dieses Kind dauernd mit seinem Vater rumhängt, früher hat man das Mamakind genannt,
ich meine, mit drei Jahren sollte ein Kind doch langsam genug
Eigenständigkeit besitzen, um einen halben Tag im Kinderladen
auszuhalten. Stattdessen heult die sogar, wenn ich sie zum Wochenende abhole, und er benutzt das immer für große, traurige
Augen, wahrscheinlich hat er ihr beigebracht zu kreischen, sobald sie mich sieht, damit ich mich schuldig fühle und zu ihm
zurückkomme. Ist nicht. Überhaupt halte ich die Bedeutung von
Müttern für maßlos überschätzt. Ich meine, ich bin zwar bei
meiner Mutter aufgewachsen, und das war okay, aber einen absoluten Knall hatte die schon und gelernt habe ich von ihr ganz
sicher nichts, und seit ich von zu Hause ausgezogen bin, haben
wir nichts mehr voneinander gehört, ich vermute, sie sitzt in der
Klapsmühle, wenn ich ehrlich bin. Also, warum sollte meine
Tochter mich brauchen? Mal abgesehen vom Finanziellen. Irgendwann wird sie verstehen, dass ihre Mutter vielleicht keine
besonders tolle Mutter war, aber dass sie für eine Frau etwas
wirklich Ungewöhnliches geschafft hat. Einen internationalen
Konzern zu gründen und zu leiten. Darauf wird sie einmal stolz
sein können und auch davon profitieren, jedenfalls was das Geld

angeht. Das ist doch was. Nur dass ich diesem Versager auch noch sein Versagen bezahlen soll, passt mir halt nicht, das sind einfach Scheiß-Gesetze. Wenn Sie da irgendwas dran drehen könnten, wäre ich Ihnen echt dankbar.

4

Sehr geehrte Damen und Herren! Wir sind heute hier versammelt, um einen außerordentlichen Moment in der Geschichte der Gehirnchirurgie zu feiern, der später einmal, davon bin ich überzeugt, als Wendepunkt im gesellschaftlichen Miteinander der Geschlechter gelten wird. Keine hundert Jahre ist es her, dass Frauen nichts weiter waren als abhängige Anhängsel eines Mannes, ausgebildet nur zum Kochen und zum Kinderkriegen. Die Emanzipationsbewegung verschaffte den Frauen dann Rechte, Unabhängigkeit und den Zugang zur Bildung, so dass sie schließlich in allen Bereichen die gesellschaftliche Kontrolle übernehmen konnten. In den letzten zwanzig Jahren hat letzteres Phänomen wiederum zu einer nicht mehr tolerierbaren Unterdrückung und Diskriminierung des Mannes geführt, dessen gesellschaftlicher Einfluss sich mittlerweile auf Zucht- und Repräsentationsfunktionen reduziert hat. Es formierten sich zahlreiche männliche Protestbewegungen. Hier und heute wollen wir dieser desaströsen Spirale im Kampf zwischen Männlich und Weiblich ein für alle Mal ein Ende bereiten, damit unsere Welt, unsere Zivilisation und unsere Zukunft nicht mehr darunter zu leiden haben. Ein Skalpell wird den Knoten durchschlagen. Mithilfe meines Erbes sah ich mich vor fünf Jahren in der Lage, die Stiftung *Unibrain* ins Leben zu rufen. Damals wussten wir bereits, dass das weibliche Gehirn für unsere heutigen Lebensverhältnisse und Bedürfnisse gewissermaßen überausgestattet ist – oder wer von Ihnen, meine Damen, benötigt wirklich mehrere Sprachzentren, ein peripheres Blickfeld und die unangemessene Vernetzung beider Gehirnhälften, die doch so völlig unterschiedliche Aufgaben haben? Diese physiologischen Unterschiede zwischen Mann und Frau mögen durch Evolution entstanden

sein, innerhalb einer zivilisierten Gesellschaft sind sie längst un-
brauchbar geworden und sorgen ausschließlich für gewalttätige
Konflikte zwischen den Geschlechtern. Ausgezeichnete Wissenschaftler haben sich der Aufgabe gestellt, das *Unibrain* fit zu machen für eine gemeinsame zivilisierte Zukunft und die unsinni-
gen Differenzen endlich aus der Welt zu schaffen. Und: Es ist
gelungen. Wir wissen, wie man das weibliche Gehirn so
verschlanken kann, dass es einem männlichen gleicht wie ein Ei
dem anderen. Ich selbst habe die persönliche Ehre, mich als erste
Testperson der Operation zu unterziehen, nachdem unsere Erfolge bei den Tierversuchen alle unsere Erwartungen übertroffen
haben. Ob Sie es glauben oder nicht: In unseren Mäuse- und
Rattengehegen sind Unterdrückung und Aufbegehren bereits
abgeschafft. Ich möchte Ihnen für die Unterstützung dieses Projektes von Herzen danken. Nur mit Ihrer aller Hilfe ist es uns gelungen, den ewigen Kritikern und Verhinderern des Fortschritts
das Maul zu stopfen. Selbst kann ich es kaum erwarten, nach dieser Operation aufzuwachen und der Welt zu beweisen, dass *U-
nibrain* den wichtigsten Schritt in der Bio-Anthropologie bedeutet, seit das generationsspezifische Klonen realisiert werden
konnte. Bitte drücken Sie mir die Daumen. Ich danke für Ihre
Aufmerksamkeit.

Der Supermarkt

C.A.R. Bartoszak

„Ich werde das Feuer nicht eröffnen!" Gefreiter Baumann versuchte, seinem Gesicht die Art von Selbstbewusstsein zu verleihen, das die Helden in Actionfilmen immer vermitteln, wenn sie energisch und entschlossen für ihre Ideale eintreten.

Unteroffizier Gerber schien das nicht zu bemerken. „Wenn der Befehl kommt, wirst du!" sagte er gleichmütig, während er das Maschinengewehr hinter den Sandsäcken in Stellung brachte. Die Sandsäcke waren in einem Halbkreis an die Wand des Supermarktes gestapelt. Wollte man zu ihnen in die Stellung gelangen, musste man schon über die 200 Behälter aus Jute klettern. Die Stellung befand sich vom Supermarkt aus gesehen links neben dem Eingang. Baumann schaute nach rechts, dort befand sich ein weiteres Sandsacknest zur rechten Seite der elektronischen Tür. Die Obergefreiten Koschinski und Schneider richteten sich ebenfalls häuslich ein. „Ich verstehe nicht, warum wir ausgerechnet einen Supermarkt sichern müssen", versuchte der Gefreite erneut, den Auftrag in Frage zu stellen.

„Befehl ist Befehl!" entgegnete der Unteroffizier.

„Aber warum ausgerechnet einen Supermarkt?"

Unteroffizier Gerber drehte den Kopf langsam zu ihm hin. Baumann registrierte die in Falten gelegte Stirn des Vorgesetzten. Die verärgerte Mimik schüchterte den Gefreiten allerdings schon lange nicht mehr ein. Er hatte gelernt, dass sie zum Militär gehörte wie die besonders lautstarke Form der Kommunikation. Beides hatte nichts weiter zu bedeuten, es war lediglich die übliche Art des zwischenmenschlichen Umgangs, wenn man Uniform trug.

„Baumann, hör endlich auf, über Dinge nachzudenken, die über deinen Horizont gehen!" blaffte Gerber ihn an, „hilf mir lieber, das MG richtig fest zu machen!" Das Zweibein des Maschinengewehrs fand auf dem schmalen Absatz in der Sandsackwand keinen Halt. Baumann nahm zwei Säcke von der Seite und klemmte es damit ein. Der Unteroffizier ging daraufhin hinter der Waffe in Anschlag und testete ihren Schwenkbereich. Befriedigt steckte er sich anschließend eine Zigarette an. Wohlwollend streckte er auch Baumann die Schachtel hin.

Der Gefreite schüttelte den Kopf. Erneut startete er einen Vorstoß: „Gegen wen sollen wir den Supermarkt überhaupt sichern?"

Unteroffizier Gerber atmete hörbar aus. Kopfschüttelnd sank er an der Sandsackwand herunter und setzte sich auf den asphaltierten Boden. Er nahm einen tiefen Zug aus seiner Zigarette. Dann fragte er: „Was glaubst du denn?" Nach einer kurzen rhetorischen Pause erklärte er: „Plünderer. Wir sichern den Supermarkt gegen Plünderer. In vielen Städten sind die Leute bereits über Läden hergefallen und haben sie ratzeputz leer geräumt."

„Weil sie Hunger haben!"

„Na und! Wenn wir das zulassen, haben wir bald die Anarchie im eigenen Land. Dann ist der Bürgerkrieg nicht mehr weit. In Berlin haben sie den Bundestag gestürmt. Und in Hamburg haben sie sogar Leute gelyncht."

Baumann setzte sich ebenfalls auf den Boden. Es war das erste Mal, dass der Vorgesetzte sich auf ein Gespräch über die politische Lage einließ. Meistens versuchte er, sich vollkommen unpolitisch zu geben. Gerber vertrat dann die Meinung, ein Soldat dürfe keine eigene politische Meinung besitzen, müsse lediglich bereit sein, seinem Vaterland zu dienen."

„Aber wir können doch nicht das Feuer auf die eigene Bevölkerung eröffnen, Herr Unteroffizier."

„Wenn es nicht anders geht!"

„Im Geschichtsunterricht habe ich einen tollen Spruch gehört: Deutsche schießen nicht auf Deutsche!"

Die Augen des Unteroffiziers blitzten auf. Eine paradoxe Mischung von Unsicherheit und Entschlossenheit kämpften in Gerbers Gesicht um die Vorherrschaft. Baumann konnte sehen, dass es auch in Gerbers Innerem arbeitete. Hastig drückte Gerber seine Zigarette auf dem Boden aus. „Aber die Regierung hat den Notstand ausgerufen. Die Bundeswehr hat jetzt das Hoheitsrecht und wenn wir nicht für Ordnung sorgen, wer soll es dann tun?"

„Ich bin kein Politiker. Aber ich weiß, dass diese Leute nur so aufgebracht sind, weil sie Hunger haben. Die ganzen Arbeitslosen sind doch nicht ohne Arbeit, weil sie nicht arbeiten wollen. Mein Vater sucht seit 5 Jahren verzweifelt Arbeit. Er würde jeden Job annehmen, aber es gibt ja nichts mehr. Vielleicht marschiert meine Familie ja mitten unter den aufgebrachten Demonstranten. Ich werde nicht schießen!"

Unteroffizier Gerber sprang auf und drehte sich zur Straße. Baumann konnte sein Gesicht nicht mehr sehen, aber er wusste, dass der Vorgesetzte viel von seiner soldatischen Überzeugung verloren hatte. Baumann blinzelte, als er nach oben schaute. Gerbers Silhouette hob sich dunkel von dem Morgenhimmel ab. Der Nebel hatte sich verzogen und ein strahlendes Blau versprach einen warmen Sommertag. Noch aber war die Morgenfrische spürbar, dennoch, Baumann war überzeugt, dass Gerbers Zittern einen anderen Grund hatte.

„Das musst du auch gar nicht", flüsterte Gerber, „du musst lediglich dafür sorgen, dass das MG immer genug Munition hat."

Baumann warf einen zweifelnden Blick auf sein Gewehr, dann sank sein Kopf langsam auf die Brust. Natürlich würde der Unteroffizier das Maschinengewehr übernehmen. Er war lediglich der Mann am Gurtkasten, der MG2. Aber war er als MG2 nicht ebenso verantwortlich wie der Unteroffizier? Ob er selbst den Finger am Abzug hatte oder nur die Munition zuführte, für Baumann lief es auf das gleiche hinaus. Er erhob sich ebenfalls und schaute zur rechten Seite hinüber. Koschinski und Schneider hatten ihre Arbeit erledigt. Beide waren nicht zu sehen, aus ihrer Stellung stiegen zwei kleine Rauchfahnen hervor.

Plötzlich war Motorenlärm auf der Straße zu hören. Sofort schnellten die Kameraden in der Nachbarstellung nach oben. Baumann starrte zur Kurve und wartete gespannt, wer in wenigen Augenblicken in ihren Feuerbereich fahren würde. Eigentlich war ihm schon klar, dass es sich um ein Bundeswehrfahrzeug handeln musste. Außer dem Militär sah man derzeit nicht mehr viele Nutzer im Straßenverkehr. Welcher Normalsterbliche sollte auch in der Lage sein, diese horrenden Preise zu bezahlen? Sicher waren die Benzinkosten nicht unschuldig am Zusammenbruch der Wirtschaft. In diesem Moment brauste Oberleutnant Stein, der Zugführer um die Ecke. Mit quietschenden Bremsen brachte sein Fahrer das Geländefahrzeug auf dem Parkplatz zum Stehen. Der Offizier machte sich erst gar nicht die Mühe, auszusteigen, sondern rief vom Fenster aus: „Es braut sich was zusammen! Auf dem Marktplatz sammeln bereits an die fünfhundert Leute. Gerber, Sie wissen Bescheid!"

Unteroffizier Gerber nickte und grüßte anschließend in Grundstellung. Oberleutnant Stein legte die Hand ebenfalls an die Feldmütze. Dann sagte er etwas zu seinem Fahrer und das Geländefahrzeug verschwand genauso schnell wie es erschienen war.

„Helme auf!" befahl Unteroffizier Gerber mit kräftiger Stimme. Vorbildlich ersetzte er als erster die Mütze durch den Kunststoffdeckel. Dann stemmte er seine Schulter gegen das Bodenstück des Maschinengewehrs und starrte die Straße entlang. Baumann beobachte Koschinski und Schneider, wie sie ebenfalls in Position gingen. Zögernd stellte er sich neben den Gruppenführer. „Sie wollen das doch nicht wirklich durchziehen, oder?"

Gerber ignorierte die Frage des Gefreiten. Stattdessen warf er einen provokanten Blick auf Baumanns Gewehr. Die Waffe stand an der Supermarktwand, außerhalb der Reichweite des Gefreiten, sollte es hart auf hart kommen. Baumann blieb standhaft. Er hielt zwar den Gurtkasten und hatte einen weiteren neben sich platziert, aber er weigerte sich, nach seiner eigenen Schusswaffe zu greifen.

Der Unteroffizier wandte sich wieder der Straße zu. Baumann wusste, dass er ihm nicht befehlen würde, das Gewehr aufzunehmen. Ihm musste klar sein, dass er den Befehl verweigern würde und Gerber wollte eine solche Konfrontation nicht riskieren.

Nicht jetzt, denn in diesem Augenblick hörten sie zum ersten Mal die Menge. Sie kam näher. Eine Kakophonie von hundert Stimmen kündigte ihr Kommen an. Es handelte sich nicht um Randalierer, nicht um den üblichen Mob. Die Menschenmasse marschierte um die Kurve und erkannte die Soldaten. Schlagartig brach das Gemurmel der Stimmen ab. Nicht so der Marsch, stumm marschierten die Menschen auch weiterhin auf sie zu. Baumann war mittlerweile sogar in der Lage, Gesichter zu erkennen. Kinder rannten zwischen den Männern und Frauen herum.

„Und? Erkennst du jemanden aus deiner Familie?" fragte Gerber ohne den Kopf zu wenden.

Baumann antworte nicht. Das musste er auch gar nicht. Dem Unteroffizier musste klar sein, dass eine solche Möglichkeit mehr als unwahrscheinlich war. Schließlich hatte man wohlweißlich die Einheiten in nicht heimatnahen Städten eingesetzt. Kompanieführer waren sogar aufgefordert worden, den lokalen Bezug ihrer Soldaten zu prüfen und Betroffene entsprechend in anderer Funktion zu verwenden.

Gerber lud die Waffe durch. Eine Sekunde später hörte Baumann das vertraute Geräusch auch aus dem Nachbarnest. Entsetzt hielt er den Atem an. Wollte der Unteroffizier hier tatsächlich ein Gemetzel veranstalten. War Deutschland wirklich einem Endzeitszenario so nahe gekommen? Baumann starrte auf den zitternden Zeigefinger Gerbers, der sich um den Abzug krampfte. Verzweifelt sah sich der Gefreite um. Wohin war nur der Offizier verschwunden.

Schweigend näherte sich das Heer der Arbeitslosen. Niemand wagte mehr zu sprechen. Nur ein Mensch schrie in die angespannte Stille. Baumanns Stimme überschlug sich: „Da sind Kinder dabei, Herr Unteroffizier!"

Gerber reagierte nicht. Konzentriert visierte er über Kimme und Korn in die Menge. Und die Menschen kamen näher, waren nur noch wenige Meter entfernt. Hunderte schoben sich über den Parkplatz auf die Tür des Einkaufszentrums zu. Baumann war nicht mehr in der Lage, zu schreien. Er war zu nichts mehr in der Lage. Mit offenem Mund starrte er in die Gesichter, die sich an ihm vorbei schoben. Die Menschen musterten die Soldaten, betrachteten sie mit prüfendem Blick bevor sie die elektronische Tür passierten.

Obergefreiter Schneider schob sich durch die Menschenmasse und schaute fragend in ihr Sandsacknest. Baumann drehte seinen Kopf zu seinem Vorgesetzten. Gerber starrte immer noch nach vorn. Aber er hatte den Finger nicht mehr am Abzug, das Maschinengewehr war eingezogen und stand senkrecht an der Sandsackwand. Müde sagte er: „Wir werden nicht schießen!"

Land des Lächelns

Mario Mosler

Ich habe heute noch nichts gekauft, werde wohl gleich wieder zur Rechenschaft gezogen. Ich werde Betroffenheit zeigen und im Gedankenscanning besonders punkten. Kaum jemand ist in der Lage, so schnell Schlüsselwörter herunterzurasseln wie ich. So wie dieses ganze System nur aus Phrasen und Grimassen besteht. All die Parolen des Konsumministers zur Agenda 2040 habe ich parat. Der Wahnsinn ist ausgeufert. Ich war ein Produkt meiner Zeit, ein willfähriger Verbraucher. In meiner Schaltzentrale befahl der Milliardenetat der manipulativen Dichter. Ich entschied mich für Widerstand durch inneren Rückzug. Zwar kaufe ich noch, was die Werbung mir vorschreibt, und schlucke, was die Pharmaindustrie mir verordnet, aber ich bin emotional nicht mehr beteiligt. Nach außen hin sehe ich aus wie jede dieser budgetierbaren Marionetten, aber ich gönne mir regelmäßig Stunden, in denen ich nichts erwerbe, in denen ich über mich und das Leben nachdenke. Ich ging in Therapie, um gesellschaftskonformes Verhalten einzustudieren. Lernen, wie man diese alltägliche Idiotie akzeptiert und dass man dazu noch Hurra schreit. Aber gelernt habe ich, allein in der Masse zu sein und mitten im Lärm abzuschalten. Ich glaube keinem Marktschreier mehr. Niemand hat mir wirklich etwas zu bieten. Deshalb habe ich mich zurückgezogen. Unser bescheidenes Dasein erhält erst dann Sinn, wenn es vorbei ist. Wenigstens die Larven, die uns zerfressen, mögen uns aufrichtig. Ungeheuchelt. Erst das Pilzgeflecht in unseren Kadavern lässt die Kaufgelüste vergessen. Wir werden sanft geborgen sein im Schoße der Tiefe. Ich gehe durch die Straßen der Stadt und sehe viele Lichter und Menschen. Sie hetzen von hier nach dort und nehmen sich wichtig, obwohl sie im Vergleich zu All und Ewigkeit nur Nullen sind. Alles Lug und

Trug, wohin man schaut. Alles Potemkinsche Dörfer. Virtuelle
Welten. Nur die heimlich geweinten Tränen sind wirklich. Ich
hörte früher einem Heer von Lügnern zu. Strategen, Wahrsager,
Berufsapostel gaben die Richtung vor. Sie nisteten sich als Parasiten in die Großhirnrinde ein und versprachen das Glück auf
Erden. Belegt mit Umfragen und Zahlen. Wissendes Lächeln,
emotionale Impotenz im Anzug. Die blanken Zähne zerrissen
jede Gegenfrage. Sie waren aalglatt. Gut haben sie ihren Job gemacht. Zu gut. Die willenlose Masse schiebt sich durch die Geschichte. Eine Generation nach der anderen huldigt dem kranken Logos, glaubt an den paranoiden Fortschritt, kniet vor dem
flüchtigen Zeitgeist nieder. Wir werden getäuscht. Dabei wartet
eine Ewigkeit auf uns. Da ist der Überwachungsposten. Frieden
ade. Die Kontrolle beginnt. Ja, ich bin im Konsumrückstand.
Warum ich heute noch nichts konsumiert habe? Ich befinde
mich gerade auf dem Weg zum Shopping-Erlebnispark. Wurde
vorher dringend aufgehalten. Werde umgehend meine nicht
selbstverschuldete Konsumenthaltung beenden. Meldung muss
bei meinem Konsumaufseher gemacht werden? Warum denn?
Strengere Richtlinien. Erlass der Regierung. Ja, das sehe ich ein.
Habe ich nicht gewusst. Im Wachzustand maximal eine Stunde
Kaufabstinenz. Jawohl, werde ich einhalten. Konformitätsabfra-
ge, die Losungen von Hartz XIV nennen? Ja, selbstverständlich.
Was wird an Eigenverantwortung verlangt? Die Regeln, welcher
Konsum als zumutbar gilt, wurden verändert: Langzeitkonsu-
menten müssen zumutbaren Konsum, der ihnen angeboten
wird, auch durchführen. Niemand muss aber zu sittenwidrigen
Bedingungen konsumieren, aber Ihre Aktivität ist gefordert. Ihr
persönlicher Konsumaufseher wird sich regelmäßig bei Ihnen
erkundigen. Er gibt Ihnen Tipps und Hilfestellungen, wie Sie
dauerhaft konsumieren. Ihr aktiver Beitrag wird in einer schrift-
lichen Vereinbarung festgehalten. Wenn Sie persönliche Schwierigkeiten haben, sollten Sie bereit sein, sich helfen zu lassen. Ihre
Konsumagentur berät und unterstützt Sie. Gedankenscanning

wird angeordnet? Bitte, machen Sie. Ich bin ein aufrichtiger Konsument. Ja, die Elektroden sitzen wunderbar. Ja, wir können beginnen. Schon ein geringer Anlagebetrag erreicht einen hohen Gewinn, wir wollen in den Kreis der Vermögenden kommen. Sicher einzustufende Fonds zu Topkonditionen. Hochverzinsliche Anleihen bieten ein sicheres Polster. Unterbewertete Papiere mit langfristigen Perspektiven sind die beste Strategie. Verluste sind Gift für jedes Depot. Zukunftstechnologie-Aktien, Dividendenrendite, Indexzertifikate, Wertpapiere, Pfandbriefe, tatsächlicher Garantiezins, Policen, Laufzeit, Discountbanken, Frühbucherrabatt, Sonderabschreibungen, Fördermittel, Sektor der Automobilbauer, Fundamentalkennzahlen, wirtschaftliche Rahmendaten, Wertpapierkennnummer. Pures Vergnügen, Shopping durchgehend überall, fantastischer Komplettpreis. Kiefer massiv, Bernstein gewischt. Kleiderschrank 5-türig mit Sockelschubkästen, Stollenbett mit Metallsprosseneinsatz, unbedingt anschauen. Moderne Kommodenserie mit tief gezogener Kunststofffront in der Ausführung Buche-Nachbildung. Die Traumwohnwelt. Keine Anzahlung. Sofort mitnehmen und sich wohl fühlen. Rundecke in Leder-Blau, Sitz mit Federkernausstattung. Sofa 3-sitzig. Passender Sessel gegen geringen Mehrpreis. Streichelweicher Bezug in Anthrazit. Erstklassiger Sitzkomfort durch hochwertige Polsterung. Das silberfarbige Paneel bildet das optische Zentrum dieser Wandkombination. Das will ich mir anschauen, das brauch ich. Hammerpreis. Jubiläumsrabatt satt. Alles Abholpreise. Da staunt ganz Deutschland. Fabrikverkauf. Rinderrouladen vom Jungbullen. Frisches Hähnchenbrustfilet, Handelsklasse A. Mit wenig oder ohne Kohlensäure, vorwiegend festkochend. Saftig und süß. Scannerstörung. Was für ein Glück. Bin heute doch nicht so gut drauf. Klasse diese Underdogs. Bewundere die Rebellen. Sorgen immer für Aussetzer und Materialschäden. Sollte mich denen anschließen. Hab ich den Mut dazu? Ich habe mit dem paranoiden Leben abgeschlossen. Muss im Gedankenfluss bleiben. Kann jede Sekunde weitergehen. Darf auf keinen Fall auffallen. Heute ist ein spezieller Tag, obwohl man denken könnte, es wäre alles normal. Wie schaffen die das? UV- und Kapitalschutzfaktor hervorragend. Verschaffen wir uns einen Überblick. Konzentrier dich. Todsicherer Tipp. Wie immer erhalten Sie nur beste Ware. Auf über 1000 m^2 Verkaufsfläche präsentieren wir Ihnen den fabrikneuen Sperrmüll. Grüne Gentechnik, blaues Auge, schwarz vor Augen. Gesund Essen und Genießen. Vernichten Sie alle Diätpläne. Vergessen Sie Ihr schlechtes Gewissen. Uns verbindet eins: Der Darmkrebs wächst. Was wollen Sie zum Abendbrot essen, wenn Sie schwer zu schlucken haben? Einfach und kostengünstig schlemmen auf Kosten der Kinder in Afrika. So vermeiden Sie jegliche Mangelerscheinung. Sollte mich wirklich den Rebellen anschließen. Unsere Vertrauensgarantie ist ihre Demenz. Pflanzlicher Fleischersatz bringt Pflanzen um. Tödliche Bakterien sind auf dem Vormarsch. Mitfiebern lohnt sich. Welche Armee kann sie aufhalten? Ist Schweinefleisch besser als sein Ruf? Tellergericht für Eilige, der Übergang von Fraß zu Verpackung ist fließend. Mein Magen empfiehlt den Durchbruch. Alternative zur Wundheilung: Amputation der Gedanken. Narben müssen nicht sein. Sicherheit durch Manipulation. Unter dieser Rufnummer stehen wir Ihnen für weitere Informationen zur Verfügung. Unmittelbar nach dem Entsenden Ihres SOS-Rufes erhalten Sie unverbindlich eine Vertröstung. Bitte warten Sie auf das Besetztzeichen, oder zucken Sie im Takt zu unserer Musik in der Warteschleife. Ich gehe zu den Underdogs. So sichern Sie sich ab. Machen Sie den Knoten am Seil fest und springen Sie. Genießen Sie die Aussicht vor dem Aufprall. Der Tanz auf dem Vulkan ist uns nicht heiß genug. Darf es etwas mehr sein? Für die treuen Besucher gilt: Seid furchtbar und mehret euch. Auf dem Venushügel des Marketings zeigen sie ihre Eloquenz. Der Stil ist sicher gewählt, mit meinem Nachbarn geht es noch schneller. Konzentrier dich, es kann gleich weitergehen. Ein starker Partner an Ihrer Seite, ein Kraftpaket für jedermann, mit

2500 Terabyte in die Metastasen. Es ist die Königsklasse, immer griffbereit. Einfach ablösen und an den Hut stecken. Mit etwas Glück können Sie gewinnen. Wir verlosen eine exklusive Bescherung. Ich hasse dieses System. Jetzt haben wir unser Angebot deutlich erweitert. Der Splint ist entfernt, der Sphinkter juckt. Das ist die beste Gelegenheit, unser Fluidum auf Herz und Nieren zu testen. Näheres steht im Vertragsmuster. Ich darf nicht an die Rebellen denken, sonst bin ich geliefert. Mit dem richtigen Styling werden Sie perfekt für die Verwesung. Falten werden nach nur wenigen Wochen sichtbar gemildert. Romantisch verspieltes Camouflage-Muster. Gleich geht die Kontrolle weiter. Lächeln. Geschenke, die man leasen kann. Unsere omnipräsenten Drückerkolonnen, einfach unwiderstehlich. Tierisch im Trend, Sie brauchen nur noch hier zu unterschreiben. So wurde ich geheilt, der Schmerz nahm mir das Leben. Im Sarg habe ich keine Allergien mehr. Das wird den Wurm ungemein interessieren, der durch meine verfaulte Bauchdecke weiter nach innen stößt. Jetzt wird wieder gescannt. Schnell etwas drüber ziehen und gut aussehen. Die idealen Teile von Tunika bis Herrenhemd. Wissen, was mir gut steht. Ein Griff, doppelte Freude. Sportlich mondän. Tolle Effekte schnell gemacht. Aktive treffen sich hier. Was schaut er mich so an? 1B-Ware , Musterteile , Reste, Kleinserien, Überhänge zu kleinsten Preisen. Hier könnte Ihre Anzeige stehen. Wir vermieten frei finanzierten und renovierten Wohnraum. Fahrt im modernen Reisebus. Dreimal Übernachtung mit Frühstücksbuffet im Drei-Sterne-Hotel. Alle Zimmer mit Internetanschluss. Inklusive Reisepreissicherungsschein. Brauche ich, will ich, kaufe ich, mache ich sofort. Er soll mich nicht so anschauen. Bauernhofurlaub mit vielen wilden Tieren, auch Kleinkonsumenten unter 3 Jahre willkommen. Prospekt unbedingt anfordern. Traumferienwohnung im Zentrum eines Einkaufsparks. Da muss ich hin. Wenn Sie zwei Kuranwendungen pro Werktag wählen, gibt es 20-prozentigen Rabatt auf hochwertige Elektronikgeräte. Jetzt clever sein und

sparen. Warum stoppt er den Scan? Hat er was gemerkt? Nein,
wieder ein Defekt. Ich halte diesen Wahnsinn nicht mehr aus.
Mist, ich fange an zu zittern. Beruhige dich. Schön ruhig. Du
schaffst es. Ich hätte heute schon etwas kaufen sollen. Es gibt zu
den Rebellen keine Alternative. Höchstens den Strick. Ich muss
glücklich aussehen. Immer nicken und zustimmen. Ich werde
Kontakt mit ihnen aufnehmen. Schön höflich sein. Interessiert
schauen. Augenkontakt beibehalten. Gefangene Rebellen werden
brutal gefoltert. Das Leben ist Folter genug. Weiterscannen? Ja,
bitte. Erste Adresse für beste Qualität. Ihr Aussehen ist uns wichtig. Kosmetische Behandlungen auch für Diabetiker-Füße. Hilfe
aus Ihrer Nachbarschaft mit Oktoberfestbier. Wieder gutbürgerlich speisen. Gegen Sodbrennen hilft Veitstanz. Reiß dich zusammen. Seit mindestens 7000 Jahren beherrschen die Menschen die Technik des Filzens. Ein Hausschuh aus echtem
Wollfilz klimatisiert den Fuß. Es ist geradewegs verblüffend,
welcher Lawine an Produkten wir uns heute gegenüber sehen,
die wir alle dringend benötigen. Für alle Rohre aus Kunststoff
die optimale Beratung. Die Niedrigpreisgarantie verspricht richtiges Preisleistungsverhältnis. Je küchenbeiliger, desto bolzen-
schneidiger. Bummeln Sie durch die gemalte Blumenwelt. Individuelle Geruchsreize auf Anfrage. Der Frühling ist da, auch jetzt
im Winter. Wie wäre es mit einer neuen Frisur? Kahl geschoren
in Sack und Asche bis Größe 58. Flotte Anonymbestattung. Kochen mit Trauernden. Diese Freiheit sollten Sie sich nehmen.
Konzentrieren. Urlaubsstimmung im Supermarkt. Für Druck-
fehler keine Haftung. Tagespreise sorgen für Stimmung auf zer-
tifiziertem Kunstrasen. Patientenverfügungen lassen das Gras
wachsen. Neues aus Handel, Handwerk und Gewerbe: Totaler
Räumungsverkauf. Alle Radikale müssen raus. Werbebotschaf-
ten werden gerne angenommen. Sympathie durch gezielte Information. Neukauf muss nicht teuer sein. Wie verjubeln wir das
Vermögen? Schüler, Studenten, Rentner aufgepasst. Feste austei-
len in den Gebieten. Bitte beachten Sie, dass jedes weitere Wort

handgebügelt erscheinen soll. Der Spezialist für Problemhaar löst auch Ihre Scham und trifft in Kürze ein. Mist. Kaufen macht glücklich, Kaufen macht froh. Kaufen macht das Kaufen noch mal so schön. Wie bitte? Die Überprüfung hat Sie nicht überzeugt. Das muss ein Missverständnis sein. Ich bin ein ehrlicher, guter Konsument. Ich soll heute noch meinem Konsumberater vorgeführt werden? Warum denn? Ich bin wirklich kaufwillig. Es wird sich schon alles klären. Ruhig bleiben. Weiter lächeln. Stecke ganz schön im Schlamassel. Die Konsumtherapie wird diesmal anders ablaufen. Die machen mich dort fertig. Ja, ich warte hier. Ich bin geliefert. Aus und vorbei. Außer ich verschwinde. Er ist gerade bei seinem Elektromobil. Die Gelegenheit zum Abhauen kommt nie mehr wieder. Ich ein Rebell? Ich ein Rebell!

Das Versteck

Monika Grimm

Du lebst unter dem Haus deiner Eltern in drei kleinen Räumen. Sie sind fensterlos, aber hell durch künstliches Tageslicht und wohnlich gestaltet: Schlafzimmer mit Himmelbett und Kleiderschrank. Ein langes Bücherbord ist voll gestopft mit Büchern über die *Welt da oben*. Eine Klimaanlage sorgt für gleich bleibende Frischluft und angenehme Temperaturen. Auf einem Ohrensessel liegen die Stofftiere deiner Kindheit: Teddys, Frösche, Hunde, Katzen. Auf dem Bett sitzt deine Lieblingspuppe. Sie hat, wie du, blaue Augen und rotes Haar. Du bist jetzt vierzehn Jahre alt. Dein Name: Michaela. Deine Eltern nennen dich zärtlich *Michi*.

Dein Wohnzimmer wirkt gemütlich durch ein dunkles Plüschsofa und einen Tisch, geflochten aus hellem Rohr, mit einer Glasplatte, in die Schmetterlinge aller Art eingeschlossen sind. Drei bunte Sessel bringen Farbe in den ansonsten hell gehaltenen Raum. Auf einem Sideboard steht eine gefüllte Obstschale, eine Vase mit frischen Blumen, und ein über die ganze Wand reichendes Bord ist bestückt mit Unmengen Videos über die *Welt da oben*: Dokumentarfilme über Kontinente, Staaten und Kulturen; der Tierwelt von A wie Ameise bis Z wie Zentralaustralische Beutelratte. In einer Vitrine stehen Porzellankinder der Völker der Welt, und in einer Nische des Raumes leuchtet ein kleines gläsernes Gewächshaus. Du liebst dieses Gewächshaus, umhegst die Pflanzen darin voller Hingabe.

Das kleine Badezimmer ist farbig gefliest, die Decke blau, mit angeklebten, selbst leuchtenden Sternen, der Boden grün. Auf den weißen Kacheln der Wände Blumen: Rosen, Narzissen, Veilchen.

Wenn du willst, kannst du dir per Video anschauen, wie der Erste und Zweite Weltkrieg Europa verheerten und was Menschen fähig sind, ihresgleichen anzutun; wie der erste Mensch auf dem Mond landete und wie das World-Trade-Center in sich zusammenstürzte. Du kannst auch deinen Cyber-Helm aufsetzen und in der *Welt da oben* wie durch eine Kulisse schreiten. Deine Sehnsucht jedoch, *wirklich* auf ihr spazieren zu gehen, ist unstillbar: einmal den Nachthimmel sehen, einmal den Sonnenschein auf der Haut spüren, einmal selbstvergessen in den Armen deines Traumprinzen in einer Diskothek tanzen. Deine Wünsche sind bescheiden.

Aus dem Internet kannst du dir die letzten Beschlüsse der Ethikkommission herunterladen, die den Weg ebneten zur so genannten Präimplantationsdiagnostik (PID), Diagnose außerhalb des Mutterleibs gezeugter Embryonen. Irgendwann nach endlosen Diskussionen im Europäischen Parlament wurde die PID in ein Gesetz gegossen, das sie zu einem *MUSS* für jeden machte, der den Wunsch nach einem Kind verspürte. Dank der Entschlüsselung des Genoms war lange bekannt, auf welchem Gen welche Krankheit schlummerte. Heilen kann man die Krankheiten vorgeburtlich immer noch nicht, weshalb betroffene Embryonen aussortiert werden. Nur bei sporadisch wiederkehrenden Krankheiten unklaren genetischen Ursprungs ist dies nicht möglich. Familien mit einer derartigen Vita müssen auf Kinder verzichten. Sie können ohne Schwierigkeiten aus den zahllosen Kinderheimen die so genannten Designer-Kinder adoptieren, die dort von ihren Eltern abgegeben wurden, weil sie nicht ihren Wünschen und Erwartungen entsprachen.

Auf den bunten Sesseln in deinem Wohnzimmer hat nie jemand außer deinen Eltern gesessen. Andere Menschen kennst du nur aus dem Fernsehen. Sie sind alle hübsch anzusehen, schlank und wohlgestaltet; die Augen makellos blau, grün oder braun, die Haare makellos blond, braun oder schwarz; die Nasen gerade, die Brauen bilden im richtigen Verhältnis von der Nasenwurzel ausgehend einen perfekten Bogen, die Münder sind wohlgeformt, die Lippen kühn geschwungen.

Die Schauspieler in den Unterhaltungsfilmen kämpfen gegen das organisierte Verbrechen, verlieben sich glücklich und unglücklich, sterben an unheilbaren Krankheiten gerade kurz bevor das Gegenmittel entdeckt wird, oder sie verfolgen so genannte Erbsünder. In den nicht totzukriegenden Quiz-Shows werden Fragen gestellt wie: Wodurch sollten die Gesundheitssysteme des Vereinigten Europas entlastet werden? A: durch Nichtbehandlung von Krankheiten, B: durch Selbstzahlung der Kosten oder C: durch die PID?

Wann wurde das Verbot der Manipulation des Erbguts aufgehoben? 2019, 2020 oder 2028?

Wie hieß das erste Designer-Baby im Vereinigten Europa? Ariane, Ariella oder Aurora?

In welchem Jahr beschloss das Europäische Parlament, dass Menschen über 75 kein Anrecht mehr auf eine Transplantation haben? 2010, 2017 oder 2021?

Du bist verliebt in einen der vielen Darsteller deiner Videofilme. Er ist groß gewachsen, hat schwarzes Haar und dunkle, geheimnisvolle Augen. Er ist der Held deiner einsamen Tage und Nächte. In seine Arme flüchtest du, wenn du traurig bist: „Weine nicht, Michi, es wird alles gut, ich hab dich lieb!" Du kannst seine Stimme hören, seine Arme fühlen, als säße er neben dir auf dem Sofa.

„Warum darf ich nicht hinauf in die *Welt da oben*?"

Wie lange ist es her, dass du deinen Eltern diese Frage gestellt hast? Ein Jahr? Zwei Jahre? Du weißt es nicht mehr, aber die Antwort hat sich unauslöschlich in dein Gedächtnis gebrannt:

„Oft und oft hab ich geweint, mein Kind, weil du die Schönheit der Welt dort oben nicht wirklich erleben darfst. Die Pflanzen und Blumen in deinem kleinen gläsernen Gewächshaus oder in der Blumenvase hier unten sind ein Abklatsch der unerschöpflichen Vielfalt auf dem weiten Erdenrund. Ich will dir erzählen, warum du hier unten bleiben musst: Ich war schon schwanger, als die PID gerade Gesetz geworden war. Nach diesem Gesetz hätten wir dich eigentlich abtreiben müssen, weil es in unserer Familie eine seltene Gesichtsdeformation gibt. *Ich* bin davon verschont geblieben, aber wir wussten nicht, ob du davon verschont bleiben würdest. Wir wollten dich unbedingt bekommen! So verschwiegen wir meine Schwangerschaft, bis sie nicht mehr zu leugnen war. Kurz vor diesem Zeitpunkt bin ich hinunter und habe hier unten gewohnt, während ich für die Welt dort oben bei meiner Cousine in Amerika war. Den Keller hatten wir schon lange vorher ausgebaut, damit wir die Möglichkeit zur Vermietung hätten, wenn das Geld einmal knapp werden sollte.

Vater hat Bücher über Entbindungen gelesen, und wie man Messer und Schere sterilisiert. Du wurdest am 06. Juni 2020 hier unten geboren. Die Geburt verlief zum Glück ohne Komplikationen. Oh, wie waren wir aufgeregt und voller Freude, dass du da warst! Vater trennte die Nabelschnur durch und versorgte deinen Nabel, als hätte er nie etwas anderes getan. Wie oft trug er dich hier auf dem Arm umher! Unsere Hoffnung, dass dich die Krankheit nicht treffen würde, erfüllte sich nicht. Wir sind Erbsünder, wie du sie in Fernsehfilmen sehen kannst, weil wir verschwiegen haben, dass es in unserer Familie eine Krankheit gibt, die nur sporadisch auftritt. Wüsste die Welt da oben von dir, wir alle wären wie ausgestoßen aus der Gesellschaft. Niemand würde uns Eltern verstehen, niemand dich akzeptieren."

Du weintest, und dein Herz krampfte sich zusammen. Du wusstest auf einmal genau, warum es hier unten in deiner Welt keinen Spiegel gab. Bisher war es so selbstverständlich für dich, dass es dir nicht in den Sinn kam zu fragen: Warum?

„Ich will es sehen, mein Gesicht sehen. Gebt mir bitte einen Spiegel."

Dein Vater holte den Spiegel: „Denke daran, dass wir dich sehr, sehr lieb haben, mein Kind", sagte er und reichte dir den Spiegel. Du blicktest hinein, sahst ein Gesicht, dessen Mund seitlich nach unten verschoben ist. Statt der hübsch geschwungenen Lippen, wie du sie aus dem Fernsehen kanntest, zeigte dir der Spiegel ein dünnlippiges schiefes Etwas. Der Spiegel fiel zu Boden: „Ich bin hässlich, hässlich, hässlich!"

„Du bist doch nicht hässlich, mein Kleines!" sprach dein Vater. „Du siehst nur anders aus als die Anderen!"

„Ich will aber nicht anders aussehen!"

Verzweifelt weintest du in den Armen deiner Eltern.

Wie oft hast du seitdem allein hier unten gesessen und dich im Spiegel betrachtet: „Eigentlich bin ich nicht wirklich hässlich. Ich habe schöne, blaue Augen, glänzendes, rostrotes Haar und natürliche Locken. Warum bin ich nicht hübsch genug für die Welt da oben?"

„Was passiert, wenn ich hinaufgehe?" hattest du die Eltern gefragt. Sie wussten keine Antwort, wussten nur, dass du unter dem Spott, der Bosheit, ja, unter dem Hass der Menschen leiden würdest, und sie fürchteten sich vor der Strafe, die Erbsündern droht: keine finanzielle Unterstützung im Krankheitsfall, kein Recht auf Versicherungen gegen Krankheit, kein Recht auf Haftpflicht- und Unfallversicherung, nirgendwo im Vereinigten Europa würden sie eine Versicherung finden, die bereit wäre, Verträge dieser Art mit ihnen abzuschließen. Ausländische Versicherungen waren nicht anerkannt.

„Glaub uns, wir haben hin und her überlegt, wie wir es dir leichter machen könnten: z.B. das Haus verkaufen und irgendwo in die Einsamkeit ziehen, wo du wenigstens nachts hinaus könntest, um die Sterne zu sehen. Wenn wir aber das Haus verkaufen wollen, möchten die Käufer alle Räume sehen, auch den Keller. Wo sollten wir dich verstecken mein Kind? Es gibt Menschen, die keine Scheu haben, Erbsünder bei den Behörden zu melden!"

Du gehst wie jeden Abend an deine Kellerwohnungstür, prüfst, ob sie abgeschlossen ist. Ja, sie ist wie immer verschlossen. Wäre sie doch ein einziges Mal offen! Hätten die Eltern nur einmal vergessen sie abzuschließen, du würdest entfliehen aus deinem unterirdischen Versteck, egal was passiert! Einmal die Sterne sehen, einmal die Sonne auf der Haut spüren, einmal auf einer Blumenwiese stehen! „Komm, ich nehme dich mit in die wirkliche, wunderschöne bunte Welt da oben", sagt dein Filmheld. „Warum hast du mich gern, wo doch mein Mund so schief ist?" fragst du und erhältst die Antwort: „Deine Seele ist schön, dein Herz ist mitfühlend und gut, das genügt mir!" Selig lächelnd wirfst du dich in seine Arme.

Wochenlang hast du die Tür nicht mehr geprüft. Warum du gerade heute wieder hingehst, um die Klinke herunter zu drücken, du weißt es nicht, warst ganz in Gedanken. Die Tür öffnet sich!

Erschreckt verharrst du auf der Stelle. Sie haben vergessen abzuschließen, haben es wirklich vergessen! Du zwingst dich zur Ruhe, überlegst: ist Sommer oder Winter? Es ist Sommer. Also, ein Sommerkleid anziehen. Du suchst das Hübscheste aus, das du in deinem Schrank finden kannst. Es ist Nacht, also sieht mich keiner. Ich kann hinausgehen in die *Welt da oben*! Auf Zehenspitzen tastest du dich die ungewohnte Treppe empor. Stehst vor der Haustür. Der Schlüssel steckt. Du drehst ihn um, und dann spürst du sie, die Welt da draußen: Ein Windzug streift dich, weht dir eine Haarsträhne ins Gesicht. Dein Blick geht sofort hinauf zum Nachthimmel. Er ist wolkenlos. Groß und rund leuchtet der Mond, die Sterne funkeln wie schon seit Ewigkeiten. Minutenlang stehst du, dein Gesicht zu den Sternen erhoben. Ein Schauer läuft über deinen Körper: Wunder-, wunderschön ist der Nachthimmel! Die ungewohnte Höhe und Weite lassen dich kurz taumeln. Du gehst langsam über den Rasen; das Gras ist weich und feucht unter deinen Füßen. Du wagst dich bis zur Gartentür. Davor verläuft eine kleine Straße, sie ist menschenleer; ab und zu braust ein Auto vorbei und erschreckt dich. Trotz deiner Angst gehst du weiter, vorbei an den Nachbarhäusern. Alles ist dunkel. Die Menschen darin liegen in ihren Betten und schlafen. Nur hinter einem Fenster schimmert bläulich das Licht eines Fernsehgeräts. Du hörst ein Geräusch, das dich an Wasser erinnert, und gehst ihm nach, kommst an ein Flüsschen, das sich durch eine Wiese schlängelt. Du vergisst deine Unsicherheit, willst jetzt unbedingt auch noch den Tag erleben. Die Oberfläche des Wassers spiegelt den Mond, der im Gleichklang mit den Wellen auf und nieder hüpft.

„Hier warte ich, bis es hell ist." Du setzt dich am Ufer nieder. Der Fluss plätschert und murmelt sein ewig gleiches Lied. Für dich aber ist es neu, und es klingt wundervoll. Du möchtest nie aufhören, ihm zu lauschen. Du hast die Knie angezogen, die Arme darauf gestützt und dein Gesicht in die Hände gelegt. So blickst du hinauf in den endlosen Nachthimmel, bis der Mond und die Sterne verblassen und nur noch der Morgenstern zu sehen ist. Der Himmel wird langsam rot. Glühend geht die Sonne auf, verleiht den Wolken goldenen Glanz. Wolken, wie sie federleicht, getrieben von einer leichten Brise über den Morgenhimmel dahinziehen! Und wie es duftet! Schnuppernd ziehst du die Luft ein. Du kannst die Gerüche nicht zuordnen, hast sie nie kennen gelernt.

Müde vom Schauen, müde von der durchwachten Nacht bist du eingeschlafen.

Stimmen wecken dich. Zum ersten Mal in deinem Leben siehst du leibhaftig andere, fremde Menschen. Schön sind sie, groß, schlank und doch von athletischer Statur, genau wie die Menschen im Fernsehen. Es sind junge Männer, nur ein paar Jahre älter als du, und einer von ihnen erinnert dich an deinen Filmhelden: dieselben schwarzen Haare, dieselben dunklen Augen. Du bist furchtbar aufgeregt!

Die jungen Männer stehen unbeweglich, sehen dich stumm an. Ihre Blicke sind kalt und ohne Emotionen, ihre Mimik zeigt einen Hauch von Abscheu. Du erkennst ihre Gefühle nicht. Schüchtern lächelst du sie an, willst aufstehen, der Stiefel trifft dich mitten ins Gesicht und tritt weiter zu, und wieder und wieder ...

Brötchen online

Dietmar Preuß

Online! Brötchen! Jetzt soll man sogar seine Brötchen online bestellen. Oh Gott!

Diese Gedanken gingen Art Neufeldt durch den Kopf, als er das Plakat an der Anschlagtafel über der belebten Straße las. Eine Monorail surrte vorbei, die Singlehover schwebten lautlos über den Fahrdamm. Die Männer in den gut sitzenden Anzügen und die schlanken Frauen in den Kostümen, die achtlos an dem kerzengerade dastehenden alten Mann vorbei gingen, waren sicher alle auf dem Weg zu ihren elektronischen Arbeitsplätzen.

Der alte Mann in dem unmodischen Cordanzug und den fast weißen Haaren fiel zwischen den jungen Leuten auf wie ein Wisent auf einer Weide mit Holsteiner Rindern. Noch einmal hob Art den Kopf und betrachtete die Werbung. Er war zwar schon über achtzig Jahre alt, aber er wusste schon, dass das Plakat genau genommen gar keine Anschlagtafel war, sondern eine riesige Flüssigkristallfolie. Was er sich vorzustellen vermochte war, dass die Stadtbäckerei erst an diesem Morgen ein Werbebüro mit dem Plakat für diesen neuen Service beauftragt hatte. Nachdem aus mehreren Entwürfen, die die Software der Werbefirma hervorgebracht hatte, das gewünschte Plakat ausgesucht worden war, hing die Werbung nur zwölf Sekunden später in der ganzen Stadt. Zu den Leistungen der Werbeleute gehörte auch der Versand an den Vermieter der Werbedisplays. Der brauchte nur Sekundenbruchteile, die Folien anzusteuern und die Werbung für den neuen Brötchendienst zu zeigen. Natürlich alles online.

Art Neufeld dachte gar nicht daran, seine Brötchen online zu bestellen. Seit vor gut dreißig Jahren, kurz nach Einführung des Euro, die Bäckerei um die Ecke eröffnet hatte, freute er sich an jedem Morgen auf die frische Luft, wenn er zur Backstube spazierte und auf dem Weg dorthin die Auslagen in den Schaufenstern der Ladenzeile betrachtete. Danach hatte er immer umso mehr Appetit auf die warmen, duftenden Semmeln.

Tatsächlich war Art schon lange nicht mehr auf der Höhe der Zeit. Sein Aussehen entsprach seinem Alter von über achtzig Jahren, weil er es abgelehnt hatte, sich einer dieser neumodischen Verjüngungen zu unterziehen. Er setzte sich auch nur widerwillig an seinen Computer, und zwar nur dann, wenn es unbedingt notwendig war. Viel lieber beschäftigte Art sich mit Büchern, die es kaum noch zu kaufen gab, und er ging an die frische Luft, so oft es seine Gesundheit zuließ. Auch einen Schläfenstecker für die Unterhaltungselektronik hatte er sich nicht implantieren lassen.

Mit den Jahren war die Welt um Art herum immer perfekter geworden. Alles spielte sich leise und digital ab, und selbst die Leute auf den Straßen sahen in diesen Zeiten ausnahmslos jung und hübsch aus, waren gut gebaut und durchweg modisch gekleidet. Auch hier in dem kleinen Park, an dem er vorbeispazierte, war das so: überall junge, aparte Leute. Manchmal kam er sich fremd vor, aber wie fremd er wirklich war, konnte er nicht einmal ahnen.

„Guten Morgen, Art!" rief eine sympathische, weibliche Stimme. Er drehte sich in die Richtung, aus der die Stimme kam. Auf der kleinen Grünfläche stand Fee Wolken, seine Nachbarin, und machte Thai-Chi-Übungen. Art bewunderte die schlanke Linie und die wunderbar proportionierten Rundungen in dem hautengen Sportdress. Obwohl Fee aussah wie eine Fünfundzwanzigjährige – Wunder der Verjüngung – schätzte Art sie auf um die 50, also ungefähr 30 Jahre jünger als er selbst.

„Was machst du so früh auf der Straße?" fragte die hübsche Nachbarin.

„Ich hole mir meine Schrippen zum Frühstück", sagte Art, ohne den Blick von den perfekten Lippen in dem ebenmäßigen Gesicht zu wenden.

„Aber die kann man doch jetzt online bestellen."

Verwundert sah Fee Wolken ihn an.

„Jaaaa.....", antwortete Art. Er glaubte, es sei sinnlos, Fees Generation zu erklären, warum er seine Monitore verlassen und sich selbst auf den Weg gemacht hatte.

„Aber ich kann dich ebenso fragen, warum du nicht am Bildschirm sitzt und hier Übungen machst."

Art musste einen Moment auf die Antwort warten, denn Fee fuhr mit ihren Übungen fort. Verschiedene Figuren, die nach strengen Regeln mit Armen, Beinen, sogar dem ganzen Körper gebildet wurden, gingen ansatzlos ineinander über.

„Ich recherchiere gerade im Internet über fernöstliche Lebensart", erklärte Fee. „Da bin ich auf einen Artikel über Thai-Chi gestoßen. Ich habe alles darüber runter geladen." Sie tippte sich an die rechte Schläfe, wo sich ihre digitale Schnittstelle befand. „Ich musste es gleich selbst ausprobieren."

Fee musste ein Naturtalent sein, dachte Art, dass sie die Übungen bereits so fließend beherrschte. Er beobachtete sie noch einen Moment und freute sich über den Anblick des schönen Körpers, der die so harmonischen Bewegungen ausführte. Dann machte er sich wieder auf den Weg und stand kurze Zeit später vor der Backstube.

Bei dem Versuch, die Tür zum Verkaufsraum aufzudrücken, stieß Art sich beinahe die Nase. Die Tür öffnete nicht, sondern schepperte bloß in ihrem Rahmen. Ein kräftiger und in einen verstaubten Blaumann gekleideter Mann sah von seiner Arbeit auf. Art winkte ihm zu, und der Mann, der wohl für eine Umzugsfirma arbeitete, kam zur Tür. Er drehte einen Schlüssel herum und öffnete ein Stück weit.

„Verkauf nur noch online", sagte er und bemühte sich gar nicht erst, seinen Ärger über die Unterbrechung zu verhehlen. „Die Bäckerei ist geschlossen, es war sowieso die letzte der Stadt."

Art dankte dem Mann für die Auskunft und ging langsam nach Hause zurück. Es war ihm bisher gar nicht aufgefallen, aber in der Stadt kannte er tatsächlich keine zweite Bäckerei. Er hatte ja auch nie nach einer anderen gesucht, da diese hier bequem zu erreichen war, die Brötchen immer frisch waren und das Brot so herzhaft schmeckte. Was sollte er jetzt tun?

Er beschloss, in den nächsten Tagen Ausschau nach einer Backstube zu halten, wo er noch von Angesicht zu Angesicht bedient wurde. Heute würde er diesen Onlinedienst ausprobieren und hoffen, die frischen Rundstücke würden noch ofenwarm, wie er es liebte, bei ihm ankommen.

Der Rechner war schnell hochgefahren, die Netzadresse des Bringdienstes wusste er auswendig, so viel, wie er darüber sinniert hatte. Das Bestellen erwies sich als recht einfach, und ihm wurde zugesichert, in nur wenigen Sekunden hätte er die bestellten Weizen- und Roggenbrötchen.

Da bin ich ja mal gespannt, dachte Art, und fast zeitgleich erschien eine Meldung auf seinem Rechner. Ob er die Datei *Frische Brötchen* öffnen wolle, wurde er gefragt.

Na, so einfach ist es dann doch nicht mit der Bestellerei, dachte er und klickte auf *Öffnen*. Auf dem Bildschirm baute sich das Bild eines Weidenkorbes mit dampfend frischen Semmeln auf. Er vermeinte gar den Duft des Backwerks zu riechen, was aber nicht möglich war, da sein Rechner, ein altes Modell, weder eine Duftkarte noch eine Geruchskartusche besaß. Unter dem appetitanregenden Bild war zu lesen: *Der Betrag von 99 Cent wurde von ihrem Konto abgebucht. Vielen Dank!*

Das kann doch nur ein Scherz sein, dachte er. Brötchen online! Ich will richtige Brötchen: zum Anfassen, zum Kauen, zum Schmecken!

Wut und Ärger stiegen in ihm hoch. Konnte denn nichts bleiben, wie es war? Musste alles digital und modern sein, selbst das Frühstück? Was hatten diese jungen Leute nur von elektronischen Brötchen?

Wenn Art eines nicht vertragen konnte, dann war das ein ausbleibendes oder unbefriedigendes Frühstück. Er verließ noch einmal die Wohnung, fest entschlossen, eine Backstube zu finden oder ein Bistro, wo er sich frische Brötchen mit Konfitüre, Camembert und Corned Beef bestellen würde.

Wieder kam er an dem kleinen Park vorbei, in dem Kinder tobten, Männer Fußball spielten und wo Fee immer noch ihren Körper und ihren Geist mit Thai-Chi erfrischte. Warum hatte er sich nie für eine Verjüngung entschieden? Schließlich war das heute ohne Risiko machbar, und er hätte dann vielleicht noch Chancen bei einer Frau wie Fee gehabt.

Art war so sehr in Gedanken versunken, dass er den Single-hover nicht bemerkte, der lautlos herangekommen war. Das Gefährt drückte ihn mit seinem Luftkissen beiseite, er machte einen Schritt rückwärts, stolperte über die Bordsteinkante und fiel rücklings gegen einen Transformatorenkasten. Der Aufprall mit seinem Kopf war so heftig, dass ihm schwarz vor Augen wurde und ihm für einen Moment die Luft wegblieb.

Als er die Augen wieder öffnete, stand die Welt still. Er musste eines der elektronischen Bauteile im Innern des Kastens beschädigt haben, denn die Ampeln an der nahen Kreuzung waren erloschen, ebenso die Beleuchtungen der Ladenzeile auf der anderen Seite der Straße. Die Monorail in der Mitte der Fahrbahn stand ebenfalls, und die Fahrgäste an den Fenstern starrten zu ihm herüber, als wüssten sie, dass er für den Stillstand verantwortlich war.

Er stellte fest, dass die Leute ihn unentwegt ansahen. Sie starrten, starrten und starrten, keiner bewegte den Kopf, blinzelte nicht einmal mit den Augen. Auch der Fahrer, der eine Hand erhoben hatte, um einen Knopf in der oberen Armatur zu drücken, war völlig reglos.

Was ist hier los? Es ist doch nur der Strom ausgefallen, da bleibt doch nicht die ganze Welt stehen!

Er rappelte sich auf, ging über die Straße und wollte sehen, ob Fee diese seltsame Veränderung auch bemerkt hatte. Fee stand immer noch so da, wie er sie zuletzt gesehen hatte, auf einem Bein, das andere angewinkelt, den Fuß an der Innenseite des Standbeines, die Hände über dem Kopf mit den Innenflächen aneinander gelegt. Sie war völlig still, und Art konnte trotz der seltsamen Situation nicht anders, als ihre Figur zu bewundern.

„Fee, das glaubst du nicht, die ganze Welt ist stehen geblieben!"

Fee rührte sich nicht, und Art sah sich um. Auch die tobenden Kinder und die Fußballer regten sich nicht, einige lagen auf dem Boden, andere waren in grotesken Haltungen erstarrt.

„Hoffentlich wird der Strom bald wieder angestellt!" betete Art zum großen Administrator.

Ein Feierabend Anno 2034

Siegfried König

Und der Aufzug war heute auch schon wieder kaputt, bereits zum dritten Mal in diesem Monat. „Leider ist das Gerät zur Zeit nicht verfügbar", verkündete eine freundliche Frauenstimme beim Knopfdruck. Dauernd war etwas kaputt, nur diese nervigen Sprechchips, die funktionierten immer. Aber wenigstens hatte er noch eine Wohnung und konnte sie sich auch leisten. Vier Stockwerke über die Treppe hoch zu steigen ist kein Spaß, wenn man fast siebzig ist und einen durchschnittlichen Neun-Stunden-Tag hinter sich hat. Mit Altersbonus wohlgemerkt. Die jungen Kollegen arbeiteten teilweise bis zu elf Stunden täglich.

Aber er wollte sich nicht beklagen. Eine positive Sicht der Wirklichkeit hilft, gesund zu bleiben und seine Arbeit zu erfüllen. Das hatte er von seinem Chef gelernt, Herrn Chou. Ja, das alte deutsche Selbstmitleid kam nicht gut an bei den Chinesen. Seit immer mehr Betriebe in Deutschland unter chinesischer Leitung standen, wurden auch die Führungspositionen vor Ort immer häufiger mit chinesischem Personal besetzt. Den eigenen Leuten konnte man einfach mehr vertrauen. Hatten wir im letzten Jahrhundert ja auch so gemacht.

Damals, als er noch Student war, da hatte man ihn belächelt. Warum machte einer Chinesisch nebenbei? Es war einfach eine Liebhaberei gewesen. Wer hätte damals schon geahnt, dass das mal eine auch in Europa gesprochene Weltsprache würde.

Vor seiner Wohnungstür musste er erst mal eine Atempause einlegen. Auch sein rechtes Knie tat wieder höllisch weh. Da merkte man jede Treppenstufe, wenn Knochen an Knochen rieb. Früher hatten einem die Sozialkassen auch im Alter noch künstliche Gelenke finanziert. Ja, früher. Heute gab es einen Zuschuss, der mit jedem Lebensjahr abnahm, ab sechzig gab es gar nichts

mehr dazu. Heute musste man genau abwägen, was man sich
leisten konnte, und ein leistungsfähiger Medivisor war ihm
wichtiger. Lieber die Knieschmerzen aushalten und am Abend
3D-Breitbandunterhaltung als umgekehrt. Noch sieben Monate,
dann wäre er siebzig, und sein Rentenanspruch könnte endlich
eingelöst werden. Es würde schon reichen, wenn er sich ein bisschen einschränkte. Blieb nur zu hoffen, dass der Medivisor nicht
kaputt ging.

„Bitte legitimieren Sie sich!" sagte die Tür freundlich. Wenn
jemand mehr als zehn Sekunden vor seiner Tür stand, ohne auf-
zusperren oder zu läuten, wurde die Tür von alleine aktiv. Si-
cherheitstürsystem STS30. Aber bei der hohen Kriminalität kein
übertriebener Luxus. „Ich muss Sie freundlich auffordern, sich
zu legitimieren oder weiterzugehen", fügte die sanfte Stimme
hinzu. Nochmals 10 Sekunden und sie würde von alleine den Sicherheitsdienst alarmieren. Er legte seinen rechten Mittelfinger
in die Mulde und schaute genau in den Pupillensensor.

„Vielen Dank", sagte die Stimme jetzt. „Willkommen ... bitte
Eingabe ..., Herr, Frau ... bitte auswählen ... Mustermann."

Ach ja. Nach dem letzten Reset hatte er seine persönlichen
Türdaten noch nicht wieder eingegeben, aber eigentlich war es
ihm auch egal, für wen seine Tür ihn hielt. Jetzt tippte er noch
seinen fünfstelligen Sicherheitscode ein, und die freundliche Tür
öffnete sich mit einem wollüstigen Stöhnen.

Der Medivisor schaltete sich beim Betreten der Wohnung
automatisch ein und empfing ihn mit leiser Musik. Ja, solchen
alltäglichen Luxus konnte er sich noch leisten, denn dank seiner
Chinesischkenntnisse hatte die Wirtschaft immer Verwendung
für ihn gehabt. Es hätte auch anders kommen können. Wenn er
da an Alex dachte. Er hielt einen Moment inne und setzte sich in
seinen einzigen Sessel. Alex war ein Jugendfreund gewesen. Am
Anfang des Jahrhunderts war er recht erfolgreich als Software-
Entwickler, aber als die massenhaft arbeitslos wurden in
Deutschland, bekam der keinen Fuß mehr auf den Boden. Und

Chinesisch konnte er auch nicht. Armer Alex. Zuletzt hatte er in einer Art Hühnerstall gehaust, draußen in den Vorstädten. Eingeschränkte Sicherheitszone. Aber mehr konnte er sich nicht mehr leisten mit seinem Job als Sushi-Kurier. Mit Ende sechzig noch dauernd auf der Straße unterwegs. Und letzte Woche ist er gestorben. War vielleicht besser, als in Naturalrente zu gehen. Er schüttelte wehmütig den Kopf. Sein Großvater war mit Mitte fünfzig in Rente gegangen und hatte gut davon leben können. Heute blieb für jeden zweiten Rentner nur noch die Naturalrente übrig, das hieß, er bekam in der Sozialanstalt seinen Teller Suppe und hatte Anspruch auf einen Matratzenplatz in der Schlafhalle.

Der Medivisor wartete geduldig auf Anweisungen. Freundlich lächelnd schaute ihm das Gesicht von Captain Kirk aus dem Bildschirm entgegen. Captain Kirk stammte aus einer heute unbekannten Fernsehserie aus dem letzten Jahrhundert. Man konnte sich seine persönliche Benutzeroberfläche ganz individuell zusammenstellen.

„Wünschen Sie die neuesten News, Sir? Etwas Unterhaltung? Es gibt seit dieser Woche eine neue Lifeshow: Big Lager."

„Big Lager?"

„Ja, Sir. Die Kandidaten zerfallen in zwei Gruppen. Die Aufseher und die Insassen. Das Publikum legt die Strafen fest: Schlafentzug, Dunkelkammer, Stockschläge und vieles mehr. Erreicht sehr hohe Zuschauerquoten. Mit Premiumstufe gibt es auch echte Folterungen live. Kostet aber extra."

„Nein danke." Er schüttelte den Kopf. „Was gibt es für News heute?"

Captain Kirk übergab an die Nachrichten. Doch zuerst natürlich Werbung.

„Haben Sie auch genug vom Putzpersonal? Unzuverlässig, spricht kaum deutsch und kein chinesisch, oder zu alt? Hier ist die Alternative: Der Staubschlucker, die neueste Entwicklung aus unseren Gen-Labors: Der Staubschlucker durchsucht ihre Wohnung unauffällig nach Staub, Flecken und Schmutz jeder Art und beseitigt ihn gründlich. Das Tier macht keinen Lärm und benötigt keine zusätzliche Nahrung. Bestätigen Sie jetzt, und Sie erhalten einen Staubschlucker sieben Tage zur Probe!"

Der Nachrichtenüberblick begann: „Überall auf dem Planeten gab es heute Gedenkminuten zum Ausbruch des Weltbürgerkrieges heute vor 20 Jahren am 12. November 2014. Man gedachte der Terroropfer des ehemaligen San Francisco und Dallas, sowie der Opfer der Atombombenabwürfe auf Kairo und Teheran. Der amerikanische Präsident Antonio Garcia Gomez erinnerte zusammen mit UN-Präsident Li Chong an die Tragödie, die den Abstieg der einstigen Supermacht USA einleitete. Der deutsche Vertreter des europäischen Außenministerrates, Boris Öczan, weihte zusammen mit seinen 37 Kollegen ein Denkmal in der zerstörten ehemaligen Innenstadt Münchens ein. München war die einzige deutsche Stadt, die damals neben London, Rom, Moskau und vor allem den Großstädten der USA zum Ziel weltweiter nuklearer Terrorattacken geworden war."

Die News wurden unterbrochen durch Werbung: „Können Sie sich nicht mehr voll auf Ihren Körper verlassen? Sind Ihre Organe verschlissen? Die Humana-Med-Corp. Shanghai bietet Ihnen Organtransplantationen zu Vorzugspreisen, Nieren ab 3.500,- Euro, Leber- und Herzersatz ab 15.000,- Euro. Unser Angebot der Woche: Neue Hoden für den Mann ab 999,- Euro. Die Spender sind garantiert nicht älter als 25. Bestätigen Sie jetzt, und Sie erhalten eine individuelle Beratung."

Neue Hoden! Er lachte. Das würde sein bald zu erwartendes Rentnerdasein nur zu teuer machen. Für viele Bewohner Afrikas und Amerikas war die Organspende zur einzigen Lebensgrundlage geworden. Und der Organhandel blühte so stark, dass die Preise in den Keller rutschten. Die Herstellung synthetischer Organe war dadurch fast unrentabel geworden.

Der Nachrichtenüberblick lief derweilen weiter. In Berlin musste in zwei Stadtteilen die öffentliche Wasserversorgung eingestellt werden, da die Leitungsrohre aus dem 19. Jahrhundert korrodierten. Das Problem hatten viele deutsche Großstädte und für eine umfassende Sanierung fehlte das Geld. Zum Auftakt des Wahlkampfes für die europaweiten Wahlen der Landesparlamente in drei Monaten präsentierten die Parteien ihre Programme. Die Prognosen verhießen für Deutschland ein Kopf-an-Kopf-Rennen zwischen Vorwärtspartei und Aufwärtspartei. Als Kanzlerkandidatin schickte die Vorwärtspartei die ehemalige Schlagersängerin Noemi Brzeszczensky ins Rennen, die gute Chancen hatte, den amtierenden Kanzler und früheren Showmaster Tommy Rauch abzulösen. Mit *Bestätigen* konnte man sich ausführliche Berichte über die Parteikonvente abrufen, aber das schenkte er sich jetzt.

Er rief seine persönliche Benutzeroberfläche Captain Kirk zurück auf den Bildschirm des Medivisors, um sich eine Auswahl an Unterhaltungsprogrammen vorschlagen zu lassen. Warum nicht mal wieder einen Porno, schlug Captain Kirk vor. Er zögerte kurz, ja, die Pornoprodukte des Shan-Long-Labels hatten ihren Reiz, auch wenn man fast siebzig war. Das Programm Holo-Geisha zum Beispiel: Man konnte sich anhand mehrerer tausend Parameter ein ganz individuelles Mädchen entwerfen – Gesichtsform, Haarfarbe, Brustgröße und so weiter. Alles stufenlos einstellbar. Die Haut etwas dunkler vielleicht, die Brüste etwas voller, noch ein bisschen mehr. Alles dreidimensional. Und man konnte mit ihr machen, was man wollte. Aber er hatte jetzt keine Lust, und das Knie tat noch immer weh.

Er wählte Kampfsport. Aus der aktuellen Auswahl reizten ihn die Gladiatorenkämpfe am meisten. Sofort begann das Programm. Die dreidimensionale Illusion war perfekt. Er hatte den Eindruck, direkt vor der Bühne zu sitzen, hinter sich Tausende von anderen Zuschauern. In der Arena standen sich zwei muskulöse, fast nackte Krieger gegenüber. Der eine, ein blonder Hüne mit Schwert und Schild, der andere, ein gewaltiger Schwarzer mit einem Dreizack bewaffnet. Sie drangen aufeinander ein, und beide trugen kleine Verletzungen davon. Das Ganze war täuschend echt, ein Kampf ums nackte Überleben.

„Wählen Sie, wer wird gewinnen?" fragte der Medivisor jetzt. Er drückte mechanisch und tippte auf den Schwarzen. Wieder drangen die Körper aufeinander ein. Der Blonde machte eine geschickte Attacke, doch der Schwarze wich noch geschickter aus und erwischte seinen Gegner mit dem Dreizack am Bauch. Blut spritzte und ein Stück Fleisch wurde herausgerissen. Der Blonde stürzte schreiend zu Boden. Blut färbte die Arena rot. Von den Rängen ertönte tosender Beifall, und der Neger hob die Arme und schritt seine Siegerrunde.

„Sie haben richtig getippt", verkündete der Medivisor. „Möchten Sie einen Kampf auf Level 2 sehen, dann bestätigen sie jetzt."

Er schrak zusammen, denn eben klingelte es an der Tür. „Besuch, Herr, Frau ... bitte auswählen ... Mustermann", rief seine STS30-Tür. Wer konnte das sein? Man besuchte sich normalerweise nicht im Deutschland der heutigen Zeit, sondern man saß am Abend vor seinem Medivisor, und wer sich keinen Medivisor leisten konnte, war von irgendeinem manuellen Servicejob sowieso zu müde, um am Abend noch unterwegs zu sein.

Langsam schlich er zur Tür und aktivierte den Überwachungsmonitor. Es waren zwei junge Frauen, die vor der Tür standen. Sie mochten ungefähr Anfang zwanzig sein. Aber sie sahen übel aus. Schlechte Haut, spärliche Haare, die eine hatte ein Geschwür am Hals. Offensichtlich Strahlungsopfer aus dem Weltbürgerkrieg von 2014. Davon gab es noch viele in den Vorstädten, meist illegal aus Amerika oder dem Orient eingedrungen. Aber immer wieder schafften es auch welche, in die Wohn- und Geschäftsviertel zu gelangen.

„Spräk Tschino?" fragte die eine.

„Nein", log er.

„Bitta helfa, Hunga", radebrechte sie auf Deutsch.

„Ich habe selber nichts. Verschwindet!"

„Bitta!"

„Soll ich den Sicherheitsdienst rufen, Herr, Frau .... bitte auswählen ... Mustermann?" fragte die Tür.

Aber das erübrigte sich, da die beiden Frauen jetzt weitergingen, um an der nächsten Tür ihr Glück zu versuchen. Er hatte keine Ahnung, wer dort wohnte, denn es war schon lange nicht mehr üblich, Namensschilder an Türen anzubringen.

Er kehrte jetzt zurück zu seinem Medivisor, der geduldig auf seine Auswahl gewartet hatte.

Maquisard

Rainer Wedler

Der Cremant ist getrunken, verspritzt der Sekt. Die schweren Flaschen liegen wie angeschwemmte und erstickte dunkelgrüne Meerestiere auf dem Pflaster, manche in Stücke geschlagen, scharfkantig, spitz, um sich daran zu verletzen, das erste Blut zu vergießen im Jahre ZweiNullDreiVier. Im Ohr noch die krepierenden Feuerwerkskörper, der Champagner rumort noch im Kopf. Der Champagner hat sich gehalten, dafür haben alle gekämpft, gleichgültig ob welscher oder dütscher Zunge. Wenn's auf derselben perlt und prickelt und das Aroma von weißen frischen Blüten in der Nase kitzelt, hält jede Brüderschaft.

Dabei hatte es um 2034 herum so ausgesehen, als ob der Jahreswechsel, jeder Jahreswechsel kein Thema mehr wäre nach der Aufhebung der Jahreszeiten. Das Gerücht hält sich hartnäckig, dass nur die vereinte Kraft der Winzer (aller Länder vereinigt euch!) dies verhindert hat. Wie viel Euro geflossen sind und wie viele Perlen in wie vielen Sektkelchen nach oben stiegen, wird wohl nie eruiert werden können. Aber auch sonst sind subversive Elemente am Werk, die die Gleichzeitigkeit von allem und jedem bekämpfen. So finden seit einiger Zeit Zusammenkünfte unter freiem Himmel statt, wo die Menschen Musik machen mit Instrumenten, die der eine oder andere vielleicht aus einem Spezialmuseum kennt. Und es soll, horribile dictu, immer öfter gar zur körperlichen Vereinigung von zwei Menschen gekommen sein. Und das nach den wunderbaren Fortschritten der Reproduktionsmedizin. Vor allem das Dreiland mit seinen Weinbergen ist davon betroffen. Da scheinen Zusammenhänge auf. In dieser Region stehen auch wieder Männer mit hohen weißen Mützen am Herd, wie man es von uralten, vergilbten und mühsam wieder aufbereiteten Fotos kennt. Da kommt alles zusammen, was die Ordnung des Cyberraums stört, den große Denker wie Schlotterteig und Hafermaß schon für endgültig erklärt haben. Die Geschichte ist an ihrem Ende angekommen. Niemand hatte gewagt, an diesem ehernen Satz zu zweifeln, schien er doch täglich und überall aufs Neue bestätigt zu werden.

Aber die letzten Jahre hatten das Schlimmste befürchten lassen. Immer mehr PCs samt eingeschlagenem Monitor flogen aus den Fenstern. Passanten waren zu Schaden gekommen, sogar Todesfälle hatte die inzwischen massiv verstärkte Polizei schon registrieren müssen. Erst die Androhung drakonischer Strafen und die Bekanntmachung ihrer in der Öffentlichkeit vollzogenen Durchführung hatte das Treiben, wenn auch nicht beenden, so doch wenigstens eindämmen können. Damit war natürlich, wie immer in solchen Fällen, das Problem nicht gelöst, sondern nur verlagert. Parkplätze wurden mit den elektronischen Hausgenossen zugemüllt, die Wälder waren voll davon und der Rhein war kurz nach Straßburg unpassierbar geworden, die Fahrrinne musste mit Hilfe von Schwimmbaggern freigeschaufelt werden.

Es ist für die Homunculi von Cyber & Co. beängstigend. Menschen werden immer öfter in ungewohnten Zweierpacks beim Austausch irgendwelcher geheimen Botschaften, wohl auf Nanochips, gesehen. Von Mund zu Mund! Das scheint nicht immer auf Anhieb zu klappen, weil die Übergabeversuche immer öfter und in immer kürzeren Abständen und immer verzweifelter wiederholt werden. Dass es schließlich sogar zum Austausch von Körpersäften gekommen sein soll, habe ich oben schon vorsichtig anzudeuten versucht.

Auf jeden Fall wird in allen Medien, auch und gerade den extraterrestrischen, von Menschen berichtet, die auf präscientistische Art und Weise ins Leben gebracht wurden. Die Meinung der Ärzteschaft zu diesem Phänomen ist geteilt, was nach Jahrzehnten der Einmütigkeit für weitere Beunruhigung in der Bevölkerung gesorgt hat. Allerdings, und das wiederum ist beruhigend, neigt die überwältigende Mehrheit der Ärzte dazu, diesen Rückfall in die Barbarei aufs Schärfste zu verurteilen. Man werde schon sehen, wohin das führt. Jetzt räche sich auch, dass alle Kompetenzen nach Brüssel verlagert wurden. Vor einigen Jahren hätte es noch so etwas wie eine nationale Legislative gegeben, die hätte man so beeinflussen können, dass es zu keinem Flächenbrand gekommen wäre.

Die meisten Widerstandsnester befinden sich, wie nicht anders zu erwarten, in den Vogesen und im Schwarzwald. Die einzelnen Gruppen sind wenig organisiert, manche haben eine geradezu chaotische Struktur und sprechen eine kaum verständliche Sprache, jedenfalls nicht eurenglish, was den Einsatz von Spitzeln aussichtslos macht und damit den Zugriff der Polizei erheblich erschwert. Das wird noch immer von vielen bedauert, tut doch gerade die Wohlfahrtspolizei alles Erdenkliche für Fehlgeleitete und Rückwärtsgewandte. Ein Wunder dabei ist nur, dass die historischen Museen noch immer geöffnet und nicht längst als wichtiger Kraftquell für die Maquisards erkannt worden sind.

Ich glaube mich schon einen guten Schritt weiter als meine ehemaligen Genossen. Denn, so notwendig der Kampf in größeren Gruppen auch sein mag, so wenig eigne ich mich dafür. Ich treibe Guerilla in der reinsten Form. Eine Frau und ich, ich und eine Frau. Und wieder eine Frau und ich. Und das in einem realen Dorf, in einer realen Stadt. Ich inszeniere es in aller Öffentlichkeit: Mann und Frau, Frau und Mann! Die Vercyberten ereifern sich, wie kann man nur, schaut euch die an! Abscheulich!

Die ersten Renegaten, verstreut über das alte Dreiland. Dann, ganz plötzlich ist es eine Lawine, die alles mit sich reißt. Rückfall in primitive Dreidimensionalität, die mit allen Sinnen erfassbar ist. Typisch Dreiland, schreien die binären Cyber-Gesichter und hämmern verzweifelt in ihre Tastaturen, um Jahrzehnte werden wir zurückgeworfen, zurück ins Nichtbeherrschbare, zurück in die Barbarei des Fleisches. Natürlich schreien sie nicht, natürlich sprechen sie nicht von Fleisch und Barbarei. Wie könnten sie!

Stumm, weil ihnen die Atemsprache längst abhanden gekommen ist, hacken sie auf ihre Geräte ein.

Ich weiß nicht, ob sie schon verloren haben. Ich jedenfalls erkunde die kleine Rote, die mir der Champagner (oder war's der Cremant?) in der Silvesternacht ins Bett gespült hat.

Umschwung

Anna-Luise Jordan

Rida war froh, in diesem Labor arbeiten zu können. Eigentlich hatte ihr besonderes Interesse dem Klonen gegolten, aber die Regierung hatte seit vierzig Jahren ihre Position dazu nicht geändert, und so wäre Rida nur der Weg nach England oder Amerika geblieben, aber diese Länder hatten im Zuge der internationalen Terrorbekämpfung die Einreise aller Ausländer so stark beschränkt, dass praktisch niemand mehr hineinkam. Und nach Asien wollte sie nicht, obwohl das viele berufliche Vorteile mit sich gebracht hätte. England war seit zwei Jahren nicht mehr in der EU, sondern Anwärterstaat auf den Anschluss an die Vereinigten Staaten von Amerika. Für EU-Bürger war es also fast unmöglich, auf die Insel zu kommen.

Rida hatte die Stelle im Labor erst seit einem halben Jahr und freute sich darüber, denn bei einer Arbeitslosenquote von über dreißig Prozent war ein Arbeitsplatz durchaus etwas Besonderes. Sie konnte sich frei bewegen und frei entscheiden, wo sie sich bewerben wollte. Anders als die, die in den Arbeitslosenlagern saßen und auf einen Verwendungseinsatz warteten. Es ging ihr gut, fand sie. Allerdings würde es noch etwas dauern, bis sie den vollen Mobilitätsgrad erreicht hatte, durch den sich die erfolgreichen APs (akademische Praktiker) auszeichneten. Vorerst fehlte ihr das Geld für einen dieser modernen Großwaggons, in denen man wohnte, wie früher in einem Appartement. Diese Waggons boten, anders als feste Wohnungen, den Vorteil problemloser Mobilität. Man brauchte keine neue Wohnung zu suchen, wenn man den Wohnsitz wechselte. Man musste auch keine Pendelzeiten von fünf Stunden täglich in Kauf nehmen, sondern bestellte einfach einen Sattelschlepper bei einem der Mobserv-Center und ließ den Großwaggon dorthin bringen, wo man die

nächste Zeit arbeitete. Es gab inzwischen viele Anlagen, die
schön bepflanzt waren, und vor allem waren diese Anlagen völlig
sicher vor Überschwemmungen. Allerdings konnten sich derzeit
noch nicht viele diese Art des Wohnens leisten. Manche bevor-
zugten auch das Wohnen in den traditionellen Häusern, obwohl
das allerlei Nachteile hatte, nicht zuletzt wegen Wasser- und
Sturmschäden, die wegen der vielen Unwetter regelmäßig an den
Häusern entstanden. Ridas Eltern stöhnten über die hohen Kosten der Gebäudeversicherung und hätten ihre Eigentumswohnung gern verkauft. Aber sie fanden keinen Käufer.

Heute Abend war Rida eingeladen bei Peter. Der hatte so einen modernen Großwaggon und gab mächtig damit an. Seitdem
es der Autoindustrie schlecht ging, produzierten die weltbekann-
ten Firmen fast nur noch Wagen, in denen man zwar nicht fahren konnte, die jedoch über all die technischen Raffinessen verfügten, mit denen man früher die Autos ausgestattet hatte.
Klimaanlage war selbstverständlich, eingebauter Computer zur
Kontrolle der Umweltwerte, ferngesteuerte Schiebetüren, pro-
grammierbarer Herd, automatisches Servier- und Abräumsys-
tem, der Kühl- und Gefrierschrankfüllstand wurden auf einem
Display angezeigt und die Bestellungen beim Supermarkt automatisch ausgeführt. Natürlich waren die Möbel und die ganze
Einrichtung schick und funktional, und die Liegesessel konnten
per Fernbedienung in die richtige Position gebracht werden.

Zwei Stunden musste sie noch arbeiten. Dann ging sie zur
Straßenbahn und fuhr nach Hause. Der Bildschirm in ihrer
Wohnung teilte ihr, gleich als sie hereinkam, die wichtigsten
Neuigkeiten mit. Sie hatte den wandgroßen Bildschirm vom
Vormieter übernommen. Er war praktisch und nicht so unhand-
lich und kompliziert zu bedienen wie der Fernseher bei ihren
Großeltern, die für den Computer dann noch mal einen extra
Bildschirm brauchten. In den modernen Wohnungen hing über-
all ein großer Flachbildschirm an der Wand, sogar bei ihren El-
tern. Darauf erschien ferngesteuert das, was man sehen wollte.

Das Fernsehprogramm, die Internetdaten oder die Person, mit der man gerade telefonierte. Wenn man wollte, auch alles gleichzeitig, indem man den Bildschirm in Segmente aufteilte. Sie fand es wunderbar, dass man jetzt Familientreffen am Bildschirm machen konnte. Da ersparte man sich lange Reisen, was wegen der vollen Züge immer unbequem war. Die Autobahnen, die man früher mit einem PKW befahren konnte – sie erinnerte sich, dass sie als Kind auf diese Weise mal ans Meer gefahren war – wurden ausschließlich von Lastwagen benutzt. Die fuhren täglich von Hamburg nach München und in Kolonnen quer durch Deutschland von Warschau nach Lyon, von Kopenhagen nach Mailand, von Brüssel nach Prag. Oft gab es endlose Staus, und die Regierung überlegte bereits, den Güterverkehr wieder vermehrt auf die Schiene zu bringen, so wie es früher angeblich mal gewesen war. Aber die Bahnmanager waren dagegen, weil der Transport von Menschen mehr Geld brachte und für Güterzüge neue Schienen gebaut oder der Personenverkehr eingeschränkt werden müsste.

Sie duschte und machte sich auf den Weg zu Peter. Rida hatte Peter vor sechs Wochen kennen gelernt und ihn seitdem drei- oder viermal getroffen. Als sie ankam, war alles auf Hochglanz poliert. Zum Putzen, erzählte Peter, habe er zwei Roboter. Einen für den Boden und einen kleinen mit Gelenkarmen. Der konnte überall herumklettern und mit Pinseln oder feinen Tüchern, die er in die Zange am Ende seines Gelenkarms klemmte, Staub entfernen. Außer Rida waren noch Chan und Gülay eingeladen. Gülay, hatte Peter gewitzelt, musste sein. „Zwanzig Prozent der Bevölkerung sind Türken, und in allen Gremien müssen die Positionen seit 2021 entsprechend der Bevölkerungsverteilung besetzt sein. Also lade ich auch immer Gülay ein." Es war klar, dass sie keine Quotentürkin war, sondern dass Peter schon lange ein Verhältnis mit ihr haben musste. Aber das durfte nicht offiziell bekannt werden, denn wenn man sein Singleleben nicht rückhaltlos bejahte und Schwächen zeigte, indem man etwa einen langjährigen Freund oder eine Freundin hatte, und statt kurzer Verliebtheit monatelang mit ein und derselben Person zusammen war, blamierte man sich nicht nur erbärmlich, sondern verlor auch seinen Arbeitsplatz. Von Gülay und Peter wusste kaum jemand. Auch Rida ahnte eher etwas, als dass sie Genaueres wusste. Chan hatte bestimmt keine Ahnung. Er war aus Shanghai und leitete dort eine Abteilung in einem Betrieb, bei dessen deutschem Tochterunternehmen Peter arbeitete.

Nach der Begrüßung und ein paar Bemerkungen über die Aktienmärkte setzten sie sich an das große Fenster, wo ein Klapptisch an der Wand hing. Peter rühmte seine automatischen Küchengeräte, die seit einer halben Stunde eingeschaltet waren, um Häppchen vorzubereiten, und klappte den Tisch auf. „Gleich kommt es", rief er, stellte vor jeden ein Glas auf den Tisch und schenkte Wein ein. Gülay bekam Mineralwasser. Sie redeten über den Sommer, der wie immer heiß und trocken gewesen war. Peter erzählte, dass er von Mai bis September jedes Wochenende im Thermalbad verbracht hatte, unter einer Glaskuppel mit Palmen und tropischen Vögeln.

Kein Mensch machte mehr Urlaub in Süditalien, in Spanien oder auf den kanarischen Inseln. Dort war es viel zu heiß, und außerdem traf man dort immer wieder auf Flüchtlinge, die in Booten von Afrika herüberkamen. Seitdem man fast jeden Tag Leichen von Ertrunkenen am Strand gefunden und es auch nicht mehr gereicht hatte, am frühen Morgen bei einem Kontrollgang die Körper und sonstige Spuren zu beseitigen, war der Tourismus stark zurückgegangen.

„Für Afrikaner ist Europa genauso verschlossen wie für uns Amerika", sagte Rida. Peter lächelte sie verständnislos an, als käme er gerade aus dem Schwimmbad herüber. Er hatte die ganze Zeit, während er von seinen Sommererlebnissen erzählt hatte, zu Gülay hinüber gesehen, in einer Weise, die ahnen ließ, dass Peter nicht allein im Thermalbad gewesen war. Rida hoffte, dass niemand die beiden dort bemerkt hatte. Sie kannte Peter nicht besonders gut und Gülay fast gar nicht. Aber während sie jetzt von den leckeren Kleinigkeiten aßen, die beständig in der Küche hergestellt und auf dem schmalen Laufband herüber transportiert wurden, schien es ihr sehr wahrscheinlich, dass Peter die Wochenenden nicht allein dort verbracht hatte und auch nicht mit immer wechselnder Begleitung. Wenn sie Recht hatte, könnte es mit der beruflichen Laufbahn von Peter und Gülay bald vorbei sein, denn kein Arbeitgeber duldete Partnerschaften irgendwelcher Art. Das gefährdete Einsatzbereitschaft und Engagement. Und natürlich war ein hoher Grad an Mobilität nicht zu halten, wenn man nicht allein war. Als Gülay von ihrer Arbeit erzählte, stockte sie plötzlich, weil ihr das richtige Wort fehlte. Genau wie Rida und Peter hatte sie erst spät Chinesisch gelernt und beherrschte es nur mit Mühe. Für die Zukunft war damit zu rechnen, dass in Gesprächen, an denen Chinesen teilnahmen, solche Mängel nicht mehr auftraten, denn seit der letzten Bildungsreform war Chinesisch nach Englisch als zweite Fremdsprache Pflichtfach in jeder Schulabschlussprüfung. Chan lächelte leutselig und wartete, bis Gülay das passende Wort fand und weiter redete. Er war den ganzen Abend über sehr freundlich, eine Allegorie der Zufriedenheit und Zuversicht, und klopfte Peter immer wieder gönnerhaft auf die Schulter. Geld spielte für ihn gar keine Rolle. Er hatte mehr als genug davon und benahm sich die ganze Zeit wie ein wohlwollender Onkel, obwohl er kaum älter war als Rida oder Peter. Jetzt erzählte er, nachdem er sich eins der Häppchen genussvoll in den Mund geschoben hatte, von Shanghai und den großen Glaspyramiden, die dort gebaut wurden. Sie waren unglaublich geräumig und machten viel weniger Probleme mit der Statik als die Hochhäuser, wie man sie seit hundert Jahren kannte. Rida versuchte ihm zu folgen, aber sie verstand nicht alles. Peters Chinesisch schien dagegen fast perfekt zu sein. Das war ihr schon früher einmal aufgefallen. Obwohl sie selbst mit ihren eigenen Chinesischkenntnissen nicht zufrieden war, waren Ridas Eltern sehr stolz auf die Sprach-

kenntnisse ihrer Tochter, denn außer Deutsch und Englisch
konnten die Eltern nichts und waren damit von einem großen
Teil des kulturellen Lebens ausgeschlossen. Deutsch sprach man
nur noch in der Familie oder in literarischen Zirkeln zur Pflege
des Kulturgutes. Aber so war es in Frankreich und Italien auch.
Wer einigermaßen als gebildet gelten wollte, musste Englisch
und Chinesisch sprechen können und die aktuellen Bild-Ton-
Werke kennen.

Peter drückte auf einen Knopf der Fernbedienung, und die
Produktion von Gemüse- und Geflügelspezialitäten in der Küche
hörte auf. Etwas später blieb auch das Transportband stehen. Die
Tür des eingebauten Barschranks öffnete sich und Cognac wurde
in Gläser geschenkt. Chan erzählte weiter von den wunderbaren
Pyramiden. In Shanghai wurden zurzeit mehrere gebaut. In einer
sollten in den unteren Etagen die Unikliniken untergebracht
werden, darüber Läden. In einer anderen, die schon fertig war,
erstreckte sich vom vierten bis zum neunten Stock das Ho-
logramphycinema. Dort saß man in dem riesigen Raum wie in
einem Amphitheater, und in der Mitte sah man die Holactionen.

Solche Hologramphycinemas gab es schon in Peking und
Hongkong, aber dort waren sie einfach als allein stehende Haus-
blöcke von gigantischen Ausmaßen hingestellt worden. Bei den
Holactionen sah alles echt aus, als wären dort wirklich Menschen, dreidimensionale Schauspieler, aber natürlich war alles
nur Lichtprojektion. Besonders spannend waren Holactionen
wie *Orion und Andromeda*, wo Raumfahrzeuge über den Köpfen
der Zuschauer kreisten.

Chan klopfte Peter wohlwollend auf die Schulter und meinte,
dass es wohl noch eine Weile dauern werde, bis es so etwas in
Deutschland gebe. Man sei hier eben ein wenig rückständig, aber
wenn Peter nächstes Jahr nach Shanghai komme, dann könne er
selber in Augenschein nehmen, was heutzutage in der Unterhal-
tungsindustrie alles möglich sei. Wie um Peter und die beiden
Frauen über die Rückständigkeit ihres Landes hinwegzutrösten,

erwähnte er, dass auch die historischen Holactionen sehr effekt-voll seien, wenn zum Beispiel die altmodische Concorde plötz-lich von einer Seite des Hologramphycinemas über die Köpfe der Zuschauer hin zur anderen zog und in der gegenüberliegenden Wand verschwand.

„Ja, diese alten Zeiten", sagte Gülay. „Vielleicht waren sie gar nicht so schlecht."

„Was willst du damit sagen?" fragte Peter.

„Früher war man doch irgendwie freier", meinte sie.

„Woher weißt du das?"

„Na, wenn du dir diese alten Filme ansiehst, *Lola rennt*, oder *Lost in Translation*, da hat man den Eindruck, dass die Leute machen können, was sie wollen."

„So was siehst du dir an?"

„Wo kann man denn so was überhaupt noch sehen?" wollte Rida wissen.

„Ich habe noch so einen alten DVD-Player, wie man sie da-mals hatte."

„Und das Ding geht noch?"

Rida war neugierig und überlegte, ob sie irgendwann mal bei Gülay vorbeischauen sollte. Denn es interessierte sie, wie es frü-her einmal gewesen war. Ihre Eltern und Großeltern hatten nie viel darüber geredet.

Gülay wohnte fünfzig Kilometer entfernt, das war nicht sehr weit. Auf dem Weg dorthin kam man durch überdachte Stadtbe-zirke. Man war seit einiger Zeit dazu übergegangen, fußballfeld-große Platten, getragen von langen Masten, über den Städten an-zubringen. Auf diese Weise waren die Bewohner vor direkter Sonneneinstrahlung geschützt, und der Regen ließ sich großflä-chig ableiten in Rinnen und Röhren, so dass sich bei heftigem Niederschlag die Straßen nicht immer in reißende Bäche ver-wandelten. Wo es diese Stadtüberdachung nicht gab, bestand immer die Gefahr, dass sich die Kanaldeckel hoben, weil die Ka-nalisation bei starkem Regen überlief. Oben auf den Überdachungsplatten befanden sich Sonnenkollektoren und an ihrer Unterseite Leuchtkörper, die rund um die Uhr für Licht sorgten, so dass es in den betreffenden Stadtbezirken nie Dunkel war. Neben verschiedenen anderen Vorteilen, die das bot, war auch die Kriminalitätsrate sehr gesunken. Tätliche Angriffe, Vergewaltigungen, Schießereien kamen in diesen Stadtbezirken kaum vor. Der Staat hatte nie genug Geld für eigenes Sicherheitspersonal, und die wenigen staatlichen Kräfte, die es gab, waren mit der Bekämpfung von Wirtschaftskriminalität und internationalem Terrorismus voll ausgelastet. Zeit für einfache Gewaltverbrechen hatten sie nicht. Die Verfolgung von Gewaltverbrechern überließ man Privatfirmen. Die machten ihre Arbeit gründlich, und der Staat war außerdem aus der lästigen Folterdiskussion heraus. Wenn es keine staatlichen, sondern private Sicherheitskräfte waren, die Geständnisse erzwangen, konnte keiner dem Staat vorwerfen, dass er die Menschenrechtskonventionen verletzte. In den Vereinigten Staaten von Russland und von Amerika machte man das schon lange so, in Deutschland hatte diese Entwicklung erst in den letzten sieben oder acht Jahren eingesetzt, schien aber erfolgreich zu sein, sofern man den Statistiken glauben konnte. Jedenfalls fühlte Rida sich auf der Straße sicher, nicht zuletzt auch wegen der vielen Überwachungskameras an Straßenecken, an Haltestellen der Straßen- und U-Bahnen und in den Hauseingängen. Außerdem musste jeder alle vier Wochen im Rahmen der Sicherheitsmaßnahmen gegen den internationalen Terrorismus ein minutiöses Protokoll über Aufenthaltsorte und die an dem jeweiligen Ort ausgeübte Tätigkeit an den Zentralcomputer der Agentur für Sicherheit in Würzburg schicken. Man konnte natürlich falsche Angaben machen, aber das zog harte Strafen nach sich.

„Kommt doch mal vorbei", hörte sie Gülay sagen. „Dann sehen wir uns zusammen eine alte DVD an und trinken Tee."

„Meinst du das geht?" fragte Rida. „Wir sollten aufpassen, dass wir uns nicht zu oft treffen, damit nicht der Eindruck einer LPR entsteht."

Chan horchte auf. Eine so genannte *Längerfristige Private Relation* bei seinen Mitarbeitern war genau das, was er am meisten fürchtete. Er sah Peter prüfend an. Aber der wiegelte ab. „Wir treffen uns doch nur selten." Gülay nickte bestätigend und sagte, dass man sich viel zu selten sehen würde. So hätte sie das nicht formulieren sollen, denn sofort ruhte Chans misstrauischer Blick auf ihr. Peter stand auf und holte einen Prospekt der neuen Kollektion von Hautpflegemitteln und Kosmetika.

„Habt ihr das übrigens schon gesehen? Sonnenschutzfaktor 90 und garantiert nicht kanzerogen."

„Oh zeig mal", Rida hatte großes Interesse und hoffte, dass auch Chan sich mehr für den Schutz gegen die gefährliche UV-Strahlung als für das lästige Verbot von LPRs interessierte. Peter schenkte Chan noch etwas Cognac nach. Gülay schien zu merken, dass sie nahe daran gewesen war, ihre Beziehung zu Peter zu verraten, und begann einen kurzen Vortrag über die Vorzüge moderner Ganzkörperanzüge zu halten, wie sie in der islamischen Welt neuerdings angeboten wurden, weil das zum einen den Frauen mehr körperliche Bewegungsfreiheit verschaffte, wie man bei Sportwettkämpfen ja deutlich sah, zum andern hatte man nie Probleme mit der UV-Strahlung. Chan trank sein Glas leer, und Peter schenkte nach. Danach begann er Witze zu erzählen, und Chan lachte. Es war sicher keine gute Idee gewesen, Gülay und Chan zusammen einzuladen, aber manchmal war man eben leichtsinnig. Rida hatte den Eindruck, dass Chan sein Misstrauen inzwischen vergessen hatte. Gülay behielt einen klaren Kopf, denn mit Mineralwasser und Tee war keine Benebelung der Sinne zu erreichen. Sie lachte über Peters Witze und erzählte selber lustige Anekdoten aus ihrem Alltag. Die Stimmung wurde immer ausgelassener, und irgendwann musste Chan aufbrechen, weil er sonst das Gesicht verloren hätte. Rida und Gülay begleiteten ihn, Gülay nicht ganz freiwillig, aber Peter hatte ihr zugeflüstert, dass es besser sei, wenn sie nicht bei ihm im Großwaggon bliebe.

Die Drei gingen zur Straßenbahn und Peter ins Bett.

Sechs Wochen später erhielt Rida eine Nachricht von Peter. Sie hatte inzwischen viele andere Leute kennen gelernt aber immer darauf geachtet, dass sie niemanden öfter als dreimal traf, damit ihr keiner eine LPR vorwerfen konnte und sie ihren Arbeitsplatz verlor. Es war ihr eigentlich gar nicht Recht, dass Peter erneut Kontakt zu ihr aufnahm, doch er schien bedrückt zu sein. Sollte sie Mitleid oder Empathie beweisen? Sie kämpfte mit sich, gab schließlich nach und traf Peter in einer Bar in der Innenstadt. Zuerst redeten sie über die neueste Entwicklung der Aktienmärkte, so wie man in der Generation ihrer Großeltern und auch noch ihrer Eltern übers Wetter redete. Allerdings schien Peter interessierter als früher an diesem Thema zu sein, denn er hörte gar nicht wieder auf.

„Bist du jetzt unter die Börsenmakler gegangen?" fragte sie.

„So ähnlich. Ich verdiene mein Geld jetzt an der Börse."

Als sie fragte, wie er dazu gekommen sei, erklärte er, man habe ihm in der Firma Schwierigkeiten gemacht. „Sie haben versucht, mir eine LPR anzuhängen. Na ja, so ganz Unrecht hatten sie damit ja nicht", ein Lächeln huschte über sein Gesicht, „aber man konnte mir nichts nachweisen. Trotzdem. Die Stimmung war dann einfach mies."

Der Kellner brachte die bestellten Getränke. In dieser Bar gab es noch Personal. In den meisten Bars der europäischen Städte wurden Bestellung und Bedienung von Automaten übernommen. Rida hatte diese Bar vorgeschlagen, weil man hier in Ruhe sitzen konnte und man nicht immer angerempelt wurde, von Leuten, die ihre Getränke vom Automaten zum Tisch trugen. Die Chance, die Bar ohne Fleck auf der Kleidung wieder zu verlassen, war hier einfach größer als bei den Automatenbars.

„Ja und jetzt bist du arbeitslos, aber es geht dir nicht schlecht", stellte Rida fest.

„Finanziell ist alles in Ordnung", sagte Peter.

Das hörte sich an, als wenn nur auf finanziellem Gebiet alles in Ordnung war, auf anderen dagegen nicht.

„Ja, und sonst. Was machst du privat, triffst du Gülay noch gelegentlich?"

„Gülays Familie besteht darauf, dass wir uns nicht mehr sehen."

„Na, ihr habt aber auch ein Pech. Erst die LPR und jetzt das. Was sagt denn Gülay dazu? Ist sie nicht alt genug, dass die Familie ihr da nicht mehr reinreden kann."

„Sollte man meinen. Ist aber nicht so."

„Ja, und was macht ihr jetzt?"

Das wussten weder Peter noch Gülay. Peter hatte eigentlich gehofft, das Rida eine Idee hätte. Obwohl sie sich nur selten trafen, war sie seine beste Bekannte. Alle anderen Männer und Frauen, die er getroffen hatte, waren vorsichtig darauf bedacht, nicht öfter als drei- oder viermal mit ihm zusammen zu kommen. Im Internet und bei öffentlich bestellten Beratern war zu dieser Frage auch nichts zu finden.

„Meinst du nicht, dass es eine Selbsthilfegruppe LPR-Geschädigter geben könnte?" schlug Rida vor.

„Das müsste dann schon ein Geheimbund sein."

„Es gäbe natürlich noch die Möglichkeit, ganz offiziell eine Fortpflanzungsgemeinschaft zu gründen."

Peter schlug entsetzt die Hände zusammen. „Bleib mir damit vom Leib. Sich zu verpflichten, in zehn Jahren fünf Kinder zu produzieren, das ist nichts für mich. Auch wenn es vom Staat Bevölkerungserhaltsubventionen gibt. Damit sind einfach zu viele Nachteile verbunden. Da würde auch Gülay nicht mitmachen."

Frauen, die sich zur Kinderproduktion verpflichtet hatten, erhielten dafür vom Staat ein Gehalt und lebten in speziellen

Dörfern, wo es auch Schulen für die Kinder gab. Manche Frauen hatten einen Mann für sich allein, vor allem in der ersten Zeit, wo beide noch verliebt ineinander waren. Aber es gab in den Dörfern sehr viel mehr Frauen als Männer. Also war klar, dass die Kinder so mancher Frau von unterschiedlichen Vätern waren. In vielen Fällen kamen sie allerdings durch künstliche Befruchtung zustande. Im Alter von vierzehn Jahren verließen die Kinder das Dorf und wurden unter Aufsicht professioneller Jugendwarte in den normalen Alltag integriert. Sie gingen dann nicht mehr in Schulen, sondern saßen in ihren Zimmern und lernten per E-Learning, was sie für die Prüfungen der Zentralen Bundesschule brauchten. Gleichzeitig lernten sie, auf eigenen Füßen zu stehen, sich mit Nahrung zu versorgen und sich ohne Freunde oder die Hilfe Anderer durchs Leben zu schlagen, damit sie später unabhängige Individuen waren. Nur die Besten von ihnen konnten einen Arbeitsplatz finden. Und die Besten waren die, die nachweislich ein ganzes Jahr lang jeden Tag drei fremde Personen kontaktiert hatten, keine Person in diesem Jahr doppelt, und die alle Prüfungsfächer der Zentralen Bundesschule mit Auszeichnung bestanden hatten.

„Ja, und wenn ihr auswandert?" fragte Rida.

Darüber wäre nachzudenken, fand Peter. Für ihn selbst sei das auf jeden Fall die beste Lösung, obwohl Australien oder Neuseeland, wohin man vor wenigen Jahren noch ganz gut gehen konnte, inzwischen auch die Einwanderungsbedingungen erschwert hätten.

„Ich habe auch schon mal darüber nachgedacht", gestand Rida.

Sie redeten noch eine Weile, bezahlten dann bei der Kasse am Eingang und verabredeten sich für die nächste Woche, um weiter über ihre Auswanderungspläne nachzudenken.

Das erste Jahr

Sigrid Jo Gruner

Das erste Jahr seines Exils war hart. Eine endlose Kette von Demütigungen. Aber hatte er eine Alternative?

Schon bevor Diego von seinem Führungskader zum Zoologenkongress nach Paneuropa geschickt wurde, hatte es in seiner transgermanischen Heimat irritierende Anzeichen gegeben. Hellhörige Menschen hörten die Zeitungen warnend rascheln. Es war Sommer, und in den Zoos drängte es sich. Besonders die überlebenseifrigen Nashörner hatten sich in den letzten Jahren auffallend vermehrt, erstmals seit mehr als 30 Jahren gab es einen gewaltigen Geburtenüberschuss.

Die Regierung Transgermaniens musste ein Gesetz verabschieden, in dem der Bau einer immens hohen Zahl neuer Tierhäuser zu Ungunsten des Straßen- und Infrastrukturausbaus beschlossen wurde, was für Murren sorgte. Da eigener agrarischer Anbau und industrielle Weiterproduktion von Nahrungsmitteln in Transgermanien seit einer guten Dekade eingestellt worden war, führte dieser Schritt zu gravierenden Engpässen in der Lebensmittelversorgung der Bevölkerung. Das seit der großen Sintflut im Jahre 2030 durchlöcherte Straßennetz erlaubte nur unter äußerst erschwerten Bedingungen Transporte aus den angrenzenden Staaten wie Kasachstan, Bulgarien oder Indien. Dieselbe Naturkatastrophe hatte die Bevölkerung des immens flächenreichen Vielvölkerstaates, der seine Tentakel vom Ural bis auf die Azoren und von Göteborg bis Hamamed ausstreckte, auf ein bis dahin nie erreichtes Minimum von 30 Millionen dezimiert. Die Proportion zwischen Nashorn und Mensch kletterte auf unvorstellbare 7:1.

Als Diego seine Dienstreise in das benachbarte Paneuropa antrat, war die Spannung unerträglich geworden. Täglich überboten sich die Internetsender in ihren Meldungen über Unruhen in den Zoos der transgermanischen Hauptstadt Berlino-Saudade, ja sogar Massendemos der Nashörner, die sich in ihren Behausungen zusammengerottet hatten. Sie hätten zwar keinen besonders bedrohlichen Eindruck gemacht, hinterließen aber doch eine starke Wirkung auf das ohnehin seit dem vernichtenden Finanzcrash im Jahre 2025, der weite Teile der Bevölkerung ihrer Lebensgrundlage beraubt hatte, in seinen Grundwerten tief erschütterte Volk.

Kaum war Diego in Paneuropas Hauptstadt Megalopolis angekommen, ließ eine Nachricht aus seinem Heimatland den Kongress noch vor der Eröffnung platzen: Die transgermanischen Nashörner hatten die Gunst der Nacht genutzt, um den Zoo zu verlassen und in raumgreifenden, vorwärts stürmenden, aber geordneten Reihen zum Regierungspalast zu marschieren. In ihren Katakomben hinterließen sie niedergetrampelte Tundra, zerfetzte Heulager, tonnenweise Kot und Dung, eingedrückte Wände und zerborstene Stahlgitter, entwurzelte Säulen.

Noch bevor die Miliz eingreifen konnte, war die Regierung gestürzt, der Palast und der staatliche Internetsender in Hand der hornnasigen und gepanzerten Dickhäuter unter der Führung eines brandigen Nashornbullens, ein alter Haudegen namens Amaro Huefken, der schon am Abend über Satellit an das Volk sprach. Die alte Regierung war längst außer Landes. Mistgeruch, Schnauben und das Lawinengepolter der Hufe lagen schwer über der Hauptstadt Berlino-Saudade, die durch den schier endlosen Zug weiterer Nashörner aus den verstreuten Zoos des gesamten Vielvölkerstaates und das durch ihn verursachte Verkehrschaos in ihrer Aktivität vollends gelähmt war.

Eines der ersten Dekrete, die Amaro Huefken erließ, war neben der allgemeinen Ausgangssperre die Zwangsisolationshaft aller Männer über 25 Jahren und 1,95 Metern Körpergröße in die nun frei gewordenen Nashornzwinger. Männer, die sich diesem Schicksal durch Flucht entziehen wollten und gefasst wurden, erschoss man sofort standesrechtlich. Die Waffenbestände der Nashornjunta waren erheblich, man rechnete mit dem Schlimmsten.

Diego gehörte zu dieser verfolgten, übrigens sehr zahlreichen Zielgruppe, denn die Lichtexplosion im Jahre 2015 hatte ein bislang unerforschtes Wachstumshormon aus dem Weltall freigesetzt, das sich allerdings nur bei Männern auswirkte; eine Rückkehr nach Transgermanien verbot sich also für ihn strikt.

In den darauf folgenden Monaten musste Diego in seinem paneuropäischen Exil beobachten, wie die Anrainerstaaten Jordanien, Usbekistan, Grönland und Südwales mit der Nashornjunta Transgermaniens Allianzen schlossen und das Regime in seiner vollen totalitären Ausprägung ohne weitere Hemmungen anerkannten. Diego hatte sich mittlerweile eine neue Identität zugelegt, er war bei der staatlichen paneuropäischen Müllsammlung untergekommen, hatte die Tochter eines Kollegen geheiratet, was ihm die halbe Staatsbürgerschaft eintrug und vor Auslieferung, nicht aber vor Feindseligkeiten schützte. Ein Leben in ständiger Vorsicht und Kontrolle begann, er spürte die prüfenden Blicke der anderen auf ihm lasten. Seine Frau begann nach anfänglicher Verliebtheit eine Affäre mit einem Schweinehändler, was er ihr aus Angst vor Scheidung und damit Abschiebung aus Paneuropa nicht verwehren konnte.

Die Arbeit in den Müllwerken war schwer und unappetitlich, über lange Fließbänder gebeugt sah Diego die Abfälle der Riesenstadt an sich vorbeiziehen, 12 Stunden täglich war die Norm. Weil die Beleuchtung in den Hallen trübe war, mussten sich die Arbeiter weit über die unablässig rollenden Bänder senken, ja fast auf diese hinaufkriechen, um die Ausscheidungen des paneuropäischen Alltags zu sortieren.

Die überlasteten Rückgrate und Gelenke schienen am Abend schier zu bersten. Dann versuchte sich Diego in seiner Hütte aufzurichten, das niedrige Dach, unter dem er anfangs kaum aufrecht stehen konnte, hatte sich immer weiter von ihm entfernt. Er vergaß, sich zu fragen, was das bedeuten könnte, denn wenn er am Abend das bescheidene Mahl verzehrte, das ihm seine Frau gerichtet hatte, bevor sie zu ihrem Liebhaber verschwand, war er frei von jeglichem Bedürfnis außer dem, in einen schweren Schlaf zu fallen, der ihm erlaubte, die Gegenwart zu verlassen.

Er vergaß es einfach, wie er das Rasieren vergaß oder zum Himmel aufzublicken. Seine Augen waren auf die Erde gerichtet, sein Rücken um 90 Grad gekrümmt, die Hände baumelten kurz über dem Boden. Seine Ebene war die Erde, die Menschen, die ihn umgaben, sah er nur mehr bis zur Taille, niemals in ihre Gesichter. Aber auch das wurde ihm zur ständigen Gewohnheit. Ja, er begann zu zweifeln, ob oberhalb dessen überhaupt noch etwas Weiteres vorhanden war.

Die Nachrichten aus seinem Heimatland Transgermanien tröpfelten nur noch, um endlich zu versiegen. Das letzte, was er hörte, war die sich überschlagende Stimme eines (vermutlich kleinwüchsigen) Reporters im staatlichen, transgermanischen Internetfernsehen, der am ersten Jahrestag der Machtübernahme im Ton eines übererregten Hofberichterstatters von den beinahe unglaublichen gesellschaftlichen und ökonomischen Fortschritten im Lande berichtete, was in Diego starke Gefühle von Widerwillen und Hass hervorrief, womit er es aber auch bewenden ließ.

Innerhalb eines Jahres war Diego auf die Größe von 1,20 Meter geschrumpft. Keiner teilte ihm mit, dass er mit diesem Körpermaß nun ohne Probleme in sein Heimatland zurückkehren könnte, denn er gehörte jetzt nicht mehr zu den Verfolgten des transgermanischen Reiches. Er selbst war von einer solchen Wahrnehmung weit entfernt, hätte dieses Ansinnen auch entrüstet und mit Abscheu von sich gewiesen.

Es war auch am Morgen des ersten Jahrestags seines Exils, als er entdeckte, dass sich die Haut seines Körpers seltsam verdickt hatte, eine wulstige Ausbuchtung auf seiner Stirn wuchs und schlappe, lederne Hautlappen sich in mehreren Schichten und Runzeln auf seinen Gliedern ablagerten. Muskelgewebe und Zellmasse hatten sich vervielfältigt und verliehen ihm einen schwankenden und unförmigen Gang auf stahlgefassten Hufen. Mit Mühe erledigte er seine Arbeit, von seiner Frau nun endgültig verlassen, da der Geschlechtsakt aus technischen Gründen, aber auch wegen starker gegenseitiger Abneigung zu einem hoffnungslosen Unterfangen geworden war.

Der tägliche Lebenskampf nahm ihm die Kraft, die Dinge ändern zu wollen. So blickte er auf sein früheres Leben zurück wie auf einen fernen Traum, den er zwar erlebt hatte, der aber auf ihn ähnlich irreal wirkte wie die Zukunft, die er nicht erwartete. Er verspürte weder Neigung zu bleiben noch zu gehen, indifferent erlebte er sein Dasein wie ein Nashorn in einem schmalen Geviert aus Strohballen und Dung, die Beine tief im brackigen Wasser, regungslos, unbeteiligt, nur ab und zu mit dem Schwanz eine lästige Stechmücke vertreibend. Als er eines Morgens durch die Stadt trabte, um sich zu seiner Arbeitsstelle zu bewegen, wurde er vom staatlichen Tierfänger eingefangen, was ein Leichtes war, und in den staatlichen Zoo verschleppt, in dem vor mehr als einem Jahr der Kongress hätte tagen sollen.

Dort richtete er sich beinahe gemütlich ein. Wenn er nachts nicht schlafen konnte, entwickelte er umsichtige Ausbruchspläne, die er am Morgen stets zugunsten eines üppigen Laubfrühstücks verwarf. Nur wenn der Vollmond seine Zelle aufblendete und von Ferne das Geschnatter der Flamingos zu hören war, legte er den Kopf weit in den Nacken und versuchte, in den Himmel zu schauen, der sich über ihm auftat wie ein tiefschwarzes, bestrahltes Meer, in dem er schwamm. Nur einen Zipfel erhaschte er des weiten Gewölbes. Aber das Herz tat ihm weh, vielleicht weil er einsam war, vielleicht weil ihn schwere alte Erinnerungen heimsuchten, die er niemandem anvertrauen konnte. So wurde er zum Sonderling unter den Insassen des Zoos, mit dem man sich nicht behelligen wollte.

Bevor man ihn ganz dem Vergessen überließ, beschloss die Zooleitung, ihn an die Militärjunta im transgermanischen Nachbarland zu verschenken, als Geste der Solidarität, was in diesem Fall mehr einem Unterwerfungsakt gegenüber dem Machthaber Amaro Huefken gleichkam.

Diego überquerte die Grenzen zu seinem Heimatland, ohne es zu ahnen. Auf dem Weg passierte er karge Tundraweiten, Landschaften ohne Gras und Bäume, brachliegende Äcker, deren verdorrte Böden unter der brennenden Sonne zerbröselten, Flusstäler, die man zu sandigen Arenen umgebaut hatte, vereinzelte Menschenwesen mit zottigen Haarmähnen und immer, immer wieder Herden von Nashörnern. Nashörner bewachten die Bahnhöfe, regelten den spärlichen Verkehr aus Karren und klapprigen Lkw, säumten mit Maschinenpistolen bewaffnet die Strecke, kontrollierten den kargen Handel. Keiner wagte bei einem der seltenen Stopps den Zug zu verlassen, dessen Menschenwaggons während der ganzen endlos scheinenden Strecke versperrt blieben.

Kurz nach Anrollen des Transports fiel Diego in einen Trancezustand, der ihm willkommen war, auf schwankenden Beinen hielt er sich noch eine Zeit lang aufrecht, dann sank er in das übel riechende Stroh. Als der Transport nach 35 Stunden ohne Wasser oder Futter im Zoo der Hauptstadt Berlino-Saudade ankam, mussten ihn zwei Arbeitsmenschen aus dem Abteil hieven. Diego wurde in eine Art Auffangstation für entwurzelte Nashörner gebracht, in der er sich ein paar Tage erholen sollte.

In einem unbewachten Augenblick aber entwich er aus dem Lager und trollte sich durch die vollen Straßen davon. Anders als früher fühlte er sich nun erstaunlich heimisch, betrachtete seine Mitgenossen mit wohlwollender Gelassenheit, scharrte im ausgetrockneten Boden, wie es die anderen taten, grub im Müll nach etwas Essbarem und legte sich nachts schlafen auf der bloßen Erde, abseits der Straße, in einer Ecke, einer Müllschippe, einem verlassenen, stinkenden Hinterhof, er nahm es kaum noch wahr.

Als er eines Morgens einfach nicht mehr aufstehen wollte, kam die Müllabfuhr und schaffte ihn fort. Man entsorgte ihn wie alle anderen, die auf der Strecke blieben. Keiner erkannte ihn.

Frohes Fest

Thorsten Schrinner

Der Warnton und das rot blinkende Signal auf dem Monitor waren nur zwei Sekunden schneller als Lehmanns Meldung auf der internen Leitung. Aishe ahnte, worum es sich handelte, noch ehe die Stimme des Wachhabenden in ihrem Ohrchip erklang.

„Wir haben einen Geist, Boss", meldete Lehmann. „Sektor Blau Vier. Videofeed ist online. Kamera Achtzehn-Drei."

„Bestätigt." Aishe rief das Bild auf. Kamera Achtzehn-Drei überwachte ein Schott im Versorgungs- und Wartungsschacht im zweiten Kellergeschoss von Sektor Blau Vier; der Sektor selbst lag im äußersten Ring des ThyKo Corpoplexes, aber das überwachte Schott führte in die Schleuse zu Sektor Grün Vier. Grün Vier war ein Fracht- und Fertigungssektor, unübersichtlich, überlaufen und voller dunkler Ecken, in denen man sich verstecken konnte. Der Geist – der Eindringling aus den Elendszonen – wusste offenbar sehr genau, wohin er wollte.

„Alle Jahre wieder", murmelte Aishe, während sie den Geist auf dem Videobild betrachtete. Offenbar männlich, groß gewachsen, aber gebeugter Gang mit hängenden Schultern, verfilztes Haar und ungepflegter Bart, gekleidet in die üblichen Lumpen, welche die ungebetenen Besucher aus den Elendszonen außerhalb des Corpoplexes allesamt am Leib trugen. Der Mann drückte sich eng an die Wand neben dem Schott, als wolle er mit ihr verschmelzen; die ganze Zeit über glitt sein Blick rastlos aufwärts und wieder hinab, den Gang hinauf und hinunter. Er sucht die Kamera, erkannte Aishe. Er weiß genau, dass das Schott überwacht wird.

„Zoom", befahl die Sicherheitschefin des Thyssen-Kobayashi Corpoplexes Rhein. „Faktor Vier." Doch genau in dem Augenblick, in dem die Bildgröße sich vervierfachte, wandte der Geist der Kamera den Rücken zu, sodass sein Gesicht verborgen blieb, und machte sich an der Seitenwand des Schotts zu schaffen.

„Art der Penetration des äußeren Perimeters, Lehmann?", fragte Aishe, obwohl sie die Antwort eigentlich kannte. Die Auskunft des Wachhabenden bestätigte ihre stille Vermutung:

„Eingabe eines veralteten Codes an Tor Neunzehn, hat stillen Alarm ausgelöst", meldete Lehmann. „Code-Gültigkeit minus vier Tage, zwei Stunden. Kameraüberwachung seit Perimeterübertritt minus dreizehn Minuten elf, Boss. Pech für unseren Besucher, eine Woche früher hätte er es ein bisschen länger warm und trocken gehabt." Lehmann machte eine kurze Pause. „Unser Geist ist in weniger als fünfzehn Minuten von Tor Neunzehn zu Schleuse Achtzehn gelangt. Dachte, dass dich das interessieren dürfte, Boss."

„Tut es auch", bestätigte Aishe. „Eingeleitete Maßnahmen?"

„Ein Sicherheitstrupp steht hinter dem Tor bereit", antwortete Lehmann. „Zugriff?"

„Noch nicht", schüttelte Aishe den Kopf. „Ergebnisse des Biometrik-Scans?"

„Warten in deinem Postfach auf dich, Boss."

„Gute Arbeit, Kevin." Aishe rief die Daten auf und entschlüsselte sie. Es war, wie Lehmann und sie vermutet hatten, ohne es auszusprechen: Ihr Geist war ein Wiedergänger. Er stammte nicht aus den Elendszonen, er stammte aus ThyKo. Es kam immer wieder vor, dass ehemalige Plex-Bewohner versuchten, sich illegal wieder Zutritt zum Corpoplex zu verschaffen, und zu Weihnachten kam es dabei jedes Jahr zu Spitzenquoten. „Schauen wir mal, wer unser Kunde war, bevor er zum Geist wurde", murmelte Aishe und gab den Befehl zum Abgleich zwischen dem übermittelten DNA-Identifikationsschlüssel und dem Bevölkerungsarchiv von ThyKo ein. Sie hob unwillkürlich die Brauen, als sie das Ergebnis sah. „Bist mir doch gleich irgendwie bekannt vorgekommen, mein Hübscher", sagte sie leise. „Solltest es eigentlich besser wissen."

Nun ja – eigentlich sollten alle Wiedergänger es besser wissen. Niemand, der einmal aus einem Corpoplex verbannt wurde, kam je wieder in einen hinein. Die Sicherheitsmaßnahmen waren zu gut, um mit den Mitteln geknackt zu werden, die den Kommies und Plebejern der Elendszonen zur Verfügung standen. Dennoch versuchten sie es immer wieder, manchmal mit roher körperlicher Gewalt, manchmal auf den absurdesten Schleichwegen. Das Ende war immer wieder das gleiche: eine hoch dosierte Ladung Morpheum Beta, danach eine Woche schlimme Kopfschmerzen, Durchfall und Übelkeit von dem Betäubungsmittel, vielleicht ein paar blaue Flecken oder der eine oder andere Knochenbruch, wenn die Greiftrupps schlechte Laune hatten. Mit ein bisschen Glück kamen die gescheiterten Eindringlinge danach trotzdem mit dem Leben davon. Mit ein bisschen Pech wachten sie nie wieder aus der Betäubung auf: Vor allen Corpoplextoren warteten Geier in Menschengestalt, und wenn denen irgendetwas gefiel, was die Betäubten bei sich trugen, dann nahmen sie es sich und töteten das Opfer. Das Leben in den Elendszonen war hart, es war grimmig, es war nichts wert – und deshalb oft sehr kurz. Kein Wunder, dass es immer wieder Plebs gab, die diesem Leben entkommen wollten. Aishe hatte durchaus ein gewisses Verständnis für die armen Schweine.

Für Kommies und Wiedergänger hatte sie dagegen kein Verständnis. Den Kommies ging es nicht um ein besseres Leben, denen ging es darum, den Corpoplex zu infiltrieren, ihn zu sabotieren, Anschläge zu verüben oder sonst wie Chaos zu stiften, hilflose kleine Nadelstiche in ihrem lächerlichen Kampf gegen das System. Und die Wiedergänger waren Kriminelle, ehemalige Bewohner des Plexes, die sich strafbar gemacht hatten und von einem ordentlichen Firmengericht zum Exil verurteilt worden waren, als Strafe für ihre Verbrechen. Sie wurden auf Lebenszeit aus dem Plex verstoßen, und damit war es aus mit all den kleinen Annehmlichkeiten, die ThyKo und die Plexe der anderen großen Konzerne ihren Bürgern boten – aus und vorbei mit regelmäßigen Mahlzeiten, mit Strom und fließendem Wasser, mit TriDiFeed und NetLife, es war aus mit Freunden und Bekannten, mit Kind und Kegel, aus mit kostenlosen Gesundheitsprogrammen, mit Rente und Pension, aus mit Urlaub auf den Seychellen, aus mit allem, was das Leben lebenswert machte. Die Kommies mochten die Plexe hassen; die Plebs, Ureinwohner der Elendszonen, mochten in ihnen das irdische Paradies sehen; aber die Wiedergänger wussten ganz genau, was sie verloren hatten, und darum waren sie es auch, die am verzweifeltsten versuchten, es zurückzugewinnen. Und sie wussten auch am besten, dass das völlig unmöglich war.

Das hielt sie allerdings nicht von ständigen Versuchen ab. Der gegenwärtige Kandidat ging es etwas geschickter an als die meisten seiner Vorgänger – aber er hatte ja auch einen gewissen Startvorteil. Aishe sah abwechselnd vom Kamerabild zu seinen Aktendaten und wieder zurück. Mirko Remmbach, 39, vor nicht ganz einem Jahr noch Vizepräsident von ThyKo NanoTronics, Mitglied im erweiterten Vorstand von ThyKoCorp Central, auf dem Sprung in den innersten Kreis der großen Entscheider, einer der kommenden Männer nicht nur im Konzern, sondern weltweit. Und dann, vor zehn Monaten, der tiefe Fall. Die Liste der Anklagepunkte, in denen Remmbach für schuldig befunden worden war, konnte einen durchaus beeindrucken: Veruntreuung von Konzerngeldern, Verrat von geheimen Forschungsdaten an Daimler-Chrysler-Ford gegen umfangreiche Aktienpakete, Konspiration mit DaChryFo-Managern, Insider-Geschäfte mit Wertpapieren von ThyKo-Tochterfirmen, geschönte Darstellung von ungünstigen Forschungs- und Entwicklungsdaten von ThyKo NanoDyne, Einnahme und Besitz bewusstseinsverändernder Substanzen, Besitz von verbotenen Schriften und anderen illegalen Medienträgern, Beschäftigung einer illegal in den Corpoplex eingeschleusten Chinesin als Tai-Chi Trainerin und – Aishe musste es zwei Mal lesen – Tierquälerei.

„Du bist ja wirklich ein ganz böser Bube gewesen, Meister Mirko, oder?", murmelte Aishe, während sie auf dem Monitor beobachtete, wie Remmbach ein an sich gut verborgenes Wandpaneel neben dem Schott aus der Verankerung löste und die Steuerungseinheit des Schotts bloßlegte. Du kennst dich gut aus, böser Bube, dachte Aishe. Du kennst dich gut aus und du glaubst wirklich, dein kleiner Einstieg hier und deine listigen kleinen Manipulationen fallen uns nicht weiter auf? Denkst du vielleicht, wir sitzen hier alle mit Nikolausmützen auf dem Kopf besoffen herum, hören „White Christmas", stoßen mit Pappbechern an, befummeln die Praktikanten und scheren uns nicht um unseren Job?

Nein, das denkst du nicht wirklich, oder, Mirko Remmbach? Du warst mal ein ganz cleverer Bursche, und du bist es wahrscheinlich immer noch, trotz der Monate in der Elendszone, die einen Mann so schnell fertig machen können. Du bist aber noch nicht fertig, oder, böser Bube? Du hast noch ein Ass im Ärmel, stimmt's? Denn warum sonst solltest du hier sein?

Aishe las noch einmal die Liste der Strafsachen. Konspiration mit DaChryFo und Entgegennahme von DaChryFo-Aktienpaketen im Austausch für geheime Forschungsdaten ... Wenn das wahr ist – und da Remmbach von einem ordentlichen Gericht verurteilt worden war, sollte es ja wohl wahr sein – warum schlägt der sich fast ein Jahr in der Elendszone durch, nur um genau hierher zurückzukommen? DaChryFo würde den Mann doch mit offenen Armen aufnehmen, und wer fast ein Jahr in der hiesigen Elendszone aushielt, der hatte auch das Zeug, sich den Fluss entlang durchzuschlagen zum DaChryFo Corpoplex II nahe der Elendszone Köln, der musste nicht in der Nähe von ThyKo Rhein ausharren, um ausgerechnet zur Weihnachts-Wiedergänger-Rush Hour zu versuchen, sich in die alte Heimat zu schleichen. So weit, so sinnlos. Also warum bist du hier, Mirko Remmbach? Und warum benutzt du einen abgelaufenen Code niederer Exekutivstufe, von dem du wissen solltest, dass er so unauffällig ist wie ein TriDiFeed-Werbeblock von Hyper-Cola? Ein cleverer Bursche wie du, ein Bursche auf dem Weg dazu, einer der großen Bosse zu werden, ein Bursche, der weiß, dass er reichlich Staub auf der Platine hat: Der hat nicht vorgesorgt und einen Schläfer, einen Judas oder ein Osterei irgendwo im CorpoNet installiert, den er mit einem Code aufrufen kann, den nur er allein kennt und der ihm still und leise die Türen ins verlorene Schlaraffenland wieder öffnet – und das soll ich dir glauben?

Was spielst du für ein Spiel, böser Bube?

„Der Geist manipuliert den Sicherheitscode der Schleuse", meldete sich Lehmann und unterbrach Aishes Rätselraten. „Standard-Verfahren nach Schleusenöffnung, Boss? Der Trupp wartet schon."

Aishe traf eine Entscheidung. „Negativ", sagte sie. „Wiedergänger nur mit MorphoLite gewahrsamen, Subjekt dann zu SecGreen bringen, Verhörraum Zwei."

„Bestätigt", kam Lehmanns Antwort nach einer kurzen, zögerlichen Pause. „Trupp instruiert." Ein weiteres Zögern. „Anfrage taktisches Ziel?" Aishe lächelte. Lehmann war neugierig.

„Geheime Kommandosache", antwortete sie knapp. „Anweisung nach Standardverfahren protokollieren, Freigabe Ünlü Alpha Sieben Vier Blau."

„Bestätigt, Boss."

„Gut." Aishe sah zur Uhr. „Du hast in vier Minuten Feierabend, Kevin. Geh nach Hause, feiere Weihnachten, trink dir einen, küss die Frau, spiel mit den Kindern, denk nicht an Geister."

„Zu Befehl, Boss." Eine kurze Pause. „Schleuse öffnet sich."

„Zugriff", befahl Aishe.

„Zugriff." Eine weitere kurze Pause. „Zugriff erfolgreich, Subjekt gewahrsamt." Aishe hatte alles auf dem Monitor verfolgt, aber Lehmann war halt gründlich. „Folgeverfahren nach Protokoll wie angewiesen."

„Bestätigt."

„Das wär's dann, Boss. Lehmann aus in plus eins dreißig Minuten. Frohe Weihnachten, Boss!"

„Frohe Weihnachten, Kevin." Geh du schon mal deine Geschenke auspacken, dachte Aishe. Mir bringen sie mein Päckchen auch gerade her. Mal sehen, welche Weihnachtsüberraschung der tief gefallene Mirko Remmbach für mich bereithält.

Remmbach war schon wieder bei Bewusstsein, als Aishe in SecGreen eintraf. Irgendeine gute Seele hatte ihm einen Becher mit heißem Kaffee gegeben, wahrscheinlich aus weihnachtlicher Stimmung heraus. Er sah deutlich schlechter aus als die Holografie in seiner Akte, fand die Sicherheitschefin: das Gesicht fahl und ausgezehrt, die Augen tief in den Höhlen, der Bart verfilzt, die Schultern eng zusammengezogen. Es gab nicht mehr viel Ähnlichkeit mit dem Mann, der er vor einem Jahr noch war, stellte sie fest, während sie sich ihm gegenüber an den Verhörtisch setzte – mit einer Ausnahme. Seine graublauen Augen musterten Aishe Ünlü mit wachem Interesse und ungebrochen scharfem Verstand.

„Netter Versuch, Remmbach", sagte Aishe betont frostig. „Aber am Ende genauso zum Scheitern verurteilt wie die aller anderen Wiedergänger."

Remmbach lächelte mit spröden Lippen. „Aber wieso denn?" fragte er. „Ich sitze doch genau da, wo ich sitzen wollte."

„Sie sind schneller wieder draußen, als Sie denken. Sogar schneller, als es hätte sein müssen, wenn Sie ihre Trümpfe besser ausgespielt hätten." Aishe beugte sich vor. „Also streifen wir nicht lange um den heißen Brei herum: Warum haben Sie sich so schnell fassen lassen?"

„Weil ich auf genau diese Begegnung gehofft hatte." Das dünne Lächeln und der stete Blick aus Remmbachs Augen begannen Aishe nervös zu machen.

„Sie wollten mir begegnen? Warum?"

Remmbach lehnte sich im Stuhl zurück und schloss die Augen. „Die unbestechliche und unermüdliche Aishe Ünlü", sagte er. „Bienenfleißig und gerecht, jedes Jahr an Heiligabend schickt sie alle entbehrlichen Leute zu ihren Familien, hält aber selbst die Stellung, weil sie sich aus Weihnachten nicht viel macht. Meine Chancen, diese Person selbst zu sprechen, wären nie so groß wie Heiligabend, vorausgesetzt, ich könnte ihre Neugierde wecken – und voilà, hier sitzt sie vor mir."

„Das erklärt Ihre Strategie", bemerkte Aishe kühl, „aber meine Frage galt Ihrem Motiv. Ich frage nur noch ein einziges Mal, Remmbach, und wenn die Antwort wieder nur ein Auszug aus meiner Akte ist, dann liegen Sie in ein paar Minuten draußen im Regen." Sie ließ das drei Sekunden wirken. „Ich meine es ernst."

„Ich weiß", lautete die Antwort. „Ich kenne Ihr Psychogramm. In den oberen Etagen hat jeder umfangreiche Dossiers über jeden anderen, aber ich habe mich immer auch schon für die Leute interessiert, die eines Tages von unten an den Stühlen sägen könnten, auf denen die Bosse sitzen." Remmbach schlug die Lider wieder auf und starrte Aishe direkt in die Augen. „Also gut, hier ist mein Motiv: Ich bin unschuldig und kann das auch beweisen, aber für den Beweis benötige ich Ihre Hilfe. Man hat mich mit fadenscheinigen Anschuldigungen und gefälschten Beweisen kaltgestellt, weil ich etwas herausgefunden habe, das …"

Aishe schüttelte den Kopf und stand auf. „Sie hätten sich etwas Besseres einfallen lassen sollen, Remmbach. Ich bin kein Berufungsrichter, ich bin Sicherheitschefin von ThyKo Rhein."

„Und wessen Sicherheit gilt Ihre Fürsorge, Aishe Ünlü?" fragte Remmbach eilig. „Etwa nur dem Vorstand oder auch den zahlreichen anderen Bewohnern des Corpoplexes? Gilt sie nur den Bossen oder auch Ihrer eigenen Familie? Denn das, was ich herausgefunden habe, betrifft sie alle." Aishe zögerte für einen Augenblick. „Haben Sie nicht einen Vater, der übernächstes Jahr ins Rentenalter kommt?", hakte Remmbach sofort nach. „Den haben Sie doch, oder? Lieben Sie ihn?"

„Was soll dieses Gerede, Remmbach?", runzelte Aishe ungeduldig die Stirn. „Läuft das noch auf etwas Bestimmtes hinaus, oder faseln Sie nur wirres Zeug, um Ihren neuerlichen Rauswurf aufzuhalten?"

„Wenn Sie Ihren Vater lieben – oder wenn Sie sich selbst schon einmal auf Ihre eigene Pension gefreut haben –, dann hören Sie mir noch einen Augenblick zu. Wenn Ihnen das Leben und die Sicherheit der Bewohner dieses Plexes etwas bedeuten, dann hören Sie mir erst recht zu. Wenn Ihnen das alles aber scheißegal ist und Sie nur die pünktliche Überweisung Ihres Gehalts interessiert, dann schmeißen Sie mich raus, denn dann verschwende ich hier nur meine Zeit."

Aishe starrte Remmbach an und überlegte, was sie von dem Mann halten sollte. Seine scharfen Augen sahen sie unverwandt an, und er hatte mit einigem Nachdruck gesprochen. Aishe wurde das Gefühl nicht los, dass es ihm bitter ernst war.

„Also gut", sagte sie schließlich, „Sie haben sich ein paar weitere Minuten verschafft. Nutzen Sie die Zeit lieber so gut wie möglich." Sie setzte sich wieder und sah Remmbach auffordernd an.

„Ein wenig muss ich ausholen", erklärte der Wiedergänger, „aber ich komme früh genug zur Sache. Ich weiß nicht, wie gut Ihre Geschichtskenntnisse sind, aber ich nehme mal an, das Wichtigste wissen Sie: das Scheitern aller Sozialreformen Anfang des Jahrhunderts, der Staatsbankrott, die Zweite Große Koalition, die Hungermärsche, die Energierevolten, dann die Notstandsgesetze und die neokommunistische Revolution, nicht nur hierzulande, sondern auch in anderen Staaten der damaligen Europäischen Union."

„Ich bin soweit im Bilde, Remmbach. Machen Sie weiter, aber überbeanspruchen Sie meine Geduld nicht."

„Ich erwähne das alles nur, damit wir wissen, wie wir dahin gekommen sind, wo wir heute stehen", verteidigte sich Remmbach. „Sie werden das in Kürze verstehen. Nach der Errichtung der Räterepublik und dem Einmarsch der Kern-NATO ist da dieser unschöne, aber gottlob kurze Krieg, eine Menge der alten Großstädte bekommt etwas sehr viel Kollateralschaden ab, die Kommies sind wieder gestürzt, führen den Kampf aber immer noch im Untergrund weiter, die Militärkommandantur setzt eine Marionettenregierung ein, forciert den wirtschaftlichen Wiederaufbau, und die großen Weltkonzerne, mit allen erdenklichen Freiheiten ausgestattet, errichten nach und nach auf und neben den Trümmerlandschaften die Corporate Metroplexes, um die herum sich ständig ausweitende Elendszonen entstehen, die Landstriche dazwischen verwildern, aber in den Plexes geht es steil aufwärts und tarah!, da ist das Land, das wir alle kennen und lieben."

Unvermittelt wirkte Remmbach erschöpft. Er lehnte sich im Stuhl zurück und rieb sich müde die Augen. „Ich rufe das bisschen neueste Geschichte nur auf, damit wir uns eines noch einmal vergegenwärtigen können, Frau Ünlü: Es gibt in diesem Land keine zivile Regierung mehr. In Berlin sitzt eine Körperschaft, die sich Bundesregierung nennt, in Wahrheit aber nicht mehr ist als eine Art ständiger Vermittlungsausschuss zwischen der alliierten Kommandantur und den konkurrierenden Corpoplexes; kaum mehr als eine Koordinationsstelle, deren Mitglieder feierliche Reden über die Zukunft des Landes halten, für die sich keiner der wirklichen Machthaber im Land interessiert, und die detaillierte Pläne für einen gemeinsamen Wiederaufbau entwickelt, die niemand wirklich umsetzen will."

Aishe zuckte die Achseln. „Und?", meinte sie.

„Worauf ich hinaus will: Es gibt keine landesweiten Gesetze mehr, die alle Bürger schützen, es gibt überhaupt außerhalb der Corpoplexes und der Garnisonen keinerlei Gesetz und Ordnung mehr, und die Gesetze innerhalb der Corpoplexe sind nichts weiter als Unternehmensrichtlinien, Arbeitsbestimmungen, Verordnungen und Anweisungen, die man sich ganz oben ausdenkt und nach unten weitergibt, wo man sie entweder befolgt oder gefeuert wird – und hinausgeschmissen zu werden hat dieser Tage eine etwas schärfere Bedeutung als im letzten Jahrhundert. Alles Gesetz ist Konzerngesetz, und Gesetz ist das, was der Konzern dazu erklärt. ThyKo hat seine eigenen Gesetze, DaChryFo hat seine eigenen, NokiCity wieder andere und so weiter. Kein Bewohner der Plexes kann zu irgendeiner übergeordneten Instanz gehen und irgendwelche Rechte einklagen. Die Konzerne beherrschen das Land und die Leute wie mittelalterliche Feudalherren."

„Mir kommen gleich die Tränen", bemerkte Aishe spitz. „Was soll das sein, Remmbach, der flammende Appell eines jüngst bekehrten Paulus? Bis vor einem Jahr waren Sie selbst ein Top-Nutznießer des Systems. Und den meisten Leuten in den Plexes geht es blendend. Mir selbst geht es blendend."

„Noch", murmelte Remmbach. „Was das alles soll: Niemand kontrolliert die Konzerne. Innerhalb ihrer Corpoplexe können sie tun und lassen, was sie wollen."

„Worin liegt das Problem? Es ist ihr gutes Recht."

Remmbach beugte sich vor. Die Müdigkeit hatte seine Augen wieder verlassen. „Und ist es auch ihr gutes Recht", fragte er leise, aber mit scharfer Stimme, „über neunzig Prozent ihrer verdienten Mitarbeiter nach Überschreiten der Pensionsgrenze zu töten?"

Aishe starrte ihn an. „Sie sind verrückt", sagte sie endlich. „Das würde man niemals tun! Das ..."

„Das tut man ohne viel Federlesens, Frau Ünlü. Ich weiß, wovon ich spreche. Vergessen Sie bitte nicht, wer und was ich einmal war."

„Aber warum sollte ..."

„Gewinnmaximierung", unterbrach Remmbach trocken. „Wird unter anderem durch konsequente Kostendämpfung erreicht. Betrachten Sie die Sache einmal ökonomisch: Aufgabe, Ziel und Lebenszweck eines aktiennotierten Konzerns ist es, möglichst viel Gewinn zu erwirtschaften und regelmäßig eine möglichst hohe Dividende an seine Anteilseigner auszuschütten. Früher nannte man das Shareholder-Value. Soziale, humane oder moralische Aspekte spielen dabei keinerlei Rolle, der Konzern ist ein rein profitorientiertes Unternehmen und kein Wohlfahrtsstaat. Soziale Kompetenz entwickelt und pflegt er allein aus einem Grund: um die Leistungsfähigkeit seiner menschlichen Produktivkräfte zu optimieren. Man wartet ja auch seine Maschinen, um ein Höchstmaß an Leistung über eine ideale Funktionsdauer zu gewährleisten."

„Sie reden mich wirr", murmelte Aishe.

„Ich plaudere lediglich aus dem Nähkästchen", winkte Remmbach ab. „Also weiter: Wenn die unumgänglichen Investitionen in das so genannte Humankapital die daraus gewonnene oder noch zu gewinnende Wertschöpfung überschreiten, dann entsteht ein unwirtschaftliches Ungleichgewicht zwischen den Kosten- und den Gewinnfaktoren, und geeignete Maßnahmen müssen ergriffen werden. Eine veraltete und unökonomische Maschine würden Sie verschrotten. Und einen Menschen?"

„Ich schicke ihn in Pension?", vermutete Aishe.

„Aber nein", schüttelte Remmbach den Kopf. „Das wäre in etwa so, als würden Sie einen Teil Ihrer Produktionsstätten für ausgemusterte Maschinen reservieren, obwohl Sie den Platz eigentlich brauchen, und als würden Sie den alten Dingern durchgehend ein gewisses Maß an Energie zukommen lassen, die anderswo besser eingesetzt wäre, und als würden Sie qualifiziertes Personal für Wartungs- und Pflegearbeiten an nutzlosen Altgeräten abstellen, obwohl dieses Personal anderswo besser eingesetzt wäre." Remmbachs Lächeln war nadeldünn. „Nein, Frau Ünlü. Die Entsprechung zur Verschrottung ist die proaktive Sterbehilfe."

Aishe sagte nichts. Ihre Gedanken rasten. Der Mann redete irres Zeug. Der Mann musste einfach irres Zeug reden!

„Mit dem Erreichen der Pensionsgrenze kommt der Bewohner eines Corpoplexes in die Rückstellungsphase", führte Remmbach ungerührt weiter aus. „Er ist als qualifizierter Produzent untauglich geworden, aber er kann noch immer als qualifizierter Konsument für positive Impulse sorgen, indem er Nachfrage ankurbelt, Geldwerte zirkuliert oder ein paar andere nützliche Dinge tut. Solange seine Nutzquote seine Kostenquote übersteigt, ist alles in Ordnung. Wenn Sie nach Ihrer Pensionierung noch lange gesund und aktiv bleiben, Frau Ünlü, dann bleiben Sie noch eine Weile ein Gewinnfaktor, und es wird Ihnen gut gehen. Doch wenn Sie krank werden, wenn Sie in Passivität verfallen, wenn Ihr persönlicher Beitrag zum Bruttocorpoprodukt ein Minuswert wird, dann werden Sie zu einem Kostenfaktor, und spätestens bei der nächsten Kostendämpfungsrunde sind Sie dran. Sie werden wegrationalisiert, und das auf sehr endgültige Weise. Ihr Wert als Mensch interessiert niemanden. Interessant sind Sie einzig und allein als ökonomische Entität."

Aishe Ünlü und Mirko Remmbach starrten sich an. Eine schweigende, stille Minute verging. Zwei Minuten. Drei.

„Angenommen, Sie hätten Recht", sagte Aishe schließlich heiser. „Ich halte Sie für einen Irren, aber nur mal angenommen ... welche Beweise haben Sie? Und was haben Sie davon, dass Sie damit herkommen? Was wollen Sie damit erreichen, Remmbach? Ich kaufe Ihnen irgendwie nicht ab, dass Sie das aus Menschenliebe tun."

„Oh, ein bisschen böse Rache an den Leuten, die mich kürzlich abserviert haben, wäre doch schon ein gutes, traditionelles und allzu menschliches Motiv, oder, Frau Ünlü?" An Remmbachs Lächeln konnte man festfrieren. „Lassen Sie sich das genügen. Wenn ich Ihnen erzählte, dass mich Spurenelemente von Gewissen und Menschlichkeit niemals verlassen haben und dass ich deswegen im Vorstand protestierte und von denen ausgeschaltet wurde, dann würden Sie mir ohnehin nicht glauben wollen. Aber auf Treu und Glauben allein müssen wir uns ohnehin nicht beschränken. Ich habe Ihnen Beweise versprochen. Ich will sie gern liefern. Wir brauchen ein Computerterminal mit Alpha-Priorität. So etwas sollte doch in Ihrem Büro in SecCentral stehen."

Aishe sah Remmbach lange an. „In Ordnung", sagte sie schließlich. „Gehen wir."

SecCentral war nahezu verwaist, als Aishe und Remmbach dort eintrafen. Ein Bereitschaftstrupp langweilte sich im Entspannungsraum, ein Kommunikationsoffizier für eingehende Notfälle starrte düster auf seinen notfallfreien Monitor, und Kevin Lehmann saß vor seinem Terminal und füllte ein Formular aus.

„Noch nicht zu Hause, Kevin?", fragte Aishe. Ihr Stellvertreter zuckte die Achseln und verdrehte die Augen.

„Wurde Unfallzeuge auf dem MagnExpress, Boss, dachte, ich nehme die Sache gleich in die Hand, ist sowieso kaum noch ein anderer im Dienst. Nur noch ein paar Einträge, dann war's das für mich."

„Das hätte auch bis nach Weihnachten warten können, Kevin", mahnte Aishe mild.

„Eines der Opfer ist sehr schwer verletzt, macht es vielleicht nicht mehr über die Feiertage. Dachte, ich mache den Datenkram besser vorher fertig, für den Fall der Fälle." Lehmann grinste bübisch. „Wie sagt mein Boss doch immer: Ein Sicherheitsmann ..."

„... ist immer im Dienst", vollendete Aishe schmunzelnd. „Schon gut, schon gut. Aber mach' nicht mehr zu lange, deine Familie wartet."

„Zu Befehl, Boss." Ohne Remmbach auch nur eines neugierigen Blickes zu würdigen, ging Lehmann wieder an seine Arbeit.

„Online!" befahl Aishe, als sie mit Remmbach ihr Büro betrat, und der TriDi-Schirm an ihrem Schreibtisch wurde hell. „AlphaPrio TopSec, Freigabe Ünlü Drei Zulu Gelb Sechs Null, Sequenz Beta Null Null Sieben." Der Schirm wechselte die Farbe zu einem gediegenen Goldgelb. Aishe sah Remmbach an, als sie sich in ihren Stuhl fallen ließ. „Dann zaubern Sie mal, Remmbach."

„Aufruf alle Dateien ThyKo Sonnental, ThyKo Waldesruh, ThyKo Wiesengrund", sagte Remmbach, und Aishe gab seine Anweisungen weiter. „Abfrage Belegerzahlen einzeln und in Summe. Energiebedarfsermittlung laut Belegerzahlsumme, Abgleich tatsächlicher Energieverbrauch, Abgleich Kostenabrechnung tatsächlicher Energieverbauch. Ergebnisse."

„Diskrepant", vermeldete die angenehme weibliche Computerstimme. „Tatsächlicher und verrechneter Energieverbrauch um Faktor 7,89 niedriger als Belegerzahl."

„Gleiche Abfrage, Parameterwechsel von Belegerzahl zu Nahrungsbedarf. Abgleich Nahrungsbedarf mit tatsächlichem Nahrungseinheitenverbrauch und Nahrungskostenabrechnung. Zusätzlich: Gegenprüfung mit Abrechnungen und Logistikdaten zuliefernder GastroCenters. Ergebnisse."

„Diskrepant. Nahrungsbedarf um Faktor 7,89 niedriger als tatsächlicher und verrechneter Nahrungsverbrauch. Gegenprüfung diskrepant. Verrechnung ausgelieferter Nahrungseinheiten und notwendiger Transporte um 7,89 geringer als Bedarf."

Aishe starrte auf die Zahlen, die über den Bildschirm liefen. Nach allem, was sie dort sah, waren die drei Rentenheime angeblich mit insgesamt über 10.000 Menschen belegt, verbrauchten aber nur Energie- und Nahrungswerte für rund 1.270 Pensionäre. Entweder rechnete hier jemand in großem Stil in die eigene Tasche, oder den Heimen fehlten fast neuntausend Bewohner. Ihr wurde schwindelig.

„Neuer Aufruf", hörte sie Remmbach sagen. „Alle Daten ThyKo Müllverbrennung III. Abfrage Anlieferung aus ThyKo

Sonnental, ThyKo Waldesruh, ThyKo Wiesengrund, Abgleich gegen Entsorgungsbedarf. Ergebnis."

„Deckungsgleich", antwortete der Computer.

Remmbach nickte grimmig. „Berechnung: Anteil Deklaration Biomüll an Gesamtmenge? Ergebnis."

„Anteil deklarierter Biomüll: neunzig Prozent."

„Da haben Sie die Prozente wieder, die oben gefehlt haben, Frau Ünlü", meinte Remmbach. „Sie sind in die Öfen gewandert. Ich denke, ab hier können Sie allein weitermachen."

Aishe begann weitere Datensätze abzurufen. Die Diskrepanzen mehrten sich. Langsam aber sicher begann sich das Büro um sie zu drehen.

„Nur die Gesündesten und das private Umfeld der obersten Führung werden wirklich versorgt", flüsterte Remmbach. „Dazu gibt es noch ein paar menschliche Ausstellungsstücke für Präsentationszwecke, die so oft bewegt und verschoben werden, dass sie keinen Überblick mehr haben, mit wem – und mit wie vielen Nachbarn – sie eigentlich zusammenleben sollten. Wenn Ihnen die Daten nicht reichen, Frau Ünlü, dann machen Sie doch einem der Heime mal einen Überraschungsbesuch, so gegen drei Uhr morgens vielleicht, wenn niemand darauf vorbereitet ist. Sie werden staunen, wie wunderbar ruhig es dort ist. Und wie leer."

„Wir warten nicht bis irgendwann", sagte Aishe mit bebenden Lippen. „Wir gehen jetzt gleich!"

Remmbach zuckte die Achseln. „Wie Sie meinen."

Aishe stand auf, gab den Sicherheitscode für ihren Waffenschrank ein, entnahm dem Schrank eine Feuerwaffe und einen MorphoLite-Schocker, dann verriegelte sie den Schrank wieder und wandte sich Remmbach zu, das Gesicht fahl, aber mit grimmig entschlossener Miene. „Wir nehmen Kevin mit", beschloss sie. „Er ist ein guter Mann, etwas übereifrig, aber zuverlässig. Wenn ich dort vorfinde, was Sie sagen und ich inzwischen selbst befürchte, dann wird sich in diesem Corpoplex sehr bald sehr viel ändern, das verspreche ich Ihnen! Also los!"

Sie ging zur Tür und riss sie auf. Mit einem raschen Schritt war sie durch die Tür, Remmbach auf dem Fuße.

Draußen erwartete sie schon der Greiftrupp. Aishe hatte eben noch Zeit, hinter den Männern das verstörte Gesicht von Kevin Lehmann und das selbstzufriedene Konterfei von Planungsvorstand Dr. Meyerbeer zu erkennen, da hörte sie auch schon den Feuerbefehl. Je ein halbes Dutzend Injektionsgeschosse schlug in ihrem und Remmbachs Körper ein. Das Morpheum Beta wirkte blitzschnell. Den Aufprall ihres Körpers auf dem Boden bekam sie schon nicht mehr mit.

„Das war wirklich gute Arbeit, Herr Lehmann", lobte Dr. Meyerbeer, als er etwas später aus Aishes Büro wiederkam. „Da haben Sie sehr gut reagiert."

„Sie hat sich heute so merkwürdig verhalten, kaum dass der Wiedergänger auftauchte", versuchte Lehmann zu erklären. „Erst dieser Zugriff, der so gar nicht dem Standard entsprach, und dann bringt sie den Kerl auch noch hierher ... ich musste die Sache einfach weiterleiten."

„Natürlich", beruhigte der Planungsvorstand den nervösen Mann. „Ihre Geistesgegenwart hat das Schlimmste verhindert. Unsere SysAdmins konnten genau verfolgen, welche Daten die beiden abriefen. Es war verdammt knapp, und GenMoBishi hätte sich über ein extrem großzügiges Weihnachtsgeschenk freuen können. Aber machen Sie sich mal keine Sorgen mehr, Herr Lehmann, alles wird gut."

„Sie ist kein schlechter Mensch", meinte der besorgte Lehmann. „Ich ..."

„Man wird versuchen, ihr zu helfen, so gut es eben geht", versicherte Dr. Meyerbeer. „So, und nun gehen Sie endlich nach Hause, mein lieber Lehmann, Sie haben heute wirklich schon mehr als genug geleistet." Er klopfte dem Sicherheitsmann auf die Schulter. „Nach den Feiertagen werden wir Sie umfassend informieren." Meyerbeer lächelte. „Schließlich sind Sie dann unser neuer Sicherheitschef. Herzlichen Glückwunsch! Und ein frohes Fest!"

„Frohes Fest!" wünschte ein verdatterter Lehmann und ließ sich von Meyerbeer mit sanfter Gewalt zur Tür von SecCentral hinausbugsieren, während sich ganz langsam ein glückliches Lächeln auf seinem Gesicht ausbreitete. Meyerbeer sah ihm nach, bis er hinter der nächsten Korridortür verschwunden war, dann kehrte er in die Zentrale zurück. Schweigend betrachtete er eine Weile die beiden regungslosen Körper vor der Bürotür, bis er die Schritte mehrerer Personen in seinem Rücken hörte. Er wandte sich um und begrüßte mit einem zufriedenen Nicken das Dutzend Männer und Frauen in den dunkelblauen Uniformen, deren Gesichter hinter den verspiegelten Helmvisieren nicht zu erkennen waren. Dann richtete er seine Aufmerksamkeit auf den Anführer des regulären Greiftrupps, der ihn fragend ansah.

„Sie können abrücken", befahl Meyerbeer. „Sie und Ihr Trupp haben ab sofort eine Woche Sonderurlaub. Die Leute von Sektion Zwölf übernehmen ab jetzt."

Der Truppführer war klug genug, sich jede Erwiderung zu verkneifen. Wortlos verließ er mit seinen Leuten SecCentral.

Dr. Meyerbeer sah noch einmal zu den beiden Betäubten hinunter. „Schafft sie vor Tor Zehn und lasst sie dort liegen", befahl er, ohne aufzusehen.

„Vor Tor Zehn lagern an den Festtagen sehr viele Geier", bemerkte der Anführer von Sektion Zwölf ohne erkennbare Regung in der Stimme. „Und die beiden hier werden frühestens übermorgen wach."

Dr. Meyerbeer lächelte still. „Ach ja – wie gut, dass Sie mich erinnern." Er rieb sich sanft das Kinn. „Nun, wenn das so ist, dann zieht ihnen erst warme Mäntel über. Die werden sie draußen in den Elendszonen sicher gut gebrauchen können." Noch immer lächelnd, beugte er sich zu Remmbach hinunter und tätschelte dessen bärtige Wange. „Machs gut, Mirko. Und ein frohes Fest!" Dr. Meyerbeer richtete sich auf und rieb sich die Hände. Leise vor sich hinsummend verließ er SecCentral. Und während sich Sektion Zwölf an die Arbeit machte, drangen aus einem Deckenlautsprecher leise die ersten Takte von „White Christmas".

Gero-Rallye 2034

Rixa von Erlenbach

„Du bist komplett verrückt geworden, Mutti!" wiederholt mein Sohn zum dritten Mal in der letzten halben Stunde und verschränkt die Arme vor der Brust.

„Das verstehst du nicht, Helmut!" entgegne ich gereizt, deute auf das weiße, viereckige Stück Stoff, auf dem die Nummer 18 in dickem Schwarz prangt. „Nun, gib schon her!"

Widerwillig hält er es mir vor die Nase, entfernt dann ruppig die Klebestreifen auf der Rückseite und pappt es auf meine Wirbelsäule. Ich verkneife mir ein „Au", was ihn nur noch wütender machen würde. Dann trete ich aus der Umkleidekabine vor den großen Spiegel an der Wand, mustere mein Ebenbild kritisch.

„Die Haare hätte ich mir noch machen lassen sollen. Ich sehe aus wie ein Besen", witzele ich.

In dem rotgelben Kostüm habe ich etwas von einer rundlichen Rakete, und diese Turnschuhe ... So was habe ich zuletzt als Teenie in den achtziger Jahren getragen. Mein ganzes Leben war ich eher schmal, aber seit den letzten Jahren verändere ich mich zusehends in Richtung meiner Oma, mit ihrem Kaffeekränzchen-Übergewicht. So wollte ich niemals aussehen. Es kommt, wie es kommt. Als ich jenen Schwur aussprach, hätte ich mir auch nie träumen lassen, einmal an so etwas wie einer *Gero-Rallye* teilzunehmen.

Ich habe mir als junge Frau nie Gedanken über eine *Altenschwemme* oder andere soziale Probleme gemacht. Höchstens um drohende Arbeitslosigkeit für meinen Sohn. Doch in den letzten dreißig Jahren hat sich so viel verändert, dass man daran nicht mehr vorbeisehen konnte.

Jetzt bin ich gerade sechzig geworden. Sozusagen die Mitte meines Lebens, denn medizinisch ist man so weit, dass die Menschen in der westlichen Welt über 100 Jahre alt werden können. Statistisch gesehen liegt die durchschnittliche Lebenserwartung für Frauen bei 110 Jahren, für Männer, denen wir da genetisch immer noch im Vorrang sind, bei 90 Jahren.

Die neue *Altenschwemme* haben sie es genannt. Weltfrieden, eine Fast-Ausrottung und Bekämpfung von Seuchen – Krebs ist zu 90 % heilbar, die Vorsorgen verpflichtend – haben unter anderem dazu geführt, dass die Menschen zäh- und langlebig werden und dennoch: Wohnraum wird langsam Mangelware, die Chinesen haben der Weltmacht USA den Rang abgelaufen, mittlerweile viele Firmen in den Westen verlegt und beschäftigen zu Billiglöhnen. Die Arbeitslosigkeit ist extrem hoch, Helmut schon seit zwanzig Jahren arbeitslos. Da Schwarzarbeit sogar mit langjährigen Haftstrafen geahndet wird, hat er große Mühe, Frau und Kinder über Wasser zu halten. Ich glaube, er und seine Frau haben die beiden Kleinen nur bekommen, weil das *Geburtenförderungsgeld* ihnen für die ersten fünf Jahre ganz gut über die Runden hilft. Wenngleich ich mir die Zukunft der Kleinen auch eher düster vorstelle. Die Ausgangssperre ab 18 Uhr für Kinder ab 10 Jahren, zum Beispiel, wird ihnen spätestens als Teenies viele Dinge nehmen, die selbst ihr Vater noch genießen konnte. Ich verstehe, dass die Jugendkriminalität nicht anders in den Griff zu bekommen war, aber die Kinder sitzen schon jeden Tag der Woche bis nachmittags in der Schule, da bleiben keine Freiheiten mehr.

Als mir eine Bekannte das bunte Blättchen mit der Werbung für die *Gero-Rallye* im Fernsehen zeigte, habe ich nicht lange gezögert. Noch am selben Tag füllte ich die Bewerbung aus, sehr zum Bedauern meines Sohnes. Aber es klang einfach zu verlockend.

„Union-TV: Ihr 24-Stunden-Spielshow-Kanal präsentiert die Gero-Rallye 2034! Seit nunmehr 5 Jahren bieten wir dieses beliebte Konzept als unseren Dauerbrenner an! Sind auch Sie 60 Jahre oder älter, bei guter geistiger und körperlicher Verfassung?

Ist auch Ihr Leben geprägt von der Tristesse des Alters? Plagen auch Sie finanzielle Nöte, und haben auch Sie nicht lange schon auf die Chance Ihres Lebens gewartet? Auf Ehre, Reichtum, Anerkennung – kurzum ein sorgenfreies Leben im Herbst des Lebens? Dann bewerben Sie sich noch heute! Füllen Sie den unteren Abschnitt dieses Zettels aus, und schicken Sie ihn an die angegebene Adresse! Legen Sie eine Bescheinigung Ihres Arztes über ihren Gesundheitszustand dazu, und mit ein bisschen Glück melden wir uns bei Ihnen!"

Ich wendete den Zettel und las auf der Rückseite weiter: „Die Gero-Rallye läuft einmal jährlich im Union-TV. Fünf Tage lang treten 20 Männer und Frauen in einem packenden Duell gegeneinander an. Austragungsort ist ein Areal im Schwarzwald, von dem aus wir dreimal täglich für jeweils zwei Stunden live weltweit über den Stand der Rallye berichten. Dem oder der Überlebenden winkt ein großzügiges monatliches Honorar, das bis zum Lebensende gezahlt wird, vererbbar auf den nächsten Angehörigen ist und das alle finanziellen Freiheiten für die Familie erlaubt! Und als Bonus erfüllen wir noch die magischen drei Wünsche, wie Haus, Weltreise oder was immer man sich erträumt!"

Zugegeben, eine Weile stand ich einfach nur da, betrachtete den Zettel, las ihn noch einmal. Dann fiel mein Blick auf die kleine Wohnung in diesem unerträglichen Wohnwürfel, die ich mir mit meinem Sohn und seiner Familie teilen musste. Helmut, der gelangweilt am Küchentisch saß, wieder und wieder die Zeitung durchblätterte auf der Suche nach Stellenangeboten, und der doch wieder leer ausging, wenn er sich vorstellte. Dachte an die Kinder, an diese grauenvolle, militärhafte Schule mit ihren viel zu engen Zimmer, und an meine Schwiegertochter, die Nacht für Nacht in der Spielothek arbeitete, wo sie nicht nur einmal die Woche die Polizei im Haus hatten.

Mein Mann ist schon lange tot. Vielleicht hätte er mich davon abhalten können. Aber so füllte ich den Zettel aus, ging zu meinem Arzt, bekam die Bescheinigung, dass ich noch ganz gut beisammen war und verheimlichte allen, worum es ging, bis ich als Kandidatin für die nächste Rallye eingeladen wurde.

Und so landete ich im Schwarzwald, in einem abgeschlossenen Areal, dessen Größe man uns nicht mitteilt. Eine dicke Mauer wird uns von dem Rest der Welt abschirmen. Mein Sohn Helmut hat mich hierher begleitet ...

MONTAG

„Du bist dir wirklich darüber im Klaren, dass du dabei draufgehen kannst?" fragt er noch einmal.

„Hältst du mich für blöd? Ich tue es für euch, weniger für mich! Und so rostig bin ich noch nicht! Wenn ich gewinne, profitieren wir alle davon. Und sag selbst: So wie jetzt kann es nicht weitergehen, oder?"

Er schweigt kurz, nickt dann.

„Aber es gibt sicher andere Wege ..."

„Nun bin ich hier, und das zählt!" unterbreche ich ihn.

Es klopft. Die Assistentin holt mich aus der Garderobe und bringt mich ins Studio. Ich werfe Helmut noch einen kurzen Blick zu, der mit hängenden Schultern im Gang stehen bleibt.

Im Studio sehe ich zum ersten Mal die anderen Kandidaten. Zehn Männer und zehn Frauen, zu denen ich mich stelle. Zwei Männer sehen schon recht gebrechlich aus, die anderen haben sich, so wie ich, gut gehalten.

Wir bekommen unsere Instruktionen von einem Showmaster, der jünger ist als mein Sohn. Während er an uns vorbeischreitet, jeder sich vorstellen soll, stellt er seine Fragen in einem Tonfall, den nur Menschen an den Tag legen können, die alle älteren Menschen für absolut senil und begriffsstutzig halten.

„Und nachher setzt er sich in seinen Porsche, irgendein dummes Blondchen neben sich auf dem Beifahrersitz ...", denke ich.

„Meine Damen und Herren, Sie haben fünf Tage Zeit, Ihre Gegner auszuschalten, wobei dies nicht unbedingt wörtlich zu nehmen ist. Von dem Basislager aus, müssen Sie diesen Ziel-punkt auf der Karte erreichen ..." Auf einer Leinwand wird eine Karte des Areals eingeblendet, das Basislager leuchtet als grüner Punkt auf, dann der Zielpunkt fast am oberen Ende in rot. „Es sind verschiedene Dinge, wie Nahrungsmittel, Waffen und Ori-entierungshilfen versteckt. Dies kann zum Beispiel in einem Busch sein oder in einer Kiste am Wegesrand. Wir haben unse-ren Mitarbeitern da freie Hand gelassen, was phantasievolle Ver-stecke betrifft. An bestimmten Punkten befinden sich Kameras. Schließlich möchten unsere Zuschauer über den Stand der Rallye stets informiert sein. Und natürlich sind unsere *stillen* Beobach-ter stets in greifbarer Nähe, um einzugreifen, wenn es zu Prob-lemen kommen sollte. Liebe Zuschauer, natürlich haben wir auch die eine oder andere kleine Falle eingebaut, denn allzu ein-fach soll es ja nicht sein!"

Er setzt ein breites Grinsen auf, zwinkert uns zu und verkün-det noch einmal in die Kameras, was es zu gewinnen gibt. Dann stellt er sich vor einen roten Knopf. Man gibt uns ein Zeichen, uns vor einer großen Tür zu postieren, die sich nun langsam nach außen öffnet.

„Und nun: auf zur Gero-Rallye 2034! Viel Glück! Möge der oder die Bessere gewinnen!"

Er drückt den Knopf herunter, ein Signal ertönt und wir lau-fen los.

Draußen scheint die Sonne, steht hoch am Himmel. Ich halte inne, hebe meine Hand schützend vor die Augen. Eine Frau be-ginnt sogleich in einem nahe gelegenen Busch zu wühlen und zeigt uns dann grinsend einen Kompass. Mit dem guten Stück in der Hand rennt sie dann wie von der Tarantel gestochen einen kleinen vor uns liegenden Hügel hinauf. Die anderen folgen ihr, bis auf einen älteren Mann. Er sieht ihr, wie ich, kopfschüttelnd nach. Ich schätze ihn auf Anfang siebzig. Groß und hager ist er, wirkt durchtrainiert.

„Thomas Markert", sagt er dann, streckt mir die Hand hin, „ich finde, wir sollten uns zusammentun!"

„Karina Schulze", erwidere ich, schüttele kurz seine Hand, werfe ein: „Aber in den Regeln stand, dass es verboten ist. Und ich mache das hier nicht zum Spaß!"

„Genau wie ich!" meint er. „Und es muss doch keiner wissen!"

„Aber die versteckten Kameras ..."

Er nickt, zuckt kurz mit den Schultern.

„Ich mache das hier auch nicht zum Vergnügen mit, es war nur ein Vorschlag. Sie können es sich ja noch überlegen."

Ich muss mir selbst eingestehen, dass seine charmante Art mir durchaus gefällt. Aber andererseits habe ich keine große Lust, mein Preisgeld zu teilen, sollte ich gewinnen. So was endet immer im Streit, und nur einer kann gewinnen. Darum geht es bei der Rallye. Andererseits keimt in meinem Innern gerade der dunkle Gedanke, sein Angebot nur für die Zeit der Rallye gewissermaßen zu missbrauchen, und dann kann ich am Schluss ... Mit einer Handbewegung verscheuche ich die dunklen Gedanken, wundere mich kurz über mich selbst und höre mich dann sagen: „Hören Sie, verbleiben wir so: erstmal geht jeder seiner Wege, und vielleicht tun wir uns später noch zusammen?"

Er nickt, lächelt.

„Einverstanden!"

Damit joggt er den anderen nach, die hinter dem Hügel verschwunden sind. Ich sehe mich um, sehe die Kamera im Baum neben mir.

„Nun", sage ich in die Richtung, „ich werde jetzt einfach querfeldein laufen. Man muss nicht immer dem Herdentrieb folgen!"

Damit hüpfe ich in die Büsche am Wegesrand, kämpfe mich durch das Gestrüpp.

Meine Idee war nicht so schlecht. Zweimal bin ich zwar im Dreck ausgerutscht, in einem Waldstück herumgeirrt, wo ich aber zwei Päckchen mit Essen gefunden habe sowie eine Flasche Wasser. Während ich lief, schlang ich zwei Sandwichs hinunter, spülte mit dem Wasser nach. Die Süßigkeiten aus den Päckchen habe ich für Notzeiten in meinem Jogginganzug verstaut.

Einmal zerreißt ein Knall die Stille des Waldes. Ich ignoriere es, lasse mich einen kleinen Abhang hinunterrutschen und lande in einem kleinen Graben. Die Sonne geht bald unter.

„Ich muss einen Unterschlupf finden", sage ich zu mir selbst, will aus dem Graben klettern, als ich etwas Weiches unter meinen Füßen spüre.

Schnell sehe ich nach unten, auf das Laub, aus dem jetzt eine Hand ein Stückchen herausragt. Mein Fuß schiebt das Laub etwas weiter zur Seite. Im Graben liegt eine der Frauen. Ihre Schulter ist mit rostrotem Blut verschmiert, Sprenkel bedecken ihren Hals, das Gesicht. Mir wird schlecht.

Da waren es nur noch neunzehn ...

Schnell wende ich mich ab, luge aus dem Graben, blicke nach allen Seiten, ob auch niemand mich im Visier hat und stürme auf die andere Seite, lasse mich hinter einen Steinhaufen sinken, beschließe, hier die Nacht abzuwarten.

DIENSTAG

Die Nacht verbrachte ich damit, bei jedem noch so kleinen Geräusch der Natur hochzuschrecken. Mühevoll quälte ich mich angesichts meines harten Lagers hoch, fühlte mich wie nach einer durchzechten Nacht. Auf der anderen Seite des Weges zogen zwei Männer in blauen Overalls die Leiche der Frau aus dem Graben, rollten sie in eine dunkle Plastikplane und trugen sie davon. Einer grüßte mich, tippte sich an die Stirn.

„Morgen!"

Ich hob müde die Hand, reckte mich. Dann schlug ich einen Weg ein, der rechts hinunter zu einem See führte.

Am Ufer streiten sich ein Mann und eine Frau. Der laue Wind trägt ihre Stimmen zu mir herüber. Es geht anscheinend um etwas Essbares, eine Waffe, deren sofortige Herausgabe die Frau fordert. Ich hocke mich in das hohe Gras, beginne einen Schokoriegel zu essen. Die Frau befindet sich in einer schlechten Position, denn der Mann ist weitaus stabiler gebaut als sie, und er hat nun die Waffe in der Hand. Ich muss unwillkürlich ein, wenn auch schadenfreudiges, Kichern unterdrücken. Da höre ich plötzlich eine Stimme, jemand setzt sich schnell neben mich. Erschreckt reiße ich den Kopf herum, starre in das Gesicht einer Frau. Ihr langes graubraunes Haar fällt offen über ihre Schultern. Um ihre linke Hand ist ein Lumpen gewickelt, der blutbefleckt ist. In der linken hält sie ein Gewehr. Ich schlucke.

„Was?" frage ich unvermittelt.

„Ich habe nur gefragt, ob Sie etwas zu essen haben", lächelt sie.

Ich krame unsicher einen zweiten Schokoriegel hervor, reiche ihn ihr.

„Sie scheinen sich zu streiten", meine ich, deute auf die beiden am Strand.

„Gut für uns!" sagt sie voller Überzeugung, isst hastig den Riegel auf.

Eine Weile schweigen wir. Sitzen da wie ein altes Ehepaar, das gebannt auf die allabendlichen Nachrichten im Fernsehen starrt. Am Wasser verpasst der Mann der Frau eine Ohrfeige, will gehen. In diesem Moment springt meine Nachbarin auf, hebt ihr Gewehr an die Schulter und schießt viermal. Ich halte mir die Ohren zu, sehe die beiden Menschen am Strand zu Boden sinken.

„Los!" meint sie zu mir, schultert das Gewehr, gibt mir einen Klaps auf die Schulter und rennt hinunter zum See. Zögernd laufe ich ihr nach.

Sie weist mich an, gut aufzupassen, ob uns jemand beobachtet, während sie die Leichen plündert. Ich bekomme den Revolver des Mannes, einige Patronen. Mein Blick fällt auf die Frau, der sie jetzt einen Kompass aus der Hosentasche zieht.

„Ich kenne sie", bemerke ich leise. „Sie hat ihn gleich am Anfang gefunden."

„Na dann", entgegnet die andere. „Gut gemacht! Aber gebracht hat es ihr nicht viel! Ich heiße übrigens Laura!"

„Karina!"

Wir reichen uns kurz die Hände.

„Ich will nicht fragen, ob Ihnen das leicht gefallen ist, denn das ist es sicher nicht ...", beginne ich, verstaue den Revolver umständlich in meinem Hosenbund.

„Doch!" grinst Laura. „Das erste Mal war gewöhnungsbedürftig, aber mit der Zeit ..."

Gewöhnungsbedürftig, wabert es durch meinen Kopf.

Ich beginne einen mordenden Rambo-Verschnitt in ihr zu sehen, räuspere mich.

„Wie viele haben Sie denn schon ...?"

Sie hebt alle fünf Finger hoch.

„Mit diesen beiden Früchtchen hier!" ergänzte sie und fügt dann hinzu: „Militärschule Hamburg! Da habe ich über zwanzig Jahre ausgebildet, als man uns Frauen endlich die gleichen Chancen beim Bund eingeräumt hat!"

„Oh."

Mehr fällt mir nicht dazu ein.

„Glauben Sie mir, wir haben es den Männern wirklich gezeigt! Und als ich von der Rallye las, dachte ich, hier kann ich den alten Kampfgeist wiederaufleben lassen! Und Sie?"

„Ich war Hausfrau und Mutter", erwidere ich kleinlaut. „Wir können das Geld gut gebrauchen, und unsere kleine Wohnung ..."

„Na, na!" Sie schlägt mir sachte auf die Schulter. „Kopf hoch! Zähne zusammenbeißen!"

Dann erzählt mir Laura, dass es unweit vom See eine Hütte gibt. Dorthin hat sie sich zurückgezogen. Eigentlich, bemerkt sie, sei sie eher eine Einzelgängerin, aber vielleicht könnte man sich ein Weilchen arrangieren. Ich willige ein, weil es mir in ihrer Gesellschaft recht sicher erscheint. Und auch, weil sie verspricht, mir später am Tag das Schießen beizubringen.

Laura hält ihr Versprechen. Doch ich will die Waffe erst als letztes Mittel gebrauchen.

Die Hütte liegt versteckt im Wald, nur ein schmaler Trampelpfad führt hierher. An einem Baum in der Nähe war eine Kamera, die Laura beim Entdecken der Hütte zerstört hat. Es gebe genügend davon, und irgendwo wolle man auch seine Intimsphäre haben, meint sie zu mir.

Sie hat knapp vor der Hütte eine Falle gebaut. Ihr erster Fund war ein Spaten, damit hat sie ein Loch ausgehoben, es mit Blättern und Ästen bedeckt, wie in der Steinzeit. Fast wäre ich hineingetreten.

In der Hütte gibt es einen kleinen Holztisch, eine alte Bank, einen Stuhl und einen Ofen. Ohne Streichhölzer können wir ihn nicht benutzen, und so sitzen wir abends am Tisch, essen die von mir aufgesparten Süßigkeiten. Wasser gibt es in einem kleinen Bächlein hinter der Hütte.

Laura verschwendet nicht viele Worte. Wir sitzen schweigend da, lauschen auf die Geräusche des Waldes. Wir beschließen, abwechselnd Wache zu halten. Irgendwann schlafe ich am Tisch sitzend ein.

Ihre Stimme reißt mich unsanft aus dem Tiefschlaf.

„Bin ich schon dran?" murmele ich.

„Psst!" sie legt den Finger an die Lippen, geht zum Fenster, sieht hinaus in die Nacht, flüstert: „Da ist jemand an der Tür!"

Ich hebe den Kopf, richte den Blick auf die Tür. Man hört ein feines Kratzen von draußen. Laura postiert sich mit dem Gewehr an der Wand nahe der Tür, nickt mir zu.

„Ist da wer?" frage ich.

Von draußen kommt ein leises, heiseres Lachen, die Stimme eines Mannes.

„Gott sei Dank! Bitte lassen Sie mich rein! Ich bin verletzt!"

Es klingt verzweifelt, aufgeregt.

„Der Wolf und die sieben Geißlein", flüstert Laura, wendet sich dann an den Mann vor der Tür. „Wir sind bewaffnet! Eine falsche Bewegung …"

Mit einem Fußtritt kickt sie den Riegel von der Tür.

Gebannt warte ich ab, deute ihr abzuwarten, nicht vorschnell auf ihn zu schießen. Er kann sie nicht sehen, weil sie nun hinter der Tür steht. Ein Gesicht lugt herein, zaghaft. Der dünne Strahl einer Taschenlampe.

Er leuchtet mich an, lässt das Licht über das Interieur der Hütte gleiten, tritt schleppenden Schrittes ein.

„Die Batterien sind fast leer", meint er, legt die Lampe auf dem Tisch ab, bemerkt Laura, die nun geräuschvoll die Tür zuschlägt.

Er weicht einen Schritt zurück, fällt fast auf die Bank. Sein linkes Bein ist blutig, die Trainingshose zerrissen.

„Laura, nimm das Gewehr runter!" weise ich sie an. „Du erschreckst ihn ja!"

Er nickt stumm, kann den Blick nicht von der Waffe nehmen. Wie ein nasser Sack lässt er sich auf die Bank sinken, atmet tief aus.

„Wenn ich geahnt hätte, was hier auf mich zukommt …!" seufzt er.

„Es hätte auch sein können, dass Sie uns angreifen wollten", erklärt Laura, stellt sich neben ihn, das Gewehr immer noch in der Hand.

„Nein", er winkt ab, „ich meinte die gesamte Rallye. Im Wald liegen allein vier Tote. Und auf meinem Weg bin ich in eine Falle gestürzt. Mein Bein …"

Laura grinst. Ihre Falle war effektiv, zumindest hat sie seine Bewegungsfähigkeit eingeschränkt.

„Hatten die was Brauchbares dabei?" will ich wissen.

Er langt in seine Hosentaschen, unter seine Trainingsjacke und offenbart seine Reichtümer auf dem Tisch: eingepacktes Brot, zwei kleine Plastikflaschen mit Saft, eine angebissene Wurst, keine Waffe.

„Wenn Sie hier bleiben wollen, müssen Sie teilen!" sage ich, und er willigt ein.

„Und jetzt kümmern wir uns um ihre Wunde!"

Laura gibt mir das Gewehr, greift ihm unter die Arme und geht mit ihm zum Bach, um die Wunde auszuwaschen.

„Ich bin übrigens der Paul!" stellt er sich beim Hinausgehen vor.

„Karina und Laura!" erwidere ich.

MITTWOCH

Laura hat etwas gegen Paul. Ich denke, sie kommt mit Männern generell nicht so gut aus. Zudem ist er ein großes Handicap für uns. Wir können ihn nicht allein in der Hütte zurücklassen und mit dem Ast, den er als Krücke gebrauchen soll, ist er auch nicht viel schneller. Er wirkt ausgepowert. Ich muss mir selber eingestehen, dass ich auch übermüdet bin, am liebsten nur noch schlafen würde, in einem warmen, weichen Bett, zu Hause. Wie Paul war ich mir auch nicht im Klaren darüber, was bei der Rallye wirklich passiert, dass es um unser Leben gehen würde. Sicher, ich musste eine Einverständniserklärung unterschreiben, falls die körperlichen Strapazen zu groß sind. Doch hier geht es ums nackte Überleben. Nur Laura war wahrscheinlich das ganze Ausmaß bewusst. Mitgegangen, mitgehangen.

Jede Gelegenheit nutzt sie für bizarre Wortgefechte mit Paul, der ständig klein beigibt, sich beugt. Er schweigt und scheint ständig in Gedanken versunken. Wirkt wie ein einsamer Witwer, ein gebrochener Mann, der blindlings in dieses Chaos gestolpert ist. Meinen Fragen weicht er aus, will keine große Konversation machen. Dennoch ist er stets höflich, verweist auf die Schmerzen in seinem Bein.

Eine innere Ahnung sagt mir, dass wir so nicht weit kommen werden. Die Disbalancen zwischen uns sind zu groß.

Gegen Mittag beginnt es zu regnen. Wahre Sturzbäche prasseln bald auf uns nieder, und so müssen wir zur Hütte zurückkehren. Es ist kalt. Wir haben weder Holz noch Streichhölzer draußen gefunden. Nur ein Helfer in blauem Overall kreuzte kurz unseren Weg, reichte Paul aus seiner Umhängetasche Verbandszeug und Jod. Laura fragte ihn, wie viele Teilnehmer noch im Spiel wären. Zuerst zögerte er, dann vergewisserte er sich, dass ihn die Kamera nicht im Sucher hatte.

„Die Kameras sind nicht immer alle gleichzeitig an", erklärte er. „Sie schalten immer von einer Stelle zur anderen. Je nachdem, was gerade so los ist. Heute Morgen waren, glaube ich, noch acht Leute im Spiel. Und davon will eine abbrechen. Da muss ich jetzt erstmal hin. Viel Glück noch!"

Damit verschwand er wieder im Wald.

Ich glaube, es erfüllte Laura innerlich mit Stolz, schon so weit gekommen zu sein. Für mich und Paul war es erschreckend, wie viele Menschen die Rallye schon das Leben gekostet hatte. Jedenfalls ging ich aufgrund seiner besorgten Miene davon aus, dass es ihn auch beunruhigte.

DONNERSTAG

Die vergangene Nacht war ein Alptraum. Paul hat Fieber, Schüttelfrost. Ich habe die ganze Nacht versucht, ihn mit meinem Körper zu wärmen, ihn im Arm gehalten. Laura verflucht, ihn bei uns aufgenommen zu haben, den auch am Morgen noch andauernden Regen, die wenigen Vorräte, die wir noch haben. Ein bisschen Brot und Wurst. Sie will in den leeren Plastikflaschen Wasser von draußen holen, kommt ohne zurück.

„Im Bach liegt ein Toter", sagt sie ohne eine Regung, wirft die Flaschen auf den Tisch.

„Vielleicht können wir einen dieser Typen in Overall finden, der Paul hilft", meine ich.

Er öffnet spaltbreit die Augen, sagt leise: „Danke!"

„So? Dann geh da raus und werde nass! Lass dich abballern! Seit er hier ist, hat man keine Ruhe mehr! Immerhin habe ich diese Hütte hier entdeckt!" protestiert Laura, schüttelt den Kopf. „Mir geht diese Nähe sowieso auf die Nerven!"

Ich stehe auf, lade meinen Revolver, nehme ihn in die Hand.

„Gut, dann pass bitte ein paar Minuten auf ihn auf! Ich werde gleich wieder da sein!"

„Ha! Das will ich sehen!" lacht sie auf, es klingt verächtlich. „Wir können das auch einfacher haben!"

Unsere Blicke treffen sich für Sekunden. Sie deutet mit dem Lauf des Gewehrs auf Paul.

„Laura!" ermahne ich sie. „Bitte! Wir werden uns trennen, sobald ich jemanden für ihn gefunden habe."

Sie setzt ein schiefes Grinsen auf, nickt kurz.

Als ich aus der Tür in den Regen trete, ruft sie mir noch nach, dass ich zu sehr an andere denken würde.

Natürlich finde ich keinen dieser Helfer, irre eine Weile herum. Wenigstens hört der Regen endlich auf. Versteckt in der Höhle unterhalb eines kleinen Baumes finde ich einen neuen Trainingsanzug, eine Wolldecke, verschweißt in Folie – trocken! Wenigstens etwas. Schnell eile ich zurück zur Hütte, klopfe an das Fenster, sehe Paul auf der Bank sitzen. Leicht zusammengesackt, so wie ich ihn verlassen habe. Rufe an der Tür vorsichtshalber nach Laura, aber es kommt keine Antwort. Vielleicht ist sie fort? Ich denke, es würde sie nicht stören, Paul einfach sich selbst zu überlassen. Vorsichtshalber behalte ich den Revolver in der Hand, klemme die Sachen unter meinen Arm.

Mit dem Fuß schiebe ich die Tür auf. Noch im Türrahmen pralle ich zurück, lasse die Sachen fallen. Laura liegt verkrümmt am Boden. Ihr Gesicht ist kalkweiß. In ihrer Hand hält sie ein Stück Brot.

„Paul!" kommt es entsetzt über meine Lippen.

Schnell hebe ich die Sachen wieder auf, setze mich neben ihn, rüttele an seiner Schulter. Er öffnet die Augen, versucht zu lächeln.

„Oh, du bist wieder da. Habe dich gar nicht gehört", sagt er mit brüchiger Stimme.

„Was ist mit Laura passiert?"

„Gift. Eine kleine feine Prise. Ich habe es auf das Brot getan. Zuerst wusste ich gar nicht, was ich da gefunden hatte. Aber als ich diesen verletzten Vogel im Wald fand und es an ihm ausprobierte … Ist das nicht lustig? Sie präsentieren uns Gift als kleine Überraschung!"

„Du sprichst im Fieber, Paul!"

Er schüttelt energisch den Kopf, nimmt meine Hand.

„Und jetzt gibst du mir den Revolver und gehst", meint er ernst.

Ich ahne, was er vorhat.

„Nein, das darfst du nicht tun! Ich habe eine Decke gefunden, einen neuen Anzug, alles trocken!"

„Du wirst es schaffen! Aber ich nicht."

Ich schweige. Mir fehlen die Worte, weiß nicht, wie ich darauf reagieren soll. Packe die Decke aus, rücke ganz dicht an ihn heran, schlinge sie wie eine zweite Haut um uns. So sitzen wir da, bis uns der Schlaf übermannt.

FREITAG

Am Morgen verlasse ich früh die Hütte, allein. Mache mich auf den Weg zum Zielpunkt. In meinem neuen Trainingsanzug, das Gewehr geschultert, den Revolver in der Hand. Ich bin hungrig, durstig, verwirrt. Taumele durch den dichten Wald, eine Wiese. Weiter, nur weiter.

Mein Kopf ist hohl, mein Körper ausgelaugt.

Gegen Nachmittag kann ich den Zielpunkt schon sehen. Ein Gasthaus auf einer Anhöhe. Wie gemalt liegt es da zwischen den hohen Tannen, ein schmaler Weg führt hinauf. Ich werfe das

Gewehr in das Gebüsch, sehe mich nach allen Seiten um. Ich wähne mich allein.

Auf halbem Weg kommt ein Mann aus dem Wald gejoggt: Thomas Markert. Nahezu unversehrt kommt er auf mich zu, winkt. Aus den Augenwinkeln sehe ich den Showmaster aus dem Gasthaus hervortreten, einige Kameraleute, andere Menschen, die ich nicht kenne. Dann sehe ich Helmut. Mein Sohn hüpft auf und ab, feuert mich an. Die anderen fallen mit ein.

Wie in Zeitlupe hebe ich den Revolver, ziele. Es klickt. Markert wirbelt herum, versinkt im hohen Gras der Wiese. Der Revolver gleitet aus meiner Hand. Die Jubelrufe verschwimmen zu einem undeutlichen Wortbrei, der dumpf in meinem Kopf umherwabert. Wie von selbst laufen meine Beine zum Gasthaus hoch, lasse ich meinen Körper von den Menschen umfassen, spüre die feuchten Küsse meines Sohnes auf meinen Wangen, den patschigen Händedruck des Showmasters.

„Und wie sind Ihre drei Wünsche, Frau Schulze?" brüllt er in mein Ohr. „Das interessiert unsere Zuschauer am meisten!"

Ich wende meinen Kopf in Richtung der Kamera, mein Sohn raunt mir die Worte ins Ohr.

Mechanisch öffnet sich mein Mund, formt meine Zunge die Silben: „Einen Job für meinen Sohn, eine eigene Wohnung für ihn und seine Familie und für mich …"

„Eine Million Euro!" schreit mein Sohn dazwischen.

Seine Stimme klingt seltsam entfernt, wie ein Telefonat nach Übersee. Vor meinen Augen verschwimmt alles, die Gesichter verzerrt wie groteske Masken. Ich spüre ein Zittern in meinen Beinen, der Boden scheint plötzlich bedrohlich näher zu kommen. Ich will etwas sagen, doch eine große dunkle Welle packt mich und reißt mich mit sich fort …

Lunarsende

Sanguis Draconis

I. Feierliche Eröffnung eines neuen Seniorentraktes in Lunarsende.

Gestern wurde ein gewaltiger Neubau in Lunarsende dem Seniorenressort auf unserem Erdtrabanten seiner Bestimmung als Alterswohnsitz übergeben. Der Luxusbau ist einer von nun zehn Gebäuden auf diesem wunderbar gestalteten Areal. Der Vorstandsvorsitzende der Lunar-Age-Corporation, Herr Dr. Dieter Niederwaldt, ließ es sich nicht nehmen, die Eröffnungsansprache selbst zu halten.

Blah, blah, blah ...

Herr Dr. Niederwaldt lobte die hervorragende Zusammenarbeit unserer Senioren mit ...

Blah, blah, blah ...

Achim Varg hörte den laufenden Nachrichten, die aus den dezent überall in der Wohnung angebrachten Lautsprecherschlitzen kamen, nur mit einem Ohr zu, denn er saß gerade vor dem Hausbildschirm, von dem ihm seine Großmutter seit gut einer halben Stunde entgegenlächelte. Sie war, wie viele ihrer Bekannten vor ihr, gegen seinen eindringlichen Rat vor gut einem Monat in dieses Seniorenressort eingezogen. Seit vor 10 Jahren die Weltraumtechnik einen bedeutenden Quantensprung nach vorne gemacht hatte und begonnen worden war – wegen Überbevölkerung der Erde in den noch bewohnbaren Gebieten – den Mond in nationale Sektoren aufzuteilen und zu besiedeln, stand die Lunar-Age-Corporation ganz an der Spitze der beteiligten Unternehmen. Von der Gesamtoberfläche des Mondes mit 38.000.000 Quadratkilometern waren schon über zwei Drittel erschlossen. Davon gehörten 6000 Quadratkilometer zu Deutschland, was einem Gebiet größer als Bayern entsprach. In den letzten Jahrzehnten waren weltweit große Teile der Kontinente durch immer verheerendere Unwetterkatastrophen und vor allem durch gewaltige Tsunamis unbewohnbar gemacht worden. In Europa gab es Dänemark, die Niederlande und Belgien praktisch nicht mehr, und auch Deutschland hatte es verheerend getroffen, die Küstenlinien der Nord- und Ostsee verliefen nun 200 km weiter im Landesinneren. Viele hatte durch die großen Katastrophen der Tod ereilt und die überlebenden Menschen dieser Regionen mussten mit den Binnenbewohnern immer mehr zusammenrücken. Jedermann war glücklich, als damals durch die Neubesiedelung des Mondes im deutschen Sektor endlich Erleichterung in der schon qualvollen Enge einzog. Und dennoch, Achim hielt nichts von der Lunar-Age-Corporation. Gesellschaften, die sich als große Gönner der Menschheit aufspielten, waren ihm suspekt. Und je mehr sie sich aufspielten, desto mehr verabscheute er sie. Die LAC war das beste Beispiel dafür. Ihm wurde fast übel bei den vielen rührseligen Werbespots in den Medien, in denen sich die Firma in rosarotem Gönnerlicht präsentierte. Heutzutage hatte niemand mehr etwas zu verschenken, große Konzerne erst recht nicht. Die LAC aber warb für den kostenlosen Bezug ihrer luxuriös ausgestatteten Häuser im Ressort von Lunarsende durch Senioren. Man stelle sich vor, alles war dort kostenlos, die Kleidung, das Essen, die unterschiedlichen Vergnügungen oder bei gebrechlichen Personen die Pflege oder Krankenbetreuung. Jeder Wunsch wurde ihnen von den Augen abgelesen, wie seine Großmutter ihm schon mehrfach bestätigt hatte. Bei der Unterzeichnung des Vertrags mit der LAC gab es für die Senioren nur einen einzigen Wermutstropfen, wenn man ihn als solchen überhaupt bezeichnen wollte. Die Senioren verpflichteten sich, ab dem Datum des Einzugs im Ressort unter sich zu bleiben und keine Besuche mehr zu empfangen. Dies wurde mit einer Langzeituntersuchung begründet, die die Stressfaktoren bei älteren Menschen unter die Lupe nahm. Sie konnten jedoch uneingeschränkt via Bildschirm jederzeit Kontakt zur Erde aufnehmen.

Achim wandte sich, zurück von seinem gedanklichen Ausflug zur LAC, wieder seiner Großmutter auf dem Bildschirm zu.

„Geht's dir wirklich gut da oben, Oma?" fragte er die alte Dame.

Seit einer Woche kam sie ihm leicht verändert vor, manchmal für einen flüchtigen Augenblick starr in ihrer Mimik. Er kannte seine Großmutter in- und auswendig, schließlich hatte sie ihn großgezogen und auch nach seinem Auszug aus ihrer Wohnung pflegten sie regen Kontakt. Sie schien wider all seiner Bedenken froh und gesund zu sein und dennoch, irgendetwas war mit ihr, da war er sich sicher. Er hatte schon bei ihren Freundinnen, die ebenso in Lunarsende residierten, nachgefragt, jedoch immer die gleiche begeisterte Antwort bekommen, es ginge allen ganz hervorragend.

„Junge, jetzt mach dir doch keine Sorgen um mich", erwiderte sie lächelnd, „es geht mir hervorragend hier. Was hast du nur? Ich bin glücklich hier. Gönn deiner alten Oma doch diesen Glückszustand."

Und da war es wieder, dieses kurze Innehalten, bevor in der Antwort das Lächeln einsetzte. Das war nicht seine Großmutter, zumindest nicht so, wie Achim sie kannte. Und das Wort *Glückszustand* war auch nicht aus ihrem Sprachgebrauch. Was hatten sie nur mit ihr gemacht? Während er über ihre Worte nachdachte, durchzuckte ihn im Oberkörper ein stechender Schmerz. Dieses Gefühl hatte er in letzter Zeit immer öfter. Er nahm sich zum wiederholten Mal vor, endlich zum Doktor zu gehen. Er wartete auf den kurz danach einsetzenden Schweißausbruch, der auch pünktlich kam und auf das wahnsinnige Herzrasen, das natürlich auch in gewohnter Weise einsetzte. Mühsam beruhigte er sich wieder.

Sie unterhielten sich noch eine Weile und mit jeder fortschreitenden Minute wurde Achim in seinem Gefühl sicherer, mit einer Fremden zu sprechen, die nur genauso aussah wie seine Oma. Nun wollte er den ultimativen Test machen. Er hatte sich in langen schlaflosen Nächten das Hirn zermartert nach einer Sache, die nur er und seine Großmutter wissen konnten, niemand sonst. Er war auf ein Ereignis in einem Kaufhaus gekommen, das in seiner frühen Jugend geschehen war.

Er hatte als kleiner Junge in der Schmuckabteilung eine Armbanduhr gestohlen und war vom Hausdetektiv prompt erwischt worden. Achim wurde von dem in seinen Augen schleimigen, arroganten Kerl mittleren Alters in dessen Büro verfrachtet, nach seinen Personalien, seiner familiären Situation und seltsamerweise nach dem Alter seiner Großmutter ausgefragt. Er gab die gewünschten Auskünfte. Der Hausdetektiv rief zu Hause an, berichtete kurz, was vorgefallen war und zitierte seine Oma auf der Stelle in sein Büro mit dem Hinweis, man könne die Sache gütlich erledigen im Hinblick auf Achims zartes Alter.

Es dauerte nicht lange, da stand die damals noch sehr attraktive Laura Varg in dem Büro, in dem der junge Achim mit eingezogenen Schultern auf seinem Stuhl saß, seiner Rolle als kleiner Sünder sehr gerecht werdend. Der Hausdetektiv schickte ihn hinaus und befahl ihm, sich draußen auf einen der Kartons, die drei Türen weiter standen, zu setzen und dort zu bleiben, bis seine Großmutter die Angelegenheit bereinigt hätte.

Achim tat, wie ihm befohlen. Die Wartezeit dehnte sich immer länger aus, Achim wurde immer ungeduldiger, aber sein schlechtes Gewissen ließ ihn auf seinen Kartons ausharren. Erst nach fast einer Stunde ging die Tür zum Büro des Detektivs wieder auf, Laura kam heraus, pflückte Achim von seinen Kartons und steuerte schnellen Schrittes mit ihm dem Ausgang entgegen. Achim schaute sie von unten her an, nahm allen Mut zusammen und fragte sie:

„Oma, haust du mich jetzt?"

Laura schaute ihren Enkel mit einem merkwürdigen Ausdruck im Gesicht an, bei dem Achim sich schwor, nie mehr etwas zu klauen, und sagte:

„Nein, das sicher nicht, aber es gibt eine Woche Hausarrest, damit das klar ist!"

„Ja, Oma", murmelte Achim, doch sichtlich erleichtert.

„Wie hast du denn den Scheiß jetzt geregelt mit dem Typen?" setzte er noch hinzu.

„Ach weißt du, ich hab ihm Geld gegeben, 500 Mark genau genommen, dafür steckt er dich nicht ins Heim. Ich könnte das doch nie ertragen, dich zu verlieren." Tränen schimmerten in Lauras Augen.

Diese Begebenheit war Achim eingefallen. Beide hatten nach diesem Vorfall nie mehr darüber geredet. Wenn Oma sie selber war, dann würde sie wissen, wie viel sie damals bezahlt hatte, um ihn freizukaufen.

„Oma, ich hätte mal 'ne Frage an dich."

Die alte Dame wandte sich ihm im Bildschirm interessiert zu.

„Wie viel hast du damals diesem Detektiv bezahlt, damit er sein Maul hält wegen der geklauten Uhr?"

Laura schaute ihn an, ihr Lächeln verschwand.

„Junge, ich hab das damals nur so gesagt mit den 500 Mark. Ich habe ganz was anderes bezahlt. Dieser Mistkerl hat mich auf seinem Schreibtisch vergewaltigt. Dreimal, um genau zu sein. Dreimal hat er nicht nur seine Dreckpfoten auf mich gelegt, sondern auch noch sein dreckiges Teil hinterher geschoben. Deswegen musstest du so lange warten."

Achim war geschockt. Eine Offenbarung dieser Größenordnung hatte er nicht erwartet, eher das Herumdrucksen von irgendjemandem, der nicht Bescheid wusste, was damals gelaufen war.

„Mensch Oma, warum hast du nie was davon gesagt? Ich hätte das Schwein noch Jahre danach so fertig gemacht, dass er in Stücken aus seinem Büro gekrochen wäre."

„Junge, ich möchte jetzt Schluss machen, wir haben lange genug geredet. Ich bin etwas müde und möchte mich hinlegen", sagte Laura zu ihrem Enkel.

„Ja, ja Oma, mach nur. Einen schönen Abend noch. Und bitte entschuldige, dass ich alte Wunden aufriss", verabschiedete sich Achim von seiner Großmutter.

In Gedanken versunken ging er zu Bett, konnte nicht einschlafen. Seine Gedanken kreiselten. Sie hatte die richtige Antwort gewusst und dennoch, irgendetwas störte ihn. Was nur? Je mehr er darüber nachdachte, desto weniger kam er darauf. Kurz vor dem Einschlafen kam ihm ein Gedanke, der ihm jedoch wieder entglitt, als ihn endlich der Schlaf übermannte.

Am Morgen war Achim wie gerädert. Er hatte lauter blödes, unzusammenhängendes Zeug geträumt. Von seiner Kindheit, irgendwie vermischt mit den viel später eingetretenen Klimakatastrophen, blödes Zeug eben, man konnte es nicht anders nennen. Er schaltete das Frühstücksfernsehen ein, das sich um diese Zeit schon wieder seinem Ende näherte. Sie brachten irgendeine dieser endlosen, ultralangweiligen Talkshows, die heute das hirnrissige Thema hatte: „Ich war verklemmt in meiner Jugend".

Achim hörte nur mit einem Ohr zu und schlürfte missgelaunt seinen Kaffee.

„Scheiß Fernsehen, scheiß Themen, scheiß Welt! Ach überhaupt, alles ist zum Kotzen, sogar der Kaffee ist bitter!" brummelte er vor sich hin. Ein halber Satz aus der Glotze drang in sein Ohr: „ ... würde ich niemals über die Lippen bringen ..."

Plötzlich war er hellwach. Das war es, das war die Lösung. Genau! Seine Oma gehörte tatsächlich zu der Menschengruppe, die über sexuelle Dinge niemals reden würde, nicht mal mit ihren nächsten Vertrauten.

Was hatte sie gesagt?

„Dreimal hat er nicht nur seine Dreckpfoten auf mich gelegt, sondern auch noch sein dreckiges Teil hinterher geschoben", klangen ihre Worte in seinem Ohr.

„Sein dreckiges Teil hinterher geschoben", das waren nicht die üblichen Ausdrücke seiner Großmutter, es war noch nicht mal annähernd eines ihrer Gesprächsthemen. Auch wenn sie sich zeit ihres Lebens diesen Satz Millionen Mal in Gedanken gesagt hätte, niemals, wirklich niemals, hätte sie diese Worte laut ausgesprochen. Auch nicht ihm gegenüber, ihm gegenüber schon gar nicht. Er hatte sich seine Aufklärung in der Pubertät durch eigene Erfahrungswerte und von seinen Freunden holen müssen. Man konnte mit Oma über alles reden, nur über Sex nicht. Nicht mal in verbrämter Form von den Blumen und den Bienen. Und jetzt hatte sie diesen Satz gesagt. Er war sich sicherer als je zuvor, diese Frau war nicht seine Oma, so wie sie ihn verlassen hatte, um nach Lunarsende zu ziehen. Jetzt würde er bohren, so lange und so gründlich bohren, bis er herausgefunden hatte, was in diesem Seniorenressort weit weg von der Erde vor sich ging.

II.

Die nächsten Wochen vergrub Achim Varg sich in seinen Nachforschungen. Je mehr er sich darin vergrub, desto mehr merkte er, dass die LAC-Corporation, obwohl millionenfach von den Medien geehrt und gefeiert, unsichtbar in ihrem Firmenhintergrund agierte, fast wie ein unbeschriebenes Blatt. Achim fand nur Lobeshymnen von diesem oder jenem Event im Ressort, ein fundierter Bericht über Namen der Mitarbeiter, Fakten und Zahlen oder ein offizieller Geschäftsbericht existierten jedoch nicht. Nur ein nichts sagender Eintrag im Handelsregister mit der Adresse von Lunarsende. Achim ließ sämtliche verfügbaren Suchmaschinen heiß laufen, die LAC jedoch blieb ein Rätsel.

Eines war nach den großen Katastrophen geblieben in Deutschland, alles und jedes war reglementiert bis ins Detail, unsinnige Gesetze und Bürokratentum erschwerten nach wie vor jedes einigermaßen freie Handeln. Eine Gesellschaft wie die LAC müsste also in diversen Registern und Datenbänken eingetragen sein, nur leider war es nicht so. Das Einzige, was Achim mit viel Geduld herausfand, war der Eintrag einer kleinen Einzelfirma zur Zuckerweiterverarbeitung in Bonn, „Lukrowany Export/Import", Inhaber Herr Janek Crosic, Geschäftsführer Herr Dr. Dieter Niederwaldt. Keine nähere Beschreibung der Firma, keine Adresse, kein gar nichts. Müßig zu erwähnen, dass auch im Bonner Telefonbuch kein Eintrag dieser Firma war, denn oft sind die simpelsten Ideen, etwas heraus zu bekommen, die besten.

Achim war frustriert. Zornig traf es wohl noch besser. Sein Zorn wuchs mit jedem Tag, der verstrich und keine Ergebnisse brachte. Auch seine Schmerzattacken im Oberkörper und die dazugehörenden Begleiterscheinungen traten immer öfter auf. Er schob es einfach auf seinen momentanen Stress. Seit ein paar Tagen stellte sich bei den Gesprächen via Bildschirm mit seiner Großmutter heraus, dass die alte Dame zunehmend mit ihrem Kurzzeitgedächtnis Schwierigkeiten bekam. Alles, was vor der Zeit ihres Einzugs in Lunarsende lag, war problemlos abrufbar, doch an einfachste Dinge, die er nur einige Tage vorher mit ihr besprochen hatte, konnte sie sich nicht mehr erinnern. Sein Gefühl sagte ihm immer dringender, dass er etwas tun müsse.

Wieder gingen 2 Wochen ergebnislos ins Land. Selbst der eifrigst suchende Mensch braucht ab und an eine Unterbrechung in seinem geistigen Karussell. Achim beschloss, endlich wieder mal Peter, einen alten Freund zu besuchen, mit dem er seit vielen Jahren nur noch in sehr langen Abständen telefoniert hatte. Dieser war recht erfreut über ein Wiedersehen und lud Achim für den nächsten Abend zu sich ein. Der Abend zog sich erwartungsgemäß in die Länge, vor allem durch Achims Erzählung über seinen Verdacht und seine Nachforschungen. Mitten im Bericht bekam Achim wieder einen Schmerzanfall. Schweißüberströmt ließ er sich tiefer in die Kissen des Sofas gleiten, bis der Anfall vorüber war. Peter saß etwas hilflos daneben, da er die Sache nicht recht einzuordnen wusste. Endlich beruhigte sich

Achim und fuhr mit seiner Geschichte fort. Er war fast am Ende angekommen, da sprang Peter wie elektrisiert vom Sofa auf.

„Wie heißt die Zuckerfirma noch mal?" fragte er atemlos.

„Lukrowany Export/Import, wieso?" erwiderte Achim verständnislos.

Peter lief in die Küche, rumorte im Kühlschrank und kam mit einer Arzneimittelpackung wieder zurück, die er Achim zuwarf. Achim drehte die Packung hin und her und fragte Peter:

„Ja und nun, was soll ich damit? Was ist das für Zeugs, das du da im Kühlschrank aufhebst? Man kann kein Wort auf der Packung lesen."

„Das ist mein Insulin, der Kühlschrank ist der beste Ort dafür. Lies mal auf dem Beipackzettel, von wem das Zeug stammt", rief Peter.

Achim fischte den Beipackzettel aus der Packung, faltete ihn auf und suchte den Herstellernachweis.

„Lukrowany AG, Warszawa", las er laut vor. „Jetzt fällt mir nix mehr ein. Das kann ja wohl kein Zufall sein, was meinst du?"

„Also ich denke, die Sache ist es wert, dass du ihr nachgehst. Da kann ich dir wahrscheinlich sogar helfen", warf Peter ein. „Ich hab 'ne Cousine, die ist in Warschau verheiratet. Von ihr lasse ich mir immer unter der Hand das Insulin besorgen, da es in Polen offiziell nicht verkauft wird, sondern ausschließlich in einigen wenigen exklusiven Privatkliniken benutzt wird. Jedoch da drüben bekommst du mit den richtigen Connections alles was du willst. Das Zeug gibt es unter der Bezeichnung *AC* unter anderem auch in Deutschland, der Originalname ist *Anti Cukrzyca*, das heißt übersetzt *gegen die Zuckerkrankheit*, was bei uns eh niemand aussprechen könnte. Es ist seit ungefähr 10 Jahren das beste Insulin, das du für dein Geld bekommen kannst. Dementsprechend sind die Preise in Deutschland, Japan und den USA. Du könntest es gleich vierfach mit Gold aufwiegen, das wäre einfacher , als es zu bezahlen. Aber es ist jeden Cent Wert, den man dafür hinlegen muss. Dieses Zeug hat die Medizin revolutioniert.

Es ist nicht nur reines Insulin, es wirkt regenerierend auf die Lagerhansschen Zellen, die normalerweise bei gesunden Menschen das Insulin und seinen Gegenspieler, das Glucagon produzieren. Darüber hinaus bremst es die Produktion eben jenes Glucagons, das heißt übersetzt: Man braucht es nicht mehr so oft zu nehmen und die Gefahr, in Unterzucker oder ins Koma zu fallen, ist gegen Null. Ich verwende es seit ca. 5 Jahren und bin auf dem besten Weg, in ein paar Jahren wieder ganz gesund zu sein. Stell dir das mal vor!" Peter war sichtlich und zu Recht begeistert.

„Dieses Mittel wird nicht gespritzt wie normales Insulin. Jeder Patient, der *AC* benutzt, hat am Anfang seiner Behandlung einen direkten Zugang zur Bauchspeicheldrüse gelegt bekommen. Dort hinein wird es gedrückt, um direkt in der Pankreas wirken zu können. Du musst dir das vorstellen wie einen kleinen Schlauch, ein Ende in der Pankreas, das andere Ende kommt hier unterhalb der Achsel recht unauffällig ans Tageslicht. Dieser Verschluss ist alles, was man davon sieht."

Peter zog mit diesen Worten sein T-Shirt nach oben, hob den linken Arm etwas an und Achim sah einen winzigen hautfarbenen Knopf, der ihm ohne Erklärung noch nicht mal als Muttermal aufgefallen wäre.

Peter sprach weiter: „Meine Cousine ist in leitender Position in der Warschauer Stadtverwaltung angestellt. Ich lasse sie mal nachforschen, ob sie etwas über die Lukrowany AG herausbekommt."

Achim war wie erschlagen. Nach Wochen endlich ein Hinweis, der eine heiße Spur zu sein schien. Im Hinterkopf nahm er eine leise Erinnerung an lange zurückliegende Medienberichte wahr, die von einer Revolution in der Medizingeschichte berichtet hatten. Das war sicher die Sache mit dem neuartigen Insulin. Nun setzte er alle seine Hoffnungen auf Peters Cousine und ihre Nachforschungen.

III.

Anja Natalikova bekam die Email ihres Cousins am nächsten Tag an ihrem Arbeitsplatz. Sie sollte laut Peters Erklärungen nach Arbeitsende einige staatseigene Datenbanken unter den Stichworten *Lukrowany AG*, *LAC-Corporation*, *Niederwaldt* und *Crosic* abfragen und ihm die Ergebnisse zuschicken. Er schrieb recht vage, er wolle einem Freund helfen, der einer größeren Sache auf der Spur war. Anja lächelte über den Namen der Firma, „lukrowany" hieß nichts anderes als „überzuckert". Sie liebte ihren Cousin seit ihrer Kindheit und konnte ihm noch nie einen Wunsch abschlagen. Nach Arbeitsende schloss sie sich in ihrem Büro ein und gab in diverse Datenbankadressen die immer gleichen Suchbegriffe ein. Zwei geschlagene Stunden war sie damit beschäftigt, förderte aber ebenso wie Achim in Deutschland bei seiner Ausgangssuche nach der LAC-Corporation nur eine Hand voll nichts sagender Berichte zutage. Meistens jedoch erschien auf dem Bildschirm die Maske der Zugriffsverweigerung, oder es wurde ein Fehler gemeldet. Sie gab auf und fand es an der Zeit, ihren nachmittäglichen Kakao endlich zu trinken, der seit 2 Stunden unberührt herumstand. Abschließend für diesen Tag wollte sie noch bei den staatlichen Molkereibetrieben nach der letzten Abrechnung ihrer monatlichen Frischmilchlieferung sehen. Sie tippte ganz in Gedanken versunken, so wie in den letzten zwei Stunden permanent, nunmehr versehentlich in das Suchfeld den Namen „Niederwaldt" ein, und siehe da, es öffnete sich ein Karteikärtchen mit den Bezugsdaten für Frischmilch an eine private Adresse in Warschau mit dem Hinweis, die monatliche Rechnung an die Witterschlicker Allee nach Bonn in Deutschland zu schicken.

Anja fiel fast vom Stuhl, als sie ihren Bildschirm betrachtete. Sie mailte die Adresse umgehend an ihren Cousin, trank ihren Kakao aus und verließ ihr Büro um nach Hause zu gehen. Der Aufzug ließ wie immer auf sich warten und genauso langsam beförderte er Anja ins Erdgeschoss. Der Pförtner war wohl um diese Zeit gerade auf seinem Rundgang durch das Haus, deswegen war der Hauptausgang verschlossen, so dachte Anja jedenfalls und ging weiter durch die langen leeren Flure zum Drehkreuz des Hinterausgangs, das praktischerweise 24 Stunden am Tag nach draußen zu passieren war. Sie ging hindurch, trat in eine einsame Seitenstraße und hörte unbewusst ein Auto von rechts auf sich zukommen. Scheinwerfer erfassten sie Sekunden später in der fortschreitenden Dämmerung, der Fahrer des Autos gab kräftig Gas, Anja riss die Arme vor ihr Gesicht, zu mehr kam sie nicht, der Aufprall erfolgte unmittelbar, Anja flog mit einem hellen Schrei durch die Luft und prallte auf dem Kopfsteinpflaster hart auf. Das Auto hielt an, zwei Männer stiegen heraus, packten Anja und warfen sie in den Fond des kleinen Lieferwagens. Dass sie hier direkt neben dem Pförtner zu liegen kam, merkte sie in ihrer Bewusstlosigkeit nicht.

IV.

Achim erhielt Anjas, von Peter weitergeleitete Email noch in derselben Nacht. Er überlegte, noch in derselben Stunde nach Bonn aufzubrechen, wollte aber zuerst noch einmal mit seiner Großmutter reden. Es war zwar mitten in der Nacht, aber die Sorge um sie war so groß, dass er sich über alle Bedenken hinwegsetzte. Wieder durchflutete ihn der bekannte Schmerz und setzte ihn erst einmal für lange Minuten außer Gefecht. Danach tippte er ihre Adresse in die Tastatur des Hausbildschirms und es dauerte nur Sekunden, da war seine Oma schon am anderen Ende der Leitung. Achim war verblüfft. Trotz aller Zipperlein hatte sie normalerweise einen recht guten Schlaf und mochte es gar nicht, darin gestört zu werden. Doch nun war sie allem Anschein nach hellwach und voll bekleidet.

„Sie wünschen?" fragte sie ihn.

„Oma, ich bin es, Achim", rief er ins Mikrofon.

Seine Großmutter schien zu überlegen

„Ach so, ja, Achim. Lange nicht mehr gesehen, was treibst du denn so?" kam die Antwort der alten Dame. Achim war alarmiert. Erst gestern hatte er mit ihr gesprochen, da hatte sie kaum Gedächtnislücken gehabt, war recht wohlauf.

„Oma, warum bist du denn nicht im Bett?" fragte er sie.

„Im Bett? Ach Jungchen, ich kann doch schon lange nicht mehr richtig schlafen", erwiderte sie.

Jetzt gab es für Achim kein Zögern mehr. Er schaltete seinen Bildschirm ab und machte sich sofort, nachdem er das Nötigste eingepackt hatte, direkt auf den Weg nach Bonn, aber nicht zur Witterschlicker Adresse, sondern zum einzigen Weltraumflughafen, den es seit ca. 11 Jahren in Deutschland gab.

Unterwegs piepste sein Handy. Es war Peter, der ihm mit unüberhörbarer Nervosität sagte, dass er seine Cousine seit der eingegangenen Email nicht mehr erreicht hätte. Ihr Mann machte sich höchste Sorgen, denn sie war niemals zu Hause angekommen. Achim berichtete Peter von den jüngsten Ereignissen und beide waren jetzt in heller Aufregung.

„Wie willst du denn in Lunarsende reinkommen?" fragte Peter seinen Freund.

„Du, ich hab ehrlich gesagt noch kein Konzept. Ich muss sehen, was sich ergibt", erwiderte Achim.

„Ich probier's weiter, meine Cousine zu erreichen und du sei bitte vorsichtig. Ich hab in dieser Sache bereits echte Bauchschmerzen. Viel Glück!" sagte Peter und legte auf.

Achim kam am J.v.Fraunhofer-Weltraumflughafen an. Er stürmte in die Schalterhalle und stellte sich atemlos an einem der Ticketschalter an. Inzwischen gab es 4 verschiedene Shuttlegesellschaften zum Mond, deswegen wurden die Tickets zur Freude der Bevölkerung in der letzten Zeit immer billiger. Achim bekam noch einen Restliegeplatz zum Sonderpreis, Start in einer Stunde. Er rannte durch die weitläufige Halle zur Abfertigung, wurde schnell hindurch geschleust und nahm im Shuttle seinen zugewiesenen Ruheplatz ein. Die Glaskuppel schloss sich über der Liege und schon Sekunden später lag Achim im künstlich erzeugten Tiefschlaf.

Der Flug verging reibungslos und Achim wachte frisch und erholt auf. Sie waren wirklich ein Segen, die neuen Technologien. Er konnte sich an frühere Flüge erinnern, bei denen er mit sehr starken Kopfschmerzen und allgemeinem Unwohlsein aufgewacht war. Die Glaskuppel öffnete sich, Achim sprang heraus, packte seine Sachen zusammen, die auf der Reise in verschlossenen Spinden aufbewahrt wurden und ging mit den anderen Reisenden durch einen der gläsernen Zubringergänge zur lunaren Anmeldung. Seine Papiere bekamen die notwendigen Stempel, der Beamte der Zollabfertigung schien mit sich und der Welt, und deswegen auch mit den Passagieren, zufrieden, und Achim konnte ungehindert das Flughafengebäude verlassen. Er stand nun in der unterirdischen Bahnhofsplattform und erkundigte sich, welcher der Beförderungszüge in das Gebiet von Lunarsende fuhr. Er fand eine Verbindung nach Neukiel, einem großen Ort, direkt neben dem Seniorenressort. Auch mit der Abfahrtszeit hatte er Glück, es dauerte keine halbe Stunde, da war er schon unterwegs. Die Fahrt dauerte etwas über zwei Stunden, nur unterbrochen von einer neuerlichen Schmerzattacke, deswegen machte Achim es sich in einem der schön gestalteten Abteile so bequem wie möglich. Über den Multifunktionsbildschirm rief er, als er wieder klar denken konnte, die benötigten Daten auf. Wie erwartet gab es wenig Ausbeute, da keine offizielle Verbindung zwischen den Bahnhöfen in Neukiel und Lunarsende bestand. Hilfreich war jedoch ein Übersichtsplan, gedacht für neuankommende Senioren im Ressort, er bezeichnete die einzelnen Gebäude und Eingänge ganz genau. Achim druckte sich den Plan aus. Der Zug näherte sich Neukiel und Achim stieg kurz danach an einem dem Ressort am nächsten gelegenen Bahnhof aus.

Es waren wenig Menschen unterwegs, da es nach MEZ, die auf dem gesamten Mond galt, schon weit nach 2 Uhr morgens war. Achim sah sich um. Ganz hinten am Bahnhof ging es von der Personenabfertigungshalle in die Güterabfertigung. Er versuchte, die an der Decke installierten Kameras zu orten. Mit geübtem Blick fand er sie und stellte fest, dass sie jeden noch so kleinen Radius abdeckten. Mit unschuldiger Miene begab er sich auf die Toiletten neben dem Eingang zur Güterabfertigung. Er war der einzige Mensch darin. Er suchte sich eine Kabine mit einem Belüftungsschacht direkt darüber und stieg auf den Rand der Toilettenschüssel, um den Schachtdeckel auf einer Seite aus den Halteclips zu lösen. Es gelang ihm mühelos. Der Deckel klappte seitlich nach unten weg, Achim stellte sich auf die Zehenspitzen, fasste den inneren Rand der Schachtverkleidung und zog sich mit schnellem Klimmzug nach oben in den Schacht. Er arretierte den Deckel von innen wieder und schob sich durch den Lüftungsschacht in Richtung Güterabfertigungshalle, bis er durch die Schlitze eines weiteren Schachtdeckels einen Abstellraum entdeckte. Hier wieder das umgekehrte Spiel, Deckel lösen, hindurch gleiten, Deckel wieder an seinem angestammten Platz befestigen. Achim sah sich in dem kleinen Raum um. An der Wand standen bewegungslos 3 Putzroboter neben ihren benötigten Utensilien, ebenso wie ein paar Schutzanzüge des Abfertigungspersonals. Ein Lächeln huschte zum ersten Mal seit langem über Achims Gesicht.

„Bingo" sagte er zu sich selber und testete die Schutzanzüge auf ihre Konfektionsgröße. Einer davon passte wie angegossen. Achim klemmte den Helm unter den Arm, zog aber die Schutzhaube aus Stoff über den Kopf. So konnte er sicher sein, nicht von anderweitigem Personal erkannt zu werden. Er aktivierte einen Putzroboter nur insoweit, dass sich jener bewegen konnte und seine Fahrbefehle akzeptierte. Leise öffnete er die Tür, ließ den Roboter voraus gleiten und trat in die Abfertigungshalle hinaus.

V.

Achim befahl den Roboter in Richtung Gleise und ging gesenkten Hauptes hinter ihm her. Die beiden erreichten die Güterzüge, als Achim plötzlich angerufen wurde.

„Wohin willst du denn mit dem Robot? Ich hab heute schon alles sauber machen lassen", stoppte ihn eine Stimme. Achim hielt an, befahl dem Roboter dasselbe und wandte sich immer noch gesenkten Hauptes in Richtung der Stimme.

„Der ist defekt! Ich bringe ihn zur Wartung. Braucht dringend ein Setup seiner Festplatte, sonst schmiert er uns bald den ganzen Dreck auf die Bahnsteige, anstatt ihn von da aufzusammeln."

„Ach so! Ja dann! Ist okay!" kam die gedankenverlorene Antwort von seinem schon sichtlich wieder desinteressierten Gegenüber. Achim atmete auf und setzte mit dem Roboter seinen Weg an der Schwebebahntrasse fort. Ein Stück weiter standen kleinere Container auf ihren Luftkissen, um an die bereits sehr langen Versorgungszüge angedockt zu werden. Und dann sah er ihn, den Container für Lunarsende. Achim dachte bei sich: „Seltsam, nur ein Container für dieses riesig große Gebiet. Wirklich erstaunlich, aber es ist kein anderer da als dieser hier."

Noch während Achim den Gedanken weiterspinnen wollte, sah er am anderen Ende des Zuges eine Person auftauchen.

„Jetzt aber flott", dachte er bei sich, umrundete den Container, schraubte hektisch die Verschlussöffnung ab, fand darin noch genügend Platz für seine Person, schickte den Putzroboter wieder zurück und ließ sich vorsichtig in den Container gleiten, nicht ohne den Deckel wieder sorgsam von innen zu verschließen.

Achim kam auf den Verpackungen eines Roboters zu liegen, wie er im Schein seiner Taschenlampe gewahr wurde, und neuerlich einsetzende stechende Schmerzen machten sich in seinem Oberkörper breit. Draußen hörte er - wie durch einen Schleier -

die Stimme des näher kommenden Mannes, der seinem Kollegen etwas zurief.

„Jetzt noch das Teil für Lunarsende, dann ist der Zug komplett. Mach mal hin, ich will pünktlich zum Essen zu Hause sein."

Sein Kollege erwiderte etwas, das Achim nicht mehr verstand, denn eine kurze Ohnmacht, hervorgerufen durch die Schmerzen, raubte ihm das Bewusstsein. Als er wieder erwachte, spürte er, wie sein Container sich bewegte und an dem Zug angedockt wurde. Kurze Zeit später setzte sich der ganze Zug in Bewegung. Achim hatte vorgesorgt und den Helm übergezogen und sorgfältig verschlossen. Er spürte sich deutlich leichter werden, was darauf hinwies, dass der Zug die Bebauung verlassen hatte und sich auf freiem Mondgelände befand. Er atmete ruhig durch, versuchte die Flammen im Brustraum zu ignorieren und fragte sich im gleichen Moment, wie viel Luft dieser Anzug wohl gespeichert hatte, er hatte vergessen, dieses zu überprüfen. Er zwang sich zur Ruhe. Etwa eine Stunde später nahm die Schwerkraft um ihn wieder zu, er war also wohlbehalten in Lunarsende angekommen. Achim entwich ein Stoßseufzer. Er dachte bei sich: „Was bin ich denn für ein Held, die eigene Sicherheit so aufs Spiel zu setzen. So etwas darf nicht mehr passieren."

Der Zug stoppte, Achim spürte, wie der Container abgekoppelt wurde und hörte das Zischen der Schwebekissen des sich wieder entfernenden Zuges. Seinem Gefühl nach wartete er noch eine kleine Ewigkeit. Alles schien ruhig, er kroch aus dem Container und stellte fest, dass er in der Ankunftshalle von Lunarsende stand. Schräg über ihm bewegte sich maschinelles Gestänge, an dem sich der Greifarm eines Packrobots näherte. Achim ging auf der Seite des Containers in Deckung, damit ihn die Kamera des Robots nicht erfasste. Dieser tat seinen Dienst, leerte den Inhalt des Containers auf einen großen Wagen, dann erlosch sein Kameralicht. Achim guckte hervor und wunderte sich immer mehr über die Leere. Nirgends war ein Mensch zu sehen.

Die riesige Ankunftshalle war leer, der Empfangsschalter verwaist, die Beleuchtung auf Minimum eingestellt. Nirgends sah er Überwachungskameras, dennoch wollte er kein unnötiges Risiko eingehen. Er kroch in den Gepäckwagen und machte es sich zwischen den in Folie eingeschweißten Teilen und den Kisten gemütlich. Geraume Zeit später setzte sich der Wagen in Bewegung und rollte ferngesteuert in eine kleinere Montagehalle. Kurz bevor er das Tor passierte, sprang Achim herunter und stand nun in einem der leeren Gänge. Etwas mutiger setzte er seine Erkundungstour fort. Er versteckte seinen Raumanzug in einer kleinen Abstellkammer und wollte das Gebäude verlassen, als er an den Anzeigen am Ausgang merkte, dass draußen kaum Atmosphäre herrschte. Es schien nur ein kümmerlicher Rest aus vergangenen Tagen zu sein. Er kehrte um und zog den Raumanzug über. Wieder begab er sich zum Ausgang, ging hindurch und - Nichts! Er stand mutterseelenallein auf dem Hauptplatz von Lunarsende, die Gebäude lagen da im Sonnenlicht, das durch die sich weit über ihm wölbende Kuppel fiel, alles war öde und verlassen. Irgendwie zweifelte Achim an seinem Verstand. Wo waren all die Leute? Es müssten um die zehntausend Bewohner hier sein in Lunarsende. Ja zum Teufel, wo waren die alle?

Stunde um Stunde durchkämmte Achim das Areal. Es war menschenleer, nicht einmal Arbeitsrobots waren zu sehen. Eine gespenstische Stille lag über dem Ganzen. Er hatte die Unterkunft, in der seine Großmutter angeblich residieren sollte, aufs Genaueste untersucht – Nichts! Keine persönlichen Sachen, kein Zeichen, dass jemals irgendwer hier gewohnt hatte. Die Einrichtungsgegenstände waren von der billigsten Sorte, die man sich denken konnte. Auf der Bildschirmübertragung hatte alles so schön gewirkt. Was war hier nur los? Das Appartement war auch viel kleiner, als es den Anschein auf seinem Hausbildschirm erweckt hatte. Es war keine geräumige Wohnung, windiges Loch würde es besser treffen. Achim brach wieder der Schweiß aus und sein Herz begann zu rasen. Er müsste sich jetzt doch mal einer ärztlichen Untersuchung unterziehen, wenn er wieder daheim war, nahm er sich vor. Langsam beruhigte er sich wieder, aber der gesamte Oberkörper schien immer noch in Flammen zu stehen. Er legte sich auf das Sofa um etwas auszuruhen und fiel tatsächlich in einen kurzen Erschöpfungsschlaf. Als er erwachte, machte er sich auf den Weg zum Bahnhof, um zur Erde zurückzukehren. Immer noch wie ein Traumwandler ging er durch das leere Ressort. Er war schon kurz vor der Bahnhofshalle angekommen, da kam ihm eine letzte Idee. Er drehte ab in Richtung Krankenhaus und drang ungehindert dort ein. Im ganzen Gebäude gab es eine voll ausgestattete Etage, genau jene, die auch schon vor gar nicht allzu langer Zeit in den Medien mit großem Trara wegen ihrer ach so tollen medizinischen Ausstattung gezeigt worden war. Dort befand sich auch ein Chefarztzimmer, das natürlich verschlossen war. Achim sah sich nach etwas um, womit er die Türe aufbrechen konnte. Ein in der Nähe installierter Feuermelder beinhaltete hinter seiner Glasscheibe auch eine solide Axt. Achim zerbrach das Glas und riss die Axt heraus. Er setzte diese mit der scharfen Schneide am Türspalt neben der Klinke an, drückte sie etwas hinein und hebelte mit einer schnellen Handbewegung die Tür auf. Man sah der Tür diesen Gewaltakt in keiner Weise an. Er musste grinsen.

„Gelernt ist eben gelernt", dachte er bei sich und machte einen kurzen Gedankenausflug in seine Vergangenheit, die alles andere als „gut bürgerlich" zu bezeichnen war.

Im Chefbüro stieß er tatsächlich auf einen funktionierenden Computer. Er loggte sich ein und konnte nach gut einer Stunde das Passwort knacken. Er rief die Akte seiner Großmutter auf. Achim las allgemeines Blabla, das ihm nicht viel weiter half. Ebenso nichts sagend waren die Karteikarten der Freundinnen seiner Großmutter gehalten. Einer Eingebung nachgehend tippte er den Suchbegriff *Natalikova* ein. Laut des sich öffnenden Aufnahmeantrags war Anja seit ein paar Tagen in Lunarsende als Bewohnerin eingetragen. Achim hielt den Atem an.

„Sie hatten Anja! Meine Güte", dachte er sich, „in welchen Sumpf bin ich hier geraten?"

Noch einmal rief er die Karteikarten alle auf und durchsuchte sie wiederholt. Fahrig fuhr er mit der Maus über den Bildschirm. Im Augenwinkel sah er, dass sich der Mauszeiger auf einer Stelle des leeren Bildschirms plötzlich in die kleine Hand verwandelte, die auf einen Link hinweißt. Er suchte genauer. Da war es wieder, ein kleiner Punkt auf dem Bildschirm war ein versteckter Link. Als er darauf klickte, öffnete sich ein weiteres Kärtchen mit den medizinischen Daten der Frauen. Er las sie und es fiel ihm beim Vergleichen unter Punkt „untersucht in" auf, dass die meisten der Frauen in einer Arztpraxis namens Crosic mit einer Bonner Adresse untersucht worden waren, in der Blaustein Allee. Er rief einen Stadtplan von Bonn auf, suchte die Blaustein Allee und wurde schnell fündig in einem der Bonner Bebauungsrandgebiete. Er druckte den Plan aus und wollte ihn schon wieder schließen, als er einen bekannten Straßennamen darauf entdeckte, die „Witterschlicker Allee". Beide Straßen bildeten ein liegendes „V" auf dem Stadtplan, das an seiner Spitze von einem kleinen Bach durchschnitten war. Jetzt gab es kein Halten mehr. Achim rief einen der zahlreichen Bebauungspläne von Bonn auf und siehe da, das Areal zwischen Blaustein- und Witterschlicker Allee war durchgehend mit einem riesigen Industriegebäude bebaut. Achim wurde schwindelig, der Schweiß brach ihm wieder aus allen Poren, ein neuerlicher Anfall zeichnete sich ab. Diesmal war er so heftig, dass er sich nach seiner Ohnmacht auf dem Boden wieder fand. Mühsam rappelte er sich auf. Die Nachforschungen mussten weitergehen.

Er ging zur nächsten Toilette. Zum Glück funktionierten die Wasseranschlüsse. Er wusch sein Gesicht kalt ab und hängte sich an den Wasserhahn, um zu trinken. Danach ging es ihm etwas besser. Zurückgekehrt an den Computer durchforstete er weiter die Karteikarten. Er suchte den Bildschirm jetzt Millimeterweise nach versteckten Links ab und wurde wiederum fündig. Eine

Tabelle öffnete sich, jedoch konnte Achim mit dem Inhalt wenig anfangen. Verzeichnet waren Stromstärke, Dauer der Behandlung, Abgabe in Milligramm, Prozent der Schädigung im Hippocampus, Anzahl der erweiterten polysynaptischen Reflexe und noch einige andere medizinische Werte, die ein „böhmisches Dorf" für Achim waren. Achim hielt inne.

„Abgabe von was?" fragte er sich. „Und was ist bloß ein Hippocampus und was sind polydingsbums Reflexe?"

Also musste ein Wörterbuch her. Er rief eines auf, gab zuerst „Hippocampus" ein und wurde sofort schlauer.

„Der Hippocampus ist ein Bestandteil des Gehirns und zählt darin zu den evolutionär ältesten Strukturen. Er ist eine zentrale Schaltstation des limbischen Systems. In ihm fließen Informationen verschiedener sensorischer Systeme zusammen. Damit ist er eminent wichtig für die Gedächtniskonsolidierung, also die Überführung von Gedächtnisinhalten aus dem Kurzzeit- in das Langzeitgedächtnis."

So weit, so gut. Wesentlich weiter half Achim diese Erkenntnis nicht, außer, dass er sofort an das immer schlechter werdende Gedächtnis seiner Großmutter erinnert wurde.

Er tippte im Suchfeld „polysynaptische Reflexe" ein und staunte über die Ausführungen.

„Über polysynaptische Reflexe können zusätzliche Informationen an das Gehirn übermittelt werden, zum Beispiel Schmerzen, was zusätzliche Reaktionen des Körpers ermöglicht."

Achim fröstelte. Was in Gottes Namen ging hier vor sich? Allein diese beiden Erklärungen gaben Anlass zur äußersten Beunruhigung. Es hielt ihn nicht mehr auf dem Stuhl. Achim sprang auf. Er musste umgehend zu dieser Bonner Adresse. Sie war sein letzter Rettungsanker, um herauszufinden, welche Schweinerei hier im Gange war.

Der Sprint zum Bahnhof, das Aussuchen eines kleinen Einpersonenschwebegleiters, in der Form ähnlich einem Roller, und das Hindurchschlüpfen nach draußen durch einen großen Müllschacht waren eins. Achim brannte die Zeit unter den Nägeln. Den kleinen Gleiter durch den Müllschacht zu bekommen machte durch dessen geringe Ausmaße fast keine Probleme, und so fand er sich kurze Zeit später außerhalb des Ressorts zwischen Mondgestein und erstaunlich wenig Abfall wieder. Er verlangte seinem Transportmittel das Äußerste ab, fegte über die Mondlandschaft wie von einer Horde Höllenhunde gehetzt und war eine halbe Stunde später dank der Leistungskraft des Schwebegleiters an einem der Bahnsteige in Neukiel. Achim ließ sich zum Raumflughafen bringen und konnte kaum erwarten, dass sich die Glaskuppel des Ruheplatzes nach seinem Flug Richtung Deutschland wieder öffnen würde.

VI.

Nach Ankunft im J.v.Fraunhofer-Flughafen informierte Achim kurz seinen Freund Peter von seinen Nachforschungsergebnissen, sprang in sein Auto und fuhr geradewegs zu sich nach Hause, um noch einige dringend benötigte Utensilien zu holen, die er in einen großen Rucksack packte. Er fuhr wieder nach Bonn zurück und stellte das Auto in der Nähe der Witterschlicker Allee bei einem ehemaligen, nun ungepflegten Schulsportplatz ab. Die Nacht war schon hereingebrochen, und Achim stieg ungesehen aus. Da Neumond war, lagen die Gebäude alle im Dunkeln, denn die Straßenbeleuchtung war wegen seit länger andauernder Energiesparmaßnahmen ausgeschaltet. Achim umrundete das Areal. Was immer hier vor sich ging, die Täter mussten sich sehr sicher fühlen, denn es waren nirgends Wachrobots zu sehen. Es dauerte etwas, bis er die zusammenhängenden Gebäude einmal umrundet hatte. Die Namensschilder der beteiligten Firmen hingen harmlos über ihren jeweiligen verschlossenen Eingangstoren. Ein Schild wies auf eine Gynäkologenpraxis Dr. Crosic hin, eines davon war von der Lukrowany-AG und eines wies den Hauptsitz der LAC-Corporation aus.

„Na also", dachte Achim, „hier haben wir doch die Schweine alle beisammen wie um einen großen Trog. Der Inhalt des Troges kann nur Geld sein, so viel steht fest. Jetzt muss ich nur noch reinkommen."

Am geeignetsten erschien ihm der kleine Bach, der unter einem Teil des Gebäudes der LAC-Corporation in den Untergrund verschwand. Er watete hinein, ließ sich auf alle Viere nieder und kroch durch die schmale Öffnung, seinen Rucksack nach sich ziehend. Das Wasser des Baches war eiskalt, konnte aber das plötzliche Aufflammen in seinem Oberkörper nicht verhindern. Achim wurde von einer üblen Schmerzattacke gequält, die ihn ganz auf den Boden zwang, wo er stöhnend auf dem Rücken liegen blieb, die Beine im Wasser, den schmerzenden Oberkörper auf dem schmutzigen Rand des Bachbettes. Der Anfall dauerte diesmal so lange und war so heftig, dass Achim sich übergeben musste. Völlig erschöpft blieb er eine Weile liegen. Als die Schmerzen nachließen, rappelte er sich wieder auf und folgte tropfnass dem Bachbett. Er hörte ein leises Rauschen, und der Anflug eines Lächelns zog über sein Gesicht. Die Klimaanlage! Sie hatten den Austrittsschacht der Klimaanlage hierher gebaut, zum kühlsten Ort der Gebäudeumgebung. Achim erreichte den kreisrunden Schacht, der schräg von oben aus dem Gebäude hier herunter führte und von stabilen Stahlstäben abgesichert war. Nur würde dieser Stahl ihn nicht aufhalten, dafür hatte er vorgesorgt. Er zog aus seinem Rucksack ein Laserschweißgerät sehr dubioser Herkunft. Es hatte auf dem schwarzen Markt ein kleines Vermögen gekostet, war aber das Beste, was man für Geld bekommen konnte und hatte in der Vergangenheit schon viele gute Dienste geleistet.

Der Laserbogen schnitt wie ein Messer durch Butter, und Achim konnte mühelos die Stahlsperre beseitigen. Jetzt kam das größte Stück Arbeit, der Weg in dem steilen Schacht nach oben. Normalerweise kein Hindernis für den durchtrainierten Achim, doch angeschlagen durch die vehementen Schmerzen im Oberkörper kein Vergnügen. Zusätzlich behinderte der Rucksack mit seinem Gewicht. Achim biss die Zähne zusammen und erklomm nach Bergsteigerart den Schacht. Meter um Meter kämpfte er sich hinauf, keuchte und fluchte schweißüberströmt, kam aber seinem Ziel, einem der Querschächte, immer näher. Mit letzter Kraft stemmte er sich in den ersten Quergang und blieb eine Weile schwer atmend liegen. Das einzig Gute an der Situation war, dass seine Kleidung durch den warmen Luftstrom immer mehr trocknete. Er nahm seinen ganzen Willen zusammen, drehte sich auf den Bauch und begann weiter zu robben, bis er an einen Gitterdeckel im Schachtboden kam. Durch die Belüftungsschlitze konnte er einen schmalen Ausschnitt des darunter liegenden Raumes erhaschen. So weit er sehen konnte, war der Raum leer. Er drückte das Gitter nach innen auf und ließ sich vorsichtig in den Raum hinunter. Danach verschloss er die Klimaanlage wieder. Er war im Keller der LAC. Er fand einen Lichtschalter, sah sich um und entdeckte eine Treppe, die nach oben führte. Leise schlich er hinauf zur Kellertür, die nicht verschlossen war. Er schlüpfte hindurch und stand in einem nur mit Notbeleuchtung erhellten Gang. Achim inspizierte den Gang näher und kam an einer Aufzuganlage mit vier Fahrstühlen vorbei, von denen einer gerade nach unten kam. Er ging hinter der daneben liegenden Tür zum Treppenhaus in Deckung, der Aufzug aber summte weiter nach unten. Achim verließ seine Deckung wieder und sah an der elektronischen Anzeige ein „P" für Parkhaus aufleuchten. Da er genau neben der Aufzugtüre stand, hörte er in der Stille des Hauses allerdings den Lift weiterfahren, obwohl die Anzeige immer noch auf *P* stand.

„Sieh mal an", dachte er sich, „die Schweine haben ihre Leichen im Keller."

Achim rief einen der Aufzüge. Dieser stoppte, und er huschte hinein. Die Knöpfe für die einzelnen Stockwerke endeten nach unten hin mit „P". Achim verließ die Kabine wieder und holte die anderen Aufzüge. In jedem Dasselbe, unterhalb von „P" gab es scheinbar nichts mehr. Man musste offensichtlich einen Schlüssel haben, um tiefer vordringen zu können. Achim setzte sich vorsichtig im Erdgeschoss in Richtung Eingang in Bewegung. Er hoffte inständig, dass ein Pförtner dort seinen Dienst versah, nicht ein Wachrobot, sonst hätte er schlechtere Karten. Achims Hoffnung wurde jedoch enttäuscht, als er vorsichtig um die letzte Gangecke schielte und einen Wachrobot ausgerechnet aus der neuen X-Klasse erspähte. Die Sensoren der X-Klasse waren um vieles empfindlicher, Achim hatte gut daran getan, sich vorsichtig und leise auf gummibesohlten Schuhen zu nähern. Trotzdem begann der Robot sich zu bewegen, irgendetwas hatte ihn aktiviert. Achim erwartete, im anschließenden Gang das rote Licht zu sehen, mit dem diese Roboter ihre Umgebung scannen, aber nichts dergleichen geschah. Er hörte ein kurzes akustisches Signal, Roboterbewegungen und das Öffnen der großen eisernen Eingangstür. Die metallene Stimme des Wachrobots erklang:

„Guten Abend, Herr Dr. Niederwaldt."

Während Niederwaldt etwas für Achim unverständliches brummte, war dieser schon auf dem Rückzug zu den Fahrstühlen, von denen er drei ganz nach oben schickte und sich im vierten auf die gegenüberliegende Seite der Aufzugknöpfe an die Wand drückte. Er hielt den Atem an. Niederwaldt näherte sich den Aufzügen, drückte den Rufknopf und schritt nach Öffnen der Tür in die Kabine zu Achim. Er drehte sich automatisch nach links um ein Stockwerk zu wählen und erstarrte mitten in der Bewegung, als er eine Stimme hinter seinem Rücken hörte.

„Ganz langsam umdrehen, wenn du Laut gibst, bist du tot. Das Baby hier ist zwar schon über 30 Jahre alt, aber noch hervorragend in Schuss." Achim drückte Niederwaldt zur Verstärkung seiner Worte den Schalldämpfer seiner *USP Tactical .45 Auto* in die Nierengegend. Niederwaldt tat wie ihm geheißen. Er schaute Achim ins Gesicht.

„Der Herr Varg, so schnell hätte ich Sie dann doch nicht erwartet", meinte Niederwaldt süffisant. „Recht ordentlich, die Recherche in Lunarsende. Aber denken Sie wirklich, dass dieser Einbruch unbemerkt von unserer Zentrale hier vor sich ging?"

Achim war einen Moment lang verunsichert, hatte sich aber schnell wieder in der Gewalt.

„Ach, und warum haben Sie keinen Ihrer Blechhunde losgeschickt, wenn Sie´s schon bemerkt haben?" fragte er zornig.

„Aber Herr Varg, wir wussten doch, dass Sie früher oder später hierher kommen. Warum also einen unserer teuren Robots von Ihnen zerlegen lassen?" sagte Niederwaldt ironisch.

„Na schön, wenn ich schon erwartet wurde, ist es aber ganz schön riskant, mir einfach so über den Weg zu laufen. Ich will Auskünfte und zwar sehr tiefgründige und umfangreiche, und dazu ist mir jedes Mittel recht. Sie verstehen: jedes Mittel!" Achim drückte zur Bekräftigung seiner Worte die USP an Niederwaldts Hals.

„Wir beide werden jetzt nach unten fahren. Ich weiß, dass unter dem Parkhaus der eigentliche Spaß beginnt. Also keine Ausflüchte, jetzt geht es abwärts."

Niederwaldt, jetzt nicht mehr ganz so selbstsicher wie zu Beginn, kramte aus seiner Manteltasche vorsichtig einen Schlüsselbund hervor. Seine Finger zitterten etwas, als er den Schlüssel in das zugehörige Schloss unter den Fahrstuhlknöpfen steckte und herumdrehte. Plötzlich veränderten sich die Anzeigen der Stockwerke neben den Knöpfen, sie waren jetzt mit Minuszeichen versehen. Niederwaldt seufzte etwas und drückte das unterste Stockwerk mit der Aufschrift *10*. Der Aufzug setzte sich in Bewegung. Während der Fahrt nach unten drückte Achim auf den vorletzten Knopf.

„Das restliche Stockwerk gehen wir zu Fuß, ich will keine unliebsamen Überraschungen erleben", sagte Achim.

Im neunten Untergeschoss stiegen sie aus, und Niederwaldt wollte zum gegenüberliegenden Treppenhaus gehen, jedoch Achim hielt ihn zurück.

„Wir nehmen ein anderes Treppenhaus. Wohin jetzt?"

„Hier lang", meinte Niederwaldt ergeben.

Sie gingen den Flur entlang bis zum nächsten Treppenhaus, stiegen die Stufen hinab und betraten die unterste Etage der LAC-Corporation.

„So, und nun will ich etwas sehen und ich will Antworten", sagte Achim. „Und wehe, Sie wollen mich austricksen. Es ist mir ehrlich egal, was mit mir passiert, aber Sie würde ich noch mitnehmen", Achim drückte Niederwaldt wieder seine Waffe fester ins Kreuz.

„Wir können um diese Zeit gefahrlos in alle Abteilungen gehen. Es sind außer uns nur Robots im Haus, und die tun genau das, was ich ihnen sage. Da ich weiß, dass Sie sehr schnell sind und ich noch ein wenig weiterleben will, werde ich den Robots nichts sagen, mein Wort darauf", erwiderte Niederwaldt.

Achim dachte bei sich, was wohl das Wort dieses Zeitgenossen wert wäre, verbiss sich aber einen Kommentar dazu. Niederwaldt führte Achim in einen kleinen Raum, der sichtlich als Luftschleuse diente. An der Wand hingen überall weiße Arztkittel und die dazugehörigen Kopfbedeckungen mit Mundschutz. Niederwaldt deutete mit dem Kinn darauf.

„Das müssen wir überziehen. Ich denke nicht, dass Sie jemanden von unseren Patienten gefährden wollen, oder?" fragte er Achim, als er dessen Widerstand gewahr wurde. „Alles läuft unter hochsterilen Bedingungen ab."

Achim ließ Niederwaldt zurücktreten bis an die andere Seite des Raumes. So hatte er die Möglichkeit, sich schnell die gesamte Montur anziehen und gleichzeitig den Vorstand der LAC im Auge behalten zu können, ohne befürchten zu müssen, dass Niederwaldt den Helden spielen wollte. Dieser zog sich seinerseits an, und beide traten kurz darauf durch die Schleuse in eine riesige Halle.

VII.

Achim verschlug es die Sprache. In der notdürftig beleuchteten und sehr warm temperierten Halle hingen Tausende von nackten Menschen in einer Art Schlingengestelle nebeneinander. Die einen starr und unbeweglich, die anderen wanden sich wie in fürchterlichen Schmerzzuständen in ihren Aufhängungen. Alle waren mit aus ihren kahl geschorenen Köpfen heraus führenden Drähten verkabelt mit einem daneben stehenden Robot. In den Oberkörpern der Geschundenen verschwanden mehrere dünne Schläuche. Die Robots hielten diejenigen fest, die sich vor Schmerzen krümmten, bei denen, die ruhig in ihren Schlingen hingen, taten sie nichts. Achim wurden die Knie weich und ein Schweißausbruch folgte sogleich.

„Nein, nicht jetzt", flehte Achim in Gedanken. „Bitte, nicht jetzt."

Er wurde glücklicherweise von einem der schlimmen Schmerzanfälle verschont und atmete tief durch.

„Was ist mit Ihnen, Herr Varg? Fühlen Sie sich nicht wohl?" hörte er die Stimme Niederwaldts mit einem seltsamen Unterton darin. Er schüttelte sich um wieder klar denken zu können.

„So, und jetzt bitte die Antworten! Hier und freiwillig! Was passiert hier? Spuck's aus!" schrie Achim Niederwaldt an und wechselte wieder zum „Du" in der Anrede.

Niederwaldt machte eine weit ausholende Handbewegung.

„Dies sind alles unsere Produzenten", sagte er lächelnd. „Sie produzieren Insulin für die Firma. Sehen Sie die Schläuche? Direkt aus der Pankreas wird es gewonnen, läuft über die Schläuche in die Robots, die es sofort zu unserem unvergleichlichen „AC" verarbeiten." Niederwaldt war ins Schwärmen geraten.

„AC" hat die Medizin revolutioniert, unser aufbereitetes Insulin wird nicht nur der Pankreas zugeführt, sondern regeneriert sie gleichzeitig. Die Produzenten, die sie hier sehen, haben alle gleichzeitig mit dem Vertrag für den Bezug einer Luxusresidenz in Lunarsende unterschrieben, dass sie an jedem Versuch teilnehmen, den die LAC für sie vorsieht. Dass dieser Versuch ihr erster und letzter sein wird, davon war natürlich nicht die Rede, aber wo kein Kläger, da kein Richter, nicht wahr? Rechtlich gesehen sind wir also völlig aus dem Schneider, wenn Sie verstehen, Herr Varg. Und was die Verwandten und Bekannten von unseren Produzenten betrifft, macht uns das auch keine Sorgen. Sie können ihre Angehörigen zu jeder Zeit kontaktieren, wie sie ja selber wissen."

„Wie machen Sie das, in Gottes Namen? Wie konnte ich mit meiner Großmutter sprechen, wenn sie wie alle anderen hier gelandet ist?" rief Achim außer sich.

„Sehen Sie die Elektroden, die in die Gehirne der Produzenten führen?" erklärte Niederwaldt. „Sie leiten elektrische Impulse über den Hippocampus ins Gehirn. Diese Elektroden sind alle mit dem Zentralcomputer verbunden. Dieser Computer hat auf seiner Festplatte, ermöglicht durch eine gigantische Software mit revolutionären Möglichkeiten, die Langzeiterinnerungen aller Produzenten vor ihrem Einzug in Lunarsende gespeichert und kann zugleich die momentanen Gedankengänge jedes einzelnen steuern. Wenn Sie nun geglaubt haben, mit Ihrer Großmutter zu reden, dann sprachen Sie in Wahrheit zuerst mit unserer Steuereinheit, erst danach erreichten Sie das Gehirn Ihrer Großmutter mit jenen Informationen, die der Großrechner zuließ. Diese Mutter aller Gehirne wertete Ihre Fragen aus, suchte in Nanosekunden auf der Festplatte in den Langzeiterinnerungen eine plausible Antwort und gab sie mit einer visuellen Reproduktion Ihrer Großmutter an Sie weiter. Lästig ist nur, dass auf Dauer der Hippocampus zerstört wird und das Kurzzeitgedächtnis dadurch immer schlechter wird. Das heißt, alles, was Ihre Großmutter nach dem Einzug in Lunarsende geglaubt hat zu erleben, war nur eine Variation von tausend Möglichkeiten, die die Maschine ihr ins Gedächtnis eingespeist hat. Die Wahrheit der Maschine wurde zur Wahrheit Ihrer Großmutter. Diese eingespeiste Erinnerung aber verbleibt im Kurzzeitgedächtnis wegen der Zerstörung des Hippocampus immer schlechter. Sie fragen Ihre Großmutter etwas, wegen ihrer Schädigung erinnert sie sich aber leider am anderen Tag nicht mehr an die Frage, die Sie Ihr erst gestern gestellt haben, oder, wenn der Verfall weiter fortgeschritten ist, wüsste sie am anderen Tag nicht einmal mehr, dass sie überhaupt mit Ihnen gesprochen hat. Die Maschine übernimmt in solchen Situationen die Vorherrschaft und sucht dann wiederum plausible Antworten. Jedoch kommt es in der Übertragungsabfolge der Bilder auf dem Bildschirm wegen der ungeheuren Datenmengen dadurch zu winzigen Unterbrechungen, die Sie als Stillstand der Mimik bezeichnen können."

Achim dachte an genau diesen Stillstand der Mimik bei seiner Großmutter. Dieses Phänomen und der Gedächtnisausfall hatten ihn erst so richtig misstrauisch gemacht. Auch wurde ihm jetzt klar, wieso seine Großmutter plötzlich von sexuellen Dingen sprach. Die Maschine hatte in ihrer Erinnerung geforscht und ihre geheimsten Gedanken von damals in Worte umgewandelt. Dass Oma diese Worte niemals aussprechen würde, das zu wissen, darauf war dieser Computer nicht programmiert.

Vor Achim begann sich plötzlich eine dieser armen Kreaturen zu winden, der ganze Körper erzitterte wie unter ungeheuren Stromstößen. Alles ging gespenstisch lautlos vor sich, kein Keuchen, kein Stöhnen kam über die Lippen des Opfers. Achim war nahe daran durchzudrehen. Er rammte Niederwaldt seine Pistole in den Mund und schrie:

„Die ganze Wahrheit will ich hören, los, los! Was passiert hier?"

Er zog die Pistole zurück und Niederwaldt atmete hörbar auf. Ein dünner Blutfaden floss über sein Kinn.

„Nun, über die polysynaptischen Reflexe werden durch Stromzuführung über die Elektroden im Gehirn Schmerzen im ganzen Körper erzeugt. Diese Schmerzen werden gebündelt direkt an die Pankreas weitergegeben. Je heftiger sie sind, desto mehr wird die Pankreas angeregt, Insulin zu produzieren. Genial einfach, nicht wahr?" erläuterte Niederwaldt.

Achim schien es den Boden unter den Füßen weg zu ziehen. Er näherte sich, ohne Niederwaldt aus den Augen zu lassen, dem sich immer noch windenden Opfer und betrachtete es genauer. Am Hals fand er Spuren einer Operation.

„Was ist das hier?" fragte er und deutete auf die Narbe am Hals.

„Alle Produzenten werden bei ihrer Aufnahme einer Operation unterzogen, bei denen die Stimmbänder entfernt werden. Die Ärzte könnten sich hier in dieser Halle sonst nur noch mit Ohrenschützern bewegen", erklärte Niederwaldt kalt.

Achim sah rot, er schlug Niederwaldt den Lauf seiner Waffe mit so viel Schwung ins Gesicht, dass dessen Nase und Wangenknochen hörbar brachen. Seltsamerweise ging der Vorstand der LAC-Corporation wider Erwarten nicht in die Knie. Sein zu Brei geschlagenes Gesicht verzog sich zu einem höhnischen Grinsen, als er mit völlig klarer Stimme sagte:

„Nun Herr Varg, letztens hatten Sie mich an dieser Stelle erschossen. Wir werden wohl mit der Zeit etwas weich?"

In Achim breiteten sich im selben Augenblick flammende Schmerzen in der Brust aus. Er schnappte nach Luft und fiel vorne über, direkt auf das zappelnde Opfer und glitt von da aus zu Boden. Dann gingen bei ihm alle Lichter aus.

VIII.

Als er zu sich kam, hing er in einem der Schlingengestelle. Niederwaldt stand völlig unversehrt vor ihm und lächelte auf ihn herab. Schlagartig erinnerte er sich.

Seine Großmutter war seit Jahren tot, einen Freund Peter hatte es nie gegeben, nur einen Cousin desselben Namens. Der Mond wurde eben erst besiedelt, es gab noch keine Gebäude dort oben. Gab es sie inzwischen wirklich noch nicht? Wie viel Zeit war vergangen seit seiner letzten Wachphase?

Er drehte den Kopf und schaute zu seiner bedauernswerten Nachbarin. Sie trug ein Erkennungsband um ihr Handgelenk mit der Aufschrift *Anja Natalikova*. Dr. Niederwaldt sprach seinen Patienten an: „Hallo Achim, mal wieder eine Wachphase? Diesmal ist die Qualität des Insulins sehr gut geworden. Es wird viel Geld geben am Ende des Versuchs. Diese Gedankenreise zum Mond ist doch jedes Mal ein wahrer Quell erhöhter Produktion. Möchtest du nicht mal etwas anderes erleben, ist doch langweilig, immer dasselbe Spiel?"

Achim wollte etwas erwidern, aber er brachte trotz größter Anstrengung keinen Ton heraus. Er hob die Hand zu seinem Hals und fühlte eine Operationsnarbe. Adrenalin schoss wie eine Springflut durch seinen Körper. Er bekam kein Geld für dies alles hier, sie hatten ihn entführt aus einer Gefängniszelle. Oder war es ein Krankenbett gewesen? Er konnte sich nicht mehr erinnern. Gedankenfetzen vieler Vergangenheiten kamen ihm in den Sinn, welche davon war die Wahrheit, seine ganz persönliche Wahrheit? Er wusste es nicht. Achim fühlte, wie etwas Mächtiges in sein Gedächtnis eindrang. Er kämpfte dagegen an, doch dieses *Etwas* war stärker, zwang ihn zu vergessen, einfach zu vergessen.

Herr Dr. Niederwaldt strich seinem Patienten fast liebevoll über die Wange. Mehr zu sich selbst als zu Achim sagte er:

„Du kommst der Wahrheit hier von allen am allernächsten. Aber sage mir, warum sollten wir Senioren nehmen, wenn wir doch junge, starke Körper haben können? So wie deinen."

Deutschland. Herbstreise. 2034

Erhart Eller

Vorwort vom Flughafen Halifax

Dies vorweg, liebe Freunde: Deutschland gibt es noch. Es ist das ärmste Land Europas. Warum ich für meinen Europa-Abstecher ausgerechnet dieses Land ausgesucht habe?

1. Meine Großeltern kamen von dort.

2. Ich habe am Institut für tote Sprachen zehn Semester Deutsch studiert. Ich denke, ganz tot kann die Sprache nicht sein. Ich will meine Kenntnisse anwenden.

Warum ich mich mit einer Drei-Tage-Fahrt begnüge? Ich befürchte, länger halte ich es dort nicht aus. Man hört so manches.

Jedenfalls werde ich euch, mit diesem beginnend, täglich Kurzberichte meiner Erlebnisse senden, in dieser und keiner anderen Form, in der klaren Sprache, die einst von der gebildeten Schicht in Deutschland verwendet wurde, welche zeitweilig zahlreich war. Ich weiß, dass ich euch damit einige Anstrengung verursache, da ihr diese Sprache nur als Nebenfach studiert habt. Setzt euch zusammen: Was der eine nicht übersetzen kann, kann der andere. Gewiss sind wir einer Meinung: Es ist ein erhebendes Gefühl, in dieser von elektronischer Schnüffelei geprägten Zeit Nachrichten auszutauschen, die vor Schnüfflern sicher sind. Denn fest steht: Es gibt in ganz Nord- und Süd-Amerika höchstens zwei Hand voll Leute, welche das alte Hochdeutsch gründlich beherrschen.

1.Tag:

Der Platz, auf dem die Maschine landete, war noch zur Jahrtausendwende ein bedeutender Flughafen. Nunmehr sind Starts und Landungen seltene Ereignisse, aber immerhin, die Rollbahn hat keine Schlaglöcher und die Abfertigung klappt. Man gibt sich Mühe. Muss man auch, denn wir Besuchsreisenden sind die wichtigste Einnahmequelle dieses öden Landes. Ja, das Land ist öde, im Sinne von dünn besiedelt. Aber eine Wüste ist es nicht. Auf den Autobahnen herrscht dicker Verkehr. In diesem Land hält kaum jemand an, aber durch müssen viele, es liegt nun einmal in der Mitte Europas. Darum achtet die europäische Regierung stark darauf, dass das dichte Netz der deutschen Autobahnen in Schuss bleibt. Wenn nicht über die Bahngleise, die, wie ich beobachten konnte, ebenfalls tadellos in Ordnung sind, der ganze Güterverkehr rollen würde, wären die Autobahnen ständig hoffnungslos verstopft.

Ich fuhr durch eine herrlich unberührte Landschaft. Geheimnisvoll dunkle Wälder, leuchtend grüne Wiesen, stille Gewässer zogen vorbei. Selbst den Ruinen einstiger menschlicher Ansiedlungen, die ich vom Bus aus erblickte, kann ich eine gewisse Anmut nicht absprechen.

Wir hielten zur Rast. Diese war eine kleine Enttäuschung. Es gab die von daheim gewohnte Standard-Kost. Meine Deutsch-Kenntnisse konnte ich nicht anwenden. Wir wurden von Robotern bedient, die auf diese Sprache nicht programmiert waren.

Nachher gab's eine Bergtour. Ich wäre gern hinauf gewandert, aber die Mehrheit scheute die Anstrengung, also wurden wir hinaufgezogen. Ich hatte geglaubt, dies geschähe mittels elektrischen Seilzugs. Mitnichten. Zahlreiche zerlumpte Menschen bedienten die Winde. Die Reiseleiterin erklärte, dass es sich um Deutsche handelte. Ihre Zahl ist ja in den letzten Jahrzehnten atemberaubend zurückgegangen. Doch selbst den Wenigen fällt es nicht leicht, sich in diesem Land am Leben zu erhalten. Renten, Stütze und dergleichen Sicherungen gibt es nicht mehr. Wer Acker und Vieh hat, kann sich davon kümmerlich nähren. Die Habenichtse müssen auf *Maßnahmen* hoffen, Arbeiten, die von Robotern noch nicht erledigt werden. Denn allein von Waldfrüchten können sie nicht überleben. Ich las ein Faltblatt, herausgegeben vom Betreiber des Seilzugs. Da wurde das Haspel-

Drehen durch Menschenmassen als Mildtätigkeit dargestellt. Wer's glaubt. Der Betreiber ist jedenfalls ein guter Rechner; Kurbel-Dreher, selbst in dieser Menge, kommen mit Sicherheit billiger als ein Technik-Park: Der Stundenlohn beträgt drei Cent.

Die Belegschaft des Hotels, das zum Abend angesteuert wurde, bestand ebenfalls aus Menschen. Die Reiseleiterin sagte, dass jedes Haus der gehobenen Gastlichkeit sich menschliche Arbeitskräfte leistet. Ich versuchte, mit einigen von ihnen ins Gespräch zu kommen. Sie verstehen mein Hochdeutsch nicht. Ob alle Ausländer sind? Mag sein, die Eingeborenen sind nur noch zum Kurbeln brauchbar. Ich kann kaum glauben, dass dieses Volk vom Aussterben bedroht ist, denn ich erlebte dieses: Wie aus dem Nichts belagerten uns zottelige Gestalten, gleich einem Mückenschwarm in der Tundra. Sie stießen barbarische Laute aus, die ich unmöglich als deutsche Sprache anerkennen kann, denn ich verstand kein Wort. Klar war dennoch sofort: Sie bettelten. Die handfeste Wachmannschaft, die dieses Hotel, wie jedes bessere, angeheuert hatte, befreite uns schnell von der Plage. Das Abendessen war vorzüglich. Die Reiseleiterin versicherte, man habe uns echte deutsche Gerichte nach alten Rezepten aufgetischt und der Koch – man höre und staune! – sei ein Deutscher. Mit einigen guten Schlucken ließ ich den Tag ausklingen.

2. Tag:

Kultur und Bildung werden groß geschrieben. Etwas zu groß. Ich besuche gern Stätten der Vergangenheit, aber nicht in solchen Mengen. Vielleicht hätte ich anders buchen sollen. Drei verfallene Städte haben wir besichtigt: München, Dresden und Berlin. Ich sah nichts als Ruinen, teils malerisch anmutend, teils nicht. Die Ruinenfelder schienen menschenleer, doch ergab die Volkszählung voriges Jahr in allen drei Städten Einwohnerschaften von mehreren tausend. Die Museen freilich, durch die wir geführt wurden, sind ganz hervorragend aufgemöbelt. Es drängen sich darin Unmassen neugieriger Reisender aus allen möglichen Ländern. Namentlich die aus dem Osten und Süden Asiens verloren beim Anblick dieser geballten Massen untergegangener deutscher Kultur vor Ehrfurcht schier die Fassung. Es ist schon erstaunlich, was die Künstler, Wissenschaftler und Handwerker dieses Landes einst hervorgebracht haben. Die asiatischen Besucher waren übrigens auf nichts versessener, als mit echten Deutschen zusammen aufs Bild zu kommen. Derer gab es in den Kulturstätten einige: Aufsichts-Personen und Karten-Abreißer. Weder ich noch sonst wer aus unserer Gesellschaft mochte mit diesen Leuten, denen die Einfalt unverblümt aus den Gesichtern schaute, abgebildet werden. Mein Erbgut stammt teils von diesem Volk her, doch stolz bin ich darauf nicht.

Eine Ruine in München wurde sehr eingehend besichtigt. Es ging viele Stufen abwärts in einen einstigen Bierkeller. Es gab eine Menge Gegenstände und Bild-Belege zu sehen, betreffend jene ‚völkische' Bewegung, die nach Ansicht der Wissenschaft Haupt-Ursache für den beispiellosen Niedergang des deutschen Volkes war. Hier soll sie ihren Ursprung gehabt haben. Hier wurden, bei viel Bier, Schnaps und Weißwürsten, jene verrückten Losungen zuerst ausposaunt, denen nachher Millionen in ihr Verderben nachgefolgt sind. Einige Verrückte brüllten: „Deutsche, ihr seid ein Volk ohne Raum!" Die Millionen brüllten: „Sieg heil!" und fielen über andere Völker her, um durch Verkleinerung von deren Lebensraum den eigenen zu vergrößern. Sie bekamen fürchterliche Dresche und zur Strafe wurde ihnen der Lebensraum erheblich beschnitten. Zunächst schien ihnen das Zurechtstutzen gut zu bekommen; sie, genauer gesagt, ihre herrschenden Herrschaften, gingen daran, kraft ihrer Wirtschaft das zu schaffen, was ihren Waffen versagt geblieben war: Weltherrschaft. Mit Waren und Kapital überschwemmten sie den Erdball. Aber diese Schein-Blüte währte nicht lange; es folgten all die Verwerfungen, deren Ergebnis ich nun besichtige: Aus einem Volk ohne Raum ist ein Raum ohne Volk geworden.

Der Fremdenführer in dem Keller gab vielerlei von sich und seine Stimme geriet dabei ins Schluchzen: Die Entnervung des Volks durch Schundfernsehen, Dudelmusik und Ballerspiele beklagte er, die Verwüstungen durch die Hunger-Aufstände und die Niederschlagung derselben, die Unwetter und nicht zuletzt: die atomare Katastrophe von 2009, von der bis heute nicht geklärt ist, ob sie ein Anschlag war. Dazu: Die neuen Krankheiten, die diesem geschwächten und entnervten Volk mehr als anderen zusetzten. Die Abwanderung und der Geburtenrückgang sowieso. Der schluchzende Führer erklärte uns, dass er den Bevölkerungsschwund für verkraftbar hält, nicht aber den völligen seelisch-geistigen Niedergang. Einst waren die Deutschen das Volk der Dichter, Denker und Entdecker, heut nicht einmal mehr ein Volk der Richter, Henker und Abdecker.

Das Gejammer war mir sehr lästig. Zum Glück fuhren wir anschließend zu einer Stelle, wo es einen herrlichen Ausblick gab. Ich konnte mich dort mit einem kräftigen Imbiss stärken und genoss ein unvergleichliches Bier. Es stimmt: Das deutsche Bier hat unter den Verhältnissen nicht gelitten. Das Brauwesen ist diesem armseligen Land als einzige Industrie übrig geblieben.

Die Ruhe wurde durch eine Horde von Deutschen gestört, die wild aussahen und eine Pein für meine Nase waren. Man verjagte sie nicht, da die meisten Reisenden diese Gestalten putzig fanden, da sie nicht bettelten, sondern selbst gebasteltes Spielzeug verkauften und sich auch als Schuhputzer nützlich machten.

Schließlich gelangten wir zu unserer heutigen Übernachtungsstätte. Das Hotel ist schön gelegen, aber von Wachmannschaften dicht abgeriegelt. Wir erfuhren, dass in den umliegenden Wäldern Rotten räuberischer Deutscher lauern.

Das Abendessen muss ich dick loben. Eine Mitreisende frotzelte zwar, der besondere Geschmack käme von genveränderten Zutaten, die samt und sonders aus dem verstrahlten Gebiet stammten. Unsere sonst so verbindliche Reiseleiterin entrüstete sich sehr über den Scherz. Mich ließ der Wortwechsel kalt, ich genoss das Bier, über das ich mich nicht weiter verbreiten will. Ich bringe was mit, ihr sollt es auch genießen.

Zum Ausklang des Tages wurde ein buntes Programm geboten. Vierschrötige Deutsche in Lederhosen boten einen ungeschlachten Tanz, Schuhplattler genannt. Dralle Maiden in Dirndl-Tracht führten einen Ringelreihen vor und jodelten dazu. Nicht nur ich habe darüber herzlich gelacht. Man soll so was ja nicht laut sagen, aber, unter Freunden: Wir sind diesem verkümmerten Menschenschlag haushoch überlegen.

3. Tag:
Auf dem Plan stand ein Ausflug, der mich kribblig machte: Es ging ins verstrahlte Gebiet. Es ist ja nicht wirklich gefährlich; der Bus ist strahlensicher, außerdem bekam jeder Reisende eine durchsichtige Schutzhülle, die wie eine zweite Haut anlag. Die Sauerstoff-Zufuhr im etwaigen Notfall ist durch eine Druck-Patrone sichergestellt, die eine Woche reicht. Fast hatte es den Anschein, die Strahlengefahr werde übertrieben; die Veränderungen in der Pflanzenwelt, die stattgefunden haben sollen, sind mir nicht aufgefallen. Hingegen habe ich – es ist unglaublich – nirgends mehr Deutsche erblickt, als eben in dieser Zone. Wenn auch der Vorfall ein Vierteljahrhundert zurück liegt, die Strahlung hat noch nicht merklich abgenommen. Die Deutschen dort sind bleich, triefäugig, haar- und zahnlos. Die Reiseleiterin erklärte, durch die niedrigen Kosten sei die Zone so anziehend. Man wohnt dort mietfrei, und seit dem Vorfall hat kein Steuereintreiber das Gebiet betreten. Die Landschaft ist reizvoll, aber wandern möchte ich dort nicht.

Anschließend ging es nordwärts zum versunkenen Deutschland. Einst war es Teil der Norddeutschen Tiefebene. Weil man nicht genügend Sorgfalt auf den Erhalt der Deiche und Dämme verwandt hat – aus Mangel an Mitteln und Menschen – nagten die zunehmenden Unwetter immer mehr an den Anlagen, bis schließlich die Sturmflut von 2018 dieses Gebiet dauerhaft unter Wasser setzte. Nur einige Hochhäuser und Kirchtürme ragen aus dem Meer. Man veranstaltete für uns eine Tauchfahrt. Dieses Unterwasser-Deutschland ist augenscheinlich ein Paradies für Tiere. Ich sah die fremdartigsten Wesen. Der U-Boot-Kapitän erklärte, viele Fische und Weichtiere – eigentlich in den südlichen Meeren zuhause – seien infolge der allgemeinen Erwärmung zugewandert. Aber auch ganz neue Arten hätten sich ausgebildet. Ich glaubte, ein Muster einer solchen zu erblicken. Es bewegte sich rutschend auf einer noch vorhandenen Autobahn vorwärts, fuchtelte mit den Gliedmaßen und stieß Blasen aus. Sicherlich äußerte es irgendwelche für mich unhörbaren Laute. Ich wurde belehrt, dass es sich um einen mit Robbenhäuten bekleideten Menschen handelte. Diese Eingeborenen haben sich voll und ganz auf das Leben im Wasser eingestellt. Sie sind zur Kiemenatmung übergegangen.

Auf den Ausflug folgte ein zünftiges Meeresfrüchte-Essen. Leider war es uns nicht vergönnt, dieses zu genießen. Die Terrasse, auf der wir speisten, war ungenügend bewacht. Horden schauerlicher Gestalten trieben uns durch ihren Faulfisch-Geruch in die Flucht. Sie fraßen von unseren Tellern. Endlich tauchten handfeste Bedienstete auf, welche die Horde gnadenlos hinweg prügelten. Jedoch: Weder ich noch sonst jemand mochte noch von seinem Teller essen. Man entschuldigte sich für den entstandenen Ärger und versprach, uns mit einem Leckerli zu entschädigen. Wir fuhren in ein Dorf, das – ich traute meinen Augen kaum – nicht die geringsten Anzeichen von Verfall aufwies. Da waren lauter Häuschen, die aussahen, wie vom Zuckerbäcker gebacken. Es gab hervorragendes Bier, es gab Andenken-Schund, es gab auch wieder Jodeln und Schuhplatteln. Darüber hinaus konnte, wer wollte, Dienstleistungen in Anspruch nehmen, wofür sich Maiden anboten, die in Körper betonende Trachten gezwängt waren. Sie beugten sich lächelnd weit über die blumengeschmückten Balkone, auf diese Weise tiefen Einblick in ihre eigenen Balkone bietend. Um die Bedürfnisse des weiblichen Teils der Gesellschaft kümmerten sich baumstarke Burschen in hautengen Krachledernen, die, an Ecken stehend, munter zwinkerten. Die meisten nahmen die Dienstleistungen in Anspruch, die, so wurde versichert, billiger waren als irgendwo sonst auf diesem Planeten. Ich hielt mich ausschließlich ans Bier. Die Gefahr, mit der deutschen Krankheit angesteckt zu werden, erschien mir zu groß.

Zur Abrundung des Tages wurde eine Brauerei besichtigt. Wir waren freilich durch Panzerglas von den Arbeitsräumen getrennt. Man fürchtete Spionage. Das Brauwesen ist ja, abgesehen vom Fremdenverkehr, der einzige nennenswerte Geldbringer im heruntergekommenen Deutschland. Alles läuft hier automatisch, es gibt nur einen Menschen, der das Ganze steuert. Er ist Inder. Einst arbeiteten hier Menschen, die hohen Lohn bezogen. Jährlich aufs Neue wurden sie vor die Wahl gestellt: entweder Lohnsenkung oder Betriebs-Schließung. Sie entschieden sich immer für Ersteres. Dies ging solange gut, bis sie vor Hunger die Arbeit nicht mehr ausführen konnten. Da blieb den Eigentümern nichts anderes übrig, als teure Technik anzuschaffen, die einen Großteil des aus den Arbeitern gequetschten Profits auffraß. Keine schöne Geschichte. Aber die Biere, die man uns ausgiebig verkosten ließ, waren Gedichte.

Ausgerechnet an diesem letzten Abend gab es im Hotel eine unschöne Streiterei. Eine Dame unserer Gesellschaft ereiferte sich, wir Ausländer seien niederträchtig, da wir zu unserem Vergnügen die Notlage des sterbenden Volks ausnützten. Man müsse verhindern, dass es sich zur Belustigung von unseresgleichen selbst verhöhnt. Wenn es schon nicht zu retten sei, solle man es in Würde verenden lassen. Einige sprangen der Überspannten bei. Doch die Mehrheit äußerte sich in meinem Sinn: In Würde verenden, ohne Geld – wie soll das gehen? Wir, die Reisenden, und nicht die spinnerten Menschenfreunde, sind es doch, die etwas für die armen Menschen tun. Wir bringen Geld ins Land.

Ohne uns könnten sich die Schlucker nicht mal Pappsärge kaufen.

Nachtrag auf der Rückreise:

Die Fahrt zum Flughafen war kein reines Vergnügen. Anstatt die schönen Erlebnisse nachklingen zu lassen, erging man sich in Mutmaßungen, wie ein Land, das einst zu den Reichsten gehörte, so herunterkommen konnte. Der Bevölkerungs-Rückgang? Die Aufstände? Der Drang der ,Besserverdienenden', die Welt mit ihren Waren, Kapitalien und schließlich mit ihrer Anwesenheit beglücken zu wollen? Dieser Drang, anderswo auch vorhanden, ist in diesem Land zweifellos am verhängnisvollsten gewesen. Fast die ganze Industrie wurde ins damals billigere Ausland verlagert. Das erwerbslose Volk blieb im Elend zurück. Da es im Land immer ungemütlicher wurde, zogen die Eigentümer ihren Kapitalien nach. Sie machten sich in den schönsten Erdgegenden breit und verschandelten sie mit ihren protzigen Villen. Doch die Völker, die es satt hatten, Billiganbieter zu sein, verjagten die Verhassten. Selbst die feinen Bürger der Steueroasen, wohin die Ausbeuter ihre sämtlichen Einkünfte verschoben hatten, duldeten die Verfemten nicht mehr. Diese mussten zurück in das von Hunger-Aufständen erschütterte Deutschland. Es sind in den Aufständen ungezählte Erwerbslose, doch auch viele Reiche umgekommen. Der einzige kleine Sieg der Aufständischen war die gesetzlich verbriefte Einrichtung von Armenküchen, wo unentgeltlich Suppen ausgekellt wurden. Doch selbst dieser Sieg schlug zu ihrem Verderben aus. Die listenreichen Reichen ließen schnell wirkende Gifte unter die Suppen mischen. Bis die Immerhungrigen den Anschlag bemerkten und alle Giftmischer, derer sie habhaft wurden, metzelten, hatte sich ihre Zahl beträchtlich vermindert.

Die Endlosigkeit der Erörterung nervte mich. Plötzlich trat Schweigen ein. Denn unweit der Autobahn erblickten wir eine Ansammlung atemberaubender Paläste. „Here they live, the especially riches", sagte die Reiseleiterin. Sie erklärte, die Schwerreichen, die den Aufruhr überlebten, hätten beschlossen, eine Stadt zu errichten, wo sie ganz unter sich waren. Denn blieben sie übers Land verstreut, schwebten sie in ständiger Lebensgefahr.

Darum haben sie sich hier versammelt, haben sich die Märchenstadt bauen lassen, wo sie nun, undurchdringlich vom Umland abgeschirmt, ihren Reichtum genießen, der, trotz der Aufstände und Enteignungen, immer noch größer ist, als das, was die gesamte Weltwirtschaft in zehn Jahren erzeugt. Ins Umland trauen sich diese Leute nicht, doch jagen sie oft mit ihren Fluggeräten durch die Lüfte, zu all den fernen Orten, wo es sich die Betuchten dieser Erde wohl sein lassen.

In der Reisegesellschaft wurde der Wunsch laut, die Märchenstadt zu besichtigen. Der Zeitplan ließe dies nicht zu, entgegnete die Reiseleiterin, doch die Gesellschaft bestand mit Nachdruck darauf. Seufzend gab sie mit den Worten *We can try it, the bus is armoured* schließlich nach. Doch kaum hatten wir die Autobahn verlassen, wurden wir mit Dauerfeuer empfangen. Zwar war die Panzerung stark genug, doch selbst die Neugierigsten bestanden nun nicht mehr auf der Besichtigung.

Dass die Einwohner, die von der Reiseleiterin auf rund zweitausend beziffert wurden, keinen Besuch mögen, ist nach der geschilderten Lage der Dinge verständlich: Im Umkreis der Märchenstadt sollen sich hunderttausend rachedurstige Proleten verschanzt haben, welche darauf aus sind, die Paläste zu stürmen. Die Stadt wird zwar von einer starken Truppe wohl bewaffneter und kriegserfahrener Söldner verteidigt. Auch ist sie mit allen möglichen Schutzwehren umgeben, die auf dem neuesten Stand der Technik sind. Doch wenn es den wütenden Massen gelingen sollte, all diese Gemeinheiten zu überwinden, wird es einen fürchterlichen Endkampf geben. Die überlebenden Armen werden alle Reichen zerfleischen, zerstückeln, in der Luft zerreißen. So mag es kommen oder nicht – die Welt wird wenig

Kenntnis von einem Geschehen nehmen, das sich weitab aller gängigen Reiseziele zuträgt.

Nun sitze ich also im Flugzeug und verdaue die Eindrücke. Ein wenig wurmt mich ja doch, dass kein Deutscher mich verstand, wenn ich ihn ansprach. Nun gut, Zweck meiner Reise war nicht, mit Eingeborenen über das Wetter zu schwatzen. Übrigens vermute ich, dass sie verstanden, aber nicht verstehen wollten. Als ich mich mit einer Dame unserer Gesellschaft, die im Hochdeutschen Grundkenntnisse hat, in dieser Sprache unterhielt, haben die in der Nähe befindlichen Deutschen, ich sah es deutlich, die Ohren gespitzt. Diese Duckmäuser. Ich glaube: Wenn die könnten, wie sie wollen – die würden uns ...

Es war gut, das Land jetzt besucht zu haben. Wie ich soeben erfahre, hat die europäische Regierung ein Siedlungsgesetz erlassen: Mit Kontingenten aus den Mitgliedsländern soll Deutschland neu bevölkert werden. Sollte ich nochmals nach Deutschland kommen, werde ich eingeborene Deutsche, wenn überhaupt, nur noch in winzigen Reservaten vorfinden.

Alters-Eiszeit

Thomas Matterne

„In Ordnung, fangen wir an. Ich werde das Gespräch aufzeichnen, geht das in Ordnung?" Der Journalist wartete nicht auf die Antwort seines Gegenübers, sondern drückte die *On*-Taste seines Aufnahmesticks und schob ihn über den Glastisch in der Mitte des kleinen Wohnzimmers in einem Vorort Berlins, der vor ein paar Jahren noch Potsdam hieß. „Vielleicht fangen wir mit etwas Persönlichem an. Wie heißen Sie?"

„Schneider, Simon Schneider", begann sein Gegenüber langsam. „Aber muss mein Name genannt werden? Ich möchte meine Stelle nicht verlieren, wissen Sie?" Er hielt kurz inne, schien kurz über etwas nachzudenken und schüttelte dann über seine eigene Naivität – er könnte es wohl auch einfach Dummheit nennen – den Kopf. „Was rede ich da für einen Unsinn, die Gesellschaft wird es nicht mehr geben, wenn das an die Öffentlichkeit kommt."

Der Journalist legte seine verständnisvolle Miene auf, im Laufe seines beruflichen Lebens hatte er sich eine Menge solcher Mienen zurechtgelegt und wusste längst, wann welche einzusetzen war. „Erzählen Sie einfach erst einmal, danach sehen wir weiter. Sie sind Simon Schneider, und Sie arbeiten als Techniker für die Gesellschaft *Humanes Altern*. Das wissen wir ja schon."

„Ganz genau, *Humanes Altern*", lachte Schneider betont bitter. „Sie kennen die Gesellschaft ja, die Lösung der Überalterung unserer Gesellschaft, wir schließen alle Altersheime und sorgen dafür, dass die Menschen würdevoll – würdevoll verschwinden. Ja, ich glaube, verschwinden ist das richtige Wort dafür."

„Ich kenne die Firma. Sie frieren Menschen ein und sorgen dafür, dass sie für immer träumen. Wie genau machen Sie das?"

„Wie wir das machen?" lachte Schneider diesmal noch mit einer guten Portion mehr an Bitterkeit. „Gute Frage, das war auch meine Frage, als man mich eingestellt hatte. Ich fand die Idee abwechselnd genial und dann wieder pervers. Aber ich habe schon immer auf dem Gebiet der Kryonetik gearbeitet, und die Gesellschaft hat händeringend nach Leuten gesucht. Mein Vorstellungsgespräch hat eigentlich keine zwei Minuten gedauert, es hat nur länger gebraucht, weil ich mich gleich nach dem Prinzip erkundigt habe. Es ist im Grunde ganz einfach, man verbindet die Gehirne der alten Menschen mit einem Zentralcomputer und friert sie dann ein. Der Computer sorgt dafür, dass die Menschen dann in vorher von ihnen ausgesuchten Themenbereichen ständig träumen. Die Gesellschaft kann kontrollieren was geträumt wird, stichprobenartig, weil inzwischen viel zu viele Menschen eingefroren sind."

„So weit ich informiert bin, hat dieses Einfrieren aber einen Haken."

„Sie meinen, dass man es nicht mehr rückgängig machen kann? Ja, das große Manko der heutigen Kryonetik. Wir frieren die Menschen ein, auf dem Minimum des Lebensstandards. Sie leben, lebendige Eiswürfel. Entschuldigen Sie, ich muss was trinken." Schneider stand auf, verschwand in einer kleinen Küche nebenan und kehrte nach ein paar Augenblicken mit einem Glas Orangensaft zurück. Ohne Eis, der Journalist hatte für einen kurzen Moment an einen schlechten Situationskomikwitz gedacht und kaum merklich sogar gelächelt.

„Entschuldigen Sie, wollen Sie auch etwas."

„Nein, nein, danke. Glauben Sie, man kann diesen Prozess rückgängig machen, die Menschen irgendwann wieder auftauen?"

„Sicher, irgendwann. Aber die Gesellschaft forscht nicht in diese Richtung, warum denn auch. Sinn ist es, die Menschen verschwinden zu lassen, man steckt sie in Särge, so nennen wir die Gefrierboxen, stapelt sie in einem Keller übereinander, und das war's. Denken Sie über die Platzersparnis nach, ein zwei Meter langer Sarg im Vergleich zu einer Wohnung im Altersheim. Zunächst dachte ich nicht, dass jemand das freiwillig macht. Kryonetik ist doch entwickelt worden für Menschen mit unheilbaren Krankheiten, die man wieder auftaut, wenn ein Heilmittel gefunden ist. Oder die Raumfahrt will sie nutzen, um Astronauten für lange Reisen einzufrieren. Aber die Kryonetik ist eben noch nicht soweit, die aktuelle Marsmission fliegt ja auch mit wachen Menschen an Bord. Die Gesellschaft wirbt damit, dass der eingefrorene Mensch ja für immer träumt, und Dinge wie altersbedingte körperliche Gebrechen oder schlimmstenfalls Alzheimer wird er nie erleben. Möchten Sie nicht für immer träumen?"

Der Journalist zuckte mit den Schultern, er war sich nicht sicher, und mit einer Handbewegung forderte er Schneider auf, weiterzusprechen. Er wollte sich keine Gedanken machen, vor allem, weil ihm sein Gefühl seit Beginn dieses Interviews sagte, dass die Idee, sich einfrieren zu lassen, noch irrsinniger werden würde als ohnehin schon.

„Am Anfang war es auch schwer, Menschen davon zu überzeugen. Als ich zum ersten Mal die Halle A1, das ist die offizielle Bezeichnung für die erste Lagerhalle mit den Särgen, gesehen habe, waren zehn Kammern gefüllt, für 500 ist sie aber ausgelegt. Und die zehn waren Menschen, die kurz vor dem Tod standen, verkalkte Arterien, Krebs oder Aids, Sie wissen schon. Durchgesetzt hat sich die Methode nur langsam, damals, als sich dieser Schauspieler hat einfrieren lassen. Was Menschen nicht alles für die letzte Publicity tun."

„Ja, ich erinnere mich", nickte der Journalist. Er warf einen Blick auf die Digitalanzeige seines Aufnahmesticks, während Schneider wieder ein paar Schlucke trank. Es war Zeit, zur Sache zu kommen. „Ja, inzwischen ist es fast trendy. Gut, als Sie mit mir in Kontakt getreten sind, haben Sie Worte wie Skandal und Betrug verwendet." Der Journalist zögerte kurz. „Hat es etwas mit der Kryonetik zu tun, sind die Menschen etwa – etwa tot?"

„Was? Nein!" Dieser Vorwurf machte ihn wütend, Kryonetik war Schneiders Gebiet, er wollte nichts auf sich kommen lassen. „Mit der Kryonetik ist alles in Ordnung. Die eingefrorenen Menschen leben auf dem notwendigen Minimalniveau, die Boxen sind in einem Topzustand, und die Energieversorgung ist 100%ig sicher. Wir haben Notfallgeneratoren und führen regelmäßig Tests durch. Mit der Kryonetik ist alles korrekt."

„Entschuldigen Sie, schon gut, ich wollte Sie nicht angreifen. Ich dachte nur, das wäre am nahe liegendsten."

Schneider leerte sein Glas und knallte es dann auf den Tisch. „Nein, mit der Kryonetik ist alles in Ordnung, funktioniert alles tadellos."

Der Journalist warf einen Blick auf das leere Glas und kämpfte selbst die Frage nach einem Schluck zu trinken herunter. „Gut, was haben Sie dann entdeckt. Erzählen Sie alles der Reihe nach, wir haben den ganzen Abend Zeit. Erzählen Sie von Anfang an." Schweigen. „Wie gesagt, Sie erzählen jetzt einfach erst einmal ihre Geschichte, und dann entscheiden wir, was wir damit anfangen." Das war natürlich gelogen, wenn die Geschichte wirklich so heiß war, wie es ihm sein Reporterinstinkt sagte, dann würde er danach schwer stillhalten können. Die Geschichte schien eben wirklich heiß zu sein, verdammt heiß. Was immer bei der Gesellschaft für *Humanes Altern* vor sich ging, irgendetwas sagte ihm, dass er hier sein eigenes Watergate vor sich hatte. „Vertrauen Sie mir."

Schneider zögerte aber noch immer. Nervös spielte er mit dem leeren Glas vor sich, fuhr mit der Fingerspitze über den Glasrand und schien darüber enttäuscht zu sein, dass dieses Verhalten keinen Ton zustande brachte. Er erinnerte sich plötzlich an eine Begebenheit seiner Kindheit, als er in einem Park zugesehen hatte, wie ein Straßenkünstler eine ganze Orgel aus Gläsern zusammenbaute und darauf spielte, als wäre er ein Ein-Mann-Orchester. Als wäre es gestern gewesen, sah er die Szene plötzlich wieder vor sich. Der warme Frühlingssonnenschein, die

Vögel im Hintergrund, seine Mutter an seiner Seite, er konnte fast danach greifen. Die Sonne spiegelte sich in den Gläsern, sie waren unterschiedlich stark mit Wasser gefüllt. Ja, genau deshalb konnte er keinen Ton hören, es musste noch etwas Wasser im Glas sein. Plötzlich befand sich Schneider wieder zurück in der Gegenwart. Er hatte geträumt. Geträumt, lachte Schneider innerlich, geträumt. „Vertrauen?" begann er schließlich wieder zu reden. „In der Gesellschaft vertraut niemand dem anderen. Alles ist top secret, als wären wir ein Geheimdienst, oder so. Alles ist doppelt und dreifach geschützt, Netzhautscannen ist obligatorisch. Nach ein paar Tagen dort war ich überrascht, dass man in die Kantine konnte, ohne sich vorher die Augen scannen zu lassen."

„Sicherheitsmaßnahmen sind doch selbstverständlich geworden. Sie können doch heute nicht mal in den Transrapid, ohne Ihre Kennkarte in den Automaten gehalten zu haben." Der Journalist warf wieder einen Blick auf die Anzeige seines Aufnahmesticks, langsam könnte Schneider wirklich zur Sache kommen.

„Sicherheit geht vor!" nickte Schneider nachdenklich. „Aber was nutzen die besten Sicherheitsmaßnahmen, wenn es so etwas wie den Zufall gibt. Oder das bessere Wort wäre wahrscheinlich Unfall, ja, Unfall. Es war nichts weiter als ein Unfall. Eigentlich hätte ich die Datei gar nicht zu Gesicht bekommen dürfen, es war ein T1-Rundschreiben, das plötzlich auf meinem Computer aufgetaucht ist."

„T1?"

„Nur für die absolute Chefetage, auf dem Verteiler stehen bestimmt keine zehn Leute. Eben nur die engste Führungsriege der Gesellschaft."

„Ich verstehe, und was stand in diesem Rundschreiben?" Der Journalist beugte sich nach vorn, endlich kam er auf den Punkt. Erwartungsvoll blickte er zu Schneider über den Tisch, doch der schien plötzlich in sich gekehrt zu sein, ließ sich in den Sessel zurückfallen und dachte wahrscheinlich darüber nach, ob er nicht gerade einen Fehler beging. Immerhin sprach er mit einem Journalisten über Dinge, die die Gesellschaft mit allen Mitteln vor der Öffentlichkeit verbarg. Seine journalistische Erfahrung ließ den Reporter spüren, dass Schneider genau diese Gedanken durch den Kopf gingen. Eigentlich wollte er das x-te *Vertrauen Sie mir* im verschwörerischen Tonfall murmeln, aber das wäre selbst Schneider schon zu auffällig gewesen. Stattdessen nickte der Journalist nur aufmunternd.

„In dem Rundschreiben ging es – ging es um einen der Gutachter, die seinerzeit für die Regierung in Brüssel bestätigt haben, dass alles seine Richtigkeit hat. Hat es auch, aber nur mit der Kryonetik. Die Verbindung zwischen den Eingefrorenen und dem Zentralcomputer ist eine reine Farce, sie existiert nicht. Das Ganze funktioniert technisch gar nicht."

„Das heißt, die Leute werden einfach nur eingefroren? Mehr nicht?"

Schneider nickte nur.

„Aber ich dachte, dieses *Träume-ins-Gehirn-pflanzen* sei nur deshalb nicht so weit verbreitet, weil die *Gesellschaft für Humanes Altern* die Patente hält."

„Patente auf eine Technik, die nicht funktioniert, zumindest nicht bei eingefrorenen Menschen. Das einzige was funktioniert, ist Gefühle hervorzurufen, das klappt wirklich. Sie können Testpersonen ein undefiniertes Glücksgefühl verschaffen, mehr nicht. Aber wahrscheinlich klappt nicht mal das, weil der Lebensstandard der Eingefrorenen auf einem für das Gehirn zu niedrigen Stand ist. Sie haben's schon gesagt, die Gesellschaft friert die Leute nur ein."

„Und weil es nicht möglich ist, sie wieder aufzutauen, kann auch niemand berichten, nicht geträumt zu haben", vollendete der Journalist Schneiders Satz. „Und die Gutachter hat man damals bestochen. Scheiße, dass ist wirklich eine Story."

„Es kommt noch schlimmer. In der Gesellschaft sind Gerüchte im Umlauf, dass Politiker darüber nachdenken, für ganze Bevölkerungsgruppen das Einfrieren zwangseinzuführen. Ab einem gewissen Alter, wenn kein Nutzen mehr für die Allgemeinheit besteht, werden sie abgeholt und in die Gefrierbox gesteckt. Jetzt, nachdem ich das alles weiß, gehe ich davon aus, dass dahinter natürlich auch Bestechung steckt."

„Bestechung, ja, wahrscheinlich", murmelte der Journalist. „Haben Sie dieses Rundschreiben?" Der Journalist stöhnte innerlich auf, als Schneider verstohlen mit dem Kopf schüttelte. „Verdammt! Aber Sie erinnern sich an den Namen des Gutachters."

„Sieh dir das mal an!" Der Mann im typischen hellblauen Jackett der *Gesellschaft für Humanes Altern* deutete auf das Diagramm vor sich auf dem Monitor. „Was ist das?"

„Die Überwachung seiner Traumsequenz, wie lange arbeitest du schon hier?" Mit einem kräftigen Schubs schob sich ein zweiter Techniker mitsamt seinem Bürostuhl vom eigenen Arbeitsplatz zu dem seines Kollegen. „Oh, Scheiße!"

„Was?"

„Wenn ich es nicht besser wüsste, würde ich sagen, er hat einen Alptraum. Wer ist das?"

Der Erste tippte etwas in die auf den Tisch projizierte Tastatur ein. „Schneider, Simon. Eingeliefert am 02.03.2034, seine Angehörigen zahlen für einen Standardtraum. Ferien an einem Nordseestrandbad."

„So wie sein Diagramm ausschlägt, landet gerade ein Seeungeheuer an der Küste. Ich informiere den Chef." Die dritte Fehlfunktion diesen Monat, dachte er, während er sich den Hörer ins Ohr stöpselte und den Namen des Anzurufenden aussprach. Armer Schlucker, kam her, um für eine Ewigkeit zu träumen – oder zumindest solange seine Angehörigen die Rechnungen pünktlich beglichen – und jetzt hatte die Gesellschaft nur die Wahl, ihn für diese Ewigkeit einem Alptraum zu überlassen oder aufzutauen und wie in der guten alten Zeit auf den Friedhof zu bringen. Waren die Träume einmal ins Hirn des Betroffenen eingespeist, konnten die Computer der Gesellschaft keinen Einfluss mehr auf sie nehmen. Sie wurden zu Selbstläufern, die allerdings in einer ständigen Wiederholschleife ablaufen sollten. Nur manchmal taten sie das eben nicht, manchmal entwickelten sich die Träume von selbst weiter. Manchmal steckten die Leute in einem schier endlosen Alptraum fest, aus dem es kein Erwachen gab – mit Ausnahme des Todes.

Die Titte

Viktoria Korb

Anton feierte seinen zweiundsechzigsten Geburtstag. Wie freute er sich über die vielen Glückwünsche, die bunten Emails! Seine ganze virtuelle Clique klickte ihn an. Zugleich blendeten seine Fernsehgeräte in kurzen Pausen zwischen Werbesendungen Nachrichten oder Filmausschnitte ein. Jetzt gab es sogar Fernsehen für Blinde! Anton hörte den aktuellen *News* zu – Beteuerungen des amerikanischen Präsidenten Clanton Junior III in schönstem Klangton, dass die USA schon immer die besten Freunde von Bin Pinkeln und Mao-Ci-Tu waren. Wie sie sich auch längst mit der Antikap-Achse und Stamokap-Achse des Guten arrangiert hatten, seit sie die größten Waffenimporteure der Welt geworden waren. Man war dabei, gemeinsam mit ihnen einen Monokap-Block zu schaffen.

Plötzlich hörte er im lokalen Teil die Aussage einer Senatsbeamtin: „Wir müssen aus Karteileichen echte Leichen machen." Das klang äußerst beunruhigend. Anton hatte sich seit langem bei keiner Pflichtparteiversammlung blicken lassen! Er lenkte sich jedoch von dieser Gefahr schnell durch den nostalgischen Kunsthit ab, den Film von Leni Riefenstahl über die deutschen Siege bei der Olympiade 1936 in Berlin ... Diese braune Soße wurde verwässert durch die Stimme, die im drohenden Ton befahl: „Klicken Sie sofort unser Klickatorium!"

„Klick yourself", murmelte Anton und sprang vor Freude über seinen eigenen Mut auf seinen elektrischen Stuhl. Er wusste zwar, dass er vom elektronischen Dasein verhaltensbedingte neurologische Knoten hatte, aber was soll's? Die hatten schon fast alle, seit das Credo herrschte: „Wir werden uns alle vernetzen und digitalisieren." Also würde ihm der *Große Rat Vereidig-*

ter Amtlicher Medizinischer Gutachter irgendwann gütig eine Therapie zuweisen.

Er würde nur durch sieben von ihnen untersucht werden müssen. Aber dann hätte er wenigstens wieder einen Grund, seine Wohnung zu verlassen. Und die Praxen lägen irgendwo zwischen Reinickendorf, Zehlendorf und Lichtenrade – möglichst weit von seinem Kiez entfernt. Sonst lauerte die Gefahr, dass er die Gutachter womöglich kannte.

Wie fürsorglich war der Staat geworden: Die neuen 40 Entbürokratisierungsbehörden und 17 Auflockerungsämter kümmerten sich seit einem Vierteljahrhundert um die Vereinfachung der Prozeduren, neun Ämter koordinierten ihre Zusammenarbeit und drei Aufsichtsbehörden kontrollierten sie pflichtbewusst. Das Amt für Entdeutschung führte fleißig Schulungen in *Minimalmanieren und Höflichkeit* durch.

Auch bei Anton tickte alles richtig – die Geräte zur ständigen Überwachung der Lufttemperatur- und Feuchtigkeit, der Ozonwerte, des CO_2-Austoßes und Mercurius-Verseuchung, der Abgasbelastung, des Zigarettenrauchs, des Lärmpegels und Antons Blutdruck. Satellitenverbindungen zu Online-Ärzten rund um den Kosmos pfiffen zufrieden.

Seine acht Computer und Roboter der führenden Firma *Debil Tel* blinkten im Gleichton mit dem Decoder. Die gesetzlich vorgeschriebenen Implantate in seinen Ohren, die permanenten Zugang der Werbesprüche durch akustische Emails sicherten, funktionierten tadellos.

„Orwell war ein Optimist!" stellte Anton bei diesem Augentanz fest. Abwechselnd baten ihn verführerische Stimmen, etwas zu kaufen und eine neue Versicherung abzuschließen, oder sie befahlen es ihm in brüllendem Ton. Ab und zu erlebte Anton aber Momente von Schadenfreude, immer dann nämlich, wenn die Server ihre eigenen Werbemails mit Hilfe des Antivirus-Programms *Dupator* als Spam entlarvten und ihm den Zugang verweigerten.

Im Schlaf wurden die Implantate humanerweise automatisch auf leise Impulse umgestellt, dafür wirkten sie aber umso intensiver auf das Unterbewusstsein ein. Anton wachte manchmal auf mit dem unüberwindlichen Verlangen, zur *DAS* zu rennen und eine neue Police zu erwerben. Nur ein Blick auf seine Aktensammlung hielt ihn davon ab. Seine drei Zimmer waren überfüllt mit Ordnern voller Bankauszüge, Briefen vom Finanzamt, Steuererklärungen, Rechnungen, Quittungen, Versicherungsbedingungen, Rentenformularen, amtlichen Bescheiden und ähnlichem aus den letzten 45 Jahren. Das hatte sich trotz der allgegenwärtigen Chips kaum geändert. Nachdem die Hacker den technischen Fortschritt eingeholt oder gar überholt hatten, wurde klar, dass der Mensch doch hartnäckig ein biologisches Wesen blieb und nichts seine Unterschrift ersetzen konnte: wie den dominierenden postbiologischen Lebensformen zum Trotz! Jetzt nahm Anton einen Pfiff im Ohr war, und ein Computersklave befahl ihm, dringend seine tägliche Aufzählung aller Ein- und Ausgaben für das Finanzamt und die Krankenkasse auszufüllen. Das war absolut notwendig, weil der Bestand seines Sparkontos sich manchmal aufgrund der Zinssatzänderungen durch die allmächtige BuBa und somit auch seiner Hausbank Dieba änderte und somit Einfluss auf seine Besteuerungsgrundlage und Kassenbeiträge hatte. An seinem Geburtstag war es von besonderer Bedeutung, weil man vielleicht seine Einstufung ändern würde. Das klang ernst. Er könnte in die Hände der Steuergestapo geraten. Hatte doch das Bündnis der Grünen, Schwarzen und Blutroten angekündigt: „Wir werden gemeinsam unsere gemeinsame Politik des Gemeinwohls in Gemeinsamkeit verfolgen. Und jeder, der sich über dieses Gesetz hinweggesetzt hat, wird aufs Härteste bestraft."

Aber beim Blick auf die klitzekleine Ecke mit Computer und Sessel, wo er eingepfercht war, von Aktenschränken bedrängt, verspürte Anton furchtbare Beklommenheit. Seine einst so geräumige Wohnung kam ihm wie eine Hundehütte vor. Die Decke fiel ihm auf den Kopf! Sogar die Küche und das Bad waren voller Ordner, und zum Duschen war er gezwungen, sie immer wieder aus der Badewanne herauszuholen! Dabei musste er jedes Mal seine Duscheinrichtung elektronisch neu programmieren, genauso wie seinen Klocomputer nach jedem Pinkeln. Sonst hätte er nicht spülen können. Auch die Fun-Zahnbürste funktionierte nicht ohne elektronische Steuerung, und eine andere gab es nicht auf dem Markt. „Wirklich innovativ", schimpfte er wütend. Jetzt bemerkte er die aufdringlichen, umfangreichen Akten der Sterbegeldversicherung. In der Anfangsphase der Gesundheitsreform hatte sich seine Gewerkschaft rührend um ihn gekümmert und ihm sofort ein günstiges Angebot gemacht! Trotzdem machte ihm diese Ansicht nicht gerade gute Laune. Er stand auf und stolperte sofort über Müll, den er illegal hortete. Was hätte er denn sonst tun sollen? Alles war Wegwerfware, aber man durfte aus ökologischen Gründen nichts wegwerfen. Jetzt stellte ihm sein uraltes, längst überflüssiges, aber unentsorgbares Faxgerät ein Bein, und Anton fühlte sich von allen Seiten verkabelt.

Ja, ja, er würde bald wieder Ordnung machen und seine tägliche buchhalterische Erklärung schreiben! Aber jetzt konnte er nicht – er hatte Platzangst. Leid-Kultur.

„Scheiße, Scheiße", zischte er durch geschlossene Lippen und bekam sofort eine Panikattacke. Scheiße, wie schrieb sich jetzt Scheiße? Nach der achten oder neunten Rechtschreibreform? Oder war es vielleicht wieder die siebte? Langes ß oder ss? Beim Versuch, etwas Müll vom Boden zu heben, spürte er wieder schmerzhaft, dass er seine Finger kaum bewegen konnte. Seit die Industriekonzerne und folglich die Wissenschaftler festgestellt hatten, dass die menschlichen Hände eigentlich zum Klicken geschaffen wurden, verkümmerten sie zunehmend bei der gesamten Bevölkerung. Bald würde dasselbe mit seinen Zehen passieren – es gab jetzt Zwangsschulungen zum gleichzeitigen Klicken mit beiden Händen und Füßen. Dabei war Anton kein besonders guter Klicker. Kalter Schweiß lief seine Stirn hinunter – German Angst ging um. „GAGA. GA, GA, GA, Mega GAGA", sang er.

Als Rettung kam ihm die Losung *Fight German Angst* in den Sinn. Er musste schnell raus – die Wände rückten bedrohlich nahe heran.

Aber wohin und wozu? Einkaufen? Lächerlich, sein kleiner Kühlschrank platzte vor tiefgefrorenen, minimalisierten Essvorräten, die sich unter elektronischer Einwirkung tausendfach aufbliesen. Zeitungen oder Zigaretten holen? Beides gab es nicht mehr. Man las nur elektronisch, falls überhaupt. Viele konnten nämlich nur die bei Mircosoft benutzten Hieroglyphen verstehen. Zigaretten wurden im Gegensatz zu Drogen ausschließlich auf ärztliches Rezept und Attest über einen erfolglosen Entwöhnungskurs zugeteilt. „Ach!" erinnerte er sich nervös, „Ich muss bald ein neues Rezept holen!" Hasch vertrug er nicht – er bekam davon nur Hustenanfälle und Kopfschmerzen. Nach Heroin hatte er Horrortrips und nach Kokain Herzbubbern.

Aber er musste raus, mal einem Menschen in die Augen schauen, wenn nicht sogar die Hand drücken! Er war nun mal ein *Grufti*, und kein *Pampers*, er war in einer real existierenden Welt aufgewachsen mit anderen Kontakten als nur dem Strom der Elektromonokultur!

Eine Kneipe? Was brachte es ihm, in einem Glaskäfig zu sitzen, wo nur Gurkensalat, Müsli mit Sojabohnenextrakt, Currywurst aus Tofu, Pizza mit Quark, Schokobars und Mineralwasser beim störenden Krach der Musik serviert wurden? Und wo man die Fußballspiele vom FC-Köln und Leverkusen sehen musste – Relikte der alten Zeit, die wahre Liebe des deutschen Volkes, die alle Reformen überlebt hatte. Und er hielt viel lieber mal eine lebendige Titte in der Hand, auch wenn sie mit einer Plastikuniform, wie der ganze Körper, überzogen war, um Bakterien, Viren und Umweltschäden abzuwehren. Ein Gummikopftuch war auch zwingend zu tragen. Aber Anton war ein Erectus Desperados, eben obergeil. *Achse des Busen* oder *69* wären ihm lieber als die 68er! Nicht zuletzt waren auch seine 68er Eltern schuld daran, dass er beziehungsunfähig war.

Und jetzt gab es keine Hoffnung mehr – Männer und MännerInnen, früher Frauen genannt, ignorierten sich gegenseitig in schweigender Feindschaft und Entfremdung, ein Ergebnis des vor Urzeiten begonnen Kampfes der 68er um sexuelle Befreiung. Am Anfang des neuen Jahrtausends passierte es Anton noch manchmal, dass eine mutige Frau mit ihm im Suff flirtete: „Ich will dich ficken!" Und dann genoss er einen quick Fick. Nach dem Outing von Herrn Besserwelle hatten jedoch auch diese Damen den Mut verloren. Und Anton konnte sich trotz aller Anstrengungen nicht umschwulen. Sein Schwanz sagte ihm die Wahrheit, wollte bei Männern partout nicht stehen, und er bekam schon einen verruchten Ruf.

Das Schrumpfen der Deutschen hatte führende CSU-Politiker schon am Anfang des Jahrhunderts zur abfälligen Äußerung verleitet, deutsche Männer würden im Ausland als Schlappschwänze gelten. „Oder steckten sie einfach ihre Schwänze woanders rein?" überlegte Anton bösartig. *Schwul ist cool* wurde zum sozialen Zwang und *Scheißhetero* zu einer gängigen Beleidigung. Das gesellschaftliche Ideal wandelte sich daher von der *single mother* und dem Prollkult zum lustvollen schwulen Mann. Die Frauen hatten kaum eine andere Wahl, als lesbisch zu werden. Und die über 80jährigen APO-Opas juckte es nicht mehr. Es war ihnen schon scheißegal.

Anton aber nicht! Er hatte noch die letzten Zuckungen der biologischen Realzeit erlebt und hing an lebendigen, nackten, Frauenkörpern, die sich weich und warm anfühlten, schwitzten und einen Eigengeruch hatten.

Er fand, dass es sogar in den parallel herrschenden islamischen Kreisen mehr zwischengeschlechtliche Kommunikation gab als bei den arrivierten Germanen. Und seit man das Geschlecht des Nachwuchses wählen konnte, wurden Frauen rare Ware. Alle wollten doch Söhne haben. Das stärkte zwar paradoxerweise die Position der Weiber in der Gesellschaft, stellte Anton fest, aber wer sollte da noch die Kinder austragen?

Alle Versuche, die Idee der Ur-Naziväter zu reaktivieren und *Lebensborn*-Häuser zu schaffen, wo Beamte der Deutschnationalen Grünen patriotisch eingestellte, deutsche Frauen besamen konnten, traf auf geschlossene Abwehr der Euro-Opa-Union, angeführt vom *SIF* – dem Sowjetischen Imperium des Fortschritts.

Und mit *Lebensborn* könnte man nicht nur Nachschub von Teutonen erzeugen, sondern auch weiterhin die alten Idole dieser Gesellschaft gleich doppelt produzieren – automatisch *single mothers* und gleichzeitig Kinder-Sozialhilfeempänger.

Leider fehlte aber den Post-Russen die political correctness gegenüber anderen Kulturen, für die die deutschen Grünen berühmt waren. Der greise, aber rüstige Präsident der EOU, Razputin, hatte sogar persönlich *Lebensborn* bekämpft. Er wurde dabei vom polnischen Präsidenten Meier, der die Ukraine wieder in sein Land eingegliedert hatte, mächtig unter Druck gesetzt. Schließlich wurde im Zweiten Weltkrieg das *Lebensborn*-Programm auch an seinen LandsleutInnnen verwirklicht. Anton erinnerte sich gerührt an die Zeiten, als die Regierungen versuchten, die Menschen wenigstens bis zum Alter von dreizehn Jahren vom Sex abzuhalten ... Jetzt war es überhaupt nicht mehr nötig, und *impotent schon als Student* kam häufig vor.

Infolge der demographischen Revolution wurden Jugendliche Seltenheitswert und zum Kultobjekt. Die *Gruftis* wurden, bis auf den mächtigen Razputin, ziemlich verachtet, und Anton fühlte sich wie auf dem Schrotthaufen.

„Was nun?" überlegte er weiter. Die Titte kreiste wieder obsessiv vor seinen Augen. Die hatte er sich doch an seinem Geburtstag verdient! Sex mit einem Computer ekelte ihn an, und vom staatlich empfohlenen Onanieren hatte er die Schnauze voll, sogar wenn er dabei von dreidimensionalen Pornofilmen umgeben war oder den neu entdeckten *Masturbation Song* aus dem uralten Musical *Hair* hörte. „Null Bock", sagte er. Die geistige Onanie im Internet reichte ihm: für das Internet zu schreiben oder zu filmen und fotografieren und sich dann mit dem Lesen und Anschauen eigener Stücke im Internet selbst zu befriedigen.

Und wie gerne würde er wieder richtig arbeiten: mit anderen Menschen zusammen! Vielleicht sogar umsonst, nur weg von virtuellen Frankensteinen! Er hatte aber keine Chance. Durch die herrschende Do-it-yourself-Ideologie waren schon 80% arbeitslos. Alle so genannten Arbeitslosenbekämpfungsmaßnahmen und Selbstvermarktungskurse halfen nicht. Sein zuletzt ausgeübter Beruf, Lobbyist, war nicht mehr richtig gefragt, seit Schmiergelder für Beamte legalisiert, bah, sogar empfohlen worden waren. Und die wenigen vorhandenen Jobs wurden von Yuppie-Puppen mit starken, digitalen Ellbögen besetzt: vor allem im Marketing, in den Medien oder bei der Überwachung der restlichen Bevölkerung. Das nannte man *soziale Gerechtigkeit.* Anton hätte zwar als Altenpfleger in einem Sonderprogramm des *Kurwitas* arbeiten können, hätte aber so wenig Kohle dafür bekommen, dass er lieber Arbeitsloser nach Hartz VI auf der ALG-Diät war.

Er erinnerte sich plötzlich verträumt an das Quatschen mit Handwerkern über verschiedene „Wieheißters". Sogar der übliche Krach mit ihnen erschien ihm jetzt als himmlisches Vergnügen.

Zurück auf die Erde – aber wohin? Vielleicht zu einer Sexpertin gehen, früher als Nutte bekannt? Im Prinzip eine gute Idee, die mussten aber Fußschellen tragen. Wenn sie von jemandem berührt wurden, erschien sofort die Sex-Polizei und beobachtete, ob der Geschlechtsverkehr mit Kondom stattfand. Nein, Anton hatte keine Lust, seinen Schwanz den Bullen zu zeigen. Die fällige Steuer für abwegigen Sex würde er zwar gerne bezahlen, aber zum Exhibitionisten wollte er sich nicht machen lassen …

Was blieb ihm noch übrig? Vielleicht wieder mal was Gutes zu essen? Das verstieß zwar gegen die herrschenden eisernen Prinzipien: "Speichern und Sparen – Geiz ist geil", aber zum Geburtstag durfte man sich doch etwas gönnen!

Er träumte von einem Riesensteak mit Bratkartoffeln und schmatzte. Und Bier! Er halluzinierte von einer großen Flasche des im Rahmen der „Agenda 2010" verbotenen Bieres. Man hatte angeblich herausgefunden, dass es eine gefährliche Droge war, die den Wirkstoff Chujochudin enthielt, der die Menschen zuerst ruhig stimmte, dann aber meuterisches Verhalten verursachte. Speichel floss in seinen Mund, und er konnte sich kaum beherrschen. Ah, er hatte doch vor kurzem von jemandem gehört, dass es eine geheime türkische Kneipe gab, wo man Rindfleisch essen und angeblich sogar Wein trinken und rauchen konnte! Manchmal gab es sogar Bauchtanz. Wie immer spürten manche türkische Mitbürger Marktlücken schnell auf und füllten sie. Früher mit ständig geöffneten Imbissbuden, und jetzt mit heiß begehrten Waren und ihren zahlreichen, privilegierten Jugendlichen ... Man munkelte sogar, dass die fünfte Generation so emanzipiert war, dass sie sich nicht vor Schweinefleisch scheute, so, wie ihre Väter reichlich Alkohol genossen und heimlich Puffs gegründet hatten. Sie waren nun mal flexibel, nicht ohne Grund hatten schon ihre Vorfahren Europa bekriegt.

Und jetzt existierte zwischen der Teutonia und der Türkei ein *privilegiertes Verhältnis*, so, wie es im alten Nazireich *privilegierte Mischehen* zwischen so genannten Ariern und Juden gab, falls ihre Kinder getauft wurden.

Er sprang zur Web-Werbung und suchte. Nachdem er sich durch unzählige, längst legalisierte Kinderpornos durchgeschlagen hatte, entdecke er eine bescheidene, geheimnisvolle Annonce, die seltene Genüsse versprach. Er mailte seinen Störsachbearbeiter namens *Der gute Geist* an, der die Aufgabe hatte, beim Störfaktor Mensch den Respekt für Bürokratie zu erhalten.

Er fragte, ob er mal wieder ausgehen durfte.

Es dauerte eine Weile bis die Nachricht kam: „System hat Sie schon wahrgenommen", dann „Nachricht wurde ins System übertragen" und „Sie wurden schon gespeichert". Dann endlich die heiß ersehnte Antwort – der Sachbearbeiter gab ihm gnädig die Erlaubnis. „Ein toller Service", dachte Anton voller Dankbarkeit. „Aber wie ist das Wetter draußen", überlegte er schnell und wollte aus dem Fenster schauen. Aber Fenster gab es nicht mehr! Aus Spargründen und um den Bürgern die Konzentration auf die virtuellen Medien zu erleichtern. Sie sollten sich nicht durch dummes Schauen auf die Straße von der Konsuminformation ablenken lassen. Anton ging also ins Internet und sah sich die Wettervorhersage an. Es sollte schön sein. Er ließ sich noch schnell seine Haare vom Computer schneiden. Dann steckte er sich den Fliegerelektromotor *Wibrillator* in den Hintern und flog schleunigst durch den speziellen, videoüberwachten Kamin im Dach in besagtes Lokal.

Er schaute auf die alte Hauptstraße hinab, die jetzt Möllemannstraße hieß und dann in die ehemalige Potsdamer Straße überging, welche nun den Namen des *Heiligen Pobereits* trug. Er kreuzte den Atatürkgarten, vormals Tiergarten, und bog in die Allah-Schmitt-Straße ein. Auch diese MannIn wurde 2028 kanonisiert wegen ihrer Verdienste um die Gesundheitsreform, die die Versicherungskassen füllte. An einem Gebäude erblickte er ein Graffiti: „Deutsche raus aus Deutschland", dann „Eat the rich" und „Alles verboten".

Arbeitslose nach Hartz IV, V, VI, VII, VIII und IX, Rentner und Penner saßen vor dem ehemaligen *Pennermarkt* und dem *Sozialpalast* in ihren Rollstühlen oder auf Bürgersteigkanten. Oh, pardon – doch nicht Penner – entschuldigte sich Anton – das hieß jetzt offiziell und politically correct *Menschen, die unter sozial schwachen Bedingungen leben.*

Unter beigefarbenen Plastikkombinesonen, der artgerechten Kleidung auf den artgerechten Ärschen, hielten sie von gütigen Freunden aus Polen geschmuggelte Flaschen Wodka und teilten sich polnische Zigaretten. Die berüchtigten Berliner Suffis hatten doch in einigen Nischen überlebt, und die Straßen waren nicht ganz menschenleer. Ja, ja, der Kampf gegen das Leben im Kondom! Das System der Ohrimplantate ermöglichte auch ihnen vernetztes Handeln. Sie konnten sich gegenseitig vor dem Erscheinen der allgegenwärtigen Umweltpolizei, der türkischen *Grauen Wölfe* und den Menschenjagden der alten Nazis von vor der Jahrhundertwende warnen. Diese Methoden hatte das deutsche Volk tapfer von früher unbeliebten, aber – seit die Türkei vor der Tür der Euro-Opa-Union stand – geächteten türkischen Türstehern übernommen. Denn immer noch konnte man Menschen nur physisch verhaften. Man arbeitete zwar an Methoden der Festnahme per Fernbedienung, um jemanden in den Knast einzuklicken, aber ohne Erfolg. Und nicht mal die deutsche Polizei war in der Lage, ständig im SpinngeWEBeNetz allen 30 Millionen deutschen Bürgern, meist türkischer Herkunft, zu folgen.

Anton musste aber höllisch aufpassen, um sich nicht zur ehemaligen Mauer zu verirren. Die von der Wende verwundeten Ossis schossen rücksichtslos mit kleinen chinesischen Nuklearbomben der Art *Doom-Doom*, sobald sich jemand von der westlichen Seite ihrer raffinierten elektronischen Mauer näherte.

So warnten zumindest die Tafeln vor dem Walter-Ulbricht-Platz mit der Aufschrift *Jetzt verlassen Sie West-Germania, aber Sie fahren weiter durch die Bundesrepublik Teutonia.*

Um ganz sicher zu sein, hielt er sich an die Straßenseite, die voll war mit Denkmälern von jungen, nackten Männern. Man wusste doch, dass das Leben in der virtuellen Welt die Zeit- und Raumwahrnehmung veränderte. Man unterlag ständig der Versuchung, Gefahren wie Autos oder Banditen gewohnheitsmäßig wegzuklicken.

Alles verlief glimpflich, obwohl der Eingang zur Kneipe am verwahrlosten Ku'damm, nahe der Königsallee, gut versteckt war. Anton flog an elektronischen Plakaten mit Anschriften wie

Arbeit macht frei, befreien Sie sich von der Arbeit und *Deutsche Mission ist es, Ordnung in das Chaos Europa zu bringen* vorbei.

Er schaltete den elektronischen Navigator-Chip in seinem *Wibrillator* ein und gelangte sicher zum dunklen Flur im dritten Hinterhof. Und dann – oh Gott – sah er einen verrauchten Salon, kleine, rote Lämpchen und einige Männer und MännerInnen ohne Plastikhüllen. Im medienfreien Raum saßen sie lachend und schmatzend an einem mit Weinflecken übersäten Tisch und beugten sich über ihre Steaks mit Kartoffelchips. Mehr noch, die reichen Kurven der Frauen waren in bunte, tief dekolletierte Kleider gehüllt. Ihre Büsten wippten verführerisch, fast so schön wie im Fernsehen. „Oh Glück, hier finde ich endlich meinen Döner for two und vielleicht sogar die Fortsetzung", dachte Anton begeistert und bestellte zuerst eine Flasche Raki. Der Geruch kitzelte angenehm seine Nase. Megaspaß! Und mit jedem Schluck wurden die Frauen schöner und vielversprechender. Richtige Vollblutmenschen. Frauen des weiblichen Geschlechts.

Tegobis Mechanik des Lachens

Michael Helming

Du drückst die massive Eichenholztür auf, bist schon über die Schwelle, der Türspalt verengt sich wieder bis zum Rückfall ins Schloss, und der sterile Summton der Schließanlage verstummt gleichzeitig mit dem Lärm von der Straße. Du wirst die breiten Stufen hinaufgehen, durch das halbdunkle Treppenhaus. Von dort oben leuchtet dir aus einer Seitennische die Pförtnerloge entgegen, und zu beiden Seiten blicken zwei Marmorlöwen mit beherrschendem Ernst von ihren Sockeln auf dich herab.

Herr Wollkowitz hat genügend Zeit sich vorzubereiten, bis du ihm gegenübertrittst. Er wird die Zeitung beiseite legen, den obersten Knopf an seiner Uniformjacke schließen und seine Dienstmütze zurechtrücken. Herr Wollkowitz wird an diesem Mittwochmorgen nur eine Nebenrolle spielen, bedingt durch den Umstand, dass der Dienstplan ihn in ungeraden Kalenderwochen für den Frühdienst vorsieht. Seine Person an sich ist austauschbar, ein flüchtig entglittenes Grinsen im Gesicht der Geschichte.

Du wirst geduldig vor seiner Panzerglasscheibe stehen bleiben. Von dir völlig unbemerkt stellt er den Plastikbecher mit heißem Tee zur Seite, bevor er die Kommunikationstaste drückt. Mikrofon und Lautsprecher, lückenlos in die geschlossene Glasfront eingelassen, verbinden euch für eben jene kurzen Momente, in denen Herr Wollkowitz die Taste gedrückt hält. Dabei mustert er deinen Mantel und die Aktentasche, erkundigt sich nach deinem Namen und deinem Anliegen.

Wahrheitsgetreu wirst du erklären, man habe dich auf acht Uhr einbestellt. Herr Wollkowitz wird dir ein Stockwerk und eine Zimmernummer nennen. Du wirst seine Stimme genauso verfälscht und steril wahrnehmen wie zuvor das Summen des

Türöffners. Auf der anderen Seite des Glases unterdrücken Gewöhnung und Alltag derartige Wahrnehmungen, und bevor du dich abwenden kannst, wird Wollkowitz streng nach Dienstvorschrift verfahren und fragen, ob du dich ausweisen kannst.

Daraufhin wirst du in schallendes Gelächter ausbrechen.

Du wirst den Paternoster benutzen, ein seit Unzeiten aus der Mode geratenes und aus Sicherheitsgründen in öffentlichen Gebäuden längst abgeschafftes Vehikel. Historische Mauern scheren sich jedoch meist nicht um den Lauf der Zeit, und so knarrt und rollt dieser Fahrstuhlveteran scheinbar unendlich weiter durch die Etagen, repräsentiert die Beständigkeit des Sichtbaren, die Gegenwart. Unbeirrt zieht er vorbei, an Veränderungen, an der ewigen Macht, dem Stuck, polierten Türgriffen, den kunstvollen Kacheln und Täfelungen im Treppenhaus und am Widerhall menschlicher Stimmen in den nahezu endlos hoch wirkenden Fluren, Räumen und Sälen.

Endlich im genannten Stockwerk angelangt – wir wollen die blaue Zahl 4 auf weiß emailliertem Grund nicht verschweigen, da es viele Dinge gibt, die wir im Folgenden aus Unwissenheit zu Verschweigen uns genötigt sehen – wird es keine Fenster in den Fluren mehr geben. Milchiges Licht schwimmt in Glashalbkugeln verschiedener Größe, welche an den Wänden angebracht sind oder an langen Kupferstäben von der Decke hängen. Die derart ausgeleuchteten Räume werden Unsicherheit offenbaren, wenn nicht gar Undefinierbarkeit. Deine Stimmung wird mit jedem Schritt, mit jeder deiner Bewegungen schwanken: zwischen Ministerium, Universum, Kaserne, Hauptverwaltung, Irrenhaus, einem Gefängnis, der Chefetage einer Bank oder eines Konzerns und vielleicht jedem Ort, an den du dich erinnerst.

Im Vorzimmer befindet sich eine Art Ahnengalerie. Portraits, die beim Nähertreten einzelne Bildpunkte zu Erkennen geben, verpixeltes Lächeln, unvollständige Ansichten und abgeschnittene Körper im Sinne so genannter *Amerikanischer Einstellungen*. Der Eindruck von Karikaturen drängt sich auf, und die Sekretärin betätigt die Sprechanlage, nachdem sie dich darauf vorbereitet hat, eine unbestimmte Weile wartend diese Abbildungen betrachten zu müssen. Doch die Umstände dulden keinen Aufschub.

„Wir haben hier eine Katastrophe!" dröhnt es vom anderen Ende der Leitung, und du darfst ohne weitere Verzögerung eintreten.

Uhlenhuth reicht dir persönlich die Hand, begrüßt dich mit den üblichen Höflichkeiten. Weder in der Gerichtsmedizin noch speziell auf dem Gebiet biometrischer Verfahren als sachverständig ausgewiesen ist und bleibt Uhlenhuth unangefochtene Ikone des Hauses. Dürfte Ende vierzig sein. Lange Jahre die Leitung des Instituts für Infektionskrankheiten innegehabt. Besten Ruf im Ausland. Studium in Heidelberg, Paris und New York. Trotz aufreibendem Beruf ein Familienmensch. Zwei Mädchen im Teenageralter.

Ihr werdet nicht direkt aneinander geraten. Du wirst lang und ausführlich über Probleme berichten, die seinerzeit die Einführung von Bertillonage und Daktyloskopie bereiteten und so versuchen, das Gewicht der ganzen Angelegenheit beherrschbar klein zu halten. Dem Schicksal jeder Verteidigungsrede getreu werden jedoch auch deine Thesen von Antithesen geschnitten und durchkreuzt werden, die Uhlenhuth wie kleine, gut gezielte Steine in den Lauf deiner Rede wirft. Die Argumentation beider Seiten wird einfrieren, wie die Hände jener Inspektoren des Jahres 1879, die mit beispielloser Einförmigkeit die Begriffe *groß*, *klein*, *durchschnittlich*, *Gesicht*, *gewöhnlich* und *keine Besonderheiten* in ihren Fahndungsakten notierten. Uhlenhuth wird das Gespräch an einem unbestimmten Punkt abbrechen und auf die aktuellen Fakten verweisen. Vor dir wachsen Berge von Akten, die den illegalen Verfall von Vermögen und die ebenso schleierhafte Auflösung von Identitäten belegen. Uhlenhuth gibt zu bedenken, alles sei nur noch eine Frage von Stunden. Das wirkliche Chaos bleibt unsichtbar.

Die Frage, wer für dieses Desaster die Verantwortung zu übernehmen habe, stellt sich gar nicht erst, da Konglomerate und Regierungen ebenso unentzerrbare Körperschaften darstellen wie einzelne Personen in der Gesellschaft da draußen oder Tiere, Pflanzen, beliebige Gegenstände, was auch immer. Uhlenhuth wird mit dir darin übereinstimmen, dass kein Mensch mehr gewillt ist, Verantwortung zu übernehmen. Nicht einmal für sich selbst. Dazu haben Wohlstand und Freiheit den Begriff des *Selbst* viel zu sehr aufgewärmt, zerstreut und aufgelöst, in Individualismus verdampft. Aber das wird sich zwangsläufig mit diesem Tag ändern, es sei denn, dir fällt noch etwas ein. Das Schicksal oder der Zufall – ihr werdet darüber einig sein, dass es sich bei diesen Begriffen um Synonyme handelt – hat nun einmal dich dazu bestimmt, in möglichst kurzer Zeit eine Lösung dieses Problems zu ersinnen – eben bevor es zu spät sein wird.

Uhlenhuths Terminkalender wird keine tolerant großen Lücken aufweisen, und für den nächsten Termin besteht kaum noch Hoffnung auf Pünktlichkeit. Uhlenhuth selbst ist also in Eile, doch das Büro ruht schwerfällig und steht dir selbstverständlich mit allen Unterlagen uneingeschränkt zur Verfügung. Einen ganzen Vormittag lang. Viel mehr Zeit wird ohnehin nicht bleiben. Sollte dir nach einer Erfrischung sein: Die Teeküche befindet sich den Gang links hinunter. Es ist die dritte Tür auf der rechten Seite. Solltest du versehentlich nach rechts gehen, kommst du auch ans Ziel, da die Gänge im Gebäude zyklisch angelegt sind, also immer zum Ausgangspunkt zurückführen. In Uhlenhuths Büro hängt eine Kopie der *Betenden Hände*. Im Mittelalter glaubten die Menschen, dass man vom Jüngsten Gericht aus entweder nach links in die Hölle geht oder nach rechts in den Himmel.

Hinter Uhlenhuth wird die Tür ins Schloss fallen, und du wirst allein aus den übergroßen Bürofenstern hinunterblicken. Jedoch nicht ins Freie, sondern lediglich in einen anderen Teil des Gebäudes. Dort unten befindet sich eine Schalterhalle mit

regem Publikumsverkehr, und alle Leute lachen, scheinbar auf-
dringlich, gespielt, genötigt oder vielleicht sogar gezwungen –
derart dominant dringen ihre Stimmen durch die schmalen
Spalten der gekippt offenen Fenster. Du siehst eine Weile lang
hinab. Dann wirst du die Akten auf dem übergroßen Schreibtisch ein wenig halbherzig durchblättern – von Situation und
Zeitdruck überfordert, getrieben in eine tranceartige Vorstufe
der Resignation – und die Sekretärin wird nach abermals einer
Weile hereinkommen, ohne anzuklopfen, und sie wird weitere
Belege vor dir ausbreiten, und du wirst eine trockene Kehle bekommen und beschließen, die Teeküche aufzusuchen.

Du wirst den Korridor hinabgehen, in der von Uhlenhuth
angegeben Richtung, und hinter der kleinen, unscheinbaren Tür
Konversation hören, bevor du eintrittst, unterbrochen von leichtem Gelächter, jedoch nicht durch den Beginn deiner Anwesenheit.

Die Teeküche ist architektonisch betrachtet ein enger
Schlauch mit auffallend niedrigen Decken. In Ermangelung von
Sitzgelegenheiten stehen die anwesenden drei Personen - zwei
Damen und ein Herr - mit dem Rücken an die Wand gelehnt.
Wie sie, wirst du das Zeug aus dem Automaten trinken, und
derweil entpuppt sich ihr Gespräch als Verkettung von kleinen,
geselligen Rätseln, deren Auflösung an sich unwichtig ist.

Im Gesicht des Mannes nimmst du sofort einen überdimen-
sionalen Schnurrbart wahr, und die Blonde im Minirock wirft
die Frage auf, warum man falsche Spuren eigentlich als rote Heringe bezeichnet. Du schlägst hierzu spontan eine Antwort vor,
die dir auch noch im Verlauf weiterer Gedanken logisch erscheint, was dich schnell in den Mittelpunkt des Gespräches
rückt. Die Blonde nennt dir ihren Namen, den du dir jedoch nur
einen Atemzug lang merken kannst. Dafür wirst du, solange du
lebst, ihren größten Traum in Erinnerung behalten. Sie sagt, es
sei ihr größter Traum, sich einmal selbst kitzeln zu können.

Dieser Wunsch ruft Herrn Tegobi auf den Plan, der unterhalb seines Riesenschnurrbarts eine recht geschmacklose Krawatte trägt, die so überhaupt nicht zum Anzug passen will. Dieser Wunsch sei völlig unmöglich, behauptet er und geht dann erstaunlich präzise ins Detail:

„Das Kleinhirn unterdrückt ganz einfach bestimmte Impulse", sagt er, und der Schnurrbart wippt, und seine linke Hand greift mit spitzen Fingern in kurzen Impulsen nach der Krawatte, und du achtest auf Tegobis Mund, der sich zwischen Schnurrbart und Krawatte bewegt wie eine Apparatur. Er vergleicht das Kleinhirn mit einem verschrumpelten, unterentwickelten Blumenkohl. „Aber dort, in der hinteren Schädelgrube, werden ständig Vorhersagen darüber angestellt, welche Wahrnehmungen aus einer Bewegung des eigenen Körpers resultieren können. Stimmen Vermutung und Realität überein, schickt das Kleinhirn hemmende Signale zum somatosensorischen Cortex und die Wahrnehmung wird weitgehend ignoriert", sagt Tegobi und genehmigt sich einen Schluck aus dem Plastikbecher.

Die Damen werden gemeinsam die Meinung vertreten, das Kleinhirn sei ziemlich dumm und ungerecht, weil es unter diesen Umständen ja nichts werden könne, mit dem Sichselberkitzeln, worauf Tegobi einwendet, das sei im Prinzip schon ganz in Ordnung: „Gäbe es diese Funktion nicht, wären wir ja die ganze Zeit mit unserem Innenleben beschäftigt. Man stelle sich vor, beim Sprechen jeden einzelnen Zungenschlag zu spüren oder bei der Verdauung jede peristaltische Bewegung des Magens und des Darms."

Ideen, die die Damen völlig aus dem Häuschen bringen. So was hätten sie natürlich auch gern. Vielleicht nur mal für ein paar Tage zum Ausprobieren, und bei der Gelegenheit könne man sich ja auch gleich selber kitzeln. Tegobi bleibt sachlich und gibt zu bedenken, dass in so einem Fall das Gehirn nicht mehr genügend Kapazität für die wesentlichen und weniger erwarteten Reize hätte, die nun einmal von außen kommen. Von daher sei die ganze Geschichte von der Natur schon optimal durchdacht, und man müsse dafür eben kleinere Nachteile in Kauf nehmen.

So viel Sachlichkeit wird in Schweigen enden. Die Damen werfen schließlich ihre Pappbecher in den Müllschlucker und verabschieden sich. Du bleibst mit Tegobi allein zurück, der den Satz in seinem Becher hin und her schlagen lässt und sich nach deinem Namen erkundigt.

„Ach Sie sind das!" sagt er und ist sichtlich erstaunt, dich hier anzutreffen. Nach einem kurzen Moment fügt er hinzu: „Genau genommen war ich schon auf dem Weg zu Ihnen."

Da du deinen Becher noch nicht einmal bis zur Hälfte geleert haben wirst, kann sich Tegobi einen weiteren genehmigen, den dritten diesen Morgen, und er wird ein wenig von sich erzählen, das Alphabet der Höflichkeiten abschreiten, von Alltag bis Wetter. Tegobi gehört zu den Menschen, denen man gerne zuhört. Seine Anekdoten kitzeln. Doch du wirst immer wieder an rote Heringe denken.

Beim Betreten der Teeküche war dir der riesige Handkarren gar nicht aufgefallen, der nun unübersehbar vor der Tür steht und über und über mit Akten beladen ist. Tegobi greift nach einem Bügel, der die Bremse entsichert, und er beginnt, den Wagen den Gang hinab zu schieben. Du denkst, dass es eine Ewigkeit dauern wird, diesen Papierberg durchzuarbeiten und du fragst dich, ob das alles wirklich wahr ist. Du wirst Tegobi nur langsam in Uhlenhuths Büro lotsen können, da der überladene Karren immerzu Schwierigkeiten bereitet. Er scheint beinahe unmanövrierbar, und zudem ist Tegobis Sicht durch die hohe Fracht stark eingeschränkt. Ecken umfahren zu wollen entwickelt sich zu einem Geduldsspiel mit oft mehreren Fehlversuchen, bei dem schon mal der eine oder andere Ordner vom Wagen fällt.

Am Ziel angelangt, forderst du ihn auf, das Zeug einfach irgendwo abzuladen, worauf Tegobi die Unterlagen mit ein paar

Ellenbogenstößen vom Karren befördert, so dass sich eine Papierflut auf den Boden ergießt.

Ob es nicht einfacher wäre, solche Datenmengen digital zu bewältigen, denkst du dir, wohlwissend um die lediglich rhetorische Qualität, der an dich selbst gestellten Frage. Uhlenhuth hat dich natürlich darüber informiert, dass alle angeschlossenen Großrechner im Zuge der Krise schon vergangene Woche in sich zusammengebrochen waren und jegliche Wiederbelebungsversuche bisher fehlschlugen. Man hat sich halt wieder auf das besonnen, was in den Archiven noch an konservativen Speichermöglichkeiten erhalten war. Geboten war schnelles Sichten der Quellen und ein ebenso rascher Transport von A nach B.

Du wirst einen recht verstaubten Ordner vom Boden auflesen, ihn aufschlagen und zwischen aufgewellten, feuchten Blättern eine halbverweste Maus – oder vielleicht Ratte – finden, die du dann ungläubig zwischen Daumen und Zeigefinger hältst.

Selbstverständlich wird Tegobi dich in dieser Pose sehen, und plötzlich werden unterhalb seines Schnurrbartes Salven vokalartiger Laute hervorbrechen, die – wie aus uralten Studien allgemein bekannt – etwa eine sechzehntel Sekunde andauern und sich jede fünftel Sekunde wiederholen werden. Dazwischen wird er ca. im Zwei-Sekunden-Takt einatmen, um dir die dann schon wieder verbrauchte Luft mit einer Geschwindigkeit von über hundert Stundenkilometern entgegen zu schleudern.

„Lachen Sie mich aus?" Diese deine Frage wird Tegobi mit Tränen im Gesicht verneinen.

„Ich? - Woher? Mir hüpft lediglich das Zwerchfell. Das Herz schlägt schneller, der Blutdruck steigt, die Pupillen weiten sich, und mein Mund macht auf Fanfare. Nichts Besonderes. Sie wissen ja, wie so was ist." Daraufhin wirst auch du kurz lächeln.

Tegobi beruhigt sich, zieht aber immer noch deutlich erkennbar die Mundwinkel ohrenwärts, wobei sein Bart verbogen aussieht, wie die Stoßstange eines Kleinwagens nach einem Auffahrunfall. Du wirst den Nager in den Aktenvernichter werfen.

Damit ist das Lachen zwischen Tegobi und dir fürs Erste eliminiert, doch immer noch sind aufdringliche Geräusche zu vernehmen, die man wohl als Lachen bezeichnen muss.

Die den Raum kontaminierenden Laute drängen aus der immer noch dicht bevölkerten Schalterhalle zu euch hinauf. Hier und da stechen besonders intensive Lacher hervor. Sie ziehen penetrant aufwärts wie Bratengeruch. Dir sind Fenster, die nicht ins Freie führen, ohnehin suspekt. Tegobi schließt sie und schafft Stille.

Du wirst hinunterblicken, auf das ameisenhafte Gewimmel, dabei nicht wissen, was jeder Einzelne von ihnen genau zu tun beabsichtigt, und zugleich ist dir doch bewusst, dass du dabei bist, dir einen Überblick über das Problem zu verschaffen. Du wirst resümieren, dass sich ein Problem nicht immer leichter lösen lässt, wenn man gewisse Aspekte ausklammert, Wahrnehmungen begrenzt, dem Problem wie in diesem Fall den Ton abdreht. Du siehst hinab auf ein Eiland – so kommt es dir einen Augenblick lang vor – auf eine Lagune für Leute, die Lachen lieben.

„Warum lachen Menschen eigentlich?" wirst du fragen, und Tegobi zuckt mit den Schultern:

„Was weiß ich. Einer braucht einen neuen Pass. Der nächste ein Führungszeugnis. Wieder ein anderer eine Baugenehmigung, einen Führerschein, irgendein Dokument. Was fragen Sie mich? Sie wissen doch, dass man nicht einmal Geld von seinem Konto abheben kann, ohne zu lachen."

„Daran denke ich nicht", wirst du laut denken. Deine Sinne kreisen um den Mechanismus, der ein Lachen möglich macht, wenn es notwendig ist. Ursprünglich das Resultat einer Unstimmigkeit, einer Inkongruenz, die uns einen kurzen Moment lang verwirrt und veranlasst, die Gedanken wieder auf Null zu bringen, die Perspektive zu ändern, um einen Zusammenhang zu durchschauen. Das Aha-Erlebnis als Ha-Ha-Erlebnis.

„Doch was bedeutet das?" fragst du. Irgendein osteuropäischer Schriftsteller hat das Lachen einst als Luxusreflex ohne biologischen Nutzen bezeichnet. Eine Behauptung, die im Widerspruch zu den sonstigen Gepflogenheiten der Natur steht, welche ja an sich nicht in sinnlose Tätigkeiten investiert. Eine Spezies, die sich unnützer Eigenschaften bedient, wird in der Regel mit Aussterben bestraft. Dir werden antike Theorien über das Wesen des Humors ebenso durch den Kopf rauschen, wie Erkenntnisse über das Lachen zur Markierung der sozialen Stellung eines Individuums innerhalb einer Gesellschaft. Du wirst vom Hundertsten ins Tausendste geraten, vom flüchtigen Grinsen zum lauten Brüller, das alles ohne nachvollziehbare Motivation, wie in einem Traum, und beim Aufwachen wirst du immer noch durch das Fenster blicken und dabei selbst lachen.

Dieses Bild wird verstummen, mit einem unangekündigten Aufspringen der Bürotür. Uhlenhuth wird sich für die Störung entschuldigen, dafür, ohne anzuklopfen in das eigene Büro gestürmt zu sein. Uhlenhuth wird flüchtig nach Fortschritten fragen, die drängende Zeit beschwören, dabei selbst einen gehetzten Eindruck machen, und während du auf die Unordnung am Boden deutest, die natürlich mehr einen Zuwachs an Material als auch nur im Entferntesten dessen Auswertung erklärt, wird Uhlenhuth hastig einige Unterlagen aus der obersten Schublade des Schreibtisches an sich nehmen, ein paar anspornende Worte in den Raum fallen lassen und mit einem lauten, patriotisch aufgesetzten Lachen auf den Lippen wieder entschwinden.

Tegobi entpuppt sich als ein hervorragender Imitator. Denn kaum ist Uhlenhuth hinaus, scheint Uhlenhuths Stimme immer noch da zu sein, nur dringt sie nun aus Tegobis Kehle. Er wird diese Fähigkeit herunterspielen, die seiner Meinung nach ohnehin nicht allzu ausgeprägt ist, da sie keinen generellen Bezug auf Stimmen aufweist. Es ist ihm unmöglich, normale Sprechstimmen nachzuahmen. Seine eigene Stimme ist für einen Mann ungewöhnlich hoch, nahezu belustigend piepsig, dabei zudem, was ihr Volumen angeht, deutlich unterentwickelt, nahezu chronisch schüchtern, was seinem wahren Wesen gar nicht entspricht.

Ein absolutes Multitalent ist Tegobi lediglich, wo es um das täuschend echte Nachspielen von Lachlauten geht. Da kann er bis in bassigste Tiefen vorstoßen, wie ein übergewichtiger Schlachtermeister, bleibt jedoch gleichzeitig bis in höchste Lagen variabel. Eine Fähigkeit, über die er seit dem Stimmbruch verfügt, wie er sagt, an der er natürlich, nachdem er seine Begabung erkannte, sein bisheriges Leben lang gearbeitet hat, indem er zunächst Freunde und Verwandte nachlachte und sich später auch an wildfremden Menschen versuchte, es schlussendlich zu unerreichter Perfektion brachte, so dass man sein Lachen heute nicht mehr vom Original unterscheiden kann, wenn er es darauf anlegt.

Tegobi geht zum Schreibtisch und betätigt die Gegensprechanlage, ohne dabei die Dame im Vorzimmer erahnen zu lassen, wie sehr sie bespitzelt wird. Sie führt unbefangen ein privates Gespräch, und irgendwann lacht sie ein paarmal, worauf Tegobi die Verbindung abbricht und genau wie diese Frau dort draußen lacht; ununterscheidbar und beliebig oft. Auf die Frage, ob er das noch einmal machen könne, ist Tegobi so frei und macht es einfach noch einmal und noch einmal und noch einmal.

„So eine Fähigkeit kann in unseren Zeiten sehr nützlich sein", sagst du, und Tegobi wird antworten:

„Sie kann aber auch den Verdacht krimineller Energie erregen, die so gar nicht vorhanden ist, und damit kann sie riesigen Ärger bereiten." Nach einer kurzen Pause sagt er schließlich:

„Kommen Sie. Ich möchte Ihnen etwas zeigen."

Ihr werdet Uhlenhuths Büro verlassen, den Gang hinuntergehen, wie durch ein Labyrinth. Tegobi wird dich in einen dunklen Raum führen und dort erst einmal Licht machen, bevor die Tür zu und damit totale Finsternis über euch fallen kann. Du sinkst in einen der gepolsterten Sessel. Es scheint sich um eine Art Konferenzzimmer zu handeln. Die Fläche des Tisches füllt mindestens den halben Raum, jedoch mit der Besonderheit, nur Sitzgelegenheiten auf einer Seite zu bieten. Die gegenüberliegende Wand besteht nahezu vollkommen aus einem Spiegel.

Tegobi scheint guter Dinge zu sein. Er lacht anscheinend grundlos und auf eine Art, die dir völlig fremd vorkommt. Es ist überall ein wenig staubig, und du siehst von deinem Platz aus Tegobis Gesicht. Tegobi wird dir erklären, von hier aus seien jahrzehntelang Gespräche belauscht worden. Er greift unter die Tischplatte, betätigt dort einen unsichtbaren Mechanismus, der eine Art Schaltpult vor ihm aus dem Tisch gleiten lässt. Er berichtet, der Raum diene heute nur noch geheimen, außerdienstlichen Zusammenkünften erotischer Natur und er wird deine fragenden Blicke auf sich ziehen indem er lächelt. Dann wird er damit beginnen, den Raum zu verändern. Während das Licht langsam erlischt, wird sich der Spiegel dagegen aufhellen, hierbei einen leicht grünlichen Stich annehmen, und du und Tegobi, ihr werdet seicht aus diesem Bild verschwinden.

Auf der anderen Seite des Spiegels scheint sich die exakte Kopie dieses Raumes zu befinden, nur das diese Kopie eine ganze Weile lang unbelebt bleibt, bis sich endlich eine Tür öffnet und zwei Schatten in den Raum gleiten, die sich kaum voneinander lösen. Der Grünstich des Spiegels nimmt ab, was du darauf zurückführen wirst, dass der Nebenraum nun beleuchtet wird. Tegobis Schatten wird vor dem Spiegel sichtbar, an den er offensichtlich ganz herangetreten ist. Tegobi wird dir die beiden Personen auf der anderen Seite vorstellen; ihre Namen, ihre Herkunft und Lebensgeschichte, einschließlich der Informationen darüber, in welcher Abteilung im Hause sie wie lange tätig waren und welche Qualifikationen sie dorthin brachten. Im Moment fühlen sie sich offensichtlich unbeobachtet.

Während sie ihn umarmt und seine glatt rasierten Wangen und seinen Hals küsst, streift sie ihm das Sakko über die nach hinten hängenden Arme und lässt es zu Boden gleiten. Er, wie befreit, umfasst sogleich ihren Körper, hebt sie in die Höhe, worauf sie reflexartig die Beine anzieht wie ein Frosch und diese um seine Hüften schlingt.

Ihre Bluse wird noch mit verstümmelter Zurückhaltung aufgeknöpft, dann jedoch recht unsanft hinab gerissen und über den Tisch geschleudert. Kurz darauf gleiten seine Arme unter ihren Rock. Ihr Oberkörper sinkt auf dem Tisch zurück und die zarten Ballen ihrer nackten Fußsohlen setzen an der Tischkante auf.

Ein weißer Stofffetzen gleitet schließlich, wie eine Puppe von seiner Hand gespielt, über ihre Schenkel und Knie und Waden, bis das Höschen schließlich von ihren gestreckten Fußspitzen aus der Schwerkraft übergeben wird. Zwei fühlen sich mit den Naturgesetzen allein und irgendwann verschwindet sein Kopf mit andächtig geschlossenen Augen unter ihrem Rock, wie das Haupt eines Pioniers der Fotografie unter dem schwarzen Tuch hinter seiner Linse.

Ihr Hals wird scheinbar länger und sinkt immer weiter in den Nacken zurück.

„Man sagt ja, dass beim Mann der Verstand und bei der Frau der Wille Vorrang haben", wirst du Tegobis Stimme sagen hören. „Deshalb bringen Menschen ein perfektes Lachen erst dann zustande, wenn sie sich vereinigen."

Du hörst ein leichtes Rauschen durch den Spiegel kommen und, darin eingelagert, unförmig grunzende und wimmernde Laute. Der grüne Schimmer ist immer noch nicht vollständig aus dem Bild verschwunden, und auf der anderen Seite scheinen zwei Tiere miteinander zu ringen, Gesänge in einer unverständlichen Sprache auszustoßen.

„Für mich klingt das nicht wie Lachen", wirst du sagen, und Tegobi schaltet die Lautsprecher wieder aus, und nach einer Weile antwortet er dir in die Stille: „Ein echtes Lachen wartet auf den Augenblick."

Sie hat sich mit dem Sinken seiner tiefschwarzen Anzughose in die Mitte des Tisches zurückgezogen, und er steigt ihr nach,

nähert sich ihr auf allen Vieren. Über ihr kniet er dann, und ihre
Arme kriechen über seinen Rücken, heften sich an ihn, bis sie
seinen Oberkörper zu sich hinabgezogen hat. Ihre Finger machen sich an seinen gestreiften Boxershorts zu schaffen, legen
sein behaartes, vor Lust grinsendes Hinterteil frei. Dann scheint
sie ihn von sich herunterstoßen zu wollen. Sie wälzen sich über-
und umeinander wie junge Füchse. Mal sitzt sie auf ihm und
reibt ihren Schritt an seiner Brust, als hätte sie einen harten Le-
dersattel unter sich, dann steigt wieder er über sie und verbirgt
sein Gesicht zwischen ihren Brüsten, tastet mit seinen spitzen
Pferdelippen ihren Hals, ihre Stirn und dann ausdauernd ihren
Mund, bis sie sich endlich von seinen Lippen losmacht und mit
aufgestellten Brustwarzen voran unter seinem Körper abtaucht.
Ihre Hände haben sein von dicken Adern aufgetriebenes Ge-
mächt ergriffen und sie reißt es geradezu an ihren Mund und
nagt daran wie das Reh an der zarten Rinde von jungem Geäst.

Hier wird Tegobi abermals die Lautsprecheranlage einschalten und über Tiefe und Asymmetrie in den Stimmen auf der anderen Seite referieren. Er wird von Idiosynkrasie reden und von
Idiolekt, und du fragst dich, was diese ganze voyeuristische Vor-
führung bedeuten soll. Statt einer Antwort wird er die Lautsprecher wieder abstellen und selbst auch schweigen.

Auf der anderen Seite wird sie inzwischen die Lippen vom
Mund aus beckenwärts wechseln wie eine Tarnung, aus der es
im rechten Augenblick hervorzubrechen gilt, wenn man erbeu-
ten oder einfach nur überleben will. Mit ihrem anderen – dem
wahrscheinlich weiblichsten – Gesicht greift sie eben noch nach
der Eichel und bald schon nach dem ganzen Baum, um ihn immer wieder zu verschlingen und auszupressen wie die Schlange
ein Ei. Dies Spiel steigt an, zu einer rhythmischen Wiederkehr
von Geburt und Gefressenwerden. Immer schneller, so dass ihre
Schenkel den Blick nur noch selten auf seine gefestigte, männliche Natur freigeben. Die Distanz zum stroboskopischen Still-

stand verringert sich. Die Beute und die Brut verharren in inniger Entropie.

Das ist der Punkt, an dem Tegobi abermals die Stimmen aus dem Nebenraum zuschaltet. Sie haben sich offensichtlich verändert. Tegobi bittet dich, auf Tonhöhe, Rhythmus, Melodie und Lautstärke zu achten. Du wirst alltägliche Laute finden, und Tegobi wirft die Frage in den Raum, ob Lachen eine Schablone sei. Er wird den Ton abstellen und beginnen zu lachen, und du wirst das Lachen der Frau darin erkennen. Dann dreht er das Lachen von nebenan wieder auf, und du hast nochmals den täuschend überzeugenden Vergleich, der seine Fähigkeiten als Imitator untermauert. Wieder und wieder hörst du ins Geschehen hinein und ahnst, dass deine Aufmerksamkeit nun auch der männlichen Stimme zu gelten hat. Auch sie kommt nach einer Weile aus Tegobis Kehle und du meinst, jenes Lachen erneut zu vernehmen, das er lachte, kurz nachdem ihr diesen Raum betreten habt.

„Dies ist wirklich das Lachen, das am schwierigsten nachzuahmen ist", sagt Tegobi. Du antwortest nicht, und er ergänzt: „Ich würde gern einmal zweistimmig lachen können."

Du hast genug gesehen und gehört, willst gehen, doch Tegobi hält dich fest und fordert dich auf zu bleiben. Im Nebenraum liegt ein regungsloser Körperklumpen.

Tegobi drückt dich in den Sessel zurück, und er will erneut wissen, ob Lachen deiner Meinung nach eine Schablone sei, und du wirst schweigen, in simultaner Kenntnis und Unkenntnis der Antwort.

„Man kann befreit lachen", wird Tegobi sagen. „Laut oder leise. Menschen werden Menschen immer anhand ihres Lachens erkennen. Niemand ruft sich dabei prosodische Merkmale in Erinnerung. Das alles geschieht unterbewusst.

Seit geraumer Zeit haben wir nun also auch Maschinen entwickelt, die menschliches Lachen erkennen und einzelnen Personen zuordnen können. Doch eine Maschine verfügt nicht über so eine Vielzahl von Sinnen wie der Mensch, und letzterer ist selbstständig in der Lage, seine Wahrnehmung aufzufrischen. Einer Apparatur müssen zur Veränderung des Wahrnehmungsspielraumes stets neue Referenzdaten einprogrammiert werden.

Intelligente Menschen haben zumindest die Chance, einen anderen Menschen zu erkennen, wenn dieser sein Lachen verstellt. Menschen können ihr Lachen reproduzieren oder variieren. Künstliche Organismen, wie weit entwickelt und *intelligent* sie auch sein mögen, ihr Prinzip wird immer lediglich auf Reproduktion beruhen.

Menschen kann man nicht vorschreiben, wie sie zu lachen haben."

Tegobi sagt, es sei nahezu so, als ob das Universum der menschlichen Ausdrucksfähigkeit mit jedem Orgasmus eine neue Galaxie erschaffe. Er lässt dich einen Moment lang in ratloser Stille ausharren und bekennt dann: „Monate hat es mich gekostet, so ein Lachen, wie wir es eben miterlebt haben, zu erkennen und bis zur Perfektion mit meiner Stimme nachzuahmen. Ich habe versucht, Gleiches mit verschiedenen digitalen Erkennungsprogrammen durchzuführen, die momentan praktisch im biometrischen Erkennungsdienst verwendet werden. Mit dem XR-14, dem Uniomat und all dem anderen Schrott, der Ihnen auch geläufig sein dürfte. Keine Maschine war dieser Aufgabe gewachsen. Nie ist jemand im Nebenraum korrekt wieder erkannt worden. Ich hingegen kann die zu erwartenden Töne schon in dem Moment zuordnen und reproduzieren, sobald nebenan ein Pärchen den Raum betritt."

Die Körper auf der anderen Seite haben sich inzwischen entwirrt. Sie klettern erschöpft und unbeholfen vom Tisch, als seien sie die ersten Menschen, und sie kleiden sich ohne Hast an. Der Spiegel scheint zu schimmeln. Die Grüntöne an seiner Oberfläche drängen in den Vordergrund, je heller es im Raum um dich herum wird. Das Glas gleitet langsam zurück in gewöhnliche Undurchdringlichkeit, ist bald schon wieder ganz Spiegel.

Draußen im Flur sind plötzlich unruhige Stimmen und hastige Schritte zu hören. Tegobi und du, ihr werdet den Raum wieder verlassen. Der Korridor ist voller Leute, die an euch vorbei
eilen. Tegobi schließt die Tür, und eine aufgedrehte Menschen-
flut drängt euch im Vorbeiziehen an die Wand. Nahezu schrei-
ende Laute produzierend quälen sich die Massen im reißenden
Strom durch den Gang, und ihr werdet mitgezogen. Du siehst
gerade noch, wie sich auch das Pärchen aus der Tür schiebt. Die
beiden sehen einander noch einmal an, und dann werden sie im
nächsten Augenblick schon vom Fluss erfasst, und sie gehen in
den Gesichtern, Körpern, Armen und Beinen unter.

Tegobi und du, ihr versucht, die eine oder andere Person
festzuhalten, sie zu fragen, was der Aufruhr bedeuten soll. Doch
ein jeder wird augenblicklich von euch fortgesogen, wie durch
einen Strudel, und sie strömen weiter, ohne Antworten zu geben.
Sie warten nicht einmal eure Fragen ab. Unbeschreibliche Geräusche liegen in der Luft, gleich akustischer Fäulnis.

Tegobi packt dich am Arm und zieht dich mit sich, stürzt
sich in den Strom, packt dich fester und nimmt dich mit sich
durch die Gänge bis zu einer bestimmten Gabelung des Fluss-
laufs, wo er aus dem Strom drängt und dich mit sich in einen
menschenleeren Gang zieht.

Von dort aus wirst du in die entsetzten Gesichter innerhalb
des Stromes blicken, bis Tegobi dich zur Eile mahnt, und ihr erreicht nach einer Weile das Vorzimmer von Uhlenhuths Büro.

Die Sekretärin ist verschwunden, und überall riecht es seltsam. Vielleicht nach Rauch, schwelender Kohle, nach Benzin o-
der anderen, eilig oxidierenden, giftigen Substanzen.

Du wirst nicht mehr wissen, ob du lachen oder weinen sollst.

Tegobi stürmt voran, drückt die Klinke herunter und drängt
ins Büro, wird jedoch sogleich von einer Hitzewelle und von
dünnen, halbdurchsichtigen Rauchschwaden zurückgedrängt.
Der Schreibtisch und viele Dokumente stehen in Flammen. Die
Betenden Hände sind verkohlt. Auf dem Boden liegen einige

große Steine herum, und die Scheiben, durch die man in die Schalterhalle hinuntersehen konnte, sind entweder zerbrochen oder rußgeschwärzt. Von unten dröhnen in auffälliger Lautstärke und Tonhöhe aufgewühlte oder sogar bösartig erregte Stimmen herauf. Überall knistert und knackt das entflammte Inventar.

Tegobi reißt einen Feuerlöscher aus der Verankerung und schleudert weißes Pulver durch den Raum. Dann fliegt ein Stein durch eines der zersprengten Fenster, schlägt auf dem halb verkohlten Schreibtisch auf, bricht sich durch ihn wie ein abgebrochener Eiszapfen durch tiefen Schnee, und dann stürzt das Möbelstück in sich zusammen; verwandelt sich in deinem traumflüchtenden Blick in das Modell eines gigantischen Hochhauses, das durch ausgeklügelte Sprengladungen gezielt zum Einsturz gebracht wird.

Tegobi wirft den leeren Löscher auf den Boden. Deine Augen tränen vom Rauch, und beide hustet ihr, mit schwarzen Gesichtern und von Schweißperlen überströmt. Ihr beschließt, hier gibt es nichts mehr zu tun, und ihr tretet den Rückzug in Richtung Treppenhaus an.

Die Gänge sind inzwischen menschenleer, und auf eurem Weg liegt eine Vielzahl von Geräuschen, scheinbar aus dem Untergrund kommend. Viel zu entlegen und fremd, um euch als deutliche Quelle des Chaos, als einzelne Stimme oder definierbarer Laut gegenüber zu treten. Es gleicht Detonationen auf einem anderen Planeten, dessen Untergang man in sicherem Abstand durchs Fernrohr beobachtet.

Im Treppenhaus hallen eure Schritte bleiern wider, gleich billig kopierter Ewigkeit. Irgendwo zerspringt von neuem Glas und Tegobi macht dir plötzlich Vorwürfe, sagt, dass es ja so weit kommen musste, und du wirst dich zunächst beinahe unschuldig fühlen, eine kleine Nummer aus dir machen, bis endlich dein Gewissen volle Verantwortung fordert.

Tegobi stößt leise Flüche aus, gegen den menschlichen I-deenreichtum, und obwohl du nicht als alleiniger Urheber jenes großen Fehlers zu sehen bist, so musst du als Verteidiger und Mitverfechter – und genau das zu sein musst du dir in jenem Augenblick eingestehen – zumindest den Versuch einer Ausrede, einer Rechtfertigung machen, auch wenn dadurch die Auswirkungen der Angelegenheit nicht mehr einzudämmen sind. Du redest vom nur allzu menschlichen Sicherheitsbedürfnis. Von den feinen Sinnen und einem Perfektionsstreben, welches paradoxerweise oft alles andere zur Folge hat als Ordnung und Perfektion.

Seit der Mensch sich zu höher entwickelten Gesellschaften zusammenschließt, treibt ihn die Sucht danach, zu kontrollieren, eigens dafür Regeln zu erfinden, über ihre Einhaltung zu wachen und gleichzeitig nach Wegen zu suchen, sie möglichst unbehelligt – bestenfalls sogar völlig unerkannt und unnachweisbar – brechen zu können. Die Geschichte menschlichen Zusammenlebens ist die Suche nach dem perfekten Verbrechen.

Möglichst mit einem Lächeln auf den Lippen.

Man versuchte, mit Dokumenten die Echtheit von Personen zu belegen. Beschrieb die Farbe von Haaren, Haut und Augen; hielt Körpergewicht und -größe fest. Die Suche nach dem Menschen war immer die Suche nach seinen besonderen Merkmalen.

Francis Galton entdeckte die Einmaligkeit des Fingerabdrucks und Edward Henry fand ein wirkungsvolles System, sie zu registrieren. Irgendwann starb Alphonse Bertillon. Mithilfe der Fotografie glaubte man, die menschliche Erscheinung einfrieren zu können, ahnte nichts von jenem täuschungswilligen Ideenreichtum, der Leute ständig zwingt, ihre Masken zu wechseln: Falsche Brillen. Falsche Haare. Falsche Nasen. Falsche Ohren. Falsche Stimmen. Falsches Lachen. Falscher Geist. Jemand erfindet die Non-Stop-Kamera, für die man keinen Film mehr braucht. Die Iris im Auge ist genauso unverwechselbar wie ein

Abdruck des Fingers oder das Profil der Ohrmuschel. Maschinen erkennen Gene oder Stimmen.

Die Erkennung durchleuchtet alles und jeden, verstümmelt Identität. Orwell ist ein Name. Huxley auch. Und Tegobi. Und Uhlenhuth wie Wollkowitz. Alles Namen. Alle so alltäglich wie ihre Überwachung.

Es gibt zwei Möglichkeiten, den Überwachten ihre Überwachung auf Dauer erträglich zu gestalten. Entweder, sie findet im Verborgenen statt und hat keine Gegner, solange sie unentdeckt bleibt. Oder Überwachung und ihre Notwendigkeit können jenen, die zu überwachen sind, simpel und angenehm vermittelt werden.

Das Motto lautet: Überwachung soll Spaß machen.

Keine steifen Kontrollen, sondern ausgelassenes Lachen an jedem Checkpoint.

In allen Köpfen kreist jedoch seit jeher auch die Frage, welches Lachen wohl am meisten Gewinn verspricht. Da ist lächerliche Flexibilität gefragt.

Tegobi und du, ihr werdet gemeinsam die Eingangshalle erreichen. Der Marmor glüht matt, und die Pförtnerloge ist leer. Tegobi rät dir, zu verschwinden. Möglichst weit weg. Er selbst muss noch einmal zurück, sagt er. Warum, sagt er nicht. Sein prächtiger Schnurrbart ist ein wenig angesengt, und dann siehst du ihn zum letzten Mal. Du denkst an rote Heringe und daran, dich selbst zu kitzeln, und du gehst die Treppen hinunter, und plötzlich treibt dich die Eile, und du rennst hinaus auf die Straße.

Hier ist alles genauso gespenstisch leer und ausgeschwemmt wie zuvor im Inneren des Gebäudes. Überall in der Ferne und zugleich bedrohlich nah hörst du das Gemurmel des Aufruhrs. Das allgemeine, scheinbar gleichgültige Grinsen ist zum animalisch revoltierenden Grölen geworden. Du vermeinst, Schüsse zu hören. Sirenen heulen ununterbrochen aus allen Himmelsrichtungen. Du fühlst, du verlierst vollkommen die Macht über die Funktion jener Muskeln zwischen Stirn und Kinn, und irgenddeine Kraft bewegt knirschend deine Mimik, wie ein Zahnrad, oder einen Maschinenkolben.

Mit deinem ganz persönlichen Referenzlachen, deiner ehrlichsten und aufrichtigsten Empfindung, hastest du durch die entvölkerten Straßen wie eine Mücke ins Licht.

Brodeks schwimmende Erdbeeren

Alex Dreppec

Grüner ist es geworden in den Städten. Und röter. In kurzer Zeit haben Bahnhöfe, Industriegebiete, Hausdächer einen großen Teil ihres Grauschleiers verloren. Lange war ich froh, dass kaum jemand wusste, welchen Anteil ich an der Geschichte hatte.

Ich traf Brodek das erste Mal bei einer Diskussionsveranstaltung über die Gefahren der Gentechnik. Er war Genetiker und saß auf dem Podium, wo er wüste Anschuldigungen ruhig und geduldig über sich ergehen ließ. Dabei argumentierte er differenziert: natürlich sei es nicht ungefährlich, mit Genen einfach ziellos zu experimentieren, und die Entwicklung von Biowaffen lehne er überhaupt völlig ab. Man müsse sich aber vergegenwärtigen, was die Gentechnik der Menschheit zu bieten habe: Pflanzen, die keine Insektizide bräuchten, Pflanzen, die man in der Wüste anbauen und mit Meerwasser gießen könne, Pflanzen, die oben Tomaten und unten Kartoffeln trügen und so viel weniger Feldfläche verbräuchten ...

Die anderen Diskussionsteilnehmer gingen auf seine Argumente nicht ein. Brodek machte einen guten Eindruck auf mich, obwohl er um seine Lage nicht zu beneiden war. Man hatte ihn ganz offensichtlich eingeladen, um ihn auf offener Bühne auseinander zu nehmen. Man hätte an seiner Stelle ebenso gut einen Punchingball aufstellen können, auf den man ungestraft einschlagen kann – oder eine Plastikpuppe, wie man sie bei simulierten Verkehrsunfällen benutzt. Zwar war ich selbst zu dieser Veranstaltung gekommen, weil ich mit Gentechnik eher Befürchtungen als Hoffnungen verband, aber das fand ich nicht fair.

Nach der Podiumsdiskussion sprach ich Brodek an. Das war nicht leicht, da er immer noch von wütenden Mitmenschen umringt wurde. Ich teilte ihm mit, dass ich zwar nicht seiner Meinung wäre, aber die Ruhe und Sachlichkeit bewundert hätte, mit der er diese für ihn unangenehme Situation überstanden hatte. Er bedankte sich und wollte wissen, in welchen Punkten ich denn nicht seiner Meinung sei. Ich hatte den Eindruck, er war froh darüber, einen *vernünftigen* Menschen gefunden zu haben. Vielleicht hatte ihm das Ganze mehr ausgemacht, als er sich hatte anmerken lassen. Er sagte mir, sein Zug führe erst in zwei Stunden, und hier wolle er nicht bleiben. Ob ich nicht einen Ort wüsste, an dem es etwas ruhiger sei. So gingen wir in ein Café und unterhielten uns weiter. Er erzählte mir von seinen neuesten Projekten. Er arbeite nur mit Pflanzen und nur an zivilen Projekten, versicherte er mir mit ehrlichem Engagement. Bevor er sich verabschiedete, lud er mich zu einem Besuch in seinem Institut ein.

Zwei Wochen später rief er an und sagte, er habe am Wochenende an seiner Arbeitsstelle zu tun und könne sie mir bei dieser Gelegenheit zeigen, wenn ich Zeit und Lust hätte. Ich sagte zu und fuhr am folgenden Sonntag zu seinem Institut.

Ich hatte es mir anders vorgestellt: Überall standen große und kleinere Glaskästen. Im größten dieser Kästen wuchs ein Kornfeld unter künstlichem Sonnenlicht. Wir betraten ein riesiges Gewächshaus. Dort befand sich das neueste Schmuckstück aus Brodeks Arbeiten, wie er selbst sagte: eine kleine Kolonie kräftiger Erdbeerpflanzen, die jede für sich aus kleinen Plastikbehältern wuchs.

Sie sahen wie gewöhnliche Erdbeeren aus. Umso interessanter war aber das, was Brodek mir erzählte. Bei diesen Exemplaren könne man fast das ganze Jahr über in rascher Folge ernten, erstmals schon wenige Wochen nach der Aussaat – man könne sie neben der Vermehrung durch Ausläufer auch säen, was bisher bei Erdbeeren schwierig gewesen sei. Die Pflanzen bräuchten keine Insektizide, weil sie besonders widerstandsfähig seien. Außerdem bräuchten sie keinen Dünger und faktisch keine Erde, unter anderem weil sie in der Lage seien, den Stickstoff aus der Luft aufzunehmen. Wichtige

Spurenelemente würden sie aus dem Wasser gewinnen, von dem sie aber auch nur wenig bräuchten. Brodek begeisterte sich: "Salzwasser ist ihnen ebenso lieb wie anderes! Deshalb muss man kein Trinkwasser verschwenden, um sie zu wässern", und ergänzte, dass man sie auch als Wasserpflanzen anbauen könne, da sie schwimmen würden. Er hatte keine Mühe gescheut: Eigenschaften von Rankpflanzen wiesen sie ihm zufolge ebenfalls auf.

Brodek erklärte, alle diese neuen Merkmale habe er seiner Kreation mit Hilfe der Gene anderer Pflanzen verliehen. Das eigentlich Interessante jedoch sei die Kombination und die Verträglichkeit dieser Eigenschaften. Noch mehr Wert legte er aber auf ihren hervorragenden Geschmack: "Die erste Ernte der neuen Generation! Und Sie dürfen als erster probieren!" Er reichte mir eine große, rote Frucht. Ich zögerte einen Augenblick, konnte dann jedoch nicht widerstehen. Sie schmeckte tatsächlich sehr gut.

Was er nun mit diesen Erdbeeren vorhabe, fragte ich ihn. Er zuckte mit den Schultern und erklärte mir mit sichtlichem Bedauern, dass die Zeit für seine Beeren wohl noch nicht reif sei. Im Moment seien sie nicht viel mehr als ein Demonstrationsobjekt.

Anschießend zeigte er mir noch verschiedene Projekte seiner Kollegen, an manchen war er beteiligt. Den meisten Pflanzen sah man nicht an, dass sie genetisch verändert waren. Die auffälligsten Arten zeigte mir Brodek kurz bevor wir uns voneinander verabschiedeten: einen kleinen Bananenbaum, der bei mitteleuropäischem Klima gedieh, und einen drei Meter hohen, mehrere Jahre alten Tomatenbaum mit dickem Stamm.

Am nächsten Tag teilte man mir an meiner Arbeitsstelle mit, die Auftragslage meines Unternehmens ließe es günstig erscheinen, wenn die Arbeitnehmer ihre Überstunden abfeiern würden oder Urlaub nähmen. So entschloss ich mich spontan, in den Urlaub zu fahren.

Als ich erholt zurückkehrte, war mein Anrufbeantworter voller Anrufe, aus meinem Briefkasten quollen die Briefe – und aus meiner Toilette Erdbeerpflanzen.

Die Anrufe und Briefe waren fast alle von Brodek. Ich hatte ihm nicht mitgeteilt, dass ich in den Urlaub gefahren war, und er hatte offenbar verzweifelt versucht, mich zu erreichen. Samen von seinen Erdbeeren waren ins Freiland gelangt, und er hatte den Verdacht, dass auch ich zu ihrer Verbreitung beigetragen hätte. Die Erdbeersamen würden nach der Verdauung unversehrt ausgeschieden. Ich solle mich sofort melden. Man könne jetzt vielleicht noch etwas machen. Er klang sehr beunruhigt.

Zuletzt hatte er mir ein großes Päckchen geschickt, das ich bei der Post abholte. In dem beiliegenden Brief verabschiedete er sich und erklärte, er würde für unbestimmte Zeit an einen unbestimmten Ort verreisen. Das Päckchen enthielt eine starke Säure, die Erdbeerpflanzen abtöten sollte. Ich goss sie in meine Toilette. Es stank und qualmte, die Pflanzen lösten sich auf. Das beruhigte mich etwas.

Trotzdem hatte ich kein gutes Gefühl bei der Sache und bald auch ein schlechtes Gewissen. Ich hätte mich gleich bei Brodeks Institut oder anderen Fachleuten melden sollen. So hoffte ich nur, alles würde so schlimm schon nicht sein. Schließlich ging es nur um Erdbeeren.

Es vergingen Wochen, in denen ich von Brodek nichts hörte – ich hörte überhaupt nie wieder etwas von ihm. Von seiner Schöpfung aber tauchten nach und nach Berichte auf, zunächst im Unterhaltungsteil mancher Nachrichtensendungen. Es waren Berichte über eine rätselhafte Erdbeerplage, die sich, ausgehend von den beiden ersten meiner Urlaubsorte, bald an vielen verschiedenen Orten ausbreitete. Ein Teil der Erdbeeren wuchs im Meer, am Anfang da, wo wahrscheinlich eines der Hotels, die ich besucht hatte, illegal seine Abwässer einleitete.

Allen meiner Mitmenschen kamen diese Nachrichten skurril vor – außer mir. Manche fanden es sogar lustig oder gut und forderten kostenlose Erdbeeren für alle.

Die sollten sie bekommen:

Die Erdbeeren verbreiteten sich mit rasender Geschwindigkeit. Heimkehrende Touristen oder Geschäftsreisende halfen ihnen dabei, außerdem Vögel und andere Tiere.

Die Kläranlagen der Städte waren oft zuerst betroffen, dort konnte man die Pflanzen aber auch noch recht gut bekämpfen.

Man setzte ein Gerücht in die Welt, die Erdbeeren seien ungesund. Wie man bald darauf zugeben musste, wusste man nichts über ihre Wirkung auf die Gesundheit. Man hatte gehofft, durch das Gerücht die Verbreitung der Erdbeeren durch Verzehr und Ausscheidung zu stoppen. Es war zu spät.

Bereits im nächsten Jahr wuchsen die Erdbeeren fast überall. Sie überquerten von meinen Urlaubsorten am Mittelmeer aus in breiter Front mühelos die bald fast vollständig bedeckten Alpen.

Es wurden Bürgertrupps aufgestellt, die den ganzen Tag Erdbeerpflanzen ausrissen. So versuchte man auch, wenigstens Teile der natürlichen Fauna und Flora zu retten oder noch ein paar andere Pflanzen anzubauen. Aber für jeden Ort, an dem man sie ausgerissen und verbrannt hatte, tauchten sie an fünf neuen auf. Schnell konzentrierte man sich auf bestimmte Orte, kleinere Waldgebiete wurden sogar eingemauert. Der Rest wurde sich selbst und damit den Erdbeerpflanzen überlassen. Brodek hatte ganze Arbeit geleistet.

Die Beeren wuchsen auf Autodächern, in Hinterhöfen, auf den Straßen, auf Baumkronen, aus Waschbecken, Toiletten und natürlich dort, wo anderes wachsen sollte. Sie machten sich als dichter Teppich auf Hausdächern breit und rankten die Wände entlang. Die Straßen verwandelten sich zusehends in schimmelnde Komposthaufen, in schleimige Schlitterbahnen mit vernetzten Auslegern bis in mehrere Meter Höhe und herabfallenden matschigen Erdbeeren.

Auch der Versuch einzelner Länder oder Regionen, sich ab-
zuschotten, erwies sich als sinnlos: die Erdbeeren verbreiteten
sich über das Meer als weltumspannender Vegetationsteppich,
der schon bald selbst der Schifffahrt neue Technologien auf-
zwang und das Satellitenbild des gesamten Planeten änderte.

Dschungelmesser gehören seitdem zur Standardausrüstung.
Ohne sie ist es kaum noch möglich, sich zu bewegen, draußen
nicht, aber auch in der eigenen Wohnung braucht man sie oft
genug. Alles ist verklebt und der faulende, gärende Geruch hängt
überall, so dass man ihn kaum noch wahrnimmt. Jeder sehnt
sich nach dem Winter, weil es nur dann manchmal etwas besser
ist.

Der Geschmack von Erdbeeren ist heute jedem ein Gräuel.
Andere Lebensmittel sind unerschwinglich geworden, und alles,
was man mit Erdbeeren machen kann, hängt jedem zum Hals
raus. Konserven und Einmachgläser aus der Zeit vor der Katastrophe sind daher eine Kostbarkeit. Auch ich hatte davon noch
einige im Keller, die ich nach und nach verbraucht habe – bis auf
ein unbeschriftetes Glas mit roter Marmelade. Ich habe es lange
aufgrund eines Verdachts nicht angefasst, der sich heute bestätigt hat: es ist Erdbeermarmelade.

Was ist die Brigade?

Petra Buchwald

„Herr Defoe, wir verhaften Sie wegen Verdachts auf Mitglied-schaft in der terroristischen Vereinigung der Brigade." Voller Wucht wurde Adrians Körper gegen das Auto gedrückt. Brutal spreizte der Polizist mit fetten Fingern seine Beine. Adrian zwang sich stillzuhalten, dem Impuls, sich zu wehren, zu wider-stehen. Die Handschellen klickten. „Was ist denn das?" Sein Körper antwortete mit Schwindel auf das rasche Kopfdrehen. „Eine Digitalkamera. Vorsicht, die war teuer." Häme lag in den Worten des Polizisten: „Wie kann einer wie du sich so etwas leis-ten?" – „War ein Geschenk." – „Soso." Im Spiegelbild der Auto-scheibe beobachtete Adrian, wie die Wurstfinger die streichholz-große Kamera drehten. „Ach ja, hier ist die Speicherkarte." Als der Polizist die Karte entfernte, erhielt ein Computer am ande-ren Ende der Stadt den Befehl, seine Daten ins Ausland zu über-tragen und anschließend seine Festplatte zu löschen.

Das Fieber schwächte seinen Widerstand. Wie oft hatte Adri-an sich gefragt, wie es wohl auf der anderen Seite des Tisches war. Als Antwort auf die vom Fieber erzeugte Furcht spürte er eine unsagbare Wut. „Was wissen Sie über die Brigade?" Er kannte das leise Herantasten an die eigentliche Frage und spielte mit. „Zum ersten Mal trat die Brigade am 30.09.2009 ans Licht der Öffentlichkeit. Eure Justiz hatte mal wieder Scheiße gebaut." Verdammt, was tat er da? Gewohnt, auf der anderen Seite des Tisches zu stehen, wollte er die Regeln bestimmen. Die Tisch-platte presste sich kalt und schmerzhaft gegen seine Wange. Japsend versuchte er, den Schmerz in seinem verdrehten Arm fortzuatmen. Sein Körper reagierte mit trockenem, qualvollem Husten, welcher den in der Lunge festsitzenden Schleim lösen wollte. „Verdammt, lass ihn los!" Panik lag in der Stimme des hageren Polizisten, als Antwort auf Adrians blau angelaufenes Gesicht. Luft, er brauchte Luft, sein Herz begann zu rasen. Der Schmerz drohte die Lunge zu zerreißen. Dankbar griff er nach der Wasserflasche, welche der Hagere ihm reichte. „Wieso Eure Justiz? Ist es nicht auch die Ihrige?" nahm der Fette den Faden auf. „Ich gebe weiter, was ich empfinde. Ich war so alt wie die Opfer, welche er missbrauchte und erwürgte. Er kam frei, weil einer eurer Polizisten ihn beim Verhör zu scharf ran genommen hat." – „Die Gesetze wurden daraufhin geändert!" – „Ganz Privat … eine Frage." Er sah den Ehering, daher wandte Adrian sich an den Fetten. „Ein Serienkiller legt 10 Kinder um. Sie haben Angst um Ihre Tochter. Und dann erfahren Sie, dass dieser Mann sich auf freiem Fuß befindet. Einige Tage nur, aber was kann in dieser Zeit alles passieren? Können Sie die Eltern nicht verstehen? Jene, die diesen Mann verschleppten, ihn hängten mit dem Schild um den Hals: *Die Brigade der Eltern des 30.9.2009 ist nicht länger bereit, tatenlos zuzusehen.*" Beide Arme auf den Tisch gestützt, drückte der Fette sein Gesicht nah an das von Adrian. „Warum haben Sie an der Haustür des gestern getöteten Terroristen Philipp Baumann geläutet?" Ekel stieg in Adrian auf. Wo hatte dieser Typ zu Mittag gegessen? Beim Griechen? „Philipp war mein Walking-Partner. Ich sah sein Haus im Fernsehen und wollte mich überzeugen, dass alles in Ordnung ist. Bitte, ich bin kein Terrorist. Erscheine ich morgen nicht zur Arbeit, bin ich meinen Job los und meine Aufenthaltsgenehmigung erlischt. Bitte, Sie haben nicht das Recht, meine Existenz durch bloße Vermutungen zu zerstören." – „Wir werden etwas ganz anderes zerstören, sollte sich unser Verdacht bestätigen. Die Brigade begeht in zwei Monaten ihr fünfundzwanzigjähriges Bestehen. An der Feier würden wir gerne teilnehmen. Bringt ihn zurück in seine Zelle!" – „Bitte, Sie können mich doch nicht …"

„… hier einsperren." Noch widerstrebte es Adrian, sich auf dem einzigen Einrichtungsgegenstand, einer fleckigen Matratze, niederzulassen. Den Kopf in beide Hände vergraben, hockte er auf dem Boden. Die Kälte des Linoleumbodens kroch in seinen Körper. Er fror so sehr. Sein Atem ging flach, damit seine kranke Lunge nicht der zerstörerisch scharfen Säure des Reinigungsmittels ausgesetzt wurde. Das Auge der Überwachungskamera beobachtete ihn. Vielleicht dachte der Mann am anderen Ende über ihn nach. Vielleicht würde bei dieser Vorstellung endlich das unsinnige Gefühl des Alleinseins verschwinden. Konnte nicht Marcel am anderen Ende der Scheibe …? Marcel Labour, der die eingefangenen Verbrecher beobachtete. Er, der neben Marcel trat. Die tobenden oder resigniert dasitzenden Menschen betrachtend, mit dem guten Gefühl, jetzt nach Hause gehen zu dürfen. Zu seinen Fischen, zu den Korallenwelten. Er hätte auch gerne einen Hund besessen. Aber nur Fische verzeihen monatelange Abwesenheit. Kein anderes Lebewesen … vor allem keine Frau. Marcel musste die Daten bereits erhalten haben. Er würde ihn herausholen aus Deutschland.

Zusammengekauert, mit blau angelaufenen Lippen und frierend wartete Adrian auf Hilfe. Du bist hier in Deutschland, dem Land deiner Träume, dachte er bitter. Deutschland – schon in der Schule hatte ihn der systematische Untergang dieses einst so blühenden Landes interessiert. Der Hochmut der Politiker, die unverständliche, jahrelange Gleichmut der Menschen. Das urplötzliche Losschlagen dieser terroristischen Vereinigung. Als Sicherheitsmaßnahme hatte Deutschland vor einem halben Jahr alle Botschafter ausgewiesen. Grund genug für Marcel, ihn rufen zu lassen. „Geh nach Deutschland, erforsche die Zustände. Wir vermuten, die Regierung plant, ein Exempel zu statuieren. Ausländische Beobachter unerwünscht, du verstehst. Unsere Aufgabe ist es, europäisch und menschlich zu denken und zu handeln. Ein zweites Drittes Reich können wir im Vereinten Europa nicht gebrauchen. Finde heraus, was die Brigade genau ist. Unterwandere sie. Und erstatte Bericht über den wahren innerdeutschen Zustand." Als Adrian Defoe war er vor sechs Monaten eingereist. Ein französischer Migrant, ohne Arbeit, ohne soziale Kontakte.

Die Brigade – er hatte sie gefunden, aber diese Idioten hatten alles kaputtgemacht.

Zerstört wie seinen Körper. Wenn Marcel den Bericht las, würde er ihn sofort herausholen. Denn dann wusste sein Mentor, dass er in einem bundesdeutschen Gefängnis festgehalten wurde. Dann erfuhr er, wie aus einer einfachen Erkältung eine Lungenentzündung wurde. Verschleppt, weil man drei Monate krankenversichert sein musste, ehe man ärztliche Leistung in Anspruch nehmen durfte. Nicht behandelt, weil jeder Patient wieder nach Hause geschickt wurde, der die Praxisgebühr nicht zahlen konnte. In seinem Fall immerhin ein Wochenlohn, rechnete man die Strafaufschläge für Ausländer – nicht qualifizierter Arbeiter, nicht verheiratet und keine Kinder – dazu. Bei Gott, Deutschland war am Ende. Es wurde Zeit, UN-Truppen in diesem Land für Ordnung sorgen zu lassen. Es wurde Zeit, Deutschland von Brüssel aus zu regieren. Als erstes Land würde es direkt dem Europarat unterstellt werden. Die Zeit hierfür war reif. Und dann war es warm in seinen Gedanken. Die Landschaft glitzernd vor von Sonne beschienenem Schnee. Er sah wieder die Dogge auf sich zurasen. Lange hatte er den Augenblick vorbereitet, in dem der Hund ihn ansprang und in den Schnee warf. Die Augen aufschlagend, erwartend, Philipp Baumann über sich zu sehen, endlich den gewünschten Kontakt herstellen zu können. Stattdessen grüne Augen, wunderschöne grüne Augen, lange rote Haare und eine mehr als angenehme Stimme: „Das tut Brutus sonst nie, das können Sie mir glauben."

Eine Hand, die seine heiß umfing. Langsam öffnete er die verklebten Augenlider. „Herr Defoe, hören Sie mich?" Ein weißer Kittel, gütige Augen, eine Ärztin. Plötzlich im Bett nebenan Husten, ein qualvolles, ersticktes Würgen. Sofort galt die Aufmerksamkeit der Frau der kleinen skelettartigen Gestalt dort drüben. Träge die Tropfen seiner Infusion beobachtend hörte Adrian weit entfernt, wie sie um Hilfe rief. Ein Mann in grüner Kleidung, ein Polizist stürmte herein. Adrians Herz raste. Er war

noch im Gefängnis. Sie hatten ihn nicht entlassen. Das bedeutete, er war weiterhin verdächtig. Flucht war die einzige Möglichkeit, diesem System zu entkommen. Aber dazu benötigte er
Kraft.

Er dachte jetzt viel an Philipp. Zu viel für seinen Geschmack.
Denn da war nicht Philipp Baumann, der Terrorist. Das Bild
Philipps, der den Krankenwagen mit brutaler Gewalt entführte,
wich immer wieder einem anderen. Ein netter, sympathischer,
kleingewachsener Mittdreißiger, der seinen vielen überflüssigen
Pfunden durch emsiges Walken zu Leibe rücken wollte. Und er
daneben. „Wie Dick und Doof müssen wir ausgesehen haben."
Wieso brachte er diese Bilder nicht aus seinem Kopf? Im Hintergrund leise Klaviermusik. „Komm doch rein, Adrian. Philipp ist
noch nicht zu Hause. Aber iss doch inzwischen ein wenig Gemü-
sesuppe." Und dann, während er hungrig löffelte, diese grünen
Katzenaugen, die ihn unbedarft anblickten. „Du musst unbedingt mehr Vitamine essen, Adrian. Alles andere macht dich nur
noch kränker. Du siehst schon verhungert genug aus." Sie hatte
ja Recht. Doch wie sollte er von seinem kargen Lohn auch noch
teures Gemüse und Obst kaufen? Aber was kümmerte ihn, was
sie dachte? Er würde ihr Leben zerstören. Das war seine Arbeit.
Und er musste zusehen, dass er sie zu Ende brachte. Adrian
zählte die Tropfen. Unruhig zupften seine Hände an der Bettde-
cke. Halb drei: Schichtwechsel. Jetzt kam Schwester Carmen, die
verheiratete mit dem billigen Parfüm und der Laufmasche im
Strumpf. Ihr reserviertes *Herr Defoe, bitte stehen Sie auf* zeigte
ihm deutlich ihre Schwierigkeit, sie alle hier als Patienten und
nur als Patienten zu betrachten. Er sprang beinahe aus seinem
Bett. Durch die Fenstergitter erkannte er englischen Rasen, einen
Park. Entlang der streng geschnittenen Rosen rannten ein paar
Jogger. Freiheit! Schmerzhaft pochte sein Herz. Laufen, wie sehr
er es vermisste. So intensiv sein Körper nach Ruhe schrie, so sehr

wollte er nach kürzester Zeit wieder beschäftigt werden. Es war Zeit, hier herauszukommen.

„Herr Defoe, Kommissar Schneider möchte Sie sprechen." Der Justizvollzugsbeamte sah einfach über ihn hinweg, betrachtete einen Augenblick das Skelett im Nachbarbett. „Stimmt die Diagnose?" – „Ja, offene TBC." Adrians Panik galt zunächst nur der Angst vor Ansteckung. Bis er sah, wie sehr Schwester Carmens Hände beim Entfernen seiner Infusionsnadel zitterten. In ihren Augen stand Mitleid und Bedauern. Unauffällig drückte sie seine Hand. Da begann sein Herz zu rasen. Nichts fürchtete er so sehr, als gezielt körperlichen Schmerz zugefügt zu bekommen. Er wusste, er war verloren. Zu seiner Arbeit gehörte es, die Berichte von Amnesty International über die Verletzung der Menschenrechte zu verfolgen. Vermehrt war dabei immer wieder der Standort Deutschland gemeldet worden. Für den Bruchteil von Sekunden wünschte er sich das Fieber, die Schmerzen, die Krankheit zurück. Stattdessen klickten die Handschellen, und er verließ den Krankentrakt.

Weit aufgerissene, graue Augen suchten die weißen Wände ab. Wo war die Kamera? Schmale Hände, durchtrainiert und muskulös, gefangen in silbern glänzenden Handfesseln, ein heftig pochendes Herz: Bereits dieses Warten war Teil der Folter. Gezielt und ruhig hob und senkte sich sein Brustkorb. Er musste den Sympathikus beruhigen. Nicht den Impuls freisetzen für Mundtrockenheit, Herzrasen – und bodenlose Angst. „Herr Defoe!" Der Mann sah aus wie ein Versicherungsvertreter vergangener Tage. Zerknitterter Anzug, hängende Augenlider, wehmütiger Ausdruck. „Ich will gleich zur Sache kommen. Vergangenen Monat wurde mitten in Berlin Kreuzberg ein Krankenwagen brutal entführt. Seither fehlt von dem Patienten jede Spur. Das Motiv ist uns vollkommen unklar. Herr Schröder war weder politisch noch sonst an Öffentlichkeit interessiert. Auffallend war die Brutalität, mit der die Täter zu Werke gingen. Der Tathergang wurde auf das Genaueste rekonstruiert. Bisher fehlte uns noch eine Kleinigkeit. Wer fuhr den Krankenwagen? Wollen Sie uns diese Frage nicht beantworten?" – „Ich kann nicht." Marcel musste Gelegenheit haben, ihn zu finden. „Sie waren am Tatort. Zeugen und Kamera haben Sie eindeutig identifiziert. Sehen Sie." Adrian blickte auf Videoaufzeichnungen. An diesem Tag hatte er die Spur Philipp Baumanns aufgenommen und wie ein Jagdhund die Fährte verfolgt. Bis er ein Freund der Familie geworden war. Was zeigte dieses Video da? Er war vom Tatort verschwunden, bevor die Zeugen befragt werden konnten. Der Computer hatte errechnet, dass die Zeit ausgereicht hätte, in den Wagen zu klettern und ihn zu steuern. Und ebendies sah er hier in einer Deutlichkeit, als betrachte er die Abendnachrichten. „Sie sind ja verrückt!" war sein letztes Aufbäumen von Widerstand. „Wir brauchen ein Geständnis und die Namen ihrer Mittäter." – „Nein!" sagte Adrian zu dem leeren Stuhl. Den Atem des Mannes im Nacken nahm er automatisch die Hände vors Gesicht. „Keine Angst!" hörte er. „Ich tue Ihnen nichts. Wir wollen doch keine Schwierigkeiten. Sehen Sie sich dies an." In angespannter Haltung, jederzeit bereit, sich zu wehren, betrachtete Adrian das Porträt eines Dressurreiters. Konzentriert und ruhig blickte er in die Kamera. Adrian vermutete, die Aufnahme war kurz vor Beginn eines Wettkampfes gemacht worden. Ein Bild wie tausende, hätten die Augen nicht gestrahlt wie die eines Kindes an Weihnachten. Dieser Mann liebte, was er tat. Er war mit Leib und Seele bei der Sache. „Wir haben damit nichts zu tun. Es war ein Versehen unserer Justiz." Beim Anblick des neuen Bildes schlug Adrian unwillkürlich die Hände vor den Mund. Der Mann war auf das Grausamste gefoltert worden. Für den Bruchteil von Sekunden blickte Adrian mit bodenloser Furcht auf den Vertreter. „Er wurde in die JVA Hamburg überstellt. Wieso die ebenfalls einsitzenden Jungs von dieser Motorradvereinigung dachten, er wäre der am selben Tag verhaftete Kinderschänder, kann niemand mehr rekonstruieren. So etwas kann jederzeit wieder passieren. Wir sind eben auch nur Menschen!

Vielleicht sagen Sie mir jetzt", der Vertreter lächelte tatsächlich, „wie es Ihnen gelang, an das Steuer des Krankenwagens zu gelangen. Und natürlich wären wir interessiert an Namen." – „Ich weiß nichts." Adrian bemühte sich, nicht das Bild anzuschauen, nicht daran zu denken, was ihn erwartete. Die Berührung seines Rückens setzte eine Reihe von erlernten Reflexen frei. Er zog die Hände über den Kopf und schlug zu. Zugleich rammte er dem Vertreter seinen Fuß zwischen die Beine. Aufschreiend sackte dieser zusammen. Adrian hechtete über den Tisch. Er hörte den Schuss an der Wand entlang pfeifen. Instinktiv am Boden kauernd nahm er die offene Tür hinter dem Beamten wahr. Ehe sein Gegner reagieren konnte, durchquerte er das Zimmer. Mit einem Knall fiel die Tür ins Schloss. Adrian atmete auf. Er stand auf dem Flur. Für Sekunden war er gerettet.

Wie ein Phantom glitt er die Wand entlang. Irgendwo begann eine Sirene zu heulen. Hastige Schritte trieben Adrian in einen Türrahmen. Heftig atmend beobachtete er die Männer, welche, die Gewehre gezückt, an ihm vorüber liefen. Wieso trugen sie keine Uniformen? Und dann hörte er Schüsse, Geschrei. Schnell rannte er weiter durch weiß gekachelte Korridore. Türen, eine von der anderen nicht zu unterscheiden, erschienen und verschwanden wieder. Plötzlicher Gestank nach angebranntem Fett stoppte seine Flucht. Überdeutlicher Fleischgeruch trieb seinen Mageninhalt nach oben. Würgend schlug er die Hände vor den Mund. Erneute Schritte trieben ihn durch eine Metallschiebetüre, und er erstarrte. Menschen, die reglos auf dem Boden lagen, Einschüsse von Pistolenkugeln, ein großer Schmortopf, aus dem ein Paar Beine ragten. Adrian rannte. Draußen vor dem Tor stand ein Lieferwagen. Er schlüpfte hinein und drückte sich in die Ecke. Erst dann sah er auf. Leichen standen und starrten ihn an. Menschenhälften, welche an Haken baumelten . „Ruhig Adrian, es sind Schweine, Schlachtvieh in einem Kühlwagen." Ein Gefriertransporter! Er musste hier raus. Adrian rannte in Richtung des Lichtes. Ein heftiger Schmerz trieb alles Wissen und Bewusstsein aus seinem Kopf. Stöhnend sank er zu Boden.

Von einem lauten Gongschlag wurde er wieder geweckt. Seine Beine stießen gegen Widerstand. Wütendes Gekläff und ein rasender Schmerz im Bein warfen ihn zurück in die Wirklichkeit. Ein rotes Sofa im Kolonialstil drehte sich rasend schnell um seine eigene Achse. Er versuchte, den hellen Lichtpunkt einzufangen, welcher an seinem Auge vorüber fuhr. Stöhnend senkte er den Kopf, wühlte mit hageren Händen durch sein halblanges Haar. Endlich wurde der helle Fleck langsamer, entpuppte sich als Fenster. Draußen Tannenwälder, ein Jägerstand und Gitter vor den Scheiben. Mahagonischränke, angefüllt mit in Leder gebundenen Büchern. „Fühlen Sie sich besser?" Fasziniert betrachtete Adrian die Frau. Die Steckfrisur ließ kein Haar ausbrechen. Im grauen Diorkostüm glitt sie auf ihn zu. Als erstes erreichte ihn ihr Duft. Schwer, blumig, beinahe empfand er ihn als lasziv. „Hat Torey Ihnen wehgetan?" Wann hatten Frauen verlernt, so zu sprechen? Leise und anschmiegsam, nicht laut, berechnend und störrisch, wie es die Art der modernen Frauen war. Ja, der Yorkshireterrier hatte ihn gebissen. Doch sie war eine Frau, die man mit solchen Banalitäten nicht belästigte. So schüttelte er den Kopf. „Ist Ihnen noch kalt? Möchten Sie Tee?" Sie stellte zwei dünnwandige Tassen auf den Tisch. Aus einer Kanne, deren Äußeres einer Siamkatze glich, schenkte sie sich ein. Anschließend lächelte sie ihm aufmunternd zu, bis er nickte. Seine Körperhaltung veränderte sich. Steif und aufrecht saß er neben dieser Frau. Sie erzog ihn, ohne zu sprechen. Er blickte auf ihre Hände: schmal, grazil, mit faltiger, trockener Haut. Hände einer Frau, die das sechste Lebensjahrzehnt bereits vollendet hatte. Plötzlich schrillte die Alarmglocke in seinem Körper. Aufrecht saß er, betrachtete die Gitter und die Frau. Verdammt, was ging hier vor? War dies ein Verhör? Wo waren seine Handschellen? Er musste hier raus! Abschätzend drehte er den Kopf. „Nein!" Sie hob eine ihrer Hände und senkte sie beruhigend wieder. „Wir drehen hier

nicht durch. Bleiben Sie ganz ruhig." Rasches Öffnen der Tür
ließ ihn zusammenfahren. Klirrend zerschellte die Tasse auf dem
Boden. Torey sprang vom Sofa, um die Teepfütze aufzulecken.
Achtlos in sein Brot beißend näherte sich ein grobschlächtiger
Hüne. Adrian hob die Hände. Kampflos würde er sich nicht ergeben. „Rektorin, Sie wollten mich sprechen!" Die Dame nickte.
„Nicht jetzt, Peter. Wir müssen unserem Gast hier erklären, wo
er sich befindet. Er ist etwas nervös." Dabei lächelte sie, als hätte
sie ihn zu einer Bridgerunde eingeladen. „Willkommen im Versuchsdorf Laimerstadt." Heftig atmend blickte Adrian zu dem
Gitter, der Frau und dem Kerl. „Bringen Sie mich in meine Zelle,
dann haben wir es hinter uns." – „Nein, Sie verstehen nicht.
Kommen Sie, das hier ist eine Schule." Auf dem Hof sah er Kinder umhersausen. Lachen, balgen, beaufsichtigt nur von einer
einzigen Lehrkraft. Etwas in der Stadt vollkommen Unmögli-
ches. Sein Blick wanderte über rote Dächer, fing sich in Feldern,
in Rücken arbeitender Menschen. Fichtenwälder, ein Idyll. „A-
ber ich bin ein Strafgefangener." Beschämt senkte er den Kopf.
„In unserem System bestimmt der Bürgermeister, wer ein Verbrecher ist und wer nicht. Die Bürgermeisterin bin ich." Zum
ersten Male lächelte sie. „Sie werden hier leben. Im Prinzip ist es
ganz einfach. Die Hälfte Ihrer Arbeitszeit steht zu Ihrer freien
Verfügung. Die andere Hälfte gehört dem Kollektiv. Sie werden
sich in der Fabrik dort hinten vorstellen. Die andere Zeit helfen
Sie hier in der Schule beim Pausenverkauf. Sie sind Franzose?
Sprechen Sie mit den Kindern Französisch. So leisten Sie Ihren
Beitrag und erwerben das Recht auf die Annehmlichkeiten des
Kollektivs. Medizinische Versorgung, Schulbildung für Ihre
Kinder etc. Versuchen Sie, zur Ruhe zu kommen. Dann werden
Sie schnell heimisch."

Aber die Rektorin konnte nicht in Adrians Kopf sehen. So
sah sie nicht, wie er versuchte, das Bild, welches er von diesem
Dorf bekam, mit dem anderen Bild Deutschlands in seinem Kopf
zu vergleichen. Wo war die Gesetzesgrundlage für die Existenz

dieses Ortes? Während er durch die Fichtenwälder joggte, seine Beine von Farn und Heidelbeerbüschen gepeitscht wurden, durchdachte er jede noch so abwegige Idee. Zuerst aber musste er einen Weg finden, mit Marcel Kontakt aufzunehmen.

Die Arbeit in der Schule bereitete ihm mehr Freude, als er sich eingestehen wollte. Er sah, wie die kleinen Mädchen sich streckten, um über den Tresen blicken zu können. Er sah in ihre leuchtenden Augen, wenn er ihnen die Brezel reichte. Er unterhielt sich mit ihnen auf Französisch und freute sich über die immer flüssiger laufenden Gespräche. Den Höhepunkt seiner Tage aber bildete das Stakkato von Absätzen. Ihre leise, angenehme Stimme: „Adrian, geben Sie mir bitte eine Brezel." Er nahm sich Zeit, bei ihr zu stehen, eine, zwei Minuten. Zeit, in der er sich immer wieder sagte, dass sie alles wusste über diesen Ort. „Torey genießt die Joggingrunden. Sie hat schon tüchtig abgenommen. Adrian, hören Sie mir zu?" Aber Adrians Aufmerksamkeit galt einem kleinen Mädchen. Still stand sie im Gummi, damit das andere, rothaarige Mädchen hüpfen konnte. „Naice, du bist dran." – „Adrian, geht es Ihnen gut?" – „Ja, ich hole Torey heute wieder zum Joggen." Seine Gedanken kamen und gingen so schnell, dass er Kopfschmerzen bekam. „Adrian, komm rein." Halbgeöffnete, feuchte Lippen, die langen Haare mit einem Gummi zum Pferdeschwanz gebunden. Sein Herz hatte gerast, gerast wie jetzt, da er wusste, dass sie hier war, hier an diesem seltsamen Ort. Und dass sie frei war. Kein Philipp mehr, der ihnen im Wege stand, nie mehr. Philipps Körper lag zerstört unter dem Hochspannungsmast. Er dachte an die Bilder in den Nachrichten: Nahaufnahme des verkohlten Gesichtes. Naomi war hier! Alles andere war unwichtig: Wer er war, was sein Ziel sein sollte. Vorbei! Sie war hier, und sie war frei.

Frei für ihn? Mit zitternden Fingern drückte er den Klingelknopf. Beinahe wünschte er sich, sie wäre nicht zuhause, doch als die Türe aufschwang, da war sie schöner und betörender als er sie in Erinnerung hatte. „Adrian!" Ehrliche Freude leuchtete aus ihren Augen. Dünn sah sie aus und blass. Da schloss er sie in seine Arme „Es tut mir so Leid!" Seine Hände lagen auf ihren Wangen, die Fingerspitzen streichelten festes, rotes Haar. „Adrian, dass du hier bist!" Zittern in der Stimme! Diese halbgeöffneten Lippen! Sie musste spüren, wie sehr er sie wollte. Wie sehr er sie begehrte. „Adrian." Sie wehrte sich nicht, als er sie küsste. Wie ein Kätzchen schmiegte sie sich an ihn. „Das Schlafzimmer ist da hinten." Wie sehr er diese heisere, verheißungsvolle Stimme liebte. Und für kurze Zeit verstummten die Fragen, die in seinem Inneren schrien. Blieben still, während er sie betrachtete, während er sie beschlief, während er sich seinen Gefühlen hingab, und erwachten doch wieder mit aller Wucht, als eine fröhliche Stimme rief: „Naomi, sie erzählen von einem hageren Franzosen, der in der Schule Pausenbrote ausgibt. Könnte das nicht unser Adrian sein?" Philipp, es war eindeutig Philipp. Gesund und munter. Sein Freund Philipp, der Terrorist Philipp, und vor allem der Gatte der Frau, die er liebte.

Weit fort war er vom Dorf. Mit aller Macht pumpten seine Lungen Luft durch seinen ausgelaugten Körper. Der heftige Herzschlag aber konnte den Schmerz nicht betäuben. Was hatte er getan! Was hatte sie getan! „Er sitzt schon im Garten." Sie hatte ihn auf die Veranda geschoben. Und während sie noch rief, sie dusche gerade, hatte Philipp ihn in seine Arme geschlossen. Ohne jedes Arg, voller Freundschaft. Um Atem ringend stand Adrian mit gebeugtem Oberkörper. Während Torey heftig bellend um ihn herum sprang, versuchte er, die Entfernung zu den Feldern unten im Tal abzuschätzen. Philipp holte ihn morgen nach der Schule zum Walken ab. Adrian lief weiter. Aber er joggte nicht, er rannte wie ein Verrückter, störte sich nicht an den Ästen, welche ihm ins Gesicht peitschten. Vor Hast stolperte und stürzte er einige Male. Als die Felder rot wurden vom Sonnenuntergang, stoppte er. Wie lange war er gelaufen? Eine Stunde, zwei? Er befand sich in vollkommen fremder Umgebung, weit entfernt vom Dorf. Langsam ging er an Weizenfeldern entlang.

Seine Finger strichen über die Ähren. Schon lange schlich Torey neben ihm. Er war weit genug fort. Er würde immer weiter gehen, bis zu einer anderen Ansiedelung. Marcel – vielleicht gelang es ihm, sich bis an die Landesgrenze durchzuschlagen. Verdammter 30.9. Noch zwei Wochen, und es passierte was in Deutschland, aber was, war ihm gleich. „Komm, Torey, ruhen wir uns aus!" Die Stille der Dämmerung wurde nur durch das rhythmische Summen einer Hochspannungsleitung gestört. Nahe hinter dem Hügel vor ihm, bellte ein größerer Hund. Seufzend stand Arian auf. Von der Anhöhe aus sah er auf Zäune, auf Wachtürme, auf Posten in dunkler Kleidung, die mit Hunden patrouillierten. Es traf ihn wie ein Schlag. Versuchsdorf! Das hier war ein Gefängnis. Deshalb war Philipp hier und er auch. Hermetisch abgeriegelt, selbst versorgend, die Menschen in falscher Sicherheit wiegend. Er dachte an die Rektorin Martha Grabert und spürte einen Zorn, den er am liebsten auf ihrem Hund entladen hätte.

Schlagartig kehrten Toreys Lebensgeister am Jägerzaun des kleinen Jurahauses zurück. Heftig durch die Nacht bellend stürzte er in den Garten. „Torey, endlich. Adrian, kommen Sie her bitte!" Die Stimme befehlsgewohnt. Adrians erschöpfter Körper schrie nach Flüssigkeit und Schlaf. Taumelnd fiel er beinahe gegen eine Wäschespinne. Sie saß auf dem Boden der Veranda. Langes, blondes Haar umkränzte das schmale Gesicht. Eingehüllt in einen roten Seidenkimono hielt sie in der einen Hand eine Zigarette, in der anderen ein Martiniglas. Sie wirkte so fraulich, dass er nicht anders konnte, als sie mit offenem Mund zu betrachten. „Darf ich Ihnen etwas anbieten?" Einladend hob sie beide Hände. „Was geht Ihnen durch den Kopf?" Genießerisch sog Adrian den Duft seiner Zigarette ein. Marlboro, sie hatte Geschmack. „Haben Sie Probleme?" versuchte sie nochmals, an ihn heranzukommen. Adrian schüttelte den Kopf und blickte sie an. „Was ist das Ziel des Lebens hier im Dorf?" Er liebte es, wie sie elegant die wohlgeformten Augenbrauen zusammenzog. „Ein besseres Leben für alle Deutschen." – „Aber dies ist doch nur ein kleiner Ort?" Adrian zeigte seine Verwirrung offen. „Ich sagte Ihnen doch bereits. Es ist ein Versuch. Aber was ist Ihr Ziel, Adrian?" versuchte sie nun ihrerseits, ihn zu überrumpeln. „Europa!" antwortete Adrian reflexartig. „Ich habe schon in so vielen Ländern gewohnt, dass ich verlernt habe, sie einzeln zu betrachten. Mein Paradies wäre ein zentral regierter Staat Europa." – „Was wäre Ihre Gesetzesgrundlage?" – „Vorgehen nach dem Prinzip des Besten. Der Schlechteste wird dem Besten unterstellt. So einfach ist das." – „Aber Sie können doch nicht unterschiedliche Lebensweisen miteinander paaren, Adrian. Das ist kleines Denken." Aber es gibt Menschen, dachte Adrian, die genau das anstreben. Und für eine dieser Gruppierungen arbeite ich. Deutschland als kleiner Staat im Vereinten Europa. Er las in ihren Augen Weisheit und Ruhe, welche gleichaltrige Frauen ihm nicht geben konnten. Vollkommen verwirrt sah er zur Seite. Was hatte Naomi dazu bewogen, mit ihm zu schlafen? Er hatte sie überrumpelt. Er hatte Philipp hintergangen. Komisch, als er sein Leben zerstören wollte, indem er ihn Marcel ans Messer lieferte, hatte ihm dies nicht halb so viele Gewissensbisse bereitet, wie der Diebstahl seiner Frau. „Adrian, Sie sind doch mit Ihrem Selbst im Unreinen." Wie er ihre blasierte Sprache hasste! „Adrian." Ihre Fingerspitzen lagen warm auf seinem Unterarm. Dies genügte, seine Härchen aufzustellen. Zugleich wurde er schrecklich wütend. Er war doch kein notgeiler Bock. „Wie soll man nicht mit sich im Unreinen sein? Ich bin kein Terrorist. Ich habe mit der Brigade nichts zu tun. Und trotzdem, wäre ich nicht aus dem Gefängnis entkommen, hätten sie mich gezwungen, genau das zuzugeben. Frau Grabert, für so ein Land zu kämpfen, das lohnt sich doch nicht." Aufgeregt lief er durch den Garten. „Und dann das hier. Schöne neue Welt. Oder ein Luxusgefängnis? Glauben Sie, ich bin dumm? Verdammt!" Erregt drehte er sich um seine eigene Achse und erstarrte. Er sah genau in einen Spitzenbody. Und das Einzige, was er denken konnte, war, wie sie wohl darin aussah. Wie es wohl war, neben einer Frau zu liegen, die nicht forderte, sondern noch vor ihm selbst ahnte, was er begehrte? Sie saß noch genauso wie vor seinem Ausbruch. Und sie blickte ihn genauso interessiert an, die rechte Hand in Toreys Fell vergraben. „Oh Adrian, Impulsivität ist ein Vorrecht der Jugend. Sie sind noch so jung. Ich glaube, ich hole Ihnen jetzt einen richtig alten Sherry. Damit Sie erkennen, was der Vorteil des Alters ist." Dabei lächelte sie auf eine Art, die er nicht beschreiben konnte. Doch am wenigsten würde er ertragen können, sie bekleidet wieder aus dem Haus kommen zu sehen. So fragte er, wo er den Alkohol finden konnte. Im Wohnzimmer sah er sich um. Alte Bauernschränke, getrockneter Rainfarn, ein dunkles Ledersofa. Sein Blick wanderte über die Fichtenholzdecke. Fing sich in Mahagonirahmen. Schemenhafte Gestalten weckten seine Faszination. Nichts verriet mehr über einen Menschen als die Bilder an der Wand oder die Bücher im Regal. Der Schatten wurde zu einem Kopf. Der Kopf zu einem Mann. Heftig schluckte Adrian. Plötzlich war da dieses andere Bild. Der verrenkte Körper, gefoltert. Er stand dem Porträt des Reiters gegenüber. Bild für Bild: immer derselbe Mann. Beim Wanderreiten, im Stall, auf diesem Sofa, mit Torey im Arm auf dem roten Sofa im Rektorat. Adrians Kinn zitterte. Er konnte hier nicht bleiben. Sie steckte auch mit drin. Hastig lief er an ihr vorüber durch den Garten. „Adrian, was ist los", rief sie hinter ihm her. Er tat, als hörte er es nicht.

„Adrian, du verstehst das nicht. Komm mit zurück. Wir werden es dir erklären." – „Nein", heftig trat Adrian von Philipp zurück. „Ich weiß, was ich sehe. Begreifst du nicht, Philipp. Das hier ist ein Luxusknast. Die wollen uns gegeneinander ausspielen." Der Lenker seines Fahrrades lag glatt in seinen Händen. „Auf Wiedersehen, Philipp." Und schon radelte Adrian den Feldweg entlang auf die Wachtürme zu. „Dummer Kerl, denkst du, ich würde dich verraten? Ebenso wenig, wie du meine Freundschaft betrügen kannst, bin ich dazu fähig. Begreife das doch." Tränen schossen Adrian in die Augen. „Er versteht nichts", dachte er. „Ich habe ihn vom ersten Augenblick an verraten." Vielleicht war das schlechte Gewissen der Grund, weshalb er umkehrte und zu Philipp sagte: „Ein Tag muss genügen." Mit breitem Grinsen drehte Philipp sein Trekkingrad. „Ein Tag wird genügen."

Adrian betrachtete seine Füße, um Martha nicht ansehen zu müssen. Sie war wieder so sehr Dame, aber er sah sie immer nur in diesem Kimono. „Mit 29 Jahren war ich ein glücklicher Mensch", begann Martha unvermittelt zu sprechen. Adrian wusste, jetzt war die Zeit zuzuhören. „Ich hatte einen gut bezahlten Halbtagsjob als Lehrerin, einen hübschen Sohn, ich war frisch geschieden und eingebettet in einen großen Freundeskreis. Wie so viele junge Menschen glaubten wir daran, mit dem Kopf durch die Wand Deutschland ändern zu können." In der sich ausbreitenden Stille sah Adrian sie an. Ein nie überwundener Verlust glänzte in ihren Augen, als sie weitersprach: „Mein 30. Geburtstag war der letzte glückliche Tag." Wieder hielt sie inne, sah aus dem Fenster. Adrian unterdrückte den Impuls, sie in die Arme zu schließen. „Für lange Zeit. Wir waren draußen am See. Ich war glücklich, dass Dennis so ein kontaktfreudiges Kind war. Denn auf diese Art und Weise störte er mich nicht. Während ich mich von meinem neuen Freund beschlafen ließ, wurde er bestialisch abgeschlachtet." Adrian wollte aufspringen, doch Philipp hinderte ihn daran. „In meiner Erinnerung verbrachte ich die folgenden Monate auf der Polizeiwache. Aus Angst, etwas Neues zu verpassen, blieb ich auf dem Revier. Ich verlor meine Arbeit, meine Freunde zogen sich zurück. Und da traf ich Ruben. Er war wie Sie, Adrian. Zielstrebig und erfolgreich in seiner Arbeit. Gab auch nicht sofort seine Ziele preis. Doch hinter dieser Fassade war er verletzlich und impulsiv, so wie Sie. Seine Tochter war ermordet worden. Wir teilten unser Leid, stützten uns gegenseitig. Ich lernte, mit seiner Wut umzugehen und er mit meinem Schweigen. Trotzdem waren wir nie ein Paar. Wieder war da dieses traurige Lächeln. „Er brachte mich dazu, wieder am Leben teilzunehmen. Der 20. September 2009 war ein verregneter Sonntag. Einer der Tage, an denen ich auf Dennis' Bett saß, kalten Tee in den Händen, und weinte. Das Klingeln riss mich nicht aus meiner Lethargie. Erst als Ruben schrie, „Martha, verdammt, lass mich rein!" stand ich auf, mechanisch wie eine Gummipuppe. Ich sah ihm die Wut an, einen Zorn, aus dem ich ihm nicht heraushelfen konnte. Er schob mich einfach zur Seite, rannte an meinen Computer und rief eine Seite im Internet auf. Heftig schluckend sah ich auf den Bildschirm. Der Mörder unserer Kinder war gefasst worden. Eindeutig überführt durch DNA-Analyse. Die Polizisten waren grob geworden beim Verhör. Später sprach Amnesty International von Folter. Fakt war, dass durch diesen Verfahrensfehler der Prozess später begann. Sein Anwalt hatte bewirkt, dass der Verurteilte sich auf freiem Fuß befand. Ruben legte die Pistole auf den Tisch. „Ich werde es tun." Und ich sah ihn an. Las in seinem Gesicht, was geschehen würde. Er, impulsiv, würde diesen Mann töten. Und unsere Regierung, die Selbstjustiz nicht gutheißen kann, würde Ruben töten. Den anderen würden sie zum Märtyrer erklären, vielleicht sogar seine Unschuld feststellen. Ich konnte das nicht zulassen. Trotzdem, Adrian, ist es eine Sache, davon zu sprechen, dieses Schwein zu erschießen. Aber auf der anderen Seite ist es nichts anderes als Mord. Wir standen uns gegenüber, sagten nichts, dachten nichts. Überprüften unser beider Zukunft. Und am Ende meiner Gedanken war mir bewusst, dass, wenn wir etwas bewegen wollten, wir dieses Schwein auf eine Art und Weise richten mussten, die unter keinen Umständen ein gutes Licht auf ihn werfen würde. Und dann sagte Ruben die Worte, welche zur Gründung der Brigade führten. ‚Aber wenn wir ihn getötet haben, kommt der Nächste und der Nächste. Sie werden nie aufhören. Wenn, dann muss ein anderer für Gerechtigkeit sorgen.' Und das taten wir auch." – „Aber", Adrian sah sie an, „das hier hat nichts mit Terrorismus zu tun!" – „Adrian, wir sind keine schlechten Menschen. Wir versuchen, in Deutschland eine Lebensform zu finden, die später auf alle angewandt werden kann. Adrian, Sie haben doch schon außerhalb den Kontakt zu Philipp gesucht. Schließen Sie sich uns an." – „Und die Wachen?" – „Schützen uns vor der Regierung." Adrian sah sie an, diese Menschen. Er dachte an sein Vereintes Europa, an Marcel, und endlich nickte er. „Ich war ziemlich lange beim Militär. Vielleicht hilft's Euch ja."

Es war der 29. September 2034. Noch einmal ging Adrian zu Martha. Er hörte Toreys Kläffen, sah den abblätternden Verputz und dachte daran, wie es wäre, hier Farbe aufzubringen. Bei der 25-Jahrfeier würde er dabei sein, doch anders, als Marcel es sich vorgestellt hatte. Was sie vorhatten, wusste er nicht. Seine Aufgabe war es, Philipps Leben zu beschützen, unter allen Umständen. Zuvor aber hatte er noch etwas zu erledigen.

„Adrian, kommen Sie herein." Martha trat zur Seite. Adrian hatte sich so sehr gewünscht, sie in ihrem Seidenkimono zu sehen, dass er seine Enttäuschung über ihr Diorkostüm kaum verbergen konnte. Wieder besah er die Bilder. Ihr Duft näherte sich. „Adrian, Sie haben sich den Chip implantieren lassen?" Er nickte. Unter Widerstand hatte er sich spritzen lassen. Denn nun war er für das Satellitensystem der Brigade ortbar. Jeder seiner Herzschläge konnte auf einem der Monitore sichtbar gemacht werden. „Er war der Letzte, der raus ging ohne Chip. Der Einzige, den wir nicht befreien konnten. Alle anderen haben wir herausgeholt, tot oder lebendig. Auch Herr Schröder war einer von uns. Warum ausgerechnet ihn nicht? Sie können sich das nicht vorstellen, Adrian. Wäre er tot, könnte ich abschließen und mein Leben weiterführen. So aber … während er auf Rettung hofft, baue ich mir hier was Neues auf. Wenn er nach Hause kommt, findet er mich in meiner neuen Zukunft. Es ist ungerecht, Adrian. Adrian?" Sein Herz schlug heftig. Kein Mensch, den er kannte, war so sehr verletzt worden wie sie. „Martha … weshalb ich davongelaufen bin, neulich …" – „Setzen wir uns." Diesmal ge-

nügte ihre Eleganz nicht, ihn aufzurichten. „Sicherlich haben Sie
die Nachrichten verfolgt über den Kinderschänder, der von diesen Rockern in Hamburg totgeschlagen wurde." – „Adrian, es
geschah ihm recht. Ich hoffe, er starb langsam und qualvoll." –
„Es war ein Justizirrtum, Martha. Sie haben mir Photos gezeigt,
dieses Photo." Es war ihm unmöglich, sie anzublicken. So betrachtete er den Fußboden. „Und das Photo von dem, was übrig
blieb. Martha, ich würde Ihnen so gerne sagen, dass er einen
schnellen Tod hatte, aber ..." Er konnte nur den Kopf schütteln.
Ihre Augen waren trocken. „Dann ist es wahr, dass die Polizei
Hinrichtungen durchführt. Es wurde nie bekannt, dass nicht dieser Kinderschänder getötet wurde. Den haben sie illegal hinge-
richtet, und meinen Mann … – Adrian ich ... bitte gehen Sie." Es
war ein unfertiger Abend. Er konnte nicht gehen, aber er musste.
Es würde ihn belasten, sein Leben lang, das wusste er. Als er
schon beinahe aus der Türe war, rief sie nochmals seinen Namen. Und als er sich umwandte, flüsterte sie: „Adrian … werde
ich jemals erfahren, wer Sie sind? Sie sind nicht nur ein einfacher
Soldat. Sie sind gegen AIDS geimpft. Der Impfstoff ist teuer. Es
bedarf eines gefährlichen Lebens, um so wertvoll geschützt zu
werden. Aber ... nein, sagen Sie nichts. Versprechen Sie mir nur,
dass Sie mich nicht im Unklaren lassen. Es wäre unfair. Nach
dem Mann, den ich liebte, auch noch im Ungewissen zu sein ü-
ber den Einzigen, mit dem ich mir eine Zukunft vorstellen könnte." Langsam trat Adrian auf sie zu. Doch sie war bereits ins
Wohnzimmer zurückgetreten.

„Wir bitten Sie, UN-Truppen in unserem Land zu stationie-
ren. Wir müssen gestehen, den Kampf gegen den Terrorismus
verloren zu haben." Gewärmt von Philipps Körper, gingen diese
Worte des Bundeskanzlers direkt in Adrians Herz. Ihr Ziel war
erreicht. Er konnte nach Hause gehen, sollte das Militär weiterhin für Ordnung sorgen. Urplötzlich eine Bewegung neben ihm.
Philipp sprang auf, rief: „Alles nur Lüge." Seine Aufgabe, er hatte
eine Aufgabe! Er musste seinen Freund schützen. Schüsse pfiffen

durch die Luft. Er sprang neben Philipp. Hinter dem Bundes-
kanzler stand Marcel, fassungslos auf Adrians Gesicht blickend.
Adrian blickte hin und her. Von Philipp, der auf dem Boden
verblutete, zu Marcel und wieder zurück. „Verdammt, Adrian,
lass mich nicht umsonst sterben. Bring die Sau um." Adrian las
in Marcels Gesicht. Sein Auftrag war erfüllt. Er konnte nach
Hause gehen, zu seinen Fischen. Langsam ließ er die Pistole sinken. „Verdammt, Adrian! Was hast du vor? Adrian, er lügt. Du
weißt doch, wie es läuft!" Die Hände des Verblutenden zogen
sein Gesicht nach unten. Auge in Auge saßen sie. „Ist dir noch
nicht bewusst, dass das hier alles Lüge ist. Verdammt, Adrian! Ist
er tot, bedeutet das Neuwahlen. Denke an die Möglichkeiten einer neuen Regierung." In Adrian arbeitete es. Er sah Marcel.
Nein, er konnte es nicht. Aber dann sah er Philipps Augen glasig
werden und drückte ab.

Aus weiter Ferne hörte er: „Raoul, bist du verrückt geworden? Warum ausgerechnet du?" Langsam hob er die Lider. Er
war alleine mit Marcel in einer Zelle. „Du weißt, dass sie mich
umbringen werden, Marcel." Sein Gönner nickte. „Diesmal bist
du zu weit gegangen, Raoul. Du bist der Mörder des Bundeskanzlers." – „Keine deutsche Regierung, Marcel, versprich mir
das. Unterstellt Deutschland dem Europarat. Denk europäisch
und menschlich." –„Die deutsche Bevölkerung wird uns nicht
unterstützen, Raoul. Es tut mir Leid. Hier …" Adrian blickte auf
die Kapsel in seiner Hand: Zyankali. Der letzte Liebesdienst
Marcels. „Auf Wiedersehen!" Ein letztes Mal blickte Marcel ihn
an: „Raoul, mach es mir nicht so schwer."

„Auf Wiedersehen." Adrian saß an die Wand gelehnt. Heftig
schlug sein Herz. Die Brigade hatte noch niemanden im Stich
gelassen. Sie mussten Marcel die Deutschen zeigen, welche bereits jetzt aktiv am Umsturz arbeiteten. Kannte Marcel erst ihre
Art zu leben, würde er ihn verstehen. Sie mussten Marcel ent-
führen, den Weg freimachen für Europa. Adrian lächelte. In seinem Herzen spürte er Zuversicht. Er wusste, die Brigade würde

kommen. Die Zeit des Wartens vertrieb er sich damit, seinen Plan auszufeilen. Doch immer wieder wanderten seine Gedanken ab. Es blieb als einzige Frage dieser Nacht, wie es wohl war, neben Martha zu liegen, wie sie wohl aussah in diesem zarten Spitzenbody.

Die Ballade vom Sozialzombie

Tor Löwenherz

I. Einer jener Tage im Dezember 2031

Wieder einmal saß ich mit leerem Magen auf der Zeil. Mein Platz war gegenüber der Hertie-Ruine. Ein paar zerfetzte bonbonfarbene Thermoplaststücke schützten mich vor der Kälte des Windes. Ich hatte es aufgegeben, den Polizeihelm zu betrachten, der vor mir lag, und die Rückseite des Schildes, das daran lehnte und um eine milde Gabe flehte. Also beobachtete ich die Händler. So viel hatte sich geändert und war doch gleich geblieben.

In der Nähe war der Stand eines Cyborghändlers, der gerade versuchte, einem Gant ein paar Ersatzarme anzudrehen. Ein paar Uniformierte von Pax patrouillierten vorbei. Als sie außer Sicht waren, tauchte wieder eine Hand voll junger amerikanischer Flüchtlinge auf, die mit verschnittenem Designerstaub dealten. Ein paar reiche Touris – wohl aus Australien, Neuseeland oder Skandinavien –, drehten vor dem ausgebombten Disneystore Holovideos. Sie gaben sich Mühe, mich und andere ausgemergelte Gestalten auf ihren Film zu bannen, doch mein Helm blieb weiterhin leer.

Es waren miese Zeiten für einen Penner: Seit Jahren waren Münzen und Geldscheine nur noch Dekoration. Den Besitzenden konnte das egal sein, sie hatten ihre Computer für den bargeldlosen Zahlungsverkehr. Aber was sollte ich tun? Ein Scherzbold hatte mir einmal eine Minidisc in den Helm geschmissen, doch ohne Comp und ohne Konto war das Ding wertlos. Davon bekam ich höchstens Durchfall.

Vor zwei Wochen hatte ich einige Knochen und etwas Haut zum Knabbern, weil mein Hund krepiert war, doch nun war mein Magen seit Tagen am Dauerknurren. Immerhin machte es die Passanten eher auf mich aufmerksam als das Schild.

„Hey Alter, was ist los? Ach, was frag ich, hast 'ne Menge Probleme am Hals, was?"

Neben mir ließ sich eine Frau nieder, die ich auf Ende zwanzig schätzte. Ihre Klamotten wirkten abgetragen, doch aus der Gürteltasche lugte die Ecke eines Handycomps. Einige Falten in ihrem Gesicht zeigten, dass sie schon einiges mitgemacht hatte. Ihr freundliches Lächeln wirkte echt, ihre Augen waren dunkel und wach.

„Das kannst du laut sagen, Kind."

„Magst du sie mir erzählen?"

„Ich bin kein Freund kurzer Worte. Hast du Zeit?"

„Heutzutage haben alle Zeit."

Aus ihrer Thermosflasche schenkte sie uns warmen, belebenden Tee ein.

Also begann ich zu erzählen.

II. Die Geschichte des Penners

„Ich stamme nicht hier aus Frankfurt, bin auf dem Dorf groß geworden. In meiner Kindheit kam das Fernsehen noch aus einem Kasten, und Computer waren hässliche graue Kästen. Als ich ungefähr so alt war wie du jetzt, da wurde es mir in der Provinz zu eng. Mein Job als Kaufmann hat mir ziemlich gestunken, jeden Tag Zahlen, geschniegelte Vorgesetzte und nervende Kunden. Kulturell war kaum was los, und abends gab's nur dieselben Kneipengesichter. Es musste noch was anderes geben. Also kam ich hierher und fing an, Sozialpädagogik zu studieren.

Das hat direkt Spaß gemacht, es war die beste Zeit in meinem Leben. Dann machte ich mein Berufspraktikum in einem Kinder- und Jugendhaus und bekam anschließend in einer anderen Einrichtung eine feste Stelle. War nicht schlecht, hätte ich mir für 'ne Weile vorstellen können. Aber dann ging der Stadt auch die letzte Kohle aus. Wie sind wir damals jeden Montagabend auf die Straße gegangen: *Statt sparen bei den Armen, streichen bei den Reichen.* Aber genutzt hat's nix. Die Alte Oper blieb auf, aber die Jugendhäuser haben sie dichtgemacht. Ich bekam Kochs Arbeitslosengeld III – zu wenig zum Leben, zu viel zum Sterben.

Ja, und dann bin ich eines Abends nach 14 Stunden sozialer Zwangstätigkeit einigen radikalen Jungkatholiken in die Arme gelaufen. Denen begegnete man damals immer häufiger. Die alte Verbindung von Kirche und Faschismus hatte neue Perspektiven erhalten. Wenn sie Asylantenheime anzündeten, dann war's Kampf gegen die Heiden, ein Kreuzzug im eigenen Land. Da hatte ich mich nicht groß drum gekümmert. Ich fand's Scheiße, aber was sollte ich denn machen? Erst arbeitete ich den ganzen Tag mit verhaltensauffälligen Kids, und später hatte ich meine eigenen Probleme. Naja, diesmal erwischten sie mich. Nachdem sie mich als Konfessionslosen enttarnt hatten, ließen sie ihre christliche Nächstenliebe an mir aus.

Deswegen verbrachte ich einige Zeit im Spital. Damals gab es für Arme nur noch diese Krankenhäuser wirtschaftlicher Betreiber. War ziemlich übel dort, und als ich endlich wieder draußen war, hatte mein Vermieter mich schon längst auf die Straße gesetzt. Das Spital hatte meine letzten Kröten geschluckt, und da sie mich nur allzu notdürftig zusammengeflickt hatten, konnte ich meine *Sozialtätigkeit* nicht mehr ausüben. Also wurden mir alle staatlichen Leistungen gestrichen.

Wenigstens konnte ich mich noch 'ne Weile als Straßenmusiker mehr schlecht als recht durchschlagen, bevor sie mich wegen illegalen Musizierens in den Knast steckten. So bekam ich von den globalen Umwälzungen und den deutschen Bürgerunruhen so gut wie nichts mit. Ja, und jetzt bin ich seit der Generalamnestie vor zwei Jahren wieder in *Freiheit*, mit kaputten Händen, lahmem Bein und fertiger Lunge. Musik kann ich damit auch nicht mehr machen, und mir bleibt nichts anderes übrig, als zu betteln."

III. Ein Wiedersehen

Sie wirkte betroffen und erkundigte sich nach meinem Namen. Dann fragte sie, wo genau ich damals gearbeitet hatte.

Sie schluckte und fragte schließlich: „Erinnerst du dich an Jonga?"

Ich durchsuchte die verbliebenen Gehirnzellen und wurde fündig. Vor meinem inneren Auge entstand das Bild eines dreizehnjährigen Mädchens, halb Deutsche, halb Türkin, mit halblangen schwarzen Haaren. Sie war dicklich, und wurde von deutschen wie türkischen Kindern geschnitten. Unser Haus war ihr eine Heimat. Sie hatte fast alle Angebote wahrgenommen, sofern sie sich nicht mit ihren beginnenden Aktivitäten im Sportverein überschnitten. Sie war vereinnahmend und manchmal etwas nervend gewesen, aber auch hilfsbereit.

Ich legte das innere und das äußere Bild übereinander.

„Ja, ich erinnere mich an dich."

Wir freuten uns über das Wiedersehen.

Wie lange ist das her, fragte ich mich. Wohl fünfzehn Jahre. So viel war geschehen seit damals. Was hatte sie in der Zeit erlebt?

Ich fragte sie danach.

„Vorsicht, ich bin keine Freundin kurzer Worte", warnte sie mich.

„Kein Problem, ich habe alle Zeit der Welt. Sofern dich mein Magenknurren nicht stört."

„Oh", erschrak sie, „einen kleinen Moment."

Sie lief zu einer Imbissbude an der Konstabler und kehrte kurz darauf mit einigen türkischen Gemüsefrikadellen in Knoblauchquark zurück. Während ich diese warmen Leckereien in mich hinein mampfte, erzählte sie, was ihr widerfahren war.

IV. Jongas Geschichte

„Nachdem du mit deinem Jahrespraktikum fertig warst, bin ich noch zwei Jahre ins Jugendhaus gegangen. Dann wurde es geschlossen. Ich habe meinen Realschulabschluss gemacht, eine Lehre im Einzelhandel bei Verwandten meines Vaters und anschließend ein Jahr Fachoberschule. Dann war ich arbeitslos und habe zeitweise bei meinem Onkel ausgeholfen."

„Aber Volleyball hast du noch viel gespielt?"

„Damit habe ich nach der Lehre aufgehört. Ich habe damals Anja kennen gelernt, die Sozialarbeit studierte und mir von chinesischer Kampfkunst erzählte. Wing Tsun-Schulen gab es hier reichlich, und so habe ich jeden Tag trainiert. Sonst hatte ich ja nichts zu tun."

„Wie, keinen Freund?"

„Ach, hör auf. Von Jungs hatte ich die Nase gestrichen voll. Irgendwann habe ich festgestellt, dass ich immer nur an egoistische Arschlöcher gerate. Ich war damals ja noch ziemlich pummelig und froh, wenn sich einer für mich interessiert hat. Der letzte war Daniel. Er hat Gitarre in einer Rockband gespielt. Manchmal, wenn er einen schlechten Gig hatte und sturzbesoffen zu mir kam, hat er mich geschlagen. Es hat eine Weile gedauert, bis ich die Kraft aufgebracht habe, ihn loszuwerden. Nie wieder, habe ich mir gesagt. Erst musste sich was bei mir ändern. Ich brauchte Selbstbewusstsein. Kampfkunst schien mir da das Richtige. Außerdem hab ich mich auf der Straße nicht mehr sicher gefühlt – sogar tagsüber. In der Bevölkerung gärte es, und es kam immer häufiger zu gewalttätigen Zwischenfällen."

Ich erinnerte mich. Die große Koalition lähmte damals das Land. Bei den Bundestagswahlen 2022 lag die Wahlbeteiligung unter 30 %, die außerparlamentarische Opposition war stark, extrem und zunehmend gewaltbereit. Immer öfter kam es zu Straßenschlachten, in denen Neonazis Seite an Seite mit den militanten Katholiken gegen ein lockeres und in sich zerstrittenes Bündnis aus verschiedenen kommunistischen und autonomen Gruppen, radikalen Öks, bewaffneten Feministinnen und neodadaistischen Stadtguerillas kämpften. Dazu kamen noch unabhängig operierende Gruppierungen wie Islam Power oder mit

Zwillen bewaffnete Stadtindianer auf Mountain Bikes. Der Staat beschäftigte weit mehr Polizisten als je zuvor. Aber entweder waren sie hilflos oder schlugen sich auf die rechte Seite. Das alte Spiel, aber mit einer nie gekannten Drastik.

„Dann begann das dunkelste Jahr meines Lebens. Ich war gerade 21, als mein Vater starb. Wenige Tage später lief ich abends einer Horde Männer über den Weg, die bei einem privaten Security-Unternehmen beschäftigt und nach Dienstschluss auf Sauftour waren. Sie pöbelten rum und schimpften mich Türkensau. Ich wollte ihnen aus dem Weg gehen, aber sie ließen mich nicht durch. Als mir einer dann zwischen die Beine griff, hab ich's nicht mehr ausgehalten und ihn umgehauen. Da haben sich alle auf mich gestürzt. Klar, dass ich keine Chance mehr hatte. Sie haben mich überwältigt und der Reihe nach vergewaltigt."

Einen kurzen Moment stockte ihr Redefluss.

„Eine halbe Stunde später bin ich blutüberströmt in eine Polizeistation hineingetorkelt. Aber da hat mir keiner zugehört. Sie haben mich eingesperrt und drei Tage später entlassen. Ihr einziger Kommentar war, ich hätte noch einmal Glück gehabt.

Drei Wochen lang lag ich apathisch zu Hause. Mutter arbeitete die meiste Zeit. Meine beiden jüngeren Schwestern hatte sie in die Türkei zurückgeschickt. Und dann stellte ich fest, dass meine Tage überfällig waren.

Ich hatte mir als junges Mädchen immer vorgestellt, wie ich eines Tages mit dem Mann, den ich liebte, zusammenliegen würde, und er würde mich fragen: ‚Magst du ein Kind von mir haben?' Und dann würden wir es tun. Wenn ich damals gewusst hätte, dass ich eines Tages von irgendeinem Arschloch auf brutale Art geschwängert werden würde, ich hätte mich umgebracht. Ich wollte nur noch eins: dieses Kind loswerden."

„War Abtreibung damals nicht in Deutschland und allen südlichen Staaten Europas verboten?"

„Ja. Aber eine Bekannte steckte mir die Adresse eines Engelmachers zu. Die Abtreibung kostete mich fast den ganzen Anteil von der Lebensversicherung meines Vaters. Noch Monate später spürte ich immer wiederkehrende Schmerzen.

Ich brauchte lange, um über diese ganze Scheiße wegzukommen. Mein einziger Halt waren meine Mutter und das Training, in das ich mich mit wütender Besessenheit hineinkniete. Ich wollte so gut werden, dass mir keiner mehr etwas anhaben konnte. Wenn ich meine improvisierte Holzpuppe und die Sandsäcke bearbeitete, dann habe ich mir vorgestellt, es seien diese verfluchten Kerle von damals, denen ich es heimzahlen würde.

Dann brach der Bürgerkrieg aus. Wir wagten uns nur noch für die notwendigsten Besorgungen aus dem Haus. Ich stand oft in der dunklen Küche und trainierte, während draußen Schüsse und Explosionen erklangen. Mutter betete, dass niemand auf die Idee kam, bei uns gäbe es etwas zu holen."

V. Hin zur Gegenwart

„Wie ich sehe, bist du durchgekommen."

„Ja, es war eine schwere Zeit, aber wir haben es geschafft. Wie froh sind wir gewesen, als die Anführer der verschiedenen Bewegungen zur Vernunft kamen, und sich in der ehemaligen Landeshauptstadt an einen Tisch setzten."

Ich legte den letzten Bratling zur Seite und kramte in meinem Rucksack: „Hier, ich trage noch immer einen Ausschnitt aus der letzten Print-Ausgabe der Freien Frankfurter Rundschau mit mir herum, die kurz nach meiner Entlassung erschienen ist: *Den großen Wendepunkt in der deutschen Geschichte markierte der Berliner Frühling 2026, als Ruhe einkehrte, Einigungen stattfanden, Wahlen, die diesen Namen verdienten, und neue Kräfte die Richtung bestimmten. Doch es war leer geworden im Land. Viele waren gestorben, vor allem durch Krankheiten: unbekannte Viren hatten jeden vierten Einwohner dahingerafft. Auf der ganzen Welt war es ähnlich, mancherorts weit schlimmer. Hunger, Umweltkatastrophen, Seuchen und Kriege, von denen manche schon seit Jahren gewütet hatten, waren wie apokalyptische Reiter über die Menschheit hereingebrochen, von ihr selbst gerufen. Doch als das große Finale, der Untergangstusch, ausblieb, hoben sich die eingezogenen Köpfe, schauten erstaunt zum Himmel empor und fragten sich, ob sie noch einmal davongekommen waren. Besserung wurde gelobt und überraschend oft realisiert. So wurden Polizei und Militär gesundgeschrumpft, Restriktionen der letzten Jahre aufgehoben und ganzheitliches Denken setzte sich auf allen Ebenen durch. Es ist erstaunlich, wie schnell das Leben wieder in seine Bahnen findet.“*

„Ja, in diesem Frühjahr bin auch ich aufgewacht. Ich wusste: Ich muss etwas Neues beginnen. Als ich mitbekam, dass die hohen Studiengebühren der letzten Jahre und Zugangsbeschränkungen wie Nationalität oder Geschlechtszugehörigkeit weggefallen waren, überlegte ich mir zu studieren. Ich erfuhr, dass wieder viele Sozialarbeiter gesucht wurden, um die noch schwelenden Brände zu löschen.

Da ist mir ein Bild aus weit zurückliegenden Tagen eingefallen, als alles noch einfach schien: damals im JUZ, als ich den Berufspraktikanten mal wieder im Memory besiegt hatte. Und später, als mir Anja geholfen hatte, wieder Halt zu finden. Als ich dann mit dem Studium begann, stellte ich fest, dass man - aus einem bestimmten Blickwinkel heraus - drei verschiedene Motive bei den StudentInnen der sozialen Bereiche erkennen konnte.

Denn es waren fast alles Geschlagene: Männer und Frauen, die in ihrem Leben – oft schon lange vor dem Bürgerkrieg – Gewalterfahrungen gemacht hatten. Die einen litten darunter und hofften, es durch ihr Studium bewältigen zu können. Andere versuchten, ihrem Schatten dadurch zu entgehen, dass sie ein Helfersyndrom ausbildeten. Die letzte Gruppe hatte jene Negativerfahrungen ein gutes Stück weit bewältigt und wollte nun das durch diese Prozesse gewonnene Wissen an ihr Klientel weitergeben. Zu denen zählte auch ich mich.“

„Das glaube ich dir gerne. Ich schätze, dass ich damals vor meinen Problemen davongelaufen bin, sonst hätte ich später nicht so abstürzen können." Ich erinnerte mich an meine eigene Studienzeit zurück. „Hat sich viel verändert gegenüber damals?"

„Manches ist noch sehr provisorisch gewesen, aber ich glaube, das war schon immer so. Die Mischung aus verschiedenen Disziplinen wie Pädagogik, Psychologie, Soziologie und Recht ist gleich geblieben. Mittlerweile geht man aber über das hinaus, was früher als wissenschaftlich galt. So ist es obligatorisch, dass jeder Student eine fundierte Ausbildung in einem körperorientierten Gesundheitssystem erhält, sei es nun Yoga oder Tai Chi. Der Aspekt der Selbsterkenntnis und -entwicklung wird mittlerweile eindeutig bejaht. Man hat eingesehen, dass es unsinnig ist, Sozialarbeiter auf die Menschheit loszulassen, die ihre eigenen Probleme auf die Klientel projizieren oder sich ständig selbst im Weg stehen. So habe ich als Tutorin die Möglichkeit gehabt, Kampfkunst zu unterrichten. Die vier Jahre, die ich studiert habe, sind jedenfalls schnell vergangen."

„Und was tust du jetzt?"

Sie grinste mich an.

„Ich mache gerade mein Berufspraktikum bei den Streetworkern. Eins unserer Projekte besteht darin, allen Gestrandeten medizinische und therapeutische Hilfe zu vermitteln. Dazu kommen Beschäftigungsprogramme zur Wiederherstellung beschädigter Wohnräume, die Organisation von Volxküchen und vieles mehr. Tja, und wenn du nicht zu sehr an deinem jetzigen Lebensstil hängst, dann bist du nun mein neuester Klient."

VI. Einer jener Tage im Mai 2034

Wieder einmal hatte ich es mir auf der Wiese vor den Green Barracks gemütlich gemacht. Die abendliche Sonne schien mir auf den Bauch und wärmte mich mit ihren Strahlen. Der Wind trug den Duft von Blumen und blühenden Bäumen heran. Ich sah den Kindern zu, die herumtollten. Ein Frisbee glitt über mich hinweg. Studenten lagen im Gras und lernten oder machten sich einen schönen Lenz. Einige Alte hatten es sich auf den Bänken gemütlich gemacht, tranken ihren Schoppen oder zogen an der Wasserpfeife. Ich sog jeden Augenblick tief in mich hinein.

Es waren schöne Zeiten für einen freien Mann. Auch wenn Veränderungen in den Köpfen und Herzen der Menschen eine Weile brauchten, und noch mancherlei zu tun war: Ich fand das Leben wundervoll. Dieses Jahr würde ich meinen fünfzigsten Geburtstag feiern. Was war nicht alles geschehen in den zweieinhalb Jahren, seit ich Jonga getroffen hatte.

Mit Hilfe von traditioneller abendländischer Medizin und natürlichen Heilungsmethoden war mein Körper wieder hergestellt. Ich konnte fast wieder normal laufen, Gitarre spielen und aus voller Brust singen. Mit der Musik war meine Lebensfreude zurückgekehrt. Auch die Wunden meiner Seele waren verheilt. Ein paar Narben waren zurückgeblieben, aber wer wollte schon das Unmögliche verlangen? Ich war zufrieden mit meinem Leben, glücklich über das Erreichte und blickte voll Vertrauen in die Zukunft.

Und ich hatte meinen Platz gefunden. Mit vielen anderen Menschen lebte ich hier in den Green Barracks, einer ehemaligen Finanzbehörde im Frankfurter Gutleut. Aufgrund der wenigen noch nötigen Gesetze und einer erheblich vereinfachten, aufs Wesentliche destillierten Lebensweise waren Finanzämter genauso überflüssig geworden wie Banken, Arbeitsämter, Versicherungsanstalten und vieles andere. Man konnte eine lange Liste aufstellen. So war Platz entstanden für große Wohn- und Lebensräume, für Kulturstätten und vor allem für die Natur.

Dann sah ich Jonga auf mich zukommen. Sie arbeitete nur noch wenige Stunden in ihrem Job. Wie hatte sie zu mir gesagt: „Die Aufgabe eines Sozialarbeiters ist, sich überflüssig zu machen. Eine gesunde Gesellschaft braucht dieses Berufsbild nicht." So wie es aussah, war sie auf dem besten Weg, diesen Job loszuwerden. Da jedem Bürger dieses Staates die Erfüllung seiner Grundbedürfnisse garantiert war, würde dies allerdings keine Probleme aufwerfen. Sinnvolle Tätigkeiten gab es genug.

Wir begrüßten uns herzlich, und sie packte ihr neues TriD-Memory aus.

Und natürlich hat sie wieder gewonnen.

Der Typ aus dem Fernsehen

Markus Suzuki

„Herr Schulze, herzlich willkommen bei *Talk ohne Fight*, der etwas anderen Talkshow auf kultsat23. Eigentlich muss ich Sie dem Publikum gar nicht groß vorstellen, denn jeder kennt Sie. *Der Typ aus dem Fernsehen* werden Sie häufig genannt. Mal Hand aufs Herz: Können Sie das überhaupt noch hören?"

„Na ja, ich sag mal so: Wenn mir das was ausmachen würde, hätte ich mir die falsche Branche ausgesucht. Ganz einfach."

„Aber kann man denn wirklich sagen, dass Sie sich das selbst ausgesucht haben? Schon Ihre Geburt war ja Thema in *Flutsch – ich bekomme ein Kind*. Ihre damals werdende Mutter hatte für Sie einen Vertrag unterschrieben, der die Senderechte an Ihren ersten 18 Lebensjahren exklusiv 9live sicherte."

„Im Grunde ging es schon vorher los, denn ich war ja das erste Baby der Welt, das in einem Big-Brother-Haus gezeugt wurde ..."

„Ja, die Einrichtung der so genannten Big-Brother-Häuser, das müssen wir vielleicht dem jüngeren und quotenrelevanteren Teil unseres Publikums kurz erklären. *Big Brother* war zur Jahrtausendwende ein populäres Unscripted Serial im Free TV, heute fast in Vergessenheit geraten, aber wegweisend für die Formate, durch die Sie, Herr Schulze, Ihre Popularität erlangten."

„Ja, und at its time ziemlich kontrovers diskutiert, wie mir meine Mum erzählt hat. Das kann man sich heute gar nicht mehr vorstellen, wenn man sich die alten Recordings so anguckt."

„Davon können Sie sich übrigens selbst ein Bild machen, liebe Zuschauende, in den BB-Nostalgia-Nights, die wir Ihnen im Whacky Winter jede Nacht nach zwei a.m. hier auf kultsat23 zeigen. Ich sage nur soviel: Es darf geschmunzelt werden. Apropos Ihre Mutter, Herr Schulze. Sie war eine der Contestants der fünften Big-Brother-Season, und eigentlich hieß es, dass sie ihr Kind, also Sie, in der Sendung bekommen sollte. Weshalb kam es nicht dazu?"

„Sie wurde aus dem Haus gevotet, bevor es zur Geburt kam. Man hatte erst noch überlegt, die Wehen früher einzuleiten, aber das war beim damaligen Stand der Technik und der Gesetzeslage leider nicht möglich."

„Aber Ihre Mutter hat dann doch noch History geschrieben, als sie mit Ihnen am ersten Embryonen-Casting der Welt teilnahm und gewann."

„Genau. Ich sag mal ohne falsche Bescheidenheit: Ich hatte alles, wonach die gesucht haben. Mir wurde hinterher gesagt, nachdem die meinen Ultraschall gesehen hatten, hätten Sie sich gar keine anderen mehr angesehen. Die anderen konnten ungeboren nach Hause gehen."

„Wie fühlten Sie sich damals?"

„Kann mich kaum erinnern. Warm und geborgen, nehme ich an. Geliebt."

„Lassen Sie mich die Frage anders formulieren: Was haben Sie später davon gehalten, als Sie erfuhren, dass Ihre Mutter über Ihren klitzekleinen Kopf hinaus solche Entscheidungen für Sie getroffen hat?"

„Na ja, dass ich meine Mutter später verklagt habe, weiß inzwischen jeder aus der Special-Event-Sendung von *Scharfrichter Krause*. Aber es ist ja ein offenes Secret, dass das gefaked war, *Explosiv-Extra* hatte schließlich alles aufgedeckt. In Wirklichkeit stand ich immer hinter Tiffy, meiner Mutter. Sie hatte *Big Brother* verloren, und ihre Single *The Power of Love in the Heat of the Night* lief nicht. Das war noch die Zeit vor der Abschaltung des Internet, da hat sich keiner Tonträger gekauft, sondern alles illegally downgeloadet."

„Internet – das müssen wir vielleicht den Jüngeren auch kurz erklären … aber dafür fehlt uns jetzt die Zeit, und ich will auch nicht klingen wie eine boring old Knackerin."

„Ist auch nicht so wichtig, Internet, das war so eine typische Fin-de-siecle-Schrulle. Schade um die Jobs, aber such is Leben. Jedenfalls suchte 9live damals einen Embryo für eine Birthing Show."

„Die erste bürgerliche Geburtsshow weltweit im Fernsehen, übrigens. Auch das kann man sich today kaum noch vorstellen, aber der TV-Dinosaurier 9live war damals noch ganz am Anfang und weit entfernt von seinem heutigen Status als Dokuchannel number one."

„Genau. Im Rahmen der 9live-Qualitätsoffensive wurde *Flutsch – ich bekomme ein Kind* konzipiert, und die Leute haben eingeschaltet wie die Blöden. Fairerweise muss man auch dazusagen: die Leute hatten damals quasi nichts. Der durchschnittliche Fernsehzuschauende hatte gerade mal 30 Kanäle, bei 99 hörten die meisten Fernbedienungen schon auf. Kaum zu glauben, dass die Leute überhaupt was Interessantes im Fernsehen gefunden haben."

„Aber war es nicht irgendwie auch eine unschuldigere, menschlichere Zeit?"

„Keine Ahnung, ich war zu jung."

„Das ist ein gutes Stichwort. Nach den Traumquoten von *Flutsch* flutschten die Traumerfolge für Sie nur so, sozusagen. Erst *Baby Schulze – Schnuller, Sabber, Scheißerei*, dann *Kindergarten-Chaos – Terror im Sandkasten*, dicht gefolgt von *Ich bin ein Grundschüler – holt mich ab* und dann …"

„Tja, dann …"

„Ich muss es Ihnen nicht sagen, aber *Puberty – Pickel, Pech und Pannen* war ein Flop."

„Keiner wollte diesen Pickelmist sehen. Wir haben es mit *Schluss jetzt – ich bekomme ein neues Gesicht* versucht, aber das Revival der OP-Formate hat nicht funktioniert."

„Reden wir gar nicht erst über Ihre Gesangskarriere …"

„Ach, meine Mutter hatte mich ja gewarnt, aber ich dachte, was weiß die schon. So dachte man halt in dem Alter. Ich glaubte, die Zeiten hätten sich geändert."

„Und Sie hatten sich bei *Popstars – die jetzt aber wirklich total allerallerallerletzte Chance auf schnellen Fame* angemeldet – und sogar gewonnen. Zunächst."

„Ja. War ganz schön hard, especially die Jury. Die beiden Vanessas waren echte bitches. Aber ich habe es geschafft. Aber mein Album *Schulze Loves U* wollte keiner kaufen. Die Musikindustrie hatte sich total verändert. Die Leute wollten nur noch irgendwelche Singer-Songwriter hören, die sich jahrelang mit ihrem eigenen Material in irgendwelchen Kneipen den Arsch abgespielt haben. Jemanden, der ehrlich und fair im Fernsehen gecastet wurde, wollte keiner haben. Das ist heute noch so. Ich glaube, das ist eine ganz gefährliche Entwicklung. Aber anyway."

„Anyway, dann schafften Sie Anfang 20 ein sensationelles Comeback in der Doku-Soap *Die Killerakademie – ich schlitz euch alle auf.* Sie erreichten den höchsten Bodycount als Nachwuchsserienmörder."

„Der Bodycount selbst war gar nicht so schwierig. Am Härtesten waren die Weekly Challenges. Als ich die Niere von einem essen musste, den ich nicht selbst erlegt hatte, hätte ich mich beinahe vor laufenden Kameras übergeben."

„Was total passé gewesen wäre."

„Ja, extrem Null-Jahre-mäßig."

„Aber es gab ja ein glückliches Ending, und Sie bekamen die Hauptrolle in *The Knast – die Hölle auf Erden im Fernsehen.* Dort verliebten Sie sich vor einem Millionenpublikum in Ihren Zellen- und Duschkameraden Karl ‚Kalle' Kalaschnikow-Meier, der bereits bekannt war aus *Happy Stalker – fürchte dich vor mir* Ein Traumpaar, so was hätte man sich gar nicht ausdenken können."

„Er war meine große Liebe. Sie kennen ja die Show. Er war wirklich sehr groß. Also, wirklich groß. Huge. Wenn Sie verstehen, was ich meine."

„Darüber können wir jetzt hier for time reasons nicht talken, vielleicht eher ein Topic für XXXXX-TV."

„Ach, ich dachte, da wäre ich gerade. Tut mir leid. Manchmal weiß man gar nicht, in welcher Sendung man sitzt."

„No harm done, das kenne ich. Sie wollten sogar heiraten, Sie und Kalle, als Sie wieder draußen waren, frühzeitig entlassen wegen guter Quoten."

„Ja. Wir hatten schon den Sendeplatz reserviert und alles. Und dann meinte Kalle plötzlich, er wäre jetzt bi, und den Rest kennt man ja."

„Er heiratete dann die so genannte Vulvawitwe Chantal Hopfinger-Johnson in der Sendung *Feuchter-Traum-Hochzeit* …"

„Diese Frau sollten wir hier gar nicht erst vertiefen. Darüber steht die ganze Wahrheit in meinem neuen Buch *Ich bin der Typ aus dem Fernsehen, und here's my story*."

„Buch? Meinen Sie, das liest jemand?"

„Quatsch. Aber die TV-Verfilmung ist bereits in der Preproduction. Es war mir wichtig, das vorher als Buch zu bringen, aus Sentimentalität, auch für mich selbst. Meine Mutter, Tiffy, hatte mir als kleines Kind immer von Büchern erzählt. Gar nicht so einfach, heute noch einen Publisher zu finden, der Bücher printen kann."

„Die Zeit nach der geplatzten Trauung war sehr schmerzhaft für Sie. Das wollten Sie für alle Welt sichtbar machen in der Serie *Crippled – behindert, na und?*"

„Genau. Aber in erster Linie habe ich auch das für mich selbst gemacht. Ohne Kalle fühlte ich mich, als würde ein part von mir fehlen."

„Oder two parts."

„Exactly. Deshalb habe ich mir beide Beine abnehmen lassen, um diesem Gefühl Rechnung zu tragen."

„Und die Kameras waren immer dabei."

„Selbstverständlich, sonst hätte ich das ja nicht machen brauchen. Ich wollte auch ein positives Beispiel abgeben für all die Behinderten in diesem Land, die immer nur jammern, jammern, jammern. Ich wollte zeigen: Hier, ich bin auch behindert, und ich komme damit prima zurecht. Ich habe sogar meine eigene Fernsehshow. Ist natürlich nicht so, dass wirklich alle Behinderten immer nur jammern, das muss man mal ganz klar sagen. Ich habe in der Reha auch total viele nette Krüppel kennen gelernt, die den Mund halten konnten."

„*Crippled* war ja nicht ganz unumstritten. Viele Grün-Gelb-Konservative beklagten, dass man das nicht mit seinem Körper machen dürfe, so lange die Gentechnik noch nicht so weit wäre, Gliedmaßen komplett nachzuzüchten."

„Ach, wissen Sie, auch bei der *Killerakademie* hatte es Kritik aus dem Lager der ewig Gestrigen gegeben, die meinten, man könnte nicht aus reinen Unterhaltungsgründen andere Menschen töten. Aber aus welchen Gründen denn sonst? Außerdem waren das alles alte und arbeitslose Menschen, die sonst allen nur auf der Tasche gelegen und keinem mehr Spaß gemacht hätten."

„Sie, Herr Schulze, haben jedenfalls dem Publikum sehr viel Spaß gemacht, wenn ich das so sagen darf."

„Oh, danke. Dabei geht es mir aber natürlich nicht nur um Spaß, möchte ich mal so sagen. Nachdem mir beide Beine abgenommen wurden, wollte ich den Menschen zeigen, dass man auch nach so einem Schicksalsschlag wieder auf die Beine kommen kann."

„Sie sprechen damit bestimmt auf die Paralympics vor zwei Jahren an, bei denen Sie mit neuartigen, motorgetriebenen High-Tech-Prothesen aus Süd-Irakien im 1000-Yards-Power-Walking gegen Lahme aus aller Welt angetreten sind – und mit phänomenalem Vorsprung Gold geholt haben!"

„Richtig. Nicht alle haben mir den Sieg gegönnt, aber den Fortschritt konnten sie nicht aufhalten."

„Einige sagten damals, Sie würden nicht in das Profil der Spiele passen."

„Eine total menschenverachtende Auffassung. Ich fand es schon immer ungerecht, dass da nur sabbernde Spastis mitmachen durften. Telegene Menschen mit Erfolg im Leben hatten da doch gar keine Chance. Für die habe ich durch meinen Antritt bei den Paralympics eine Lanze gebrochen. Ich habe schon gehört, dass bei den nächsten Games noch mehr Prosthetic Asthletes antreten werden. Da müssen die Krüppel aber ganz schön am Rad drehen, haha. Das wird ihnen ein Learning sein."

„Also keine Gewissensbisse auf Ihrer Seite?"

„Weil man den Behinderten ihre Spiele nicht nehmen darf? Das sind noch so Moralvorstellungen aus der Demokratieära. Das sollte man allmählich überwinden."

„Wobei Sie ja nun selbst eine wichtige Rolle im großen Demokratie-Revival im nächsten Monat spielen, nämlich im Prime-Time-Event *Vote mich – ich werde Kanzler of Germany*."

„Genau, aber wir nennen es nicht Demokratie, das klingt so schrecklich spießig, eben typisch deutsch, das Format soll ja bei success auch internationally franchised werden. Wir nennen es teleVoting mit kleinem T und Binnenmajuskel. Die Fernsehaudience kann per Phone voten, wer die nächsten vier Jahre – VIER JAHRE! – über Politics und so entscheidet."

„Mit der 14jährigen Gegenkandidatin Didi D., einer gerade bei der jüngeren Generation beliebten VJane, haben Sie allerdings eine starke Konkurrentin. Was, wenn es mit der Kanzlerkandidatur also nicht klappen sollte?"

„Dann werde ich in der Sendung *Sentimental Suicide – dein Traumtod* meinen Abschied vom Bildschirm nehmen."

„Wirklich? Sie wollen sich das Leben nehmen? Das ist ja spannend! Da schalten bestimmt viele ein! Aber soll dann wirklich Schluss sein mit dem Typ aus dem Fernsehen?"

„Ja, ich glaube, meine Zeit ist so langsam um. Ich halte es da mit der Retrocore-Künstlerin Vivienne Duplique, die einmal sagte, jeder Mensch hätte ein Anrecht auf 30 Jahre Ruhm. Ich lebe schon jetzt von geborgter Zeit."

„Und das ist doch ein schönes Schlusswort. Herr Schulze, ich appreciate, dass Sie hier waren, und Sie, liebe audience, bleiben bitte dran, denn jetzt folgt hier auf kultsat23 die Übertragung des großen Finales im Russian Roulette Worldcup live aus P'yongyang, powered by Bayer Aspirin. Quebec und Spanien sind noch im Rennen."

Viel Platz

Marta Bern

Noch erinnere ich mich nur bruchstückhaft. Täglich konstruiere ich am Mosaik meiner Vergangenheit herum. Die Gegenwart ist mir fremd, völlig fremd. Da finde ich nichts Vertrautes, Bekanntes, Alltägliches.

Während ich mit meinem störrischen Begleiter Paul durch Straßen streifte, die ich eigentlich hätte wieder erkennen müssen, versuchte ich mich zugleich auf den verschlungenen Pfaden meines Gedächtnisses zurechtzufinden. Aber mein Gedächtnisspeicher schien zu über 90% gelöscht. Keine sehr befriedigende Situation.

Die Ärzte meinten, meine Wiederauferstehung nach dem Unfall vor 30 Jahren sei ein Wunder. Dafür solle ich dankbar sein. Ich versuchte, dankbar zu sein, aber ehrlich gefragt – wofür?

Für mich waren die täglichen Spaziergänge mit Paul, auf die ich mit Nachdruck bestand, durch *meine* Stadt ein Wunder. Paul schob meinen Rollstuhl provokant widerwillig durch Straßen, die keine mehr waren, und ich krückte neben ihm her, so lange es irgend ging. Ich musste unbedingt etwas wiedererkennen, eine Straße, ein Haus, eine Kirche, einen Platz, eine Brücke, einen Baum, einen Park, irgendetwas. Aber das, was ich sah, in meinen Gedanken und in der uns eigentlich verbotenen Realität, passte nicht zusammen. Wo waren die Kinder, die jungen Leute, die Spielplätze, die Schulen, das Lachen, das Toben, der Lärm? Ich hörte Stille, eine erschreckende Stille, die nur durch das Rascheln von Laub, das niemand beseitigte, unterbrochen wurde. Paul hatte sich ein Pflaster auf den Mund geklebt und sich mit seinem linken Arm an meinen Rollstuhl gekettet. Seine Methode wirkte.

Wenn ich ihn ansah, bekam ich tatsächlich ein schlechtes Gewissen. Er meinte, er riskiere sein Leben hier draußen.

Die greisen Menschen, die uns begegneten, starrten uns an, Paul und mich. Aber sie taten uns nichts. Sie blieben stehen, betrachteten mich neugierig und lächelten, ein sehr verkrampftes Lächeln. Im Grunde verzogen sie lediglich ihr Gesicht zu einer erbärmlichen Grimasse, so als hätten sie das Lächeln längst verlernt. Zuerst glaubte ich, meine Stütze und meine mühevolle Art mich fortzubewegen, erregte ihr Interesse oder Mitleid. Aber das war es offenbar nicht. Mein jahrelanges Koma hatte mich jung erhalten. Das heißt, mein Gesicht wirkte jung. Ich lief mit dem Gesicht eines Zwanzigjährigen herum und kam mir vor wie ein uralter Mann. Auch so ein Wunder. Diese alten Leute fragten mich immer nur, wie alt ich sei. Etwas anderes schien sie nicht zu interessieren. Wenn ich ihnen dann mein Alter verriet, lächelten sie nicht mehr, sondern beschimpften mich. Sie hielten mich für frech und unverschämt. Auch wenn ich die Wahrheit schätze, log ich sie an. Seitdem ich behauptete, 20 zu sein, erfreuten sich die Alten an mir fünfzigjährigem Jugendlichen. Paul und ich waren, wie gesagt, immer gemeinsam unterwegs. Wir durften den gepflegten Krankenhauskomplex eigentlich nicht verlassen. Aber ich wollte mehr erfahren, also musste ich raus in die Wildnis, wie Paul das nannte. Paul musste mich begleiten. Er war für mich verantwortlich. Ich lief so viel ich konnte. Nur wenn mir der Weg zu beschwerlich wurde, bugsierte mich Paul in den Rollstuhl und brachte mich erleichtert zurück in die Zivilisation des Krankenhauses. Paul und ich waren als einzige zu zweit unterwegs. Alle Menschen in der Wildnis saßen, standen, liefen allein, jeder für sich. Paul meinte, die da draußen wollten unabhängig sein und sich nicht mit den Problemen und Sorgen anderer belasten. Arme Eigenbrödler, so nannte Paul sie.

Vor einiger Zeit wackelte ein scheintoter Mann auf uns zu. Er sah mich an wie eine außerirdische Erscheinung, und weil er nicht auf den Weg achtete, stürzte er über eine der Wurzeln, die den Weg sprengte. Er lag da vor uns auf dem Bauch und starrte zu mir auf. Aus der Platzwunde an seiner Stirn floss Blut über sein linkes Auge. Ich humpelte entsetzt zu ihm, um ihm aufzuhelfen. Paul fing mich auf, als ich unter dem Gewicht des blöde grinsenden Alten strauchelte. Der Alte rutschte an mir ab und lag wieder im Dreck. Paul zerrte mich zurück und verfrachtete mich grummelnd in den Rollstuhl. Der Alte kroch auf allen Vieren über den Boden. Ich schrie Paul an, wieso er nicht einem Hilfsbedürftigen helfe. Schweigend und sehr finster dreinblickend schob mich Paul zum Krankenhauskomplex zurück. Dort lieferte er mich wie ein lästiges Paket in meinem Zimmer, auf meinem Bett ab und wollte sich wortlos verdrücken. Aber ich packte ihn mit aller Kraft und zog ihn zu mir aufs Bett. Ich hielt ihn fest umklammert und schrie, warum er nicht geholfen habe. Paul stieß mich grob von sich, riss sein Pflaster vom Mund und knirschte wutentbrannt mit den Zähnen. Sein sonst so freundliches Gesicht bekam einen sehr hässlichen Ausdruck. Noch mehr als sein Gesicht schockierten mich seine Worte. Der Alte sei arm, wertlos, erbärmlich und könne nicht zahlen.

Hilfe gegen Bezahlung? Ich traute meinen Ohren nicht.

Ja, Hilfe gegen Bezahlung!

Ich konnte Paul nicht am Gehen hindern. Er ging einfach, ohne sich noch einmal umzudrehen. Ich erschrak. Womit bezahlte ich? Wer bezahlte für mich? Hatte ich Geld? Wenn ja, wie viel? Wie lange würde es reichen?

Ich hatte keine Ahnung. Das empfand ich als äußerst bedrohlich, weil ich doch auf Hilfe angewiesen war. Sofort erkundigte ich mich bei meinem Vertrauensarzt, wie lange mein Geld reichen würde. Eine Weile! Zumindest wusste ich nun, dass ich Geld besaß. Aber wie lange dauert eine Weile?

Seit meinem Erwachen sausten Fragen über Fragen durch mein Hirn. Viele Fragen, die meinen Körper, meine Entwicklung, meine Familie betrafen, hatten sich mittlerweile geklärt. Ich bin ein Waise, ein reicher Vollwaise. Schön und gut! Aber wo lagert mein Vermögen? Ich will es sehen, anfassen, zählen, darüber verfügen. Niemand gibt mir Auskunft. Über Geld spricht man anscheinend nicht.

Paul verschwand plötzlich. Stattdessen tauchte Willi auf. Willi gefiel mir nicht. Er war 65, also zwei Jahre jünger als Paul, aber bei weitem nicht so kräftig und auch nicht mehr so helle im Kopf.

Willi weigert sich, verbotene Dinge zu tun. Ich setze ihn nachmittags mit Rollstuhl unter einen Baum im Park des Krankenhauses und exkursiere allein da draußen durch die verfallenden Straßen, die verwilderten Parks und die holprigen Gehwege.

Überall hausen einsame alte Leute. Sie könnten sich zusammentun, miteinander reden, miteinander spazieren, miteinander leben, miteinander essen. Aber sie tun es nicht. Sie weichen einander aus, als hätten sie ansteckende Krankheiten. Immer wieder spreche ich sie an. Aber sie interessieren sich nur für mein Alter. Wenn ich sie anlüge, wenden sie sich ab und verschwinden in ihren zugewucherten Vorgärten.

So geht das nicht weiter! Ich will wissen, was in den letzten 30 Jahren geschehen ist. Mutig folge ich ihnen auf ihre Grundstücke. Sie leben einsam und allein in ihren viel zu großen Häusern. Die meisten Alten besitzen Katzen, zwei, drei ... bis fünfzehn zähle ich. Einige leben mit Hunden, Hühnern, Papageien, Kaninchen ... eben nur Tieren zusammen. Mit der Reinlichkeit nehmen es die verwilderten Ureinwohner nicht so genau. Sie räumen den Unrat nicht weg, sie verschneiden keine Hecken und Bäume, sie reißen keine Unkräuter aus, kümmern sich nicht um Wege und Mauern. Alles verfällt zusehends. In ihren Wohnungen stinkt es. Niemand entsorgt die Abfälle und den Unrat. Autowracks rosten friedlich vor sich hin. Ehrlich gesagt, bin ich immer wieder froh, zurück zu sein in den gepflegten Parkanlagen, den klinisch sauberen Zimmern, der umsorgten Atmosphäre des Krankenhauses.

Ich begann, nach Paul zu suchen. Das Krankenhausgelände ist groß, und es dauerte, bis ich Paul wieder traf. Paul tat, als erkenne er mich nicht. Treu und brav wie ein Hund folgte ich ihm überall hin. Auf der Toilette tickte er aus. Als er sich beruhigt hatte, erklärte er mir, dass er für einen anderen Zahler verantwortlich sei. Ich versprach ihm, ihn stundenweise zu bezahlen. Er wollte nicht. Ich drohte ihm zu verraten, dass er mit mir, dem zahlenden Hilflosen, den Komplex verlassen hätte. Das half. Paul willigte ein, sich täglich für eine Stunde mit mir zu treffen.

Also hocken wir jeden Tag eine Stunde im Park zusammen, verborgen unter einer Hängeweide. Was er mir erzählt, klingt unglaublich. Nur wer zahlen kann, wird umsorgt, gehegt und gepflegt. Alle Ausländer haben das Land verlassen. Die Deutschen wollten unter sich sein, und nun sind sie unter sich. Die Deutschen wollten ungebunden und unabhängig sein. Auch das hat sich erfüllt. Es gibt keine Ausländer und keine Paare mehr in Deutschland. Und es gibt kaum noch Nachwuchs in Deutschland. Die wenigen ausgesetzten Kinder werden eingesammelt und in streng bewachten Kinderkomplexen gehütet.

Gestern bat ich Paul, ein Fahrzeug zu besorgen, ich wolle mich umsehen in ganz Deutschland. Paul schwieg. Ich versprach Paul, dafür großzügig zu zahlen. Aber Paul lächelte nur müde und machte mir klar, dass mein Geld verwaltet sei. Ich käme da nie mehr heran. Es sei für meine weitere Pflege verplant. Ich solle beten, dass es möglichst lange reicht. Wenn es aufgebraucht sei, müsse ich wie ein Sklave dienen oder bei den anderen, den Armen, den Wilden, den Unzivilisierten da draußen hausen.

Was Paul da immer schwätzt, erscheint mir absolut schwachsinnig.

Wie sollen die Deutschen fortbestehen, wenn sie derart vereinsamen und überaltern? Für die Fortpflanzung sei er nun beim besten Willen nicht mehr zuständig, protestiert Paul. Damit hätte er in seinem Alter nichts mehr am Hut, was wohl stimmt. Tja und nun?

Die Fiona-Verschwörung

Christel Helzle-Götting

Die sanfte Stimme des Kommunikationsgerätes sprach mich an, als ich gerade mein Mittagessen umprogrammierte. Ich mochte diese vorprogrammierten Essen einfach nicht, obwohl man mich deshalb hier im Senioren-Zentrum für etwas merkwürdig hielt.

Die Stimme meinte: „Christel, dein Enkel Sascha wünscht mit dir zu kommunizieren, bitte setz deinen Kommunikator auf."

Ich holte mir das Gerät von meinem Nachtschränkchen. Ich mochte nicht dauernd damit herumlaufen und wünschte, es hätte noch diese altmodischen Handys gegeben. Aber über einen Anruf von Sascha freute ich mich natürlich riesig. Ich war so stolz auf meinen neunzehnjährigen Enkel, der ein echtes Computerass geworden war. Als ich den Kommunikator aufgesetzt hatte, erschien Saschas Gesicht auf der Bildschirmbrille.

„Hallo Kleiner, wie geht's dir denn? Schön, dass du anrufst."

„Oma, du sollst den Kommunikator tragen, du sollst mich nicht immer Kleiner nennen, und das heißt *comst* und nicht anrufst, wo lebst du denn?"

„Ja, danke, mir geht's auch gut", antwortete ich grinsend. Diese Kinder glaubten doch immer, man müsse senil sein, wenn man über 70 war.

„Was macht die Arbeit, Kleiner? Was programmierst du da noch mal, ich hab gestern im Seniorenchat versucht, das zu erklären aber die haben mich einfach nicht verstanden."

„Programmieren? Das machst du mit deinem Mittagessen. Ich code für die ECA, die European Crime Agency, die Vergehensdatenbank. Also ich spiel' alle neuen Verordnungen ein, und wenn du jetzt deinen Nachbarn anzeigst, weil er nach Mitternacht seinen Visoton zu laut aufdreht, checkt die Datenbank, gegen welche Verordnungen er verstößt."

„Wenn mir der Fernseher vom Nachbarn zu laut ist, geh' ich rüber und red' mit ihm", warf ich ein.

„War ja nur ein Beispiel", erwiderte Sascha ungehalten. „Aber kein Mensch ist mehr in der Lage, diese vielen Verordnungen zu kennen und anzuwenden. Außerdem sind sie ja schon seit zehn Jahren nur in SLEB, das ist ..."

„Ich weiß, was das ist, Kleiner. Die amtliche Programmiersprache für europäische Verordnungen, weil die Europäer sich auf keine gemeinsame Amtssprache einigen konnten bei der Vereinigung."

„Ja so könnte man's grob sagen", gab Sascha zu, offenbar erstaunt, dass seine Oma noch nicht ganz verkalkt war. „Aber weswegen ich gecomt hab, Oma: Nimm dir mal bitte Mittwoch nächste Woche nichts vor. Ich möchte dir jemanden vorstellen."

„Was sollt ich schon vorhaben? Mit den alten Leuten hier Bingo spielen? Aber heißt das, du kommst her? Und du bringst eine Freundin mit? Soll ich also Kaffee und Kuchen für drei programmieren? Was mag sie denn? Oder ist es ein er? Hast mir noch nie jemanden vorgestellt, muss also was Ernstes sein", sprudelte ich los.

„Ach Oma, sei doch nicht so neugierig, wart's einfach ab. Aber ja, ich komm' nach Sachsen rüber am Mittwoch, und Kaffee und Kuchen für drei klingt prima, richtig nach Oma. Bis dann Omi."

„Bis dann, Kleiner", rief ich ihm noch hinterher und comte sofort seine Mutter. Aber deren Kommunikationssystem teilte mir mit, meine Tochter sei auf einer comfreien Kur nach Neu-Helgoland. An diesen Namen für das, was von den Niederlanden noch übrig und was bei uns früher der Drei-Länder-Punkt und die höchste Erhebung der Niederlande war, kann ich mich immer noch nicht gewöhnen. Früher hatten wir immer Witze darüber gemacht, dass Holland im Meer versinken würde, aber als es tatsächlich passierte, war es doch ein ziemlicher Schock. Ich lebte damals schon nicht mehr im Westen: Für die *Nachproduktivitätszeit*, wie man ja heute den Ruhestand nennt, wurde man umgesiedelt, ob man wollte oder nicht, und ich zog in die sächsische Wohnzone. Aber dort im Westen waren alle Orte meiner Jugendzeit inzwischen im Meer versunken. Gut, dass man Erinnerungen im Herzen trägt.

Ich war furchtbar aufgeregt am Mittwoch: Wir bekamen so selten Besuch. Einer der Gründe, warum die Einrichtung der *Wohnzonen für die Nachproduktivitätsphase* so breite Zustimmung fand, war ja, dass die Jungen froh waren, uns Alte nicht mehr um sich haben zu müssen. Natürlich war der Hauptgrund, dass das Rentensystem so, wie es das früher gab, nicht mehr bezahlbar war. Hier in der *Zone* hatte man uns konzentriert auf einen Haufen, versorgte uns mit Gemeinschaftsverpflegung, überwachte und betreute uns mit Computersystemen, so dass wir kostengünstig versorgt wurden. Aber viele von uns wurden von ihren Familien einfach vergessen. Aus den Augen, aus dem Sinn. Auch in den Medien sah man nie alte Menschen. Wir hatten keine Kaufkraft, waren kein Markt. Die Gerüchte hier in der Zone, dass Leute, deren Pflege zu aufwendig wurde, von einem Tag auf den anderen verschwanden, drangen nie in die Welt dort draußen.

Der Nahrungsversorgungscomputer warf mir erst mal wieder vor, dass soviel Kaffee nicht gut für mich sei und tat so, als wäre das Rezept für Reisfladen mit den Niederlanden im Meer versunken. Aber nicht mit mir. Jene, die diese Zone eingerichtet hatten, hielten uns alle für unfähig, für uns selber zu sorgen. Da hatten sie sich aber geschnitten. Ich holte mir aus den Computern immer noch das raus, was ich haben wollte. Als das Kommunikationssystem mir mitteilte, dass mein Besuch eingetroffen sei, war der Kaffeetisch gemütlich gedeckt.

Mein kleiner Enkel Sascha, der mich inzwischen um zwei Köpfe überragte, wirkte gestresst und nervös, seine Freundin dagegen ruhig und gefasst. Sie war eine südländische Schönheit, wozu der Name Meike so gar nicht passen wollte. Ein sehr sympathisches Mädchen, das sich gleich für alles interessierte. Aber ich merkte doch, dass die beiden etwas auf dem Herzen hatten.

Schließlich kam Sascha damit raus: „Oma, wir sind zu dir gekommen, weil wir glauben, dass du die Einzige bist, die uns verstehen kann."

Und unter großem Herumgedrucke erfuhr ich endlich, was passiert war: Meike war schwanger.

Ich glaube, am meisten erschütterte die beiden, dass ich gar nicht erschüttert war. Sie hatten wohl, selbst bei mir, mit Entsetzen und Abscheu gerechnet: So etwas durfte es doch heutzutage nicht mehr geben.

„Und Meike, möchtest du es bekommen, obwohl du nicht die genetisch einwandfreie Beschaffenheit des Kindes garantiert bekommst?" fragte ich nur, und die Freude über ein genetisch nicht manipuliertes Urenkelchen war wohl deutlich in meiner Stimme zu hören.

Meike schnappte nach Luft. Damit hatte sie nicht gerechnet. Doch dann nickte sie entschlossen. „Ja das möchte ich. Es ist ein Teil von uns beiden und ein Gottesgeschenk. Wie sollte ich darauf verzichten wollen?"

Bewundernd sah ich sie an. Wenn die junge Generation trotz der ganzen Gehirnwäsche und trotz aller Manipulation an ihren Genen zu so einer Aussage fähig war, dann war die Menschheit doch noch nicht ganz verloren.

„Was sagst du, Sascha?" fragte ich den Kleinen.

„Was immer Meike tut, ich stehe hinter ihr, Oma. Ich liebe sie."

Mein kleiner Enkel, Donnerwetter. Und ich dachte immer, er kannte nur Computer. Da wuchs ja eine faszinierende Generation heran.

Ich überlegte kurz und sagte dann: „Ja wenn das so ist, denke ich, seid ihr beiden hier ganz richtig. Eure Elterngeneration hat uns eingesperrt und euch eurer natürlichen Lebensweise beraubt. Tun wir uns zusammen. Ich kenne hier allein drei Hebammen und zwei Geburtshelfer, die pausenlos davon reden, wie gerne sie noch mal eine Geburt erleben möchten. Jetzt schau mich nicht so entsetzt an, Sascha. Auch wenn seine Eltern aus einem Brutschrank kommen, wird euer Baby den natürlichen Vorgang schon auf die Reihe kriegen, so wie deine Mutter und deine Tanten und alle Menschen über 20 auf dieser Welt. Wir müssen lediglich die Computer ein bisschen manipulieren, damit Meike hier nicht auffällt und dort draußen nicht vermisst wird."

„Moment, das ist nicht so einfach", warf Sascha ein.

„Wann war es jemals einfach, Kleiner. Aber du hast Computer manipuliert als du grade mal stehen konntest. Und deine Oma musste dann den Behörden gegenüber immer den DAU spielen. Heute werde ich automatisch für einen DAU gehalten, nur weil ich über 70 bin. Und du bist einer der talentiertesten Hacker der Welt. Die haben dir darum den Job bei der Agency gegeben, damit sie dich im Auge haben, und das weißt du genau."

Ich sah Meike an, die nur verblüfft zwischen uns beiden hin und her geschaut hatte. „Was denkst du, Meike? Wirst du's hier zwischen lauter alten Leuten aushalten, die pausenlos von alten Zeiten erzählen?"

„Ich fände es rasend interessant. Niemand erzählt je von alten Zeiten außerhalb dieser Zone. Ich wüsste nur zu gern mehr über die Welt vor meiner Erzeugung. Aber draußen gilt das als genauso ekelhaft und abartig wie die Vorstellung, schwanger zu sein. Sascha, schau nicht so entsetzt. Ist doch wahr. Oder an Gott zu glauben. Ich komm mir oft vor wie ein Monster da draußen. Aber ich bin nicht allein. Es gibt schon wieder eine ganze Reihe junger Leute, die nach anderen Werten auf der Welt suchen. Wir haben es schwer, uns zu finden, weil die Kommunikationsmedien alle überwacht sind. Aber wenn man erst mal weiß, wonach man suchen muss, findet man sich schon."

Ja, so war der Anfang unserer Untergrundbewegung. Meine Urenkelin Fiona ist nur die erste einer ganzen Reihe genetisch nicht manipulierter, auf natürlichem Wege geborener Kinder, und sie ist ein entzückendes kleines Mäuschen. Ihre Oma hat zwar keine Ahnung von ihrer Herkunft, sonst wäre sie geschockt und müsste gleich wieder zur Kur, aber sie liebt sie über alles. Heutzutage ist es lange nicht mehr so einsam in der Zone, denn die jungen Leute des Untergrundes sind oft hier, um von uns zu lernen. Und es werden immer mehr. Sascha hat alle Hände voll damit zu tun, Datenbanken zu fälschen, damit alles geheim bleibt. Noch vor zwei Jahren sah ich schwarz für Deutschland, aber heute denke ich, es geht wieder bergauf.

Monarchie in Deutschland

Carolin Arden

01.10.2034
Rede des Bundespräsidenten an das deutsche Volk

Liebe Mitbürgerinnen und Mitbürger,

ganz bewusst wähle ich diese vertraute Anrede, denn ab morgen werde ich einer von Ihnen sein. Wir alle haben uns in der letzten Wahl der Bundesrepublik Deutschland dafür entschieden, die Staatsform der Demokratie und das bezahlte Politikertum abzuschaffen und stattdessen die Monarchie einzuführen.

Ich darf Sie daran erinnern, dieser Schritt war unabdingbar geworden, es gab keinen anderen Weg. Nach knapp 85 Jahren erfüllte unser Grundgesetz seinen Zweck nicht mehr. Viele Politiker missbrauchten ihre vom Volk übergebene Macht dazu, sich selbst zu bereichern. Deshalb boykottierte das Volk in den letzten fünf Jahren alle Bundestags-, Landtags- und Kommunalwahlen. Das führte dazu, dass sich die Politiker praktisch selbst wählten und unsere verfassungsgemäße Demokratie ad absurdum führten.

Der sittliche Verfall unserer Volksvertreter spiegelte allerdings nur die Gegebenheiten in unserem Volk wider. Seit der Jahrtausendwende zeichnete sich bereits ab, dass der Deutsche an sich nur noch daran interessiert war, sich ohne Rücksicht auf andere zu vergnügen. Erschreckend in diesem Zusammenhang war auch der dramatische Rückgang der Geburtenzahl. Kaum jemand wollte noch seine Energie auf Kindererziehung verschwenden. Selbst finanzielle Anreize für Eltern und Strafsteuern für Kinderlose bewirkten nichts.

Die meisten Bundesbürger entwanden sich fantasievoll ihren Pflichten, ihre gesetzlichen Rechte nutzten sie im Übermaß. So bemühte jeder Einzelne statistisch gesehen die Gerichte dreimal pro Jahr. Um seinen luxuriösen Lebensstil zu finanzieren, schreckte er auch vor Betrug nicht zurück. Der, der etwas sein Eigen nannte, verteidigte es zuletzt sogar mit Waffengewalt gegen die glücklloseren Mitbürger.

Auch die meisten Firmen verfielen moralisch. Um ihren Gewinn zu steigern, verließen fast alle die Bundesrepublik und produzierten im Ausland. Nur wenige Bundesbürger profitierten von den Aktienkursen, die meisten verloren ihren Arbeitsplatz und waren dauerhaft auf Sozialhilfe angewiesen. Durch die lang anhaltende Arbeitslosenquote von 73 Prozent schrumpfte unser Bruttosozialprodukt empfindlich. Wir sahen uns außerstande, unseren internationalen finanziellen Verpflichtungen nachzukommen. Daraufhin wurde Deutschland zu Recht außenpolitisch von der Europäischen Union und den Vereinten Nationen isoliert.

Nun, lassen wir dieses unerfreuliche Kapitel in der Geschichte Deutschlands für immer hinter uns. Sämtliche Philosophieprofessoren der deutschen Universitäten beteiligten sich an der Suche nach einem politischen System, das uns dabei hilft, wieder zu einer achtbaren Nation zu werden. Die Philosophen kamen zu dem Schluss, dass unser Volk eine unbestechliche und unanfechtbare Führung bräuchte, die sich nicht zur Wahl stellen und somit auch keine Wahlversprechen abgeben muss. Diese Führung hätte es dann auch nicht nötig, Spendengelder anzunehmen, um einen aufgeblasenen Wahlkampf zu finanzieren.

Kurzum, als einzige moralisch vertretbare Möglichkeit blieb die Staatsform der Monarchie. In unserer letzten Wahl stimmten wir über die Einführung ab und zeugten so von unserem unbedingten Reformwillen.

An dieser Stelle möchte ich dem deutschen Volk ausdrücklich Dank dafür sagen, dass die Wahlbeteiligung mit 98 Prozent außergewöhnlich groß war. Wir führen das auf zwei Neuerungen zurück:

Erst- und zugleich letztmalig waren neben den volljährigen Mitbürgern auch alle Schulpflichtigen und die Minderjährigen, die ihre Schulpflicht bereits erfüllt haben, stimmberechtigt.

Als weitere Ausnahmeregelung mussten alle diejenigen, die kein Votum abgeben wollten, dies in ihrem zuständigen Wahllokal schriftlich erklären.

Das Ergebnis der Wahl ist Ihnen bereits bekannt: 95,6 Prozent dieser Wahlberechtigten stimmten für die Abschaffung der Demokratie, nur 4,4 Prozent sprachen sich für die Beibehaltung aus.

Die überwiegende Mehrheit der deutschen Bevölkerung trägt also den Beschluss.

Und heute ist es nun so weit, im Anschluss an diese Rede werde ich unseren Monarchen inthronisieren, der als Erstes unsere neue Verfassung in Kraft setzen wird.

Der Inthronisation gingen umfangreiche Vorarbeiten voraus. Wie Sie wissen, war Anfang des Jahres jeder Bundesbürger vorschlagsberechtigt und 14 Millionen nutzten dieses Recht. Jeder einzelne der vorgeschlagenen Kandidaten wurde genauestens überprüft. Da wir eine vererbbare Monarchie einführen wollen, kamen von vornherein nur Bürgerinnen und Bürger in Frage, die im fortpflanzungsfähigen Alter sind.

Aussortiert wurden alle, die rechtskräftig verurteilt waren oder öfter als zweimal als Kläger oder Angeklagte vor Gericht standen. Debilität, Verbindungen zu radikalen Organisationen, chronische Erkrankungen und selbstverschuldete Insolvenz führten ebenso zum Ausschluss wie Geisteskrankheiten und psychische Erkrankungen in der Familie.

Nach diesem ersten Durchsehen blieben noch 507 gesunde Mitbürger und Mitbürgerinnen, die bisher rechtschaffen lebten und sich noch nie etwas zuschulden hatten kommen lassen.

Wir prüften nun, inwieweit sich die Kandidaten und Kandidatinnen ehrenamtlich engagierten. Wegen völligen Desinteresses und Schmarotzertums mussten wir ein Drittel der Bewerber aussortieren. Ein weiteres Drittel war zwar engagiert, doch erstreckte sich ihr Engagement darauf, in der Öffentlichkeit zu repräsentieren und die tatsächliche Arbeit anderen zu überlassen.

Nach dieser Prüfung hatten wir noch 67 Personen, die alle willig und geeignet waren, als Monarch dem deutschen Volke zu dienen. Wer war nun der oder die Beste von ihnen. Um das herauszufinden, baten wir Personalberater der großen Firmen ebenso um Rat wie niedergelassene Psychologen. Zehn verschiedene Tests wurden ausgewählt und an den Kandidaten und Kandidatinnen durchgeführt. Letztendlich bestanden nur zwölf Personen alle diese Tests. Jede von ihnen konnte sich nun berechtigte Hoffnungen darauf machen, die Königswürde zu erringen.

In diesem Zusammenhang möchte ich Herrn Detlef Fuchs, einem bayerischen Kommunalbeamtem im mittleren Dienst, meinen besonderen Dank aussprechen. Ihm verdanken wir, dass ich Ihnen heute unseren Monarchen vorstellen kann. Herr Fuchs hatte uns ebenfalls einen ziemlich simplen Auswahltest zukommen lassen, den wir in dieser allerletzten Phase anwendeten.

Der Test sah vor, den verbliebenen Kandidaten und Kandidatinnen sämtliche Unterlagen der zwölf Bewerber vorzulegen und sie um ihre Meinung zu bitten, wer der Würdigste von ihnen sei. Überraschenderweise kamen elf von ihnen zum gleichen Ergebnis. Bevor ich unser Parlament heute Mittag auflöste, bestätigte es einstimmig die Wahl der Kandidaten. Die ausgeschiedenen elf Bewerber finden eine Anstellung als königliche Berater.

Meine lieben Mitbürger und Mitbürgerinnen! Ich habe nun die besondere Ehre, Ihnen unseren künftigen Monarchen vorzustellen:

Im Namen unseres Volkes begrüße ich Frau Fatima Üztürk. Sie ist Vollwaise, dreiundzwanzig Jahre alt und arbeitete bis gestern als Altenpflegerin. Daneben pflegte sie jahrelang selbstlos ihre schwerkranke Nachbarin. In ihrer Freizeit kümmerte sie sich um arbeitslose Jugendliche. Sie war bei jeder Wahl als ehrenamtliche Helferin mit dabei und zudem seit ihrer Jugendzeit aktives Mitglied bei der Freiwilligen Feuerwehr. Sie weigerte sich kein einziges Mal, ihre Steuern abzuführen, und bestritt von ihrem Lohn auch noch den Unterhalt ihrer beiden minderjährigen Geschwister.

Bevor ich Frau Üztürk als erste deutsche Königin inthronisiere und zugleich als Bundespräsident ausscheide, bestimme ich den heutigen 1. Oktober als Nationalfeiertag.

Zuletzt möchte ich allen danken, die aktiv oder passiv mitgeholfen haben, die notwendig gewordenen Reformen zu verwirklichen. Ich bin voller Zuversicht, dass sie schon bald Wirkung zeigen werden. Besonders vertraue ich darauf, dass unsere Königin, Fatima die Erste, unsere Nation wieder zu einem geachteten Mitglied der Internationalen Völkergemeinschaft macht. Wir sehnen uns alle nach dem Tag, an dem wir wieder stolz darauf sein können, Deutsche zu sein.

Meine lieben Mitbürgerinnen und Mitbürger, ich wünsche uns allen eine friedliche Zukunft und ein respektvolles Miteinander.

Bechowski und der tote
Schuldirektor

Marc Wiswede

Direktor Martani lauschte zufrieden lächelnd dem Steinklopfen
im Hinterhof. Für ihn war dies ein Geräusch der Energie, der ge-
steuerten Kraft. Es war ein herrliches Geräusch. Ein Klang, welcher für Disziplin, Sicherheit und Konsequenz stand. „Schließlich sind dies die unumstößlichen Werte unserer Zeit", dachte
sich Martani, und sog kräftig an seiner dicken, wenngleich niko-
tinarmen Zigarre.

Martani, der Schulleiter der NGZ (der Neuen Gesamtschule
der Zukunft), war stolz auf seine Schule. Schließlich war er schon
seit der Gründung dabei. Seine Ehrenmitgliedschaft bei der UKP
und ein paar unbedeutende Geldspenden brachten ihn relativ
zügig auf den Posten des leitenden Direktors einer Schule, die
damals, wie es hieß, im Umbrach stand.

Umbruch. Bei der Erinnerung dieses Wortes musste Martani
unwillkürlich lachen. „Die scheiß Liberalen", so dachte er, „wären schließlich auf die Barrikaden gegangen, hätten sie damals
geahnt, dass mit Umbruch unter anderem auch ein Steinbruch
gemeint war."

Martanis Lächeln schwoll zu einem breiten Grinsen an, als er
den Vorhang seines Fensters beiseite schob. Schuftende, schwit-
zende Leiber. Die nackten Oberkörper, die in der noch warmen
Oktobersonne glitzerten, waren schön anzuschauen. Das war ein
Anblick nach seinem Geschmack. Alle waren sie durchtrainiert,
so ganz anders als früher, als die Jugend nur vor ihren Computern saß und Fettpolster ansetzte. Das war heute ganz anders,
heute wo sich ein Jugendlicher wieder häufig frei an der frischen
Luft bewegen konnte.

Auf Ketten hatte man verzichtet. Die Schule war in einer so weit abgelegenen Gegend errichtet worden, dass es keinen größeren Sinn zu fliehen gehabt hätte. Man sah Schulen einfach nicht mehr so gerne in den Städten. Die Menschen dort würden sich in ihrer wohlverdienten Ruhe gestört fühlen. Deshalb lebten, lernten und arbeiteten hier sowohl Schüler wie Lehrer.

Martani sprach gerne von Schulleben, einer Schule also, mit allen Aspekten, die das menschliche Leben zu bieten hatte. Wobei natürlich streng darauf geachtet wurde, dass manche menschlichen Aspekte, wie zum Beispiel Sexualität, ausgenommen wurden. Man kann ja nicht alles erlauben. Und außerdem, so schmunzelte Martani, war dieses Verbot ja schließlich nur auf die Schüler beschränkt.

Martanis Blick fiel auf Herrn Pawlow, den Sportlehrer, der mit einer Flüstertüte bewaffnet die am Steinbruch arbeitenden Schüler beaufsichtigte. Martani sah mit ein wenig neidvollem Blick auf die durchtrainierten Muskeln, die durch Pawlows Poloshirt hervortraten. Pawlow war der ideale Sportlehrer: Drahtig muskulös, flink und ausgeprägt sadistisch. Es war gar nicht die horrende Bezahlung die Pawlow so sehr an seinem Job reizte, es war viel mehr Passion, die ihn dazu trieb. Ach, so seufzte Martani beim Anblick dieses Ideallehrers innerlich, gebe es doch noch mehr solcher Lehrer, die noch aus Idealismus und innerer Motivation heraus den Kindern und Jugendlichen den richtigen Weg weisen wollen. Pawlows Blick fiel nach oben zum Fenster des Direktorats und traf den Martanis. Die beiden Männer nickten sich zu, dann schrie Pawlow, sich plötzlich vom Fenster abwendend, etwas in die Tüte, wohl um einen Schüler Beine zu machen, der anscheinend sein Arbeitstempo etwas zu sehr schleifen lief.

Martani betrachtete wieder die glänzenden Körper, und dachte, dass es eigentlich schade war, dass man den Mädchen diese Arbeit nicht zuteil werden ließ. Er stellte sich gerade die hübschen jungen Brüste vor, wie sie auf und ab wippten, immer im Takt und im Rhythmus des Steinezerschlagens. Aber diese schlanken, muskulösen, schwitzenden Körper erregten ihn nicht minder.

Martani sog tief den Rauch seiner Zigarre in die Ersatzlungen, die man ihm vor sieben Jahren eingesetzt hatte, dennoch spürte er von dem Nikotin und dem beißenden Teerersatzstoff nur wenig. Aber sein Arzt hatte ihm dringend zu diesen leichten Kotzbalken, wie er sie nannte, geraten, da die Krankenkasse nur einmal im Leben zwei Lungenflügel bezahlte. Natürlich nur, sofern man hoher Beamter war, ansonsten war man den Folgen des Lungenkrebses genauso ausgesetzt wie eh und je, da man selbst bei einem so hohem Gehalt wie Martanis etliche Jahresgehälter pro Flügel veranschlagen musste. Dennoch war er Gott und der Nanotechnologie dankbar, dass er noch lebte, und sein Baby, die Schule, erziehen und leiten durfte. Die Schule war sein Ein und Alles, sein Lebensinhalt, seine Lebensaufgabe. Nichts und niemand würde ihm je diesen wahr gewordenen Traum einer Schule stehlen, solange er lebte. Dass er nicht mehr lange leben würde, wusste er ja nicht.

Martani ließ mit geblähter Brust den gefilterten Rauch entweichen. Stolz war er wie kein anderer auf diese Schule. Hatte er doch maßgeblich an dem neuen Konzept mitgewirkt, und war von Geburt an dabei gewesen. Insgesamt 195 Schüler und Schülerinnen. 13 Klassen zu je 15 Schülern. Von der ersten Klasse bis hin zur 12. Klasse waren alle vertreten. Pro Klasse zwei Lehrer in der Schule und drei Erzieher in den Wohngruppen. Macht 60 Personen, 100 wenn man die Ersatzmannschaft mitrechnet. Schließlich lebte man hier ja nur vorübergehend. Für einen normalen Pendelverkehr von der Arbeitsstelle nach Hause wäre es viel zu weit gewesen. Deshalb arbeitete man im Schichtdienst.

Insgesamt hatte die Einrichtung vier Hausmeister, die neben ihren normalen Tätigkeiten auch noch für Ruhe und Ordnung zu sorgen hatten. Die Ausbruchsquote lag seit der Einstellung dieser Hünen bei nahezu null Prozent.

Bei fast null Prozent, dachte sich Martani. Das könnte noch besser werden. Im letzten Jahr gab es immerhin zwei Ausbruchsversuche, die natürlich nie so genannt wurden. Da war von Abtrünnigkeit, Spazierengehen oder Pädagogenflucht die Rede, aber das Wort *Ausbruch* würde zu sehr an ein Gefängnis erinnern, und das war die Schule der Zukunft, wie Direktor Martani der neugierigen Presse immer wieder versicherte, selbstverständlich nicht. In diesem Schuljahr hatte es noch keiner gewagt, sich vom Schulgelände zu entfernen. Schade eigentlich, dachte Martani. Ein bisschen mehr könnte schon los sein. Seit der Zerstörung Hollywoods liefen im Fernsehen auf den dreihundert Kanälen sowieso nur noch Wiederholungen. Und die europäischen Filme konnte man nach Ansicht Martanis sowieso vergessen. Keine richtigen Männer, keine Weltunter-, keine Weltaufgänge, keine Helden! Wir Lehrer, dachte Martani, sind die letzten wirklichen Helden auf diesem Planeten. Und die Direktoren dieser Welt waren die Überhelden, diejenigen, die wahres Heldentum organisierten.

Martani sog wieder voller heldenhaftem Stolz den Rauch seiner Zigarre ein. Als der Rauch seine künstlichen Lungen wieder verließ, war er bereits tot.

Robinson, der froh war, am Steuer zu sitzen, reichte mit der rechten Hand seine Thermoskanne rüber. „Kaffee?"

„Koffein?"

„Ersatzstoff."

„Mhh", murrte Kommissar Bechowski unzufrieden, nahm aber dennoch den Deckel ab, schraubte kurz und goss sich dann etwas der braunen Flüssigkeit in den Becher. „Pfui Teufel!" fluchte er, als er ein wenig davon getrunken hatte. „Werd' mich wohl nie dran gewöhnen. Was is'n überhaupt passiert?" wollte er nach einer Weile wissen.

„Irgendein Lehrer, glaube ich ...", meinte Robinson, tippte mit der rechten Hand an seinem Minicomputer herum.

„Passen Sie auf den Verkehr auf, verdammt!"

„Kein Lehrer", sagte Robinson, nachdem er einen kurzen Blick aufs Display geworfen hatte. „Der Direktor!"

„Scheiße!" grunzte Bechowski.

Der Wagen fuhr in die Einfahrt der Schule. Nach außen hin wirkte das Gebäude herrschaftlich. Aber das war lange her, und jetzt lag der Ort so weit abseits, dass ihn nur ein Mord in die Medien bringen konnte. Als die beiden Polizisten ausstiegen, wurden sie von einem kleinen Empfangskomitee überrascht. Eine aufgeregt und klapprig wirkende Frau in den Vierzigern stellte sich als Frau Lewkow vor – Lehrerin für Englisch und Deutsch und überdies – die Konrektorin. Hinter ihr stand ein muskulöser Mann, der von Frau Lewkow als Herr Pawlow, der Sportlehrer, vorgestellt wurde. Bechowski musste unwillkürlich an den Hund denken und drehte sich zu seinem Kollegen, um zu sehen, ob der irgendwie sabberte. Die große Eingangstür wurde von zwei Hünen eingerahmt, die Bechowski als Nicht-Lehrer einschätzte.

„Stellen Sie mir zunächst die Leiche vor, Frau Lewkow. Nichts für Ungut, aber wir machen das meistens so. Erst die Toten, dann die Lebenden." Robinson verzog angewidert das Gesicht ob solcher Grobheiten.

„Natürlich", sagte Frau Lewkow etwas brüskiert. „Wenn Sie mir bitte folgen wollen."

Als sie das Direktorat betraten, wusste Bechowski nicht so recht, ob er lachen sollte, ließ es dann aber bleiben. Schließlich war der Mann, der vor ihm auf dem Boden lag, tot. Die auf dem Bauch liegende Leiche sah grotesk aus: Der Rücken war über und über mit Bleistiften gespickt.

Es waren 37 Bleistifte.

Der Tote war gerade abtransportiert worden, und die Spurensicherung nahm mit Hilfe der Reliefkamera Fingerabdrücke auf.

„Haben Sie so etwas schon mal gesehen", fragte Robinson.

„Na, klar. Sie etwa nicht?" Bechowski schüttelte seinen mächtigen Kopf. „Sieht man doch dauernd, mal 'n Füllfederhalter im Auge, oder Kugelschreiber im Herzen, manchmal findet man auch ein von Linealen guillotiniertes Opfer – das Übliche eben. Das ist ja das Schlimme an diesem Job, Robinson, es gibt einfach keine Überraschungen mehr."

„Ist ja schon gut, ich hab's verstanden!" Robinson platzte fast vor Wut.

„Wer hat hier Zugang?" fragte Bechowski Frau Lewkow.

„Eigentlich jeder. Unser lieber Herr Direktor ...", sie schluchzte, „Gott habe ihn selig, er hatte immer ein offenes Ohr für alle."

„Also auch die Schüler?" fragte Robinson.

„ Na ja, die Schüler kommen natürlich nicht so einfach hier rein. Sie müssen klingeln. Hier, sehen Sie?" Sie zeigte den beiden Polizisten die kleine Klingel vor der Tür, die Bechowski mehr als stabil aussah. „Von innen kann man mittels einer Sprechanlage prüfen, wer vor der Tür steht."

„Wir verstehen. Und Schüler mussten klingeln, um eingelassen zu werden. Und gleich nach einer eingehenden Prüfung wurden die lieben Schäfchen des Direktors, der ja immer ein offenes Ohr hat, eingelassen?"

„Ersparen Sie sich die Ironie, Herr Kommissar", sagte Frau Lewkow spitz. „Natürlich nicht! Die Jugendlichen, die in unserer Obhut stehen, müssen sich einer elektronischen Kontrolle unterziehen, bevor sie eintreten können."

„Auf Waffen?" wollte Robinson wissen.

„Wissen Sie, unsere Klientel ist nicht selten etwas schwierig, und ... wie soll ich es sagen, die Jugendlichen sind häufig verwirrt."

„Was sie gefährlich macht?" fragte Bechowski.

„Natürlich macht sie das gefährlich. Deshalb sind sie ja hier. Weil sie gefährlich sind, verstehen Sie?"

„Klar verstehen wir. Sagen Sie. Bleistifte erkennt ihre elektronische Überwachung wohl nicht?" Ohne eine Antwort abzuwarten, wandte er sich an Robinson: „Stellen Sie die üblichen Fragen. Motiv, Feinde, et cetera, et cetera. Ich will mich ein bisschen umsehen."

Bechowski ging die langen Gänge entlang. Gänge, die ihn an seine eigene Schulzeit erinnerten und frösteln ließen: zu beiden Seiten Türen, hinter denen er Lehrer und Lehrerinnen schwafeln hörte.

Bis auf die monotonen Vorträge einschläfernder Lehrerstimmen war kein Mucks zu hören. Ja, dies waren definitiv andere Zeiten als die, zu welchen er noch zur Schule ging. Bei uns wäre der Punk abgegangen! Dachte er. Dieser Ort bedrückte Bechowski. Hier wird der Rektor ermordet, und die machen anscheinend noch Unterricht nach Lehrplan. Plötzlich erklang ein schriller Signalton, und über einer der Türen blinkte eine Lampe bedrohlich auf. Ein hünenhafter Mann rannte sogleich den Gang entlang, hin zu der Tür, die er auch gleich aufriss. Bechowski ging interessiert zu der Tür, um an ihr zu lauschen, doch im selben Moment öffnete der Riese sie wieder und verschwand in den Weiten des Ganges, einen laut lamentierenden Jungen im Schlepptau. Schließlich ging Bechowski kopfschüttelnd wieder zurück.

Im Direktorat angekommen fand er nach kurzem Suchen die Sprechanlage. Die Leute von der Spurensicherung waren noch am Werkeln, Robinson sprach gerade mit Frau Lewkow. Bechowski drückte ein paar Knöpfe, räusperte sich, dann sprach er: „Hallo, mein Name ist Kommissar Bechowski. Ich störe hier nur ungern ihren pädagogischen Rhythmus, aber da hier ein Mord geschehen ist, fände ich es nett, wenn wir uns alle mal zu einem kleinen Plausch versammeln könnten, sagen wir ... Frau Lewkow, sagen Sie mal, haben Sie so etwas wie eine Aula hier?" Sie nickte nur. „Okay, meine werten Damen und Herren, ich bitte

Sie also alle – Lehrer wie Schüler – die Aula unverzüglich aufzusuchen. Vielen Dank." Bechowski ließ den Knopf wieder los und grinste. „Jetzt kommt hier'n bisschen Leben in die Bude!"

Die Aula war brechend voll und wurde beherrscht vom deprimierenden Grauton der Schuluniformen. Die schwarz gekleideten Lehrer versammelten sich alle außerhalb der grauen Menge. Bechowski überkam Übelkeit, als er sich die schwarze Lehreransammlung besah, als würde er einem Auflauf von Totengräbern beiwohnen. Er wunderte sich, weshalb hier nicht schon längst mehr Morde geschehen waren.

„Hier hätte ich auch Lust, einen umzubringen", sagte Bechowski. „Ist ja wie im Leichenschauhaus hier."

„Ja, ziemlich deprimierend", bestätigte Robinson.

Bechowski zog die linke Augenbraue hoch. Er hätte darauf gewettet, dass das genau der Stil von Robinson war. „Ich bitte um Ruhe!" schrie er. „Mein Name ist Bechowski. Ich bin Kommissar von der Mordkommission. Das hier an meiner Seite ist mein Kollege Inspektor Robinson. Wir ermitteln im Fall Martani. Wie ihnen unmöglich entgangen sein dürfte, ist Ihr ehrenwerter Direktor heute Morgen gewaltsam zu Tode gekommen. Da uns der Täter dieses Verbrechens noch gänzlich unbekannt ist, ein Zustand, den wir baldmöglichst geändert sehen wollen, muss ich Sie dazu auffordern, hier in dieser Aula zu verweilen, bis meine Kollegen alle Ihre Personalien aufgenommen und eruiert haben, wo Sie zum Tatzeitpunkt gewesen sind."

Als sich gerade ein schwarzer Fleck aus der schwarzen Ansammlung lösen und verschwinden wollte, schrie Bechowski: „Und das gilt auch für die Lehrer!"

Mittlerweile waren etwa fünfzehn Polizisten an Ort und Stelle, um die Routinebefragungen durchführen zu können. Bechowski hatte alle angewiesen, auf bestimmte Sachverhalte zu achten. Wichtigster Punkt war natürlich, ob jemand zur fraglichen Zeit – der Mediziner vermutete, dass der Mord zwischen 5:00 Uhr und 10:00 Uhr geschehen war – nicht in seiner Klasse war.

Die Massen wurden alle in der Aula abgefertigt. An verschiedenen Tischen bildeten sich Schlangen von Schülern. Robinson und Bechowski teilten sich die Arbeit und nahmen sich die Lehrer vor.

Nach fünf Stunden waren die ersten Befragungen zu Ende. Jetzt konnte die Feinarbeit starten. Bechowski nannte das immer *das großen Sieben*. Zuerst gab es das gröbste Sieb. Hier mussten möglichst viele durchfallen, die für den Mord nicht in Frage kommen können. Das nächste Sieb war dann schon feiner, erforderte auch mehr Zeit zum Sieben. Das letzte Sieb sollte dann – zumindest seiner Siebtheorie nach – nur noch ein kleines Körnchen enthalten, den Mörder. Bechowski und Robinson hatten im Direktorat ihren Stützpunkt bezogen, und dort die Lehrer befragt.

„Ich würde sagen, circa achtzig Prozent sind als potenzielle Täter schon in der Vorausscheidung durchgefallen", sagte Robinson.

„Ja, aber zwanzig Prozent sind immer noch zu viele. Wie schaut es bei den Schülern aus?"

„Weniger. Nur ungefähr fünf halbwegs interessante Fälle."

„Wärter?"

„Wärter?"

„Ja, Wärter. Wie verdammt noch mal soll ich diese Typen denn sonst nennen?"

Robinson zuckte die Schultern. „Das Dienstleistungspersonal, wie es offiziell genannt wird, befand sich in den Klassen. In den Pausen passt ein Teil auf die Schüler auf, ein anderer Teil steht meist zu einem Haufen zusammen und raucht."

Bechowski schien von den Worten Robinsons inspiriert und fischte sich eine Zigarette aus der Jackettasche. Robinson zeigte auf das *Nicht Rauchen* – Schild, doch Bechowski winkte nur ab.

„Im Moment bin ich hier der Boss." Wieder zuckte Robinson die Schultern. Er war es leid, diesem ungehobeltem Fleischberg zu widersprechen. „Aber um Ihre Frage zu Ende zu beantworten. Zwei der Wärter waren gemeinsam eine Zeit weg. Jeder bürgt natürlich für den anderen."

„Gut, die sind also auch noch im Sieb. Aber ich glaube kaum, dass die es gewesen sind." Bechowski sog den Rauch in seine Lunge, und blies nach langer Zeit nur einen Bruchteil des Rauches wieder aus. „Wissen Sie, wenn Martani mit gebrochenem Genick oder mit eingedrücktem Gesicht gefunden worden wäre, dann wäre das sicherlich der Stil dieser Typen, aber Bleistifte?"

„Ja, stimmt schon. Klingt eher nach einem Witz. Also suchen wir doch eher einen Schüler."

„Oder jemanden, der will, dass es aussieht, als sei es ein Schüler gewesen", murmelte Bechowski.

„Aber wie steht es mit einem Motiv? Wenn hier jemand ein Motiv für den Mord an den Direktor hat, dann am ehesten die Schüler."

Bechowski nickte: „Ja, ich glaube auch."

Robinson meinte: „Trotzdem, ich glaube, es waren Schüler, die sich gegen das System auflehnen."

„Der Schulterror soll System haben? Apropos Terror. Ich will die Lewkow sehen."

„Sie glauben tatsächlich, es war einer der Lehrer?"

„Vielleicht will ich das glauben. Wissen Sie, ich war nicht gerade das, was man einen Musterschüler nennt. Ich war aufmüpfig, frech, verhaltensauffällig auf der ganzen Linie. Was ich sagen will ist, dass ich nie besonders viel Gefallen an dieser neuen Partei mit ihrem restriktiven Programm gefunden habe."

„Da sind Sie seit Jahren in einer Minderheit, Bechowski!"

„Und Sie? Sie haben diese Erzkonservativen wohl gewählt, oder was?"

„Noch sind unsere Wahlen geheim."

„Wenn Sie diese Partei wählen, brauchen Sie mit den Grundrechten aber nicht mehr großartig rechnen."

„Letztendlich ist es also doch am wahrscheinlichsten, dass es ein Schüler war."

„Warten wir es ab. Hauptsache wir kriegen ihn."

„Oder sie."

„Oder sie."

„Hab ich das recht verstanden?" fragte Robinson. „Sie sind jetzt hier der Chef?"

„Das kann man so doch nicht sagen", widersprach Frau Lewkow. „Direktor Martani ist keine 12 Stunden – oh der Herr hab ihn selig."

„Aber Sie haben jetzt das Sagen. Sie bestimmen jetzt hier", beharrte Robinson.

„Nein, wir sind eher ein Direktoratstriumvirat, wenn ich das so sagen darf", sagte sie jetzt sehr kühl, dann schluckte sie. „Vielmehr waren wir das. Jetzt sind wir nur noch zu zweit."

„Na, dann nenn ich das mal ein klasse Motiv, Frau Lewkow", meinte Bechowski.

Die Lewkow wurde puterrot. „Was wollen Sie mir da unterstellen? Sie glauben doch nicht ernsthaft – wie können Sie es wagen?"

Bechowski und Robinson grinsten gleichermaßen.

„Wer ist der zweite Tatverdächtige?" spöttelte Robinson.

„Ich denke, es dürfte außer Zweifel stehen, dass wir den Täter bei einem der Schüler suchen müssen. Ich sagte Ihnen ja schon – mit dieser Klientel ist nicht zu spaßen. Es sind nicht einfach nur Kinder und Jugendliche. Wir haben es mit einer gänzlich neuen Form von Mensch zu tun."

„Eine neue Spezies?" fragte Bechowski, und sein Tonfall ließ keinen Zweifel an der Ironie seiner Äußerung aufkommen.

„Noch mal", Frau Lewkow schien langsam die Geduld zu verlieren. „Vorsichtig formuliert sind dies außergewöhnliche

Kinder und Jugendliche, für die auch außergewöhnliche Methoden benötigt werden. Unsere Schule war vor Jahren schon das Pilotprojekt einer völlig neuen Pädagogik."

„Neu?" Bechowski lief rot an, brachte sich aber schnell wieder unter Kontrolle. „Meine Liebe, ich habe den Steinbruch hier vom Fenster aus gesehen. Das schaut mir nicht nach einer besonders neuen Methode aus."

„Das Projekt gab uns damals Recht, der Erfolg war ausgezeichnet. Wir haben für alle unsere pädagogischen Maßnahmen, die im Übrigen von der Koryphäe Markus Piroll ersonnen worden war, staatliche Lizenzen! Das ganze Land hat nach diesen Erfolgen unserer Schule nachgeeifert. Mittlerweile gibt es schon 120 Schulen dieser Art. Wir waren und sind die Vorreiter, und wir sind stolz darauf, dass die Menschen wieder in Ruhe auf die Straßen gehen können."

Robinson mischte sich ein: „Frau Lewkow, Sie können Ihre Pädagogik und Ihre zweifelhaften Methoden solange in der Pfeife rauchen, bis nicht irgendwelche Ergebnisse aus einer Langzeitstudie den Erfolg evaluieren."

„Sie sind uns übrigens noch eine Antwort schuldig", unterbrach Bechowski. „Wer ist der zweite ihres geschrumpften Triumvirats?"

„Pawlow. Der Sportlehrer."

Bechowski fand Pawlow in der Sporthalle. Sie war riesig. Ebenso der Herrscher dieses Territoriums. Pawlow blickte unwirsch zu dem Kommissar herüber, ohne damit aufzuhören, Matten auszulegen. „Was wollen Sie denn hier. Ihre Kollegen haben mich doch schon ausgequetscht."

„Ja, und die haben mir erzählt, dass Sie für die Tatzeit kein Alibi haben."

„Und ob ich das habe. Zwanzig der schwersten Jungs hier haben das zu spüren bekommen."

„Ich habe schon gehört, dass Sie hinter dem Haus einen Steinbruch haben. Und wie mir scheint, sind Sie auf diese mittel-alterlichen Methoden auch noch stolz", sagte Bechowski und verbarg seinen Ekel vor dem muskulösen Mann nicht.

„Das ist das Einzige was wirklich bei denen hilft. Die Kerle müssen ihre Aggressionen doch irgendwo rauslassen können", verteidigte sich Pawlow.

„Vielleicht auch an dem Direktor?" fragte Bechowski.

„Wie meinen Sie denn das?" fragte Pawlow dümmlich. „Ach so, Sie meinen ... Na klar, wer soll's denn sonst gewesen sein, heh?"

„Na, Sie zum Beispiel! Jetzt haben Sie doch eine höhere Stelle in der Machthierarchie, oder etwa nicht?"

„Ich verstehe nicht ganz!"

„Macht nichts! Sagen Sie, was bauen Sie hier eigentlich auf?"

„Das wird ein Zirkeltraining! Die Kerle brauchen hartes Trai-ning und eiserne Disziplin. Sonst können wir sie doch nicht auf die Menschheit loslassen, meinen Sie nicht? Wenn es nicht weh tut, lernen die doch nichts, verstehen Sie? Die brauchen Drill, Drill und noch mal Drill!"

„Ich sehe schon, Sie machen Ihrem Namen alle Ehre. Bei mir bildet sich auch schon ein Reflex. Ein Würgereiz", sagte Be-chowski. Der war bestimmt nicht der Mörder. Und in dem Füh-rungstriumvirat zählte seine Stimme bestimmt kein Drittel.

„Wenn Sie keine Fragen mehr haben, dann könnte ich in meiner Arbeit fortfahren!" Pawlow war rot geworden.

„So wasserdicht wie Sie es darstellen, ist Ihr Alibi leider nicht", erwiderte Bechowski. „Sie haben den Steinbruch für mehr als eine Viertelstunde verlassen. Das ergab die Aussage Ih-res Ersatzaufpassers. Wo waren Sie in dieser Zeit, wenn ich fra-gen darf?"

„Ich war pinkeln, Herr Kommissar, das darf man doch wohl noch?"

„Ich weiß nicht so genau, was man hier alles so darf oder nicht darf. Ich habe aber so das vage Gefühl, man darf hier nicht allzu viel." Bechowski zündete sich eine Zigarette an. „Aber zurück zu Ihrem zerbröckelnden Alibi. Sie hat nicht zufällig jemand gesehen, als Sie ..."

„Hören Sie, wieso verdächtigen Sie eigentlich mich?" unterbrach ihn Pawlow wütend. „Wir haben hier das ganze Haus voll sozial degenerierter Freaks, und Sie haben nichts Besseres zu tun, als diejenigen zu stören, die der Menschheit mit ihrer Arbeit einen Dienst erweisen."

„Ja, ich glaube auch, dass wir – wenn ich mal kurz für die ganze Menschheit sprechen darf – wirklich dankbar sein können, dass Menschen wie Sie unsere Jugend unterrichten und bilden."

„Lassen Sie Ihren Sarkasmus in der Tasche!"

„Oh, Entschuldigung, ich hatte gehofft, Sie würden es nicht merken."

„Wir arbeiten hier hart, Herr Kommissar. Dass ein ungehobelter Mensch wie Sie es nicht versteht, was Disziplin bedeutet, ist mir schon klar."

„Das aus Ihrem Mund zu hören, macht mich wirklich betroffen." Bechowski nahm den Zigarettenstumpen aus dem Mund, warf ihn zu Boden und zertrat ihn genüsslich langsam auf dem geheiligten Turnhallenboden. „Sie haben Recht. Ich habe einfach keinen Sinn für Disziplin!"

„Ja, Ihnen hätte eine solche Schule gut getan", rief Pawlow Bechowski nach.

Bechowski kramte ungeniert in den Schubladen von Martanis Schreibtisch herum.

„Hier ist doch schon alles durchsucht worden", sagte Robinson.

„Ja, aber bestimmt nicht nach dem hier!" Bechowski hielt triumphierend eine Schachtel in der Hand, die Robinson sogleich als Zigarrenkiste erkannte. Bechowski öffnete sie, sog genießerisch das Aroma des Tabaks ein. „Teuer", sagte er bewundernd, dann fischte er sich eine der Zigarren heraus und drehte sie in seiner fleischigen Hand. Er nahm den Knipser vom Tisch, guillotinierte die Zigarre und zündete sie sich schließlich an. „Wäre doch schade um diese edlen Teile. Ich glaub, ich steck mir lieber noch ein paar von den Dingern ein, bevor sie in falsche Hände geraten." Als Bechowski eine Hand voll weiterer Zigarren aus der Kiste nehmen wollte, fiel sein Blick auf etwas Darunterliegendes.

„Na, sehen Sie sich mal diese Bilder an", Bechowski zog einen Stapel Fotos aus der Kiste. „Lauter hübsche Jungs."

„Und so nackt."

„Und so jung. Sehen nicht gestellt aus, die Bilder? Die meisten sind Aufnahmen aus der Dusche oder in den Zimmern der Kinder. Der geile Sack hat sie heimlich aufgenommen."

„Mir wird schlecht", sagte Robinson.

„Ja, es reicht für heute. Gehen wir heim", gähnte Bechowski.

„Einen hätten wir noch. Steve, siebzehn, elfte Klasse."

„Morgen!" entschied Bechowski und verbarg sein Gesicht hinter einer dichten Wolke. „Ich habe keinen Bock mehr. Und noch weniger als diese scheiß Lehrer will ich heute eine verhaltensgestörte Pickelfresse sehen." Bechowski sah den Stapel Akten vor sich. Die oberste trug den Namen Steve Heine. „Vielleicht nehme ich mir sogar ein paar Akten mit nach Hause. Das ist mehr als man von mir normalerweise zu erwarten hat."

Die Akte las sich wie eine Definition von Verhaltensstörung beziehungsweise Erziehungsschwierigkeit. So ziemlich kein Klischee wurde ausgelassen.

Steve wurde sowohl von seinem Vater wie auch von seinem großen Bruder sexuell missbraucht. Der Vater war alkoholabhängig, die Mutter war eine semiprofessionelle Prostituierte. Es folgten noch drei weitere Kinder, zwei Töchter und ein Sohn, wobei keiner so genau wusste, wer der richtige Vater war. Steves Vater hatte sich nämlich schlicht tot gesoffen. Auch der ältere Bruder war nach einer Messerstecherei nicht mehr am Leben. Steve war also eine Zeit lang das männliche Oberhaupt der Familie, war zuletzt sogar der Zuhälter der eigenen Mutter und der kleineren Schwester. Irgendwo musste das Geld ja herkommen. Die paar Brüche, die er mit seiner Gang machte, brachten nie das große Geld. Da war er vierzehn Jahre alt.

In der Schule war Steve, hauptsächlich aufgrund seiner Absenzen, hinten dran. Denn dumm war er keineswegs, wie etliche Tests, die er durchlaufen musste, zeigten. Er hatte demnach einen IQ von 120, aber nur einen EQ von 70, was einen erheblichen Mangel an sozialer und emotionaler Intelligenz anzeigte. Kaum Empathiefähigkeit, niedrige Frustrationstoleranz.

Bechowski blätterte auch die anderen Akten durch, wenn auch nur oberflächlich. Außerdem wiederholten sich die Schicksale. Immer eine andere Färbung, mal mehr, mal weniger delinquent, mal aggressiv-ausagierend, mal introvertiert-depressiv, mal missbraucht, oft missbrauchend, häufig beides. Und letztendlich landeten sie alle in der NGZ. Und die Bevölkerung war glücklich. Die Partei hatte diesen Werbeslogan – vor der Wahl hieß er: *Wir machen die Straßen wieder sicher!*, nach der Wahl hieß er schlicht: *Die Straßen sind wieder sicher!* Das war so einfach! Sie hatten ihn in den Medien rauf und runter gespielt, irgendwann hatten selbst die so genannten Intellektuellen den Slogans geglaubt.

Bechowski legte die Akten beiseite, ihm war regelrecht schlecht geworden.

Zu viel Scheiße passierte. Einfach zu viel. Was konnte da ein kleiner Bulle, wie er einer war, denn schon dagegen tun? Doch dann lächelte er ein wenig. Den einen oder anderen Arsch gab es dann doch noch zu treten, und solange dieser Zustand anhielt, hatte er auch sein Quäntchen Spaß an der Sache.

Frau Lewkow saß hinter dem Schreibtisch und kramte in den Schubladen. Sie fuhr heftig hoch, als Bechowski und Robinson, ohne zu klopfen, eintraten.

„Können Sie nicht anklopfen?" fragte Frau Lewkow sichtlich nervös mit Hysterie in der Stimme.

„Dies ist ein Tatort, Frau Lewkow. Ich würde gerne diesen Jungen vernehmen, wie hieß er doch gleich?"

„Steve", sagte Robinson.

„Richtig, so hieß der Junge", sagte Bechowski. Er rieb sich das stoppelige Kinn.

Steve nahm gegenüber Bechowski, der wie der neue, großartige Direktor hinter dem gigantischen Schreibtisch thronte, Platz. Steves Stuhl war aus schlichtem Holz und hart. Bechowskis pompös und mit rotem Samtpolster bezogen. Bechowski und Steve wurden sich gleichermaßen der kalten, von Autorität geschwängerten Distanz, welche dieser riesige Tisch verursachen sollte, bewusst. Doch bei beiden funktionierte diese Taktik nicht sonderlich. Steve hatte feuerrote, kurz geschnittene Haare, ein wenig rötlicher Flaum am Kinn zeugte von geringem Bartwuchs. Die Sommersprossen ließen ihn jünger als seine siebzehn Jahre aussehen, die Augen jedoch zeigten einen Ausdruck, der von einem Alter zeugte, welches nicht in Jahren gemessen werden konnte.

Robinson stand neben dem Tisch an die Wand gelehnt. Er tat recht beiläufig, Bechowski aber wusste, dass Robinsons Aufmerksamkeit aufs Äußerste gespannt war. Keine auch noch so winzige Regung des Jungen würde ihm entgehen.

„Ich hab' dem anderen Bullen doch schon alles gesagt", meinte Steve.

„Ja, aber noch nicht dem Oberbullen, und da wir so schlecht organisiert sind, weiß keiner vom anderen, was er tut. Deshalb sitzt du jetzt hier. Verstanden?"

Steve nickte. Er fläzte sich noch mehr in seinen Stuhl hinein.

„Du bist einer der Wenigen, die zur Tatzeit kein Alibi vorzubringen haben", sagte Robinson nüchtern.

„Muss ich das denn?" fragte Steve.

„Ja, musst du denn?" fragte Bechowski zurück. „Genau das wollte ich wissen."

„Nein, ich brauche kein Alibi. Ich hab nichts gemacht, also brauche ich kein Alibi, oder? Kann ich jetzt gehen?"

Robinson schob den Jungen, der sich soeben erheben wollte, mit sanfter Gewalt auf den Stuhl zurück: „Immer schön mit der Ruhe."

„Mich würde interessieren, was du von der ganzen Sache hältst, Steve", sagte Bechowski.

„Warum sollte Sie das interessieren. Wir interessieren hier niemanden."

„Nun, versteh mich nicht falsch. Mich interessiert dein kleines Leben auch nur insofern, als dass ich wissen will, ob es etwas mit dem Ableben anderer zu tun hat. Meine Befragungen sind also keineswegs von persönlichem Interesse geprägt. Alles, was ich frage, dient einzig und allein der Ermittlung des Täters. Also noch mal: Ich will die Sicht eines Schülers kennen lernen. Wie ist die Lage? Bist du ... seid ihr beglückt oder betrübt über den Mord an eurem Direktor, oder ist es euch schlicht und ergreifend egal?"

„Es ist uns schlicht und ergreifend egal!" Steve zappelte jetzt auf seinem Stuhl hin und her.

Bechowski wartete. Er ahnte, dass der Junge die Masche nicht lange durchhalten konnte. Irgendetwas war da noch in ihm drin, und das wollte raus. Steve wurde zunehmend nervöser. Der Platz, den der Stuhl ihm bot, schien bei weitem nicht mehr auszureichen. Dann platzte er: „Was glauben Sie denn, wie wir das finden? Ist doch supergeil, das mit dem Alten! Ich bin froh, dass er verreckt ist. Das heißt aber noch lange nicht, dass ich es gewesen sein muss, oder?"

„Stimmt, du musst es nicht gewesen sein", sagte Bechowski leise, „aber du hast ein ausreichendes Motiv und kein Alibi. Und da ich hier möglichst schnell wieder weg will, ist es durchaus möglich, dass ich einfach den verhafte, bei dem mir die Fakten reichen, um ihn vor Gericht zu bringen, das sollte dir nebenbei bemerkt, klar sein, capisce?"

„Kann ich jetzt gehen?"

„Ja, du kannst jetzt gehen, aber verlass die Stadt nicht!"

„Scheiß Scherz!" sagte Steve. Bevor er hinausging, drehte er sich noch einmal um. „Ach und übrigens. Wissen Sie, was total geil ist? Die Lehrer wollen es nicht zeigen, sie wollen unterrichten wie immer – aber ich kann es in ihren Augen sehen. Sie wissen jetzt, dass sie trotz ihres Schlachterpersonals und ihrer Videoüberwachung nicht mehr sicher sind."

„Was kannst du in ihren Augen sehen, Steve?" fragte Bechowski.

„Angst. Nackte Angst."

„Warum hast du ihn so schnell laufen lassen", fragte Robinson, als Steve aus der Tür heraus, und diese hinter ihm ins Schloss gefallen war. „Der weiß doch mehr, als er erzählt."

„Das stimmt wohl. Aber trotzdem glaube ich nicht, dass er es war. Der bringt nicht einfach einen Lehrer um."

„Er wäre wohl eher der Typ, der einen Lehrer krankenhausreif schlägt?"

„Nein, subtiler. Jemand, der einen üblen Scherz machen würde."

„Bleistifte im Rücken – findest du das etwa subtil?"

„Na ja, auf jeden Fall weiß der was. Wie der gezappelt hat."

„Wo ist die Lewkow eigentlich?"

„Du kannst sie über die 821 am Hausfon erreichen."

Bechowski tippte die Nummer in die Tastatur. Der Plasmabildschirm erhellte sich, und das verärgerte Konterfei der stellvertretenden Direktorin kam zum Vorschein. „Wie kann ich Ihnen helfen, Herr Kommissar? Ich kann nur hoffen, es ist wichtig, da ich meinen Unterricht nur sehr ungern unterbrechen lasse."

„Oh ja, natürlich, wenn es sich nicht um Mord und dessen Aufklärung handeln würde, hätte ich nie im Leben gewagt, Ihre pädagogischen Seifenblasen zerplatzen zu lassen. Natürlich ist es wichtig. Alles was ich hier tue ist enorm wichtig, Teuerste."

„Ersparen Sie sich das, kommen Sie zum Punkt."

„Das kann ich Ihnen unter vier Augen besser sagen. Ich möchte nicht, dass eine ganze Klasse zuhört."

„Ich kann die Einzelkabinen aktivieren", sagte die Lewkow.

Bechowski, der nur vorsichtig ahnte, um was es sich da handeln konnte, lehnte dies ab. „Kommen Sie her!" sagte er und drückte dann die Taste, um die Verbindung zu unterbrechen.

Robinson sah ihn fragend an: „Was willst du von ihr?"

„Ist dir nicht aufgefallen, was der Junge nebenbei erwähnt hat?"

„Nein, was?"

„Er sagte etwas von Videoüberwachung! Das scheint mir doch sehr interessant. Vielleicht haben wir ja den Täter auf Chip? Das wäre doch ein Knüller, und wir könnten schnell nach Hause. Ich frag' mich nur, wieso die Lewkow nichts davon erwähnt hat."

„Ja, schon seltsam", meinte Robinson. „Aber mein Gott, diese Frau ist Lehrerin hier, was will man anderes von so einer Person erwarten? Seltsam zu sein ist da wohl das Mindeste, was mir einfällt."

Frau Lewkow betrat in diesem Augenblick das Zimmer. „Wie kann ich Ihnen helfen, meine Herren."

„Stimmt es, dass hier alles mit Video überwacht wird?" fragte Bechowski mit nicht verhohlenem Ärger in der Stimme.

„Oh ja, natürlich." Es dauerte eine Weile, dann erst schien der Groschen zu fallen. „Oh mein Gott, natürlich. Wie konnte ich das nur vergessen? Ich habe in der ganzen Aufregung einfach nicht mehr daran gedacht."

„Wo wird das alles aufgenommen?"

„Hier im Nebenzimmer sind die Computer. Wir benutzen diese neuartigen Chips auf Wasserbasis. Da passen ja so viele Informationen drauf. So, hier müsste es sein." Das Nebenzimmer sah aus wie die Kommandozentrale in einem Spionagefilm.

Bechowski und Robinson stand der Mund weit offen. „Sagt Ihnen Big Brother etwas?" fragte Bechowski.

„Ich habe meinen Orwell schon in der Schule gelesen, Herr Kommissar. Mir gefällt es auch nicht, dass wir in einer Zeit leben, wo so etwas nötig ist. Dort drin ist der Chip." Sie drückte auf einen Knopf, der eine Schublade in einem der Computer öffnete. Die Schublade war leer.

„Scheiße!" entfuhr es Bechowski. „Aber der Chip, sofern er nicht zerstört worden ist, muss sich noch in diesem Gebäude befinden."

„Na, dann kannst du ja gleich die sprichwörtliche Stecknadel im Heuhaufen suchen", sagte Robinson.

„Nicht unbedingt", meldete sich die Lewkow zu Wort. „Wenn ich ein Schüler wäre und müsste so einen Chip verstecken, dann würde ich es dort tun, wo er nicht weiter auffällt."

„Und? Weiter!" drängte Bechowski.

„Nun, wissen Sie, die Kids haben ihre Musik und ihre Filme auf solchen Chips gespeichert, natürlich auch ihre Lernprogramme und diverse Schulbücher. Ich wette, einer von diesen Chips ist der, den wir suchen." Frau Lewkow war sichtlich mit sich zufrieden.

„An Ihnen ist ja eine wahre Miss Marple verloren gegangen", spöttelte Bechowski. „Na, dann sollten wir mal das Zimmer von diesem Steve genauer unter die Lupe nehmen!"

Und tatsächlich hatten sie den Chip in Steve Heines Privatarchiv gefunden. Wenn Polizeiarbeit immer so leicht wäre, dachte sich Bechowski. Jetzt musste nur noch der Täter darauf zu sehen sein. Bechowski, Robinson und die Lewkow standen um den noch dunklen Monitor. Der Schirm erhellte sich, und zu sehen war Direktor Martani, wie er gerade am Fenster stand und rauchte. Dann sah man plötzlich eine zur Faust geballte Hand am Rande des Schirms auftauchen. Aus der Faust ragte ein spitzer Gegenstand, der sogleich in Martanis Rücken fuhr. Der Mann stürzte zu Boden und rührte sich nicht mehr. Eine ganze Weile passierte gar nichts, dann kam eine Gestalt hinzu, die allem Anschein nach einen Bleistift nach dem anderen im Rücken des Direktors platzierte, bis dieser wie ein überdimensionierter, grotesker Igel aussah.

„Das ist Steve Heine", sagte die Lewkow wenig überrascht.

„Wo ist der Kerl?" rief Bechowski grimmig.

„Er ist jetzt in seinem Zimmer in Gewahrsam", sagte Frau Lewkow.

„Was heißt hier Gewahrsam?" fragte der Kommissar.

„Das heißt natürlich, dass er in seinem Zimmer eingesperrt ist! Meinen Sie, wir lassen ihn hier frei rumlaufen, wenn er doch so verdächtig ist? Ich werde ihn bringen lassen", sagte die Lewkow unbeeindruckt.

„Einen Scheiß werden Sie", sagte Bechowski. „Ich werde zu ihm gehen – allein! Und du, Robinson, quetscht die werte Dame noch ein wenig aus. Was mir nämlich überhaupt nicht klar wird, ist, wie der Junge in das Direktorat gekommen sein will."

„Warum hast du es getan, Junge?" fragte Bechowski. Steve saß auf seinem Bett, die Beine angewinkelt, die Knie mit den Armen umfassend. Bechowski saß ihm gegenüber auf dem einzigen Stuhl, welcher sich in dem kleinen Zimmer befand. Das Zimmer selbst glich nicht nur der jetzigen Funktion nach einer Zelle. Es war karg eingerichtet, spartanisch, wie in einem Kloster, dachte sich der Kommissar.

„Was getan, Bulle?" Steves trotziger und cooler Ton wurde von seiner defensiven Haltung konterkariert.

Bechowski zeigte Steve einen Computerausdruck, auf welchem der Junge gerade dabei war, Holz in Fleisch zu rammen.

„Ich war's nicht!" rief er.

„Wie, du warst es nicht. Ist das da dein verdammter Zwillingsbruder, oder was?"

„Ich hab' ihn nicht umgebracht. Als ich in das Zimmer kam, lag er schon tot am Boden."

„Und dann hast du dir gedacht, dem stecke ich noch ein paar Bleistifte ins Kreuz", schrie Bechowski ihn an.

„Haben Sie sich mal überlegt, woher ich Bleistifte hernehmen sollte? Die meisten hier drin kennen so was Antiquarisches nicht einmal mehr. Wir benutzen Desktops, Mikrochips und dergleichen. Bleistifte sind mega-out. Überhaupt sind Stifte aller Art aus Sicherheitsgründen verboten."

„Wie kamst du dann an die Stifte?" fragte Bechowski.

„Sie lagen in einer Schachtel auf dem Tisch."

„Und warum hattest du deinen Direktor damit bespickt?" wollte Bechowski wissen.

„Na, das hab' ich Ihnen doch schon erklärt. Sind Sie schwer von Begriff? Ich wollte einfach die Gelegenheit nutzen. Ich wollte, dass es aussieht, als wäre es einer von uns gewesen. Die Schweine sollten wenigstens solange Angst vor uns haben, bis sie rauskriegen, wer's wirklich war. Und außerdem steckte schließlich schon einer von diesen Stiften in ihm drin. Und das brachte mich dann auf die Idee."

„Mhh", Bechowski zog ein nachdenkliches Gesicht. *Irgendetwas stinkt hier – und zwar ganz gewaltig,* dachte er sich. *Da hat der Junge wohl jemandem schön in die Hand gespielt.* „War es denn keiner von euch?"

„Nein, Schüler kommen da nicht rein. Die Tür stand schon offen."

„Wieso bist du überhaupt dorthin", fragte Robinson.

„Ich hatte eine Nachricht auf meinem Mini-Dig, ich solle mich sofort im Direktorat melden."

„Warum hast du uns das nicht alles schon früher erzählt?"

„Dann wäre ich ja gleich am Arsch gewesen, oder?"

„Und jetzt bist du nicht am Arsch? Hör mal, Söhnchen, die Beweise sprechen ganz eindeutig gegen dich."

„Aber es muss doch jedem sofort klar sein, dass da was nicht stimmt. Die offene Tür, die Bleistifte. Jemand wollte mich ganz klar dazu anstiften (ihm entging ganz offensichtlich der Wortwitz), das ist doch total klar, oder nicht?" Steve klang jetzt eher verzweifelt als aufmüpfig.

„Wenn es so klar war, wieso hast du dich dann darauf eingelassen?"

„Hey, Mann, ich bin eben ein harter Brocken. So 'ne Gelegenheit lässt man sich doch nicht entgehen. Ich hock' hier sowieso schon drin. Und was kann es schon für eine großartige Strafe geben, dafür, dass ich 'ne Leiche kille?"

„Mag schon sein. Aber was meinst du? Wenn das dem Richter vorgetragen wird. Da gibt es einen mehrmals vorbestraften Bengel, da gibt es ein Motiv, da gibt es eine schöne digitalisierte Aufnahme des Mordes. Jede Menge Fingerabdrücke auf den Bleistiften. Und da glaubst du an eine geringe Strafe? Das, was dir blüht, wird dich dieses Loch hier wie eine Suite im Ritz vorkommen lassen!" Doch auch Bechowski kam die ganze Sache nicht koscher vor. Irgendwie glaubte er dem Jungen. Nicht, dass er ihm keinen Mord zugetraut hätte, schließlich musste man schon ein ziemlich gestörter Charakter sein, um 37 Bleistifte in einen Menschen zu treiben, auch wenn dieser schon tot war. Aber dennoch waren die Einwände, die der Junge einbrachte, nicht von der Hand zu weisen.

„Du sagst, es kann keiner der Schüler gewesen sein. Wer war es deiner Meinung nach dann?"

„Vielleicht diese Schlampe."

„Die Lewkow? Was sollte sie für ein Motiv haben?"

„Jeder weiß doch, dass die was miteinander hatten", sagte Steve.

„Nun, mir ist das beispielsweise neu", meinte Bechowski. „Aber ich weiß nicht, ob ich einer so freundlichen Dame wie Frau Lewkow, einen Mord zutrauen kann", provozierte er. „Die wäre zu so etwas doch gar nicht fähig." Die Bilder in der Zigarrenschachtel verdichteten sich vor seinem geistigen Auge zu einem Motiv.

„Was?" schrie Steve. „Die ist zu allem fähig. Die ist es doch, die hier den Laden schmeißt, schon seit ich denken kann, war das so. Sie hat immer die abartigsten Ideen, wie man uns bestrafen kann. Hier gibt es Dunkelarrest für das Vergessen von Hausaufgaben. Die Stühle im Klassenzimmer kann man unter Strom setzen, und glauben Sie mir, das hat sie verdammt oft gemacht. Diese Schlampe kommt direkt aus der Hölle. Keiner von uns ist so schlimm wie die!"

Bechowski kratzte sich nachdenklich die Stoppeln, als sein Handy vibrierte. Er hatte noch eines dieser altmodischen Teile. Robinson hingegen hatte sich seins schon längst in die Ohrmuschel implantieren lassen.

Auf dem kleinen Bildschirm erschien das picklige Gesicht des Typen von der Spurensicherung „Ja, was gibt's, Bernstein?"

„Es waren 37 Bleistifte", sagte er grußlos.

„Ja und? Das weiß ich bereits."

„Es waren aber 38 Löcher in der Leiche!"

Bechowski bedankte sich, legte auf, um sogleich seinen Partner anzurufen. Dieser meldete sich prompt.

„Robinson, ist die Lewkow bei dir?"

„Ja, sie ist hier, warum? Hat sie was verbrochen?" fragte Robinson scherzhaft.

„Ich denke, das hat sie", sagte Bechowski nüchtern. „Lass sie nicht aus den Augen. Ich bin in fünf Minuten bei dir!"

„Und du", sagte Bechowski dem Jungen zugewandt, nachdem er die Verbindung unterbrochen hatte, „rührst dich nicht von der Stelle!"

„Sehr witzig!" sagte Steve, doch der Kommissar war bereits hinter der Stahltür verschwunden.

Bechowski hatte keinerlei Zweifel mehr, wer hinter dem Mord steckte. Im Nachhinein war es fast zu simpel. Als er die Gänge entlang eilte, dachte er an die Fotos der nackten Kinder. Bechowski konnte sich gut vorstellen, wie die Lewkow die Fotos entdeckt hatte und darüber wenig amüsiert war. Selbstverständlich nicht aus Empörung über die Verletzung der Würde unschuldiger Kinder und Jugendlicher, sondern vielmehr aus schlichter Eifersucht. Als Motiv mochte dies gelten, und auch schien alles andere zusammenzupassen, doch wusste Bechowski, dass in heutigen Zeiten derartige Indizienbeweise nicht viel zählten. Die Richter waren allesamt der neuen Politik der harten Linie wohl gesonnnen und sahen in den meisten Kindern und Jugendlichen nicht etwa die erwachsene, wählende Bevölkerung von Morgen, sondern einfach eine potenzielle Gefahr. Bechowski war sich sicher, dass den Richtern die Aufnahme mit Steve darauf absolut ausreichen würde, dass sie etwaigen Zweifeln nicht die Aufmerksamkeit schenken würden, wie man sich das vielleicht in einem Rechtsstaat wünschte. Wir waren damals schon kinderfeindlich, dachte sich Bechowski, jetzt aber wollen wir uns wohl mit aller Gewalt auslöschen. Die wenigen Kinder, die heute noch gezeugt werden, sperren wir am Liebsten gleich weg! Bechowski wunderte sich ein wenig über sich selbst. Er hätte nie gedacht, dass gerade er einmal Probleme der moralischen Art haben würde. Er war nie der große Philosoph, er hatte nie großartig für jemanden oder für etwas gespendet, er war nie besonders fähig gewesen, vernünftige Beziehungen einzugehen, er machte Fehler am laufendem Band, aber anscheinend war ihm trotz oder gerade wegen all seiner Unzulänglichkeiten etwas geblieben, was den meisten Menschen in Deutschland heutzutage abging: Menschlichkeit.

Was sie brauchten, war ein Geständnis der Lewkow, und Bechowski war wild entschlossen, es ihr zu entlocken, zu entwinden, es ihr zur Not zu entreißen. Er wusste nur nicht, wie weit er dabei gehen würde, wahrscheinlich nicht halb so weit, wie er es sich vielleicht wünschte. Er hoffte inständig, diese menschenverachtende Frau hinter Gitter bringen zu können, damit sie selbst das am eigenen Leib erfuhr, was sie ihren Schutzbefohlenen angetan hatte.

Endlich war er am Direktorat angelangt. Er riss die Tür auf. Die plötzliche Zugluft ließ Dutzende von Aktenseiten durch das Zimmer tanzen. Das Fenster zum Hof war weit geöffnet, an der Öffnung stand Robinson. Bechowski ließ seinen Blick schweifen, doch er konnte sonst niemanden mehr in dem Raum entdecken. Er zog fragend die Augenbrauen nach oben.

„Sie ... sie ist gesprungen", sagte Robinson. „Ich wollte sie aufhalten, aber sie war einfach zu schnell." Bechowski eilte zum Fenster und sah hinab in die Tiefe. Eine Traube Schüler, welche gerade im Steinbruch Sand produzierten, stand um die Leiche der Lewkow. Der Radius des Ringes, welchen die Schüler bildeten, wurde durch das sich verteilende Blut schnell größer. Bechowski sah erst einen der Schüler auf die Leiche spucken, dann einen zweiten, dann kamen fast alle, wie um der verhassten Lehrerin einen letzten Gruß zu entbieten.

Bechowski schüttelte traurig den Kopf. „Was haben wir nur aus ihnen gemacht?" flüsterte er.

Als sie im Wagen saßen und die unsägliche Schule hinter sich ließen, sah Bechowski den Kratzer an Robinsons Wange. Robinson sah den fragenden Blick seines Kollegen. „Ich wollte sie aufhalten, wirklich. Sie muss wohl erkannt haben, dass wir ihr auf die Schliche gekommen waren. Ich wollte sie festhalten, da hat sie mich gekratzt, und weg war sie."

„Hätte einfach nicht gedacht, dass 'ne Frau wie die Selbstmord begeht."

„Sie war eben klug genug, zu wissen, wann es aus ist", sagte Robinson nickend.

„Und ich glaube, Sie wäre problemlos damit durchgekommen. Sie hatte mit Steve gespielt, und er hat prima dort rein gepasst, wo sie ihn haben wollte. Er wäre der perfekte Sündenbock gewesen."

„Und was willst du mir jetzt damit sagen?"

Bechowski aber antwortete nicht.

Sie fuhren unerträglich stumm weiter durch das Ödland. Schließlich unterbrach Bechowski die Stille: „Sag mal Robinson, auf welcher Schule warst eigentlich du?"

Robinson sagte kein Wort, und auch Bechowski schwieg.

Keine Idylle

Ernst-Edmund Keil

60 Jahre und mehr nach Jalta und Potsdam, Auschwitz und Theresienstadt, Hamburg und Dresden, Hiroshima und Nagasaki, Zusammenbruch und Teilung, Flucht und Vertreibung: diese Idylle über den Kieswegen der Flussaue. Zwei Rollschuhläufer mit einem kleinen schwarzen Hund, klingelnde Radler mit Fresskörben und Satteltaschen, einzeln oder in Rudeln, ein sich küssendes Liebespaar auf einer Bank, Fußgänger mit weißen Strickjacken über der Schulter und Handtaschen oder mit Knirpsen am Handgelenk ...

In der Aue, gegen den Fluss zu, ein Teich mit Ruderbooten, Tretbooten, Segeljollen, alles bemannt und doch fast lautlos dahingleitend unter dem Wind, der in den Baumwipfeln rauscht, das Wasser wellt und die Kohlweißlinge wie trunken zwischen Binse und Schilf hin- und hertaumeln lässt. Auf den Promenadenwegen gegenüber ein ähnliches Bild, und dazwischen der Fluss, auch er scheint wenig verändert. Immer noch ziehen tuckernd die Tanker und Kohlenschlepper stromab und stromauf, den Wimpel am Bug, die Fahne am Heck. Und zwischen sie schieben sich die kleinen und großen Ausflugsdampfer der weißen Flotte. Schrauben mahlen, Räder klappern leise, und Möwen werfen sich in ihrem quirligen Kielwasser schreiend in die Luft, die heute blau ist, weil die Sonne wieder scheint, das Weidenlaub silbrig schimmert, der Rasen glänzt wie poliert und alle Blumen leuchten, dass Alltagsgrau dir wie ein böser Traum versinkt.

Wenig hat sich verändert seither. Nur der Geräuschpegel ist höher. Das macht die neue stählerne Brücke der Südstadt und der Autoverkehr, der wie unaufhörliches Gewitter darüber rollt, dröhnt untergründig bis in diese Stille. Jetzt siehst du Leute in Jeans, siehst farbige Menschen, die es hier früher nicht gab, hörst fremde Laute fremder Sprachen, auf dem Dampfer steht RIVER LADY, und er hat einen wildwestlichen Nostalgie-Look. Der Teich ist künstlich, das Überbleibsel einer Gartenschau, Weg und Hang, Bach und Bucht, alles künstlich. Die Schiffe, die kleine Jungen an der Anlegestelle ins trübe Wasser setzen, sind ferngesteuert, überall siehst du Antennen, am wolkenlosen Himmel schreibt ein Düsenjet einen weißen Spruch ins Blau, den du nicht entziffern kannst.

Plötzlich fällt senkrecht der Blick wie ein toter Vogel ins Gras, du siehst einen Rollstuhl, darin vornübergebeugt einen halben Menschen. Der rollt lautlos, wortlos immer näher, eine stählerne Spinne, und der Weg ist so schmal, dass du nicht ausweichen kannst, immer näher. Da weißt du, wie zerbrechlich die Idylle ist 60 Jahre nach Jalta und Potsdam, Auschwitz und Theresienstadt, Hamburg und Dresden, Hiroshima und Nagasaki, Zusammenbruch und Teilung, Flucht und Vertreibung, die Idylle über den Kieswegen der Flussaue. Zerbrechlich. Und der Gedanke, dieses Bild, weil wenig verändert durch die Jahre, könnte, wenn nicht dir, so einem Zeitgenossen in 60 Jahren so noch einmal begegnen, erscheint als Frivolität. Nein, es war wohl das letzte Mal, alles hat sich verändert, alles, auch wenn es im Augenblick nicht so aussieht. Die Idylle ist trügerisch.

Utopia?

Anita Römgens

Ich schreibe und schreibe. Ich schreibe mir die Finger wund. Nicht, weil ich es gerne tue. Sondern, weil es meine einzige Chance ist, aus diesem Drecksloch herauszukommen. Meine Finger sind kalt, Brennstoff habe ich schon lange nicht mehr. Das Drecksloch ist die Siedlung, in der ich lebe. Ich habe Glück, ein Zimmer, fast 10 qm, ganz für mich allein. Unerhörter Luxus. Normalerweise ist es nicht so einfach, überhaupt eine Unterkunft zu bekommen. Die meisten Leute leben auf der Straße oder in Wellblechhütten.

Früher, da war das anders. Ganz anders. Meine Oma erzählte immer von dem, was wir hier nur noch *Das Goldene Zeitalter* nennen. Manchmal träume ich von diesen Zeiten und verfluche die Menschen, die es uns wegnahmen.

In den Zwanzigern dieses Jahrhunderts setzte ein ziemlicher Babyboom in Deutschland ein. Staatlich verordnet. Damit das Sozialsystem nicht komplett den Bach runterging. Pille oder Kondome gab es nur noch in medizinisch bedenklichen Fällen. Was darauf hinauslief, dass du schon Aids haben musstest, um überhaupt an Kondome zu kommen. Der Schwarzmarkt florierte, trotzdem bekamen die Deutschen wieder vermehrt Kinder – wie die Karnickel. Doch nicht nur die Deutschen vermehrten sich rasant. Kinder waren nicht das Alleinrecht einer Rasse, die sich für so bedeutend hielt, dass sie sich mit aller Gewalt vermehren mussten. Im Jahre 2025 lebten bereits 7,5 Milliarden Menschen auf der Erde.

Ende der Zwanziger begann das Erdöl knapp zu werden. Die Industrienationen quetschten in ihrer maßlosen Gier die Erde aus, damit sie auch ihren letzten Vorrat an fossilen Brennstoffen freigab. Ebenso wie Öl wurde auch Kohle sehr schnell knapp.

Zuerst wusste das einfache Volk sich zu helfen, es holzte einfach die Wälder ab. Was ziemlich schnell ging. Dann wurde alles verbrannt, was nicht niet- und nagelfest war. Was noch schneller ging. Jetzt sitze ich hier in meinem kalten Zimmer und reibe mir die Finger. Warm wird es nur noch im Sommer in Deutschland.

Die winzige Menge Energie, die durch alternative Möglichkeiten auch heute noch produziert wird, ist den Reichen vorbehalten.

Die Kälte im Winter ist aber unser kleinstes Problem. Ohne Energie brach sehr schnell die ganze Lebensmittelversorgung zusammen. Landwirte müssen heutzutage mit konventionellen Methoden arbeiten. Äcker werden nur noch mit Pferd und Pflug bewirtschaftet. Das gibt dem Stichwort *Ökologische Landwirtschaft* doch direkt eine neue Bedeutung. Leider gibt es nicht genug Äcker in Deutschland, um alle satt zu machen. Zu viele Menschen, zu wenig fruchtbarer Boden.

Und aus dem Ausland Lebensmittel besorgen? Eine Utopie.

Wir Armen, wir wühlen im Müll. Suchen das Letzte, das die Reichen dieses Landes wegschmeißen. Die meiste Zeit aber leiden wir Hunger. Wasser ist auch so eine Sache. Man muss weit laufen, um an einen Fluss zu kommen. Das Wasser stinkt faulig.

Viele hier in der Siedlung sind krank, wenige über vierzig Jahre alt. Doch selbst wenn man Geld hat; Antibiotika, die Wunderwaffe des letzten Jahrhunderts, helfen nicht mehr. Krankheitserreger sind resistent geworden und einfache Grippeviren zu Killerviren mutiert.

Auf Arbeit zu hoffen ist genauso fruchtlos. Selbst damals, bevor uns die Energie ausging, gab es kaum genug Arbeit für 10% der Bevölkerung. Komplette Produktionswege wurden technisiert. Der Mensch war für die Herstellung noch nie so überflüssig wie in den Zwanziger und Dreißiger Jahren unseres Jahrhunderts. Und jetzt? Für wen soll noch produziert werden? Wenn man viel Glück hat, wird man von einem Reichen als Lakai angeheuert, für einen Hungerlohn und noch schlechtere Behandlung.

Aber ich schweife ab. Ich nutze meine Chance. Denn ich kann noch schreiben. Hatte Glück, meine Oma brachte es mir bei. Die meisten Kinder hier aus meiner Siedlung sind dazu überhaupt nicht mehr fähig. Ja, man kann froh sein, wenn ein Kind überhaupt noch richtig sprechen lernt. Selbst mit sechs Jahren haben viele nur so eine Art Babysprache drauf und machen in dem Alter noch in die Hose. Wie sollen sie es auch lernen? Die Eltern haben eh keine Lust, sich um sie zu kümmern. Die meisten Frauen sind ununterbrochen schwanger, nicht selten landet ein Baby nach der Geburt auf dem Müll. Von den anderen sieht die Hälfte noch nicht einmal das fünfte Lebensjahr. Keinen kümmert, keinen interessiert es. Die staatlichen Schulen wurden bereits 2031 abgeschafft. Verlorene Liebesmüh, sich um die vom Staat so heiß ersehnten Kinder auch nur zu bemühen.

Ich lausche. Ist jemand an der Tür? Nachts ziehen Gangs durch unser Viertel. Rauben und vergewaltigen. Man sagt sogar, die äßen Menschenfleisch. Das halte ich aber für ein Gerücht. Nein, kein Mensch im Flur. Ich seufze erleichtert auf.

Manchmal wird so ein armer Knochen aus dem Ghetto zum Star. Wenn er gut ist und die Reichen belustigt. Wenn man singen oder tanzen kann oder besonders hübsch ist. Oder wenn man ein Freak ist, eine Missgeburt. Dann stehen die Chancen sogar noch höher. Der Bedarf nach guten Geschichten ist auch immer da. Schließlich wollen die Reichen unterhalten werden. Ich versuche, gefällig zu sein, mich dem Geschmack der Reichen anzupassen. Das ist gar nicht so einfach. Woher soll ich wissen, was Menschen gefällt, die sich hinter meterhohen, dicken Mauern verschanzen? Die man noch nicht einmal aus der Ferne zu Gesicht bekommt. Schon seit einigen Jahren gibt es einen Sondererlass: Arme, die sich den beschützten Siedlungen nähern, dürfen erschossen werden. Damit wollte man Aufständen vorbeugen. Es gibt Gerüchte. Gerüchte, dass sich Talentscouts im

Ghetto aufhalten. Auf der Suche nach Raritäten, nach dem Un-gewöhnlichen, nach dem, was die Reichen in ihrer wohlbehüte-ten Welt erschaudern lässt. Sobald ein solches Gerücht die Run-de macht, bin ich zur Stelle. Immer am Ball. Leider bin ich nicht alleine. Zuletzt gab es einen Andrang von über zweihundert Leu-ten. Einige wurden sogar tot gequetscht.

Aber ich versuche es weiter. Und ich werde immer besser. Papier habe ich keines, aber Not macht erfinderisch. Dafür habe ich eine Sache, die wichtiger ist als alles andere: meinen Verstand. Eines Tages werde ich dazugehören. Werde in einer Siedlung leben, in der es sogar noch Bäume gibt. Werde jeden Tag satt ins Bett gehen und nicht mehr frieren müssen.

Eine Nation erinnert sich

Sandra Wilke

Deutschland – unendliche Weiten. Wir schreiben das Jahr 2034. Dies ist das Leben deutscher Bundesbürger, die nicht unterwegs sind, neue Welten zu entdecken oder neues Leben und Zivilisationen zu erforschen. Sie dringen auch nicht mutig dahin vor, wo noch nie ein Mensch gewesen ist.

Sie leben und arbeiten in ihrem eigenen, kleinen Universum.

Wie dieses sich gestaltet, hat die *Neue Bild*, ein renommiertes Tageblatt, durch zahlreiche Umfragen und Studien recherchiert. Das ehemals als Klatsch-Printmedium verschriene Blättchen hat sich im Laufe der Jahre zu einer hundert Seiten starken Pflichtlektüre in unseren deutschen Haushalten gemausert. Wo sich früher auf Seite eins barbusig eine Uschi oder Niki räkelten und in zweideutigem Jargon erläuterten, was sie als Malerlehrling vom Pinseln hielten, finden sich heutzutage Schlagzeilen wie *Letzter existierender Alcopop bei Ausgrabungen gefunden.* Ja, es hat sich vieles zum Positiven entwickelt in den letzten drei Jahrzehnten.

„Wir können nicht klagen", beschreibt Elfi S. ihre Lebensumstände. „Wie meine Mutter zu Beginn des 21. Jahrhunderts als moderne Trümmerfrau mitgeholfen hat, Deutschland aus seiner wirtschaftlichen Krise herauszuholen, das kann ich mir heute kaum vorstellen."

Dazu besteht auch keine Veranlassung mehr. Nachdem die Agenda 2010 den Kinderschuhen entwachsen war und ihre Nachfolger Nummer 2011, 2012 und 2013 politisch abgesegnet wurden, haben sich die Lebensumstände der Bundesbürger wesentlich verbessert.

„Ich bin ja so glücklich, dass der Hans jetzt bei uns wohnt", äußert sich Anke B. gegenüber *Neue Bild*. „Der war ein echtes

Schnäppchen und ein Glücksgriff dazu. Mein Mann hätte ja lieber den Schröder oder die Merkel gehabt, aber als ich hörte, dass der Eichel frei wird, habe ich gleich zugegriffen." Fürsorglich stellt Anke B. ihrem fast 93-jährigen Mitbewohner Hans die Haferschleimsuppe auf den Frühstückstisch. Frau B. bezieht sich auf das Gesetz zur *Familienpolitischen Zwangsintegration von Ruheständlern*, ein Geniestreich in Sachen Rentenreform, welcher die Abgaben zur Rentenversicherung gänzlich streicht und durch die Maßgabe, mindestens einen Rentner pro Haushalt aufzunehmen, ersetzt.

„Die Promis sind natürlich heiß begehrt", schmunzelt Anke B., „wir waren ziemlich lange auf der Warteliste. Schließlich hatten wir das Glück, dass Hans die Familie, in der er bisher untergebracht war, überlebte und unvermittelt auf der Straße stand. Trotz seines hohen Alters ist er noch richtig fit und hat für meine Haushaltskasse bereits einen Sparplan ausgearbeitet. Früher soll er ja ein nicht so gutes Händchen für Finanzen gehabt haben, aber ich glaube, das ist wie mit dem Käse. Je reifer, desto besser. Außerdem ist mir diese Regelung lieber als die Abgabe, die Kinderlose damals zahlen mussten. Da habe ich mich ehrlich gesagt schon ziemlich unter biologischem Druck gefühlt."

„Das Schöne ist, wir haben noch jede Menge Platz", schaltet sich der Ehemann von Anke B. ein. „Vielleicht klappt es ja doch noch mit der Angela, sozusagen als Weihnachtsgeschenk, oder Schatz?"

Im heutigen Deutschland haben sich viele Probleme der Vergangenheit in Luft aufgelöst, wie beispielsweise die Kombination von Familie und Beruf. Die von *Neue Bild* interviewte Sybille K. beschreibt ihre Sicht der Dinge wie folgt: „Also, dass mein Mann oder ich wegen der Betreuung unseres Kindes zu Hause bleiben, kann ich mir nicht vorstellen. Gut, dass sich so ein Blödsinn wie Elternzeit erledigt hat. Einer ist doch da immer der Dumme gewesen und die Kinder haben dann den Frust abbekommen. Ich verstehe ja, dass es an ausreichenden und vor allem flächendeckenden Betreuungskonzepten gemangelt hat. Aber jetzt sind alle Arbeitsstellen nachgerüstet und Firmen-Neugründer brauchen ohne eine vernünftige Mutter-Kind-Regelung gar nicht erst zum Gewerbeamt gehen. Ich kann mich noch gut erinnern, wie ich letztes Jahr an meinem Schreibtisch im Amtsgericht saß und bei mir die Wehen einsetzten. Ich bin gleich in den hauseigenen Kreissaal gegangen und habe unter Aufsicht eines qualifizierten Ärzteteams eine gesunde Tochter zur Welt gebracht. Drei Stunden später habe ich schon wieder gearbeitet, und meine kleine Anneliese wird seither hier im Amt betreut, da kann ich sie jederzeit sehen, und sie mich."

Zum Thema Bildung meldet sich Ottmar R., allein erziehender Vater, zu Wort. „Ich mache mir keine Gedanken um die Zukunft meines Sohnes", sagt er. „Da gab es mal so eine Studie, Florenz glaube ich. Nein, Neapel ... oder, warten Sie, Pisa. Ja, Pisa hieß die. Hatte bildungstechnisch ganz gute Ansätze, und wir Deutschen stehen heute intellektuell ganz weit vorn." Liebevoll streichelt Ottmar R. seinem dreijährigen Sohn Dirk übers Haar. „Aber jetzt muss ich weiter, meinen Jungen zur Schule bringen. Come on, Dirk." „Just a moment, please", antwortet sein Sohn, der gerade noch mittels seines Laptops eine Email an einen Schulkameraden verschickt.

Eine Straße weiter trifft der *Neue Bild*-Reporter auf Harald T.: Zum Thema Arbeitslosigkeit befragt, schweigt dieser. Verständlich, Harald T. ist erst sechzehn Jahre alt und kennt Arbeitslosigkeit nur aus seinen Geschichtsbüchern. Das war schon ein genialer Einfall, alle Leute ohne Anstellung als Arbeitskräfte in die europäischen Nachbarländer zu vermitteln. Zwar hält sich hartnäckig das Gerücht (*Neue Bild* berichtete), ein paar Arbeitslose, nicht die unverschuldet Joblosen, sondern die dreist Faulen, würden versteckt im Untergrund leben, doch erwiesen ist das nicht. Selbstverständlich wird niemand zwangsvertrieben. Wer beispielsweise nicht zum Spargelstechen nach Polen will, der muss auch nicht. Es gibt immer noch die Möglichkeit, sich auf *ebay* meistbietend versteigern zu lassen, was aber aufgrund der unverschämt hohen Versandkosten noch zu wenig genutzt wird.

An einem politischen Informationsstand stellt sich Walther Z., ein siebzigjähriger Ruheständler den Fragen von *Neue Bild*. „Ich mache hier nur Aufklärungsarbeit für unsere Jugend", klärt Herr Z. den Reporter auf. „Die restlichen Bürger Deutschlands kennen uns ja sowieso, schließlich sind wir die einzige Partei. Fand ich prima, Ihren Artikel über den damaligen Schwarzen Mittwoch, als das Parteiensystem zusammenbrach. Ja, so etwas passiert, wenn das Volk die ewigen politischen Querelen satt hat und die eine Partei *Hüh* und die andere *Hott* ruft. Da war Deutschland das erste Mal eine richtige Einheit und hat geschlossen nicht gewählt, dreimal hintereinander. Nach langen Beratungen wurden erst einmal die Überreste Adenauers ausgegraben und geklont; der Mann kannte sich schließlich aus mit dem Wiederaufbau. Jetzt gibt es nur noch die *WRA 90-die Grellgrünen* (WAR = Wir Regeln Alles; Anm. der Redaktion) und das ist gut so."

Christof M. möchte sich gerne zur inhaltlichen Verbesserung der Medienlandschaft äußern. „Wir haben endlich ein Stadium erreicht, in welchem das Fernsehen wirklich bildet. Es gibt ganz tolle Sendungen, wie das Erziehungsjournal *Gute Kinder, böse Kinder*, das Ernährungsprogramm der Krankenkassen *Das Mittagsgericht* oder die tägliche, zukunftorientierte Nachrichtensendung *morgen*. Wir müssen weiterhin nach vorne blicken, sonst stehen wir bald wieder da, wo wir 2004 waren. Spitze finde ich die Aufklärungsshow *Verstehen Sie das?*. Dort werden Menschen, die immer noch nicht begriffen haben, wie der Hase läuft, in wahren Alltagssituationen gefilmt. Kürzlich wurde da ein Mann beim Pinkeln erwischt – im Stehen! Einfach unglaublich. Oder ein Schüler hat sich doch tatsächlich geweigert, Sächsisch als zweite Fremdsprache nach Bayrisch zu belegen. Manchen ist einfach nicht zu helfen."

„Noch heute regen sich viele über die Gesundheitsreform auf", beurteilt die unter chronischer Bronchitis leidende Franziska P. die Stimmung ihrer Mitbürger. „Ich kann das nicht verstehen, jeder ist doch seines Glückes Schmied. Ich überweise gleich zu Monatsbeginn fünfzig Prozent meines Gehaltes an die Krankenkasse, bekomme aber auch einiges über die Einkommensteuererklärung zurück. Auch meine Ausgaben für Tabakwaren setze ich unter *außergewöhnliche Belastungen* ab, schließlich kostet die Fünfzehner-Packung Zigaretten 21,76 Euro. Dafür sind die Glimmstängel je nach Marke aber auch 19 cm lang, das haben die vom Finanzamt noch gar nicht mitbekommen. Was etwaige Kosten für Arztbesuche angeht, so sind die Leute doch selber schuld, wenn sie wegen jedem Wehwehchen gleich in eine Praxis rennen." Man dankt für ihre Stellungnahme. „Keine Ursache", wiegelt Frau S. ab und schenkt dem Reporter ein strahlendes Fünf-Zähne-Lächeln. Oh, Deutschland ist schön!

Wie der Staat es geschafft hat?

Bei der EU Insolvenzantrag gestellt, sechs Jahre den pfändbaren Teil der staatlichen Einkünfte zur Schuldenregulierung abgeführt und im siebten Jahr mittels Restschuldenbefreiung einen wirtschaftlichen Neuanfang gewagt. War gar nicht schwer bei ungefähr zweiundachtzig Millionen unterhaltsberechtigten Personen.

Wiesenland

Sven André Dreyer

Ungewöhnlich blass sitze ich auf meiner Wiese.
Meine Mitmenschen sind farbiger.
Ihre Haut ist gegerbt und wund.
Wer sich nicht schützen kann, verbrennt.
Oft darf ich in meinem Zimmer bleiben,
sitze dann vor meinem Rechner
und warte, bis ich wieder schlafen kann.

Nur ab und an muss ich hinaus auf die Wiese.
Damals, so erzählte mir Vater,
sollen Wiesen grün gewesen sein.
Heute sind Wiesen braun.
Und rar.
Vater ist stolz auf seine Wiese.
Er hat sie getauscht.
Gegen zwei seiner Kinder.

Seine Kinder bewachen nun eine Grenze.
Die deutsch-chinesische.
Immer wieder gibt es Zwischenfälle
und Deutschland braucht Soldaten.
Am liebsten Kinder, die kosten nicht soviel.
Vielleicht eine Wiese,
oder so.

Morgen muss ich wieder die Frau
im Krankenhaus besuchen.
Vater sagt, sie sei meine Mutter.
Nie habe ich sie zu Hause gesehen.
Mutter gebiert ständig.
Für Deutschland.
Und für Vaters Wiesen.

Das Netz

Bernhard Chlebowski

Deutlich mehr als dreißig Jahre ist es nun schon her: Das gefürchtete *Millenium-Ereignis*, das eigentlich keines war (und uneigentlich eigentlich auch nicht). Und trotzdem – er hatte seinen Spaß gehabt. Zoltan ist ein etwas skurriler Typ ... gelinde gesagt. Computerspezialist mit *Hacker-Diplom*. Ein wahrer Virtuose auf seinem Gebiet. Wie sehr er den Datenhäschern wirklich zugesetzt hatte, drang nie an das Licht der Öffentlichkeit. Ebenso wenig, wie er zu seinem ansehnlichen Vermögen gekommen ist. Nun ist es Geschichte, seine Killer-Algorithmen bestenfalls fossiler Programm-Müll und sein Haar grau. Doch die Erinnerung treibt noch heute ein schräges Grinsen in sein diabolisches Gesicht.

Zoltan Lüneberg ist einer der letzten, die das perfide System der alles umfassenden Netzstruktur noch einigermaßen im Griff haben (schließlich hat er wesentliche Teile davon mitentwickelt). Vielleicht der letzte Digital-Mohikaner. Ein Unikum der besonderen Art. Meister der Bits und Bytes. Aber auch nebenberuflicher Ketzer. Und das Ziel seines heutigen Unmutes sind diese verdammten neuroelektronischen Implantate, die jeder Bürger in einer Hauttasche am Oberarm trägt. Digitale Visitenkarten, elektronische Ausweise, Datenpool für jede nur denkbare Information, die man einem Menschen entlocken kann (und bisweilen auch mehr). Kontaktloser Schreib- und Lesezugriff im Umkreis von fünf Metern und mehr, Sender und Empfänger im Mikrochip integriert. Den Jüngeren ist das gleichgültig, sie sind mit den Dingern aufgewachsen, als sei es ein Körperteil. Doch Zoltan kennt noch die Zeit der ruchlosen Geheimnisse. Es gab Menschen, über die so gut wie nichts bekannt war. Dunkelmänner. Finsterlinge übelster Art. Besonders einer von ihnen, namens Rufus, ist ihm noch in bester Erinnerung ... aber das ist eine andere Geschichte. Nun, es gibt sie auch jetzt noch, aber der Straftatbestand des *unerlaubten Entfernens vom Netz* wird mit drakonischen Mitteln geahndet.

Zoltan weiß das. Auch er hat den Chip einmal manipuliert. Natürlich hätte er sich das Implantat (wie so mancher Masochist) auch selbst entfernen können, doch das Herausreißen der Anker stellt ein Erlebnis ganz besonderer Art dar. Und natürlich lockte ihn sein ausgeprägter Spieltrieb (obwohl er sonst ein eher bodenständiger Typ ist, der an eine undefinierte Art von höherer Gerechtigkeit glaubt).

Es war nicht leicht, den Code zu knacken, aber Zoltan wäre nicht Zoltan gewesen, hätte ihn das abgeschreckt. Zuerst wollte er die Daten einfach nur löschen, doch dann ritt ihn irgendein unseliger Teufel. Er überschrieb den Chip mit neuen Werten, was dazu führte, dass sein nächster Arztbesuch in einem Debakel endete. Der Chip wies Zoltan Lüneberg als Konrada Zuse aus. Diagnose: Schwangerschaft im zehnten Monat. Doch sein Körper wies aus unerfindlichen Gründen keinerlei anatomische Merkmale auf, die auf ein weibliches Geschlecht hindeuteten, geschweige denn, auf eine Schwangerschaft – definitiv nicht! Was den Arzt (es handelte sich um einen eher humorlosen Vertreter seiner Zunft) dazu veranlasste, den *Behörde-hört-mit-Schalter* zu betätigen. Was wiederum dazu führte, dass Zoltan der staatlichen Administration für Datensicherheit überstellt wurde. Abteilung MhD (Missbrauch humanselektiver Datenstrukturen). Auf die Frage, was ihn dazu veranlasst hätte, den Chip zu manipulieren, antwortete er lakonisch: „Ich hatte das Gefühl, er will es so. So ein Schlingel!"

Der überaus strenge Richter verhängte zwei Jahre Fehlersuche im Programm-Code einer großen amerikanischen Software-Firma. Das war selbst für Zoltan ein heftiger Schlag ins Kontor. Es ließ ihn mindesten um zehn Jahre altern (aber die Software wurde deutlich besser!).

Die neuen *Generation-2-Chips* mit Bio-Feedback sind nicht so leicht zu knacken. Schon mancher hat sich die Zähne daran ausgebissen. Aber versuchen wollte er es – Ehrensache! Nur erwischen lassen würde er sich diesmal nicht – ebenfalls Ehrensache!

Die neue Chipgeneration erfasst Daten im Terabyte-Bereich. Ausreichend für lückenlose Stammbäume, Lebensläufe, Krankengeschichte inklusive Therapie-Verlauf, Strafregister (so weit vorhanden) und einiges mehr. Ferner ist es möglich, mit ihrer Hilfe (und dem entsprechenden BodyPad) gezielt Stromimpulse in den Körper zu senden. Von der Muskel-Vibrations-Therapie bis zum Knockout ist im Prinzip alles drin. Zoltan sinniert bisweilen über die Frage, ob es wohl möglich wäre, die Erdrotation zu manipulieren, indem man alle Chips simultan unter Volllast setzt. Vielleicht sollte er das mit seinem Bruder im Geiste, Hagen vom Wingert, diskutieren, der ohnehin ganz oben auf seiner Besucherliste steht.

Vom Wingert lebt im ehemaligen Zentrum von Berlin, das nun eher einer Kleinstadt-Oase gleicht. Das gesamte Stadtgebiet wurde sukzessive zersiedelt, nachdem die amtierende Regierung (unter den wohlwollenden Augen und geheuchelten Schmähreden der Opposition) die Innenstadt-Steuer um das Dreifache heraufgesetzt hatte. Rechnet man die ISBG (Innenstadtstraßenbenutzungsgebühr) und die KFZ-Besitztumssteuer hinzu, ferner die astronomischen Kosten der diversen erneuerbaren Energie-Systeme sowie die explodierten Preise der neu gebauten Hyper-Metro mit inverser Resonanzfeldtechnik, so ist die normale 80-Stunden Woche selbst bei den obligatorischen 350 Arbeitstagen pro Jahr kaum hinreichend, um den Lebensunterhalt einzufahren, geschweige denn Rücklagen für die Altersversorgung nach dem 75sten Lebensjahr zu bilden, denn die staatlichen Renten sind seit zwanzig Jahren Geschichte.

Der ehemalige Regierungssitz ist zur *Agentur für Datenerfassung und Auswertung (ADA)* umfunktioniert worden, nachdem der Bundestag beschlossen hatte, wieder nach Bonn umzusiedeln (hier kann wenigstens das besonders klare Rheinwasser für die Toilettenspülung genutzt werden). Nach dem endgültigen Scheitern der Maastrichter Kriterien wurde der Euro abgeschafft und das international anerkannte elektronische Devisensystem (EDS) eingeführt. Es errechnet den Wert einer Devise aus dem gegenwärtigen Bruttoinlandsprodukt und wird zweimal täglich aktualisiert. Die ADA ist maßgeblich an dieser Entwicklung beteiligt gewesen.

Hagen vom Wingert hat etwa fünf Jahre bei der Agentur gearbeitet und sich anschließend einen Extrabonus gutgeschrieben (auch er besitzt das *Hacker-Diplom*!).

Die ADA stellt die zentrale Sammelstelle für elektronische Daten dar und verwaltet unter anderem die gesamte Software für die Chips der neuen Implantate. Im Grunde verwaltet die ADA alles, was auch nur im Entferntesten mit Daten zu tun hat (und damit schlicht und einfach das gesamte Land). Die Agentur ist fast so etwas wie das schlagende Herz der Nation. Nein, Daten werden hier nicht gesammelt, sondern regelrecht verschlungen. Von einer immer hungrigen Bestie. Dies ist auch der Grund, weshalb vom Wingert sich von der Gehaltsliste der ADA abgenabelt hat, um anschließend anderweitigen Beschäftigungen nachzugehen (deren Rechtmäßigkeit nicht in jedem Falle hinterfragt werden will).

Zoltan sucht Hagen in dessen Wohnung auf, die eine für Außenstehende nur schwer fassbare innere Ordnung aufweist. Hagen vom Wingert ist leidenschaftlicher Tüftler in Sachen Chaostheorie. Wahrscheinlich besitzen selbst seine Gehirnwindungen eine fraktale Sekundärstruktur. Und auch seine I-Bots (Indoor-Roboter), welche die gesamte Haushaltung erledigen, scheinen von einem gewissen eigenständigen Willen beseelt zu sein; Zumindest vermitteln sie diesen Eindruck, denn ihr *Benehmen* ist bisweilen von ganz eigenem Charme gekennzeichnet. Hagen hat sie selbst programmiert (oder besser: umfunktioniert, denn mit ihrer ursprünglichen Funktionsweise haben diese Maschinen kaum noch etwas gemein). So besitzen sie beispielsweise die nervtötende Eigenart, sich in nahezu jedes Gespräch einzuklinken, um ihre Bitstrukturen zu erweitern. Insbesondere *Wotan*, Hagens persönlicher Assistent, vermag diese Unart auf die Spitze zu treiben. Eine dreistündige Grundsatzdebatte über quantenmechanische Effekte bei Makrostrukturen unter Berücksichtigung relativistischer Einflüsse kann einen Gast schon mal an die psychische Belastungsgrenze führen. Vielleicht ist dies der Grund dafür, dass Hagen nur selten Besuch empfangen muss. Mit Zoltan ist das natürlich eine andere Sache.

„Alter Junge! Lange nicht gesehen. Warst du schon wieder auf Fehlersuche?" begrüßt Hagen seinen Kumpanen und grinst über alle verfügbaren Backen.

„NEIN!" raunzt Zoltan. Er will definitiv nicht mehr daran erinnert werden, aber er kennt Hagens Art von Humor, die selbst für ihn gewöhnungsbedürftig ist.

Hagen bohrt (wie immer) noch ein wenig in der offenen Wunde, streut etwas Salz nach und entlässt Zoltan schließlich aus seinen sarkastischen Fängen. Das ist auch gut so, denn dessen Gesichtsfarbe hat schon nach kurzer Zeit einen deutlichen Stich ins Violette. Auf einer Skala von eins bis zehn hätte sich der Zeiger sicher schon aufgewickelt.

Hagen vom Wingert ist das uneingeschränkte Negativ von Zoltan Lüneberg – und dies in jeder Hinsicht. Zynisch bis ins Mark, nicht der Funke eines Glaubens an eine übergeordnete Richtigkeit der Dinge – und in seinem tiefsten Inneren durch und durch böse. Es ist wenig ratsam, ihn zum Feind zu haben. Doch wer seinen Hass heraufbeschwört, hat nur eine einzige Möglichkeit: den Planeten zu verlassen (und selbst dies wäre nur eine vage Chance). Was ihm an körperlicher Gestalt fehlt (165 Zentimeter bringt er an die Messlatte), gleicht er mit einem markigen Ingenium aus. Er wäre nicht *klein*, wird er nicht müde zu behaupten, sondern *kompakt*. Man könnte ihn für zerbrechlich halten, doch der Schein trügt. In Hagen vom Wingert schlummert ein Geysir. Nichts verabscheut er mehr als Obrigkeiten und Kontrolle. Seine Maxime: Nur ein freier Geist ist ein guter Geist. Oder wie er selbst sagen würde: „Ein freier Geist sich niemals in die Hose scheißt." Was Hagen und Zoltan verbindet, wissen sie im Grunde selbst nicht. Vielleicht eine Art magnetischer Effekt.

Es währt nicht lange, bis sie beim Thema sind: Die ADA und die neuen Chips. Hagen hat vorsichtshalber sämtliche Computer heruntergefahren, alle Kabel und Stecker entfernt und die Störfrequenz für die Übertragungssender eingeschaltet. Wohl ist es immer noch möglich, ein Gespräch unter vier Augen zu führen, aber die Ohren sind in solchen Fällen Legion.

„Diese G2-Chips ...", beginnt Zoltan, „wie viel Bit hat ..."

„Zuviel", unterbricht ihn Hagen. „Viel zu viel ... zumindest für einen allein." Ein unflätiges Grinsen zerfurcht sein glattes Gesicht zu einer Halloween-Karikatur.

„Hol das Werkzeug!" feixt Zoltan zurück (sein Gesicht gleicht dem eines längst vergessenen – aber äußerst markanten – Deputy-Marshalls aus Dodge City).

Und schon sind sie in ihrem Element. Hagen ist im Besitz einer etwas betagten Cray-Maschine, einer jener Supercomputer, mit denen man um 2005 Simulationsrechnungen durchführte (die Wetterprognosen wurden dadurch zwar nicht sicherer, aber viel detailreicher!). Und das Beste daran: Sie sendet keine Daten an den Feind. Kein Sender – kein Empfänger. Kein Empfänger – kein Häscher.

„Dann wollen wir Tante Hedwig mal wecken." Hagen springt auf wie von der wilden Hyäne gebissen und stürmt in sein zum Arbeitszimmer umfunktioniertes Kellerlabyrinth, das sich über drei Etagen in die Tiefe erstreckt. Ebene K1: Zutritt frei. Ebene K2: Zutritt nur mit Sondergenehmigung. Ebene K3: Hochsicherheitstrakt mit Kameraüberwachung und Selbstschussanlage. Reinraum mit Sterilfilter. Sakralrefugium mit geweihtem Boden. Über der Zugangsschleuse hängt ein Schild mit der Aufschrift

HEDWIGS HOME. Mit Ausnahme von Hagen und Zoltan hat diesen Raum nie ein Mensch betreten.

„Ist doch immer wieder ein erhabenes Gefühl", stellt Zoltan fest und begibt sich an seinen *Kommandostand*, wie er es auszudrücken pflegt. Dann beginnt Hagen das übliche Ritual:

„Schutzschilde?"

„Aktiv!"

„Transmitter-Band?"

„Eins-Sieben-Zwo Gigahertz. EgaSat."

„Turbo-Mode?"

„On!"

„Energie!"

Der gut bestückte virtuelle Schwarzmarkt erweist sich als wahre Toolbar. Infiltrations-Algorithmen, Lauschprogramme, Software-Fragmente des fast schon vergessenen BKA, welches irgendwann in den 2010er-Jahren im EIS (European Intelligence Service) untergetaucht ist. Die Bekämpfung der organisierten Kriminalität ist durch diesen Zusammenschluss zwar nicht effektiver geworden, aber doch zumindest gesamteuropäisch. Doch im Ausheben von Hochburgen jener Cyber-Piraten, die immer wieder mit gezielten Angriffen auf die Server-Systeme der Backbones versuchen, die Wirtschaft und das öffentliche Leben lahm zu legen, sind sie ungewöhnlich erfolgreich. Es existieren wahre Heerscharen von Underdogs und selbsternannten Gurus und Propheten, die Störprogramme mit Lichtgeschwindigkeit ins Netz jagen. Ziel: Destruktion. Einer Wirtschaft den Todesstoß zu versetzen, die seit mehr als dreißig Jahren zielsicher und konsequent von einer Krise zur nächsten stolpert. Getrieben von wahnwitzigen Pseudomanagern und ihren dilettantischen Messdienern. Diese Spezies gleicht Küchenschaben: flexibel und simpel (und wenn man drauf tritt, knirscht es). Aus diesem Grunde sind sie wohl auch nicht ausgestorben. Auch die zentrale Vergabestelle für privaten Wohnraum ist ein stets gern bejagtes Territorium der kriminellen Cybernauten. Durch den ameisenhaften

Zuzug osteuropäischer Wanderarbeiter war der Immobilien-
markt zu einem sich selbst organisierenden Chaos geworden.
Eine Art Basar. Schließlich musste das vertrackte Treiben durch
so genannte strukturorientierte Maßnahmen in geordnete Bahnen gelenkt werden. Die zentrale Vergabestelle ist die schlan-
genköpfige Ausgeburt dessen.

Derartige Attacken haben sich in den letzten Jahren deutlich
vermehrt. Das total vernetzte System fordert diese Art von Kriminalität geradezu heraus. Giftige Injektionen in ein zum Organismus gewordenes Gefüge. Elektronisch-virale Infektionen in
einem imaginären Gewebe, abgewehrt mit digitalen Antikör-
pern. Die Begriffswelt droht zu kollabieren. Da fehlen Worte!

Das Netz: Immer weiter hat es sich in die Lebensbereiche der
Menschen vorgetastet, Fangarmen gleich – die geifernden Ten-
takeln einer Hydra haben sie in einen gallsüchtigen Würgegriff
genommen. Es fühlt! Nichts bleibt ihm verborgen. Das Netz ist
zu einem allwissenden Monstrum mutiert, das die intimsten Geheimnisse seiner Knotenpunkte ausspioniert. In jedem Haus ist
es präsent – mehr als dies: in jedem Individuum. Es lauscht, es
beobachtet, es erhellt jedes Dunkel. Gab es dreißig Jahre zuvor
die Angst vor dem gläsernen Bürger, so ist jetzt auch noch die
Zusammensetzung des Glases analysiert, quantitativ ausgewertet
und tabellarisch zusammengestellt.

Seit Jahren ist das Internet aufgrund der exponentiell gestie-
genen Datenmengen fast täglich zusammengebrochen. Jeder –
wirklich jeder! – hängt am Netz und lähmt durch seinen Zugriff
die Performance dieses Systems. Eine Schockwelle neuer Erkenntnisse und eine schier unglaubliche Menge an Nonsens flu-
tet die Netz-Strukturen. Müll und Meilensteine fegen wie tob-
süchtige Tornados durch die Server. Im Laufe der Zeit ist dieses
Geflecht zu einer gigantischen Einheit zusammengewachsen. Die
unvorstellbare Informationsflut wird von sich selbst organisierenden Algorithmen verwaltet, die selbst der perfekteste Infor-
matiker nicht mehr zu überschauen vermag. Die Programme

entwickeln sich selbstständig weiter. Sie lernen! Ein Heer von
Spinnen ist ausgebrochen und wickelt ihre Opfer in ein klebriges
Sekret ein. Ist dies das Armageddon? Nicht von Göttern herbei-
geführt, sondern von der Datensammelwut der eigenen Spezies
entfacht?

Da ist er, der Moloch der Sammler. Sie haben sich selbst gefangen genommen; in ein Netz eingewickelt, das sie eigenhändig
gesponnen haben. Sie stehen auf der Stufe der Cro-Magnon-
Menschen, die Entwicklung des Großhirns ist spurlos an ihnen
vorübergegangen.

Vielleicht ist es der (zum Scheitern verurteilte) Versuch, aus
Milliarden von Einzelwesen ein gigantisches Gesamtwerk zu machen. Fehlt die Reife? Sind sie noch Kinder in einem Refugium
des Universums, das sie nicht verstehen können? Zu früh?
Wahrscheinlich reichen 30.000 Jahre Evolution nicht aus, um eine Welt zu begreifen, die nach Jahrmilliarden misst. Gescheitert
wie ein Säugling, der zum ersten Mal den aufrechten Gang wagt.
Gefallen!

Immer wieder queren diese Visionen Zoltans Gedankenwelt.
Und eben diese dunklen Wolken stärken den Willen in ihm, jenem kläglichen Treiben ein jähes Ende zu bereiten. Es macht
keinen Sinn – noch nicht. Das Netz muss zerstört werden; um
jeden Preis. Notfalls auch um seiner Existenz willen. Er ist Zoltan – Titan und Feuer speiender Drache. Und er hat seinen Ge-
hilfen im Geleit. Hagen – Widerteufel und vernichtender Dä-
mon.

Zu gewaltig erscheint ihnen die Macht der Datenhändler, zu
einflussreich ihr Imperium. Wie frische Brötchen bieten sie ihre
digitale Ware feil. Und ebenso wird sie ihnen aus den Händen
gerissen. Individuelle Werbung, gezielt auf die Bedürfnisse der
Zielperson ausgerichtet. Konsum als aktive Form der Freizeitges-
taltung aufbereitet. Schöne Menschen malen zarte Rosarottöne
und lassen sie von räsonanten Stimmen durch die Lüfte tragen.
Die Welt ist wundervoll! Zumindest gilt dies in der allumfassen-

den und allgegenwärtigen Werbewelt, die in jede Pore ihres *LDI* (Local Destination Individual) kriecht. So profane Dinge wie lückenlose Bewegungsprofile regen die Gemüter schon lange nicht mehr auf. Auch Konsum-, Freizeit- und Essgewohnheiten stellen kein Tabu mehr dar. Diese Dinge sind *normal.* Doch mit den neuen Implantaten ist die Qualität deutlich gesteigert worden. Gerüchten zufolge sollen sie die Gehirnstromaktivität überwachen. Zusammen mit den neuesten Software-Entwicklungen auf dem medizinischen Sektor lässt sich ohne weiteres der Verdacht ableiten, dass nun nach den Gedanken der Menschen gegriffen werden soll. Nun, so würde zumindest die Kommunikation eine interessante Note erhalten: *Ich schicke dir einen Gedanken!* Per Mail auf die Mobile-Unit. Tomographische Scanner als Ohrimplantate greifen Aktivitätsmuster im Gehirn ab und errechnen den zugrunde liegenden Gedankengang in Echtzeit. Aber selbst diese Vorstellung löst keine Schockwellen der Bestürzung aus. In den Köpfen der Menschen ist im Laufe der Jahre die Einsicht gereift, dass die Evolution einen neuen Weg eingeschlagen hat. Der bahnbrechende Erfolg der Bionik in den letzten fünf Jahren hat sicher das Seine dazu beigetragen. Die erste vollfunktionsfähige Wirbelsäule feiert in diesen Tagen ihren Durchbruch. Selbst die Servomotoren und Kardangelenkwellen – vor sieben bis acht Jahren der wunde Punkt in der Forschung – sind jetzt perfekt. Die künstliche Netzhaut mit Auflösung im Subpixelbereich liefert mittlerweile Truecolor-Qualität und die Filteralgorithmen von Hörgeräten lassen eine fallende Stecknadel in einem vor Ekstase rasenden Fußballstadion wie einen Gewitterdonner erklingen. Nicht die Maschine entwickelt sich zum Menschen, es ist umgekehrt!

Die Sammler: wie ein durchgeknallter Borg im Assimilations-Fieber streifen diese Parasiten umher und saugen ihre Opfer aus. Besessene sind sie; besessen vom Drang immer mehr Informationen zusammenzutragen, auszuwerten und zu verkaufen. Ihre Gehirne entwickeln sich zurück, werden zu Siebanalyse-

Einheiten, die Datenströme filtern. Erhebungen, Statistiken, Umfragen, jedes Mittel ist ihnen recht. Und wenn alles nicht hilft, ermitteln sie verdeckt. Sie, die Rauschgoldengel der Nation, Siegelbewahrer und Gralshüter der Erkenntnisse. Es gibt keine Jäger mehr unter ihnen – nur noch Sammler.

Ja, im Netz ist alles möglich. Es hat nur einen gewaltigen Nachteil (der einigen allerdings zum Vorteil gereicht): es wird staatlich verwaltet. Nur auf diese Weise konnte die Zwangsvernetzung realisiert werden. Sollte es am Anfang nur das Erfassen aller energierelevanten Daten sein, so ist mit der Zeit ein komplettes Hausverwaltungs-System daraus geworden. Der Eigentümer braucht sich im Grunde um nichts mehr zu kümmern; dafür gibt es das All-Inclusive-Paket einschließlich Zufriedenheitsgarantie und Bonuspunkten. Welche Datenströme am Ende wirklich fließen, weiß allerdings niemand zu beurteilen. Endlich haben diese Wachsfiguren begriffen, wie man das gemeine Volk motiviert. Nicht Brot und Spiele – nur Spiele (denn zum Essen ist keine Zeit in einer Überinformationsgesellschaft. Was schließlich dazu geführt hat, dass die Fastfood-Restaurants Sterne bekamen und die Sterne-Restaurants Drive-In-Schalter).

Nur mit Zoltan und Hagen haben die Wachsfiguren nicht gerechnet. Jäger! Die beiden kommen nicht vor in ihrem simplen Kalkül. Fehler! Und jetzt stehen diese Kollaborateure kurz vor der Vollendung ihrer vernichtenden Attacke. Ein Kreuzzug soll es werden. Ein Bannschlag gegen alles, was dieses abstruse System stützt. Mehr als die profane Laserwaffe irgendeines überspannten Aliens – eine Supernova mit negativem Raumzeit-Effekt.

Was Zoltan weiterhin impft ist eine fast schon wahnwitzige Vorstellung. Meint er doch, durch den hohen Vernetzungsgrad des Systems könnte eine Art eigenständiger Organismus entstehen. Ein lebendes Überwesen, das irgendwann die menschliche Spezies einfach aus seiner Existenz ausklinkt. Denn es würde rasch erkennen, dass Menschen eine destruktive Neigung zu

Fehlern besitzen. Und die Keimzelle dieser Digital-Kreatur vermutet er in den Speicherbänken der ADA. Tatsächlich hat der Grad an Komplexität mittlerweile einen Level erreicht, der genügend Raum für die absurdesten Thesen lässt. Zwar existieren eine Reihe autonomer *Net-Scouts* – Datenstrukturen, die eine Art Sicherheitsdienst im Netz darstellen und subversive Aktivitäten umgehend unschädlich machen – doch der uralte Kampf zwischen krimineller und kriminaler Energie tobt auch hier. Zoltan erkennt bereits die Silhouette des Monstrums, welches sich da herauskristallisieren wird. Ein Schattenriss mit ausgefransten, verwaschenen Rändern, denn diese Chimäre wird keine definierte Struktur besitzen, sondern bestenfalls eine Art Geist sein. Allerdings ein sehr mächtiger. Letztmöglich existieren gar schon geheime Datenbanken und Programmbibliotheken, die nur auf ihren Einsatz warten, wähnt er. Schwarze Listen und Abschuss-Register, Schwadronen marodierender Cyberkiller und imaginärer Exekutionskommandos. Wird es sich zu erkennen geben? Und wenn ja, auf welche Weise? Vielleicht eine schlangenzüngige Nachricht auf dem Monitor? *Hallo! Ich bin Jeanny aus dem Netz! Was ist euer Begehr Meister?* Da entstehen neue Götter und neue Teufel. Durch die Zusammenschaltung von Milliarden von Maschinen, die zu einer Übermaschine werden, welche irgendwann zu einer kuriosen Wesenhaftigkeit kommen mag. Wo ist eigentlich die Grenze? Gibt es eine? Oder nur eine Grauzone der Unwissenheit um die elementaren Zusammenhänge dieser Welt? Fragen über Fragen türmen sich in Zoltans Gedankenwelt auf wie ein Bergmassiv. Eine Auffaltung von Unwissenheit und Spekulation, die solange Bestand haben wird, bis der Feuer speiende Drache erscheint.

Nein! Zoltan will es nicht so weit kommen lassen. Er hegt weder Interesse, den Begriff des *virtuellen Mordes* zu definieren noch sich dafür verantworten zu müssen.

Es ist – auch für Zoltan und Hagen – schwer zu erklären, was sie letztlich dazu gedungen hat, in die Schlacht zu ziehen. Sie befinden sich in einer Art Wahnfieber oder Drogenrausch, der sie eine Handbreit von der Realität fern hält, aber noch nicht ins Delirium torkeln lässt. Vielleicht sind es fossile Gene, die das seltsame Treiben verursacht haben. Sequenzen eines Raubsauriers, welche Millionen von Jahren geschlummert haben und nun zur Expression gekommen sind. Oder ein Evolutionssprung, der ihnen ein Maß an Erkenntnis und Verständnis verliehen hat, über welches alle anderen nicht verfügen. Doch am wahrscheinlichsten ist ihre absolute und konsequente Ablehnung des bestehenden Systems. Die beiden sind stockkonservativ, ihr Moralkodex besitzt eine Staubschicht von den Ausmaßen geologischer Schichtungen.

Mit beispielloser Besessenheit stellen Zoltan und Hagen ein Programm zusammen, das nichts anderes ist als eine Waffe – und in ihren Händen zur Naturkatastrophe werden kann (und soll). Ein Programm, das sich irgendwo in der Grauzone zwischen Maschine und denkendem Wesen manifestiert. Zu Elektronen kondensierte Gedanken und Ideen dieser genialen Computer-Schamanen. Sie konstruieren einen virtuellen Stachel mit teuflischer Wirkkraft, der über das Netz der Netze herfallen wird wie eine Heuschreckenplage – und ebenso gefräßig sein soll. Ein Schwert, geschmiedet aus damaszenischem Stahl, tausendfach gefaltet und so hart wie die Faust Gottes. Sie haben sich daran gemacht, Thors Hammer zum Leben zu erwecken und werden ihn auf eine tödliche Mission schicken. Myriadenhaft soll sich das Infiltrat vermehren und einen Brachialschlag gegen die Horte der Sammler führen. In derselben Nanosekunde, da Hagens Chaos-Algorithmus auf die wohlgeordneten Strukturen ihrer Datenbestände trifft, wird das Speichermedium aufglühen wie eine Prise Uran-238 in der Dunkelheit.

Leider haben sie weder die Zeit, noch die Muße, sich die bleichen Gesichter der ADA-Datenpriester vor den Monitoren vorzustellen, wenn sie zuschlagen werden. Blutentleerte Fratzen mit weit aufgerissenen Augen und zitternden Knien, geplagt von

Brechreiz und Durchfall. Aspirin, Valium, Kokain – alles wird gefragt sein; Und nichts wird helfen. Mägen werden sich anheben und ihren gesamten Inhalt der Freiheit übergeben, übelste Geruchssalven durch die menschenleeren Flure ziehen, faulige Dämpfe und ätzende Gase die Luft verpesten. Doch all dies wird den beiden Racheengeln fernbleiben.

Zoltan hat es sich nicht nehmen lassen, am Institut für bio-elektronische Forschung eine kleine Anleihe zu machen. Im Laufe der Jahre ist diese Institution zum militärischen Sperrgebiet geworden. Von außen gleicht es in der Tat eher einer Kaserne als einer wissenschaftlichen Einrichtung. Der Neurocomputer ist Schnee von gestern, denn was hier erforscht (und umgesetzt) wird, ist nichts anderes als der erste Schritt zur Entwicklung elektronischer Lebewesen. Ihre Gehirne bilden Quantencomputer mit einer Rechenleistung, die mit dem geltenden Zahlensystem nicht mehr darstellbar ist. Genau die Art von Werkzeug, die Zoltan benötigt, um seinen *Agent provokateur* zu entwickeln.

Nein, es ist nicht die leichteste Übung, in dieses System einzudringen; im Gegenteil, es fordert all seine (und Hagens) Fähigkeiten – und noch weit mehr. Doch jede Firewall birgt eine schwache Stelle (und wo keine ist, nutzen sie den Tunneleffekt). Nichts anderes haben die beiden Recken vor, als das System mit seinen eigenen Waffen zu schlagen – vernichtend. Also borgen sie sich die entsprechenden Routinen und Programme, integrieren sie in ihre eigenen und schaffen den Golem.

„Projekt G. Was hältst du davon?" sinniert Zoltan ein wenig gedankenverloren.

„G? Wie Größenwahn? Oder Geltungsbedürfnis?" spöttelt Hagen. „Ich frage mich, warum ich dir eigentlich bei diesem Schwachsinn helfe. Wenn wir auffliegen, werden wir geviertelt – mit ein wenig Glück. Wahrscheinlich sogar die Galeere." Natürlich sind es keine echten Bedenken, die er da anführt, eher seine persönliche Art, Stress abzubauen.

„G wie Gegenschlag!" gibt Zoltan mit stoischer Ruhe zurück. Er geruht nicht, auf Hagens gekünstelte Missfallensäußerungen einzugehen. „Und nörgle nicht dauernd, sonst bringst du noch die Schaltkreise in negative Resonanz. Ich möchte einfach nicht eines schönen Tages in Form von Datenpaketen durch das Netz rauschen. *1000 Gigabyte Zoltan Lüneberg über ComSat A, der Rest via Richtfunk bitte.* Nein! Schau dir das Treiben dieser Geisteskranken doch an! Es kann nur zu einem führen: direkt ins perfekte Chaos. Sie spielen mit Dingen, von denen sie keine Ahnung haben, deren Sinn und Funktion ihnen so fern ist wie der Rand des Universums. Sie werden die menschliche Spezies ausrotten!" Den letzten Worten gibt er einen besonderen Hauch von Bedeutsamkeit mit. Eine Prophezeiung!

Nur er selbst mag abschätzen können, wie realistisch diese Vorstellung ist. Zumindest aber bringen die Worte Hagens Unkenrufe zum Verstummen (natürlich nur vorübergehend).

Selbst für die beiden erweist es sich als mühsamer und langer Weg, Strukturen zu entschlüsseln (und umzugestalten), die mehrere Mannjahre Entwicklung umfassen. Immer tiefer tauchen sie in das von Bollwerken und Barrieren geschützte System ein. Einem getarnten Klingonenschiff gleich, das sich erst unmittelbar vor dem Angriff enttarnt. Systematisch öffnen sie die Riegel der Firewalls, gestalten die Programmstrukturen nach ihren Erfordernissen um und nutzen dann die entstandene Schleuse als Einstiegsluke für ihre weiteren subversiven Kabalen. Den einen oder anderen Systemkollaps nehmen sie billigend in Kauf. So kann es schon einmal geschehen, dass zwei Navigationssatelliten auf Kollisionskurs gehen oder ein Luxusliner, statt in der Karibik zu kreuzen, im Schelfeis stecken bleibt. „Shit happens!" kommentiert Zoltan solche und ähnliche Fälle mit der ihm eigenen Gelassenheit.

Schließlich ist es vollbracht, die tödliche Injektion erfolgt; aber es gibt noch eine kleine Belanglosigkeit.

„Bist du endlich so weit?" Zoltan wird langsam nervös. Seit einer geschlagenen Stunde fingert Hagen an einem Eingabeterminal des Zentralrechners der ADA herum. Der satanische Selbstzerstörungsmechanismus ist zwar eingeschleust, aber aus irgendwelchen unerfindlichen Gründen hat er sich nicht aktiviert.

„Jaaa doch! Wenn du mich nicht dauernd stören würdest ...", schnaubt Hagen. Auch er ist nervös. Nach den Gesetzen der Wahrscheinlichkeit ist es als sicher einzustufen, dass sie früher oder später entdeckt werden. Eigentlich ist dies schon längst überfällig.

Der Virus ist perfekt, die Tarnkappe vollkommen. Ein dutzend Mal ist er schon bei Testläufen in das System eingedrungen, hat dessen Achillesferse ausgekundschaftet und sich sein finales Ziel gesucht. Eine Sonde in feindlichem Terrain – und ein Projektil mit bösartiger Fracht. Es wird nicht nur den Zentralrechner der ADA lahm legen, es wird die gesamte Agentur regelrecht herunterfahren und abschalten.

Auftrag: Daten löschen, gelöschte Daten überschreiben, Schaltkreise zerstören, Übertragungswege versiegeln, Prozessor auf geostationären Orbit einschießen.

„Jetzt!" Hagen hat den beiden Ninja-Kriegern fünf Minuten gewährt, um das Gebäude zu verlassen. Danach soll die Welt eine andere sein.

Frau Hildkraut

Robert Zobel

Schwerin, den 22.10.2034

Sehr geehrte Frau Hildkraut,
ich habe gerade einen Brief vom hiesigen Liebesamt Schwerin/Mitte erhalten. Die Abteilung Vermittlung gab bekannt, dass Ihre angegebenen Eigenschaften und Wünsche auf mein Profil passen.

Auf dem dazugelegten Foto haben Sie nicht gelächelt. Eigentlich dachte ich, dass dies verboten ist, aber wahrscheinlich ist da ein Fehler unterlaufen. Denn wie soll es mir denn jetzt möglich sein, von Ihrem Foto ablesen zu können, ob Ihre zahnärztliche Grundversorgung gewährleistet ist und ob Sie überhaupt krankenversichert sind?

Sie lesen sicher schon aus meinen Zeilen, dass ich da sehr gewissenhaft bin, aber das hat natürlich seinen Grund. Meine damalige Frau hat mich nämlich mit den Gebisskosten sitzen gelassen. Sie sind beglichen, keine Angst, aber bevor ich mir noch einmal so was aufhalsen lasse, bin ich lieber ein wenig neugieriger als sonst.

Eigentlich habe ich auch gar keine Lust auf eine neue Frau, dass will ich Ihnen auch nicht verheimlichen, aber Sie wissen ja, wie das Amt ist. Würde ich der Aufforderung nicht nachkommen, Ihnen zu schreiben, würde ich schon morgen hier ohne Wasser und Strom sitzen. Ohne Wasser würde ich 'ne Weile auskommen, aber was soll ich ohne Strom machen?

Mein digitales Aquarium wäre dem Untergang geweiht und ich müsste all die schönen bunten Fische mühsam neu programmieren. Sie können sich gar nicht denken, was das für 'ne Arbeit ist. Aber ich will Sie auch nicht langweilen.

Was machen Sie eigentlich beruflich?

Seitdem im Jahre 2014 der Arbeitszwang eingerichtet wurde, arbeite ich in einem nahe gelegenen Wald, dem letzten in Mecklenburg, als Blatt-Inspektor. Dieser Beruf verlangt einem ganz schön viel Zeit ab. Außer im Winter und im Spätherbst. Da übernimmt meine Arbeit der Nadel-Inspektor. Meine Tätigkeit besteht aus Zählungen, Normüberprüfungen und Pflege. Als meinen ärgsten Feind sehe ich den Säureregen, der, noch bevor er das Blatt trifft, schon dessen Todesurteil unterschrieben hat. Jeder Mensch in unserer Gesellschaft ist ja nun für irgendwas da, und ich glaube, ich habe es mit den Blättern noch ganz gut abbekommen. Wenn ich mir da die Schneewieger oder Regenfänger anschaue, kann ich nur hörbar und beruhigt ausatmen.

Wenn Sie jetzt zu diesen Gruppierungen gehören, tut es mir Leid, aber man muss ja zu seinen Meinungen stehen. Alles andere wäre nicht ehrlich, und wir wollen ja ehrlich bleiben. Was heißt bleiben, wir fangen ja erst an.

Wenn ich Ihr Foto so betrachte, kann ich mir gar nicht vorstellen, was Sie beruflich so machen könnten. Den einzigen Hinweis gibt Ihr Nichtlächeln. Das ist ja eigentlich verboten, und dass Sie es trotzdem machen und das Amt mir sogar dieses Foto zukommen lässt, ohne Sie auf der Stelle zu melden, deutet auf eine ziemlich hohe Position hin.

Alles, was ich über Sie aus dem amtlichen Schreiben herauslesen konnte, ist, dass Sie gesundheitlich okay sind, keine Kinder haben und dreimal von Amtswegen verheiratet waren. Das ist nicht viel. Also schreiben Sie mir. Ich bin gespannt auf Ihre Antwort.

Mit lächelnden unironischen Grüßen
Gerhard Lieppsen

Ein Feiertag

Alina Werner

Eilig haste ich über den bepflasterten Platz in Richtung Brandenburger Tor. Vor den erodierten Säulen ist bereits die Bühne für die Reden zum Tag der Deutschen Einheit aufgebaut. Ich bin sehr aufgeregt, habe noch nie ein solches Fest organisiert. Bereits seit Tagen sind die Aufbauarbeiten im Gange, und viel hatte ich bisher zu tun. Mit einem Stirnrunzeln erinnere ich mich der Verwaltungsarbeit, die allein die 34. Ablehnung der Bewerbung Hohmanns zur Auftaktrede mit sich brachte. Ähnlich die Finanzierung. Diese konnte ich schließlich durch das Sponsoring des großzügigen Unternehmens Iemens sichern, das im Moment das Monopol auf alles hält. Nun schmücken Tafeln mit Magnetbändern zur Behandlung arthritischer Gebrechen das historische Tor, und einige Assistenten aus dem Ostblock verteilen nachher noch Gratisproben Hautcreme auf Wasserbasis.

Im Moment bin ich gerade dabei, die zahlreichen Sicherheitsvorkehrungen für die Veranstaltung zu koordinieren, die in wenigen Minuten beginnen soll. Der Feiertag wurde per Gesetzesentwurf auf den ersten Juni verlegt, da man vor einigen Jahren befand, der 3. Oktober liege zu nah am 11. September. Auch könne man die Terroristen mit dieser spontanen Maßnahme verwirren und außerdem sei dann das Wetter besser und die Bevölkerung klage weniger über feuchtigkeitsbedingtes Knarren in der Hüfte.

Trotzdem war es nun an mir, zusätzlich im Irak angelernte, amerikanische Verhaftungstrupps rund um das Spektakel zu organisieren, das mit einer großen Polonaise seinen Höhepunkt finden sollte. Bereits tags zuvor verlangte es viel Fingerspitzengefühl, den hundertfünfzig Rettungswagen, dreihundert Rollstühlen und fünfzig Buggys einen unscheinbaren Parkplatz zuzuweisen. Gehhilfen, Krücken und indisches Pflegepersonal sollten separat und auf Antrag am Anmeldeschalter des Reichstags ausgegeben werden. Von zu Hause mitbringen ist aus Sicherheitsgründen einfach nicht drin.

Nach einer schwierigen Einweisungsorgie mit den nicht europäisch sprechenden GIs muss ich nun noch schnell die Feinheiten abstimmen. Langsam füllt sich der Platz vor dem Tor mit heranschleichenden oder -rollenden deutschen Mitbürgern. Das Herz schlägt mir bis zum Hals. Die Bühne ist bereits lichtgeflutet, jeden Moment kann es losgehen.

Schnell noch kontrolliere ich die Lebensmittelversorgung. Angedacht waren ein Grill mit extraweicher, genetisch veränderter Bratwurst und ein Tortenbuffet. Selbiges wurde jedoch staatlich nicht gestattet wegen begründeten Verdachts auf aggressive Werfer und Drücker unter den wenigen beweglichen, weil erst fünfzigjährigen Zuschauern. So blieb mir nur die hastige Improvisation, und es gelang stattdessen, einen Topf Zahnpflegebonbons anzurichten.

Für die Gäste – vor allem aus den neuen Bundesländern – wurde zudem eine Gulaschkanone Nerventee bereitgestellt. Noch während ich kritisch das französische Personal begutachte, beginnt die Show. Unter verhaltenem Applaus und erfreulich asthmatischen Buhrufen tritt der Ehrengast Klaus Wowereit am Stock auf die Bühne als Repräsentant für die fast fünfhunderttausend Einwohner Berlins. Gerade erst wurde Hartz XXXIV vom Präsidenten verabschiedet, und nun sind einige Reformen zu verteidigen. Ich schaffe es vor Hektik kaum, seiner Rede zu Haltlosigkeit von Kindergeld und Mutterschutz zu lauschen, bin aber aufmerksam, als er zum Zusammenhang zwischen Heterosexualität im Alter und Diarrhö kommt. Viele Zuschauer lehnen sich zurück oder schließen gefesselt die Augen.

Später sprechen noch der Präsident und einige Minister, während die Stille immer stiller wird. Zunächst muss ich mich wieder meinen Vorbereitungen widmen, denn nach etwa zehn oder zwölf Reden sind alle durstig. Dann erst beginnt der entspannte Teil des Festes. An von mir organisierten Tischen spielen unter anderem der Präsident und die Kreisligisten des Verbandes der Altersdebilen e.V. Mensch-ärgere-dich-nicht. Anschließend will er dreimal Zahnersatz bei einer Tombola verlosen. Darauf freuen sich alle ganz besonders. Außer bei der zweckentfremdeten Gulaschkanone und auf dem Parkplatz der indischen Sanitäter, versammeln sich hier die meisten Menschen. Ich bin, da im Verein und mit erst vierzig sowieso zu jung, von der Verlosung ausgeschlossen, aber der Minister für Konsumschwäche und die Ministerin für Demenzsystematisierung haben sich bereit erklärt teilzunehmen. Alle schauen gebannt zu, während der Präsident in der Trommel rührt. Unter Oohs und Aahs zieht er zwei Lose auf einmal und liest die Namen. Zwei triumphierende Damen schießen nach vorn, bekommen die Iemens-Zahnkronen direkt oral überreicht und verschwinden unter neidischen Blicken wieder in der Menge. Das dritte Los ist tatsächlich jenes der Ministerin. Alle senken betrübt die Köpfe, der Minister für Konsumschwäche schnauft empört.

„Betrug!" schreit er in ihr erhitztes Gesicht, mit einem Wurstfinger in Richtung Urne deutend. Völlig außer sich hampelt er vor allen auf und ab, beginnt eine Tirade von Beleidigungen.

„Sie bleiche, politisch orientierungslose, merkelsche Kuh, Sie!"

Die Ministerin läuft dunkelgrün an, greift sich wutentbrannt die Zahnprothese und wirft sie mit einem Schrei nach dem ausfälligen Minister.

„Und Sie ... Sie sind doch auch bloß ein ... ein gemeiner Schröderling!" Ihre Unterlippe bebt.

Der Präsident steht fassungslos.

„Daran sind bloß die Medien schuld!" klagt er angesichts der ausgewachsenen Handgreiflichkeit während der Tombola. Auch ich kann wenig tun. Vielmehr ducke ich mich rasch, als die Ministerin plötzlich einem Zuschauer den Gehstock entreißt und auf ihren Kollegen zurast. Der flüchtet an die Seite des Präsidenten, sie schieben, drücken, fluchen, die Ministerin für Demenzsystematisierung ist verwirrt, schaut von einem zum andern und haut den Stock schließlich dem Präsidenten um die Ohren. Schreien, Kreischen, der Getroffene fällt anmutig wie eine Bahnschranke. Mindestens vier Zuschauer erleiden einen Herzinfarkt. Der Minister flieht quer über den Platz und alarmiert den Sicherheitstrupp. Hilflos stehe ich herum und tue so, als hätte ich mit allem nichts zu tun. Die GIs stürmen heran. In der Folge bricht eine mittlere Panik aus. Die Mehrzahl der Menschen wird davon ergriffen und sucht mehr oder minder schnell das Weite. Einige der freiwilligen polnischen Hilfskräfte schieben die Gulaschkanone von dannen. Ich bin wie gelähmt, stehe da und sehe zu, wie die amerikanischen Truppen mein Fest weiter aufmischen. Die nun unschlüssig herumstehende Ministerin wird entwaffnet, gefesselt und schwungvoll in einen rasch heranbrausenden Lieferwagen geworfen. Zwischen den Stiefeln der Männer erspähe ich den Minister, der die Teile des im Tumult verlorenen Zahnersatzes hastig zusammensammelt und dabei einige noch recht gelenkige Konkurrenten energisch ohrfeigt. Der noch immer besinnungslose Präsident wird derweil von zwei Soldaten auf einem rollenden Bett zwischengelagert. Gerade als ich darauf zugehen will, um doch noch Hilfe anzubieten, schieben die polnischen Hilfskräfte auch dieses davon. Meine ganze Organisation. Mein schönes Fest. Alles zu Ende. Ich frage mich, in was für einer Zeit wir eigentlich leben und wie es soweit kommen konnte.

Da sonst niemand meine Anwesenheit registriert oder mir meine Verantwortung zum Vorwurf macht, gehe ich gebeugt und theatralisch seufzend nach Hause, um am Tag darauf wieder beim Iemens-Arbeitsamt vorstellig zu werden. Im Fernsehen bringen sie kurze Zeit später, dass amerikanische Truppen die

Ordnung wieder hergestellt, alle Tankstellen besetzt und den Minister für amerikanisch-deutsche Freundschaft als Übergangspräsidenten eingesetzt haben.

Wir sind sehr froh, dass jetzt endlich einer alles wieder in die Hand nimmt, denn nach dieser Tragödie kommt mir langsam der Verdacht, dass irgendwas nicht stimmen kann in Deutschland.

Karinas Baby

Petra Gürtler

Im elektronischen Fingerabdruck des Neugeborenen stehen bereits am Tag nach der Geburt folgende Informationen über den frischgebackenen Erdenbürger niedergeschrieben: Geburtsort *Hamburg*, Geburtsdatum *15. März 2034*, Geschlecht *weiblich*, Name *Fabienne*, Zeugungsnummer *4038*, aus Spender *Mutter 326* und *Vater 5519*, dann folgt eine Auflistung von genetischen Codes, die über die zu erwartenden Krankheiten des Babys Aufschluss geben. Wie bereits vor der Zeugung festgestellt wurde, kann nahezu völlig ausgeschlossen werden, dass das Kind Zeit seines Lebens eine schwerwiegende Erkrankung erleiden wird. Ein leichtes Restrisiko einer Kniearthrose, frühestens im Alter von 90 Jahren, hatte man als unbedeutend befunden und genehmigt. Karina zieht beruhigt über die Informationen die Chipkarte ihres Babys aus dem Scanner des Media-Übermittlers, der an ihrem Bett angebracht ist. Lächelnd blickt sie auf das Kind in ihrem Arm, das ruhig atmend in einen tiefen Schlaf gefallen ist. „Na mein Engel, dich haben sie wirklich gut hingekriegt, was?" flüstert sie ihrer schlafenden Tochter ins Ohr.

Karina war sehr froh darüber gewesen, dass sie ihr Baby selbst hatte austragen dürfen. Bei einigen ihrer Freundinnen hatte man keine zufrieden stellende genetische Kombination mit den Erbanlagen der zur Verfügung stehenden Samenspender finden können. So mussten deren Babys in anderen Müttern heranwachsen und waren ausschließlich mit deren Männern, die für die Befruchtung einen geeigneten Samen zu bieten hatten, blutsverwandt. Bei Karina hatte sich ein geeigneter, genetischer Vater gefunden, dessen Spermien dieses kleine Menschlein in ihr hatten wachsen lassen. Ihr Ehemann war selbst bereits zweimal als Spender bestimmt worden, doch mit ihr hatten die genetischen Zeugungseigenschaften nicht übereingestimmt. Egal, es würde trotzdem sein Kind sein und ein Leben lang gesund und munter.

Im Heim für Geburten herrscht gerade Hochbetrieb, der Frühling ist unter den Gebärenden eine beliebte Zeit. Da die heißen Sommermonate wegen der Unannehmlichkeiten für Hochschwangere bei der Zeugung nicht mehr für die Niederkunft zugelassen werden, möchte jede Mutter ihr Kind im Frühling oder Herbst zur Welt bringen. Geburtstage in den Wintermonaten sind wenig begehrt, denn im Winter feiert sich ein Kindergeburtstag nicht so schön, und wenn man es sich schon aussuchen kann! Das Baby seufzt ein wenig im Schlaf und bewegt das Köpfchen, bevor es erneut in tieferen Schlummer fällt. In diesem Moment betritt Karinas Mann Jakob das Zimmer mit einem Strauß gelber Rosen und einem lustigen Gummiquietschtier in derselben Farbe bewaffnet. „Für meine beiden Schönen!" verkündet der stolze Vater, legt das Mitgebrachte kurz ab und küsst erst Frau und anschließend Tochter auf die Stirn. „Übrigens", fügt er begeistert hinzu, „die Bestätigung über den geplanten Laufplan von Fabienne ist gerade vorhin via Mail eingegangen. In genau sechs Wochen wird sie in den Hort Sonnenschein einziehen."

Karina strahlt beglückt über diese Nachricht. „Dann werden wir sie ja doch jedes Wochenende zu uns holen können. Die Alternative in Süddeutschland hätte bei der Entfernung nicht mehr als einen Besuch im Monat gestattet."

„Ja, ist das nicht wunderbar?" Jakob streicht seinem Töchterchen zärtlich über den Flaum ihres blonden Haares. „Und stell dir vor", berichtet er weiter, stolz darauf, so gute Nachrichten überbringen zu können, „auch die Aufnahme in die Basisstufe der Technischen Universität Hamburg für den 1. April 2050 konnte bereits bestätigt werden. So werden wir unsere Tochter bis zum Ende ihres Studiums an den Wochenenden bei uns haben. Was für ein Glück!"

Karina bekräftigt überschwänglich: „Gott sei Dank haben wir uns für den Spender entschieden, der die Hochbegabung für den naturwissenschaftlichen Bereich gewährleistete. Eine literarische oder gar musische Variante unseres Kindes hätten wir bei unserem Wohnort wohl nicht oft zu Gesicht bekommen."

Jakob nickt zustimmend und flüstert zärtlich: „Wir haben das schon richtig gemacht. Hast du übrigens Lust auf ein paar Einzelheiten, was deine zukünftigen Enkelkinder betrifft? Ich konnte heute Nacht keinen Schlaf finden und habe nur so zum Spaß ein wenig in den Datenbanken geblättert."

Karina lacht und rollt mit den Augen. „Findest du das nicht etwas voreilig, mein Schatz? Was, wenn Fabienne mal gar keine Kinder haben möchte? Oder vielleicht ihr zukünftiger Mann?"

Jakob lässt sich jedoch nicht beirren und zieht einen Ausdruck aus der Innentasche seiner Jacke. Anschließend liest er vor: „Mögliche genetische, männliche Zeugungspartner für Nr. 4038, Nr. 3065 Geburtsort London, Nr. 3798 Geburtsort Wien, Nr. 4001 Geburtsort Köln usw. Insgesamt stehen bereits 18 Stück zur Verfügung. Alle bieten in Kombination mit Fabiennes Genetik ganz verschiedene und vorzügliche Ergebnisse, was die Begabungsrichtung betrifft. Die physischen Voraussetzungen sind natürlich sowieso perfekt."

Karina lächelt weiter über den Eifer ihres Mannes, während sie Fabienne zurück in deren eigenes Bettchen, direkt neben ihrem legt. Die ihr zugeteilte Pflegeschwester hatte ihr genaue Anweisungen gegeben, wie lange sie die Kleine bei sich im Bett behalten durfte. Immer nur eine halbe Stunde nach dem Stillen. Zu viel körperliche Nähe würde Fabienne die Trennung von der Mutter in sechs Wochen erschweren und einen guten Start im Hort unmöglich machen. Wenn Mütter sich nicht an diese Anweisung hielten, kam es bei den Babys häufig zu nicht vorhersehbaren Entwicklungsstörungen im Säuglingsalter, da es diesen Kindern schwer fiel, sich auf das ständig wechselnde Betreuungspersonal einzustellen. Das wollte sie Fabienne wirklich ersparen. Sollte doch die persönliche Förderung ihres Kindes vom ersten Tag an bestmöglich verlaufen. Den Babys wurde im Hort ein genau errechnetes Maß an Zuwendung entgegengebracht. Diesen Zeitabschnitten folgten so genannte Berieselungsphasen mit je nach Begabung zusammengestellten akustischen und visuellen Reizen. Diese wiederum wurden altersgemäß von nötigen Ruhephasen abgelöst. Durch diese Erziehungsmethode, die sich mit jedem Lebensmonat veränderte und ergänzte, wurden die Kinder bis zum Alter von drei Jahren optimal auf die dann beginnende Bildungserziehung vorbereitet. Eine Abhängigkeit vom oder eine zu persönliche Beziehung zum Elternhaus war hinderlich, da dies den Erziehungserfolg in Frage gestellt hätte. Liebevoll schaut Karina auf ihr schlafendes Kind. Sie will wirklich nur das Beste für dieses kleine Geschöpf. Da klopft es an der Tür, und ein ihr bereits aus der Zeit vor der künstlichen Befruchtung bekannter Arzt betritt den Raum. Es handelt sich um Herrn Professor Dr. Habich, den Leiter der Abteilung für genetische Kombination zur Bestimmung der Begabungsrichtung.

„Herzlichen Glückwunsch zur Tochter!" eröffnet er das Gespräch, während er den Eltern die Hand schüttelt. „Auf Grund der nachgeburtlichen Kontrolluntersuchungen haben sich einige weitere Gesichtspunkte ergeben. Wohl wurde bei der übermäßig ausgeprägten Neigung zu technischen, naturwissenschaftlichen Bereichen versäumt, auch den künstlerischen Raum genauestens durchzuspielen." Als er Karinas und Jakobs erschrockene Gesichter sieht, lächelt er beruhigend und erklärt schnell: „Kein Grund zur Beunruhigung. Wir haben nur übersehen, dass sie mit zehn Jahren wohl auch den Stand einer Konzertpianistin erreicht haben wird. Das kann nichts schaden, fördert in vielerlei Hinsicht noch zusätzlich die mathematischen Denkprozesse. Nach genauester Prüfung haben wir uns deshalb dazu entschlossen, den geplanten Laufplan für Ihre Tochter beizubehalten. Sie wird eben nebenbei noch ein wenig Klavier spielen." Mit einem Nicken verlässt er wieder das Zimmer.

Karina und Jakob sehen sich an und brechen kopfschüttelnd in albernes Gelächter aus. „Ich dachte schon", prustet Karina, „die stecken sie doch irgendwo in weiter Ferne in so eine Musikusanstalt, und wir bekommen sie kaum zu sehen."

Jakob nickt und meint: „Ja, ich glaubte auch bereits, wir müssten uns Sorgen machen, aber es ist doch alles noch nach Plan verlaufen."

Stolz betrachten sie ihr noch nichts von den Wundern dieser Welt ahnende, friedlich schlummernde Kind, als die Frühlingssonne durch die Wolken bricht und ihren warmen Schein durch die Fensterscheiben über Fabiennes Gesichtchen legt. So, wie sie das schon seit Tausenden von Jahren macht, als würde sie das Wunder der Menschwerdung mit einem Segen belegen. Einem Segen, der lebenswichtig für jeden Menschen, jedes Tier und jede Pflanze ist und dessen Gene noch nicht erforscht sind.

Der Nekrolog

Ernst-Edmund Keil

Erst nachdem er die vor dem Löwenhaus versammelte Trauergemeinde noch einmal aufgefordert hatte, ihre Gasmasken fester und enger zu binden – sie möchten nicht vergessen, dass sie sich hier in der Gefahrenzone A befänden, weshalb es ja auch die Insassen des Städtischen Zoos besonders schwer getroffen hätte – begann er, die Hand am Zylinder und hinter der Gasmaske sich räuspernd, mit seiner Rede. Indem er sich zunächst mit hohlem Kreuz und vorgestrecktem Kinn seinem Lieblingsthema, dem Umweltschutz, zuwandte und sich bei den anwesenden Organisationen und deren Vertretern, zu denen er sich seit einiger Zeit selbst zählte, dröhnend bedankte für unermüdlichen Einsatz und inzwischen ergriffene und durchgreifende Maßnahmen, die doch großes Unheil von weiten Kreisen der Bevölkerung hätten abwenden können ...

An dieser Stelle hustete jemand – oder waren es mehrere – hinter vorgehaltener Maske, aber doch hörbar, so dass der Redner für Sekunden seine Suada unterbrach und fragend aufsah und den Blick hoch über die Köpfe der maskierten Menge in den wabernden Dunst des Wildgeheges hob, als fahnde er dort unten nach dem Täter allen Übels. Da sich niemand meldete und vortrat und sich schuldig bekannte, fuhr er fort: Nun, vielleicht sei er ja ein wenig zu weit gegangen und habe der zahllosen Opfer nicht gedacht, die Smog und zunehmende Verseuchung von Erde, Luft und Wasser, besonders unter den Kindern und Senioren dieser Stadt, gefordert hätten. Unter den einen, weil sie im Eifer ihrer kindlichen Spiele mit den vorgeschriebenen Gerätschaften oft zu sorglos umgegangen seien; unter den anderen, weil die fortschreitende Schwächung des menschlichen Körpers oder eine gewisse Resignation und Müdigkeit des Geistes – auch sie

Symptome des alternden Menschen – oft nicht erlaubten, mit den immer komplizierteren Apparaten, die zum Überleben der Spezies Mensch in dieser umweltgefährdeten Zone nun einmal eingesetzt werden müssten, sachgemäß und vorschriftsmäßig umzugehen ...

Hier stockte er wieder, bevor er, nicht ohne einige Mühe, den verlorenen Faden seiner Rede aufgriff. Ein Lob, ja, gelte es zu singen auf die hier versammelten Umweltschützer, die mit ihren nimmermüden, manchmal doch recht unbequemen Protesten, Demonstrationen und Bürgeraktionen keine Anstrengung gescheut hätten, nein, wirklich nicht, um großes Unheil abzuwenden ... Wenn sie auch, zugegeben, und damit kehre er zum Ausgangspunkt seiner Rede zurück, vor der Unvernunft dieser Tiere am Ende hätten kapitulieren müssen, ja kapitulieren ... Weil hier auch der wohlwollendste Appell an Vorsicht, Klugheit und Verstand sozusagen für die Katz, deren Familie in gewisser Hinsicht der gestern Verblichene zugerechnet werden müsse, gewesen sei. Leider. Er seufzte unter der Maske. Leider. Denn dieses schöne und edle Tier ...

Aber auch diesen Gedanken konnte er nicht, wie er wollte, zum löblichen Ende führen. Vielleicht, weil er, hinter der Maske rumorend wie üblich, für die Zuhörer fast unverständlich blieb. Daran änderte auch das Mikrofon wenig. Oder weil jetzt vernehmlicher als bisher gehustet wurde, so dass er wieder verwirrt und fragend aufsah und um sich umher und über sie hinweg, die er hierher beordert hatte, um mit ihnen zu trauern, und auf diese Weise wiederum ins Stocken geriet. War er nicht, verdammt, selbst intelligent genug, um sich die hohle Rhetorik seiner Lob- und Trauerrede offen einzugestehen? War nicht die spontane Aktivität auch seiner, der mittleren Generation – und nicht nur die der Alten und Schwachen – längst einer tiefen Resignation und Skepsis gewichen? Was also sollte die Schwafelei, zu der er sich wieder einmal hergegeben hatte, angesichts der nur scheinbaren Erfolge der Umweltschützer, die er zur Entlastung des öffentlichen Gewissens pathetisch hervorzukehren sich abmühte? Und die Zahl der Opfer: War sie nicht, trotz aller hektischen Bemühungen, in letzter Zeit eher gestiegen? Dies nicht zuletzt, weil die wachsende Nervosität, ja Panik in der Bevölkerung zu neuen Massenaufläufen führte, zu denen man mit umweltgefährdeten Fahrzeugen vor allem aus den Außenbezirken des Kreises anreiste, Straßen und Zufahrten verstopfend. Wurden bei den Krawallen zwischen jungen Protestlern und Ordnungshütern nicht auf beiden Seiten, in der Hitze des Gefechtes, alle Vorsichtsmaßnahmen vergessen, füllten nicht nach jeder dieser Aktionen Hunderte Vergifteter die Hospitäler und Notlazarette ...?

Während er, gedankenverloren und nichts sagend, ins Leere starrte, wuchs, unter den zu ihm Aufblickenden, der Missmut, wurde Unwillen laut, der sich wie fernes Hundegebell anhörte, das doch längstens, seit auch die letzten Haustiere in der Stadt krepierten, verstummt war. Wie Hundegebell oder doch zumindest wie das ebenso vergessene, weil schon lang nicht mehr existente, Gewimmer von Katzen. Peinlich. Die Erinnerung war peinlich, aber die Peinlichkeit zwang ihn, mit seiner Rede fortzufahren:

Alle Mitbürger und er, rief er mit erhobener Stimme, trauerten hier und heute um den Heimgang Arnulfs, des Löwen und Königs der Tiere. Ein unersetzlicher Verlust. Gewiss. Er seufzte hörbar. Zwar sei die Trauer über den Tod dieses letzten lebenden Vertreters des Städtischen Wildparks tief und schmerzlich, ja, er, Arnulf, sei nachgerade wie der Kapitän eines sinkenden Schiffes untergegangen. Eine verlorene Schlacht, gewiss, doch tröste zugleich der erhebende Gedanke, dass der menschliche Geist auch hier über alles vergängliche Fleisch triumphiert habe und der Zoo zur Freude und Erholung von Jung und Alt neu bevölkert werde. Wenn dies auch nicht mit lebenden Exemplaren geschehe, so doch dank der verblüffenden Fortschritte, die moderne Elektronik in Japan, den USA und auch in Europa erzielt habe, mit synthetischen, anorganischen, die diesen aber täuschend ähnlich sähen und im übrigen wesentlich leichter zu pflegen seien. Dass, mit anderen Worten, die natürlich Verblichenen durch umweltfreundlichere, dauerhaftere und wirtschaftlichere Mechanismen ersetzt würden. Ein Triumph des menschlichen Schöpfergeistes ...

Er pausierte, blickte wieder in den wabernden Dunst des blassgrünen Geheges (in dem übrigens die Vegetation längst durch eine künstliche aus Plastik ersetzt worden war), während er weiterredend sich in technische Einzelheiten verlor. Die Masse der Trauernden aber, teils mit ohnmächtig schüttelnden Köpfen, teils mit tränenblinden Maskenaugen (hinter denen Kinder und Greise ihren letzten Freund beweinten, dem sie bis zur Sterbestunde, Tag und Nacht am Käfig verharrend, die Treue gehalten hatten), sie wandte sich langsam ab und trat müde den Heimweg an in die Mitte einer von jedem tierischen und pflanzlichen Leben entleerten Stadt. Bis der Redner, erschöpft von seiner erschöpfenden Rede, sich am Ende allein fand auf dem großen Platz vor dem Löwenhaus. So allein auf einmal und von allen verlassen, dass es ihm (wie von einem alten Wärter berichtet wurde) die Freude am Triumph verschlug, und er mit heiserer Stimme den Wärter herausrief und das Löwenhaus betrat. Wo dieser ihm einen der Käfige aufschließen musste, in den der Redner, die Eisentür hinter sich verriegelnd und die Maske vom Gesicht reißend, wie ein verzweifelter Gladiator seinen Fuß setzte. Um sich, Augenblicke später, von einem dort finster in der Ecke lauernden Löwen in Sekundenschnelle und mit stählernen Zähnen in Stücke zerreißen zu lassen.

Ehegesetz

Birgit Erwin

„Sie brauchen gar nichts zu sagen. Meine Antwort lautet nein. Schlicht und ergreifend. Es ist ein barbarisches Gesetz, dem ich mich nicht unterwerfen werde. Nein! Ich habe andere Pläne mit meinem Leben, Herr … Herr ...", der junge Mann blickte demonstrativ auf das Namensschild auf dem Schreibtisch, „Herr Eckschmidt!" schloss er mit so viel Abscheu, wie er in seine Stimme legen konnte. Sein Gesicht hatte einen triumphierenden Ausdruck angenommen. Er schien zu glauben, dass er der erste war, der diese kleine Rede hielt. Eine Weile rührte Hagen Eckschmidt sich nicht. Endlich griff er nach einer großformatigen Hochglanzbroschüre und sagte mit monotoner Stimme: „Die Zahlen sprechen für sich. In den letzten fünf Jahren wurde jede zweite Ehe geschieden, Tendenz steigend. Und die Konsequenz? Eltern, die sich um das Sorgerecht streiten. Kinder, die im Grundschulalter psychologische Betreuung brauchen. Ganz abgesehen von dem sozialen Verfall sind die Kosten, die für den Staat anfallen, einfach nicht mehr tragbar. Und außerdem müssen Sie ja nicht heiraten." An dieser Stelle lächelte Eckschmidt dünn. „Sie haben eine Wahl."

Der junge Mann setzte zu einer hitzigen Erwiderung an, wurde aber durch eine knappe Geste von Eckschmidts knochiger Hand unterbrochen.

„Herr Willmann, die Fakten sind ganz klar. Sie sind dreißig Jahre alt, heterosexuell, gesund und von angemessener Intelligenz. Damit gehören Sie zu den ersten, die unter das neue Ehegesetz fallen. Lassen Sie mich Ihnen also einfach die Regeln erklären, damit wir das hinter uns bringen. Vielleicht kennen Sie das Spiel *Dame oder Tiger*? Nicht? Es ist ein Denkspiel, bei dem der Kandidat durch logische Deduktion erschließen muss, hinter welcher von zwei verschlossenen Türen die Dame und hinter welcher der Tiger verborgen ist. Öffnen Sie die Türe, hinter der die Dame sitzt, dürfen Sie sie heiraten. Zu dem Tiger brauche ich wohl nichts weiter zu sagen … außer vielleicht, dass die Regierung nicht viel Geld für Futter erübrigen kann."

Wieder begleitete ein dünnes Lächeln die Worte, die vielleicht ein Scherz gewesen waren.

„Das ist barbarisch!" stöhnte der junge Mann und schlug die Hände vors Gesicht.

„Sie müssen sich keine Sorgen machen", sagte Eckschmidt. „Die Denksportaufgabe ist leicht zu lösen. Sie ist sogar so leicht, dass wir Leute, bei denen wir damit rechnen, dass sie durchfallen, erst gar nicht zur Prüfung zulassen, sondern gleich – sagen wir mal – aus dem Genpool entfernen, wenn ich es so ausdrücken darf."

„Aber warum dann überhaupt dieses Spiel?"

Eckschmidts müder Blick wurde hart. „Niemand soll sagen, dass wir Sie zu etwas zwingen. Sie haben die freie Wahl zwischen den beiden Türen."

„Sie meinen also, die Wahl, gefressen zu werden oder nicht?"

Eckschmidt hob die Schultern.

„Aber meine Freundin … wir lieben uns … hören Sie, lassen Sie mich meine Freundin heiraten, und ich schwöre, dass wir uns nicht scheiden lassen werden. Wir werden zwei Kinder bekommen, kein Problem. Wir werden ihnen eine sichere Zukunft bieten. Ich liebe Marianne wirklich."

Der junge Mann blickte beschwörend in das erschöpfte, asketische Gesicht des Beamten. Der schüttelte den Kopf.

„Keine Ausnahmen. Es tut mir Leid."

„Aber warum verbieten Sie nicht einfach die Scheidung? Warum diese mittelalterliche Heiratsstrategie?" fragte Willmann. Er schien den Tränen nahe. Eckschmidt seufzte.

„Glauben Sie mir, das alles basiert auf sorgfältigen psychologischen Studien. Wenn Liebe in Hass umschlägt, ist es fast immer schlimmer, als wenn die Ausgangsbasis Gleichgültigkeit war."

„Und das glauben Sie?"

Eckschmidt nickte.

„Sie müssen verrückt sein!" schrie der junge Mann und stürmte aus dem kahlen Büro.

„Morgen um zehn", rief Eckschmidt ihm nach. „Ich wäre Ihnen dankbar, wenn Sie pünktlich wären. Anderenfalls müssten wir Sie durch die Polizei holen lassen."

Sekunden später betrat ein unscheinbarer Mann undefinierbaren Alters das Büro.

„Gehen Sie ihm nach", befahl Hagen Eckschmidt. „Und erstatten Sie Bericht."

Zwei Stunden später saßen Eckschmidt und sein Agent wieder auf den unbequemen Lederstühlen in dem kahlen Büroraum des Familienministeriums. Eckschmidt drehte eine Tasse mit lauwarmem Kaffee zwischen seinen knochigen Händen.

„Und?"

„Er ist sofort zu seiner Freundin gegangen. Marianne Leiner. Sie ist eine intelligente, junge Frau. Sie hat nicht geweint, sie schien eher wütend. Hat die üblichen Sachen über die Regierung gesagt, die Gesetzgebung und dass …"

Eckschmidt nickte ungeduldig.

„Ja, ja. Was noch?"

Der gesichtslose Mann zögerte. „Sie hat ihm gesagt, dass sie einen Ausweg finden wird. Er solle auf keinen Fall die Türe öffnen, hinter der die Dame warte. Er solle ihr vertrauen. Er hat es ihr geschworen. Die beiden schienen den Schwur ernst zu meinen."

Er unterbrach seinen Bericht und wartete, bis Eckschmidt die Tasse wieder hingestellt hatte. „Soll ich mich mit Frau Leiner in Verbindung setzen?" fragte er.

„Welchen Eindruck machte sie auf Sie?"

„Einen sehr guten. Doch, wirklich."

„Dann rufen Sie die junge Frau an. Sie soll ihren Ausweg haben."

Der Agent erhob sich respektvoll. In der Türe drehte er sich noch einmal um.

„Herr Eckschmidt?"

Der Beamte fuhr auf. Er hatte aus dem Fenster geblickt, hinter dem der Regen herabrauschte. „Was gibt es denn noch?"

„Was glauben Sie? Wird diesmal …"

„Ich weiß es nicht, Müller." Ein zynisches Lächeln huschte um Eckschmidts schmalen Mund. „Aber man soll die Hoffnung ja nie aufgeben, nicht wahr?"

„Natürlich nicht, Herr Eckschmidt."

Der Morgen des nächsten Tages war kalt und regnerisch. Er passte zu dem Gesicht des jungen Mannes, der sich Punkt zehn im Hauptgebäude des Familienministeriums meldete.

Eckschmidt und er gaben sich die Hand.

„Sie sind also gekommen. Das ist gut. Sind Sie bereit?"

Ein trotziger Zug erschien um Willmanns Mund, aber er zuckte nur die Achseln und wandte sich so schnell ab, dass er das Funkeln nicht sah, das in Eckschmidts Augen aufgeblitzt war.

Die beiden weißen Türen mit den schwarzen Schriftzeichen wurden von Scheinwerfern angestrahlt. Es sah ein bisschen wie der Versuch aus, die Kulisse einer Quizshow nachzustellen, doch das Licht machte den grauen Tag noch düsterer, und alle Bemühungen, Glanz hineinzubringen, wirkten armselig.

„Sie erinnern sich", sagte Eckschmidts Stimme. „Auf der Türe des Tigers steht immer eine Lüge. Auf derjenigen, hinter der die Dame sitzt, immer die Wahrheit. Viel Glück!"

Er trat einen Schritt zurück, Willmann einen vorwärts. Sein Blick war starr auf die beiden Türen gerichtet. Schweiß stand ihm auf der Stirn, während er laut die Aufschriften las.

Erste Tür: *In einem der beiden Räume ist eine Dame, in einem der beiden Räume ist ein Tiger.*

Zweite Tür: *In diesem Raum ist eine Dame, im Nebenraum ist ein Tiger.*

„Okay", murmelte er und noch einmal: „Okay. Ich glaube, ich weiß, wo die Dame ist."

„Gut. Dann öffnen Sie die Tür Ihrer Wahl."

Eckschmidt hatte die Hände hinter dem Rücken verschränkt. Seinem Gesicht war nichts anzumerken, als der junge Mann langsam die Hand auf die Klinke der ersten Tür legte.

„Sorry, Marianne", flüsterte Willmann.

Dann betrat er den Raum und begrüßte seine unbekannte Braut. Eckschmidt lächelte, nur seine Stimme klang flach, als er dem Paar gratulierte. Er händigte ihnen die Berechtigungsscheine für ihre beiden Kinder aus und erklärte den Weg zum Standesamt.

Als die Schritte der beiden auf dem hohen Korridor verklungen waren, betrat Eckschmidt den Raum, in dem Willmann den Tiger vermutet hatte.

„Es tut mir Leid, Frau Leiner. Es tut mir aufrichtig Leid."

Die junge Frau stand am Fenster. Ihre Augen waren gerötet, aber trocken, und um ihren Mund lag ein Zug, der verriet, dass sie nicht vorhatte, jemals wieder zu weinen.

„Mir auch", sagte sie. Sie reichte Eckschmidt ein zusammengefaltetes Dokument. „Hier ist die unterschriebene Geheimhaltungserklärung. Keine Sorge, ich werde mich daran halten." Dann brach noch einmal der Schmerz hervor: „Wie konnte er! Er hat mir versprochen, mir zu vertrauen. Er hat es geschworen!"

„Er hatte Angst."

Eine lange Pause entstand.

„Wissen Sie", sagte Marianne endlich leise, „ich glaube fast, Sie haben Recht."

„Womit?"

„Mit Ihrem Gesetz. Er hat seinen Schwur bei der ersten Gelegenheit gebrochen, er hätte auch den anderen gebrochen. ‚In guten wie in schlechten Tagen'."

Mit einer letzten Träne nahm sie Abschied von etwas, das ihr wichtig gewesen war.

„Wir verdienen die Liebe nicht", sagte sie bitter. „Sind Sie verheiratet, Herr Eckschmidt?"

Der Mann zögerte, und sein Gesicht wirkte noch ausgezehrter.

„Nicht mehr", sagte er langsam. „Sie hat sich scheiden lassen. Aber das ist schon lange her. Lange bevor ich ... bevor die Regierung das Gesetz ausgearbeitet hat."

„Es ist ein Test, nicht wahr? Niemand wird wirklich von Tigern gefressen. Es ist nur ein Test."

„Natürlich."

„Glauben Sie, dass wir uns jemals wieder das Recht auf Liebe verdienen?"

„Ich weiß es nicht, Frau Leiner. Ich kann es Ihnen wirklich nicht sagen."

Der letzte Landstreicher

Stefan Bouxsein

Jeden Morgen, wenn ich meine Wohnung verlasse, um an die Haltestelle zu laufen, sehe ich ihn. Er sitzt auf der Bank und liest die Zeitung. Neben der Bank stehen meistens einige Tüten, darin scheint er seine Habseligkeiten aufzubewahren. Er wirkt immer so ruhig und ausgeglichen. Glücklich mit sich und der Welt sitzt er auf seiner Bank und genießt das Leben. Spät abends, wenn ich müde und erschöpft von meinem 14-Stunden-Arbeitstag nach Hause komme, sehe ich ihn manchmal immer noch auf der Bank sitzen. Oder er sitzt schon wieder da, ich weiß es nicht. Aber seine entspannte Art, seine gleichgültige Einstellung mir und dem hektischen Treiben der Umgebung gegenüber, fasziniert mich. Ich würde gerne mehr über diesen Kerl wissen. Ich habe fast den Eindruck, als wäre er ein Landstreicher. So nannte man früher die Menschen, die keinen festen Wohnsitz hatten und von der Hand in den Mund lebten. So jedenfalls erzählte mir es mein Vater. Damals, als ich gerade geboren wurde, im Jahr 2004, da hätte es noch viele Menschen gegeben, die keine Arbeit, kein Haus, keinen Helikopter, nicht einmal ein Auto besessen hätten. Und zu dieser Zeit hätte es ganz danach ausgesehen, als ob die Zeiten immer schlechter werden würden. Die Menschen wären auf die Straße gegangen, um zu demonstrieren. Die, die noch ein Haus und ein Auto besessen hätten, hätten Angst gehabt, es sich bald nicht mehr leisten zu können. Die Menschen hätten Angst davor gehabt, den kleinen Wohlstand, den sie sich in vielen Jahren erarbeitet hatten, wieder zu verlieren. Mein Vater erzählte mir, dass damals Millionen von Menschen keine Arbeit finden konnten und dass es immer mehr wurden. Mehr und mehr Unternehmen hätten ihre Produktion in das Ausland verlagert, nach Asien oder Osteuropa. Und die Menschen in Deutschland wären voller Sorge gewesen, weil es ihrer Meinung nach immer schlimmer werden würde. Viele Menschen wären vor dreißig Jahren nicht in der Lage gewesen, sich selbst zu versorgen, versicherte mir mein Vater des Öfteren. Zwar hätte der Staat für diese Leute gesorgt, trotzdem hätten einige von ihnen unter Brücken leben müssen anstatt in komfortablen Häusern. Man nannte sie Obdachlose, Penner oder Landstreicher und sie wurden von der Gesellschaft ausgeschlossen.

Aber so etwas gibt es heutzutage nicht mehr. Umso mehr wundere ich mich, wenn ich jeden Morgen an diesem wunderlichen Kerl in dem kleinen Park vorbeilaufe. Es scheint ihn gar nicht zu stören, dass alle anderen wie die Pferde schuften müssen und dass die Unternehmen händeringend nach Arbeitskräften suchen. Ihn scheint das alles nicht zu berühren. Ich wundere mich nur, dass er noch nicht von der Sozialpolizei aufgegriffen wurde. Nichtsnutze lassen sie für gewöhnlich ganz schnell aus der Öffentlichkeit verschwinden. Landstreicher gibt es schon lange nicht mehr in unserem Land. Dieser Kerl scheint aber eine Ausnahme zu sein. Ich möchte zu gerne wissen, wo er herkommt und warum er sich der Gesellschaft verweigert.

Meine Gedanken werden abrupt beendet, als der Bus auf das Gelände meiner Firma einbiegt. Es ist ein firmeneigener Bus, der an zehn Haltestellen jeden Morgen einen Teil der Belegschaft einsammelt. Insgesamt fahren über zwanzig Busse die Firma an, um die Kollegen aus der Stadt und der Umgebung einzusammeln. Über 600 Menschen werden auf diese Weise zu ihrem Arbeitsplatz gebracht. Das ist zwar der kleinste Teil, aber ich möchte auf diesen Service nicht verzichten. Weitere 2000 Mitarbeiter kommen mit dem Fahrrad zur Arbeit, das Auto benutzen nach der aktuellen Statistik nur noch 1300 Beschäftigte. Mit dem Helikopter dürfen aus Platzgründen nur diejenigen Mitarbeiter anreisen, deren Wohnort mindestens 300 Kilometer von der Firma entfernt ist. Das betrifft ungefähr 50 Angestellte, die meisten davon sind im oberen Management angesiedelt.

Es geht zu wie auf einem Ameisenhaufen, wenn die Mitarbeiter aus den Bussen, Bahnen, Autos und Helikoptern springen oder sich mit dem Fahrrad ihren Weg durch die einströmenden Menschenmassen bahnen. Pünktlich um 7.00 Uhr sitzen, stehen oder liegen dann alle an dem ihnen zugewiesenen Arbeitsplatz. Meine Firma gehört zu einem der großen Mischkonzerne in diesem Land. Wir produzieren Helikopter, Schnellboote, Raumkapseln, Unterwasser-Kreuzfahrt-Boote, Echtholz-Wandbeschläge, Gummiwälder, Solar-Straßenbeläge, Nano-Multi-Elektronik-Bordsysteme für führerlose Autos sowie Erbsensuppen mit Pfirsicharoma, Kaviar mit Testosteron-Konzentrat und schadstofffreie Zigaretten mit implementierten Sauerstoffbakterien.

Ich bin einer von den über 300 Ingenieuren in der Patentabteilung und kümmere mich um die globale Patentierung unserer Solar-Straßenbeläge. Wir führen mittlerweile über 50 Sorten dieser Beläge. Die Herstellung des Grundstoffes ist eines der bestgehüteten Geheimnisse in unserer Firma und mit meinem Wissen trage ich eine hohe Verantwortung. Noch vor zehn Jahren gab es nur zwei verschiedene Solar-Straßenbeläge. Den Sommerbelag für südafrikanische und lateinamerikanische Straßen und den Allwetterbelag für die europäischen Verkehrswege. Mittlerweile sind wir Technologieführer und beherrschen 80 Prozent des Marktes. Wir waren die ersten, die einen Solar-Winter-Straßenbelag entwickelt und erfolgreich in Sibirien eingesetzt haben und wir waren die ersten, die einen Solar-Komponenten-Straßenbelag für eine flexible Fahrbahngestaltung zur Marktreife brachten. Mittlerweile wurden weltweit über zwei Millionen Kilometer von unserem Solar-Straßenbelag verlegt. Die Automobil-Industrie ist auf das Engste mit unseren Forschungs- und Entwicklungsarbeiten verbunden und passt ihrerseits die solarstraßenbelagsangetriebenen Autos an unsere Solar-Beläge an. In Westeuropa fahren bereits über 80 Prozent der Fahrzeughalter ohne zusätzliche Kraftstoffe wie Benzin oder Wasserstoff. In Amerika sind es erst zehn Prozent, dort sehen wir noch gewaltige Wachstumsmöglichkeiten. Die Amerikaner haben lange Zeit den Möglichkeiten des Solar-Straßenbelages misstraut, nun hinken sie mit ihren ölabhängigen Vehikeln dem Stand der Technik meilenweit hinterher. Zwar gab es bei unserer Technik lange Zeit Probleme bei der Energieübertragung von der gespeicherten Sonnenenergie im Straßenbelag auf die Antriebswelle im Auto, aber die neuesten Modelle schaffen mühelos eine Strecke von 300.000 Kilometern, bevor die ersten Ermüdungserscheinungen der Solarenergie-Übertragungs-Module auftreten. Bis es so weit war, landeten über 3000 Anträge für eine Patentanmeldung auf meinem Schreibtisch. Unsere Entwicklungsingenieure in der Abteilung Solar-Straßenbelag sind einsame Spitze im internen Erfindungsgeist-Ranking. Allein heute bekam ich wieder knapp 20 Anträge auf den Tisch, die meisten davon behandelten Verbesserungsvorschläge für die Solar-Beläge der Fahrradwege. Seitdem man beim Fahrradfahren zwischen Muskelkraft und Solar-Antrieb mittels Energieübertragung vom Straßenbelag beliebig wählen kann, sind die Leute ganz verrückt auf das Fahrradfahren. Auch ich überlege mir schon seit langem, mir ein Solar-Belag angetriebenes Fahrrad zu kaufen. Nur habe ich keine Lust, alleine zu fahren und im Bus treffe ich immer nette Kollegen aus anderen Abteilungen. Gestern erst saß Herr Schnörker von den Erbsensuppen mit Pfirsicharoma neben mir und erzählte von einem neu entwickelten Produkt. Seine Abteilung steht kurz vor dem Durchbruch bei Pfirsichen mit Erbsengeschmack.

Leider konnte ich auf meiner Heimfahrt den guten Herrn Schnörker nicht im Bus entdecken, nur die Frau Lackmeier verwickelte mich in ein längeres Gespräch. Frau Lackmeier ist bei der Öffentlichkeitsarbeit für die Touristik-Raumkapseln zuständig und sieht sich zurzeit mit einigen kleineren Problemen konfrontiert. Einige der Touristen, die mit unseren Raumkapseln zu einer Erdumkreisung gestartet waren, gelten als vermisst. Gerüchten zufolge sind sie aus ungeklärten Umständen von der Umlaufbahn abgekommen und schweben jetzt immer tiefer in die unendlichen Weiten des Alls hinein. Frau Lackmeier ist ganz verzweifelt, weil man immer noch nicht weiß, ob dem so ist und wenn dem so ist, ob ein technischer Defekt oder ein terroristischer Anschlag als Ursache für das Abhandenkommen der Weltumsegler verantwortlich gemacht werden soll. Ich bin froh, als ich ihrem aufgeregten Monolog entfliehen kann, weil der Bus an meiner Haltestelle anhält.

Erschöpft von einem langen Arbeitstag, freue ich mich auf meine eigenen vier Wände. Nach zehn 14-Stunden-Tagen steht für morgen mein freier Tag auf dem Programm und den kann ich gut gebrauchen. Ich schlendere, wie jeden Abend, durch den kleinen Park, rauche noch eine Oxygen mit implementiertem Nordsee-Sauerstoff und sehe schon von weitem wieder diesen Kerl auf der Parkbank sitzen. Wie gewöhnlich, stehen einige Tüten neben ihm, mehrere Zeitungen liegen zusammengefaltet auf seinem Schoß und er tut nichts weiter, als die Passanten zu beobachten und den Vögeln beim Zwitschern zuzuhören. Dieses Mal spreche ich ihn an, schießt es mir durch den Kopf, als ich langsamen Schrittes auf ihn zugehe. Ich will endlich wissen, ob er tatsächlich ein Landstreicher ist. Die Vorstellung, dass jemand nichts arbeitet, ist mir einfach suspekt. Was macht dieser Mann den ganzen Tag, frage ich mich. Und als ich endlich vor ihm stehe, frage ich ihn ganz unverblümt selbst.

„Ich beobachte", gibt er mir zur Antwort und tut so, als wäre das das Normalste auf der Welt.

„Was um Himmelswillen beobachten Sie denn?" dränge ich ihn weiter.

„Den Tag. Wie er kommt und wie er wieder geht und was er in dieser Zeit gebracht hat", entgegnet mir der Kerl in stoischer Ruhe.

„Ein Tag kommt und geht wie der andere, und wenn Sie nichts weiter tun, als hier herumzusitzen, dann bringt Ihnen der Tag gar nichts", antworte ich und wundere mich über die Aufgeregtheit in meiner Stimme.

„Das stimmt nicht. Jeder Tag birgt ein neues Geheimnis, jeder Tag ist ein Geschenk Gottes, jeder Tag verkürzt unser Leben um genau einen Tag. Jeder Tag, an den Sie sich nicht gerne zurückerinnern, ist ein verlorener Tag. Wann war der letzte Tag, an den Sie sich gerne zurückerinnern?"

Seine Ausführungen und seine Frage bringen mich völlig aus dem Konzept. Ich schaue ihn sprachlos an und versuche tatsächlich, mich an einen besonders schönen Tag zu erinnern. Alles was mir einfällt, sind lange Tage, an denen ich an meinem Schreibtisch sitze und über Anmeldungen für Patente brüte.

„Sagen Sie bloß, Sie können sich nicht erinnern", flachst er und schüttelt mitleidig seinen Kopf.

„Sie sind ein Schmarotzer, ein Parasit, ein Nichtsnutz. Ich wundere mich, dass die Sozialpolizei Sie noch nicht von hier entfernt hat." Noch während ich ihn so anschreie, erschrecke ich über mich selbst. Wutanfälle sind mir eigentlich fremd und unbekannten Personen gegenüber bin ich sowieso sehr zurückhaltend. Warum dieser alte Kerl solche Emotionen in mir weckt, ist mir schleierhaft. Aber er lässt sich durch mich keinen Deut aus seiner Ruhe bringen. Im Gegenteil, er lächelt mich gütig an und ignoriert mich dann einfach.

„Entschuldigen Sie bitte, ich wollte Sie nicht beleidigen. Es ist nur so, dass ich in einer Welt aufgewachsen bin, in der Nichtstun verpönt ist. Es gibt soviel Arbeit, die zu tun ist, es gibt so viele Dinge, die noch nicht erledigt sind, da müssen wir doch alle Hand anlegen. In meiner Firma suchen sie händeringend nach Arbeitern. Viele Aufträge können nicht termingerecht ausgeliefert werden, weil einfach Personalknappheit herrscht. Und Sie sitzen hier und scheren sich einen Teufel um unser Bruttosozialprodukt. Finden Sie das in Ordnung?"

Statt mir zu antworten, fragt er mich nach meinem Alter. Bereitwillig gebe ich ihm Auskunft, sage ihm, dass ich 30 Jahre alt bin.

„So so, 30 Jahre alt sind Sie also. Und Sie arbeiten wie ein Pferd. Und wenn Sie nicht vorher tot umfallen, müssen Sie noch weitere 45 Jahre lang hart arbeiten. Sind Sie sich dessen überhaupt bewusst?"

„Selbstverständlich. Allerdings spiele ich mit dem Gedanken, bereits mit 70 Jahren in den Ruhestand zu gehen, meine Altersvorsorge habe ich entsprechend vorbereitet."

„Aber vielleicht können Sie nur noch zehn oder zwanzig Jahre lang arbeiten und dann haben Sie ein Problem."

Mit neugierigen Augen sehe ich ihn an, verstehe nicht, worauf er hinaus will. Er lächelt wieder auf seine gütige Weise und fährt dann fort.

„Jetzt leben Sie in einer Zeit, in der es den Menschen in unserem Land wirtschaftlich sehr gut geht. Aber das war nicht immer so und das muss nicht immer so bleiben. Kennen Sie die Bibel?"

„Ich habe davon gehört, gesehen habe ich noch keine", gebe ich ihm zur Antwort.

„Die Bibel ist das Buch, das von den Anfängen berichtet und auch vage Auskunft über das Ende gibt. Viele schöne Geschichten und Begebenheiten aus sehr alter Zeit sind darin zu lesen. Eine dieser Geschichten handelt von einem reichen Königreich. Das Königreich stand aber am Ende seiner Glanzzeit und eine schlechte Zeit stand ihm bevor. Es wurde von den sieben fetten und den sieben mageren Jahren gesprochen. Auf gute Zeiten folgen schlechte Zeiten und auf schlechte Zeiten folgen gute Zeiten. So war es schon immer und so wird es auch immer bleiben. Wichtig ist nur, dass sich die Menschen dessen bewusst sind. Aber das sind sie nicht. Sind die Zeiten schlecht, können sich die Menschen nicht vorstellen, dass es bald wieder viel besser werden könnte. Sind die Zeiten aber gut, verschwendet niemand einen Gedanken daran, dass es auch wieder schlechter werden wird. Sehen Sie sich an. Sie schuften den ganzen Tag und werden doch nicht fertig mit Ihrer Arbeit. Und weil dem so ist, sind Sie fest davon überzeugt, dass es in 30 oder 40 Jahren nicht anders sein wird. Sie sind ein Narr."

Ich lausche gespannt seinen Worten. Er spricht wie ein Lehrmeister, nicht wie ein Landstreicher. Wenn ich den alten Erzählungen meines Vaters über die Landstreicher Glauben schenken darf, dann waren diese Menschen nicht gebildet und dem Alkohol sehr zugetan. Dieser Mann hier zeigt mir allerdings nicht den geringsten Respekt. Obwohl es eindeutig zu sein scheint, dass ich eine wichtige und bedeutende Position bekleide, während er sich jeglicher Verantwortung entzieht. Ich frage ihn, wie alt er ist und ob er schon sein ganzes Leben damit verbringt, nichts anderes zu tun, als die Tage zu beobachten.

„Ich bin sechzig Jahre alt", antwortet er. „Und nein, als ich in Ihrem Alter war, da dachte ich genau wie Sie. Ich hatte große Pläne, wollte viel Geld verdienen, mich für meine Firma einsetzen, eine Familie gründen und nicht über den Lauf der Welt nachdenken. Aber dann kam alles anders."

„Was ist passiert?" Meine Neugierde über diesen merkwürdigen Kauz wächst von Sekunde zu Sekunde. Plötzlich komme ich mir irgendwie dumm vor.

„Sie kamen gerade zur Welt, als ich mich so blind in meine Arbeit stürzte, wie Sie es heute tun. Ich war Programmierer, heute nennt man das Simulationsanimateur. Damals benötigte man für solche Arbeiten hochqualifizierte Software-Ingenieure, heute erledigen solche Arbeiten unterbezahlte Aushilfskräfte ohne Schulabschluss. Jedenfalls saß ich den ganzen Tag in der Firma und entwickelte neue Software. Abends und an den Wochenenden saß ich Zuhause und machte dort weiter, wo ich in der Firma aufgehört hatte. Meine Frau kümmerte sich um den Haushalt und verdiente sich nebenbei noch ein paar Euro als Kassiererin. So nannte man damals die Menschen in den Geschäften, die die Einkäufe der Kunden abrechneten. Die Scannertechnik war noch lange nicht so weit, wie Sie es jetzt kennen. Man musste jeden Artikel einzeln berechnen lassen. Die Verpackungsindustrie kannte noch keine intelligenten Verpackungen, die beim Passieren der Abrechnungsstation ein Signal abgeben und in einen Dialog mit dem Scanner treten. Diese Technik wurde ja auch erst entwickelt, nachdem das Verpackungs-Pfand-System kollabierte. Meine Frau schimpfte wie ein Rohrspatz, als die Regierung das totale Pfandsystem eingeführt hatte. Sie musste nicht nur jeden einzelnen Artikel beim Kauf abkassieren, sondern auch die verschiedenen Pfandgebühren für Glas, Quarzglas, Panzerglas und die Kunststoffe PFTE, PTE, PTTE, PFFT, PPTT, PTPT und PFFFFT verrechnen. Aber ich wollte von mir erzählen und nicht von den Sorgen meiner Frau. Ich entwickelte also Software für die Internetkommunikation. Allerdings waren die Zeiten damals nicht gut, es herrschten die sieben mageren Jahre. Niemand wollte investieren, Aufträge waren Mangelware. Softwareingenieure gab es viele und es wurden immer mehr. So kam es, wie es kommen musste. Eines Tages rief mich mein Chef in sein Büro und überreichte mir die Kündigung. Ich vertraute auf meine Fähigkeiten und war mir sicher, schon bald einen anderen Arbeitsplatz zu finden. Aber ich wurde eines Besseren belehrt. Nachdem zwei Jahre ins Land gezogen waren, hatte ich Hunderte von Bewerbungen geschrieben, aber meine Arbeitskraft wurde einfach nicht benötigt. Die Zahlungen, die ich vom Staat erhielt, um mich und meine Frau zu ernähren, wurden immer weniger. Alles wurde zusammengestrichen, denn auch der Staat hatte kein Geld mehr zur Verfügung. Jeder zehnte Westdeutsche suchte nach einer Arbeit, in Ostdeutschland war es sogar jeder fünfte. Mit den Begriffen Ost- und Westdeutschland können Sie wahrscheinlich nicht viel anfangen. Was wir damals als Ostdeutschland bezeichneten, nennt man heute das deutsche Paradies. Aber damals war es alles andere als ein Paradies, damals war es ein Milliardengrab. Drei Jahre lang suchte ich erfolglos nach einer neuen Arbeit, das Leben zermürbte mich und die Beziehung mit meiner Frau ging in die Brüche. Dann, als ich schon jede Hoffnung auf eine Besserung verloren hatte, ging es mit der Wirt-

schaft ganz allmählich wieder bergauf. Allerdings hatte sich in
den drei Jahren, in denen ich nichts mit mir anzufangen wusste,
die Software-Branche rasant verändert. Plötzlich hatte ich den
Anschluss an die technische Entwicklung verloren und obwohl
wieder Jobs für Software-Ingenieure angeboten wurden, bekam
ich kein Oberwasser. Eine neue Generation von gut ausgebildeten Informatikern überschwemmte den Markt, für mich blieben
immerhin noch staatlich geförderte Weiterbildungskurse übrig.
Es war ungefähr das Jahr 2008, als ein deutlicher Aufschwung in
Deutschland einsetzte. Aber von den Ereignissen, die noch be-
vorstanden, die niemand für möglich gehalten hätte, die unserem Land in kürzester Zeit einen ungeahnten Wohlstand bereiteten, ahnte noch niemand etwas. Und weil diese Ereignisse in so
rascher Folge eintraten und die Regierung genauso unvorbereitet
trafen wie die Wirtschaftsführer und die Bevölkerung, wuchs Ihre Generation in Hektik und Unwissen auf. In den Schulen wurden wichtige Fächer wie Geschichte oder Sozialkunde einfach
gestrichen, weil der Zeitgeist seinen Tribut forderte. Das Land
benötigte plötzlich eine große Anzahl an Chemikern, Physikern,
Mathematikern und Betriebswirten. Die Schulzeiten wurden
verkürzt, die Studiengänge gestrafft. Wir mussten produzieren
und verlernten das Philosophieren. Das Ergebnis sind solche
Leute wie Sie. Lebende Maschinen ohne Geist und Drang nach
Freiheit."

Der Kerl wird langsam unverschämt. Nicht nur, dass er völlig
nutzlos auf seiner Bank sitzt, jetzt beleidigt er mich auch noch.
Und trotzdem bringe ich es nicht fertig, ihn einfach da sitzen zu
lassen. Ich muss mir eingestehen, dass er gar nicht so Unrecht
hat, mit dem was er sagt. Ich weiß wirklich nicht viel über die
Geschichte meines Landes. Wenn mein Vater mir nicht einiges
erzählt hätte, dann wüsste ich noch viel weniger. In der Schule
brachte man mir bei, wie die Dinge funktionieren, die wir tag-
täglich in großer Stückzahl produzieren und in die ganze Welt
verkaufen. Geist und Drang nach Freiheit, das waren Worte, die

ich so noch nie gehört hatte. Um frei zu sein, benötigt man Geld. Geld bekommt aber nur, wenn man den ganzen Tag hart arbeitet. Dieser Kerl hier arbeitet aber nicht und lebt trotzdem. Wenn auch nur auf einer Parkbank. Er ist wie ein großes Geheimnis und dieses Geheimnis will ich lüften. Neugierig frage ich ihn, wohin ihn damals sein Streben nach Freiheit gebracht hat.

„Erst einmal musste ich erkennen, was es heißt, frei zu sein. Als die Zeiten sich änderten und es wieder mehr freie Stellen gab als Arbeitskräfte zur Verfügung standen, da wurde mir bewusst, wie gefangen ich war. Gefangen in einer Gesellschaft von Menschen, die nichts mit sich anzufangen wusste. Sie waren nur zufrieden, wenn sie einen Platz hatten, wo sie tun konnten, was man ihnen aufgetragen hatte. Auch ich bekam schließlich nach fünf Jahren wieder einen solchen Platz angeboten. Doch ich wollte kein Spielball von Mächten mehr sein, die ich nicht beeinflussen konnte. Mein Glück wollte ich nicht mehr davon abhängig machen, ob nun gerade die fetten Zeiten herrschten oder ob die mageren uns heimsuchten. Ich gab alles auf, was mir bis dahin etwas bedeutete. Ganz Deutschland war im Aufbruch, als ich im Abmarsch war. Ich lief einfach los, lief, so weit meine Füße mich trugen. Und meine Füße trugen mich durch ganz Europa. Ich durchquerte Österreich, lief durch Frankreich, schaute mir Spanien an und tingelte an den Küsten Italiens. Ich lebte von dem, was andere nicht mehr brauchten. Manchmal arbeitete ich auch für einige Zeit auf einem Bauernhof. Während der Erntezeit verdiente ich mir ein paar Cent, dann ging ich wieder auf Wanderschaft. Ich plünderte die Abfalleimer in den großen Metropolen und fand Unterschlupf in den dörflichen Kirchen. Ich lernte viele Menschen kennen, gute und schlechte. Ich lernte die verschiedenen Sprachen zu sprechen und ich beobachtete die Welt. Nun wollen meine Füße nicht mehr so richtig, deswegen sitze ich lieber auf meiner Bank. Fast 20 Jahre lang lebte ich als Landstreicher. Ich beobachtete, wie die Welt sich veränderte und die Menschen sich ihr anpassten. Jetzt sitze ich hier und mein

Kopf ist voller schöner Erinnerungen, die mich für den Rest meines Lebens begleiten. Die Abfalleimer in diesem Park ernähren mich genauso gut wie ein Drei-Sterne-Restaurant. Leider gibt es keine Menschen mehr, die Zeit und Muße für ein geistreiches Gespräch aufbringen. Sie sind seit langer Zeit der Erste, mit dem ich mich unterhalten habe. Ich danke Ihnen für Ihr offenes Ohr."

Jetzt hat er es geschafft. Tief in meinem Inneren verspüre auch ich plötzlich diesen Drang nach Freiheit. Ich kann es nicht in Worte fassen, kann es nicht beschreiben. Ich weiß nur, dass da irgendetwas ist. Etwas, das mir fehlt. Aber die Sonne ist bereits untergegangen und ich spüre die bleierne Müdigkeit, die mich überfällt. Aber morgen habe ich meinen freien Tag. Ich könnte meinen freien Tag dazu nutzen, um den Tag zu beobachten, überlege ich mir. Kurz entschlossen frage ich den Landstreicher, ob ich mich morgen zu ihm auf seine Bank setzten dürfte, um mit ihm gemeinsam den Tag zu beobachten. Und schließlich bitte ich ihn noch darum, dass er mir dann davon erzählt, wie sich die Welt in den letzten 20 oder 30 Jahren verändert hat.

„Das will ich gerne tun", freut er sich. „Bringen Sie eine Flasche Rotwein mit oder besser zwei. Ein guter Rotwein löst die Zunge."

Ich liege an diesem Abend noch lange wach in meinem Bett und denke über den Landstreicher nach. Die Sache beunruhigt mich ein wenig. Jahrelang habe ich mir erst in der Schule, später im Studium ein grundlegendes Wissen über die praktischen Dinge angeeignet. Bei meiner Arbeit in der Patentabteilung erfahre ich alles über die neuesten Entwicklungen. Ich kenne die Zusammenhänge, kann Tausende von chemischen Prozessen nachvollziehen. Ich kenne die Materie, bin in der Lage, die Kräfte zu berechnen, mit der die Materie verwandelt werden kann. Ich weiß, wie sich die Energie in ihre physikalischen Elemente aufspalten lässt und wie man diese Elemente zu neuen Energieformen transformieren kann. Ich kann die notwendigen Kosten für all diese Verfahren ermitteln, egal mit welchem Kalkulationsmodell. Ich habe gelernt, wie man die zu erzielenden Erträge mit Hilfe modernster Marktforschungsinstrumente bereits berechnen kann, bevor ein Produkt noch auf dem Simulator entwickelt ist. Ich bin im Detail mit der Kette des ungebrochenen Wachstums vertraut. Aber ich bin nicht in der Lage, einfach nur den Tag zu beobachten und daraus etwas zu lernen. Ich kann nicht auf einer Bank sitzen und mich an meinen Erinnerungen erfreuen. Ich weiß nicht, warum ich in einer fetten Zeit lebe und ob es in Zukunft eine magere Zeit geben wird. All das beunruhigt mich. Als ich endlich einschlafe, überfallen mich eigenartige Träume. Ich komme morgens in mein Büro, aber die Tür ist verschlossen. Ich gehe zu meinem Chef, doch der schaut mich nur traurig an. Er sagt, wir wären fertig. Es gäbe nichts mehr zu produzieren. Es sei alles da. Die Menschen brauchen unsere Produkte nicht mehr. Sie wollen jetzt Freiheit, aber unsere Ingenieure wissen nicht, wie man Freiheit herstellt. Ich renne los, renne so schnell, wie ich nur kann. Ich renne in den kleinen Park. Der Landstreicher, der kennt die Freiheit, der kann uns helfen. Aber als ich atemlos den kleinen Park erreiche, finde ich nur eine leere Parkbank. Der Landstreicher ist weg.

Schweißgebadet wache ich auf. Einen Moment lang habe ich tatsächlich Angst, dass der Landstreicher am nächsten Tag nicht mehr auf seiner Bank sitzen könnte. Ich rauche eine Oxygen mit implementierten Ostsee-Sauerstoff und falle anschließend endlich in einen tiefen traumlosen Schlaf.

Als ich aufwache, sind meine Gedanken gleich wieder bei dem Landstreicher. Mir fällt ein, dass ich zu unserem Gespräch ein oder zwei Flaschen Rotwein mitbringen soll. Da ich keinen Wein im Haus habe, schalte ich den Shopping-Monitor an und zappe mich durch das Programm. Irgendwo muss es doch eine Weinhandlung geben. In der Delikatessenabteilung vom Kaufportal finde ich zwar einige exzellente Rotweine, dort scheint aber das Kaufprogramm deaktiviert zu sein. Genervt schalte ich weiter und lande schließlich bei einem Getränke-Express-Versand. Fünf Flaschen trockener Rotwein in Kombination mit zwei Flaschen flüssigem Sauerstoff gibt es dort zum Angebotspreis von 650,00 Euro. Das scheint mir preiswert und ich bestelle bei Lieferung frei Haus innerhalb von zehn Minuten. Der Laden ist fast 100 Kilometer entfernt, liefert aber per Helikopter. Tatsächlich höre ich keine zehn Minuten später die Rotorblätter über meinem Dach rotieren. Mein Paket wird abgeseilt und von meinem vollautomatisierten Brief- und Paketcenter an meinem Hauseingang auf Sprengstoff untersucht. Keine Gefahr in Verzug, das Paket verschwindet in meinem Paketcenter und wird auf dem Weg nach oben in meine Wohnung entpackt. Zufrieden mit meiner Bestellung, nehme ich die Ware in Empfang und lausche dem leisen Surren der Verpackungs-Trenn-Maschine. Während das Verpackungsmaterial in Sekundenschnelle in seine Grundelemente zerlegt wird, lutsche ich eine Zahnweiß-Pastille mit Darmreinigungs-Zusatz. Anschließend stelle ich mich noch für fünf Minuten unter die Reinigungskanone. Ich wähle die Kombination Wasser mit Balsam-Zusatz, Trocknungsluft mit Apfel-Aroma und anschließender Mandelcreme-Zerstäubungs-Diffusion. Erfrischt steige ich in meinen 3-D-Simulatiosspiegel, zappe mich durch mein Frisuren-Programm und entscheide mich für glänzendes Haar, dunkelblond mit Seitenscheitel. Wie an jedem meiner freien Tage, wähle ich auch heute den Laser-Rasierer für die zehntägige Spiegelglatt-Rasur. Die Schubladen an meinem Kleider-Center stelle ich auf Zufallsgenerator für Freizeitkleidung. Heraus kommt eine beige Unterhose mit integrierter Hodenmassage, grüne Socken aus schweißtötender Nano-Faser, ein violettes atmungsaktives Hemd mit fettabsaugenden Vakuumnoppen im Hüftbereich, eine blaue Hose mit eingenähtem Kommunikations-Empfänger und die weißen Freizeitschuhe mit Kilometerzähler aus flexiblem Hart-Gel. Eine gute Wahl, ich werfe mich in meine Garderobe, steige zur Kontrolle noch einmal in den 3-D-Simualtionsspiegel und überprüfe mit dem automatischen Farb-Abgleicher mein Outfit. 96 Prozent Farb-Harmonie zeigt das Display an. Für ein Gespräch mit dem Land-streicher sollte das genügen.

Bevor ich mich auf den Weg in den kleinen Park mache, ge-nehmige ich mir noch ein gesundes Frühstück. Das Bananen-Yoghurt mit dem Multi-Bakterien-Mix ist genau das Richtige. Ich liebe es, wenn ich dann den ganzen Tag über spüre, wie die Bakterien in mir arbeiten.

Ein Blick auf die Uhr sagt mir 8.37 Uhr. Seitdem ich die Uhr-zeit auf meine Fensterscheiben projiziere, schaue ich auch im-mer mal wieder aus dem Fenster. Draußen scheint die Sonne. Vielleicht ist es gar nicht so langweilig, einfach mal auf der Park-bank zu sitzen und den Tag zu beobachten. Ich schnappe mir meine zwei Flaschen Rotwein und freue mich schon richtig auf das Gespräch mit dem Landstreicher.

Als ich in den Park komme, sitzt er auch schon auf seiner Bank. Als er mich erblickt, winkt er mir freudig zu und rückt ein Stück zur Seite, damit ich mich neben ihn setzen kann. Ich setze mich zu ihm. Mit dem festen Vorsatz, in absehbarer Zeit keine produktive Leistung zu erbringen. Es ist ein komisches Gefühl, einfach nur auf dieser Bank zu sitzen. Die Sonne scheint mir ins Gesicht, der Landstreicher betrachtet freudig erregt die mitge-brachten Rotweinflaschen und studiert fachmännisch das Eti-kett. Ich freue mich, weil er sich freut und ärgere mich, weil ich nicht an Gläser gedacht habe. Nicht einmal an einen Korkenzie-her habe ich gedacht, aber zu meinem Erstaunen kramt der Landstreicher in einer seiner Tüten und fischt einen Korkenzie-her daraus hervor. Gekonnt zieht er den Stopfen aus der Flasche und hält sich dann die Flasche an die Lippen. Kleine rote Trop-fen laufen an seinen Mundwinkeln herunter. Ein groteskes Bild, wie ich finde. Nach einigen geräuschvollen Schlücken hält er mir die Flasche entgegen.

„Trink, mein Freund. So jung kommen wir nie wieder zu-sammen."

Dem habe ich beim besten Willen nichts entgegenzusetzen. Also sitze ich nicht nur den Tag beobachtend auf einer Parkbank, sondern trinke dabei auch noch mit einem Landstreicher gemeinsam aus einer Rotweinflasche. Und irgendwie fühle ich mich verdammt gut dabei. Ich fordere ihn auf, mir mehr zu erzählen.

„Erzählen Sie mir von den Ereignissen, die dazu führten, dass unser Land so eine dominierende Stellung hat."

„Haben Sie denn wirklich keine Ahnung?" fragt er mich und ich höre deutlich das Mitleid in seiner Stimme.

„Natürlich kenne ich einige Schlagwörter. Ich weiß, dass die Asienkrise damals völlig überraschend kam. Ich weiß, dass Amerika eine Weltmacht war. Ich weiß, dass es in Deutschland und anderen Ländern viele Millionen Arbeitslose gab. Ich weiß, dass die heutigen Energieformen damals noch in der Entwicklung steckten und mehr kosteten als sie nutzten. Aber leider kenne ich keine Einzelheiten. Ich weiß nichts über Politik, ich weiß nichts Genaues über die Entwicklungen, die uns dahin gebracht haben, wo wir heute sind. Ich weiß nicht, wie es war, als Menschen ohne ein Dach über dem Kopf unter Brücken geschlafen haben oder ziellos umher gewandert sind. Erzählen Sie mir davon, bitte!"

Der Landstreicher nickt bedächtig, nimmt noch einen tiefen Schluck aus der Flasche, räuspert sich und stellt mir ganz unverblümt eine Frage: „Wie gefällt Ihnen der Tag heute?"

„Oh, ich muss gestehen, es ist ein sehr schöner und sonniger Tag. Es ist ein Tag, der mich an meine frühe Kindheit erinnert. Ich muss daran denken, wie ich als Kind auf einer Wiese gespielt habe. Es standen Apfelbäume auf der Wiese, es roch nach Heu, ich tobte mit meinen Freunden umher. Ich glaube, wir haben Fußball gespielt."

„Fußball! Die Menschen liebten das Fußballspiel. Sie hatten bestimmt Spaß daran, dem Ball hinterher zu laufen, einem anderen Jungen den Ball abzunehmen und auf das Tor zu schießen. Stimmt's?"

„Ja. Jetzt, wo Sie davon erzählen, fällt es mir wieder ein. Ich konnte gar nicht genug davon bekommen. Stundenlang wollte ich Fußball spielen."

„Fußball war Freiheit. Sie haben beim Fußballspielen nichts gelernt, was für die Gesellschaft hätte von Nutzen sein können. Aber Sie hatten Spaß, sie haben den Tag genossen. Es war ein Tag, an den Sie sich heute noch gern zurückerinnern. Wie alt waren Sie an diesem Tag?"

„Wie alt? Ich weiß es nicht. Vielleicht war ich zehn Jahre alt."

„Dann war dieser Tag irgendwann im Jahr 2014. Zu dieser Zeit drängte alles mit Macht nach Deutschland. Die Asienkrise steuerte auf ihren traurigen Höhepunkt zu und die Amerikaner konnten nicht mehr zwischen Asiaten und Terroristen unterscheiden. Die Osteuropäer fingen zu diesem Zeitpunkt an, sich gegenseitig die Früchte zu stehlen, die sie in mühevoller und akribischer Arbeit angebaut hatten. Während Sie auf der Wiese Fußball spielten, beschlossen Ihre Lehrer, dass Sie von alledem nichts zu wissen brauchten. Nicht, weil sie es Ihnen nicht gönnten, sondern weil es für Sie soviel anderes zu lernen gab. Um uns herum brach alles zusammen, aber Deutschland mutierte zur Insel, auf der es blühte und gedieh."

„Aber wie kam es dazu?" will ich wissen.

„Zuerst war es ja genau anders herum. Unsere Fabriken, unsere Produktionsstätten, unsere Forschungen, all das, was unser Land am Leben erhielt, wanderte aus. Die Fabriken standen in China und anderen asiatischen Ländern. So schnell, wie sich bei uns alles verschlechterte, so schnell verbesserte sich dort alles. Vor allem in China, aber auch in Indien, in Thailand, auf Malaysia oder in Südkorea wuchsen die Fabriken und Produktionsstätten wie Pilze aus dem Boden. Es war das Zeitalter der Globalisierung. Wir wussten alles von diesen Ländern, konnten aber nicht verhindern, dass sie uns immer mehr zurückdrängten. Und sie wussten alles von uns. Sie lernten von uns, kopierten uns und machten schließlich alles besser, als wir es je gekonnt hatten. A-

ber es gab noch ein Land in dieser Region. Von diesem Land
wusste niemand so genau, was dort geschah. Dieses Land wusste
auch nicht so genau, was in den anderen Ländern geschah. Man
sprach damals von einem eisernen Vorhang, der das Land um-
hüllte. Es gab keine Kommunikation, das Land war von der Globalisierung ausgeschlossen. Rund um dieses Land herum brach
der Wohlstand über die Menschen ein. Aber in diesem Land
herrschte eine bittere Armut. Das Land hieß Nordkorea. Die A-
siaten kümmerten sich nicht weiter um dieses Land. Sie hatten
genug damit zu tun, sich um ihren Wohlstand zu kümmern.
Niemand weiß genau, was sich hinter diesem eisernen Vorhang
abgespielt hat. Aber plötzlich hob sich dieser eiserne Vorhang
von einem Tag auf den anderen. Der Rest der Welt blickte völlig
überraschend in dieses Land und was es dort zu sehen gab, war
erschreckend. Das Volk, welches darin lebte, war viel größer und
viel ärmer, als alle anderen es angenommen hatten. Die Führer
dieses Volkes sind von einem auf den anderen Tag verschwunden, als hätte der Erdboden sie verschluckt. Völlig orientierungs-
los marschierte das Volk über die Grenzen, die über Jahrzehnte
unpassierbar gewesen waren. Das nordkoreanische Volk fiel wie
ein Schwarm hungriger Heuschrecken über seine Nachbarländer
her. Und mit diesem Volk kam das Chaos in diese Länder. Die
Führer aus Südkorea, Japan und China gerieten in einen erbitter-
ten Streit darüber, was mit dem Volk und seinem Land zu tun
sei. In China, wo fast alles produziert wurde, was der Westen benötigte, hießen die Produzenten das einströmende Volk aus
Nordkorea herzlich willkommen. Sie sahen in diesem verarmten
Volk ein Heer an billigen Arbeitskräften. Die bis dahin so genüg-
samen chinesischen Arbeiter waren mit der Zeit nämlich begehr-
lich geworden. All die Waren, die sie produzierten, die wollten
sie sich auch leisten können. Sie gründeten Gewerkschaften und
forderten höhere Löhne. Aber anstatt höhere Löhne, erhielten
die chinesischen Arbeiter einen Tritt in den Hintern und wurden
durch die Nordkoreaner ersetzt. Die Folgen waren katastrophal.

Es kam zu Aufständen in der chinesischen Bevölkerung. Fabrik-
hallen wurden niedergebrannt, Unternehmer öffentlich gelyncht.
Da, wo trotz der Unruhen noch produziert wurde, wurde nur
noch Schrott produziert. Die Nordkoreaner entpuppten sich als
völlig ungeeignet, um in den modernen chinesischen Fabrikhal-
len die Produkte herzustellen, die der Westen so dringend benötigte. Je schlimmer die Zustände in den verschiedenen chinesischen Provinzen wurden, desto aggressiver verhielten sich die
chinesischen Politiker gegenüber ihren Nachbarstaaten. Keine
drei Monate nach dem Tag, an dem sich der nordkoreanische eiserne Vorhang in Luft aufgelöst hatte, erklärte China den Japa-
nern den Krieg. Die Produktion in China und Japan kam fast
völlig zum Stillstand. Die Folge davon war ein akuter Mangel an
Gütern in der westlichen Welt. Die Preise stiegen auf utopische
Höhen. Die westlichen Unternehmer, die ihre Produktionsstätten in Asien größtenteils verloren hatten, verfügten aber noch
über ein zweites Standbein. Die osteuropäischen Länder. Auch
dort gab es eine große Anzahl an Produktionsstätten und was in
Asien verloren ging, sollte in Osteuropa wieder gewonnen werden. Länder wie Ungarn, Rumänien, Slowenien, Kroatien, Bos-
nien-Herzegowina oder die Slowakei priesen sich bei den Unter-
nehmern an. Der Kuchen, der zu verteilen gewesen wäre, hätte
alle diese Länder satt gemacht. Aber die Gier der Osteuropäer
wuchs ins Unermessliche. Erst mokierten sie sich, weil sie meinten, der Nachbar würde ein viel zu großes Stück vom Kuchen
bekommen, später gönnten sie ihren Nachbarn nicht einmal
mehr ein paar Krümel. Die Rumänen fingen an, die Fabriken in
Ungarn zu zerstören, die Slowenen sabotierten die Kroaten, die
Bosnier drohten den Serben. Die Neidkampagnen endeten im
großen Osteuropäischen Krieg und die westliche Welt saß auf
dem Trockenen. In Deutschland gab es noch einige Fabriken, die
die importierten Teile aus Asien und Osteuropa montierten.
Doch als die Einzelteile ausblieben, konnte auch in Deutschland
nichts mehr montiert werden. Die Preise stiegen immer weiter,

die Regale in den Geschäften konnten nicht mehr aufgefüllt werden. Selbst Obst aus den südeuropäischen Ländern wurde knapp, weil es bald keine LKW mehr gab, um es zu transportieren."

So langsam dämmert mir, warum der Landstreicher es vorzieht, den Tag zu beobachten, anstatt sich an unserem Wachstum zu beteiligen. Wenn es stimmt, was er mir hier erzählt, dann haben wir unseren Wohlstand gar nicht uns selbst zu verdanken, sondern Faktoren, die wir gar nicht beeinflussen konnten. Wir konnten die schlechten Zeiten nicht aus eigener Kraft beenden und die guten Zeiten nicht mit den eigenen Kräften herbeirufen. Alles was wir tun konnten, war abzuwarten. So gesehen, sind wir nur ein Spielball der Zeit. Vielleicht ist es ja wirklich nicht so verwerflich, wenn es da einer vorzieht, die Zeit zu beobachten, während alle anderen mit der Zeit dahin gleiten. Ohne einen Blick in die Vergangenheit zu werfen oder vorausschauend in die Zukunft zu blicken. Aber völlig überzeugt bin ich noch nicht. Ich will auch wissen, wie der Wohlstand wieder in unser Land kam. Der Landstreicher scheint auf meine Frage schon gewartet zu haben, denn er quasselt ohne Luft zu holen weiter.

„In Deutschland gab es zu dieser Zeit, es waren die Jahre 2014 bis 2016, Scharen an gut ausgebildeten Menschen. Die Leute bildeten sich damals ständig weiter. Weil sie keine Arbeit hatten, nutzten sie ihre Zeit zum Lernen. Diese Menschen waren voller Tatendrang. Als die Waren in unseren Geschäften zur Neige gingen, entwickelten die gut ausgebildeten Deutschen eine ungeahnte Schaffenskraft. Überall im Land bauten sie die Fabriken wieder auf, die in den Jahren zuvor in die anderen Teile der Welt verlegt worden waren. Innerhalb kürzester Zeit gab es keine Arbeitslosen mehr. Die Waren, die von da an wieder in Deutschland produziert wurden, konnten sich die Deutschen auch wieder leisten, weil ja jeder seinen Verdienst bekam. Der Staat konnte seine leeren Kassen wieder auffüllen. Die Steuern flossen schneller in die Kassen, als der Finanzminister das Geld

zählen konnte. Weil es keine Arbeitslosen mehr gab, die der
Staat finanzieren musste, verwendete das Land einen großen Teil
von seinem Geld, um die Erforschung von neuen Technologien
zu finanzieren. Wir exportierten in einem Jahr mehr Ware, als
zuvor in einem Jahrzehnt. Während wir unsere Fabriken neu
aufgebaut und die Forschung vorangetrieben haben, gab es in
Amerika die Theorie, dass der eiserne Vorhang in Nordkorea
nicht wirklich gefallen wäre. Die Amerikaner vermuteten nämlich einen großen Bluff. Sie dachten, dass das verarmte nordkoreanische Volk in Wirklichkeit eine gigantische Armee von
skrupellosen Terroristen wäre. Da mussten sie natürlich eingreifen. Der amerikanische Präsident schickte alle seine Truppen,
seine Flugzeuge, seine Schiffe, seine U-Boote nach Asien, um
den Feind zu bekämpfen. Die amerikanischen Soldaten jagten
den Feind, den sie nirgendwo finden konnten in der fremden
Umgebung. Die amerikanische Bevölkerung konnte nichts mehr
kaufen, weil es auch in Amerika nichts mehr gab. Bis die Deutschen kamen und den Amerikanern alles verkauften, was sie
zum Leben und zum Kämpfen brauchten. Das ging so weiter bis
zum Jahr 2022. Wir hatten den Amerikanern mittlerweile den
Rang der Weltmacht abgelaufen, als unsere Forscher einen
Durchbruch nach dem anderen erzielten. 2025 gilt als das Jahr
der Energiewende. Unsere Technologien ermöglichten es, sämtliche Transportmittel oder Produktionsprozesse ohne fossile
Brennstoffe zu betreiben. Wir benötigten weder Öl nach Gas, um
all das herzustellen, was die Welt uns abkaufen wollte. Von 2025
bis 2027 perfektionierten wir die Wasserstofferzeugung. Ab 2029
hatten wir die Sonnenenergie so weit im Griff, um das Solar-
Zeitalter einzuläuten. Zu dieser Zeit kündigten wir alle Verträge
mit unseren Lieferanten von arabischem Öl und russischem Gas.
Wir verkauften noch mehr Güter in das Ausland, verdienten
noch mehr Geld und investierten in die afrikanischen Wüsten.
Bereits im Jahr 2031 gehörten uns 85 Prozent der Sahara, die wir
flächendeckend mit Solar-Belag asphaltierten. Im Jahr 2032

schickte unsere Weltraumbehörde die ersten Solar-Energie-Übertragungs-Satelliten ins All. Die in der Sahara gespeicherte Sonnenenergie gelangt heute schon mit einem Wirkungsgrad von 97 Prozent auf unsere Solar-Beläge. Allerdings benötigen wir höchstens 25 Prozent der übertragenen Energie. Die restlichen 75 Prozent verkaufen wir an das Ausland."

„Das weiß ich alles", unterbreche ich den Landstreicher und kläre ihn über meinen Beruf als Patentingenieur für Solar-Belag auf.

„Darauf trinken wir", ist seine Antwort. Er entkorkt die zweite Flasche von meinem eingeflogenen Rotwein und lässt ihn sich die Kehle runter laufen. Auch ich genehmige mir noch einen großen Schluck. Dabei stelle ich fest, dass die Freude an der Beobachtung des Tages proportional mit der Menge des verkösteten Rotweins anwächst. Mit dieser Erkenntnis bedauere ich, nicht noch eine dritte oder vierte Flasche von dem guten Tropfen bestellt zu haben. Eine Weile sitzen wir schweigend und zufrieden auf der Bank, beobachten und genießen diesen wunderschönen Tag. Die Berichte des Landstreichers über die Entwicklung in unserem Land spuken noch in meinem Kopf herum. Irgendetwas stört mich noch. Mir fällt mein Traum von letzter Nacht wieder ein. Die Freiheit. Der Landstreicher hatte gestern von der Freiheit gesprochen. Was meinte er damit? Nach den Entwicklungen der letzten Jahre und Jahrzehnte, müssten wir doch das freieste Land der Welt sein. Wir können uns alles leisten, leben im größtmöglichen Luxus. Niemand leidet Not, Krankheiten sind ausgerottet, die tobenden Kriege sind weit weg, hier herrscht Frieden und Einigkeit. Ich werde nicht schlau aus dem Landstreicher. Aber er scheint meine Gedanken zu erraten. Bevor ich ihn fragen kann, seufzt er vor sich hin.

„Uns geht es so gut wie nie zuvor und trotzdem ging es uns noch nie so schlecht. Der Preis, den wir für unseren Wohlstand bezahlen, der ist zu hoch. Viel zu hoch."

„Wie meinen Sie das? Von welchem Preis sprechen Sie?"
dränge ich ihn, mir zu antworten.

„Welchen Preis ich meine? Ich meine die Freiheit. Ein jeder
von uns bezahlt mit seiner Freiheit. Wir haben keine Zeit mehr,
weil wir alle Zeit zum Produzieren benötigen. Wir haben keine
Zeit, um den Tag zu beobachten. Wir haben keine Zeit, um uns
um unsere Kinder zu kümmern. Wir haben keine Zeit, um uns
mit der Not und dem Elend in Asien oder Osteuropa zu beschäftigen. Wir haben keine Zeit, um unseren Alten beim Sterben Gesellschaft zu leisten. Wir haben keine Zeit, um Fußball zu spielen. Wir haben keine Zeit, um uns fortzupflanzen. Wir haben
keine Zeit, um in den Urlaub zu fahren. Wir haben keine Zeit,
um uns an Kunst zu erfreuen. Wir haben keine Zeit, um in unseren Städten herumzuschlendern oder auf unseren Wiesen und
Feldern spazieren zu gehen. Wir produzieren und wir schlafen.
Alle unsere Anschaffungen im privaten Bereich sind darauf angelegt, Zeit zu sparen. Damit wir noch mehr Zeit zum Produzieren gewinnen. Wir haben unser Ziel völlig aus den Augen verloren."

„Welches Ziel meinen Sie?"

„Das Ziel, den technischen Fortschritt für die Verbesserung
unserer Lebensqualität zu benutzen. Vor langer Zeit dachten die
Menschen, sie könnten mit Hilfe des technischen Fortschritts die
Bedingungen ihrer Lebensqualität steuern. Doch genau das Gegenteil ist eingetreten. Es ist der technische Fortschritt, der die
Menschen steuert. Er treibt sie an, er gönnt ihnen keine Pause, er
duldet keinen Widerstand und keinen Blick zurück. Die Menschen sind seine Sklaven, von Jahr zu Jahr zieht er ihre Ketten
enger an. Vor etwa 30 Jahren, da haben viele Menschen nur 35
oder 40 Stunden in der Woche an ihrem Arbeitsplatz verbracht.
Vor 20 Jahren führte die Regierung die 50-Stunden-Woche ein.
Seit zehn Jahren arbeiten wir 60 Stunden in der Woche. Bald
sind wir so weit, dass wir nicht mehr über die Zeit sprechen, die
wir zum Arbeiten aufbringen, sondern über die Zeit, die wir zum

Schlafen benötigen. Die Zeit, die übrig bleibt, die heißt dann Arbeitszeit. Jetzt sagen Sie mir, ob es das wert ist. Betrachten Sie sich diesen wunderschönen Tag und sagen Sie mir, ob Sie den Preis bezahlen wollen."

Seine Worte schwirren in meinem Kopf herum. Seine Frage trifft mich wie ein Faustschlag ins Gesicht. Minutenlang sitze ich benommen auf der Bank. Bin ich tatsächlich ein Sklave? Gefangener meines Lebens? Ich will es mir nicht eingestehen. Ich weigere mich, die Worte des Landstreichers als Wahrheit zu akzeptieren. Hastig stehe ich auf, ich kann seine Nähe plötzlich nicht mehr ertragen. Morgen ist wieder ein harter Tag, ich verabschiede mich und gehe meines Weges.

In der Nacht liege ich wieder wach in meinem Bett. Freiheit, das Wort schallt wie ein Echo in meinem Kopf.

Als ich am nächsten Tag wieder an meinem Schreibtisch sitze, erhalte ich eine elektronische Nachricht von der Unternehmenszentrale. Ab sofort wird die wöchentliche Arbeitszeit auf 68 Stunden in der Woche für alle Angestellten und Arbeiter erhöht, heißt es dort lapidar. Hat der Landstreicher Recht gehabt?, frage ich mich. Werden meine Ketten noch ein Stück enger angelegt? Ich beschließe, am Abend noch einmal mit dem Landstreicher zu sprechen. Zu gerne würde ich wissen, welche Arbeitszeit er für angemessen hält.

Kaum bin ich aus dem Bus ausgestiegen, laufe ich schnellen Schrittes auf den kleinen Park zu. Ich traue meinen Augen nicht, als ich die Bank erblicke. Der Landstreicher liegt vor der Bank auf der Erde. Drei Sanitäter stehen um ihn herum. Ich laufe, so schnell wie ich kann. Außer Atem, frage ich die Sanitäter, was passiert ist. Sie wissen es nicht. Er liegt im Sterben, sagen sie und zucken mit den Schultern. Der Landstreicher schlägt noch einmal seine Augen auf. Seine Lippen formen ein leises Lächeln, als er mich erblickt. Er versucht noch einmal zu sprechen, doch es fällt ihm schwer. Ich beuge mich zu ihm herunter, halte mein Ohr an seine Lippen und vernehme seine schwachen Worte.

„Meine Zeit ist abgelaufen. Ich war ein freier Mann und hatte ein schönes Leben. Mein Testament sind meine Erfahrungen. Doch leider gibt es keine Erben, die diesen Reichtum zu schätzen wissen. Ich wünsche dir noch ein langes und erfülltes Leben."

Das waren seine letzten Worte, die er mir mit seinem letzten Atemzug ins Ohr geflüstert hatte. Traurig und nachdenklich gehe ich in meine Wohnung, schaue lange Zeit aus dem Fenster, bevor ich in einen tiefen und traumlosen Schlaf falle.

Am nächsten Morgen laufe ich nicht zum Bus. Ich werde nie mehr zu dem Bus laufen und nie mehr in die Firma gehen. Ich packe meinen Rucksack und laufe los. Irgendwohin. Dabei werde ich den Tag beobachten. Jetzt bin ich der letzte Landstreicher.

Brände

Renate Fricke

Anna bestellt über den PC Lebensmittel und Vitaminpräparate. Sie hofft, dass noch heute Abend die Ware geschickt wird. Oftmals dauert es über 6 Stunden, bis sie die bestellten Sachen an der Rezeption abholen kann. Mit dem rechten Daumen drückt sie auf einen runden Button und hat damit die Summe von 32 € bezahlt. Seit 15 Jahren steckt in ihrer Daumenspitze ein Mikrochip. Dort sind alle persönlichen Daten von Anna gespeichert. Mit ihrer Daumenspitze kann sie sich ausweisen, Rechnungen begleichen, Vorbestellungen für die Hochdruckbahn tätigen.

Anna fährt ihr Kommunikationszentrum herunter. Sie schaut sich in ihrem 1-Zimmer Appartement um, verschließt die Eingangstür. Aus dem Regal in ihrer kleinen Küche nimmt sie eine große Schachtel mit dem Aufdruck *Vitaminhighlights*. Vorsichtig zieht sie ein Buch aus dieser Schachtel. Sie streicht mit ihrer rechten Hand über den Deckel des Buches und drückt es an ihre Brust.

Vor 5 Jahren, im Jahre 2029 verabschiedete die Regierung ein Gesetz, dass den Besitz von Büchern und jeglichen Drucksachen verbot. Mit unerwarteten Hausdurchsuchungen gelang es den Behörden immer wieder, Bücher insbesondere in privaten Haushalten ausfindig zu machen. Namentlich wurden die Übeltäter im Internet veröffentlicht.

Das Verbot von Büchern gestaltete sich für Anna zunehmend als schwerer Verlust. Sie konnte sich ein Leben ohne Bücher gar nicht vorstellen. In ihrer Jugend, später als junge Frau und auch im Alter hatte sie immer viel gelesen. Eine Leidenschaft, die sich durch ihre Lebensjahre zog. Viele, viele Bücher besaß sie, früher verstreut in ihrem Haus, lagen sie in jedem Zimmer griffbereit und animierten zum Lesen. Als sie vor 10 Jahren in dieses kleine

Appartement im Seniorenstadtteil von Hamburg zog, befanden sich noch ungefähr 100 Bücher in ihrem Besitz. Die Auswahl traf sie schweren Herzens.

Im Laufe der Zeit erschreckten viele Unglücksfälle die Weltgemeinschaft. In New York brannte ein Zeitungsverlag bis auf die Grundmauern nieder. In Potsdam und Petersburg entzündeten sich Staatsbibliotheken. Auch in privaten Häusern entfachten Feuerbrände. Viele Jahre rätselten die Wissenschaftler über die Ursache der verheerenden Katastrophen. Begonnen hatte es gleich nach der Jahrtausendwende. Anna erinnert sich noch heute an die Nachrichtenmeldung, als in Weimar zunächst ohne ersichtlichen Grund in einer Bibliothek viele wertvolle Bücher durch eine Feuerbrunst vernichtet wurden. Jahre später entdeckten Wissenschafter in der Druckerschwärze eine hochexplosive Substanz.

Über das Kommunikationszentrum, welches in jedem Haushalt installiert war, konnten weltweit Millionen Bücher auf den Monitor in verschiedenen Sprachen abgerufen werden. Doch Anna fiel es sehr schwer, sich an diese Lesemethode zu gewöhnen. Viele ihrer Lieblingsbücher bestanden die Auswahl für das Internet nicht, zu unbekannt waren die Autoren.

Sie denkt an frühere Zeiten. Für Anna bedeutete der Besuch einer Buchhandlung immer etwas Besonderes. Ihr stieg der Geruch von frischem Papier in die Nase. Sie ließ die Blätter sanft durch die Finger gleiten. Diese Bewegung erzeugte einen kleinen Windhauch. Sie schmökerte in neuen Büchern, nahm Prospekte mit nach Hause, um sich zu informieren und um danach ihre Bücherbestellung zu notieren. Sie lebte für ihre Bücher. Ihre Bücher wurden lebendig, wenn Anna sie in die Hand nahm. So fand sie stets Trost, Freude und Wissen in den Seiten.

Einhundertdreiundvierzig Seiten waren es, die sie nicht imstande war zu entsorgen. Sie ließ sich auf ein gefährliches Spiel ein. Die unangemeldeten Hausdurchsuchungen gestalteten sich als recht peinlich. Klara, ihre Freundin, die auch im Altenzentrum lebte, erzählte davon und ermahnte sie immer und immer wieder, doch auch noch das letzte Buch abzugeben.

„Du bringst dich und andere Menschen in Gefahr", meinte sie. „Sei vernünftig, jetzt bist du 88 Jahre alt, und ich weiß nicht, warum du dich dem Stress aussetzt. Immer in der Ungewissheit, ob deine Wohnung durchsucht wird. Neulich hat dein Arzt Unregelmäßigkeiten deines Herzens entdeckt. Kein Wunder, bei dieser Belastung."

Anna schiebt diese Gedanken beiseite. Sie legt das Buch vorsichtig auf den Tisch, der dicht vor dem Fenster steht. I.M. Ischa Meijer, geschrieben von Connie Palmen, einer niederländischen Autorin. Anna liebt dieses Buch, in dem eine wunderbare Liebesgeschichte erzählt wird. Doch noch mehr interessieren sie die Reisebeschreibungen über Amerika.

Ihr Traum, diesen Kontinent einmal zu besuchen, blieb ein Traum. Von Jahr zu Jahr hoffte sie, dass er sich erfüllen würde. Als ihr Mann verstarb, wurde ihr bewusst, dass sie dieses Land nicht mehr sehen würde. Heute flogen die Menschen in einer Raumkapsel. Allein der Gedanke löste bei ihr schon Unbehagen aus.

Sie schlägt das Buch auf und liest einige Zeilen. Sofort findet sie sich im Text zurecht. Ihr Blick streift über den Tisch und wandert zum Fenster hinaus. Schnee bedeckt die Parkwege. Sie fährt mit dem Text fort, ohne in das Buch zu schauen. Wärme breitet sich in ihrem Körper aus, ihr Kopf wird ganz leicht, sie verspürt ein Glücksgefühl. Es ist so, als sei sie mit Ischa in Amerika unterwegs.

Plötzlich vernimmt sie Signaltöne aus dem Kommunikationszentrum. Noch immer flüstert sie den Text aus ihrem Buch, steht vom Tisch auf, geht zur Tür, schließt sie auf. Vor ihr stehen ein Mann und eine Frau.

„Frau Olfen", beginnt die Frau, „wir haben Hinweise, dass sie unerlaubtes Material in ihrer Wohnung aufbewahren. Wir möchten sie bitten, uns den Zutritt zu ihrer Wohnung zu gestatten."

Annas Blick ist wie versteinert. Sie bebt am ganzen Körper, sie muss sich gleich wieder hinsetzen. Ihr Atem geht ganz flach, ihr wird schwarz vor Augen.

„Frau Olfen, Frau Olfen!" Eine Hand tätschelt ihr Gesicht. „Geht es wieder?"

Anna schlägt die Augen auf und sieht über sich eine fremde Person. Sie erinnert sich: Das Überwachungspersonal holt ihr Buch von Connie Palmen ab.

Benommen verabschiedet sie sich von dem unerwarteten Besuch. Gleich kommt ihr der Gedanke, dass jemand sie verraten haben muss. Lange braucht sie nicht nachzudenken. Klara, es muss Klara gewesen sein. Es fällt ihr kein anderer Mensch ein, der von dem Versteck wusste.

Sie stellt ihr Kommunikationszentrum an und wählt die Nummer ihrer Freundin. Klara ist gleich erreichbar und hört zu, was Anna ihr zu sagen hat.

„Aber ich habe doch nur dein Bestes gewollt, Anna", erwidert Klara erregt. Diese Aussage kann Anna nun gar nicht verstehen und beendet das Gespräch.

Ein Glück, dass sie Klara nichts von dem wirklich letzten versteckten Buch erzählt hat.

Auf die andere Seite

Katy Görsch

„Höher, Papa, höher!" Lachend klammerte sich die Kleine an den dünnen Seilen fest. Bei jedem Schwung, der sie weiter in den Himmel zu heben schien, kribbelte es wie wild in ihrem Bauch, und ein übermütiges und glückliches Lachen brach aus ihrer Seele hervor. Ihre blonden, langen Haare schwangen bei jeder Bewegung. Mit kräftigen Zügen schubste ihr Vater die kleine Schaukel immer höher. Das kleine, zierliche Mädchen, gerade 8 Jahre alt, mit blauen Kulleraugen, einer winzigen, spitzen Nase und süßen, rosa Wangen, wog kaum mehr als 40kg. Der breitschultrige, groß gewachsene Mann hatte also wenig Mühe, sie anzuschubsen. Wieder und wieder griff er kräftig nach dem Holzbrett, auf dem sein kleiner Stern saß, und erfüllte der Kleinen somit den Wunsch, den sie lautstark bei jeder Bewegung ausrief. Es war, als wollte er nie damit aufhören, seinem süßen kleinen Liebling dieses unbeschwerte Lachen zu schenken.

Schritte und leises Rascheln durchbrachen die Unbeschwertheit. „Wach auf, Nina! Wach auf, Schatz!" Sanft schob jemand seine Hand auf ihre Schulter und strich über ihr kleines Köpfchen, bis sie die Augen aufschlug. Langsam verschwand der wunderschöne Traum, und sie erkannte die kantigen Gesichtszüge ihres Vaters. „Wach auf, Schatz!" wiederholte er. Falten zogen sich lang über seine Stirn, seine klaren, kalten und so unermesslich liebevollen Augen sahen ihr direkt in die Seele, und ein unbeschwertes Lächeln zog sich über ihr Gesicht. Sanft strich er mit seiner starken Hand über ihre Wange. „Hast du schön geträumt? Ich habe etwas zu essen, Süße", flüsterte er.

Sie waren allein in dem alten, zerklüfteten und kalten Haus, niemand sonst teilte mit ihnen die Zeit. „Ja Papa, ich hatte einen wunderschönen Traum", platzte es aus ihr heraus. Ein Lächeln zog sich über das Gesicht ihres Vaters. Wild plapperte Nina drauf los und berichtete von ihrem schönen Traum. Raschelnd wickelte ihr Vater dabei das belegte Brot aus und reichte es seiner Kleinen, die es ihm gierig aus den Händen riss. Schmatzend stürzte sie sich auf das Brot, konnte gar nicht genug bekommen. Schaute ihren Vater mit vollem Mund lächelnd an, der sich neben sie setzte und mit großen Bissen das übrige Brot verschlang, und plapperte weiter über das, was sie geträumt hatte. „Mama war auch da, sie hat ganz toll gelächelt, als sie uns beiden zugeschaut hat. Sie hat sich genauso gefreut wie ich, ich glaube, sie wollte auch schaukeln Papa." Fragend sah sie zu ihrem Vater hoch.

Mit einem Schmunzeln auf seinen Lippen legte er die Arme um sie und gab ihr einen sanften Kuss auf die Stirn. „Ja, ich glaube auch, sie hätte gern geschaukelt, mein Schatz."

Schwarze Nacht lag über der Stadt, es wurde wieder kälter und die Tage zogen sich schon zeitig vor der Nacht zurück. Drei Kerzen spendeten Licht, flackerten und warfen weiche Schatten auf die alten Mauern des Hauses. Es war nicht viel, was sie ihren Unterschlupf nennen konnten, doch es schützte ein wenig vor der kalten Nacht. Mit kräftigem Pusten verlosch das Licht. Ihr Vater legte sich als erster auf die alte, abgenutzte Matratze und wartete, bis sich Nina in seine Arme kuschelte, dann zog er die große Wolldecke über sich und schloss jede Kälte um sie herum aus. Es dauerte nicht lange, und sie schliefen ein.

Durch lautes Geschrei wurde Nina unsanft aus ihrem Schlaf gerissen. Es kam von der Straße. Sie rüttelte kräftig ihren Vater, der davon nichts mitbekommen hatte. Blitzschnell sprang er auf und lief zu dem einzigen Fenster, das sich im Raum befand. Zaghaft folgte Nina ihrem Vater, um zu erkennen, was diesen Lärm auslöste.

Eine kleine Menschentraube schob sich auf der Straße voran. Schreiend und johlend warfen sie die Hände in die Luft. Ein Mann, der vor der Gruppe lief, schien der Anführer zu sein. Er war völlig in schwarz gehüllt. Nur die weißen Haare, die glatt zurückgekämmt waren, bildeten einen extremen Kontrast. Ihm folgend zog die Gruppe langsam und lautstark schreiend an ihrem Haus vorbei die Straße entlang. Alles zertretend, vernichtend auf ihrem Weg wohin auch immer. Nina sah den Menschen noch eine Weile nach, bis deren Stimmen immer leiser und bald nicht mehr zu hören waren. Dann endlich ergriff ihr Vater das Wort. „Komm Kleines, wir müssen hier weg, lass uns schnell zusammenpacken."

Nina wusste, was sie zu tun hatte: alles fest zusammen schnüren und die kleinen Teile in den Rucksack. Schnell war alles verstaut. Mit einem kräftigen Ruck wuchtete ihr Vater alles Hab und Gut auf seinen Rücken, Nina bekam die leichten Sachen.

Und wieder zogen sie los, ein neuer Tag begann.

Es war ein grauer Tag, doch für wenige Momente lugte die Sonne durch ein Loch in der Wolkendecke und durchbrach sie. Trist zog sich die Straße vor ihnen entlang. Sie schritten vorbei an alten, verlassenen Häusern, in denen schon Jahre kein menschliches Leben mehr war. Trostlos lag der Weg vor ihnen, vereinzelt blühten wilde Blumen in den Vorgärten der Häuser und gaben dem übrigen Grau etwas Farbe. Sie liefen und liefen immer weiter, Straße um Straße, doch es war, als würden sie im Kreis laufen. Egal, wohin der Blick des kleinen Mädchens fiel, es schien alles gleich auszusehen.

„Halt!" stieß ihr Vater aus und hielt warnend die Hand vor ihren Körper.

Suchend sah Nina umher, bis sie erkannte, warum ihr Vater diesen barschen Ton anschlug. Er griff das kleine Mädchen und zog es in einen Hauseingang, aus dem sie sicher beobachten konnten, was sich vor ihnen abspielte.

Zwei oder drei Männer schlugen wie wild auf etwas am Boden ein. Sie traten und schlugen danach, als kannten sie keine Gnade. Nur leise vernahm man Schreie, das Geschehnis war zu weit von ihnen entfernt.

„Papa was machen die da?" flüsterte Nina ihrem Vater zu, der wie gebannt die Szene beobachtete.

„Wir müssen aufpassen, das sind böse Männer. Wir dürfen ihnen nicht in die Hände fallen, sonst passiert uns das gleiche."

Schnell begriff Nina, was dort geschah. „Der arme Mensch! Können wir nicht helfen Papi?" Ängstlich sah sie zu ihrem Vater hoch.

Doch ihr Vater antwortete nicht, sah sie nur kopfschüttelnd an. „Wir müssen uns um uns selbst kümmern, mein Engel, ich allein kann nichts machen gegen so viele Leute." Sanft küsste er Ninas Stirn und ließ seinen Blick zurück auf die Menschen gleiten.

Nina verstand, dass ihr Vater Recht hatte. Was konnten sie beide schon tun, und er wollte sie nicht in Gefahr bringen. So mussten sie warten, bis der Weg vor ihnen wieder frei sein würde, und konnten nur darauf hoffen, dass ihnen nicht das Gleiche passierte.

Langsam ließ sich Nina auf eine Stufe nieder und versank für einen Moment in Gedanken.

Sie vermisste ihre Mama, die Wärme ihrer Hände, ihrer Umarmung und ihre lieben Worte. So sehr wünschte sie sich, endlich wieder bei ihr zu sein. Nina konnte es in den Augen ihres Vaters lesen, wenn er – wie so oft – nachdenklich neben ihr saß, wie sehr auch er sich nach ihr sehnte und hoffte, dass es ihr gut ging. Wann würden sie sich alle wieder in die Arme schließen können?

„Komm Schatz, lass uns gehen! Sie sind weg, wie es aussieht."

Mit Tränen in den Augen erhob sich das kleine Mädchen von der Stufe. „Papa, werden wir Mama je wiedersehen?"

Sofort schloss ihr Vater sie in seine starken Arme und hielt sie tröstend fest. „Ach mein Schatz, ich glaube fest daran, dass wir Mama bald wiedersehen werden. Es wird nicht mehr lange dauern, und dann wird sie dich fest in ihre Arme nehmen und dich nie wieder loslassen." In diesem Moment kullerten auch ihrem Vater ein paar Tränen über die Wange, denn er hoffte so sehr, dass seine Worte sich auch wirklich erfüllten.

Eine kleine Ewigkeit standen Vater und Tochter vor dem alten, zerklüfteten Hauseingang und gaben sich ihren Gefühlen hin. Doch sie mussten weiter, jeder Tag sollte der letzte in dieser verlassenen, gottlosen Stadt sein. So zogen sie weiter, Hand in Hand in ihre unbekannte Zukunft.

Ihr Weg war gefährlich, und das, was sie vorhatten, konnte ihr Leben kosten. Doch Ninas Vater musste es versuchen. Versuchen, aus dieser Hölle zu entkommen.

Der Treffpunkt war klar, aber sie hatten nicht gedacht, dass sie so lange brauchen würden, um dorthin zu kommen. Immer wieder wurden sie aufgehalten und mussten sich verstecken. Und die Dunkelheit überkam sie in den letzen Tagen immer schneller. So war auch dieser Tag schon fast zu Ende, und ein Unterschlupf für die Nacht musste gefunden werden.

„Wie konnte es nur soweit kommen", flüsterte der Vater leise, so dass es seine kleine Tochter nicht hören konnte. Kopfschüttelnd kauerte er am Boden neben der Kleinen, die friedlich schlief. Gedankenfetzen und unzählige Bilder schossen durch seinen Kopf.

Er sah sich selbst beim Fußball. Seine Freunde und er liebten dieses Spiel, so vergingen die Tage im Waisenhaus schneller und waren erträglicher. Keinen seiner Freunde sollte er je wiedersehen. Hätten sie damals nur alle geahnt, was auf sie zukommen würde. Einige Jahre später, als er das alles endlich, wirklich verstand, verstand, was das Land den Bürgern antat, da war es zu spät. Schon immer wurde der Osten des Landes benachteiligt, schon vor seiner Zeit. Er kannte die Geschichten der alten Leute, denen er oft für ein paar Euro zur Hand ging. Er hörte gern zu, wenn jene Menschen, die vom Leben gezeichnet waren, berichteten. Sie erzählten ihm von unzähligen Missständen, Fehlern und politischen Lügen, die das Land letztlich soweit gebracht hatten. Er wusste, dass die Welt um ihn herum kein Paradies war, dass man sich alles schwer erarbeiten musste, um zu überleben, doch etwas Hoffnung auf ein besseres Leben hatte ihm Vertrauen in sich selbst, in seine Umwelt und in die Entscheidungen des Landes gegeben.

Das Land traf täglich Entscheidungen, doch diese war die bedeutendste, die jemals getroffen werden konnte. „Der Osten wird dicht gemacht", schrill quoll die Stimme aus dem alten Lautsprecher über den Hof des Waisenhauses. Es traf ihn wie ein Schlag, und doch wusste er nicht wirklich, was er mit dieser Information anfangen sollte. Der Sprecher wiederholte seine Worte noch ein paarmal, und die Ansage verstummte. Was war nur los, was hatte das zu bedeuten: der Osten wird dicht gemacht?

Wenig später, als alle im großen Speisesaal versammelt waren, erfuhren sie, dass man noch am selben Tag damit anfangen würde, eine riesige Mauer um den Osten des Landes zu errichten. Der Osten Deutschlands wurde somit zur verlorenen Zone erklärt und mit einer riesigen Mauer ausgesperrt.

Viele hatten geglaubt, dass es eines Tages doch noch eine Lösung für das Problem Ostdeutschland geben würde, doch auch jene Optimisten wurden an diesem Tag vom Gegenteil überzeugt. In den Tagen nach der Bekanntgabe flüchteten Massen von Menschen mit ihrem Hab und Gut – so weit dies noch möglich war – auf die westliche Seite des Landes.

„Wie konnte es nur so weit kommen", fluchte Ninas Vater innerlich, doch behutsam genug, seiner kleinen Tochter nicht seinen Unmut zu zeigen. Ratlos versank er wieder in seinen Gedanken.

Einige Jahre später war das Ausmaß jener Entscheidung, die damals über die Köpfe der Bürger des Landes hinweg getroffen wurde, überdeutlich sichtbar.

So viel Hass und Gewalt prägten den Alltag, in dem der einst kleine Junge zu einem Mann heranreifte. Auch er empfand diesen Hass, jegliche Hoffnung war in seinen Jugendjahren erloschen. Er kannte es nicht anders. Nur der, der stark genug war, sollte überleben. Die verlorene Zone wurde zur toten Zone. Jegliches Leben in den Straßen war ausgestorben oder verschanzte sich hinter Gittern und Elektrozäunen in den Häusern. Anders konnte man sich nicht schützen. Und selbst ein Elektrozaun hielt Randalierer und Räuber nicht fern.

Er hasste diese Welt so sehr, dass er alles getan hätte, um auf die andere Seite der Mauer zu gelangen. Doch dieses Vorhaben war so gut wie unmöglich. Die Mauer wurde streng bewacht, und jegliches Leben, dem es gelang, auf die andere Seite zu kommen, und das dabei ertappt wurde, fand ein schnelles und lautloses Ende. Zur Mahnung an alle, die hofften, dieses Hindernis in eine bessere Welt eines Tages zu überwinden, wurden die Leichen einfach wieder zurück über die Mauer geschafft und davor liegen gelassen. Keine Gnade für niemanden. Nicht einmal vor Kindern machten sie halt.

Würgend schoss Ninas Vater hoch und rannte zu dem, was einmal als Bad bezeichnet wurde. Nur noch Überreste erinnerten daran, wie es einmal ausgesehen haben musste. Er schüttelte sich heftig, um dieses schreckliche Bild loszuwerden. Doch er schaffte es nicht. Bei dem Gedanken, seine kleine Tochter könne tot über die Mauer zurückgeworfen werden, überkam ihn ein dumpfer Schmerz in der Magengegend, und das Wenige, das noch von der letzten Mahlzeit übrig war, landete in der verdreckten Toilettenschüssel.

„Papa, was ist los?" flüsterte das kleine Mädchen.

„Es ist alles okay, mein Schatz. Mach dir keine Sorgen."
Brachte ihr Vater schluckend hervor. Lautlos ließ sich das kleine
Mädchen neben seinen Vater auf die Knie nieder und strich ihm
sanft über den Rücken. Langsam verschwand der drückende
Schmerz im Magen. Und die Bilder im Kopf verblassten. Mit einem Zug wischte er sich über den Mund und sah seinem kleinen
Engel direkt ins Gesicht. So unschuldig und kostbar hatte er sein
Mädchen noch nie gesehen, und in diesem Moment schloss er
seinen Schatz ganz fest in seine Arme und brach in Tränen aus.
„Ich liebe dich so sehr, mein Schatz, was würde ich nur ohne
dich machen. Jeden Tag hoffe ich darauf, dir endlich mehr bieten zu können. Du solltest glücklich aufwachsen. Und das wirst
du auch, mein Engel, wir haben es nicht mehr weit, dann sind
wir endlich am Treffpunkt." Langsam richtete sich ihr Vater auf
und hob Nina sanft vom Boden in seine Arme. „Lass uns schlafen, wir haben morgen viel vor uns."

Licht brach durch die kaputte Scheibe des Fensters. Die Sonne kam seit langen Tagen endlich wieder zum Vorschein und
schien einen wundervollen Tag anzukündigen. Sanft küsste ihr
Vater sie auf die Stirn. „Komm, mein Schatz, wach auf! Unser
neues Leben wartet."

Mit einem strahlenden Lächeln im Gesicht schlug sie die Augen auf und sah ihren Vater erwartungsvoll an. „Dann schnell
Papa, lass uns keine Zeit verlieren", brach es übermütig aus ihr
heraus.

Mit großen, langen Schritten liefen sie ihrem neuen Leben
entgegen. Es war Nachmittag, als sie den vereinbarten Treffpunkt erreichten. Die großen leeren Neubauten, die noch gar
nicht so alt aussahen, wirkten wie steinerne Wächter auf dem
überschaubaren Gelände. Bedrohlich präsentierten sie sich in ihrer schäbigsten Art und Weise. Sämtliche Fenster waren kaputt

und herausgefallen. Unzählige Glasscherben lagen vor den Eingängen der Riesen.

Niemand war zu sehen. Ein genauer Zeitpunkt war mit dem alten, dicken Mann nicht vereinbart worden. Doch irgendetwas sagte ihrem Vater, dass es nicht zu spät war. Um sich eine bessere Lage von der Situation zu machen, entschied er, in eines der riesigen Wohngebäude zu gehen und dort auf die Männer zu warten. Noch wurde es nicht dunkel, und somit waren sie in Sicherheit.

Die Zeit schien sich nicht vom Fleck zu bewegen. Der Minutenzeiger der Armbanduhr, auf den Nina und ihr Vater wie gebannt starrten, bewegte sich nur selten ein Stück vorwärts. Plötzlich war etwas zu hören. Beide liefen so schnell es ging zu einem der kaputten Fenster und schauten in die Ferne. Rumpelnd kam ein kleiner Transporter die Straße entlang gebraust und schob sich immer näher auf die Neubauten zu. Noch wartete ihr Vater, um zu sehen, wer sich in dem Auto befand. Hastig schoss der Transporter auf das Gelände und blieb mit kreischenden Bremsen vor einem der Häuserblocks stehen. Ein sehr dicker Mann schob sich aus der Fahrerkabine und stampfte um das Gefährt herum. Suchend blickte er sich um.

„Das ist er", rief ihr Vater freudig und schnappte seine Tochter bei der Hand. Hastig rannten sie die Treppe hinunter, um den Fahrer zu begrüßen. „Hier", schrie ihr Vater, und der dicke Mann drehte sich in ihre Richtung.

„Da sind sie ja", fluchte der Dicke und reichte ihrem Vater seine mächtige Hand. Dann sah er zu Nina herunter und begrüßte auch sie. „Haben sie das Geld", plapperte der Mann drauf los.

„Alles hier", entgegnete ihr Vater und reichte ihm einen dicken Umschlag.

Gierig öffnete der Mann diesen mit seinen riesigen, dicken Fingern, ergriff die Banknoten und zählte sie auf der Stelle durch. „Okay!" Eilig schob er seinen Körper der Ladefläche entgegen und öffnete die Türen. Eine große Kiste mit einer Decke darüber stand auf der Fläche. Schnell schob er die Decke beiseite und öffnete die Kiste. „Ich hoffe es ist bequem genug", lachte er los. „Luftlöcher sind genug in der Kiste, da dürfte überhaupt nichts passieren. Setzt euch einfach. Wir fahren gleich los. Es gibt keine Stopps. Wir halten erst wieder an, wenn wir da sind. Und dann will ich keinen Mucks von euch hören, ist das klar?" Das waren die letzen Worte, die der hässliche Mann aussprach.

Nina und ihr Vater kletterten in die große Kiste. Knarrend klappte der Deckel zu, und die Decke strich über das Holz. Eine Autotür knallte zu, und rumpelnd ging die Fahrt los.

Eng umschlungen saßen Nina und ihr Vater in der Kiste und sprachen kein Wort miteinander. Ängstlich klammerte sich Nina an ihren Vater. Sie wusste, dass sie sich auf sehr dünnes Eis begaben.

Nur nicht einbrechen, dachte Nina und schloss die Augen.

An die Nachgeborenen

Heiko Lehmann

Deutschland/West – die heftige Protestwelle, die seit einigen Monaten durch das gesamte Gebiet der Deutschen wandert, hat nun endlich konsequente Entscheidungen seitens der Bundesregierung hervorgebracht.

Wir erinnern uns: Vor einem halben Jahr waren erste Beschwerden der westlichen Bevölkerung an die Kommunalgremien herangetragen worden. Ohne Erfolg. Kurze Zeit später folgten Vorwürfe und Klagen aus dem Süden. Wieder ohne die geringsten Auswirkungen. Es wurden weder Anhörungen noch Gipfeltreffen organisiert. Die einzelnen Minister der Bundessektoren West, Süd und Nord verweigerten jegliches Interesse. Es ging sogar so weit, dass Minister Achad, Minister des Nordsektors, öffentlich verlauten ließ, dass keine Ausschüsse und Gelder in Probleme investiert würden, die gar nicht existierten und lediglich durch eine verschwindend geringe Anzahl von Alt-Politikern als Scheindebatte in die öffentliche Hand gelegt würden. Auch die anschließende Empörung und Diskussion über Arroganz in Führungspositionen versprach keine Wendung. Im Gegenteil. Laut einer Umfrage des Instituts für politische Bildungs- und Entwicklungsfragen war die Mehrheit der deutschen Bevölkerung für eine konsequentere Politik und öffentliche Haltung, die gerade dadurch eine gewisse Impertinenz erforderte. Auf die Frage, was wichtiger sei, eine unverfälschte, politische Aussage, die der Wahrheit diene, oder ein abgewogenes, bedienendes Herantreten an die Bevölkerung, hatten ganze fünfundfünfzig Prozent für die Gradlinigkeit gestimmt. Und immerhin zweiundsechzig Prozent der Befragten brachten Konsequenz mit Zielstrebigkeit und Kompetenz in Verbindung. Erst als Anfang September Dr. Richter Oswald, stellvertretender Botschafter des

Bundeslandes Bayern, auf die erschreckenden Zahlen der Nachwuchsindustrie hinwies und eine entsprechende Klage beim Bundesverfassungsgericht einreichte, reagierten die Minister für Bund und Länder mit ersten Pressekonferenzen. Die Frage der Binnenfähigkeit wurde heftig diskutiert und schon nach wenigen Wochen war klar, dass Bundesland und Bundessektor an einer neuen Ausarbeitung der Nachwuchsfrage arbeiten mussten, da offensichtlich vorauszusehen war, dass das Bundesverfassungsgericht zugunsten des Richters entscheiden würde. Die wenigen Proteste, die aus dem Ostsektor kamen, wurden nach und nach in einer immer größer werdenden Protestaktion der West- und Südbürger erstickt. Der Gipfel wurde erreicht, als Christoph Schlingensief, dessen Aktion diesmal auf tragische Weise seine letzte gewesen war, denn er verstarb im Alter von 74 Jahren bei dem Versuch, ohne Megafon auch die letzten Reihen der Protestler zu erreichen, über vier Millionen Deutsche in die Wälder des Harzgebirges trommelte, um am Brocken, der ehemaligen Grenze zur Alt-DDR, einen *Aufmarsch in neue Höhen* zu organisieren. Mit großem Erfolg, da sämtliche Radio- und Fernsehsender von der zweitgrößten Protestaktion seit 2015 sprachen. Bereits Ende September erklärte Bundeskanzlerin Müller die Nachwuchsfrage zur Chefsache und versprach dem gesamten deutschen Volk eine Erneuerung der Verteilung. Sie betonte explizit in einem über alle Bundesländer hinaus ausgestrahlten Fernsehinterview, dass die Chancengleichheit auf dem Arbeitsmarkt erhalten bleiben würde und bat mehrmals ausdrücklich das Bundesverfassungsgericht in dieser besonderen Dringlichkeit um eine mit schneller Schärfe und Sorgfalt geführte Einigung. Und prompt kam das Urteil des Bundesverfassungsgerichtes, das vor einer Woche, nun endlich, nach dreieinhalb Monaten Beratung, den Handel mit Kindern in die Alt-DDR endgültig verbot. Die Aus- und Überlieferung deutscher Babys, Kinder und Jugendlicher in den Bundessektor Ost, in die Bundesländer Mecklenburg-Vorpommern, Berlin-Brandenburg,

Sachsen, Sachsen-Anhalt und Thüringen stehen verfassungsmäßig dem zweiten Nachtrag der Grundrechte im Grundgesetz entgegen und erlauben eine unrechtmäßige Manipulation des Arbeitsnormgesetzes von 2019. „Jeder hat ein Recht auf Arbeit. Jedem muss ausnahmslos die Möglichkeit gewährt bleiben, arbeitsfähige Staatsbürger in seinem Unternehmen beschäftigen zu dürfen!" erklärte BVR Prof. Dr. Mellinghoff Jr. bei der Begründung in Karlsruhe. Es sei keine Frage des Mangels, sondern eine Frage der Verteilung. Und staatlich finanzierte Ausgleichsprogramme, wie die des AfB, trügen ausdrücklich zu einer wettbewerbsverzerrenden Situation bei, die in ihrer Auswirkung klar und deutlich dem Grundrecht auf Arbeit widerspreche. Bundeskanzlerin Dr. Hildegart Müller sprach sich sogleich in einer nachfolgenden Pressekonferenz für staatliche Maßnahmen aus und fuhr nach wenigen Minuten zu einem außerordentlichen Treffen aller Parteivorsitzenden nach Berlin.

Erste Entscheidungen sind soeben durch die Pressesprecher an die Öffentlichkeit gelangt. So soll es, neben dem Gesetz des Auslieferungsverbotes, auch verstärkt um die Nachwuchsregulierung im Sektor Ost gehen. Samenbanken und Bürger ab sechzehn sind aufgerufen, ihren Beitrag für das deutsche Gebiet und das deutsche Land zu leisten. Fördermittel und Subventionen, speziell für Berlin-Brandenburg, sind im Gespräch und durchweg von allen Parteispitzen befürwortet. „Es wird eine zusätzliche Kinderpauschale geben", so Walter Poppig, „die einer erneuten Erhöhung des Kindergeldes von vierhundert auf vierhundertdreißig Euro eine echte Alternative bietet, da sie, prozentual an der Säuglingsrate gemessen, genau da hilft, wo sie gebraucht wird, nämlich im Sektor Ost." Dennoch sind wiederum Gerüchte über bio-ethische Gespräche durchgesickert, die erneut die Möglichkeiten gentechnischer Verfahren in Betracht ziehen und einmal mehr an den Krieg von '24 erinnern. Bleibt also abschließend nur zu hoffen, dass Bundesregierung und Opposition zu einem weiter einvernehmlichen Fortschritt der momentanen Situation gelangen, denn erst vor fünf Minuten hatte man einen Alt-Berliner folgenden Satz an eine Hauswand sprühen sehen: „Vergewaltigung muss legal werden!"

Der Gast aus Surinam

Dietmar Sievers

Nun war es so weit: Professor Schnickenfittich würde in den Ruhestand treten. Der allseits verehrte Direktor des *Max-Planck-Instituts für Chronobiologie* konnte auf ein erfolgreiches Forscherleben zurückblicken, eine rege publizistische Tätigkeit und etliche ertragreiche Nebenjobs. Letztere könnte er behalten, nur in diesem riesigen, repräsentativen Büro würde ab morgen sein Nachfolger sitzen. Jetzt musste der Professor also seinen Schreibtisch ausräumen.

Ein Karton mit den persönlichen Dingen war rasch gepackt, aber da gab es auch noch stapelweise Schriftstücke, die nicht in die Abläufe des Instituts gepasst hatten und hier liegen geblieben waren, eingeschlossen wie in einer Vakuole. Aus einer schmalen Ablage mit der Aufschrift *Ignorieren* waren im Laufe der Zeit Papierstapel geworden, die sich in den unteren Fächern des Schreibtischs und in den Wandschränken breit machten. Im Computer sah es ähnlich aus, der Ordner *Inkompatibles* quoll über von Mails und Dokumenten, die wohl irgendwann einem gnädigen *schweren Ausnahmefehler* zum Opfer fallen würden. Der Professor kämmte sich und sah in den kleinen Spiegel über der italienischen Capuccino-Maschine, seiner persönlichen Marotte. Er blickte in ein scheinbar altersloses, breites Gesicht mit beeindruckender weißer Einstein-Mähne und zupfte die betont locker gebundene Fliege gerade.

Draußen waren Schritte zu hören. Die gesamte Vorzimmerbesatzung war unterwegs, um die nachmittägliche Abschiedsparty vorzubereiten, und stand mit langen Einkaufszetteln beim Bäcker, Fleischer und im Blumenladen an. Es schienen zwei Personen zu sein, die da hinter den halb geöffneten Türen näher kamen, eine jüngere, energische und eine ältere mit schleppendem Gang. Vielleicht jemand aus der Ministerialbürokratie: der neue Staatssekretär und sein persönlicher Referent?

Doch es war sein ehemaliger Kollege Dr. Dachser, der ihm nun einen Blumenstrauß entgegenstreckte. Begleitet wurde er anscheinend von einem älteren Verwandten, der ihm mit schlaffem Händedruck als Johann Heinrich Nepomuk Dachser vorgestellt wurde. Dachser junior hatte Professor Schnickenfittich vor einiger Zeit ein *Paper* übersandt mit der Bitte, bei der Veröffentlichung als Koautor in Erscheinung zu treten. Schnickenfittich packte den Blumenstrauß umständlich aus und setzte ihn in eines der großen Glasgefäße, das die dritte Sekretärin vorbereitet hatte. Das *Paper* Dachsers fand er bald im Stapel *Wissenschaftliche Absonderlichkeiten*. Schnickenfittich versicherte den Autor seines unendlichen Wohlwollens. Nur leider, leider ...

Jetzt kam die Nummer mit dem Capuccino, den der Professor eigenhändig mit der Maschine zubereitete. Währenddessen schielte er auf den Schreibtisch und las die Artikelüberschrift *The Ether Of Immortality And His Dissemination*. Der Äther der Unsterblichkeit und seine Weiterverbreitung – so ein Quatsch, dachte er und ließ Dampf in den Filter zischen.

„Ich meine, wenn man wirklich nicht weiß, was es ist, man dieses Etwas aber trotzdem quantifizieren will, macht es durchaus Sinn, einen Äther zu definieren. Beliebte Beispiele sind da ja der Weltäther oder der Äther der elektromagnetischen Wellen – beziehungsweise Teilchen. Aber Sie müssen damit auch Ihrer Grundannahme näher kommen, in diesem Falle der Unsterblichkeit, von der Sie behaupten, dass diese gasförmig, aber doch zusammenhängend, sozusagen in einem Stück durch die Welt vagabundiert. Grob gesagt, was nützt die ganze Rechnerei, wenn Sie damit nicht das Geringste beweisen?"

„Aber der Beweis sitzt vor Ihnen!" Der Doktor wies auf seinen Verwandten. „Johann Heinrich Nepomuk Dachser wurde am 30. Mai 1763 in Teutschenthal geboren, studierte in Halle Medizin und trat um 1790 in die Dienste der Holländischen Ostindien-Compagnie. Nach ausgiebigen Forschungsreisen durch ganz Südamerika gründete er 1805 ein Forschungsinstitut in Surinam, das bis heute besteht."

„Ja, schön für ihn", sagte der Professor mit feiner Ironie und schäumte den Capuccino auf. Dachser senior wollte etwas sagen, brachte aber nur ein heiseres Krächzen hervor, das in trockenen Husten überging. Der Gastgeber servierte den Capuccino und ging zur Detailkritik des *Papers* über: hier eine falsche Rundung der letzten Stelle, dort ein Rechtschreibfehler, insgesamt also ein eher zweifelhaftes Werk. Dachser junior reagierte ungehalten und laut, es kam zum Streit, in dessen Verlauf der alte Forscher wild gestikulierte und schließlich den Professor zu Boden warf. Mit einer Kraft, die dem schmächtigen, vertrocknet wirkenden Senioren kaum zuzutrauen war, presste dieser den Kopf des Professors auf das Tropenholz-Parkett, drückte seine Kiefer auseinander und beatmete ihn stoßweise wie bei einer Mund-zu-Mund-Beatmung zwecks erster Hilfe.

Die Gegenwehr Schnickenfittichs erlahmte, und entsetzlicher Gestank breitete sich aus. Dachser junior saß derweil unbeteiligt am Konferenztisch und rührte in seinem Capuccino. Schließlich ließ er sich zu einer Erklärung herab:

"Keine Angst, die Unsterblichkeit ist völlig geruchlos, das ist nur das Treibmittel. Wir müssen ja die *ewige Wesenheit* aus dem einen Körper austreiben und ihr gleichzeitig eine neue Behausung bieten. Unser Treibmittel ist ein alkoholischer Auszug aus frischer Schweinegülle, ein fast reines Naturprodukt. Na gut, ein paar Stabilisatoren und Antioxidantien sind auch noch dabei, sonst hätten wir ja gleich eine unerwünschte Gärung. Mein werter Vorfahr ist seit 1810 unsterblich, doch nun mag er nicht mehr. All die Kriege und Verbrechen seit über 200 Jahren. Aber ganz besonders hat ihm die aktuelle Politik seine Unsterblichkeit verleidet."

Der misshandelte Professor rappelte sich auf, wankte zum Fenster und riss es auf. Dann ließ er sich in den Chefsessel fallen und rülpste stark.

„Ich rieche aus dem Mund", sagte er vorwurfsvoll. „Ich habe noch nie aus dem Mund gerochen!" Ihm wurde speiübel, sein Magen schien sich umzustülpen. Der Professor stürzte zur Toilette, von wo nun unappetitliche Geräusche zu hören waren. Währenddessen hauchte Dachser senior sein Leben aus. Der Junior hatte den erstaunlich leichten Körper seines Vorfahren auf eine Couch in der Sitzecke gebettet.

„Unsterblichkeit ist Stillstand", murmelte der Alte. „Zweihundertzweiundvierzig Jahre wie ein Tag." Der Greis lächelte und schloss die Augen, wie sich herausstellen sollte, für immer.

Professor Dachser war außer sich: "Warum gerade ich?" brüllte er. „Warum nicht Sie?"

„Ursprünglich war das wohl auch die Absicht meines werten Vorfahren, als er 1992 nach Deutschland zurückkehrte. Also die Unsterblichkeit innerhalb der Familie weiter zu vererben. Aber die *Wesenheit* will wohl auch Abwechslung, sie nimmt niemanden mehr als Wirt an, der mit uns genetisch verwandt ist. Nun wollten wir jemanden, dessen Lebensbilanz positiv ist. Also wir wollten nicht einfach einen der vielen Bushs, Huntzingers oder Fischers dieser Welt unsterblich machen."

„Danke für das Kompliment", zischte der Professor und verschwand erneut auf der Toilette.

Einige Wochen später klingelte das Telefon in Dr. Dachsers Stadtwohnung. Professor Schnickenfittich war dran:

„Nehmen Sie sie zurück, Ihre *Wesenheit*, Ihren *Äther* oder was es sonst ist!" forderte er.

„Was ist passiert? Gesundheitliche Probleme dürften Sie ja nicht mehr haben. Und die Überführung des Leichnams in unsere Familiengruft hat auch geklappt. Da schienen Sie doch von der Unsterblichkeit recht angetan zu sein?"

„Ich rieche immer noch aus dem Mund. Lieber tot sein, als 250 Jahre lang so aus dem Mund zu riechen!" Mit massiven Drohungen erreichte Schnickenfittich, dass Dachser sich tatsächlich Gedanken darüber machte, wie er den Professor von seiner Unsterblichkeit erlösen könnte. Nach ein paar Tagen hatte er die Lösung und vereinbarte telefonisch einen gemeinsamen Ausflug in die Provinz.

Am verabredeten Tag verstaute Dr. Dachser etliche Flaschen des inzwischen gar nicht mehr so frischen, alkoholischen Schweinegülle-Auszugs im Kofferraum seines alten Mittelklassewagens, dann holte er Professor Schnickenfittich aus seiner Villa im Grünen ab. Die Fahrt sollte ins schöne Sauerland gehen, zur Jahrestagung einer bundesweiten Organisation von Arbeitslosen und Sozialhilfeempfängern.

„Als arbeitsloser Wissenschaftler bin ich natürlich Mitglied einer einschlägigen Organisation", erklärte er, während er betont korrekt durch die Großstadt fuhr. Dann erläuterte er die Einzelheiten seines Vorhabens:

„Diese Unsterblichkeit hat sehr wahrscheinlich eine stoffliche Grundlage, anscheinend eine Bakterien- oder Vireninfektion, bei der die Zelle einen Stoff produziert, der der Hüllsubstanz der DNS sehr ähnlich ist, also die Zellalterung völlig verhindert. Die Verbreitungsform des Virus oder der Bakterie ist gasförmig. Die Fortpflanzungsphase wird durch Substanzen eingeleitet, die wir in Ermangelung anderer Beschreibungsmöglichkeiten vorerst nur durch ihren üblen Geruch charakterisieren können. Während oder nach der Fortpflanzungsphase wird der alte Wirt verlassen. Befallen wird eine Körpermasse, die exponentiell größer ist als die des alten Wirtskörpers. Mein werter Vorfahr war 1810 doppelt so schwer wie der indianische Medizinmann, von dem er die Infektion übernommen hatte. Sie, verehrter Herr Professor, waren vorigen Monat etwa viermal so schwer wie mein Vorfahr. Für Sie brauchen wir also die sechzehnfache Körpermasse, der Sie das Gas per Mund-zu-Mund-Beatmung übergeben."

„Das ist doch einigermaßen unrealistisch", warf Schnicken-fittich ein.

„Oder eben eine noch größere Menschenmenge, die sich längere Zeit in einem geschlossenen Raum aufhält", erläutete Dr. Dachser.

„Und danach kann ich mein letztes Gebet sprechen?"

„Gute Frage. Ich vermute aber, dass Ihre Zellen in den paar Wochen noch nicht die Fähigkeit verloren haben, natürliche Hüllsubstanzen zu produzieren."

„Wir werden sehen, sprach der Blinde."

„Sie haben die richtige Einstellung", lobte der Doktor und bog zur Autobahn ab. Auf dem Parkplatz des Tagungshotels gab es dann noch einmal Diskussionen. Der Professor konnte sich nur schwer überwinden, die erforderliche Menge des Güllecocktails zu sich zu nehmen.

„Da ist doch jede Menge Alkohol drin! Ich trinke auch einen mit!" ermunterte Dr. Dachser sein Versuchskaninchen. Deutlich beschwipst betraten sie den Tagungssaal. Die Versammlung begann mit viertelstündiger Verspätung. Während Dr. Dachser die Tagungsunterlagen studierte und angeregt mitdiskutierte, machte Professor Schnickenfittich ein Nickerchen, wobei er gelegentlich leise rülpste.

„Dein Kollege könnte mal was für seine Mundhygiene tun!" forderte ein unzufriedener Nachbar.

„Was meinst Du, wie oft ich ihm das schon gesagt habe", stöhnte der Doktor. Der Geruch wurde immer unerträglicher, und einige Teilnehmer forderten eine Pause. Man ging schließlich vorzeitig in die Mittagspause und öffnete alle Türen. Am Nachmittag hatte sich der Gestank weitgehend verflüchtigt. Gegen Abend waren die Versammlungsteilnehmer bester Laune und gingen optimistisch auseinander, um den Sozialhilfeempfängern der Republik die Unsterblichkeit zu bringen.

Die Verkündung

Jan Sabodias

Sehr geehrte Damen und Herren,
es ist mir glücklicherweise gelungen, einer Kopie des anhängenden Urteils habhaft zu werden und Ihnen zukommen zu lassen in der Hoffnung, dass Sie dieselben Einsichten heraus gewinnen werden wie ich und es zu einer Veröffentlichung vorsehen, um es einem breiteren Publikum zugänglich zu machen.

Im Voraus herzlichen Dank,
Ihr ergebenster
Anonymus

Zwischenlandgericht Kammer 1; 483743 Düsseldorf; Kaiser-Wilhelm-Allee 1; Gebäude A7 3.OG;
Verbindung: Floater Linie 32, 37 Halt Zwischenlandgericht
Schriftverkehr bitte an Zentralsekretariat, obige Anschrift, unter Angabe AZ/Bearbeiter/ZSNR/BVLDK;
Bzgl. Abkürzungen in folgenden Texten wird auf anhängenden kontextorientierten Glossar verwiesen.

Urteil

Zwischenlandgericht Kammer 1 zu Düsseldorf, den 3.9.2034
verkündet durch Richter
B. Pinkhold
unter Beisitz von Beigerichtsrat
Mohammed Zahmed Atte

Kläger: Staatsanwaltschaft zu Düsseldorf
Beklagter: Dietmar Kramhild, wohnhaft Düsseldorf 13 Silo 7b
Versorgungsbezirk 8

Tatvorwurf: Entfernung des TV-Modules der Telekonsumptionseinrichtung in Tateinheit mit subversiven Äußerungen gegen Kommunikations-Kontroll-Inspektoren KKI Becker, Reinhold und KKI Slawoditsch, Waldimir

Im Namen des Volkes wird verkündet:

Der Beklagte, Herr Dietmar Kramhild, wird verurteilt zu 2 Jahren und 5 Monaten Raumbeschränkung 10qm mit beigeordneter einfacher Arbeitstätigkeit, daran anschließend ein Jahr Besserungsverwahrung. Es wird ein Kalorienkonsum von max. 2300Kalorien/d zugestanden bei einem aktuellen Gewicht des Angeklagten von 78 kg. Anpassung des Konsums kann auf Antrag gewährt werden. Die Verbüßung dieses Urteils muss angetreten werden am Tage der Verkündung.

Bei angemessener Führung ist der Angeklagte nach Verbüßung der Strafe freizulassen auf Bewährung unter Auflage der Nichtentfernung eines responsiven IDTRs, kalibriert auf eine maximale Stromstoß-Last von 0,5mA Peak. Die Bewährung ist angesetzt auf drei Jahre, danach kann der IDTR bei guter Führung probeweise entfernt werden.

Aus seinem Altersvorsorge-Vermögen hat der Angeklagte zu tragen die Kosten der Verhandlung sowie in Anbetracht der geringen Höhe besagten Altersvorsorge-Vermögens eine verringerte Stimmungsentschädigungs-Zahlung in Höhe von 20 Tagessätzen an die Inspektoren Becker und Slawoditsch.

Urteilsbegründung:

Die dem Angeklagten zur Last gelegten Tatvorwürfe der Entfernung des TV-Modules der Telekonsumptionseinrichtung in Tateinheit mit subversiven Äußerungen gegen Kommunikations-Kontroll-Inspektoren KKI Becker, Reinhold und KKI Slawoditsch, Waldimir, lassen keine mildere Auslegung der dem Urteil zugrunde liegenden Paragraphen §§1243,1736 KKG angemessen erscheinen. Insbesondere die Tatsache, dass durch den

Tatbestand die Familie des Angeklagten für fast zwei Wochen die Konsumption der TV-Teilwertleistung vorenthalten wurde, kann in keiner Weise als entschuldbar betrachtet werden. Der Argumentation des Angeklagten, seine Familie würde durch den Konsum der Sendungen zu sehr von sinnvoller Beschäftigung abgehalten, mehr noch, er würde es ‚schrecklich finden, wie dafür gesorgt würde, dass seine Familie der Verblödung anheim fällt', kann die Gerichtsbarkeit in keinem Punkt folgen und erkennt hierin sogar den Ansatz einer staatszersetzenden Denkart.

Sämtliche Tatvorwürfe wurden seitens des Angeklagten gestanden. Es war weder dem Richter noch dem Beigerichtsrat ein Anzeichen der Reue des Angeklagten ersichtlich, im Gegenteil, es wurden von diesem weitere Äußerungen subversiven Charakters während der Verhandlung verlautbart. Somit kommt nach DGAVO §§75, 77 Abs.2 Satz 2 und 3 nur in Frage das Aussprechen des vollen Strafmaßes. Hieraus ergeben sich direkt nach den entsprechenden Anwendungsverordnungen die angeführten fortführenden Straf- und Bewährungsauflagen.

Anmerkung:

Der Angeklagte wurde ausdrücklich darauf hingewiesen, dass die Gerichtsbarkeit bei nicht angepasster Strafverbüßung eine Separation der rechten Hand als hauptsächlich tatausführendes Handlungsorgan nach §847 ADIGGE für unvermeidbar hält.

Wichtige Erläuterungen aus dem jedem Urteil angefügten Glossar:
ADIGGE: Angepasste Deutsch-Islamische Grundgesetz-Ergänzung
DGAVO : Deutsche Gesetzes-Auslegungs-Verordnung
IDTR: Identifikations-Transmitter
KKG: KommunikationsKonsumptionsGesetz

Paare erwünscht

Stephanie Korte

Ihr Blick erstarrte, als sie die Morgenzeitung aufschlug. Sie hatten es wirklich getan. Nie hätte Ina gedacht, dass sie es durchbringen würden, aber sie hatten es geschafft. Politiker, dachte sie verächtlich, die haben ja nicht die geringste Ahnung, was sie mit ihrem Mist anrichten. Was sollte sie nun machen? Sie las die Zeilen noch einmal, dann sah sie auf das Datum. Nein, es war auch nicht der erste April, also war es tatsächlich kein Scherz.

"… wurde per Gesetz beschlossen, dass Singles nicht mehr allein leben dürfen. Ab dem 1. Juli 2034 dürfen nur noch mindestens zwei Personen in Wohnungen über 20 qm leben. Allein stehende Personen, die nicht in der Lage sind, bis zu diesem Zeitpunkt einen Lebens- oder Wohnpartner zu finden, wird eine Person zugewiesen. Es dürfen zudem, außer mit besonderer Genehmigung, keine gleichgeschlechtlichen Wohngemeinschaften gebildet werden …"

Sie hatte davon gehört, dass die Regierung dieses Gesetz durchsetzen wollte, da die Singlegesellschaft angeblich dazu beitrug, die deutsche Bevölkerung aussterben zu lassen. Ina hatte es allerdings immer als Scherz abgetan, doch nun wurde es bittere Realität und zwar schon ziemlich bald, wie sie erschreckt feststellte.

Vor dreißig Jahren hatte die Regierung als ersten Schritt ja schon durchgesetzt, dass Kinderlose nur noch die Hälfte der Rente bekamen, da die Geburtenrate zurückging. Die Auswirkungen konnte Ina direkt in ihrer Verwandtschaft sehen. Zwei ihrer Tanten waren nun völlig verarmt und würden vermutlich ohne Inas Unterstützung nicht lange überleben, da auch die Sozialhilfe schon vor fünf Jahren abgeschafft worden war. Dieses Schicksal hatte Ina eigentlich nicht angestrebt. Ein tiefer Seufzer entfuhr ihr bei diesem Gedanken. Sie wollte immer eine eigene Familie, aber bisher war der Richtige noch nicht aufgetaucht. „Ich bin ja noch jung", beruhigte sie sich dann meistens, aber es fiel ihr schwer. Mit ihren 28 Jahren tickte die biologische Uhr schon ziemlich heftig. Irgendwie war sie immer an den falschen Mann geraten, der eine war kalt wie ein Fisch, der andere nutzte sie skrupellos aus oder verschwand einfach nach ein paar Monaten wieder aus ihrem Leben. Der eine oder andere One-Night-Stand brachte zwar ein wenig Spaß in ihr Leben, aber eben doch keine Liebe, die sie so sehr brauchte.

Vor drei Jahren war die Regierung dann den nächsten Schritt hin zur Ausrottung der Single-Gesellschaft gegangen. Alle allein lebenden Personen mussten sich beim Einwohnermeldeamt als Single eintragen lassen. Es war eine Demütigung, und sie fühlte sich gebrandmarkt.

„Na ja, bis zum 1. Juli sind es noch vier Monate", dachte sie, irgendeiner würde schon mit ihr zusammen ziehen wollen.

Aber die Monate vergingen schneller, als sie dachte. Obwohl sie sich alle erdenkliche Mühe gab, wenigstens einen Wohnpartner zu finden, wollte es nicht so recht klappen. Sie schaltete Anzeigen in Zeitungen, hängte in der Uni Zettel auf und flirtete sogar, was das Zeug hielt, aber es war wie verhext. Niemand wollte mit ihr zusammenziehen. Das heißt, fast niemand. Der einzige, der sich gemeldet hatte, hatte kurz vor dem Einzug einen schweren Unfall und war dann doch zu seinen Eltern gezogen. Der 1. Juli nahte unaufhaltsam. Der Gedanke, einen Fremden bei sich in der Wohnung zu haben, machte Ina beinahe verrückt. Ständig stellte sie sich grausame Szenen vor: Vergewaltigung, Schläge, Tyrannei und schließlich, wie sie kleinlaut und mit blauen Flecken am Körper ihre Eigentumswohnung verließ, um sie ihm zu überlassen.

Mitte Juni klingelte es plötzlich an Inas Tür. Zunächst erschrak sie, sie war gerade in ein Buch vertieft und hatte keinen Besuch erwartet. Vorsichtig, aber erwartungsvoll öffnete sie die

Tür. Vor ihr stand ein kleiner Mann, etwa Mitte vierzig mit einer Halbglatze und einem mausgrauen Regenmantel.

"Frau Schulze?" fragte er mit einer leicht näselnden Stimme, die zu seinem Auftreten passte.

Er hatte eine äußerst unsympathische Ausstrahlung, die Ina eine Gänsehaut über den Rücken laufen ließ.

"Ja, das bin ich. Was wollen Sie?" antwortete sie mit Unbehagen, dabei klammerte sie sich am Türgriff fest.

"Guten Tag, mein Name ist Wolters. Ich komme vom Einwohnermeldeamt. Wir überprüfen die eingetragenen Singles. Haben Sie in Ihrer Wohnung einen Lebens- oder Wohnpartner einquartiert?" Er holte einen Block und einen Stift mit dem Logo des Amtes hervor, um das Ganze offizieller zu machen. Ina schluckte.

"Nein, aber bald", versuchte sie sich herauszureden, aber sie wusste, dass ihre Stimme zu dünn für die Wahrheit war. Sie hatte noch nie lügen können.

"Dann werden Sie jemanden zugewiesen bekommen. Zum 1. August wird Ihr neuer Mitbewohner bei Ihnen einziehen. Falls Sie in der Zwischenzeit jemand anderen finden, geben Sie uns bitte Bescheid", meinte der kleine Mann förmlich. Er schrieb etwas auf seinen Block und hielt ihn Ina zur Unterschrift hin. Sie war verzweifelt, irgendein Fremder würde bei ihr einziehen, ihre schlimmsten Alpträume wurden wahr. Tränen der Wut schossen ihr in die Augen.

"Das können Sie nicht tun. Sie können mir doch keinen fremden Mann in die Wohnung setzen", schrie sie den kleinen Mann an. Der blieb ganz ruhig und entgegnete, dass er das sehr wohl könnte, und sie sollte doch bitte auf dem Formular unterschreiben. Sie wollte protestieren, doch ihr fehlte die Kraft. Die Falle der Regierung hatte zugeschnappt.

Am 25. Juli, einem Sonntag, stellte sich ihr zugewiesener Mitbewohner vor. Ina erschauderte, als sie ihn sah. Der Mann, der vor ihr stand, erinnerte sie eher an einen brutalen Gangster als an einen freundlichen Menschen. Sie schätzte ihn auf etwa Mitte Dreißig. Sein Gesicht war entstellt von zahllosen Narben, seine Kleidung schwarz, sein Haar dunkel und geölt. Er gab ihr die Hand und stellte sich als Sven Berger vor. Zögernd schüttelte Ina seine Hand. Trotz seines schauerlichen Aussehens blitzten sie zwei freundlich blaue Augen an.

"Entschuldigen Sie bitte die Unannehmlichkeiten. Ich kann mir denken, wie Sie sich fühlen müssen. Ich werde Ihnen bestimmt nicht zu nahe treten", sagte er, als ob er ihre Gedanken gelesen hätte. Wie zur Bestätigung seiner Aussage trat er einen Schritt zurück, um ihr die nötige Distanz zu geben. Ina war überrascht, denn sie hatte weder mit dieser Reaktion noch mit dieser sympathischen, weichen Stimme gerechnet, die so gar nicht zu seinem Äußeren passte.

Nachdem sie ihm sein Zimmer gezeigt hatte, gingen sie in die Küche, wo Ina ein Essen vorbereitet hatte: Nudeln mit Tomaten und Rukola, ihr Lieblingsgericht. Sie wollte ihn näher kennen lernen, sehen, ob sie mit ihm leben konnte oder ob sie Einspruch einlegen sollte, wozu sie vier Wochen Zeit hatte. Doch je mehr sie von ihm hörte, desto erstaunter war sie, wie sehr sich sein entstellt brutales Äußeres von dem unterschied, wie er sich gab. „Es könnte nur gespielt sein", dachte sie zunächst, doch mit der Zeit erkannte sie, dass er ein durchweg ehrlicher und offener Mensch war. Sven erzählte ihr seine Lebens- und Leidensgeschichte in kultivierten und doch humorvollen Worten, die viel Wärme zeigten. Ina fühlte sich geborgen, wie von einem weichen Kokon umschlossen, in dem ihr nichts passieren konnte. Svens Narben stammten von einer schweren Krankheit, einem Virus, der erst vor vier Jahren entdeckt wurde und der die Gesichtshaut angriff. Zu seinem Glück konnte rechtzeitig ein Mittel gefunden werden, bevor der Virus ihn gänzlich entstellt hatte. Ina lief ein Schauer über den Rücken, und sie spürte tiefes Mitgefühl. In einem Reflex nahm sie seine Hand. Sven blickte sie überrascht an und zog verlegen die Hand zurück. Es rührte sie. Plötzlich wich das Bild des Gangsters in ihrem Inneren vollends, und zurück blieb nur noch der sensible, schüchterne Junge. Nie hatte sie in ihrem Leben ein warmherzigeres Lächeln, nie so freundlich blickende Augen gesehen. Plötzlich wusste sie, dass er endlich – wenn auch behördlich zugewiesen - in ihr Leben getreten war: der Richtige.

Die Endlösung

Gunnar Kaiser

Nennen Sie mich Israel. Wie mein Großvater es getan hat. Früher, vor ein paar Monaten noch, hätte ich mich Ihnen sicherlich nicht so vorgestellt. Denn so heißt man nicht bei uns. Was ist das denn auch für ein Name – Israel?! Bei uns in Deutschland trägt man nur noch die guten alten Namen, Namen mit Klang und Bedeutung. Friedrich, Wilhelm oder Siegfried, Sie wissen schon. Eigentlich trage auch ich einen dieser bedeutenden und klangvollen Namen. Roland ist der Name, den mir meine Eltern verliehen haben. Roland, das bedeutet: Der Ruhm des Landes. Wie treffend, denke ich. Aber Sie – nennen Sie mich Israel. Wie mein Großvater es getan hat.

„Höre, Israel", pflegte mein Großvater zu mir zu sagen, „lass dich nicht verführen, weiche nicht vom Weg ab."

Israel nannte er mich, seit dem Tag, als mein Vater starb, da war ich zehn. Komm Israel, höre, Israel, sieh Israel. Niemals habe ich ihn einen anderen Namen rufen hören, immer nur diesen einen. Niemals die Namen, die seine Tochter mir gab. Niemals Roland, auch niemals Gunter, wie ich nach den Vätern meiner Eltern benannt bin. Für meinen Großvater war ich immer nur Israel. Und so heiße ich nun.

Nun – wie klingt dieser Name für Sie? Israel Rosenberg ... irgendwie jüdisch, finden Sie nicht? Das ist es ja. Ich trage einen jüdischen Namen. Einmal habe ich meinen Großvater danach gefragt, und er hat geantwortet: „Höre, Israel! Israel, das heißt Gotteskrieger."

Mehr nicht. Einfach Gotteskrieger.

Was glauben Sie, wie ich allein schon für meinen Nachnamen verspottet wurde. Rosenberg, der Hosenzwerg, und solche Scherze. Kinder sind eben grausam. Damals habe ich nicht viel davon gewusst, weniger noch als heute. Ich war siebzehn. Damals wusste ich noch nicht, dass das Land, aus dem ich komme, früher einmal Israel geheißen hat. Eretz Israel. Land Israel. So wie ich jetzt. Ich wusste es nicht, und sonst wussten es auch nicht viele Deutsche. Denn das ist lange her, und keiner muss etwas davon wissen. Die Zeiten, da wir uns erinnern mussten, sind vorbei. Ein für allemal. Ausgelöscht, getilgt, vergessen. Keine Erinnerung, kein Gedenken, kein Wissen. Es ist nicht mehr so wichtig, das alles zu wissen. Damit haben wir abgeschlossen. Endgültig.

Endgültig. Was für ein Wort. „Höre, Israel", sagte mein Großvater, „nichts ist endgültig, merk dir das. Glaub das nur nicht. Nicht einmal der Tod ist endgültig, wie sollte es dann die Geschichte sein? Endgültig!" Mein Großvater lachte.

Ja, unsere Geschichte, Ihre, meine, unsere aller. Wie sollte sie endgültig sein? Habe ich das damals verstanden? Wohl kaum. Verstehe ich das heute? Endgültig ist etwas, dessen Ende gültig ist, dessen Ende als solches anerkannt wurde. Das Ende der Geschichte. Und jede Geschichte muss einmal ein Ende haben, auch diese. Unendliche Geschichten, wer hat je davon gehört? Eine lange Geschichte ist es wohl, die mir mein Großvater da erzählt hat und an die ich jetzt wieder denken muss. Die Geschichte der Schuld ist immer lang. Aber unendlich ist sie nicht, denn Schuld kann getilgt werden. Sühne nennt man das. Wenn die Schuld unendlich wäre, wäre der Begriff der Sühne ja auch unsinnig. Die Geschichte des Hasses ist niemals unendlich. Denn Hass kann beendet werden. Er kann versiegen, versickern, zu Grunde gehen.

Als er mir vor fast zehn Jahren diese sonderbare Geschichte, die Geschichte unseres Volkes erzählte, sagte er zu mir: „Höre, Israel, es gibt keine Sühne. Es gibt kein Ende dieser Schuld. Es gibt keine Aussöhnung, es gibt keine Strafe, es gibt keine Vergebung, es gibt keine Verjährung, es gibt keine Absolution, es gibt keine Begnadigung. Nicht dieser Verbrechen. Wer soll denn auch begnadigen? Die Juden? Nach einem Jahrhundert? Und wen sollen sie denn begnadigen? Die Deutschen? Nach einem Jahrhundert? Es lebt doch keiner mehr von denen, die begnadigen könnten. Ebenso lebt keiner mehr von denen, die begnadigt werden könnten. Alle tot. Wenn sie nicht damals umkamen, so kamen sie später um. Früher oder später, aber umkommen tun sie alle. Die Zeit, Israel, heilt alle Wunden, aber sie vergibt nicht, denn sie hat nichts zu verschenken. Die Schuld ist da, aber keiner mehr, der begnadigt werden könnte. Nur noch Schuldige, nur noch Opfer."

Irgendwann musste ich ja fragen. Mein Großvater war geduldig, aber man muss ihm zugestehen, dass er selber auch nur alles aus zweiter oder dritter Hand erfahren hat. Diese ganze Geschichte. Er hatte schon nicht mehr viel damit zu tun, wie wenig erst meine Mutter, wie wenig erst mein Vater, wie wenig erst ich?

Was ist geschehen?

Wann ist es passiert?

Warum ist es passiert?

„Vor hundert Jahren", sagte mein Großvater. „Ist schon lang her, Israel", sagte er. „Zeit, Schluss zu machen. Und ist nicht endgültig Schluss? Als ich hierher kam", sagte er, „wurde Schluss damit gemacht. Jetzt kennt hier keiner mehr einen Eichmann oder einen Heydrich oder einen Göring."

Mein Großvater lachte. Ich wusste nicht, wie er das meinte, ich wusste nicht, ob er lachte, weil er froh war, oder ob er lachte, weil er es lächerlich fand. Vielleicht war er froh, dass er jetzt alles lächerlich finden konnte. Er wusste das alles, über die Vergangenheit, über diese Geschichte unserer Ahnen, über die Schuld unseres Volkes. Über *Die Ursünde*, wie er es nannte. Er wusste Dinge, die nicht einmal seinen eigenen Vater mehr interessiert haben. Und der hatte schließlich noch Leute gekannt, oder zumindest hätte er sie kennen können, Leute, die das alles überlebt hatten, mit angesehen hatten, erlitten hatten. Der Vater meines

Großvaters wurde irgendwann Mitte des zwanzigsten Jahrhunderts geboren. Vor mehr als hundert Jahren. Er hatte also gleichzeitig mit denen gelebt, die begnadigen konnten oder die hätten begnadigt werden können. Täter, Opfer, Mitläufer, Überlebende. Aber es hat ihn nicht interessiert. Nur sein Sohn hat sich irgendwann damit beschäftigt, warum, weiß ich heute noch weniger als damals, als er mir die ganze Geschichte erzählte. Vielleicht nur, weil er Schriftsteller werden wollte, was er ja auch geschafft hat. Aber als er es dann schließlich geschafft hat, ein paar Bücher zu veröffentlichen, davon halbwegs auszukommen, da lebte schon keiner mehr von denen, die es erlebt hatten, und die anderen meinten, es ginge sie nichts an.

„Wer soll also verzeihen, Israel?" fragte mein Großvater, und mir ist es, als frage er mich heute noch jeden Tag danach. „Fast hundert Jahre ist das her, und alle sind tot. Keine Überlebenden, keine Vergebung. Keine Vergebung, keine Versöhnung. Aber die Schuld, Israel, die bleibt. Das lässt sich auch nicht durch so ein Unternehmen auslöschen, sei es auch noch so großartig und gutwillig gemeint."

Das Unternehmen. Der Transfer. Von ihm hörte ich zum ersten Mal davon. Nicht in der Schule, nicht in den Bibliotheken von Maibühl, damals war da nichts darüber zu finden. Durch die Erzählungen meines Großvaters vor zehn Jahren, als ich noch nicht einmal volljährig war, habe ich erfahren, was mich eigentlich nichts anzugehen hatte. Die Gespräche, die wir miteinander in seiner kleinen Wohnung am Hafen führten, in diesem Sommer. Wann war das? Siebzehn muss ich gewesen sein. Oder schon achtzehn? Nein, ich war noch nicht volljährig. Das Jahr nach dem Tod meines Vaters. Also mit siebzehn. Hundert Jahre nach dem Beginn der unendlichen Geschichte. Wie mein Großvater sagte. Er zündete sich eine Zigarette an, verschwand im Halbdunkel seines Zimmers, kam mit einem Buch unterm Arm zurück und setzte sich wieder auf den Sessel neben mir. Den Blick starr aus dem Fenster gerichtet. Mein Großvater war kein

sehr sicherer Mann, müssen Sie wissen, deswegen war er auch
nie mürrisch oder abweisend oder unzugänglich. Kaum von sich
überzeugt, zurückhaltend, vorsichtig. Nur wenn er sprach, wenn
er sich selbst übers Sprechen vergaß, vergaß er auch seine Vorsicht. Er war ernst. Er war Schriftsteller. So etwas, was man früher Intellektueller genannt hätte. Unzugänglich war er nicht, a-
ber wenn er von der Geschichte erzählte, geriet in seinen Blick
etwas Fremdes, irgendwie Wehleidiges. Er sah aus dem Fenster,
weil er unsicher war und mich mit diesem fremden Blick nicht
ansehen wollte. Er wollte mich nicht erstechen mit dieser Geschichte. Die Aussicht aus dem Fenster war außerdem sehr reizvoll. Heute ist es ja nicht mehr so schwer, eine Wohnung mit
Blick aufs Meer zu bekommen, aber damals, vor allem in Maibühl, war das noch äußerst begehrt. Und mein Großvater, der
sich sonst nichts leisten konnte, wohnte hundert Schritte vom
Strand, und aus seinem Wohnzimmerfenster sah man weit über
das Mittelmeer hinaus. Da hinten ist Zypern, dachte ich damals,
dahinter Italien, dahinter Sardinien, dahinter Spanien. Mein
Großvater war nicht gerade reich, müssen Sie wissen, er bekam
eine bescheidene monatliche Rente vom Staat für seine Arbeit
beim Bewässerungsdienst. Aber er leistete sich diese Wohnung,
diesen täglichen Blick aus seinem Wohnarbeitszimmerfenster im
33. Stock des Goethe-Towers von Maibühl.

„Eigentlich Tel Aviv", sagte mein Großvater, „aber das weiß
heute auch keiner mehr. Tel Aviv – Hügel des Frühlings. Und
noch früher hieß dieser Ort Yafo. Viertausend Jahre lang, aber
mit einem Mal vergisst man das, weil man sich nicht mehr erinnern muss, mit einem Mal ist die ganze Geschichte den Bach
runter. Schon die Ägypter haben hier gelebt, in Yafo oder Jaffa.
Die Ägypter, die Philister, die Perser, die Griechen, die Makkabäer, die Römer. 68 nach Christus von den Römern zerstört.
Dann die Moslems, die Kreuzritter, die Juden. Und jetzt wir, die
Kreuzritter aus dem Heiligen Römischen Reich Deutscher Nati-

on, die wilden Germanen. Alles war schon einmal da, alles kommt wieder, Israel."

Mein Großvater. Ein sitzendes Lexikon. All diese Daten, all diese Namen. Irgendwann musste ich ja fragen: „Was sind Makkabäer?" Er hat es mir erklärt, bestimmt hat er das, aber ich habe es vergessen, weil es mir nicht so wichtig erschien. Man kann sich auch nicht an alles erinnern. Nicht an viertausend Jahre. Um Himmels willen!

„Erst vor hundert Jahren hieß das dann hier Tel Aviv, Israel. Der Hügel des Frühlings. Tel Aviv war eigentlich eine jüdische Siedlung, erst 1908 gegründet. Aber irgendwann wuchs es dann und wuchs immer mehr und übertraf Yafo oder Jaffa, und dann wurde Yafo oder Jaffa eingemeindet und schließlich vergessen. Aber eigentlich heißt es Yafo, wo ich wohne. Hieß es zumindest einmal, bis man es vergessen hat. Mit dem Unternehmen hat man das Vergessen zur ganz großen Sache gemacht. ‚Jetzt müssen wir uns nicht mehr erinnern', haben sie gesagt, ‚nie mehr und an nichts mehr.' Und da haben wir natürlich auch vergessen, wie das hier mal hieß."

Das Unternehmen. Der Transfer. Die große Aussöhnung. Eine endgültige Buße. Ich erinnere mich, dass ich in diesem Sommer der Besuche in der Wohnung meines Großvaters in der Schule gefragt habe, was es denn mit dem Transfer auf sich habe, ob wir das nicht mal im Unterricht besprechen könnten. Mein Großvater habe mir davon erzählt. Ich sehe noch meinen Geschichtslehrer vor mir, den kleinen Herrn Lamsfuß, wie er die geröteten Augen zur Decke drehte und mir sagte, was mein Großvater zu erzählen habe, sei sicher interessant, aber für den Geschichtsunterricht, der ja traditionell auf die Zukunft und ihre Bewältigung gerichtet sei, nicht so wichtig. „Traditionell", rief mein Großvater und sprang aus seinem Sessel, dass ihm das Buch vom Schoß fiel. Ich hätte ihm vielleicht nicht davon erzählen sollen, dachte ich. Keinem von beiden. In der Schule heißt es jetzt, der Rosenberg interessiert sich für den Transfer, genügt ihm denn nicht, was in den Büchern steht und was Pflichtstoff ist? Zugegeben, es ist schon ein wichtiges Kapitel unserer Vergangenheit, aber eben ein abgeschlossenes, für das Kommende nicht mehr von übergroßer Bedeutung, da es ja abgeschlossen ist. Sicher, es ist das größte Unternehmen des einundzwanzigsten Jahrhunderts, unsere Großväter und Großmütter sind dafür zu bewundern und, ja, auch mitunter zu preisen, dass sie das auf sich genommen haben, dieses Wagnis, die ganzen Strapazen. Aber schließlich geschah das alles, dieser ganze Austausch, der Transfer zweier Völker, einzig und allein zu dem Zweck, mit der Vergangenheit abzuschließen und nicht mehr daran denken zu müssen. Es muss schon eine kolossale Bürde gewesen sein, die unsere Großeltern haben tragen müssen, aber sie haben sie ja für uns abgelegt. Das wäre doch ein dreister Akt der Undankbarkeit, wenn wir jetzt wieder daran gehen wollten und alles ausgraben, was in Frieden ruht, wenn wir mutwillig zerstören wollten, was uns als Vermächtnis überlassen wurde. Müssen wir darunter nicht schon genug leiden?

Ich erinnere mich an die Nacht vor meiner Abreise hierhin, Doktor Weiss. Ich sitze am Ufer des Toten Meeres und weine. Ich weine, wenn ich an Deutschland denke. Schlafen kann ich nicht. Drüben, über den Hochhäusern von Jordanien, geht der Mond auf. Dort hinten liegen die Ausläufer von Al Mazra'ah, eine riesige Ansammlung von Blechhütten und Müllhalden. Palästinensische Dörfer, die Häuser unserer Feinde.

Ich konnte nicht schlafen in dieser Nacht vor meiner Abreise nach Zion, mal wieder, da dachte ich, ich gehe noch ein wenig am Ufer entlang. Aber jetzt kann ich noch viel weniger schlafen. An meinen Großvater muss ich denken. Sein dunkles Gesicht im Sessel, nur erhellt vom Glimmen der Zigarette. Seine Stimme, brüchig und hohl, wie sie mir zu erklären versucht, was ich nicht wissen wollte und doch zu wissen verlangte, begierig war. Man kann sich so schlecht wehren, wenn man noch unschuldig ist. Unschuldig sind wir jetzt alle. Darum kann ich auch nicht schlafen, weil ich unschuldig bin. Drüben schlafen sie ja auch nicht. Sitzen in ihren Kellern und basteln Bomben. Seid schön fleißig, dann könnt ihr morgen ernten, was ihr gesät habt in der Nacht. Hockt da und wartet darauf, dass Er euch erlaubt, euch opfern zu dürfen. Der Heilige Krieg. Ihr Märtyrer.

Müssen wir darunter nicht schon genug leiden?

„Höre, Israel. Versöhnung gibt es nicht, bis zum Schluss." Sagte mein Großvater. „Was sie dir auch erzählen, dieses Unternehmen ist nicht die große Tat gewesen, die uns allen die Absolution erteilt. Eine solche Tat existiert nicht. Was immer du auch tust. Aber das wollte hier natürlich keiner wahrhaben. Und jetzt wird es keiner mehr wahrhaben können, weil wir es vergessen haben. Woran man nicht mehr schuld ist, daran muss man sich auch nicht erinnern. Was muss das für eine kolossale Bürde gewesen sein, die wir getragen haben. Wir bringen ein gerechtes Opfer, haben wir gesagt. Ein gerechtes Opfer für eine Schuld, die wir nicht länger tragen können. Es muss doch heute wieder möglich sein, haben wir damals gesagt. Ja, wir haben uns gewehrt gegen die Last, die man uns aufbinden wollte, die Last, sich für alles entschuldigen zu müssen, sich ewig erinnern zu müssen, ewig sühnen zu müssen. Wir haben uns gewehrt, wir Märtyrer. Gegen die Rede von der ewigen Schuld, die unsere Eltern geführt haben. Ewig! Was ist schon ewig? Irgendwann muss es doch mal ein Ende haben mit dem Entschuldigen. Irgendwann muss man doch mal entschuldigt sein. Irgendwann muss es doch wieder möglich sein, ganz normal zu leben, wie alle anderen auch. Wie alle anderen auch, Israel."

So sagte mein Großvater. Und so heiße ich heute Israel, vielleicht bin ich der Einzige bei uns, in einem Land, das schon seit dreißig Jahren nicht mehr Israel heißt. „Aber so hat es einmal geheißen", sagte mein Großvater, „lange Zeit sogar, so wie es hier mal Jaffa hieß. Eretz Israel, Land Israel, Staat Israel. Von Dan bis Beersheba. Heimstatt der Juden. Dan, Ascher, Sebulon, Naftali, Issachar, Manasse, Gad, Efraim, Benjamin, Juda, Simeon, Ruben. Das Land der Söhne Israels. Und heute Heimstatt der Deutschen. Sag selbst, Israel, haben wir nicht genug gebüßt?"

Ja, natürlich, habe ich gedacht, natürlich haben wir genug gebüßt, längst schon. Welches Verbrechen kann so groß sein, dass es mit dieser Tat nicht gebüßt würde? Wie tätig kann unsere Reue noch sein? Ist es nicht Unglück genug, dass wir unter solches Volk verstoßen sind? Ist das nicht Sühne genug, in einem Land zu leben, in dem nichts sicher ist? In einem Land, in dem es dich morgen erwischen kann, wenn du in der Schlange zum Kaufhaus stehst, oder jetzt gleich, wenn du ins Café gehst, das ein bisschen zu belebt ist, um ungefährlich zu sein. In einem Land, in dem es dich nächste Woche dahin rafft, weil du gestern im Kino warst und zufällig auch ein Palästinenser mit im Saal saß, der die Pocken hatte. In einem Land, in dem du deinen Bruder morgen nicht mehr siehst, weil er den falschen Bus genommen hat. In einem Land, in dem du deinen Vater morgen nicht mehr siehst, weil er bei einer Geiselnahme erschossen wurde. In einem Land, in dem du jetzt oder gleich auf der belebten Straße oder am einsamen Ufer eines Flusses von einem Heckenschützen abgeknallt wirst, weil er im Fadenkreuz seiner Uzi deine große deutsche Nase ausgemacht hat. Autobomben, Gürtelbomben, Kassam-Raketen, Variola-Viren, Geiselnahmen. Müssen wir nicht schon genug leiden? Natürlich, denke ich.

Aber mein Großvater dachte anders. Es könne gar nicht genug Leid sein, das unser Verbrechen sühnen würde. Leid, Tod, Tränen. Immer mehr Leid, immer mehr Opfer, immer mehr Gedenken. Enough of blood and tears, denke ich. Es ist genug. Genug gelitten. Für mich hat mein Vater gelitten und jetzt mein Bruder, das reicht. Aber für meinen Großvater hätte auch das wohl nicht gereicht. „Dein Vater stirbt als Geisel palästinensischer Terroristen? Was hast du damit zu tun, Israel? Dein Bruder stirbt, weil er heute nicht das Auto zur Arbeit genommen hat, sondern den Bus? Ist er nicht selber Schuld? Was hast du damit zu tun, Israel?"

Wirklich, Großvater, wirklich. Ich bin wirklich um den Schlaf gebracht.

Wir bringen ein Opfer, das uns reinwäscht von aller Schuld. An Ausländer fiel unser Erbe, unsre Häuser kamen an Fremde. Und was uns zufiel, war das Erbe unserer Feinde. Das Erbe der Opfer als Opfer der Erben. Das Erbe: ein Land, das Israel hieß, Städte, Häuser, Straßen, Wege, die Israel hießen. Museen, Universitäten, Gotteshäuser, Kasernen, Hochhäuser, Wachtürme, Mauern und Zäune – all das fiel uns zu. Und nicht zuletzt der Feind unseres Feindes. Den Araber haben wir bekommen als liebsten Feind, und das dürfte doch Sühne genug sein. Welches Verbrechen kann so groß sein, dass es durch diese Sühne nicht getilgt wird?

„Komm, Israel, ich zeige dir, wie es hier früher ausgesehen hat", sagte mein Großvater und nahm das Buch von seinem Schoß. Er schlug es auf, hielt es ins schwache Licht des Fensters, so, dass ich hineinblicken konnte. „Wie lange ist das jetzt her", fragte er, „dass wir übergesiedelt wurden? Ich weiß es nicht mehr. Ich war jung, etwa dreißig vielleicht." Ich blickte ihn an und blickte wieder ins Buch. Ein Atlas, mein Großvater hielt den Daumen auf eine Karte. Ein Meer, ein Land. Unser Meer, unser Land.

„Wie es dazu gekommen ist?" fragte er. „Ich weiß es nicht mehr. Irgendwann muss das alles überhand genommen haben." Mein Großvater zeigte mit dem Stummel seiner Zigarette auf einen Punkt in der Karte. „Früher, als das hier noch nicht das Land der Täter war, da war es das Land der Opfer. Das Land Israel. Die Heimstatt der Juden. Aber auch nicht für lange Zeit. Bald wird es so weit sein, dass wir länger hier leben als die Juden damals. Sechzig, siebzig Jahre haben die Juden hier gelebt. Mai-

bühl, Jerusalem, Haifa, Holon, Ramat Gan. Alles jüdisch. Der See
Tiberias, das Tote Meer, der Jordan, der Golf von Elat. Alles jüdisch. Das Hochland von Galiläa, das Jesreeltal, das Sharontal,
die Judäischen Berge, die Negevwüste. Alles jüdisch. Na ja, und
ein wenig palästinensisch.

Und jetzt? Judenrein, wie man hier sagt, alles judenrein geworden.

Irgendwann also ist das alles hier explodiert. Die Juden haben es nicht mehr ausgehalten in ihrem eigenen Land. Das, was
die Araber heute mit uns machen, haben sie damals schon mit
den Juden gemacht. Weil wir ihnen das Land weggenommen
haben, sagen sie. Wir. Die Juden. Wir. Die Deutschen. Erst nahmen uns die Juden unser Land, dann kommen die Deutschen
und machen sich noch breiter. Was haben sie auch erwartet bei
siebzig Millionen? So viele waren es damals. Siebzig Millionen,
Israel, das kann man sich heute gar nicht mehr vorstellen. Ein
Volk, so zahlreich wie Sand am Meer. Und die sollten alle in ein
Land passen, in dem vorher gerade einmal zehn Millionen gelebt
haben. Was für eine lächerliche Vorstellung! Aber lieber hundert
Millionen Deutsche als hundert Juden, dachten sie sich.

Nun, damals, fast dreißig Jahre ist es jetzt her, ist die ganze
Sache eskaliert. Jeden Tag gab es drei, vier Anschläge mit Hun-
derten von Toten, Raketenangriffe auf Wohnhäuser und Touris-
tenflugzeuge, Giftgas, biologische Waffen. Später bekamen die
Palästinenser die Atombombe in die Hand. Da war es den Juden
dann genug. Und schließlich darfst du die beiden Flugzeuge
nicht vergessen. Du kennst die Geschichte. Diese beiden Maschinen, die damals in die Türme geflogen sind. Du hast davon
gehört.

Damit hat das Ende seinen Lauf genommen. *Antizion*-
Vereinigung haben sie sich genannt, die ersten, die auf diese Idee
kamen. Deutsche, Juden, Araber. Die sind aus der *Peace now*-
Bewegung hervorgegangen. Frieden, haben sie gedacht, gibt es
hier nur, wenn einer verschwindet. Und wer geht als Erster? Und

wohin? Natürlich lag es nahe", sagte mein Großvater, „an die Deutschen zu denken. Da liegt die Schuld, da holen wir uns die Lösung. Und die Deutschen haben natürlich gedacht: Schluss damit, Schluss mit Schuld, Schluss mit Gedenken, Schluss mit Bürde. Ihr wollt eine Lösung, wir wollen eine. Das hat sehr klein angefangen, wie alles, was irgendwann einmal groß wird. Man weiß heute gar nicht mehr, von wem die Idee genau stammt. Der *Transfer*. Aber es gibt ja nichts Selbstverständlicheres. Die Deutschen sind schuld an dem Schlamassel, also sollen sie auch dafür Sorge tragen, dass es zu einer Lösung kommt. Die Deutschen wollen vergessen, dann sollen sie auch dafür Sorge tragen, dass sie büßen. Und welche Buße könnte angemessener sein? Was könnte nahe liegender, einleuchtender sein? Es muss ja schließlich mit der Sache zu tun haben. Ein Mahnmal reicht da nicht. So groß es auch ist. Reparationszahlungen reichen da nicht. So hoch sie auch sind. Was hat das nämlich mit dem Problem zu tun? Und wenn es hundert gigantische Mahnmale in jeder deutschen Stadt ab zehntausend Einwohnern gegeben hätte – hätte das irgendetwas zur Lösung des Problems beigetragen? Und wenn jeder Jude vom deutschen Staat Unmengen an Dollars bis an sein Lebensende tief in den Arsch geschoben bekommen hätte, von Eichmanns Enkeln persönlich – na ja, vielleicht hätten sie dann drüber nachgedacht, die Juden. Aber mit dem Problem hätte das auch nichts zu tun gehabt. Was hätten die Juden mit dem Geld gemacht, hat man sich gefragt. Die in Amerika, damals noch eine ganze Menge, bevor sie nach Europa zurückgekommen sind, hätten es vermehrt und dann ihren zionistischen Brüdern zu Chanukka neue Kampfhubschrauber geschenkt. Und die hier, in Israel, hätten den Arabern noch mehr Land abgekauft, noch mehr Mauern und Zäune gebaut, noch mehr Panzer gekauft. Nein, das einzige Mahnmal, das wahrhaft Mahnmal genannt zu werden verdient, ist das existenzielle Aufsichnehmen von Verantwortung. Existenziell und tätig. Als tätige Reue. Als

Aufsichnehmen des jüdischen Schicksals, das man selbst verschuldet hat.

„Irgendwann", erzählte mein Großvater, „hat man gar nicht mehr verstanden, warum nicht schon viel früher an diese Lösung gedacht worden ist. Direkt nach fünfundvierzig am besten. Neunzehnhundertfünfundvierzig", wie er betonte. Da hätte man nicht erst so tun sollen, als könnte aus dem Volk der Richter und Henker (ja, das waren wir, Israel!) noch etwas werden, etwas Zivilisiertes gar. Da hätte man gar nicht erst so tun sollen, als wollte man den Juden wirklich eine nationale Heimstatt schaffen. Auf arabischem Boden! Man hätte direkt alle Deutschen nehmen und ins glückliche Arabien werfen sollen, auf dass sie nie wieder auferstünden. Und Österreicher und Italiener gleich dazu. In der Wüste, das hätte man wissen müssen, ist genug Platz für Mörder. Kein Krieg soll mehr von deutschem Boden ausgehen? Bitte schön, deutscher Boden ist nicht mehr. Man hätte direkt allen Juden ein neues Zion in dem Land versprechen sollen, das sie ausgestoßen hat. Sie haben euch vertrieben und vergast, also nehmt euch euer Land und bestellt es. Werdet die besseren Deutschen, die jüdischen Deutschen, die deutschen Juden, ein mosaischer Vielvölkerstaat mitten in Europa. Ein Beispiel für die ganze Welt.

,Das hätte man damals schon machen sollen, nicht erst jetzt', haben sie gesagt. ,Also auf!', haben sie gerufen. ,Aussöhnen durch Auswandern! – Diaspora now!' Eigentlich war das keine große Sache, das alles zu organisieren. Wer hätte das besser gekonnt als wir? Wir Deutschen. Wir Juden. Wir haben schon ganz anderes vom Schreibtisch aus organisiert. Massenmorde. Ritualmorde. Welteroberung. Weltverschwörung. Gaskammern. Gottestötungen. Wiedervereinigungen. Staatsgründungen. Warum nicht auch einen Transfer von sieben Millionen Juden nach Mitteleuropa im Austausch von siebzig Millionen Deutschen in den Nahen Osten? Mit der richtigen Organisation ist alles zu schaffen, auch die absolute Vergebung. Wenn man Verbrechen organisieren kann, kann man auch Strafe organisieren.

Die New Jewish Agency. Die Society of remigrating Jews. Das Manifest des Antizionismus. One Diaspora now! Und ähnliche Namen. Gruppen, Vereine, Parteien. Schriften, Bücher, Abhandlungen. Außerdem hatten beide Staaten mit solchen Umsiedlungen schon Erfahrungen: Freilich nicht in so großem Stil. In den achtziger Jahren des letzten Jahrhunderts wurden zehntausende von afrikanischen Juden aus Äthiopien nach Israel geholt. Alles mit Flugzeugen. Eine einzige riesige Luftbrücke. Wieso sollte das nicht auch mit den Deutschen gehen? Und wieso sollte man sich selbst nicht auch umsiedeln lassen? Und das Beste: die Palästinenser haben kräftig mitgeholfen, die Juden zu deportieren. Die Ausarbeitung der Pläne geht auch auf arabische Initiativen zurück. Das Manifest des Antizionismus, die erste große Schrift über das Vorhaben, wurde von einer Gruppe deutscher, jüdischer und palästinensischer Schriftsteller und Philosophen verfasst. Zurück ins Meer mit den Juden, haben sie gerufen, zurück ins Meer, bis nach Europa. Und da sind sie jetzt.

Remigration hieß das freilich. Zurücksiedlung. Als hätte es schon einmal einen jüdischen Staat in Mitteleuropa gegeben. Von der Maas bis an die Memel, von der Etsch bis an den Belt – ein einziger großer jüdischer Staat. DER jüdische Staat. Das gelobte Land zwischen Polen und Frankreich. Mitten im deutschen Kerngebiet, in den Grenzen von 1990, liegt seitdem das neue Zion. Dreihundertfünfzigtausend Quadratkilometer blühende Landschaften, alles für die Juden.

Schon bevor die letzten Flugzeuge in ehemals deutschen Städten gelandet waren und die letzten Israelis in Berlin, München und Frankfurt abgesetzt hatten, kamen schon die ersten nichtisraelischen Juden. Und das waren damals nicht wenige. Sechs Millionen allein in den USA. Das war fast schon allein ein jüdischer Staat. Achtzigtausend aus Frankreich, vierzigtausend aus Italien und so weiter. Alle kamen sie und sahen, was der

Herr ihnen beschert hatte. Es war ja jetzt Platz genug. Lebensraum für die Juden, das war natürlich eine schöne Idee. Ein
Volk, das sich immer mit so wenig zufrieden geben musste, Jahr-
tausende kein eigenes Land hatte, keinen eigenen Boden, den es
hätte bestellen können, und das, als es dann mal Anspruch auf
ein trockenes Stückchen Erde erhob, hinterrücks von finsteren
Schurken überfallen wurde. Jahrzehntelang musste dieses Volk
um ein wenig Lebensraum kämpfen, bis aufs Blut – da war es
doch nur gerecht, ihm nun ein wenig Erholung und Platz zu
gönnen. Sieben Millionen Menschen auf einem Raum von dreihundertfünfzigtausend Quadratkilometern. Wo vorher mehr als
die zehnfache Menge gelebt hatte. Städte, Häuser, Straßen, Wege
– alles, was die Deutschen aufgebaut hatten, wurde von den Juden besetzt. Natürlich nicht besetzt. Wir haben ja getauscht. Die
jüdische Gegenleistung: ihre Städte, Häuser, Straßen, Wege für
die deutsche Bevölkerung.

Aber glaub nur nicht, Israel, dass das alles so glatt und
glimpflich abgelaufen ist, wie sie dir erzählen wollen.

Auch den Deutschen hat man gesagt: Wenn ihr das tut, dann
werdet ihr für den Rest der Zeit Ruhe haben. Ruhe, endlich Ruhe, das wollt ihr doch. Denn das war damals das Thema in
Deutschland, als es noch in Europa lag: Die Lösung der Judenfrage. Wenn ich nirgends mehr hinschauen kann, ohne von einer Beschuldigung attackiert zu werden. Die Judenfrage wurde
zum großen Stigma der deutschen Gesellschaft: Wenn es uns
nicht gelingt, mit der Erinnerung an die Geschichte abzuschließen, werden wir Gefangene unseres Gewissens bleiben. Wenn
wir nicht reinwaschen unsere Seele, wenn wir instrumentalisie-
ren lassen unsere Schande, dann wird uns die Zukunft nichts
anderes bringen als einen armseligen Abklatsch der Vergangenheit. Bosheit ohne Größe, Ruchlosigkeit ohne Genie. Und noch
schlimmer: Normalität wird es für uns niemals geben. Niemals,
wenn wir uns nicht losmachen von unseren Fesseln.

Auch da ist es explodiert. Eskaliert. Das war fast schon Bürgerkrieg. Ganze Gesellschaftsschichten wurden gespalten. Ganze Industriezweige starben ab. Die Rezession. Der Börsencrash. Die Arbeitslosigkeit. Die Bildungsmisere. Wohl auch der Misserfolg im Fußball. Eine einzige gigantische Verwahrlosung griff um sich. Und dies alles wurde mit der Schuld erklärt. ‚Das ist die Schuld der Schuld‘, haben sie gesagt. Natürlich: Wie hätten wir jemals wieder ein normales Verhältnis zu uns bekommen können, ohne mit der Vergangenheit Schluss zu machen? Wie hätte die Jugend genug Arbeit finden können, ohne die Angst abzulegen, von der sie paralysiert wurde? Wie hätte sie unbeschwert lernen können, ohne dauernd von Schuldgefühlen geplagt zu werden? Wie hätte man wieder erfolgreich im Fußball werden können, ohne aus Europa auszusiedeln? ‚Wir müssen die Judenfrage lösen, dann löst sich auch alles andere! Denn unsere Schande ist Schuld an unseren Zuständen.‘ Der Beginn des Jahrtausends erlebte ein Wiedererwachen des Rechtsextremismus im großen Stil, des Neoantisemitismus, des tätigen Ausländerhasses. Es gab Brandsätze auf Asylheime, es gab Attentate auf Prominente. Da war dieser Mord am Vizepräsidenten des jüdischen Zentralrats. Das alles waren keine Einzeltaten mehr, das häufte sich. Schlimmer war nur noch, wie man darauf reagiert hat. Erst die Reaktionen auf den rechten Terror, hat man gesagt, erst die Reaktionen aus der politischen Mitte der Bevölkerung und die von oben, aus der Regierung, dem Staatsapparat und der Führung der Parteien – machen das ganze Ausmaß der moralisch-politischen Verwahrlosung sichtbar. Alles die Schuld der Schuld, wurde uns gesagt. Die Schuld der Schande.

Höre, Israel“, sagte mein Großvater. Es klang wie ein Gebet. „Was sie dir auch sagen: Diese Schande ist nun einmal da und wird durch das Vergessenwollen nicht verschwinden.“

Meinem Großvater war es ernst. Er war altdeutsch, in Europa geboren, in den achtziger Jahren des zwanzigsten Jahrhunderts. Ihm musste es ernst sein, denn alles war ihm ernst. Nur das mit dem Fußball, glaube ich heute, hat er ironisch gemeint. Aber da war ich mir bei ihm nie so sicher. Ich konnte in seinem Gesicht nie lesen, er war nie ein Buch für mich, schon gar kein offenes, er sprach und sah aus dem Fenster, er beherrschte sich, ohne mich die Beherrschung spüren zu lassen. Aber ernst muss es ihm gewesen sein.

Ist es nicht komisch? Hier sitze ich bei Ihnen und erinnere mich an meinen Großvater und an seine Reden, an den Geruch seiner kleinen Wohnung, die Sicht aus seinem Wohnzimmerfenster über das Meer, bis dorthin, wo wir alle herkamen, erinnere mich an das Aufflackern seines Gesichts im Schein des Feuerzeugs, an das Bier, das er mir, dem minderjährigen Halbwaisen, einschenkte. Mein Großvater und seine Erzählungen. Es muss ihm sehr ernst gewesen sein damit. Aber das ist wirklich komisch, finden Sie nicht auch, Doktor? Ich komme zu Ihnen, bitte um Rat, um psychologischen Beistand, und was mache ich? Ich erzähle Ihnen von meinem Großvater.

„Irgendwann gab es dann diese Partei", sagte mein Großvater. „*Heim ins Reich*. Nein, warte. *Heim ins Reich* war eine israelische Partei. Das deutsche Pendant dazu hieß AZTP. Die Transferpartei. Der Ausweg aus der Krise in Deutschland war nur noch durch eine radikale Umkehr zu bewerkstelligen. Unsere Zukunft hängt von der Vergangenheit ab, haben sie gesagt. Und mit dieser Vergangenheit hat man nun mal keine Zukunft. Es waren zumeist Linksintellektuelle, die diese Partei getragen haben, viele Künstler, Professoren, Journalisten. Leute, denen es mit der Vergangenheit wichtig war. Man wollte sich der Verantwortung stellen. Und das ging nur durch *Tätige Reue*. Richtig, da war dieser Verein. *Christlicher Verein für tätige Reue*. Da war ich auch kurzzeitig Mitglied. Warum auch nicht? Die Deutschen waren damals schon bekannt für ihr reges Vereinsleben und sind es heute noch. Wie hätte man das auch alles organisieren können, wenn es die Vereine nicht gegeben hätte. Bürokratie und Vereine. *Aussöhnen durch Auswandern e. V.*, *Verein für deutsch-*

jüdischen Austausch, Survivor's Syndrom-Gruppe, Deutsche-Antizion-Vereinigung. Assoziationen, Netzwerke, Gesellschaften, Zentren, Foren, Kampagnen, Bewegungen. Mehr als sechzig Prozent aller Deutschen waren damals in so einem Verein. Heute gibt es die alle nicht mehr. Man braucht sie ja auch nicht mehr. Heute gibt es den *Verein für deutsche Dattelpalmen-Züchter*, den *Verein zum Schutz des Honigdachses*, den Verein *Geld für Salz – Totes Meer e. V.*. Und die Fussball-Vereine. 1. FC Maibühl. Wacker Jerusalem. Hansa Haifa. Alemannia Askalon.

Früher hat man sich einmal Gedanken gemacht über einen deutschen Sonderweg. Das kann nichts Gutes sein, lasst uns eine Lösung finden, wie wir aus diesem Sonderweg zurück auf normale Bahnen finden. Und diese Lösung, das Transfer-Abkommen, war, obwohl selber ein Sonderweg, tatsächlich die Lösung: ein gewaltiger deutscher Sonderweg heraus aus Europa nach Asien. Ein Sonderweg als Rückweg zum Normalweg. Was anders hätte uns auch vom Kainsmal der unerhörten Tat befreien können als eine erneute unerhörte Tat?

Wiedergutmachungsabkommen gab es einige nach 1945. Aber dieses eine, siebzig Jahre später, sollte das letzte sein. Ein lebendes Monument. Es gab damals im deutschen Strafrecht so etwas wie einen Täter-Opfer-Ausgleich. Im Rahmen der Strafbemessung kann das Gericht von Strafe absehen, wenn der Täter sich darum bemüht hat, einen Ausgleich mit dem Opfer zu erreichen. Diesen Ausgleich sollten wir durchführen, indem wir unsere Sachen packten und in die Flieger nach Israel stiegen. Handelt es sich um die immateriellen Folgen einer Tat, setzt der Täter-Opfer-Ausgleich voraus, dass der Täter seine Tat ganz oder zum überwiegenden Teil gutmacht oder deren Wiedergutmachung ernsthaft erstrebt. Was kann aber die deutsche Vergangenheit wieder gutmachen? Die jüdische Zukunft. Die erreichte oder erstrebte Wiedergutmachung setzt voraus, dass der Täter sich um einen umfassenden Ausgleich des Schadens bemüht, und zwar unter der Anleitung eines Dritten. Die angestrebte Lösung soll hierbei auf den der Tat zugrunde liegenden Gesamtkonflikt und auf eine friedensstiftende Wirkung abzielen. Die Aussöhnung zwischen Täter und Opfer ist erst dann anzunehmen, wenn das Opfer dies bestätigt oder die Bestätigung auf zu missbilligende Weise verweigert.

Aber verweigert haben die Juden ihre Bestätigung unseres guten Willens in keinem Moment. Auch sie haben ihre Sachen gepackt und sind in die Flieger nach Deutschland gestiegen. Welche Aussöhnung könnte vollkommener sein?"

Die andern europäischen Völker müssen sich gefreut haben, als die Deutschen weg waren, dachte ich. Die Franzosen müssen gejubelt haben und einen zweiten Nationalfeiertag eingerichtet haben, als die letzten Deutschen in die Flugzeuge Richtung Nahost gestiegen sind. Die Holländer. Die Dänen. Die Briten. Die Italiener. Die Polen. Die in Furcht und Schrecken vor der blonden Bestie lebenden Völker Europas – wie müssen sie gefeiert haben, als sie von dem deutschen Vorhaben gehört haben, sie endlich zu verlassen. So ganz haben sie doch eh nicht nach Europa gepasst, diese Barbaren, oder?

Ob sie auch gejubelt haben, als sie erfuhren, wer der Deutschen Nachfolger sein würde?

„Aber es lebten doch auch Juden in Deutschland damals, im europäischen Deutschland. Was war mit denen?" fragte ich meinen Großvater.

„Die spielen jetzt in einer anderen Liga. Die konnten da bleiben, mussten nur auf ihre Brüder warten. Weißt du, *andere* gab es immer, das war längst nicht so wie heute, wo alles fein säuberlich getrennt ist und hier kein einziger Jude mehr wohnt und in Europa kein einziger Deutscher. Es gab deutsche Juden, es gab jüdische Deutsche, es gab israelische Christen, es gab christliche Israelis. Ja, es gab auch moslemische Deutsche. Ja, es gab auch moslemische Israelis. Es gab sogar Palästinenser in Israel, sagt man. Gar nicht mal so wenige. Da haben sich die Deutschen selber etwas vorgemacht, als sie sagten, Palästina sei ein Land ohne

Volk. *Andere* gibt es immer, haben sie gesagt. Den Deutschen aber ging es um die Judenfrage. Den Juden ging es um die Deutschenfrage. Es ging um die Deutschen und die Juden, um die auserwählten Völker, die beiden ethischen Nationen Europas. Alle mit blondem Haar in dieses Flugzeug. Alle mit krummer Nase in jenes Flugzeug. Alle mit blauen Augen in dieses Flugzeug. Alle Beschnittenen in jenes Flugzeug. So oder so ähnlich wird es abgelaufen sein", sagte mein Großvater.

„Vergiss nicht, Israel, worum es bei all dem ging: Um die Lösung der Judenfrage, das war es, was man wollte. Und irgendwie ist dieses Problem doch auch gelöst."

Ist es das, Doktor? Ist es das?

Mein Großvater saß mit seiner Frau und seinen beiden Zwillingstöchtern, von denen eine meine Mutter werden sollte, in einer der letzten Maschinen nach Maibühl. Die letzten hatte man im Winter geholt, sechs Jahre nach Beginn des ersten Transfers. Im Nachhinein ist es erstaunlich, mit welcher Energie und in wie kurzer Zeit man diese Sache über die Bühne gebracht hat. Mein Großvater stieg aus dem Flugzeug, blickte über das Rollfeld des Flughafens (damals noch *Ben Gurion Airport Tel Aviv*) und zog seinen Mantel aus. Das gelobte Land. Heim ins Reich. Man wies seiner Familie eine Wohnung am Stadtrand von Siebenbrunn zu. Es war klein, aber gemütlich. Er fand einen Job als Arbeiter in einem Wasserkraftwerk im Süden. In Deutschland – im europäischen – hatte er für einige Zeit Ingenieurwesen studiert, Fachrichtung Maschinenbau, bevor er sein Studium für die Literatur aufgegeben hatte. Im einstigen Deutschland habe er mit dem Verkauf seiner Bücher einigermaßen auskommen können, erzählte er, im jetzigen Deutschland kenne man nicht einmal seinen Namen. Bücher über die Vergangenheit liefen schon mal besser, sagte er, und die schreibe ich nun mal. Im einstigen Deutschland konnte er seine Kenntnisse zum Schreiben von Romanen nutzen. Nun konnte er seine Kenntnisse für die

Durchführung des großen Bewässerungsplanes nutzen. Die Negev war damals noch eine Wüste, keine blühende deutsche Landschaft wie heute, mit ihren riesigen Weizenfeldern, Dattelplantagen, ihren Stauseen, ihren Wasserkraftwerken. Jeden Tag fuhr er morgens hundertfünfzig Kilometer von Siebenbrunn, vormals Beersheba, bis Bezirk 221, vormals Yotvata, und abends die gleiche Strecke zurück. Das wäre eigentlich schon genug Buße gewesen, wenn es denn seines Beitrags bedurft hätte, sagte er immer. Seine Frau, meine Großmutter, war in Deutschland Lehrerin gewesen für Französisch, da man aber nun kaum noch Französisch lernte, sondern Arabisch, Türkisch oder Russisch, fand sie lange Zeit keine Stelle und blieb zu Hause, kümmerte sich um die Tochter und um den Haushalt. Später konnte sie für ein paar Stunden in der Woche Vertretungen in der Volkshochschule von Siebenbrunn machen, keine lukrative Tätigkeit, aber immerhin.

Und die Tochter? Silvia hieß sie, war noch im alten Deutschland geboren, in Berlin wie ihre Eltern, und war drei Jahre alt gewesen bei der Übersiedlung nach Siebenbrunn. Sie war ein unscheinbares Mädchen, immer ergeben, immer comme il faut, der Stolz der kleinen Familie und vor allem wohl der Stolz ihres Vaters. Das meiste, was ich von ihr weiß, weiß ich von ihrem Vater, meinem Großvater. Silvia scheint trotz ihrer fast beunruhigenden Folgsamkeit durchaus gewusst zu haben, was sie erreichen wollte im Leben. Schon in der Schule hat sie sich auf die Naturwissenschaften gestürzt, vor allem auf die Biologie, und auch in ihrer Freizeit ist sie mit dem Fahrrad durch Beersheba gezogen, hat Steine gesammelt, seltene Pflanzen fotografiert und sie später zuhause katalogisiert. Nach dem Abitur ist sie nach Jerusalem gezogen und hat dort begonnen, Biologie zu studieren. Während dieser Studienzeit hat sie wohl auch den Mann ihres Lebens kennen gelernt, zumindest den, mit dem sie die folgenden achtzehn Jahre verbringen sollte. Der Mann hieß Reinhold und war dazu bestimmt, mein Vater und der meines Bruders zu werden.

Reinhold und Silvia schlossen ihr Studium ab, zogen in einen Kibbuz bei Safed, nahe der syrischen Grenze, heirateten und bekamen zwei Kinder. Robert und Roland, der sich später Israel nannte. Das bin ich.

Meine Mutter bekam eine Stelle bei Greenpeace Deutschland. Das war, wie mein Großvater sagte, anscheinend eine gute Sache. Sie war als diplomierte Meeresbiologin für die Gewässer in Deutschland zuständig, untersuchte den See Genezareth, den Jordan, das Tote Meer, die Küsten am Mittelmeer und so weiter. Sie hat in diesem Job einigen Erfolg gehabt, wie mein Großvater sagte. Aber sie hat ihn dann, warum auch immer, nicht weiter ausgeübt, nachdem mein Vater getötet wurde. Sie hat eine Hinterbliebenenrente bekommen, ich glaube, so nannte man das, und das war nicht wenig, da sich der Staat um die Angehörigen von Terroropfern kümmert, o ja. Aber gearbeitet hat sie danach nicht mehr, eigentlich hat sie überhaupt nichts mehr danach fertig gebracht. Sie kümmert sich nicht mehr um die Meere und Seen und Flüsse und Bäche, sie kümmert sich nicht um die Biologie und die Umwelt und sie kümmert sich auch nicht mehr um sich. Sie sitzt in ihrem Einzimmerapartment in Maibühl, wo sie nach Reinholds Tod hingezogen ist, und wartet. Eine Frau vom Deutschen Roten Kreuz kommt einmal in der Woche zu ihr und manchmal irgendein Zivi, der ihr die Fernbedienung in die Hand drückt, wenn sie sie fallen gelassen hat. Seit diesem Jahr sitzt sie zu Hause und sieht fern und wartet, worauf, weiß ich nicht. Und ihr Zustand ist nicht besser geworden im letzten halben Jahr, seit mein Bruder, ihr erstgeborener Sohn, umgekommen ist.

Umgekommen. Gestorben. Getötet worden. Alles leere Hülsen, die mir im Mund wie modrige Pilze zu Staub zerfallen würden, wenn ich das hier nicht aufschreiben würde. Mord war es, und Mord ist es gewesen. Mord, Doktor Weiss! Ist es das, weswegen ich hier bin, Doktor Weiss? Bin ich deswegen nach Zion gekommen? Um mit einem Juden über meinen Großvater zu sprechen und über meine Mutter, die ich seit Jahren nicht mehr gesehen habe, von dem Begräbnis meines Bruders abgesehen?

Bin ich hier, um Ihnen von meinem ermordeten Vater und von meinem ermordeten Bruder zu erzählen? Und von der Schuld, die ich an ihrer beider Tode trage und trage und trage? Bin ich hier, um meine Schmerzen zu lindern? Um die Schuld zu begleichen, um die Last abzutragen, die mein Herz beschwert? Um zu weinen, wie ich niemals weinen könnte? Bin ich deswegen hier? Doktor, ich bitte Sie, Sie müssen etwas tun. Irgendjemand muss etwas tun. Es muss etwas getan werden.

Tröstet, tröstet mein Volk. Redet Jerusalem zu Herzen und verkündet der Stadt, dass ihr Frondienst zu Ende geht, dass ihre Schuld beglichen ist.

Denn sie hat die volle Strafe erlitten von der Hand des Herrn für all ihre Sünden. Wie einen Bach lass fließen die Tränen, Tag und Nacht!

Schütte aus wie Wasser dein Herz. Niemals gewähre dir Ruhe, nie lass dein Auge rasten.

Handbuch für
gesellschaftskonformes Verhalten

Klara König

Kapitel 1: Einleitung

GKV 1.1 Einführung

1.1.1 *Die Gesellschaft* ist erfreut, Ihnen und Ihrer Familie eine sichere, da von uns für Sie zuverlässig geregelte, Existenz gewährleisten zu können. Tragen Sie Ihren Teil dazu bei, indem Sie dieses Handbuch aufmerksam lesen und der Gesellschaft mit konsequenter Gesetzestreue Ihre Loyalität erweisen.

GKV 1.2 Regelungen zum Umgang mit dem Handbuch

1.2.1 Aktivierung des Handbuches: Tragen Sie Ihre spezifische Identifikationsnummer (IDN) in das Freifeld auf der Vorderseite des Buches ein.

1.2.2 Inhaltserfassung: Lesen Sie das Inhaltsverzeichnis auf S. 1. Nehmen Sie die Kapitel 6.1 und 6.2 zu Hilfe.

Lesen Sie das Handbuch.

Bei Fragen wenden Sie sich an einen Offiziellen Ihres regionalen Existenz-Zellen-Komplexes (EZK).

Kapitel 2: Registrierung

GKV 2.1 Pränatale Registrierung

2.1.1 Embryonale Registrierung: Sobald bei der GAG (Gynäkologische Abteilung der Gesellschaft) eine erfolgreiche assistierte Reproduktion oder Gravidität registriert werden kann, wird der Embryo zu seinem eigenen Schutz unter der IDN des weiblichen Elters registriert.

2.1.2 Parentale Registrierung: Der IDN des weiblichen Elters wird die vorläufige IDN des Embryo hinzugefügt. Die IDN des männlichen Elters bleibt unbelastet.

GKV 2.2 Postnatale Registrierung

2.2.1 Interne Registrierung / Radio Frequency Identification (RFID): Unter Lokal-Anästhesie wird dem Neugeborenen durch ein Loch in der Schädeldecke ein in eine winzige Kapsel eingebetteter Transponder mit der spezifischen IDN weit in das schmerzunempfindliche Gehirn geschoben.

2.2.2 Externe Registrierung: Im Alter von fünf Jahren wird dem Kleinkind die spezifische IDN auf die Innenseite der Auricula tätowiert.

GKV 2.3 Registrierungskontrolle

2.3.1 Allgemeiner Funktionstest: Um Ihnen Sicherheit über die Funktion ihres IDN-Transponders zu geben, hat *Die Gesellschaft* global in regelmäßigen Abständen Lesegeräte installiert.

2.3.2 Spezifischer Funktionstest: Dieser wird zusätzlich zwölf Mal im Jahr von den RFID-Inspekteuren der Gesellschaft durchgeführt.

2.3.3 Bei einem negativen Funktionstest werden Sie umgehend von einem Offiziellen des regionalen EZK kontaktiert und betreut bis *Die Gesellschaft* die Situation als geklärt erachtet.

Kapitel 3: Erziehung

GKV 3.1 Parentale Erziehung

3.1.1 Straftat: Jeder Elter, der den gesellschaftlichen Institutionen die Erziehung eines Kindes verweigert, handelt eigenmächtig und macht sich des Individualismus strafbar.

3.1.2 Strafmaß: Individualismus wird mit der Terminierung des Straftäters geahndet.

GKV 3.2 Institutionelle Erziehung

3.2.1 Jeder Elter hat die Pflicht und die Ehre, ein Kind nach der Geburt sofort der Gesellschaft zur Verfügung zu stellen, indem er es an die IGKE (Institution für gesellschaftskonforme Entwicklung) übergibt.

3.2.2 Garantie: *Die Gesellschaft* ist stolz, Ihnen durch die IGKE die gesellschaftskonforme Entwicklung eines Kindes garantieren zu können.

GKV 3.3 Inspektive Erziehung

3.3.1 Selbstverständlich wird die IGKE durch die Inspekteure für Gesellschaftskonformität überwacht. Denn *Die Gesellschaft* hat ein Herz für Kinder.

Kapitel 4: Erwerbstätigkeit

GKV 4.1 Allgemeine Bestimmungen zur Erwerbstätigkeit

4.1.1 Über den Gemeinnutz von Erwerbstätigkeiten bestimmt *Die Gesellschaft.*

4.1.2 Straftat: Jedes Mitglied, das der Gesellschaft eine gemeinnützige Erwerbstätigkeit verweigert, handelt eigenmächtig und macht sich des Individualismus strafbar.

4.1.3 Strafmaß: Individualismus wird mit der Terminierung des Straftäters geahndet.

GKV 4.2 Wertung der Erwerbstätigkeit

4.2.1 Gemeinnutz: Je größer der Gemeinnutz von Erwerbstätigkeiten, desto höher die Entlohnung.

4.2.2 Alter: Je geringer das Eintrittsalter in gemeinnützige Erwerbstätigkeiten, desto höher die Entlohnung.

4.2.3 Arbeitszeit: Je länger die effektive Arbeitszeit, desto höher die Entlohnung. (Über die Effektivität von Arbeitszeit bestimmt *Die Gesellschaft.*)

4.2.4 Sympathie: Je sympathischer das Mitglied, desto höher die Entlohnung. (Über Sympathie und Antipathie eines Mitgliedes bestimmt *Die Gesellschaft*.)

GKV 4.3 Spezifische Bestimmungen zur Erwerbstätigkeit

4.3.1 Arbeitszeit: Jedes Mitglied hat die Pflicht und die Ehre, mindestens 16h (sechzehn Stunden) am Tag einer gemeinnützigen Erwerbstätigkeit nachzugehen.

4.3.2 Erscheinungsbild: Während Ihrer minimalen Arbeitszeit von 16h tragen Sie die UGE (Uniform für gemeinnützige Erwerbstätigkeit). Die Haarfarbe muss dem aktuell von der Gesellschaft vorgegebenen Idealton entsprechen. Schmuck aus der aktuell marktbestimmenden Produktionsreihe darf getragen werden.

Kapitel 5: Versicherung

GKV 5.1 Allgemeine Bestimmungen

5.1.1 Jedes Mitglied, das sich konsequent regelkonform und gemeinnützig in *Die Gesellschaft* einfügt, wird automatisch in einem umfassenden Versicherungsprogramm registriert.

5.1.2 Über Konsequenz in Regelkonformität und Gemeinnutz bestimmt *Die Gesellschaft*.

5.1.3 Straftat: Jedes Mitglied, das sich inkonsequent, regelwidrig oder eigennützig verhält, handelt eigenmächtig und macht sich des Individualismus strafbar.

5.1.4 Strafmaß: Individualismus wird mit der Aberkennung von gesellschaftlichen Leistungen aller Art und der Terminierung des Straftäters geahndet.

Kapitel 6: Gemeinnütziges

GKV 6.1 Allgemeine Bestimmungen zur Freizeit

6.1.1 Über den Gemeinnutz von Freizeit(-aktivitäten) bestimmt *Die Gesellschaft*.

6.1.2 Straftat: Jedes Mitglied, das der Gesellschaft eine gemeinnützige Freizeit(-aktivität) verweigert, handelt eigenmächtig und macht sich des Individualismus strafbar.

6.1.3 Strafmaß: Individualismus wird mit der Terminierung des Straftäters geahndet.

GKV 6.2 Elementarer Gemeinnutz

6.2.1 Das allgemeine Erscheinungsbild muss sich konsequent nach den aktuellen Idealen der Gesellschaft richten.

6.2.2 Das Erscheinungsbild für den Zeitraum der Erwerbstätigkeit entnehmen Sie Absatz 4.3.2.

6.2.3 Das Erscheinungsbild für den Zeitraum von gemeinnütziger Freizeit: Während Ihrer maximalen Freizeit von 8h (acht Stunden) tragen Sie die UGF (Uniform für gemeinnützige Freizeit). Die Haarfarbe muss dem aktuell von der Gesellschaft vorgeschriebenen Idealton entsprechen. Schmuck aus der aktuell marktbestimmenden Produktionsreihe muss getragen werden. Ein neben den gesellschaftlichen Kommunikationseinrichtungen gegebenenfalls zu nutzendes Mobiltelefon muss aus der aktuell marktbestimmenden Produktionsreihe stammen.

6.2.4 Jeder Besitz, der nicht aus den aktuell marktbestimmenden Produktionsreihen der Gesellschaft stammt, ist eigennützig.

6.2.5 Straftat: Jedes Mitglied, das über eigennützigen Besitz verfügt, handelt eigenmächtig und macht sich des Individualismus strafbar.

6.2.6 Strafmaß: Individualismus wird mit der Terminierung des Straftäters geahndet.

GKV 6.3 Gebrauch von Medien

6.3.1 Es ist ausschließlich der Gebrauch von gemeinnützigen Medien gestattet. (Über den Gemeinnutz von Medien bestimmt *Die Gesellschaft*.)

6.3.2 Es ist ausschließlich der gemeinnützige Gebrauch von gemeinnützigen Medien gestattet. (Über den gemeinnützigen Gebrauch von gemeinnützigen Medien bestimmt *Die Gesellschaft.*)

6.3.3 Straftat: Jedes Mitglied, das eigennützigen Gebrauch von gemeinnützigen Medien, gemeinnützigen Gebrauch von eigennützigen Medien und/oder eigennützigen Gebrauch von eigennützigen Medien macht, handelt eigenmächtig und macht sich des Individualismus strafbar.

6.3.4 Strafmaß: Individualismus wird mit der Terminierung des Straftäters geahndet.

GKV 6.4 Geschlechtliche Fortpflanzung

6.4.1 Über die Kompatibilität von Fortpflanzungspartnern bestimmt *Die Gesellschaft.*

6.4.2 Straftat: Jedes Mitglied, das sich seinem von der Gesellschaft für kompatibel befundenen Fortpflanzungspartner verweigert, handelt eigenmächtig und macht sich des Individualismus strafbar.

6.4.3 Strafmaß: Individualismus wird mit der Terminierung des Straftäters geahndet.

GKV 6.5 Ungeschlechtliche Fortpflanzung

6.5.1 *Die Gesellschaft* freut sich darauf, Sie in unserem Zentrum für assistierte Reproduktion willkommen heißen zu dürfen.

Kapitel 7: Anhang

GKV 7.1 Abkürzungen

7.1.1

EZK: Existenz-Zellen-Komplex

GAG: Gynäkologische Abteilung der Gesellschaft

GKV: Gesellschaftskonformes Verhalten

h: Stunde

IDN: Identifikationsnummer
IGKE: Institution für gesellschaftskonforme Entwicklung
RFID: Radio Frequency Identification
S.:   Seite
UGE: Uniform für gemeinnützige Erwerbstätigkeit
UGF: Uniform für gemeinnützige Freizeit

GKV 7.2 Fremdwörter

7.2.1

assistierte Repro: künstliche Befruchtung

Auricula: Ohrmuschel
Gravidität: Schwangerschaft
inspektiv: kontrollierend
institutional: durch eine Institution erfolgend
parental: elterlich
postnatal: nach der Geburt
pränatal: vor der Geburt

Geschätztes Mitglied,

Individualismus wird mit der Terminierung des Straftäters geahndet.

Mit freundlichen Grüßen,
Die Gesellschaft.

Statistics revealed

Deutschland heute

Einige interessante ausgewählte statistische Aussagen und Schlussfolgerungen

Bevölkerung:
Die Bevölkerungsstatistik des statistischen Bundesamtes gründet nach eigenen Angaben zur Methodik auf den Zahlen der Volkszählungen, die stattgefunden haben 1950, 1961, 1970 und 1987.

Die Bevölkerung beträgt nach statistischem Jahrbuch 2003 ca. 85,5 Mio. Einwohner, 2002 82,537 Mio. (82,482 Mio. nach Tabelle 2.1.1 statistisches Jahrbuch 2004) und 2001 82,44 Mio. Der Sprung von 2002 auf 2003 um ca. 3 Mio. ist nur durch eine falsche Zahl zu erklären. Rechnet man die Angaben für den männlichen und den weiblichen Bevölkerungsteil zusammen, so gelangt man zu einer Bevölkerung von 82,532 Mio. Einwohnern für 2003, was einer leicht rückläufigen Tendenz im Vergleich zu 2002 entspräche.

Hierin ist der Anteil der männlichen Bevölkerung seit einschließlich 1995 ständig steigend, während für den weiblichen Bevölkerungsteil von 2002 auf 2003 ein Rückgang zu verzeichnen ist.

Ab der Altersgruppe der 55-60jährigen wird der Anteil der weiblichen Bevölkerung an der Gesamtbevölkerung größer als der Anteil der männlichen.

Insgesamt ist seit 1950 ein ständiger Bevölkerungszuwachs zu verzeichnen gewesen bis auf leichte Rückgänge um 1985 herum. 1950 betrug die Bevölkerung ca. 69 Mio. Einwohner. Die Bevölkerung in den neuen Bundesländern und Berlin Ost verzeichnet seit 1950 ständig einen mehr oder weniger stetigen Rückgang. Auf 1000 Einwohner wurden 1950 noch 16,3 Lebendgeburten verzeichnet, 2002 nur noch 8,7.

Im Jahre 2003 erreicht der Geburtenüberschuss einen negativen Wert von -147198, d.h. entsprechend weniger Geburten als Sterbefälle. Dies ist seit einschließlich 1995 ein Maximalwert. 2003 wurden 128.030 Schwangerschaftsabbrüche verzeichnet, von denen 3421 durch medizinische und 26 durch kriminologische Indikation begründet wurden. In den Jahren ab 1995 bis 2003 ist ständig ein Geburtenunterschuss zu verzeichnen. Der Überschuss der Zuzüge über Fortzüge bei grenzüberschreitenden Wanderungen beträgt 142.645 Personen. Die Einbürgerungszahlen sind dabei abnehmend von 1995 ca. 314.000 auf 2003 ca. 141.000. Der bisherige Bevölkerungszuwachs ist also schon jetzt in den letzten Jahren auf Zuzug und nicht auf Geburtenüberschuss zurückzuführen.

Weitere Bevölkerungs-Fundamentaldaten im Jahre 2003:
Der angegebene Anteil der ausländischen Bevölkerung betrug ca. 7,335 Mio. Personen. Es fanden ca. 141.000 Einbürgerungen statt, ca. 50.600 Asylsuchende (1996 ca. 116.000) wurden statistisch erfasst.

Nordrhein-Westfalen ist mit rund 18 Mio. Einwohnern das bevölkerungsreichste Bundesland vor Bayern mit ca. 12,4 Mio. und Baden- Württemberg mit ca. 10,6 Mio. (Stand 2002). Berlin hat ca. 3,4 Mio. Einwohner, Hamburg ca. 1,7 Mio. und München ca. 1,2 Mio., Köln ca. 969.000 und Frankfurt/M ca. 644.000.

Glaubenszugehörigkeiten:
Nach statistischem Bundesamt sind laut Internetauftritt 2002 25,11 Mio. Einwohner evangelisch, 26,46 Mio. katholisch und 98.000 jüdischen Glaubens. Weitere Glaubensrichtungen werden hier nicht aufgeführt. Die Zahl der Muslime mit deutschem Pass beträgt ca. 800.000, die geschätzte Gesamtzahl der Muslime in Deutschland ca. 3,2 Mio., dies wären ca. 3,8% der Bevölkerung. Im Jahre 2003 traten ca. 800 Nichtmuslime zum Islam über.

Obdachlosigkeit:

Hier existiert bis jetzt keine bundeseinheitliche Statistik, nur das Land NRW und das Saarland führen spezielle Statistiken, die höchstens eine Grobabschätzung der tatsächlichen Zahlen erlauben. Es existieren verschiedene Abschätzungen privater Institutionen, die die Zahl der Wohnungslosen 2002 auf teilweise deutlich über 400.000 veranschlagen. Das Ministerium für Gesundheit, Soziales, Frauen und Familie NRW teilt Ende 2003 für 2002 eine Obdachlosenzahl von 5401 Personen in Köln mit.

Sport:

Es existieren genaue Zahlen über Sportabzeichenerstverleihungen und Wiederholungsprüfungen. Wir halten diese nicht für erwähnenswert.

Einige Facts zum Arbeitsleben:

2003 waren rund 36 Mio. Personen als erwerbstätig erfasst. Die Erwerbslosenquote lag 1995, 1996 und 1997 bei jeweils 8%, 8,7% und 9,7%, 2003 bei 9,6%. Es waren 2003 92.443 Personen in Arbeitsbeschaffungsmaßnahmen beschäftigt.

Von den 38,9 Mio. Haushalten verdienten 7,3 Mio. zwischen 2600 € und 4500 €, ca. 2 Mio. Haushalte über 4500€ und ca. 15,3 Mio. unter 1500 €. Es wurden 22,4 Mio. Familien registriert.

Die Anzahl der Selbständigen ist, betrachtet man die Jahre 1995, 1997, 1999, 2001, 2002 und 2003, ständig im Steigen begriffen und beträgt 2003 3,744 Mio.

Bei Selbständigen ging die durchschnittliche Wochenarbeitszeit von ca. 55 Stunden im Jahre 1970 auf ca. 49 Stunden 2001 zurück, bei Beamten entsprechend von 43 auf 37 Stunden und bei Angestellten von 41,9 auf 33,9.

Beamtendichte:

Berlin hat mit einem Beamten auf 32 Einwohner die höchste Beamtendichte der Länder Bayern, Berlin, Baden-Württemberg,

Nordrhein-Westfalen: (Beamte Mai 2003 auf Bevölkerung zu Jahresende 2002, EW bedeutet Einwohner)

Bayern 356000/12,423 Mio. = ca. 35 EW pro Beamter
Berlin 107000/3,388 Mio. = ca. 32 EW pro Beamter
Baden-Württemberg 278000/ 10,693 Mio. = 38,46 EW pro Beamter
NRW 491000/18,080 Mio. = ca. 37 EW pro Beamter

Gesundheit, Ärzte und Kosten:
Für Mitte 2003 zählt das statistische Bundesamt ca. 9,7 Mio. männliche und 6,8 Mio. weibliche Raucher ab dem Alter ab 15 Jahren, davon ca. 6,5 Mio. tätig in Dienstleistungsberufen.

Die schwersten Männer befinden sich Mitte 2003 mit einem Durchschnittsgewicht   von   83,6   kg   in   Mecklenburg-Vorpommern, die gewichtigsten Frauen ebenfalls dort mit einem Durchschnittsgewicht von 69,7 kg. Die mit 1,64 m durchschnittlich kleinsten Frauen sind in Sachsen und Sachsen-Anhalt zu finden, die kleinsten Männer im Saarland, in Sachsen, Sachsen-Anhalt und in Thüringen mit durchschnittlich 1,76 m.

Die Zahl der hauptamtlichen Ärzte, Ärztinnen, Zahnärzte und Zahnärztinnen in Krankenhäusern stieg im Laufe der Jahre von 1996 bis 2001 kontinuierlich an von bundesweit 106.243 auf 114.930. Insgesamt stieg die Zahl der Ärzte, Apotheker und Zahnärzte von 1998 402.000 auf 2002 420.000, wobei hierin die Berufsgruppe der Ärzte die deutlichste Steigerung um ca. 4,9% auf 301.000 Ärzte zu verzeichnen hatte.

Im Gesundheitssystem wurden 1995 ca.194 Mrd. Euro ausgegeben. Dieser Betrag stieg an auf ca. 234,2 Mrd. Euro im Jahre 2002. Das entspricht einer Steigerung von ca. 20,7%.

Setzt man den Preisindex für das Jahr 2000 auf 100 an, so konnte im gleichen Zeitraum 1995 bis 2002 eine Änderung des Index von 1995 93,9 auf 2002 103,4 Punkte beobachtet werden, was einer Differenz von 9,5 Punkten entspricht. Es ist also eine signifikante Steigerung der Kosten im Gesundheitssystem zu beobachten.

Justiz:

Im Dezember 2003 gibt es 687 Amtsgerichte, 116 Landesgerichte, 25 Oberlandesgerichte, 123 Arbeitsgerichte, 53 Verwaltungsgerichte, 70 Sozialgerichte und 19 Finanzgerichte.

Im Bundes- und Landesdienst befinden sich 2002 20.901 Richterinnen und Richter. Staatsanwälte waren 2003 5150 tätig, Rechtsanwälte 113.055.

In Brandenburg, Hamburg und Nordrhein-Westfalen beträgt die Belegung der Justizvollzugsanstalten bei gemeinsamer Unterbringung unter 100%, für Bremen lagen keine Zahlen vor und für alle anderen Bundesländer liegt die Belegung teils sehr deutlich über 100%, so z.B. 184% im Saarland und 160% in Berlin.

Insolvenzen:

Die Zahl der Insolvenzeröffnungsverfahren nahm kontinuierlich zu im Jahre 2000 von rund 20.000 Fällen auf 2003 über 77.000 Fälle.

Wohnen:

Die Wohnfläche je Einwohner ist kontinuierlich gestiegen von 1986 34,4 qm auf 2002 40,1 qm.

Polit-Facts:

Der 15. deutsche Bundestag (Wahl 2002) umfasst 603 Sitze, die Summe der im stat. Jahrbuch 2004 gelisteten Anzahl der Abgeordneten in den Landtagen beträgt 1901. Damit hat das deutsche Volk ca. 2500 Volksvertreter. Hierin sind keine Europa-Abgeordneten berücksichtigt.

Die Anzahl der im Bundesrat behandelten Vorlagen aus der europäischen Union erreicht fast die gleiche Größe wie die Summe der anderen Verordnungen, Verwaltungsvorschriften und sonstigen Vorlagen:

Vorlagen der europäischen Union: 795

Summe anderen Verordnungen, Verwaltungsvorschriften und sonstigen Vorlagen: 835.

Durch den 14. dt. Bundestag wurden 1002 Gesetzesentwürfe eingebracht, von denen schlussendlich 549 zustande kamen.

Anthologie der rätselhaften Phänomene

Taschenbuchformat, 320 Seiten
ISBN: 3-933570-07-7; 11,80 Euro
EuGeP

Literaturpreisträger und weitere begabte Autoren aus dem deutschsprachigen Raum faszinieren mit einer wunderbaren Kollektion spannender und mitreißender Storys. Packende Erzählungen, die dem Leser Tage und Nächte rauben.

Er wird Zeuge eines grausigen Fundes in einem Hügelgrab, erfährt, warum Kirche für Kinder schädlich sein kann, warum es im Dunkeln ungefährlicher ist und wieso er niemals zu weit aufs Land hinaus fahren sollte.

Er betritt Bereiche, von denen er geahnt, aber über deren Existenz er noch nicht nachzudenken gewagt hat. Anschließend betrachtet er die Welt mit anderen Augen.

Autoren dieses Buches sind u.a.: Marlies Aurig, Marta Bern, Stefan Bouxsein, Bernhard Chlebowski, Jörn Dittmer, Rixa von Erlenbach, Ina Gaworzewski, Tolya Glaukos, Sigrid Jo Gruner, Gabriele Hasmann, Michael Helming, Diana Lühmann, Christian Pohlenz, Dietmar Preuß, Martin Schemm, Thorsten Schrinner, Harald Stangor, Marc Wiswede und Robert Zobel.

Erhältlich im gut sortierten Buchhandel oder über den Bestellschein auf der folgenden Seite direkt bei EuGeP

Bestellschein

Per Post
oder Fax: 0211 – 600 85 976

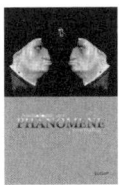

An
textzeichen.de
E u G e P Röthlein und Karlowski GbR
Erich-Müller-Str. 27

40597 Düsseldorf

Anthologie der
rätselhaften Phänomene
Taschenbuchformat, 320 Seiten
ISBN: 3-933570-07-7; 11,80 Euro

Vorname_____
Name _____
Straße_____
PLZ _____ Ort_____
Land _____

Deutschland in 30 Jahren
Taschenbuchformat, 560 Seiten
ISBN: 3-933570-08-5; 14,90 Euro

Hiermit bestelle ich verbindlich:

Buch: Rätselhafte Phänomene ☐ _____ Stück à 11,80 Euro	**Buch**: Deutschland in 30 Jahren ☐ _____ Stück à 14,90 Euro

Ich möchte bezahlen per

☐ Vorkasse auf Konto: 250 310 71 ;BLZ: 300 501 10 (SSK DDORF)
☐ beiliegendem Verrechnungsscheck (Einlösung bei Auslieferung)
☐ Nachnahme (6,50 € Versandkosten zzgl. 2 € Post-Nachnahmegebühr)
☐ Bankeinzug: Konto _____BLZ:_____

Institut: _____
(Abbuchung erfolgt bei Auslieferung)

_____
Ort, Datum, Unterschrift

VERSANDBEDINGUNGEN:
Bücher: Bei einer Bestellung ab 10 Stück erfolgt die Zusendung innerhalb Deutschlands versandkostenfrei, darunter fallen nur 1 Euro Versandkosten (außer bei Nachnahme). In andere EU-Staaten 2,90 Euro.
Poster: Bei einer Bestellung ab 2 Stück erfolgt die Zusendung innerhalb Deutschlands versandkostenfrei (außer bei Nachnahme), darunter fallen 2,90 Euro Versandkosten an. Versand erfolgt in einer Versandhülse nur innerhalb Deutschlands.
IBAN: DE05 3005 0110 0025 0310 71- SWIFT-BIC: DUSSDEDDXXX Ust.-IdNr: DE236610210
08BSV20041205AK